中国旅游业普通高等教育"十三五"精品教材

EXPLOITATION AND OPERATION

旅游开发运营教程

林　峰◎著

主撰稿人

林峰

撰稿成员

夏颖颖　杨　光　王　格

金　歌　张　静　王志联

陆晓杰　柴晓戈　陈炎江

张学文　曾志祥　王俊杰

王征征　李璐芸　王　燕

李晓飞　衣　玮　秦　川

贾雅慧　刘　祎　毛　燕

景晓斌　代　莹　薛　贵

王　辉　黄　武　李　洋

罗红宝　罗晓楠　杨　凯

李颖婵　赵　伟　吴　琼

朱雷裕　黄鹍鹏　车卫毅

统稿编辑人员

夏颖颖　金歌　李璐芸　张静　王燕

旅游项目落地的关键，在于开发运营的全过程衔接协同

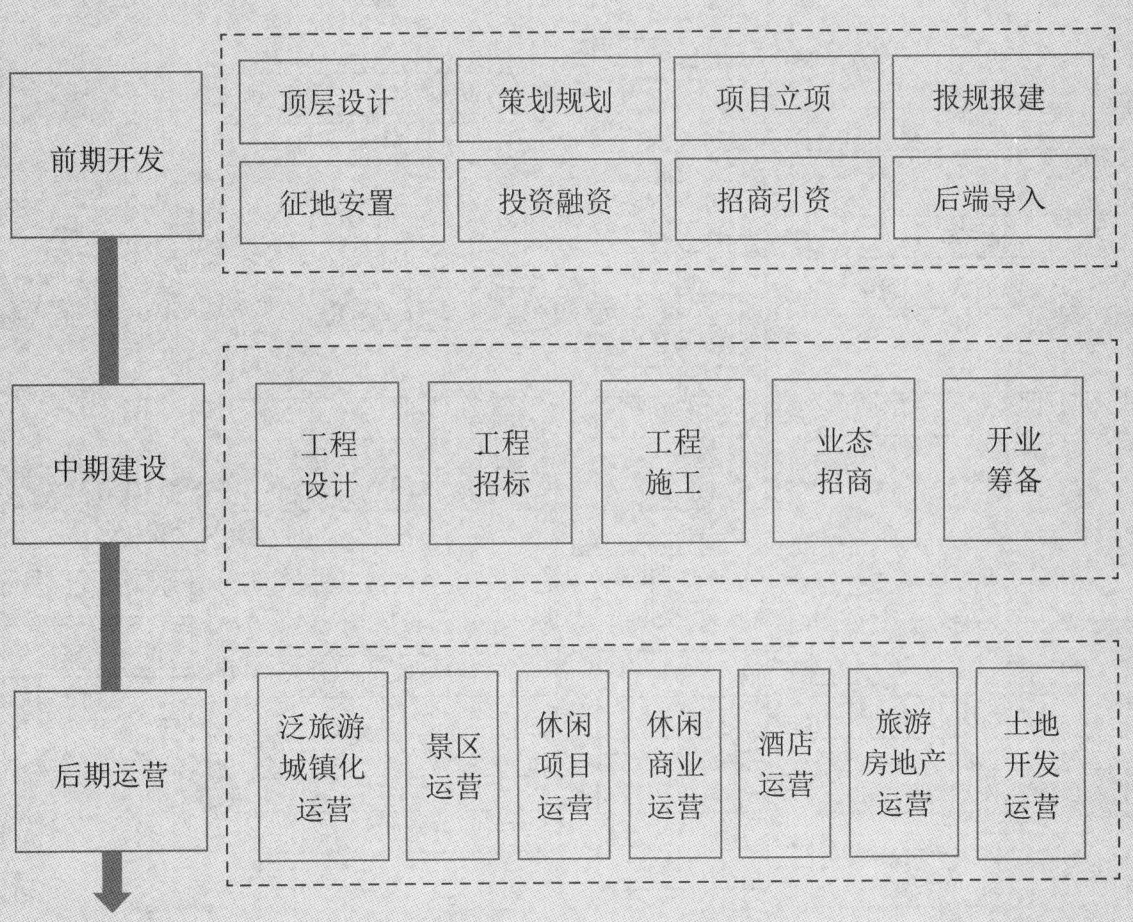

旅游类项目的开发与运营始终是保障旅游活动顺利进行、消费者需求获得满足、旅游市场进一步扩大的重要因素。

旅游项目的开发建设流程

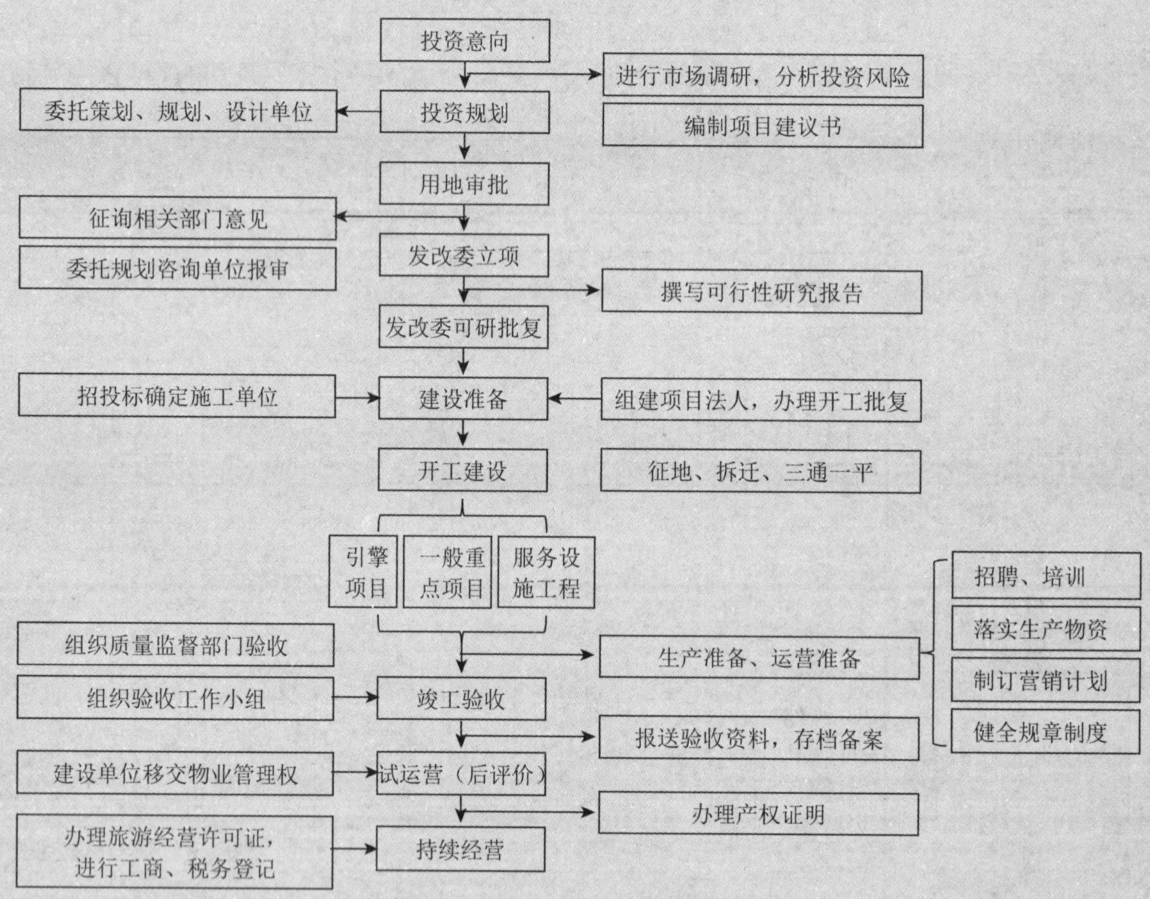

旅游项目从投资意向产生到交付使用，需遵循产业规律，避免“边规划、边报批、边建设、边开放”的盲目开发建设。

旅游优质化发展密码——“六新”引领的全面创新

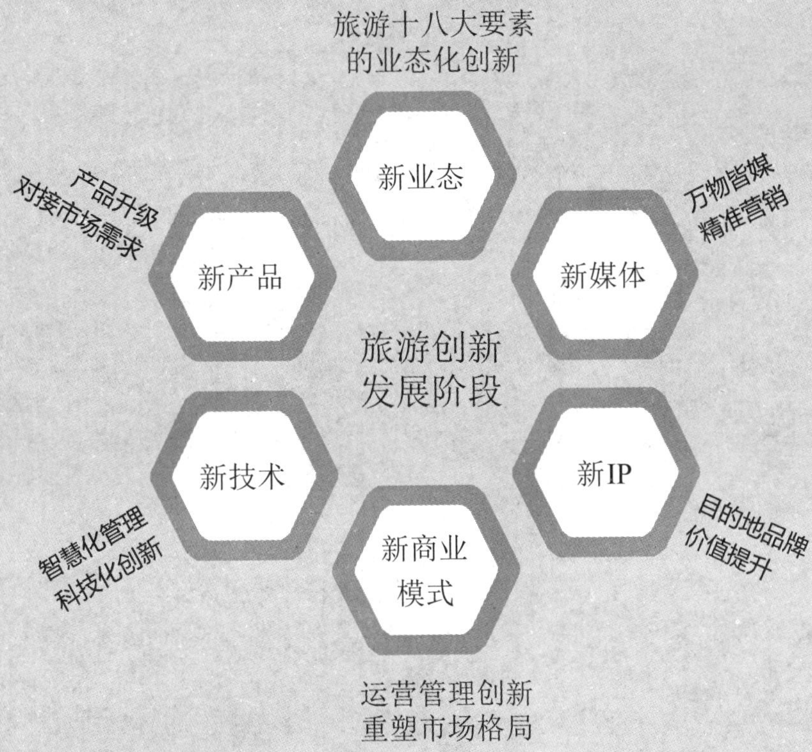

业态创新是优化供给结构的关键，产品创新是提升供给质量的重点，
技术创新是增强供给主动权的基础，IP 创新是提升供给文化价值的核心，
商业模式创新是优化供给方式的必然，营销创新是扩大供给需求的利器。

泛旅游综合开发运营特征——“66833”模型

六类项目开发	景区项目、文体养休闲项目、商业街区项目、度假酒店与公寓项目、房产开发项目、一级土地开发项目
六类管理运营	景区营销与管理经营、休闲营销与管理经营、休闲商业招商与管理经营、酒店经营管理、房地产开发与销售、土地开发管理
八大运营角色	投资商、开发商、运营商、建造商、供应商、旅行商、服务商、区域综合开发运营商
三大综合结构	泛旅游区域综合开发 泛旅游小城镇 泛旅游综合体
三大平台	旅行商渠道平台 OTA平台 泛旅游开发服务平台

旅游业是综合性的社会经济产业，其开发与运营涉及多类型的项目、主体和模式，泛旅游综合开发运营的核心是旅游供给的有效性与结构升级。

旅游项目全案运作架构——策划规划设计建造

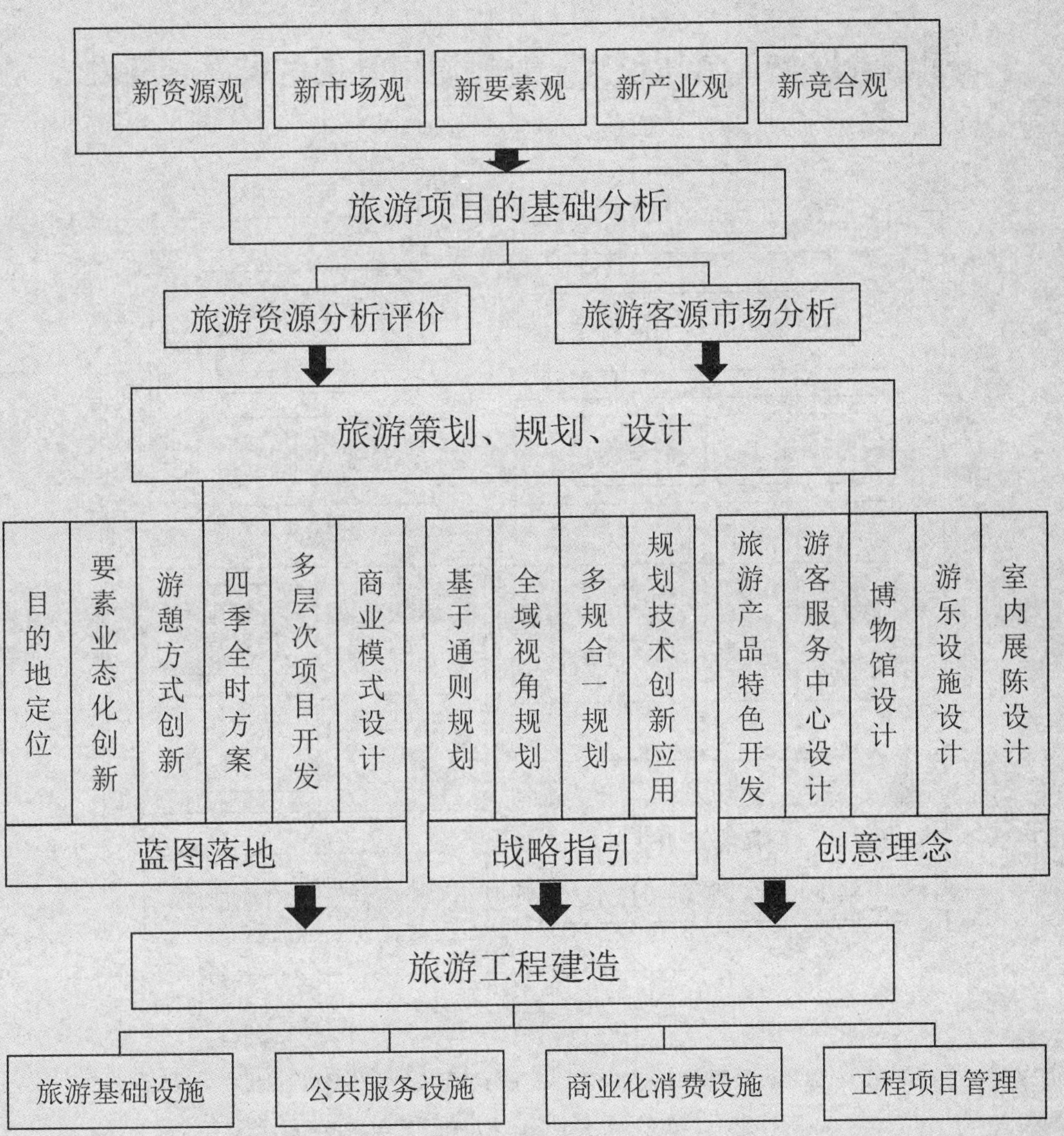

旅游项目全案运作架构，为旅游高品质开发与精细化运营

提供蓝图、战略、创意与落地指引。

旅游开发运营全新模式——旅游引导的区域综合开发

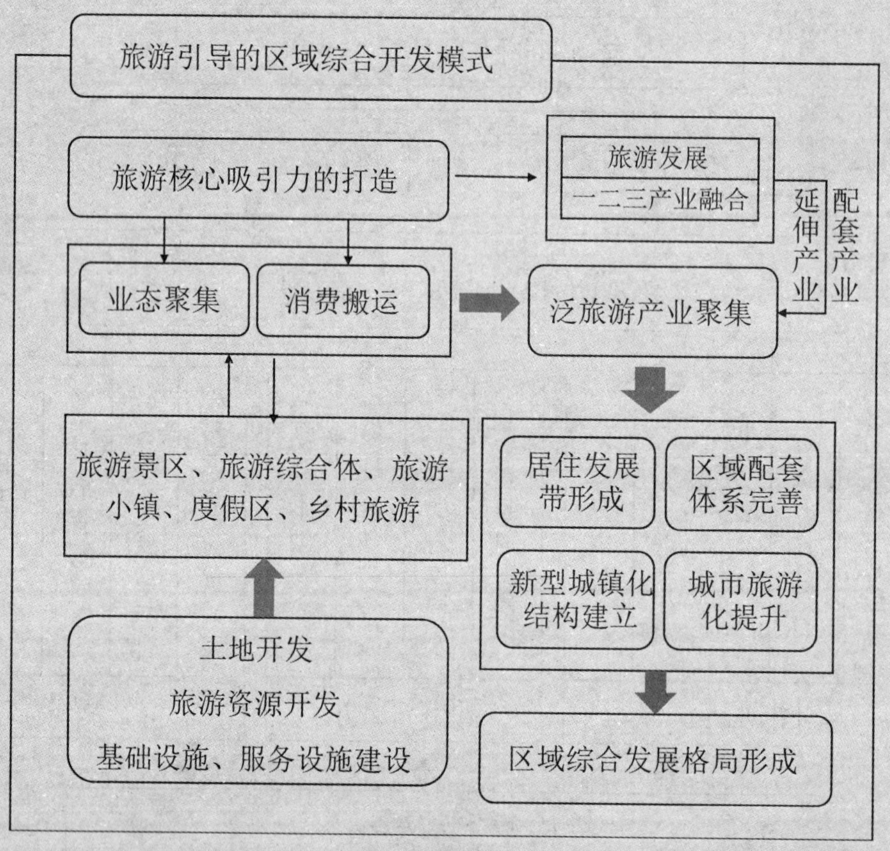

旅游引导的区域综合开发，正是为了解决目前旅游业面对的跨行业、跨城乡、复合型区域发展的模式与构架问题。

旅游核心运营管理体系

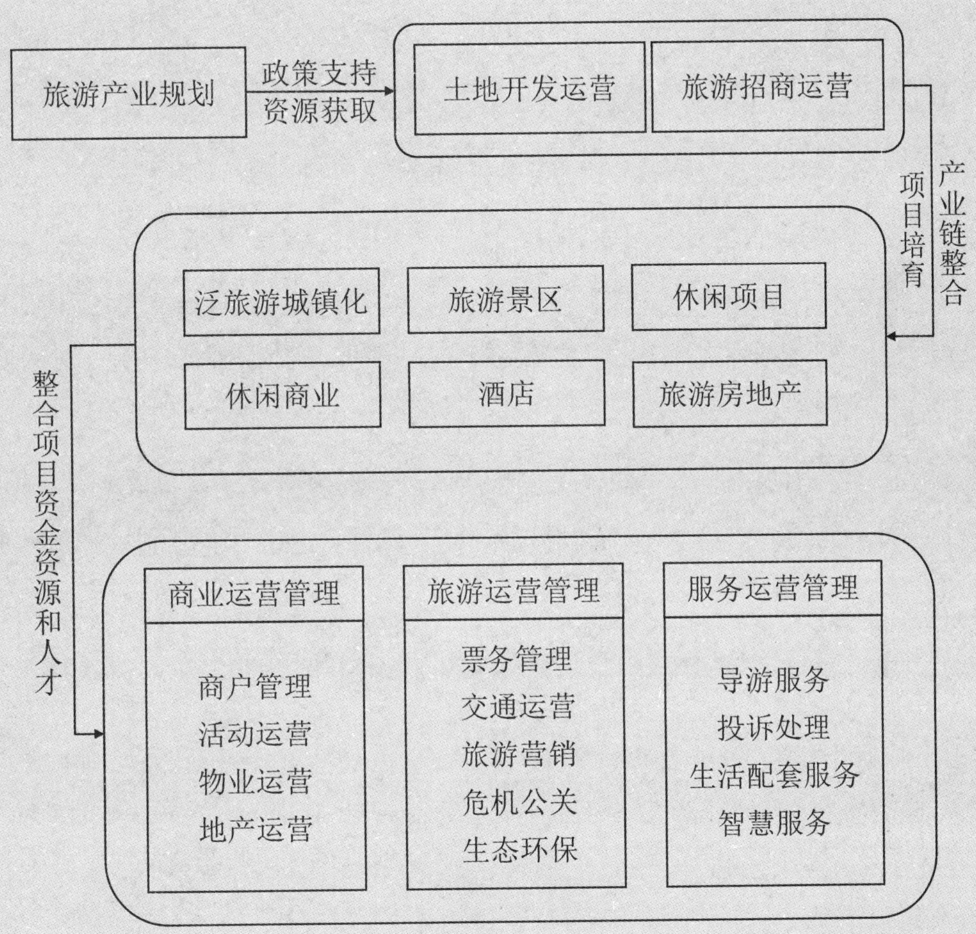

良好的运营管理体制及运营模式，可以有效提升旅游目的地的开发运营水平及管理效率，推进旅游目的地健康、可持续发展。

序言

把“区域旅游综合开发”“泛旅游产业整合”“开发过程管理”纳入旅游管理学科

在过去15年的历程中，绿维文旅规划设计并参与开发运营了3000多个旅游项目，建成落地并运营的案例近千个，生产的知识体系与模式方法，成为旅游产业最大的知识库和价值体。总结这些知识价值，我们深感旅游管理学科在教学培养与成人培训中的问题与困境，希望借助于我们的实践探索，为这个学科的发展，提供一份来自案例实践和知识创造的补充。

这就是对“旅游开发运营”的全过程管理的补充，对“泛旅游产业整合”的产业交叉融合的补充，以及对“旅游城镇化”的区域综合开发的补充，这三个补充结构形成了本书的内容，构成了旅游开发运营这一研究方向的相关内容和逻辑框架。深化产教融合、提升产业新动能成为近年来的重要议题，本书力图打破企业与高校的资源壁垒，将企业的先进技术转化为操作性强的教学案例。基于绿维文旅上千个案例的经验和模式总结，本书完整呈现了19个成熟案例，其他更多的案例不能在本书中全部讲透，相关案例通过专栏的方式引导至旅游开发运营网专题系列案例栏目页，引导至更丰富的案例教学内容中去，充分体现案例教学是这本书的特色。三个内容的补充结构外加旅游开发运营案例教学研究模式，也是本书在旅游管理学学科建设领域的探索与奉献。

旅游开发，是一种区域综合开发

我国旅游业经历了从无到有、从小到大的发展过程，实现了从接待外宾的景区酒店，到大众旅游时代的旅游大国的转变。

在这个过程中，旅游业通过一个个项目的开发建设与运营管理，实现了从单体景区酒店项目，到旅游综合体、旅游区、休闲区、度假区、旅游小镇、旅游城镇的开发建设与运营管理升级。

而旅游项目，则是旅游产业发展的基础，包括景区项目、酒店项目、游客集散中心项目、旅游购物项目、旅游演艺项目、休闲消费项目等，都是旅游产业发展、旅游目的地建设的细胞。

旅游项目从概念设计、项目立项、开发建设，到开业筹备、持续经营、提升改造，是一个全程持续推进的开发运营过程。从开发期到运营期，是一个项目从诞生到升级的生命周期。而旅游产业的发展，就是基于开发运营过程的有效进行而构建起来的复合构架。

在我国，从改革开放以后，开发建设了很多不同的旅游项目，这些旅游项目，可以分为单体旅游项目和综合旅游区项目。单体项目，包括景区、酒店、温泉、度假村、主题乐园、休闲农庄等；综合旅游项目，包括旅游休闲度假综合体、旅游区、休闲区、度假区、休闲商业街区、旅游小镇、旅游小城镇等。综合性项目中，包含了大量单体项目。

从本质上讲，旅游开发都是区域开发；旅游区域开发，都是综合类开发。因此，从政府管理和企业运营两个角度看，我们都可以下一个明确的论断：旅游开发，是一种区域综合开发！这一论断，是指导绿维文旅 15 年规划设计工作的一条基本准则，是我们为政府和企业服务的基本前提。

我们认为，旅游开发，已经实现了两个突破：第一个突破，是旅游与城市化结合，旅游区与城镇村的开发全面融合，并形成典型的旅游综合体新模式；第二个突破，是旅游服务产业与文化、教育、会议会展、养生养老、医疗、体育、农业、房地产等产业的全面融合，形成了旅游产业主导下的泛旅游产业聚集与整合，出现了泛旅游产业集群。

“泛旅游产业整合”是区域综合开发的基础

旅游产业具有高关联性和强带动性的特征，已成为政府积极鼓励发展的产业之一。要充分发挥旅游产业的带动作用，必须研究旅游产业与其他相关产业的融合路径。我国的旅游开发，已经与区域发展和城镇化进程全面结合，并在产业上趋于融合，形成了旅游产业导向下基于泛旅游产业整合的区域经济与城镇化综合开发模式，即“旅游引导的区域综合开发模式”。这一模式的核心基础，就是“泛旅游产业整合”。

泛旅游产业整合，就是以旅游产业为核心，利用整合手段，使旅游产业及其他相关产业通过某种方式彼此衔接，打破各自为政的状态，构建一个有价值有效率的产业集群，实现产业联动，从而推动区域经济发展。

通过“旅游 +”，可以形成多产业的资源整合，形成融合发展结构。如“+ 农业”的乡村旅游、“+ 城镇”的特色旅游小镇、“+ 工业”的工业文创体验园、“+ 科技”的 AR 与 VR 虚拟体验园、“+ 教育”的研学旅游、“+ 体育”的体育旅游小镇与运动度假综合体等。

“泛旅游产业整合”理论，就是站在旅游带动区域综合发展的视角形成的产业开发运营逻辑。泛旅游产业整合发展，形成了产业的聚集、集成与集群化，由此带动了城镇化的进程。

旅游引导的新型城镇化是城镇化高效解决方案

城镇化是一个综合的概念，既包括城乡人口变动，也包括人口质量的提高；既包括人口在城乡比例上的变动，也包括由此带来国民经济结构的变化；既包括劳动力向城镇聚集的过程，也包括资金等生产要素向城镇流动的内容；既包括乡村的城镇化，也包括城镇自身发展。

基于从传统城市化向新型城镇化转型升级的思考，我们发现，旅游在推动城市建设的机理与价值取向上，拥有明显的动力性和未来性，即旅游能够引导消费、形成聚集、改善环境、提高幸福值，具有新型城镇化优选推进产业的典型特征。城市旅游化，是以旅游为引导，泛旅游产业推进城市产业聚集、经济协调，文化表现向文化体验转变，城市服务向旅游、商务及居民生活服务完善，从而引起城市性质、经济结构、城市风貌、城市品牌调整的过程。

旅游引导的新型城镇化，就是以旅游带动下的泛旅游产业集群为产业基础，由旅游带来的消费集聚直接推动的城镇化过程。旅游在消费带动、产业带动、价值提升、生态效应、幸福价值效应等方面的一些特性，决定了其引导的城镇化在城乡融合、生态环境、解决就业等方面，均有不俗的表现，在解决城镇化的社会问题方面，给出了比较高效的解决方案。

我们认为：随着我国城镇化的发展，旅游成为了提升城镇生活品质的重要因素，同时也是城镇化中具有产业、居住支持双重价值的要素，为其发展提供了产业支撑。中国的旅游开发已经与区域发展和城镇化进程全面结合，并在产业上趋于融合，形成了旅游产业导向下泛旅游产业聚合的区域经济与城镇化综合开发，这里称之为“旅游引导的区域综合开发”。

旅游开发是一个复杂的过程，需要旅游全过程管理

基于旅游开发的复杂性和综合性，旅游开发过程中势必会出现诸多问题。从不同开发主体的角度看，旅游开发一直存在“三大脱节”的问题。从规划服务商角度看，多年来规划设计一直很难落地，被戏称为“墙上挂挂”，很多设计院在做规划方案时，并没有考虑人流、现金流、投资节奏等运作层面的问题，造成顶层规划与运营脱节；从政府投资与市场需求角度看，政府不断推动旅游投资，背后是否有足够的市场需求，最后消费买单与否是关键；从企业投资与回报角度看，大多数是在靠地产、行政力量等因素实现回报，而依靠现金流支撑回报的较少，能够达到 8% 以上收益率的旅游项目更是少之又少，投资与回报之间并没有很好衔接。

在旅游项目开发过程中存在“四大分离”问题，即旅游规划设计、旅游投资、旅游开发建造、旅游运营四个阶段之间的相互分离。如今各行各业的投资者都在投资旅游业，但众多项目投资人对旅游目标定位、旅游产品规划设计、旅游建造、旅游项目管理等旅游开发过程并不熟悉，大部分旅游投资者并不具备运营能力与基础，大量的建造商并不知道如何营造特色主题、如何建造旅游特色景观，造成设计与施工分离，最后导致旅游规划设计与旅游运营分离。

旅游引导的区域综合开发“三大脱节、四大分离”问题一直没有得到良好的解决！

旅游项目落地的关键，在于开发运营的全过程衔接协同！旅游引导的区域综合开发运营涉及多主体、多内容、多流程，是一个复杂的系统结构。开发前期阶段要注意顶层设计、策划规划、项目立项、报规报建、投资融资、招商引资、后端导入等。中期建设阶段要推进工程设计、工程招标、业态招商、开业筹备等工作。旅游项目的开发与建设流程结束后，其后期运营不仅局限于针对单体项目的经营管理，更是要站在旅游引导区域综合开发角度，形成目的地综合运营架构。

旅游项目的开发运营管理，实际上非常复杂。基于旅游开发都是区域综合开发这一基本实际，旅游开发运营管理，是由不同类型的行业管理构成的复合型综合管理，旅游产业发展的实践中，形成了观光游览开发运营管理、旅行社运营管理、酒店住宿开发运营管理、休闲消费开发运营管理、休闲商业开发运营管理、房地产开发运营管理、泛旅游产业整合开发运营管理、旅游城镇化开发管理八大类完全不同行业的类型管理。

旅游开发运营，应该成为旅游管理学科的研究方向

中国旅游从无到有，旅游产业发展，就是一个不断开发建设的过程。开发建设管理，对于旅游业过去 40 年，以及未来 30 年，都会是重中之重。但是，我们的旅游管理学，在开发管理领域涉及尚浅，未深度对接 40 年来的开发实践和中国特色的开发政策及知识体系，也并无有效的实际开发模式。

中国旅游基于观光起步，但后来的实践发展，强烈要求突破旅游观光，需要整合多样化消费业态，需要整合文化、农业、体育、养生、养老、教育等领域，绿维文旅在 2005 年就提出“泛旅游产业整合”的模式，并成功运用于旅游规划设计，十年后的 2015 年原国家旅游局提出“旅游 +”，是政府对产业交叉融合的认可与推进。旅游管理学，必须着眼于以旅游为主要通道和架构的产业融合，及泛旅游产业整合，引导学科的创新方向。

中国旅游是政府主导的领域，是政府主导下旅游引导的区域综合开发。政府的使命，不是景区管理，不是酒店管理，而是目的地开发建设运营及区域经济综合开发运营！现有的旅游管理学，对于政府旅游产业开发运营研究很少，更没有涉及在政府主导下，大型企业的区域旅游综合开发运营，这类综合开发运营，是中国旅游开发运营的主体。旅游区、城市休闲区、度假区、旅游综合体、旅游村寨、旅游小镇、旅游小城镇等，已经成为中国旅游开发运营的栋梁！区域旅游综合开发运营、泛旅游城镇化开发运营、泛旅游房地产开发运营等，必须成为旅游管理学的重点内容，成为中国旅游管理学的特色与基础。

我们认为，现有的旅游管理学科，在实际的旅游人才培养中，存在以下缺陷。

第一，局限于行业经营管理，缺少开发过程管理。旅游管理学局限于观光游览、旅行社、酒店住宿三大经营管理内容，缺少开发过程管理的系统架构与内容，在旅游产业的过程管理结构上，非常不完善，无法让学生和从业者学习到完整的过程管理模式与架

构，更不能落实到现有中国土地政策、立项管理、征地管理、招拍挂摘牌、规划设计管理、投融资技巧与能力、建设工程管理、开业筹备、验收与试营业等开发建设期所需的实际知识政策技能，导致一部分本科生毕业后，只具备从事服务员、导游等基层工作的基础，硕士毕业后，也只具备一般规划与经营管理的基础，很难胜任参与开发运营全过程和行业管理的工作。

第二，局限于传统旅游主体单体管理，缺少区域综合开发管理。旅游管理学的内容，只是基于旅游综合开发的实际架构，缺少休闲消费管理、休闲商业管理、房地产开发管理、泛旅游产业整合开发运营管理、旅游城镇化开发管理五大内容，知识的交叉性较弱，产业融合相关知识与技能的培养缺位，对于区域开发中最重要的多样化消费业态、休闲商业综合体、休闲商业街区等开发招商运维提升、旅游房地产、休闲商业地产、度假房地产、养生养老房地产、文创地产、乡村休闲度假养老地产、旅游综合体、旅游村落、旅游小镇、泛旅游小镇（体育小镇、文化小镇、养老小镇、教育小镇等）、旅游小城镇、旅游城市等方面，无论是开发，还是招商，进而是综合运营，都无法在现有的学习模式中了解和学习到！而这些内容，是真实旅游开发运营中 80% 以上的主体面对的架构！

第三，局限于学科逻辑架构及单体案例，缺少落地操作型区域及综合性案例引导。旅游管理学缺少来自开发运营实践的区域综合开发运营案例，以及通过案例对广博的旅游开发运营的知识体系的导引。对于旅游综合开发，休闲消费的多样化业态、旅游相关的科技与创新的大量涌现、泛旅游产业整合的知识丰富性、泛旅游城镇化的巨大浪潮等，不通过案例，很难深度挖掘知识架构，更难以提升整合产业整合创新整合城镇化的技能。旅游管理团队，实际面对的不仅仅是景区、酒店、旅行社，更多的是旅游区、度假区、旅游小镇、旅游小城镇、泛旅游综合开发项目、政府的区域旅游综合开发等。旅游管理学对泛旅游区域综合开发案例的缺失，基本无法指导行业内的管理者，因此通过再教育实现开发运营的能力提升，基本成为现有旅游教育和管理部门政策执行的辅助。

旅游开发运营实践，已经走过起步探索阶段、初步成长阶段，逐步走向成熟发展阶段。但是旅游开发运营的研究，存在研究滞后于规划设计智库，智库滞后于产业实际、产业实际落后于市场需求的状况。关键在于产业的开发运营管理人才，完全不能满足市场需要。课堂所授理论知识与产业发展实际脱节，已经成为旅游发展的重大障碍！

几十年来，我们一直沿用国外旅游管理学的传统，而对旅游开发运营的系统架构、旅游开发的过程管理和区域综合开发过程中中国旅游业鲜明特征却研究甚少，从而造成中国旅游学科建设的缺失和与实际需求脱节的长期困境！

我们认为，旅游开发运营，应该成为旅游管理学科的一个重要专业方向，来补充现有旅游管理学的缺失结构，形成对旅游现象与产业发展特质的探究，真正落实服务与产业发展的作用。旅游开发运营研究方向建设的过程中，要打破目前旅游管理专业课程与开发运营实践脱节的现象，通过产学研的有效合作，构建起旅游开发运营管理人才培养的结构体系。

自主旅游时代的创新要求

自主旅游，是我近期提出的一个全新概念。随着人们旅游消费观念的不断成熟，以及移动互联和智能科技的不断崛起，以主题化、定制化、圈子化、小众化、深度化、随意化为特征的自主旅游开始兴起并受到追捧。

在经济新常态下，旅游市场总体规模达到了一定水平，单一的跟团旅游、盲目消费和价格竞争阶段已经结束，自主旅游时代，旅游者将拥有更多的可选择时间、可选择产品和商业提供服务方式，旅游创业和创新成为时代趋势，科技引领成为时代的印记。旅游者标榜个性、追求自主、渴望深度互动参与的需求，必将带来旅游供给端的改革。因此，基于这一时代背景，全域旅游必将顺应新趋势，从旅游供给侧改革的角度，通过商业模式的创新、旅游产品的丰富、产业结构的调整，催生出不同于以往任何一个时代的新产品、新业态、新技术、新模式、新 IP、新媒体！“六新”引领旅游行业进入自主旅游时代。

业态创新成为优化供给结构的关键。旅游业态是在旅游要素下形成的多种多样的发展模式和发展形态。伴随时代需求的变化，旅游业态需要围绕“食、住、行、游、购、娱、厕、导、智、商、养、学、福、情、奇、文、体、农”十八大要素进行业态化创新，挖掘消费的新动能，构建旅游产业发展的新动力。

产品创新成为提升供给质量的重点。多元化的需求出现多元化消费产品，其本质是在“旅游 +”背景下的拓展延伸，旅游产品质量、类型和展现形式的提升要求，倒逼旅游供给端向精细化、品质化、多元化、体验化方向发展，使旅游产品具有层次丰富的体验感、内容精致的新颖感和技术融合的科技感。

技术创新成为增强供给主动权的基础。科技创新是旅游业产业结构调整和升级的重要基础，也是促进新业态、新产品、新商业模式形成的重要因素。旅游供给主体拥抱智慧化与科技化创新，将增强旅游供给满足新时代市场需求的能力，获得市场主动权。

IP 创新成为提升供给文化价值的核心。IP 创新的本质是文化提升，中国文化 IP 和企业文化 IP 在旅游新时代都需要不断地创新提升。对于国家，通过 IP 的打造，更好地宣传国家形象，提升文化自信。对于企业，通过新 IP 的打造，能够提升旅游产品的知名度和吸引力，并依靠文化表演等消费延长游客在目的地的停留时间，提升旅游目的地的品牌价值，赋予其新的生命力。

商业创新成为优化供给方式的必然。互联网时代，OTA 作为一种商业模式对旅游行业产生了重大的冲击，通过一段时间的市场整合，OTA 进入平稳发展期。OTA 就是旅游商业模式的未来吗？未必！旅游新时代，OTA 也终将被效率更高、数据更精准、服务更完善的商业模式代替。现有的企业不断地强化发展，实现自我突破；共享经济、区块链等新的经济形态的出现刺激商业模式的创新，优化产品传播渠道、整合先进技术与资源、实现服务质量与效率的提升，最终，将形成旅游行业新的商业格局。

营销创新成为扩大供给需求的利器。新媒体的出现让营销有了无数的可能，如何在众多的媒体中选择合适的营销方式，实现精准营销是未来营销的关键。我们旅游的发展不仅要实现国内的精准营销还要实现海外客源市场的精准营销，不仅要扩充国内旅游的容量，更要扩充入境旅游的容量。以文化打造为魂，以优质内容提升品牌影响力是国家和企业良性营销的关键因素。

新格局带来新挑战

2018 年是文旅融合的开局之年，文化和旅游部发布的数据显示，2018 年全年，全国旅游业对 GDP 的综合贡献为 9.94 万亿元，占 GDP 总量的 11.04%。旅游直接就业人口为 2826 万人，旅游直接和间接就业人口总数为 7991 万人，占全国就业总人口的 10.29%。国内旅游市场持续高速增长，出入境旅游市场稳步、缓慢回升，出境旅游市场平稳发展。旅游行业的蓬勃发展，为旅游开发运营的持续发展注入了强心针。然而，随着国家部委调整和新时代的新需求、新变化，国土空间规划、文旅融合、全域旅游、乡村振兴发展都成为新时代开发运营面临的全新挑战。

自主旅游新时代下，一片开花的向日葵地会成为短期内的拍照胜地，一条公路会成为自驾者的天堂，日益多元的旅游需求催生旅游空间全域化发展。在“全域”概念下，旅游已经突破了景区、景点的限制，在全空间、全时间范围内，依托城市、小镇、乡村等多种载体展开，形成各种主题化、细分化的游线结构和综合收益，各结构之间也呈现出融合发展的特征。伴随逆城镇化潮流的出现和乡村振兴战略的实施，广袤的农村地区逐渐成为新兴的旅游目的地，城乡融合发展构建了旅游空间的新格局。乡村振兴是中国特色的乡村城镇化进程，要求城乡互动良性关系的建立，其中旅游就是很好的媒介，通过旅游带动城市消费和城市人口进入农村，优化乡村产业和人口收入结构，构建旅游引导的城乡融合发展新格局。

在全新的空间规划发展格局和旅游产业发展的新时代下，无论是响应国家顶层发展要求，还是出于旅游业自身的发展需要，因地制宜地识别发展问题，并以深化供给侧改革为目标对开发运营模式进行战略性的调整优化，是实现旅游业由高速发展转向优质发展的必由之路。新时代下呼唤旅游开发运营不断创新发展！

新时代应该以全新的综合视角，对日新月异的旅游相关业态和投资模式进行全方位的整合。“旅游引导的区域综合开发模式”这一概念的提出，正是为了解决目前旅游面对的跨行业、跨城乡、复合型区域发展的模式与构架问题。

绿维文旅一直在追求产品的创新和方法的创新，除利用创意打造了大批具体旅游项目之外，还创新了大量新的方法与模式，包括政府主导下的旅游产业运营模式、泛旅游产业整合模式、旅游导向的区域综合开发模式、旅游城镇化模式、旅游综合体开发模式、旅游引导的新农村社区开发模式、旅游设计体系等，为政府提供决策参考，为企业提供运营模式。

旅游开发运营的实践与理论探索

十余年来，绿维文旅以“创意经典•落地运营”为理念，打造旅游开发全产业全程孵化服务平台，整合策划规划设计、开发、运营、投融资等领域具有特色和能力的公司与团队，共同解决旅游中出现的问题，实现从顶层策划设计到托管经营的全程孵化。

绿维文旅聚焦泛旅游产业、特色小镇、乡村振兴领域，以开发运营策划为前提，规划设计为核心，整合顶层设计、投融资、开发、建造、招商、运营、培训、智慧化等业务板块，通过合资、合伙、战略合作，深度整合领军人才及团队，打造“泛旅游开发运营服务平台”和“泛旅游开发运营生态圈”，为文化、旅游、大健康、体育、农业、教育、房地产等区域综合开发运营及项目落地建设提供全链全程孵化服务。

绿维文旅聚焦新思维、新理念、新方法、新模式，通过理论与实践结合，出版多本行业专著，参与编制行业规范标准，创新旅游要素，研发与投资孵化创新 IP，整合高端研修与资源对接，举办旅游创新活动，打造了泛旅游综合开发运营智库。

从东部的仙境海岸到西北的吐鲁番葡萄沟，从最南端的海南到东北的黑龙江抚远，从大好河山的张家口到丽水乡愁艺术小镇，无论是现代都市还是美丽原乡，都留下了绿维文旅的印记。

多年来绿维文旅鼓励全员研发，全员研发也让绿维文旅十多年来在开发运营实践的基础上，积累了宝贵的开发运营理论基础。早在 2008 年，绿维文旅就研发了《旅游运营方略》一书，作为内部培训教材使用，未对外公开发布。之后，绿维文旅也陆续把研究成果整理成书出版发行。

《旅游引导的新型城镇化》一书从旅游产业特性、泛旅游产业整合与产业集群化等机理出发，总结三十年来旅游引导区域综合开发的经验，建构了旅游引导新型城镇化模式，新型城镇化下旅游地产模式，形成了旅游综合体项目开发、旅游地产项目开发、旅游城镇开发的运作指南。

《特色小镇孵化器：特色小镇全产业链全程服务解决方案》在研究特色小镇市场化规律的基础上，结合绿维文旅十年来的实践探索和部分研究成果，在全国首次推出了“特色小镇孵化器”的服务模式，旨在通过“顶层策划设计—旅游 EPC 建造—开业引爆经营—托管辅导经营—成功业绩移交”的全程孵化模式，及“特色产业孵化、旅游目的地孵化、旅游孵化、土地开发孵化、城镇化孵化”五大孵化结构，为特色小镇的发展提供一揽子全产业链全程解决方案。

《特色小镇开发运营指南》从顶层发展思路、理念，总结实践经验，落到政府与企业的整体开发运营结构，落到核心产品的规划设计、开发与招商运营，虽未命名为《特色小镇孵化器 2》，但实际上是以特色小镇的全产业链全程孵化服务为宗旨，是《特色小镇孵化器：特色小镇全产业链全程服务解决方案》的新探索与深化。

在研究旅游小镇市场化规律基础上，认真梳理了旅游小镇发展的方方面面，结合绿维文旅十年来在 100 多个旅游小镇的规划设计及深度开发运营参与的实践探索和研究成果的基础上，编写了《旅游小镇开发运营指南》这样一本著作。此书深入探讨旅游引导的新型城镇化下的旅游小镇多层次结构以及发展架构和规划方法等，旨在指导旅游小镇综合开发，指导规划设计与投资运营，实现产业、房地产、城镇化的结合效应。

《全域旅游孵化器》是绿维文旅基于全域旅游研究和实践的部分成果，基于以上五个层次的理解，绿维文旅响应当时国家旅游局号召，承担数十个全域旅游规划项目，从全域思维、基础支撑、核心理念、发展架构、运营模式、服务体系等方面总结出一套全域旅游创新观念。

《乡村振兴战略规划与实施》以绿维文旅集团十余年的城乡理论研究与近千个乡村类规划项目为基础进行系统性深化研究而成。十余年来，绿维文旅集团编制了大量乡村规划、乡村旅游规划、美丽乡村规划、区域经济规划、区域城市规划、十三五规划等乡村振兴相关项目，对“三农”问题的解决具有深刻的理论思辨与实操经验，在此基础上，以国家乡村振兴战略为指导，形成完整的乡村振兴规划体系，以及富于实操性的乡村建设思路与模式。

产品的创新、方法的创新、模式的创新为绿维文旅开发运营实践打下了坚实的基础，同时也为旅游开发运营课程建设储备了大量的方法论体系。

本书是一本旅游创意开发与落地运营的实践操作指南

我国旅游业在新的发展阶段出现新的需求、新的细分市场和与之相伴而来的新的问题，需要更深入的理论研究与更与时俱进的专业人才培养。因此，以旅游专业学科结构为基础，从旅游引导的社会综合发展理念出发，形成涵盖旅游开发运营全过程、全产业链条的知识理念与课程结构，构建与产业实际发展需求接轨的课程建设体系，是培养旅游从业人员的理论深度、视野广度与专业技能应用水平的有效支撑。优质化发展将是旅游业未来一段时期的发展主题，高品质开发和精细化运营正是实现这一目标的破题关键。绿维文旅基于十余年的实践探索，推出《旅游开发运营教程》一书，这是一本旅游开发运营的方法论教程，也是一本旅游创意开发与落地运营的实践操作指南。

《旅游开发运营教程》顺应国家政策导向和市场需求趋势，立足于旅游发展新阶段，基于市场端的需求变化和旅游业开发运营中存在的问题，综合绿维文旅的理论研究成果和实践经验并进行了较全面的总结，这是一套行之有效的、有针对性的旅游开发运营方法论体系，也是一本旅游创意开发与落地运营的实践操作指南。

本书把“开发过程管理”“泛旅游产业整合”“区域旅游综合开发”纳入旅游管理学科，以全新的视角和市场化的理念构建开发运营一体化的实操性知识架构。以新业态、新产品、新技术应用、新商业模式、新 IP、新媒体应用的“六新”理念引领了旅游行业发展方向，形成了覆盖旅游开发运营全要素、全产业链、全过程的新理念、新模式、新方法。本书采用案例教学和研究的模式，全书理论和案例实践充分结合，其中案例除了书本中的案例外，还链接旅游开发运营网上千个实战案例，丰富的案例资源库成为构建旅游开发运营课程体系的基石。

本书将成为旅游管理专业的核心主干课程指导用书之一，也是“十三五”规划精品教程，全书共分为17章，包含我国旅游开发运营体系梳理；旅游业的创新发展阶段；泛旅游产业整合；旅游引导的区域综合开发；旅游房地产开发；旅游项目的基础分析研究；旅游策划——需求和目标为导向；解决核心吸引、旅游规划——突破《旅游规划通则》，实现落地整合；旅游设计——营造情景体验环境；旅游工程建造——管理为主，实现落地运营；旅游目的地运营管理；旅游开发运营平台——泛旅游生态圈打造；政府旅游开发运营；旅游投融资；旅游目的地营销；旅游智慧化与科技化；绿维文旅经典案例。

本书的出版对旅游目的地综合开发、旅游策划规划设计、旅游投融资、旅游运营与管理等领域知识体系的完善起到一定的补充作用，同时对政府及企事业单位开展旅游开发运营管理工作的从业者、旅游学科领域的研究者、旅游相关专业的在校学生具有一定的指导意义，既是一本旅游开发运营的指导用书，可供旅游开发运营从业人员参考学习，又可供普通高等院校旅游管理专业学生作为教材使用。绿维文旅将在本书的基础上，结合企业实训、实习、实践，与广大高校开展实践课程的合作，深化产教融合，促进教育链、人才链与产业链、创新链有机衔接，合力推进我国开发运营人才的培养建设。

基于绿维文旅旅游开发运营平台，我们谨以此书，作为奉献读者的旅游开发运营指南，在旅游发展的新时代，万众一心，砥砺前行，助力中国旅游业更上新台阶！

2019 年 4 月

目 录

第一章

我国旅游开发运营体系梳理

学习目标

知识目标

1. 掌握旅游开发运营教学体系的知识构成及建设要点；
2. 掌握旅游产业的五大特性及价值效应；
3. 掌握旅游开发运营的特征；
4. 了解旅游开发运营的发展历程。

能力目标

1. 识别旅游管理学科建设中存在的问题，理解旅游开发运营教学体系建设的必要性和建设要点；
2. 掌握旅游开发运营的全流程体系及各阶段的任务要点；
3. 认识我国旅游开发运营实践的现状，提出未来一段时期需解决的问题和旅游开发运营的发展方向。

从旅游活动的最初产生，到旅游相关设施与服务的商品化，再到旅游产业的现代化发展，旅游业经历了漫长的演进历程。我国拥有山河湖海、民族文化、历史古迹等丰富的旅游资源，随着改革开放40年成果的不断深化和国民经济的日益腾飞，我国已经形成了规模庞大、增速飞快、潜力极强的旅游市场，旅游已经成为大众消费的主流之一。从观光旅游的起步，到多元化旅游产品的出现，再到休闲度假目的地体系的构建，旅游资源的合理开发与项目的持续运营是旅游产业可持续发展的重要保障。国家对经济、社会、生态健康发展的要求不断提高，旅游消费群体对优质供给的需求日益多元，旅游产业从粗放式发展逐渐转向精细化运营，升级为引领创新生活方式的高品质开发和运营产业，这也是未来一段时期旅游业由高速增长向优质发展转型的必然路径。

本章主要包括旅游开发运营的发展历程、旅游开发运营教学体系建设梳理、旅游开发运营的全流程体系、我国旅游开发运营发展现状四部分内容。基于对我国旅游开发运营理论基础和产业实践现状的解读，提出未来教学体系建设的方向。

第一节　旅游开发运营的发展历程

旅游业经历了从无到有到蓬勃发展的漫长历程，随着社会文化和市场需求的变革，旅游项目的开发运营也逐渐步入由盲目到理性、由单一向多元、由粗放向精细的进化阶段。从早期旅游开发活动的产生，到旅游资源和空间范围的高速拓展，再到如今以优质旅游为导向的创新提升，旅游类项目的开发与运营始终是保障旅游活动顺利进行、消费者需求获得满足、旅游市场进一步扩大的重要因素。

一、世界旅游开发运营的发展历程

（一）旅游开发活动的产生和早期发展

旅游活动的产生在业界没有统一的定论，但其历史可以追溯至遥远的古代，包括以经商、外交、巡视、宗教朝圣、祭祀、庆典、传教、求知求学、消遣享乐等事务为目的的离开日常居所的行为，主要发生在君主、使臣、贵族、商人、学者等特殊阶层人群中。旅游资源则以各类山岳、河湖、森林、建筑为主，且各种资源始终保持未经开发的状态。旅游服务配套也相对简单，如客居的旅馆、驿站都是小规模、零散化的经营。从流传至今的历史典故、文学作品中也可以看出，许多风景名胜在古代就已经进入人们的视野。

近代资产阶级革命和工业革命以后，阿尔卑斯山、巴黎圣母院、罗马斗兽场等自然景观和历史遗迹开始被更多人发掘，山岳运动基地、温泉疗养地等旅游目的地在19世纪末的欧洲掀起了开发的小高潮。伴随商品化经济的发展和火车、飞机等交通工具的发明，餐饮、住宿、交通、旅行社等旅游相关服务在这一时期得到了初步发展，旅游开发运营体系在欧美发达国家初现雏形。

（二）旅游开发运营的现代化发展历程

“二战”结束以后，生产技术的进步和带薪假期制度的施行使旅游活动更加频繁，越来越多的旅游资源被开发利用，公路、轨道、航线等交通设施也随之得到修建和完善，旅游群体的出游目的逐渐呈现多元化的特征。自20世纪50年代起，欧美发达国家的旅游业开始逐步进入大众化消费阶段，旅游经济指数始终保持高速的增长态势。

与此同时，依靠海滨、高山、森林等自然资源开发的运动、康体、商务、度假等旅游项目层出不穷，许多历史古迹、战争遗址、传统村落、工农业遗产、大学校园等人文景观资源被挖掘，文化、研学、科考、教育等旅游基地得以建立。值得一提的是，1955

年加州洛杉矶迪士尼乐园的成功开张，开启了主题乐园、影视城、室内博物馆、综合度假区等人造旅游吸引物开发运营的新篇章。这种以文化 IP 为根基，以市场需求为导向，以现代化游乐设施为主要载体，以科技应用、多元化业态经营为提升手段的现代化理念，始终是旅游类项目规划、开发和创新提升的重要指南。

在全球化的时代背景下，伴随信息的流通、科技的发展与各国不断放开的出入境政策，旅游目的地逐渐由最初的欧洲和北美扩大到亚太、拉丁美洲、非洲地区的更多国家。在旅游业发展的过程中，国家及地方政府往往与社会资本并行，大型的旅游企业及机构也日渐由经营单一产品或服务演变成为集开发、设计、建造、服务、营销等功能于一体的综合经营商。基于旅游业的融合性特征，跨界合作、跨国合作、资本与资源对接已经成为全球旅游业发展的常态，旅游业的开发与运营呈现出多主体、多载体、多类型、多要素的新时代特征。

二、我国旅游开发运营的发展历程

我国早期的旅游业发展与世界多数国家和地区类似。古代依赖于原始的资源和零散的商业经营；鸦片战争后，随着通商口岸的开放和资本主义经济萌芽的出现，逐渐形成了旅游产业的完整雏形。不同的是，中华人民共和国成立以后，受政治时局的影响和计划经济体制的限制，当时的旅游事业仅限于承担有限的外交接待职能，并未如欧美国家一般得到高速的发展。改革开放以前，我国并未形成旅游开发运营的体系结构。

改革开放以后，随着国民经济水平不断增强，旅游开发运营事业得到发展，旅游产业的地位不断提升。纵观 40 年以来我国旅游业的发展，旅游开发运营的历程可以划分为原始资源利用期、资源开发转轨期、资源深度挖掘期和创新开发运营期四个阶段。

（一）原始资源利用期（20 世纪 80 年代初期—90 年代初期）

改革开放初期，我国百业待兴，旅游开发活动主要以原始资源的直接利用为主。1981 年，国家首个关于旅游业发展的专项战略性文件《国务院关于加强旅游工作的决定》出台，旅游业作为增加外汇收入、促进各国人民之间友好往来的重要产业之一，站在了国家对外开放的前沿。此后，国家层面的旅游发展规划每五年都会随着国民经济发展计划出台。由于国家推行以入境游为重点的旅游发展战略，这一时期的旅游项目承担着对外展示和外宾接待服务职责，故宫、颐和园、西湖等具有唯一性、代表性的旅游资源，依靠国际领先水准的基础配套设施建设，形成了享誉海外的吸引力。为满足蓄积已久的海外客源消费需求，以饭店、宾馆和旅行社为代表的旅游服务设施开发，开始获得政府财政的支持和民间资本的青睐，市场化导向的旅游开发运营模式在热点旅游城市和经济发达地区逐渐成型。

1985 年年底，国务院常务会议将旅游业纳入我国国民经济和社会发展计划，确定了旅游业在国民经济中的产业地位。1993 年，原国家旅游局发布《关于发展国内旅游业的意见》。政策利好和入境旅游取得的成就吸引了更多的企业及个人参与到旅游相关项目的开发活动中，开发形式主要是依托资源打造旅游景区，并初步建设配套的旅游服务设施，随后开业并获取门票收益以维持运营。但是，由于初期阶段的旅游项目核心吸引力主要依赖于高品级的旅游资源，旅游群体具有小众和高端的特征，因此对中低品级资源实施的“圈地卖门票”和不理性的服务设施投资行为，使盲目的投资者蒙受了经济损失。

（二）资源开发转轨期（20 世纪 90 年代中期—21 世纪初期）

20 世纪 90 年代中期以后，随着国家市场机制的完善、国民收入的提升和周休 2 日、“黄金周”制度的推行，旅游目的逐渐由最初的“跟风”演变成为包括观光、休闲、探险、康养在内的多层次需求，旅游市场在这一阶段得到了前所未有的发展。在此背景下，旅游群体数量和类型的增加为旅游资源转换为营利项目提供了可能，旅游类项目的投资、开发、运营的主体也由最初的政府和垄断性国营企业，扩大到合资企业和民营资本。

这一时期，除依托自然资源本身观赏性的旅游景区被更多地开发以外，立足本土文化，同时借鉴国际先进理念的游乐项目也逐渐被引入和开发，过山车、摩天轮等游乐设施给游客带来前所未有的游乐体验。深圳锦绣中华、世界之窗、欢乐谷等主题乐园的成功，吸引了大量地产商涉足旅游项目的开发运营，旅游类项目的开发由原始资源的直接利用进入多元化转型阶段。但是，以旅游景区、主题公园为代表的旅游项目开发在这一阶段尚未形成科学的规划指导，多数投资开发商尚未具备对旅游市场趋势科学分析的能力，设备与技术依赖于国外引进，商业合作模式也处在摸索阶段。因此，有开发无运营、投资难以回收、持续经营乏力等问题是这一时期众多旅游项目的痛点所在。

（三）资源深度挖掘期（2005—2014 年）

2005 年，国家提出了“大力发展入境旅游、规范发展出境旅游、全面提升国内旅游”的方针。2009 年，国务院《关于加快发展旅游业的意见》中提出“把旅游业培育成为国民经济的战略性支柱产业和人民群众更加满意的现代服务业”。可以看出，旅游业在国家顶层设计中已经成为与经济结构转型和小康社会建设息息相关的产业。在这一时期，带薪休假制度建立，清明、端午、中秋小长假增设，我国“四横四纵”高速铁路建成，线上服务平台兴起，为旅游活动的普及和市场的繁荣创造了更多便利条件。随着旅游日益成为国民休闲文化生活的一部分，传统的“景点到此一游”已经不能满足游客日趋丰富的出行需求。

在政策利好和需求释放的双轮驱动下，现代旅游业已经成为投资热点，民营资本在这一时期与政府、国有企业平分秋色，跨领域、跨产业投资和经营成为旅游类项目的常态，乡村旅游、特色小镇、度假综合体、智慧景区等新型旅游业态不断产生，旅游演艺、旅游剧场成为延长游客停留时间的项目开发热点。通过自然及人文资源的深度挖掘，情境体验、参与娱乐、休闲度假型的旅游产品成为旅游类项目开发的主流方向。但是，盲目拿地建设、缺少因地制宜的科学规划、文化资源挖掘深度不足、产品形式单一、后续经营乏力仍是众多旅游项目的通病，资本与资源、供给与需求的有效对接是旅游类项目开发运营亟待突破的方向。

（四）创新开发运营期（2015年至今）

2015年8月，国务院办公厅印发《关于进一步促进旅游投资和消费的若干意见》，提出改善旅游消费环境、新辟旅游消费市场、培育新的消费热点、开拓旅游消费空间、激发旅游消费需求。该文件首次正式详细地谈及优化调整休假安排、提升旅游基础设施、促进旅游新业态投资、推动“互联网＋旅游”建设等具体实施计划，标志着我国旅游业进入市场合理布局、产品创新升级、产业结构优化的科学化发展阶段。国家《“十三五”旅游业发展规划》中指出，旅游业的发展要突出理念创新、产品创新、业态创新、技术创新和市场主体创新，在这一顶层规划指导下，旅游开发运营将进入以供给侧结构性改革为战略，以满足消费者个性化、深度化、品质化体验需求为导向的“后资源开发”时期。

在这一阶段，不仅要打破单一景点或旅游吸引物“圈地收票”的开发模式，还需要以资源保护为前提，深度挖掘资源的文化价值和开发价值，进行科学的投资决策和因地制宜的规划设计，更要不断跟进市场需求的变化，通过与咨询公司、规划设计公司、科技公司、设施设备供应商、在线旅企等各类专业机构合作，运用景观提升、文化植入、科技应用等手段，形成包括业态创新、产品创新、游憩方式创新、商业模式创新在内的目的地综合提升体系。

第二节　旅游开发运营教学体系建设梳理

旅游业是综合性的社会经济产业，其开发与运营涉及多类型的主体与多元的知识体系。尽管旅游资源开发、规划设计、经营管理、产品创新、服务升级等方面较受关注，但是目前我国尚未形成涵盖旅游开发运营全过程、全产业链条的理论框架与教学体系。研究滞后于产业、产业落后于需求、人才数量难以填补旅游市场增长的缺口、课堂所授理论知识与产业发展实际脱节，是目前我国旅游现代化发展中面临的重要问题。因此，在现有旅游管理学科架构基础上，遵循行业发展规律及提升需求，梳理知识要点并构建旅游开发运营研究方向的教学体系，提出切实可行的应用型人才孵化培养计划，是旅游产业进一步提升的必要保障。

一、旅游业相关的学科结构现状与问题

旅游业作为改革开放以后的新兴产业，其相关的理论研究与教育体系在20世纪90年代中期才开始不断涌现。由于旅游现象产生原因的多重性、旅游相关活动的多元性、旅游产业的综合性等特征，旅游业的相关知识体系也与众多一级学科有着密不可分的联系。随着我国旅游经济的发展及旅游产业地位的不断提升，旅游管理逐渐成为管理学学科体系中的重要学科之一。但是，其理论研究与概念体系多为其他学科拼凑而来，缺少学科自身完善的知识系统和与产业发展实际需求相接轨的理念。

（一）旅游管理学科结构现状

自20世纪90年代中后期以来，旅游管理专业开始在国内的高等院校和中等职业院校中设立。教育部2018年4月更新的《学位授予和人才培养学科目录》显示，管理学大类下的一级学科包括管理科学与工程、工商管理、农林经济管理、公共管理、图书情报与档案管理五大类，旅游管理被划归为工商管理类别下的二级学科。

旅游管理专业以培养具有旅游专业知识、能在各级行政管理部门与企事业单位从事旅游事业、促进旅游产业发展的专业人才为目标，课程设置主要包括旅游学概论、旅游政策与法规、旅行社经营与管理、旅游酒店管理、旅游目的地管理、会展与活动管理等。由于旅游学科的发展历史尚不足20年，业界的专家学者来自于管理学、经济学、社会学、地理学、人类学、心理学、历史学、环境学等不同领域，多元化的研究视角也促进了旅游企业管理、旅游经济学、旅游市场营销、旅游地理学、旅游社会学、旅游心理学、旅游文化学、旅游可持续发展等多元化知识结构的形成。

（二）旅游学科建设中存在的问题

随着国家政策要求的不断推进和旅游市场规模的不断扩大，旅游管理学科建设在近年来受到越来越多的重视。但是，由于旅游业发展起步较晚，旅游学仍处于边缘学科的地位，尚未形成相对独立的理论体系，也未构建起与产业发展实际有效衔接的学科结构。

1. 缺少独立性的发展视角

旅游管理专业作为工商管理下的二级学科，其课程设置多沿用了工商管理专业通用的知识结构。但事实上，旅游业具有综合性的产业特征，从旅游产业分类上可分为旅游业和旅游相关产业两大部分。旅游业是指直接为游客提供出行、住宿、餐饮、游览、购物、娱乐等服务活动的集合；旅游相关产业是指为游客出行提供旅游辅助服务和政府旅游管理服务等活动的集合。旅游产业多元化结构决定旅游学科的建设需要结合学科自身的特点去构建体现旅游产业特征要求的新模式，形成独立的发展视角，而不是仅仅依托

工商管理专业发展。

2. 缺少融合性的理论体系

传统的旅游学科理论一般为其他学科拼凑而成，“借他式”的知识应用多停留在表层的概念复制阶段，缺乏对旅游现象与产业发展机理的深层次探究，各相关学科之间未形成交互式和融合性的研究架构，甚至存在概念的误用和偏差，这就导致了旅游学科自身的知识难成体系化发展。如何打破相关学科之间的研究壁垒，形成“青出于蓝而胜于蓝”的特色化理论体系，是旅游学科建设过程中势必需要解决的问题。

3. 理论知识与时代需求未能有效对接

目前的旅游管理专业课程设置尚停留在景点、旅行社、酒店等单一旅游要素层面，理论所涉及的领域相对狭窄，缺少旅游引导的区域产业综合性发展的广阔视角，忽略了经济新常态背景下旅游要素的拓展和多元化需求的扩张，这已经与自主旅游时代的发展需求严重脱节。此外，国内众多高校缺少理论与实践经验相统一的教学模式，导致高学历毕业生难以将知识转化为促进产业发展的有效动能。

4. 缺乏旅游开发运营系统性教育

目前，我国旅游管理专业学科体系基本形成，高等职业教育主要以培养旅行社、酒店、景区、航空等旅游行业专业服务性人才为主。旅游管理本科教育开始分方向进行人才培养，不过仍然以旅行社、酒店、景区、会展、航空为主要方向，以培养旅游行业管理型人才为主。部分学校旅游管理学科设立了旅游规划方向，但是缺乏旅游开发运营系统化的理论指导，以专业理论输入为主，缺乏旅游开发运营领域应用实践。

二、旅游开发运营教学体系建设

我国旅游业在新的发展阶段出现新的需求、新的细分市场和与之相伴而来的新的问题，需要更深入的理论研究与更与时俱进的专业人才培养。因此，以旅游管理学科结构为基础，从旅游引导的社会综合发展理念出发，形成涵盖旅游开发运营全过程、全产业链条的知识理念与课程结构，构建与产业实际发展需求接轨的学科建设体系，是培养旅游从业人才的理论深度、视野广度与专业技能应用水平的有效支撑。

（一）旅游开发运营教学的知识结构

旅游开发运营是涵盖从原始资源挖掘到项目落地，再到旅游引领区域综合发展的全过程概念，其间涉及策划、规划、设计、投资决策、报批立项、土地开发、招商引资、产品开发、施工建造、开业引爆、市场营销、创新提升等多个环节，也关系到政府、投资商、开发商、建造商、服务商等多个主体。因此，旅游开发运营教学的知识结构也横跨生态、生产、生活相关的多个领域，主要包括旅游学、资源与环境科学、城乡规划、金融投资、建筑工程、社会学知识体系和经营管理体系。

1. 旅游学体系

目前我国已经初步形成旅游管理专业的完整学科体系，应在现有知识架构的基础上，充分结合国家顶层政策、产业发展现状和消费群体的时代需求，形成突破工商管理框架、有机融合相关科学、涵盖开发运营全程全产业链的旅游学特色理论。

2. 资源与环境科学体系

优美的生态环境与独特的自然资源是旅游业赖以发展的基础，任何旅游项目的开发，都必须以尊重生态基底、保护资源环境为前提，以实现经济增长与环境保护的良性循环、人与自然的和谐共生为理念。因此，旅游开发运营教学中，应充分融合地质学、土壤学、水文学、生物学、农业资源学、环境工程学、环境资源法规与管理等资源与环境科学相关的知识体系，使旅游开发运营能够履行资源高效利用和生态环境保护的双重职能。通过专业人才对绿色旅游线路、旅游方式、旅游服务、旅游产品的研发，促进集经济效益、社会效益、生态效益于一体的旅游类项目形成。

3. 城乡规划体系

2014 年，习近平总书记在北京考察期间提出，考察一个城市首先看规划，规划科学是最大的效益，规划失误是最大的浪费，规划折腾是最大的忌讳。事实上，合理布局、规划先行的理念适用于各类顶层政策的落实实施和各类产业的发展战略，旅游业也不例外。目前我国已经进入城乡融合发展的新时期，旅游业是城市发展与乡村振兴的重要抓手，城市与乡村都是旅游业发展的重要载体。因此，与城乡规划相关的道路交通规划、市政工程规划、风景园林规划、游憩系统规划、房地产规划、新农村建设规划、人居环境整治规划等专业知识理论，应在旅游开发运营教学体系中得到融会贯通，促进旅游业成为引领未来城市与新型乡村发展的综合性产业。

4. 金融投资体系

资本与资源的有效对接，是旅游项目得以健康持续经营、旅游供给侧改革得以推进的重要保障。在旅游开发运营的过程中，相关主体应基于项目的资源禀赋、主题定位和市场定位，对商业运作模式、盈利估算、投资分期、收益回报等问题进行深入探讨。因此，旅游开发运营的教学应涵盖金融理论、投资决策、资本运作相关的知识体系，以此培养具有战略眼光，熟悉国内外资本市场，能够掌握企业管理、项目开发架构和投融资运营的综合管理人才。

5. 建筑工程体系

任何一个具体的旅游项目最终都要落地在建筑施工上。目前，行业内能够提供旅游项目设计施工一体化服务的企业数量十分有限，导致众多优质的旅游项目止步于顶层方案规划阶段。因此，建筑工程是旅游开发运营体系中不可或缺的知识构成，也是为旅游业培养具备项目勘察、工程预算、工程招投标、结构设计、施工监工、工程管理与验收能力专业人才的必要内容。此外，建筑工程体系的建立还能够提高旅游前期规划的科学性，保障优质旅游项目方案的落地实施。

6. **社会学体系**

旅游业被列为“五大幸福产业”之首，以人为本的理念应贯穿于旅游开发运营过程的始终。因此，社会学相关的政治、民族、宗教、法治、教育、心理、社会工作等知识体系应包含在旅游开发运营教学结构中，使旅游业不只能够促进国民经济发展，更能够成为关注民生要素、引领创新生活方式和社会文明建设的新型产业。

7. **经营管理体系**

旅游开发运营要求包括政府、旅游开发商、企业管理者在内的所有参与方都应具有经营管理方面的知识结构。经营管理是对人员、资源、信息、时间等有限资源的合理组织与调配，以达到最终的经营管理目标。

经营管理系统分为生产系统管理、销售系统管理，对应的还有财务职能管理和人事职能管理。具体到旅游经营管理系统应该包括国际经济与贸易、市场营销、人力资源、产业经济学、统计学、财政学、金融学等知识的支撑。

（二）旅游开发运营教学体系的建设要点

旅游业的发展，与其他产业类似，也需要解决好土地、资金、人才问题。特殊的是，旅游产业自身是个环环相扣的综合系统，任何流程、任何环节都不可孤立存在，同时又与资源环境保护、产业经济发展、社会文明建设密不可分。因此，旅游开发运营教学的开展既可以作为旅游管理专业的重要方向单独展开，也可以作为旅游管理专业的一门单独课程，充实学生的专业视角。在教学中，要以综合性的社会发展视角，使相关理论得到有机融合，促进人才与产业、资本与资源的有效对接，其要点主要包括以下三个方面。

1. **打破学科壁垒，形成多元融合的理论研究体系**

旅游开发运营的理论应突破单一要素的研究和表层的概念复制，站在国家和地区经济、环境、文化、社会综合性发展的视角，有机融合并升华资源与环境、城乡规划、金融投资、建筑工程、社会学等学科的相关知识理论，不断关注经济新常态背景下旅游要素的拓展和多元化需求的扩张，从而形成对旅游现象与产业发展机理的深层次探究。

2. **关注应用型人才培养，将知识转化为产业新动能**

旅游开发运营作为一个专业研究方向，在建设过程中应打破目前旅游管理专业课程与实践应用脱节的现象，应该把《旅游开发运营教程》作为专业基础课的基础上，充分吸纳旅游开发运营相关的专业课程进行进一步的学习，形成专业方向开发体系。在教材中更多地通过实际案例的分析，解读目前旅游业的发展趋势、需求和亟须突破的问题。同时，应加强企业与高校及民营培训机构的合作，通过构建完善的人才孵化体系，促进理论知识转化为产业发展的新动能。

3. **政产学研有效合作，构建起全链综合发展格局**

旅游学科教育应成立专业的统筹机构，搭建起旅游开发运营与政府、企业、高校、研究机构等主体有效对接的平台，通过定期举办商务合作、学术交流、投融资会议、资源输送、人才培训、经验分享等活动，构建起全产业链、全流程的合作发展新格局。

第三节　旅游开发运营的全流程体系

旅游项目落地的关键在于开发运营的全过程衔接协同。旅游开发运营是一个涉及多主体、多内容、多流程的复杂系统，在前期开发阶段、中期建设阶段和后期运营阶段都有对应的任务要点（见图 1–1）。

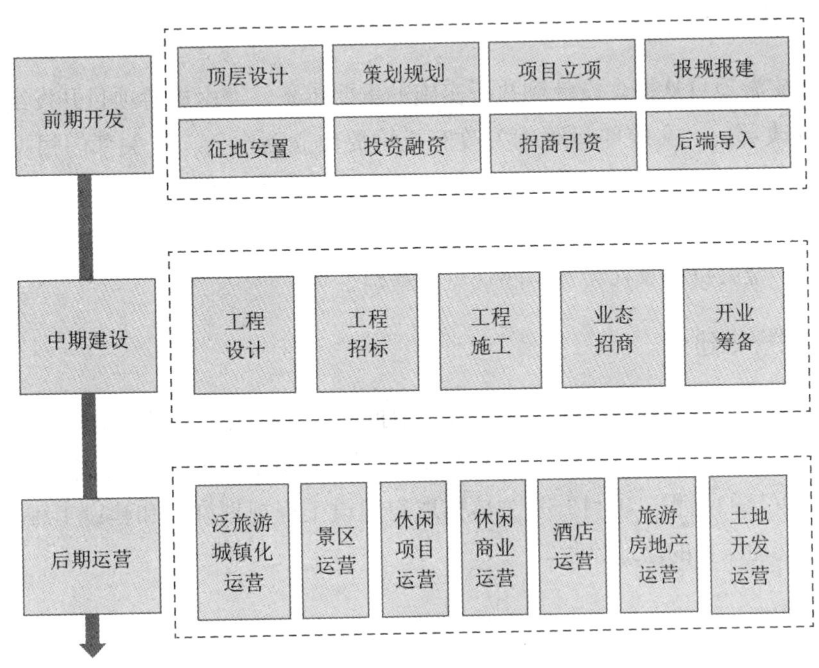

图 1–1　旅游开发运营的全流程体系

一、前期开发阶段

旅游项目从投资意向产生到项目建成交付使用，必须经历一个完整的开发过程，这一阶段的主要任务包括项目的顶层设计、策划规划、项目立项、报规报建、征地安置、投资融资、招商引资和后端导入。

（一）顶层设计

顶层设计环节，需要站在区域综合发展的高度，对开发过程中涉及的利益主体、资源、土地、资金等相关要素进行全面的统筹考虑，为旅游产业的发展和目的地的开发建设提供总体的战略指引。

（二）策划规划

策划要先于规划形成全案架构，即在资源分析和客源市场分析的基础上，明确项目定位、要素配置、业态布局、产品形态、商业模式和开发计划。以此为蓝图，在遵循《中华人民共和国旅游法》《中华人民共和国城乡规划法》《旅游规划通则》等相关国家法规和标准的基础上，编制旅游总体发展规划、控制性详细规划、修建性详细规划或旅游线路规划、旅游服务设施规划、旅游营销规划、旅游投融资规划等根据实际需要的功能性专项规划，使旅游项目在落地的全过程中都有参考的指南。

（三）项目立项

立项是旅游项目从概念设计到执行实施的重要步骤，需由旅游项目开发组织者向人民政府、发改部门、文旅部门等相关政府机构提出立项申请，有关部门根据国家和项目所在区域内外部发展条件对文字、图纸、表格、数据等报审材料进行可行性研究、备案、核准与审批。通过政府的立项审批，才能够取得土地的规划和利用权，为后期的扶持资金申请、金融机构及社会资本融资奠定基础。

（四）报规报建

报规报建，是指开发主体在获得项目立项批准后，将旅游项目方案报送规划和建设主管部门审批，相关部门对其选址、工程规模、投资分期、资金来源、施工计划、发包方式等进行审核的流程。项目开发主体需取得建设工程规划许可和建设工程施工许可，才能够继续推动项目的落地流程。

（五）征地安置

旅游项目的开发过程中，如涉及征地拆迁，开发主体应妥善协调政府关系与原住居民的补偿、安置权益，确保旅游项目开发带动区域综合发展的社会效益，避免强拆、强建的盲目开发带来的负面影响。

（六）投资融资

旅游业的良好发展前景吸引着各地政府、金融机构和民营企业的介入，旅游开发主体应在科学的投资决策基础上，牵头搭建专业的投融资平台、推进 PPP 等旅游投资模式的创新应用，从而发挥各类投资主体优势、把握旅游发展风向、促进资源与资本有效对接、推动旅游综合开发落地实施。

（七）招商引资

分阶段的招商引资是旅游项目开发的持续性任务之一，在这一环节中，开发主体应立足旅游发展阶段、市场需求和自身定位，进行凸显优势的项目包装，多方协调政府、金融机构、企业之间的关系，搭建对外开放的招商引资平台，进行长期的宣传与商洽工作。

（八）后端导入

后端导入，是指开发主体在项目开发的过程中引入专业的咨询机构，将其专家、创意、知识体系和社会资源渠道应用到项目开发结构中，从而获取旅游开发运营全程一体化的专业指南和服务体系。

二、中期建设阶段

中期建设是旅游创意概念与开发理念转化为落地项目的实施环节，这一阶段包括工程设计、工程招标、工程施工、业态招商和开业筹备五项基本任务。

（一）工程设计

旅游工程设计，是在遵循国家相关规范标准的基础上，根据项目开发的核心思路，结合实际场地条件，形成针对建筑主体、景观设计、专业工程（给排水、暖通、电气等）、施工技术、材料应用、工程检测、质量验收等流程的专业设计文件和图纸，使旅游项目的建设有章可依。

（二）工程招标

工程招标是指旅游项目开发主体或其委托的代理机构通过法定程序吸引建设机构通过竞争承接工程建造任务，是引入优质建造资源，使项目工程按照设计要求保质完成的有效手段。在这一环节中，需要项目负责人按照招投标行政主管部门的要求进行备案及核准，组织专业的评审团队，综合考虑项目开发的各方面因素，择优选择工程承包主体。

（三）工程施工

工程施工是旅游项目实现“从无到有”、从概念到落地的执行环节。旅游项目的特殊性对工程施工主体提出了更高的要求，不仅要按照工程设计文件执行标准化建设，更要体现精细化、服务性、科技智能和绿色生态理念。采用设计、采购、施工一体化的工程总承包模式，是避免设计与执行脱节、缩短工期、提高质量的有效手段。

（四）业态招商

旅游项目的成功落地，需要多元化的业态进驻实现经济的盘活。因此，旅游开发主体应根据项目发展蓝图和要素配置需要，进行覆盖食、住、行、游、购、娱等多类要素的业态招商，在这一过程中，应降低各类业态的准入门槛，提供必要的服务支持，为后期的人气聚集、消费聚集做好铺垫。

（五）开业筹备

项目建设即将完工之时，必须着手开业筹备工作，包括对管理团队与服务人员的培训及旅游标识、旅游卫生、旅游安全保障、导览服务、游客接待等系统的正常运营。此外，开业前要形成可行的营销方案，在不同的渠道推广品牌、形成社会影响力。

三、后期运营阶段

旅游项目的开发与建设流程结束后，其后期运营不仅局限于针对单体项目的经营管理，更是要站在旅游引导的区域综合开发角度，形成包括泛旅游城镇化运营、景区运营、休闲项目运营、休闲商业运营、酒店运营、旅游房地产运营和土地开发运营的目的地综合运营架构。

（一）泛旅游城镇化运营

泛旅游城镇化运营是指以旅游引导的新型城镇化的结构下的运营，新型城镇化不只是创建新城，也包括老城市的扩张升级。城镇化运营包括产业运营、旅游运营和生活服务运营三大方面，主要涉及市场化运作、生活方式升级、产业全方位升值和品牌创建四项基本内容。泛旅游城镇化运营的核心，是构建产业融合发展、居住配套体系完善、城镇旅游化提升的区域综合发展格局。

（二）景区运营

景区是区域旅游业发展的核心载体，其运营涉及创 A 升 A 的标准化升级、体制机制的改革、收益模式的综合性转型、服务体系的智慧化提升、游憩方式的创新打造，也包括人力资源、营销、安全、游客、危机和财务六大核心管理体系。自然景区、人文景区、人造景区等不同类型和属性的景区，经营主体、管理体制和运营模式也都有所不同。

（三）休闲项目运营

休闲项目，包括温泉、游乐园、农庄、演艺、滑雪场等人工开发的体验型项目，是旅游目的地聚集人气、拉动消费的重要引擎。要结合项目的实际情况和目的地发展需要，适时导入 IP、运用科学技术、拓展营销渠道、丰富消费内容、转型资本运作模式，打造以服务升级和体验方式创新为核心的良性经营管理生态圈。

（四）休闲商业运营

大众消费需求和消费行为的变化推动了传统商业突破单一的购物功能，向聚集餐饮、休闲、住宿、娱乐、养生等各种功能互相渗透的休闲商业转变。休闲商业运营的核心任务包括招商运营、商户管理、旅游体系运营、地产运营，需要通过专业、精细的运营管理，凸显高品质的服务体验和商业行为的休闲娱乐化。

（五）酒店运营

酒店运营是旅游目的地延长游客停留时间、塑造良好品牌形象的重要要素。酒店的运营包括发展战略的明确、体制机制的改革、服务质量的提升、综合收益的管控、营销渠道的创新，也包括酒店内部的前厅、客房、餐饮、设施设备等多个方面的精细化管理。

（六）旅游房地产运营

旅游房地产是指依托丰富的旅游资源，融休闲、旅游、度假与居住功能为一体的房地产项目，包括休闲商业地产、度假居住地产、养老地产、文创地产、庄园地产等多种类型。旅游地产项目的运营，需要有机结合地产销售的快速回收和旅游经营的持续性收入，并根据不同的开发类型，合理地选择开发持有、开发持有自营和他营、开发销售度假权益、开发销售产权等运营模式。

（七）土地开发运营

旅游开发，是一种基于土地开发利用的区域综合开发形式，因此，针对土地开发的运营管理是旅游项目得以落地并持续经营的保障。在这一环节中，要明确各类土地的适用项目类型，并根据实际需要创新应用土地开发、整理、复垦中的投融资运作模式，为旅游开发的长期资产增值奠定基础。

第四节　我国旅游开发运营发展现状

党的十九大报告指出，新时代我国社会的主要矛盾已经转化为人民日益增长的美好生活需要和不平衡不充分发展之间的矛盾。这一矛盾具体到旅游业而言，是旅游市场的供给未能紧跟消费升级的步伐，现有产品和服务难以满足自主旅游时代多样化、品质化的旅游需求。在这一时代背景下，无论是响应国家顶层发展要求，还是出于旅游业自身的发展需要，因地制宜地识别发展问题，并以深化供给侧改革为目标对开发运营模式进行战略性调整优化，是旅游业实现由高速发展转向优质发展的必由之路。

一、旅游产业特点

（一）旅游产业的特性认知

1. 旅游产业的五大特性

旅游业是一种以吸引力为核心，通过旅游产品吸引核的构建吸引人和消费的搬运，最终通过市场终端的消费放大而形成的带动能力强、辐射范围广的产业。旅游产业是以出游行为的消费为基础，由食、住、行、游、购、娱等产业紧密联系组成的一个完整的经济系统结构，属于内需型消费产业。我国旅游业经历了由外事接待型事业向经济经营型产业的发展阶段，并在国民经济蓬勃发展的背景下，成为我国战略性支柱产业。旅游业的内涵不断发展、形态不断提升、带动作用不断增强，已经成为各地打响品牌、促进内需、平衡城乡二元结构、解决民生问题的重要抓手。

（1）旅游是一种“消费搬运”。

旅游即旅行和外出，从空间角度看，是为了实现从甲地到乙地的空间转换。旅游有两个层面：从心理学看，旅游是离家以后满足一种新的生活方式需求的行为；从经济学上讲，旅游对于旅游目的地而言，意义在于“搬运”，这也是旅游最核心的特征。搬运什么？第一搬运的是“人”，把人从客源地搬运到目的地，第二搬运的是“消费”，因此我们将旅游的本质归纳为“消费搬运”。

旅游休闲的“搬运功能”可形成 8 小时之外的休闲人口聚集，以及短期的出游型人口聚集，进而形成消费聚集，成为大众旅游时代中国城镇化建设的重要动力。

（2）旅游是一种“预卖产品”。

旅游是一种“预卖产品”，需要提前进行营销，把这种吸引力转化为市场的待售产品。旅游购买行为从之前的组团旅游（直接购买游线产品或组团包价产品）逐渐转化成现在的购买旅游方案。旅游购买的对象不是一个包价产品，而是多种多样的、定制化、个性化的优化组合。这种把产品变成容易购买、能够购买、重复购买，形成符合市场细分要求的产品组合方案，我们称之为“预卖产品”。

（3）旅游属于终端消费。

旅游过程中的吃、喝、玩、乐、购等消费构成了终端消费，也由此带动了大量上游产业的发展，对区域经济发展起到了非常大的推动作用。旅游不仅仅是一个产业，它带动的是相关泛旅游产业结构的调整。

（4）旅游有强大的引擎效应。

旅游有非常强的引擎效应，往往是区域经济发展中最重要、最核心的产业，旅游的战略性决定了我们在做项目时，要把它当成一个引擎结构，而能否做强做大，关键在于能不能用旅游引爆关联产业，能不能用旅游带动区域经济的合理化发展，能不能用旅游引导城镇化建设与发展。如果不能将泛旅游产业纳入进来，不能将旅游与城镇化结合在一起，那么旅游的地位与价值一定非常有限。

（5）旅游的高度融合特性。

旅游业作为多行业组成的社会、经济、文化、环境的整合产业，具有高度关联和辐射带动的特点。首先在产业方面，能很好地融合第一、二产业，带动第三产业（尤其是服务业）的繁荣发展，与其他产业形成“旅游+”与“+旅游”的相互依赖和促进关系，为产业结构转型升级发挥融合剂的作用；其次能在资金、技术、信息、人力等资源方面汲取全新力量，促进产业资源的优化配置。

2. 旅游产业的价值效应

旅游产业的价值要远远超出一般消费产业。旅游不仅能够带动目的地消费增长、促进区域就业，还能提升目的地文化品牌价值、改善生态环境、促进精神文明建设，对构建和谐社会有着重要的推动作用。当前，旅游产业的带动效应主要体现在对直接消费、产业发展、城镇化的带动上。在此过程中，旅游产业的发展将会为这一地区带来品牌效应、生态效应、幸福效应等价值效应。

三大带动效应包括：第一，直接消费带动。来源于“搬运市场”的吸引能力。第二，产业发展带动。旅游产业综合性强、关联度大、产业链长，已经广泛涉及并交叉渗透到许多相关行业和产业中，形成了一个泛旅游产业群。第三，城镇化带动。旅游开发已经突破了传统的模式，与区域发展和城镇化全面结合，走向了区域综合开发时代。

四大价值效应包括：第一，价值提升效应。一方面是终端消费带来的价值提升，另一方面是体验性消费带来的附加价值提升。第二，品牌效应。旅游的品牌效应主要表现为对城市品牌的宣传与提升作用。第三，生态效应。旅游是一个资源消耗低、综合效益好的产业，在十八大高度重视生态文明建设之后，旅游的生态效应将得到最大化的释放。第四，幸福效应。旅游产业不仅能增加目的地居民收入，还能给旅游者带来视野上的开阔、生活上的享受、精神上的愉悦，从而提高生活质量。

（二）旅游产业结构的理解

产业结构是指产业间或产业内部各行业之间的关系结构，反映一个国家产业之间或某项产业内部行业之间的比例关系和变化趋势。梳理和分析旅游产业结构，才能发现其发展问题和优化方向，才能保证旅游产业的总体发展速度和质量与国民经济发展的要求相适应、相协调。基于旅游产业的边界模糊，其产业结构没有明确的定义，本节从产业间和产业内部行业间两个方面进行了梳理。

从产业间关系来看，可将旅游产业结构分为上游的目的地资源及产品、中端的渠道分销商和下游的产业综合服务商。

从产业内部行业间来看，旅游产业结构是从供给出发，指以旅游业生产力六要素即食（旅游餐饮业）、住（旅游宾馆业）、行（旅游交通业）、游（旅游景观业）、购（旅游商品业）、娱（旅游娱乐业）为核心的内部各大行业间的经济联系与比例关系。

经过近 40 年的发展，我国旅游业已经形成了较大的行业组织和行业规模，其社会化程度和行业结构也有一定转变：各供给要素之间的有机联系和整体效用发挥逐步增强；主导行业或部门的作用和效益也越来越突出；饮食、购物、娱乐等部门的高弹性收入和住宿、交通、通信等部门的一般性收入已经逐步平衡。

未来旅游内部经济活动方面，在市场需求层次的不断推动下，旅游供给将向多样化、系列化方向发展，由低级向高级演进；在科技的带动下，产品供给也会加大附加值产品、高科技旅游产品的比重，旅游经营也会向网络化发展。

未来旅游产业链方面，上下游的合作将更密切。下游的产业运营服务商会更早地介入到上游资源及产品开发、中游的渠道分销中，逐渐推动旅游产业的综合运营水平和服务管理能力，使旅游业向集约化、高效益方向发展。

二、旅游开发运营特征

基于旅游产业的特征，在经济新常态的背景下，我国旅游类项目的开发运营呈现出多主体、多载体、多类型的特征。

（一）多主体

从开发前期阶段的顶层设计、策划规划，到开发建设期的建造资源导入、工程设计及管理开业筹备、前置招商等工作，再到建成运营期的营销、招商、开业引爆、持续经营，开发运营的过程往往涉及投资商、开发商、规划设计机构、建造商、设备供应商、服务商、营销商等多个主体，项目的落地难以靠单一的政府单位、企业或机构独立完成。纵观新时期的旅游类项目，民营资本与政府、国有企业资本共同介入，加之商业地产、金融资本等非旅游类企业涉足，旅游企业跨领域、跨产业投资和经营已经成为常态。

（二）多载体

21 世纪以来，A 级旅游景区的建设规模持续扩大，主题公园、度假综合体、特色小镇、乡村旅游、古镇古村等新型旅游项目遍地开花。截至 2018 年 4 月，我国共有 5A 级旅游景区 249 家、4A 级旅游景区 2580 家、3A 级及以下旅游景区超过 6000 家；国家级旅游度假区 26 个，国家级特色小镇 403 个；投资过亿元的主题公园超过 300 家。通过自然及人文资源的深度挖掘，引领创新生活方式的休闲度假项目成为旅游开发的主流方向。

（三）多类型

标准化、模块化的旅游产品和“到此一游”的观光形式已经不能完全迎合自主旅游时代的特点，满足游客碎片化、个性化需求的定制产品更符合当今的旅游需求。目前，商务、运动、医疗、探奇、研学、养老等多元化旅游产品类型已经形成，未来以新时代的市场需求为导向，以移动互联、虚拟现实、人工智能等新一代科学技术为动能，以特色文化挖掘和主题设计为手段，旅游产品的种类将越来越丰富，越来越多的旅游细分市场也将不断出现。

三、我国旅游开发运营现状

我国的旅游经历了“井喷式”的增长期，然而随着资源的趋紧和生产成本的攀升，“圈地售票＋快速扩张”的开发运营模式所带来的景区产品雷同、经济增长放缓等现象日益凸显。因此，以市场需求为导向，加速构建创新发展新格局，实现由单一粗放经营向多元优质供给的转型升级，是旅游开发运营响应时代需求的必然路径。目前，我国旅游开发运营亟待解决的问题主要包括理念、资源、管理、经营、产品与服务、人才培养六个方面。

（一）理念问题——缺少目的地综合开发的理念

旅游业已被国家定为战略性支柱产业，而战略性产业具有终端消费性强、引擎作用大、附加价值作用高、幸福指数需求强等特征。目前，我国旅游项目的开发运营，大多以原国家旅游局 2003 年出台的《旅游规划通则》为指导方略。但是，如今的旅游业已走向了消费升级、新型市场脱颖而出的自主旅游时代，现行的《旅游规划通则》是在以观光为主的传统旅游产业的架构下构建的，依此编制的旅游规划缺少产业融合、产品创新、商业模式升级等目的地综合开发的理念，难以对新时代的旅游类项目形成落地性的指导。

旅游开发运营，应以“平台化运作，产业链经营”为战略方针，利用创新的思路，突破单一景点粗放经营的模式，以市场为导向，跳脱传统旅游规划的壁垒与局限，构建起全域旅游目的地的综合提升架构。

（二）资源问题——自然资源的消耗和特色文化的忽略

资源是旅游目的地开发的基础，应深度挖掘其文化和旅游价值，定位资源核心，对接市场需求，明确资源开发方向，打造具有内在价值的休闲度假产品。国民经济的增长为更多旅游项目提供了盈利可能，但是，许多旅游项目在开发前期缺乏科学的资源评估、开发论证及项目规划，盲目、粗放的地产开发与重装备引进极易造成生态环境不可修复的破坏。

因此，旅游吸引物的开发不应仅限于自然资源的利用，而应深入挖掘旅游目的地特色文化，赋予项目鲜明的主题、更深层次的内涵和更多体验价值。

（三）管理问题——开发运营行业标准缺失

目前，我国虽已从中央层面下发了多个促进旅游业全面提升的政策文件，但是旅游开发与运营尚未形成行业标准。这导致顶层宏观的政策难以在地方形成标准化的制度流程并得到有效落实，进而引起了政出多门、人员结构繁冗、财权事权不匹配、规划方案难落地、破坏环境现象丛生、建筑标准不合规、景观及设施修缮不及时、安全防护不到位、旅游服务不完善等一系列问题。

国家及地方相关部门应着手构建旅游开发运营落地实施标准，明确规定旅游管理的权责、旅游规划的科学标准、旅游安全的防护等各类规范措施，以此保障旅游开发运营有章可循。

（四）经营问题——缺少长期的发展计划

有开发而无运营、投资难以回收、后续经营乏力，是目前众多旅游项目亟待解决的难题。项目开发主体应在开发前期充分分析资源特点、目的地区位、投融资可行性等多方面的因素，制定中长期的运营规划及实施策略，理清收益来源、商业模式、营销策略、财政政策、服务创新、景观提升、合作方式等多方面要点，选择科学的经营方式，从而实现收入总额的最大化和收益结构的最优化。

（五）产品与服务问题——创新手段未形成有效实践

特色的产品与优质的服务，是旅游资源、文化及市场的有机统一，是实现旅游消费的根本保障。文创、科技、互动体验及智能服务虽在近年来不断引起旅游业各界的广泛关注，但其在旅游业中的应用仍处在概念探索阶段。例如，屡获好评与资本青睐的旅游演艺多靠大合唱、杂技表演等低层次支撑，所谓的“智慧景区”主要停留在手机门票、摄像头监控、远程观看景区宣传片等入门级的水平。在多数旅游项目中，产品与服务的创新手段尚未形成有效的落地实践，而自主旅游的消费特征要求旅游目的地能够提供四季全时、满足不同消费层次、涵盖各类特色的旅游产品。

因此，在旅游开发与运营中，打造独具魅力的原创IP、丰富多元化的产品供给和提供完善的综合性服务设施，是延续游客在旅游目的地停留时间、增加综合性收益的重要渠道。

（六）人才培养问题——专业应用型人才孵化体系缺失

在我国旅游业由高速发展向高质量发展的转型升级期，加强旅游开发与运营专业人才的素质与职业技能培养，是优化旅游业发展环境的重要保障。目前，我国旅游管理专业教育体系缺乏对旅游开发运营方向专业应用型人才的教育。目前，旅游开发运营人才一部分是旅游管理的转型，他们对旅游行业理解深刻，但是缺乏对规划、设计的系统学习；另一部分人才来自城市规划、园林规划、环境设计等领域，这部分人才缺乏对旅游行业的理解。因此，旅游开发运营领域人才数量与质量难以满足旅游市场发展的要求、理论知识与产业发展实际脱节，是目前旅游开发运营人才培养过程中面临的重要问题。

未来应构建由政府、市场化培训机构、企业培训、院校培训、网络培训等多层次、多元化的培训体系；同时加强对旅游从业及创业人员的技术指导及跟踪服务，通过座谈会、大讲堂、现场交流等活动，推广国内外旅游发展的先进技术及创新模式。

复习思考

1. 我国目前旅游学管理科结构中存在哪些问题？为何需要建设旅游开发运营教学体系？

2. 旅游开发运营包括哪些阶段？各阶段的任务要点有哪些？

3. 目前我国开发运营中存在哪些问题？未来应实现怎样的突破？

第二章

旅游业的创新发展阶段

学习目标

知识目标

1. 掌握自主旅游时代的概念及市场消费特征；
2. 掌握全面创新理念下的“六新”发展结构；
3. 掌握我国旅游业优质化发展的趋势；
4. 了解我国旅游业的发展背景与现状。

能力目标

通过识别我国旅游业发展的阶段特征，构建创新发展理念下的旅游开发运营思维逻辑体系。

我国的旅游业在改革开放40年以来发生了天翻地覆的变化，实现了从旅游短缺型国家到旅游大国的历史性跨越。从国家顶层设计来看，旅游业全面融入国家战略体系，走向国民经济建设的前沿，全域旅游成为促进经济社会统筹推进和协调发展的重要载体。从经济效益来看，旅游业对国民经济社会发展的贡献不断凸显。从市场规模来看，我国已经成为出境旅游第一大国和入境旅游第四大国（仅次于法国、美国、西班牙）。从产业带动性来看，旅游业已发展成为综合性的现代产业，与相关产业的融合不断深化，旅游新产品、新业态层出不穷，旅游企业类型不断拓展，旅游服务模式进一步优化，已经形成综合性、集群化的产业体系。从国民参与性来看，旅游已成为国人的生活方式，“说走就走”成为常态，全民旅游态势形成。“十三五”时期，旅游行业全面贯彻“515战略”，推进旅游业深化改革、提质增效，致力于把“美丽中国”打造成为宜居、宜业和宜游的小康社会，为实现“初步小康型旅游大国”到“全面小康型旅游大国”添助力。经济新常态为旅游业的发展提供了新的机遇，创新也将成为当前及未来一段时期内旅游突破发展的重点。

第一节　我国旅游业的发展背景与现状

一、我国旅游业发展背景

（一）旅游业在国民经济中的地位不断提升

我国旅游业虽然起步较晚，但始终处于高速发展的阶段。改革开放40年来，旅游业在国民经济中的地位不断提升。从1978年开始，旅游业从以外事接待的“事业型”服务业，转变为“产业型”服务业。1981年，国务院召开第一次全国旅游工作会议，指出“旅游事业是一项综合性的经济事业，是国民经济的一个组成部分，是关系到国计民生的一项不可缺少的事业”。1992年，国务院颁布《关于加快发展第三产业的决定》，将旅游业列为加快发展第三产业的重点。1998年，中央经济工作会议将旅游业确定为国民经济新的增长点。2009年，《国务院关于加快发展旅游业的意见》印发，提出“把旅游业培育成国民经济的战略性支柱产业和人民群众更加满意的现代服务业”。2016年，《“十三五”旅游业发展规划》指出，“十二五”期间，旅游业全面融入国家战略体系，走向国民经济建设的前沿，成为国民经济战略性支柱产业。

由此可见，随着我国经济社会的不断发展，旅游业在国民经济的不同阶段承担着不同责任，国家对旅游业的功能和地位认识不断深化。发展至今，旅游已经成为我国经济新的增长点，是增加人民收入、提升生活质量、增强国民幸福感的重要产业。

（二）消费升级下旅游业发展呈现新形态

随着国民收入水平的不断提高，旅游已成为人们日常生活的一部分。从消费形式到消费需求，旅游产业逐渐从封闭走向开放，旅游的自主性和自助性不断凸显。在消费升级的背景下，旅游业的发展呈现出新的形态。一方面，旅游基础设施和公共服务设施配套不断完善，目的地环境建设不断推进，旅游过程的舒适度得到了显著提升；另一方面，更加个性化、特色化的旅游产品和服务不断出现，以满足不同年龄、不同层次、不同喜好游客的需求，从而提升旅游体验。可以说，消费升级促进了旅游供给朝优质化方向发展，进而提升了旅游行业的整体服务质量。

（三）旅游供给侧改革促进产业升级

2014年，《国务院关于促进旅游业改革发展的若干意见》指出要加快转变发展方式，提出推动旅游产品向观光、休闲、度假并重转变，推动旅游开发向集约型转变，推动旅游服务向优质服务转变。旅游业在我国经济发展的新常态下，正在逐步实现产业升级的发展目标。

从基础产业配套上看，我国旅游发展之初，旅游供给短缺，旅游接待设施简陋，交通更是成为旅游发展的瓶颈，规范的旅游管理体制与服务意识尚未形成。经过几十年的发展，我国旅游供给能力有了大幅度提升（见表 2–1）。通过数据可以看出，我国旅游业接待水平已形成一定规模，旅游交通网络逐步完善，旅游服务质量也随着教育培训的发展不断提升，这些均为我国旅游产业升级奠定了良好的基础。

表 2–1　旅游基础产业配套发展情况

时间	类别	内容	数量
2016 年	旅行社	纳入统计范围的旅行社	27939 家
	星级饭店	纳入统计管理系统的星级饭店	11685 家
	旅游教育	从业人员教育培训总量	474.5 万人次
2017 年	民航	定期航班航线	4418 条
		定期航班国内通航城市	224 个（不含港澳台）
		国际定期航班国家和城市	60 个国家，158 个城市
	铁路	全国铁路营业里程	12.7 万公里
		全国铁路机车拥有量	2.1 万台
	公路	全国公路总里程	477.35 万公里
		公路营运汽车	1450.22 万辆

（资料来源:《2016 年中国旅游业统计公报》《2017 年交通运输行业发展统计公报》）

从产业发展内容上看，旅游产业体系逐渐从单一向多元化转变。横向上，旅游产品由单一的游览观光发展为不同主题的游览，如乡村旅游、会展旅游、休闲度假、自驾旅游、康养旅游等；纵向上，“旅游 +”带来泛旅游产业的融合，如农业、制造业、大健康、金融、体育、地产、文创等。旅游产业体系的拓展延伸带动产品结构、客源市场结构的变化，从而促进整体产业结构的优化升级。

二、我国旅游业发展现状

原国家旅游局统计报告（见表 2–2）显示，我国国内旅游市场呈现高速增长的趋势，无论是国内旅游人数还是国内旅游收入，近 5 年均持续增长。入境旅游市场平稳增长，出境旅游市场增长较快，但在 2015 年之后，在供给侧结构性改革的影响下，我国出境旅游市场增速持续放缓。

表 2-2　2013—2018 年我国旅游统计数据

年份	国内旅游人数 / 亿人次	国内旅游收入 / 万亿元	入境旅游人数 / 亿人次	入境旅游收入 / 亿美元	出境旅游人数 / 亿人次	出境旅游花费 / 亿美元
2013	32.62	2.63	1.29	516.64	0.98	—
2014	36.11	3.03	1.28	1053.8	1.07	896.4
2015	40.0	3.42	1.34	1136.5	1.17	1045
2016	44.4	3.94	1.38	1200	1.22	1098
2017	50.01	4.57	1.39	1234	1.31	—
2018	55.39	5.13	1.41	1271	1.50	—

（资料来源:《2018 年旅游市场基本情况》《2017 年全年旅游市场及综合贡献数据报告》《2013—2016 年中国旅游业统计公报》）

通过表 2-3 可以看出，2014—2017 年全国旅游业对 GDP 的综合贡献持续增加，且综合贡献占 GDP 总量的比重均在 10% 以上。值得一提的是，在 2014 年以前的官方统计报告中并没有此类数据，这恰恰说明了随着旅游业的蓬勃发展，其在国民经济中的重要性也进一步凸显。

表 2-3　2014—2018 年旅游业对 GDP 的综合贡献

年份	旅游业对 GDP 的综合贡献 / 万亿元	占 GDP 总量的百分比
2014	6.61	10.39%
2015	7.34	10.8%
2016	8.19	11.01%
2017	9.13	11.04%
2018	9.94	11.04%

（资料来源:《2018 年旅游市场基本情况》《2017 年全年旅游市场及综合贡献数据报告》《2014—2016 年中国旅游业统计公报》）

第二节　我国旅游业的优质化发展趋势

旅游业的发展日新月异，“80 后”“90 后”的旅游消费新主体催化了旅游的新需求、新模式。未来的旅游业将以人民的美好生活需求为出发点和落脚点，加强与文化、创意、科技和城乡建设的融合，呈现更平衡、更充分、更优质的发展趋势。

一、我国旅游业国际化进程加快

旅游业不仅是中国最早对外开放的行业，也是国际化程度比较高的行业之一，伴随着中国出境旅游的高速发展，中国旅游业国际化进程不断加快，很多旅游企业积极谋划“走出去”战略，国际知名的旅游运营商和服务商也积极地关注中国市场。世界各国各地区普遍将发展旅游业作为参与国际市场分工、提升国际竞争力的重要手段，纷纷出台促进旅游业发展的政策措施，推动旅游市场全球化、旅游竞争国际化。未来十年，将会有更多的国际品牌加快中国布局，中国旅游产业的全球化趋势也将更加明显。

截至 2017 年年底，我国已面向 127 个国家和地区正式开展中国公民团队出境旅游业务，已与 134 个国家缔结涵盖不同种类护照的互免签证协定，与 41 个国家签订了 70 份简化签证手续协定或安排。未来中国将与各国（各地区）一道，继续保持市场开放，推进文化和旅游市场的交流合作，呈现给旅游者更加丰富和深刻的文化体验；积极参与全球旅游治理体系改革和建设，推动实施更加便利的旅游签证政策，并推进国际旅游数据、信息共享；共同推进“一带一路”的国际旅游合作。

我国作为一个旅游大国和消费大国，要想成为旅游强国，一方面，中国旅游企业要积极走出去，参与世界旅游业分工体系，争夺国际分工的话语权；另一方面，还需要提升本国的旅游供给能力，通过挖掘文化、发挥传统、创新产品参与到国际竞争中，促使我国从世界旅游客源国向世界一流的旅游目的地国转变。

二、“景点”小旅游向“全域”大旅游转变

旅游产业发展初期的重点主要以星级酒店和旅游景区的开发运营为主，是以“景点旅游”向外辐射的发展模式。时过境迁，传统的以抓点方式为特征的景点旅游模式，已经不能满足新时代的旅游发展需要。全国不断探索的“全域旅游”发展模式，就是把一个乡村、一座城市当作一个旅游目的地来整体规划和建设，最终实现全域资源、全面布局、全境打造、全民参与的一种发展模式。这种模式不再以旅游单一产业发展为最终的目的，而是转向综合产业的全面发展，从“小旅游”向“大旅游”转变。

从当前国际、国内旅游产业的发展形势来看，全域旅游已经成为未来旅游产业发展的大趋势。以抓点为特征的景点旅游发展模式正在向区域资源整合、产业融合、共建共享的全域旅游发展模式加速转变。区域上，旅游业从最初主要集中在北上广、苏杭、西安等热点旅游城市，到如今随着全域旅游的展开，85% 以上的城市、80% 以上的区县将旅游业定位为支柱产业，形成了各地各部门共同推进旅游大发展的格局。

三、文化与旅游融合加快推进

文化部和国家旅游局的合并，是中央站在更高起点谋划和推进文化与旅游发展做出的重大决策部署。旅游与文化从来就是相生相伴、相互交融的。先进文化、优秀文化注入旅游，可以使旅游内容丰富、品位提升、商机更旺；大众旅游、优质旅游承载文化，可以增加文化的市场载体，传播更广、传承更久。文旅融合发展，最重要的是要充分发挥文化产业的文化输出功能，通过提升中国的国家形象，增强中国对客源国游客的吸

引力。

文化和旅游部正按照中央要求，着眼于增强和彰显文化自信，统筹文化事业、文化产业发展和旅游资源开发，提高国家软实力和中华文化影响力，推动文化事业、文化产业和旅游业融合发展，以更好地满足人民群众日益增长的美好生活的需要。

未来，旅游在满足人们精神放松和精神享乐需求的同时，会更加注重弘扬我国传统文化，展示中国形象，保护当地特有的文化，展现旅游产品所蕴含的地域文化和历史文化等，促进消费者精神文化生活水平的改善和提高，并大力创造新兴文化，促进各地区之间的文化交流和学习。

四、“旅游 +”跨界产品供给日益完善

旅游业的综合性和关联性特征，决定了旅游业是国民经济中最具备融合发展优势的战略性产业。我国旅游业供给侧结构性改革不断加快，产品供给日益完善。融合性是旅游业的本质属性，旅游业的综合性特征决定了只有依托多个产业，才能向旅游者提供包括行、住、食、游、购、娱等在内的旅游产品和服务；旅游业的关联性特征，既为旅游产业融合发展提供了前提条件，又拓宽了旅游产业融合发展的空间。

“旅游 +”正在与各个行业不断融合，产业融合促使旅游无边界的扩张和新业态的产生。“十三五”期间，旅游与国民生活及乡村、健康、养老等重点领域的“+”将成为新的发展热点。还有一大批健康旅游、农业旅游、工业旅游、体育旅游、科技旅游、研学旅游等“旅游 +”融合发展新产品，这些“整合”都将成为新的供给，而且会是有效供给。目前，“旅游 +”还处在初级阶段，仍有极大的发展空间，未来跨界融合的趋势还将持续。

五、科技引领旅游业的现代化创新

《“十三五”旅游业发展规划》中提出，要大力推动旅游科技创新，打造旅游发展科技引擎。在 2018 年的全国旅游工作会议上，原国家旅游局局长李金早提出，要坚持走科技创新发展之路，实现旅游服务、旅游管理、旅游营销、旅游体验、景区流量调控智能化；通过高新技术产业与现代旅游业的耦合，有效延长和增容旅游产业价值链，开发兼具文化内涵、科技含量的旅游新产品，不断提升旅游的吸引力、体验性和互动性。

旅游科技的发展正逐步成为旅游项目创新的手段和旅游产业升级的推动力。我国成立了旅游数据中心，构建了全国旅游产业运行监测平台，接入全国 1806 个景区 7535 路视频图像（5A 级旅游景区全覆盖），完成与四川、山东等 20 个省（区、市）和 12301 基地对接，逐步构建以产业平台为主要应用的大数据体系。通过完善运营商数据分析功能，实现国内旅游人数日统计。通过接入互联网游客评价数据，实现景区网络点评实时分析。“华游”（全国全域旅游全息信息系统）、“世游”（全球旅游全息信息系统）正式上线。

随着《“十三五”全国旅游信息化规划》《旅游电子商务标准》等行业规范的发布实施，云计算、物联网、大数据等现代信息技术在旅游业的应用将更加广泛，旅游产业与

科技的融合将成为贯穿旅游现代化发展的主要线索。同时，各种业态旅游资源与信息技术紧密结合，尤其是与移动互联网相关技术结合后，创造出的新产品形态、生产方式和消费模式，将成为带动科技创新和旅游创意的动力，加速旅游业现代化发展。

第三节　自主旅游时代：一场以消费升级引领的时代变革

一、自主旅游时代的内涵及特征

随着经济发展水平的提升，旅游成为人们的一种生活方式，人们对于在旅游过程中个性化、深度化的体验需求不断升级。互联网的兴起减少了人们外出旅游信息的不对称，旅游服务商也随着互联网的发展，为旅游者提供更加多元化、个性化的旅游方式。供给侧结构性改革不断地推进，旅游全要素生产率不断地提高，旅游多元化业态应运而生。日益增长的旅游群体中，选择自行安排旅行的人群越来越多。在旅游市场中，追求“想玩就玩”“旅游由我做主”的群体表现出新时代下的共同特征。

（一）自主旅游的概念特征

自主旅游，是指在移动互联和智能科技支持下，游客完全自主选择旅游时间、出游伙伴、出游方式、旅游线路、旅游内容及支付方式等内容，以碎片化、圈子化、预定化、定制化、细分化、移动化、可调化、深度化为消费特征的新型旅游方式。

首先，自主旅游强调实现“想玩就玩”“玩就不同”，让旅游者能够完全做到随心而行。其次，自主旅游的目的是以满足休闲、度假、娱乐、求知、探险等不同层次的旅游需求为主。最后，自主旅游的全程强调完全的自主性，包括最初旅游目的地和旅游行程的确定，交通、食宿、游览等碎片化内容的选择，以及是否选择向导提供更加深度的旅游产品等。

（二）自主旅游时代的内涵特征

经济新常态之下的旅游业正处在一个承上启下的重要阶段，旅游市场总体规模达到了一定的水平，结束了普通意义的跟团游时代。自主旅游时代下，旅游者将拥有更多的可选择时间，拥有更多的可选择旅游产品和可选择商业服务方式，旅游创业和创新成为时代趋势。

1. 旅游业供给侧结构性改革不断深化

按照“发展增量、稳定存量、扩大总量”的要求，旅游产业坚持以改革创新为动力、市场需求为导向，大力优化产品、设施、环境供给，重点开发和规划有地方特色、人文历史、品牌效应的旅游目的地，继续深化旅游产业链条，提高旅游产业发展质量和效益水平，增强旅游产品的号召力和吸引力，增加旅游品牌的知名度和竞争力，提升优质旅游产品的供给量，助力推进供给侧结构性改革。

2. **旅游目的地产品不断升级换代**

自主旅游时代的旅游目的地，将不再仅仅是配套设施的升级换代，更多的应该是旅游业态的丰富化和特色化，是体验活动的创新化。一方面，自主旅游将通过市场化的带动，创新形成更多的精品、名品，不断推动旅游产品从观光产品向休闲度假产品升级。另一方面，也要求政府部门对旅游产品的创新开发进行全方位支持，制定一些相关的优惠政策，并加大相关专业人才的培养，加速旅游产品升级换代的速度。随着旅游者个性化需求的深化，旅游产品将不断以创新为引领，向着主题化、品牌化方向发展，从而带动旅游目的地的升级换代。

3. **创新成为旅游发展核心动力**

在党和国家的领导下，创新驱动发展、建设创新型国家已成为我国社会经济发展的主旋律，处于国家发展全局的核心位置。创新内容覆盖全领域，包括理论创新、制度创新、科技创新、文化创新等内容，其中，科技创新是核心。近年来，我国不断加强创新体系建设，深化科技体制改革，培养创新人才支持团队，以创新发展推动经济结构优化和增长动力转换。这一系列举措对旅游产业的发展具有深远影响，为旅游发展注入新的活力。

4. **商业模式加速从标准化到定制化转变**

现有的旅游商业模式趋向提供词条化、标准化、模块化的旅游产品，已经不能完全迎合自主旅游时代的特点，满足游客碎片化、个性化需求的定制化商业模式更符合自主旅游的特征。可以预见，自主旅游时代旅游商业模式也将不断变革。传统的商业模式将面临新的挑战，或者转型升级或者被时代淘汰。已经出现的新商业模式，如在线为游客提供单项旅游产品订购的OTA、为游客提供目的地综合服务评价的旅游社区、为游客提供境外车导服务的企业等，也将面临不断的改革升级。

5. **移动互联颠覆旅游方式**

互联网的发展和普及，对当今的旅游业产生了非常深刻的影响。移动互联网覆盖了旅游行业各细分领域，旅行社纷纷与在线互联网进行合作，从扫二维码购票、订购酒店到进入景区等，线上线下为游客提供了移动化、自主化、互动化、实时化的服务。

越来越多的旅游者依赖于智能手机、智能终端等设备，来获取旅游目的地的天气、景点、航班、酒店等旅游信息，并直接通过在线支付的方式进行即时预订和消费，并随时、随心地去分享信息和体验感受。

同时，旅游目的地的商家能基于移动位置，通过以智能终端设备、云计算、物联网为支撑的智慧旅游实现商业信息的智能推送，实现旅游目的地和移动客群的共赢。此外，互联网的应用还能满足旅游管理中的管理智能化、服务主动化、旅游个性化和信息对等化发展需求，提升旅游产业现代服务业的科技含量和服务质量。

二、自主旅游时代下的市场消费特征

游客需求首先是一种综合性需求，游客一旦离开惯常居住地，进入旅游行程，就会产生对于食、住、行、游、购、娱等多种服务的综合要求。自主旅游时代的消费需求除了综合性外，还呈现出了一些独有的特征，绿维文旅将其总结为“8 自 8 化”（见图 2-1）。8 自，即游客完全自主选择旅游时间、出游伙伴、出游方式、行程计划、游玩内容、支付方式、体验及更改计划；8 化，即自主旅游体现出碎片化、圈子化、预定化、定制化、细分化、移动化、可调化、深度化的消费特征。

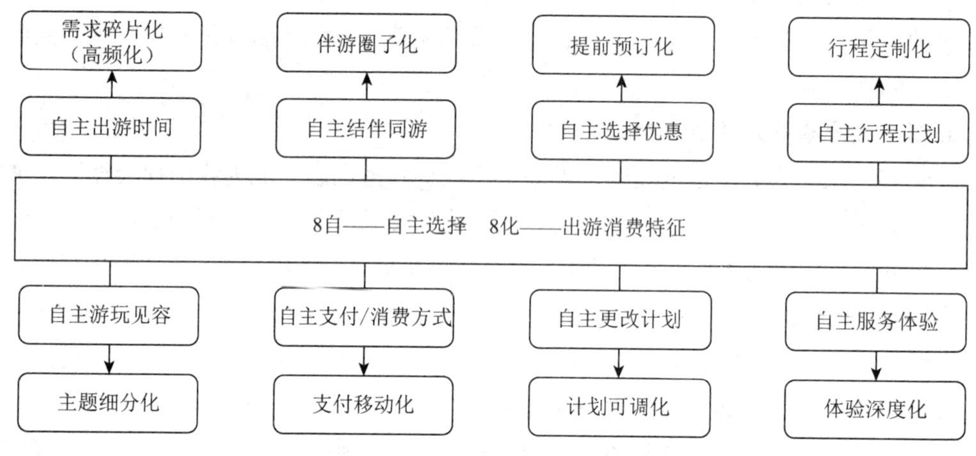

图 2-1 “8 自 8 化”的市场需求特征

“8 自 8 化”是在 8 大“自主”方向上体现出的“8 化”特点，充分体现了游客多样，需求多元、个性、深度的趋势，这种趋势将促使市场细分和调整。

新的消费特征对旅游产业的发展，提出了新的要求，全面创新势在必行。如何在移动互联网快速发展的条件下，在技术提供了最充分手段的情况下，形成新的产品供给能力、服务能力，能够实现有效的服务、旅游商业模式、服务机制和产品供给，成为这个时代高质量旅游最重要的发展要求和目标。

（一）自主出游时间——需求碎片化

时间碎片化利用已成为科技和社会发展下带来的不可逆转的现实，利用碎片化时间去做出行计划或出游，也是旅游生活化与高频化的体现。人们可以利用调休日和周末，带上家人去有山有水的地方与大自然来个亲密接触，或者约上朋友去古镇享受休闲时光，利用碎片化时间体现不同景致和文化，改变生活节奏和方式。除了时间利用的碎片化外，出行过程中移动智能设备和线上旅游服务平台的出现也为满足游客的碎片化消费需求提供了便利。

（二）自主结伴同游——伴游圈子化

伴游圈子化，即相同爱好者聚集形成的旅游团队。在大众旅游的发展过程中，随着利益诉求、价值观念、生活选择的不同，游客逐渐分化出不同的圈层，形成了小范围或小圈子内的个性化旅游需求，这种需求可能更深入、更独特，且不同圈层之间会因为教育背景、社交环境、职业特点、兴趣喜好的不同在产品和服务需求方面形成较大差异。一个人可能有几个到几十个圈子，因此，圈子化逐渐成为旅游的流量入口和重要导入结构，这就要求产品提供者必须根据市场需求特点，进行市场细分和不断的创新实践，不断升级产品体系，并构成圈子化的产品特征、营销特征、服务特征。

（三）自主选择优惠——提前预订化

提前预订化是计划性出游的体现，也称预约旅游，随着提前消费意识的增强和信用体系的健全，这种方式被越来越多的人接受。人们往往提前一个月、两个月甚至半年，便将自己的假期、旅游目的地及行程做好安排。以酒店预订为例，2017 年自由行游客通过移动端预订酒店的占比，由 2016 年的 53% 提升至 79%。这得益于旅游市场的预售模式，游客可以避开预订高峰期的资源紧张、体验不好等问题，还有足够时间去综合对比优惠力度、服务评价等内容，这样预订化便成为游客获得优惠和市场实现预售的手段，成为移动互联网支持下的一大特征。

（四）自主行程计划——行程定制化

在传统旅游业中，定制一直是奢华昂贵的代名词。随着经济条件的改善和社会的进步，旅游虽然已从奢侈消费逐渐走入人们的日常生活中，但由于旅游计划本身的复杂性，人们本着省心、性价比高、行中有保障的出发点，往往在出行前将计划制订委托给专业的定制团队，他们在一定需求和预算要求下，联合众多合作资源，定制机票大交通、水陆小交通、酒店住宿、景点活动、行程安排等内容，同时包括司机与导游的安排，最终形成专属行程计划书 。跟团游也属于定制的一种，只是灵活性稍差，是一种比较原始的集体定制形式。

（五）自主游玩内容——主题细分化

旅游满足的是高层次精神享受需求，随着人们越来越注重个性和自我，对旅游产品的自主掌控趋势明显，在游玩内容方面不愿意接受针对性较差的既有标准产品，而是更看重自我价值的体现，因此与传统的跟团游消费者不同，在自主旅游时代下，自由行的游客对目的地的消费和体验有着更为明确的方向，一餐美食、一场球赛、一次医疗等都可能引发一场旅行。

不同年龄、性别、职业的出行目的也会有所不同，如自然风景游老少皆宜、青壮年更偏好探险猎奇兴趣爱好游、女性群体喜欢美容购物游、家庭寻求参与性强的亲子游与自驾游，以及为孩子量身定制的游学等。旅游主题的细分化选择也与游客的收入和消费水平有直接关系。

（六）自主支付方式——支付移动化

随着移动互联网的飞速发展，移动支付开始布局各行业，快速渗透到人们的日常生活中。同时，移动支付因其便捷和高效的特点，也开始改变着国人的旅游消费习惯。游客在出游前，可通过智能手机和应用订机票、订车票、订酒店；出游时，在车站、酒店、景点、餐馆、商店的消费均可通过移动支付平台实现即买即付，随时随地消费。除了便捷和高效外，通过移动支付平台，旅游目的地可以进一步分析游客的消费习惯，进而为商业模式的转变和市场微营销奠定了很好的基础，推动着整个旅游业态朝更好的方向发展。

（七）自主更改计划——计划可调化

自主旅游时代下的自由行，在时间安排、行中游览方面可以随心意调整，可以增加或减少体验项目、可以改变目的地、可以在值得游览和体验的地方停留更多的时间。在旅游消费方面，可以自主地将资金花在“刀刃”上。当然，除了主观意识的随意化外，还因为有移动通信的支持，能保证实现即时沟通和服务，这样计划可调化才能成为自主旅游时代的主要特征。

（八）自主服务选择——体验深度化

自主旅游时代的游客消费开始从观光、购物为主的“购买商品”转向文化深度体验为主的“购买体验”，越来越注重旅游品质和精神享受。他们愿意花费大量精力挖掘更深层次的旅游内涵和文化内涵，深入当地的生产制作场景，体验生产制造过程，了解当地的历史文化和风土民情。期望旅游服务能够提供深度体验的机会，希望旅游过程中有独一无二、印象深刻的体验内容。体验深度化是自主旅游时代最重要的特征之一。

第四节　“六新”引领的旅游创新发展

创新是人类文明进步的不熄引擎，是社会发展的核心动力。随着创新成为国家的发展战略，我国各行各业都在进行创新的有益实践。近年来，我国旅游产业发展迅速，已成为国民经济的战略性支柱产业。在旅游投资持续增长、市场需求不断多元、科学技术日新月异等因素的驱动下，如何实现旅游产业的全面创新，形成系统、科学的发展体系与结构，是业界需要探究的重要内容。以“六新”引领文旅融合的创新方向，是未来文旅产业发展的必然趋势。“六新”即新业态、新产品、新技术、新商业模式、新 IP 与新媒体。

一、国家创新战略概述

（一）建设创新型国家已成为国家发展战略

改革开放以来，我国社会主义现代化建设取得令人瞩目的成就，但科技创新能力不足日益阻碍经济社会的发展。2006 年，全国科技大会提出自主创新、建设创新型国家战略，颁布了《国家中长期科学和技术发展规划纲要（2006—2020）》；党的十七大提出到 2020 年进入创新型国家行列；党的十八大进一步提出实施创新驱动发展战略；2016 年颁布的《国家创新驱动发展战略纲要》明确提出，到 2020 年进入创新型国家行列，到 2030 年跻身创新型国家前列，到 2050 年建成世界科技创新强国；党的十九大报告提出创新是引领发展的第一动力，是建设现代化经济体系的战略支撑。

（二）新常态下的经济发展新引擎——大众创业、万众创新

2014 年 9 月，李克强总理在夏季达沃斯论坛上发出大众创业、万众创新的号召；2015 年，大众创业、万众创新被正式写入政府工作报告。近几年，国家频繁出台双创支持政策（见表 2–4），对优化双创环境、拓宽融资渠道、搭建双创平台、促进人才引进、保障制度落实等多个方面提出了具体意见和要求。截至 2018 年 10 月，国家公布了两批共 120 个双创示范基地，涵盖区域示范基地、高校和科研院所示范基地、企业示范基地三类，对双创工作的落实起到了重点示范作用。可以看出，创业创新已成为国家改革发展的重大举措，是促进社会进步的强劲动力，能够不断激发新产业、新模式、新业态涌现，是释放社会创造力、激活社会活力的重要手段。

表 2–4　国家双创重点支持政策

发布时间	政策名称	重点内容
2015 年 3 月	《国务院办公厅关于发展众创空间推进大众创新创业的指导意见》	提出到 2020 年，形成一批新型创业服务平台、创业投资机构、创新型小微企业等发展目标
2015 年 6 月	《国务院关于大力推进大众创业万众创新若干政策措施的意见》	构建有利于大众创业、万众创新蓬勃发展的政策环境、制度环境和公共服务体系，以创业带动就业、创新促进发展
2015 年 9 月	《国务院关于加快构建大众创业万众创新支撑平台的指导意见》	以众创、众包、众扶、众筹（四众）为基础，对加快构建大众创业万众创新支撑平台提出意见
2016 年 11 月	《国务院办公厅关于支持返乡下乡人员创业创新促进农村一二三产业融合发展的意见》	鼓励和引导返乡下乡人员利用新理念、新技术和新渠道，开发农业农村资源，发展优势特色产业，繁荣农村经济
2016 年 5 月	《国务院办公厅关于建设大众创业万众创新示范基地的实施意见》	公布首批 28 个双创示范基地名单，包含区域示范基地、高校和科研院所示范基地、企业示范基地

续表

发布时间	政策名称	重点内容
2017年6月	《国务院办公厅关于建设第二批大众创业万众创新示范基地的实施意见》	公布第二批92个双创示范基地名单
2017年7月	《国务院关于强化实施创新驱动发展战略进一步推进大众创业万众创新深入发展的意见》	从科技成果转化、企业融资渠道、实体经济转型升级、人才流动激励、政府管理方式等方面提出意见
2017年9月	《国务院办公厅关于推广支持创新相关改革举措的通知》	改革举措涵盖科技金融创新、创新创业政策环境、外籍人才引进、军民融合创新四方面内容
2018年9月	《国务院关于推动创新创业高质量发展打造"双创"升级版的意见》	从创新创业的环境、发展动力、带动就业能力、科技支撑、平台服务、金融服务、政策落实等多个方面提出升级要求

（三）旅游引导的幸福产业成为"三新"经济的重要组成部分

根据党中央、国务院关于加快发展新产业、新业态、新商业模式（简称"三新"）的要求，为科学界定"三新"活动范围，满足统计上监测"三新"经济活动规模、结构和质量等需要，2018年8月，国家统计局以重点反映先进制造业、互联网+、创新创业、跨界综合管理等"三新"活动为基本出发点，制定了《新产业新业态新商业模式统计分类（2018）》。其中，旅游与文化、体育、健康等幸福产业融合发展，成为"三新"经济的重要组成部分，尤其集中在第八大类"新型生活性服务活动"，包括新型住宿服务、现代旅游服务等，具体分类涵盖露营地服务、数字博物馆、度假村旅游、生态旅游、体育旅游、健康疗养旅游、低空游览、研学旅游等。

二、全面创新理念下旅游"六新"发展结构

当前，科技创新是国家创新战略的核心重点。随着创新水平的不断提升，创新的内容将从技术创新延伸至文化创意创新、商业模式创新等各个领域。为此，绿维文旅提出全面创新理念，即包含产业结构、市场供给侧、中间服务商等各个层面的全程全产业链创新，并基于新时代下的消费特性、创新驱动及创新趋势，以新业态、新产品、新技术、新商业模式、新IP、新媒体相结合的"六新"为发展结构，形成全覆盖、全结构、全领域、全层次的全面创新。

自主旅游时代下的创新应通过"旅游+"推进现代旅游产业发展，做长、做宽产业链，促进旅游就业，优化旅游环境和旅游全过程。全面创新理念下的"六新"发展结构，正是顺应了自主旅游时代的发展趋势，并将成为旅游业转型升级的新方向、新路径。

（一）新业态创新——挖掘消费新动能

新业态是指基于不同产业间的组合，在企业内外部产业链分化融合下，结合互联网

等新兴技术所形成的新型企业、商业和产业的组织形态。旅游新业态是以旅游基本要素与发展要素为依托，形成旅游产业的休闲消费新业态。根据产业发展情况，在原有十二大要素的基础上，绿维文旅提出了新文旅“十八大要素”，即食、住、行、游、购、娱、厕、导、智、商、养、学、福、情、奇、文、体、农。在这十八大要素的引导下，衍生出民宿客栈、文创商品、低空旅游、旅拍、水上运动、文化探奇、休闲商业、实景演艺、研学旅行等文旅结合的新兴业态，成为文旅产业发展的新动力。

（二）新产品体系——推动供给侧改革

旅游产品是指能够供给旅游市场，被人们使用和消费，并能够满足人们旅游需求的，包括有形的商品、无形的旅游服务等。根据销售的形态，可分为业态型产品、综合型产品和线路型产品三种不同的类型。旅游新产品是由旅游新业态的兴起带来的多元化消费产品，其本质是在“旅游 +”背景下的拓展延伸，形成“旅游 +”的产品体系。旅游新技术的发展、旅游新业态的出现、旅游商业模式的创新等都推动着旅游产品不断创新发展。随着国民收入的增加和旅行经验的丰富，人们对于旅游产品个性化和品质化的要求越来越高。目前我国旅游产品面临同质化严重、创新性不足等问题，在旅游业态创新的前提下，旅游产品的开发和供给结构需要不断调整优化。

旅游产品创新关键在于正确处理好旅游市场需求、开发保护、生产消费等方面的关系。通过挖掘区域资源的特色与亮点，创新文化展现形式，并通过旅游过程传达给游客，使产品具有层次丰富的体验感、内容精致的新颖感和技术融合的科技感。因此，在旅游新产品的供给侧改革中，无论是政府还是市场都需要以创新的思维，实现融合产品在原有产业基础上的价值提升，推动旅游产品体系的升级换代。

（三）新技术应用——实现智慧化转型

随着现代信息技术的广泛应用，产业科技化是未来发展的主要趋势之一，新技术也是促进新业态、新产品形成的重要因素。由于旅游产业及其延伸产业涉及面较广，与之相关的技术也丰富多样，如互联网技术、虚拟现实技术、游乐设备技术、人工智能技术、区块链技术、大数据技术、展陈及互动体验新技术、资源保护新技术等，这些都为旅游产业带来了更多的创新可能。

新技术的应用一方面能够促进旅游产业资源的创新整合，促进科技旅游新产品的产生，优化产业结构，提升旅游服务的品质；另一方面可以实现旅游行业的智慧化管理与运营，在项目开发、市场拓展、整合营销、企业管理等方面实现创新变革，优化行业的整体服务功能。

（四）新商业模式——引领运营管理创新

新商业模式是在互联网和电子商务兴起的背景下，以传统商业流通为基础，优化资源配置，实现原有业务发展的转型升级，为企业带来可持续盈利并实现品牌效益，如共享经济模式、俱乐部模式、众筹模式、个性定制模式、分时分权一体化模式等。通过商业模式的创新，能够优化产品传播渠道、整合先进技术与资源、实现服务质量与效率的提升。

在新的商业逻辑和思想下，新商业模式能够有效地促进行业的转型升级。基于旅游产业开放性、共享性、季节性、多元化、个性化等特征，越来越多新兴的商业模式改变着产业格局。绿维文旅认为，成功的商业模式不一定是技术上的创新，而可能是对企业经营某一环节进行改造，或是对原有经营模式的重组、创新，甚至是对整个商业模式框架的颠覆。商业模式的创新贯穿于企业经营整个过程中，贯穿于企业资源开发、经营管理、制造方式、营销体系、流通体系等各个环节。每个环节的创新都可能塑造一种崭新的、成功的商业模式。

（五）新 IP 打造——提升品牌价值

旅游产业是对 IP 依赖性较高的产业，打造大流量 IP 是企业获益并彰显品牌价值的最佳手段之一，广告、文学、艺术、影视、表演、游戏、音乐等形式是文旅 IP 的主要载体。绿维文旅认为，如今 IP 的概念已不局限于“知识产权”四个字，其含义可以理解为“核心吸引力 + 全产业链”。核心吸引力是 IP 形成的基础，全产业链则是 IP 开发的后续延展。

旅游产业新 IP 打造的关键在于迎合市场需求，在深度挖掘目的地文化的基础上，对各类旅游资源进行创新整合，打造具有当地特色的旅游形象、受众群体高的文创产品、喜闻乐见的休闲作品和个性化的旅游服务。通过新 IP 的打造，能够提升旅游产品的知名度和吸引力，并依靠文化表演等消费延长游客在目的地的停留时间，提升旅游目的地的品牌价值，赋予其新的生命力。

（六）新媒体应用——打造精准营销模式

新媒体从最初产生，就受到了人们的普遍欢迎，这是由于新媒体具有传统媒体不具备的诸多特征和优势。特征方面，新媒体具有移动性与即时性、海量性、共享性、灵活性与便捷性等特征；优势方面，新媒体强调个性化与扁平化，利用多媒体与超链接实现内容展示，具有传播快、低成本的优势。

新媒体多样化的表现形式能够迎合各类消费者和市场需求，也形成了新型的盈利模式，创造了“万物皆媒”的环境。就旅游产业这一角度，无论是其本身的产品体验还是对产品的推广传播，新媒体都功不可没，可以说新媒体俨然创造了一个新时代，在这个新时代，人人都是旅游产业的见证者、传播者和受益者。尤其是“两微一抖”（微信、微博、抖音），正成为旅游目的地营销的最热门渠道和主要阵地。

旅游创新时代的新媒体应用，更加注重以大数据为依托，分析用户市场实行精准营销，增加与受众群体的互动沟通，从而实现品牌价值的提升。此外，旅游产品的创意性、新颖性、专业性、趣味性等特征，能够带动受众群体自发传播，以优质内容提升品牌影响力是企业良性发展的关键因素。

复习思考

1. 目前我国旅游业处在怎样的发展阶段？这一发展阶段有哪些时代特征？
2. 在目前的时代背景下，我国旅游业应如何创新升级？

第三章

泛旅游产业整合

学习目标

知识目标

1. 掌握泛旅游产业整合的概念、路径、内容、模式；
2. 了解健康、体育、文化、教育产业发展的政策导向和时代机遇。

能力目标

基于对泛旅游产业整合方法论的理解，形成健康、体育、文化、教育产业引导的区域综合开发思路。

旅游产业具有高关联性和强带动性的特征，已成为政府积极鼓励发展的产业之一。泛旅游产业，是指超出观光、休闲、度假等传统旅游概念的更加泛化的旅游产业概念，包括与旅游相关的健康、体育、文化、教育等一系列具备趣味性、体验性、知识性等特性的产业。要充分发挥旅游产业的带动作用，必须研究旅游产业与其他相关产业的融合路径。泛旅游产业整合理论，就是站在旅游带动区域综合发展的视角形成的产业开发运营逻辑。

本章主要包括六节内容：泛旅游产业整合途径和模式、幸福产业、大健康引领下的区域综合开发、体育旅游引领下的区域综合开发、文化引导下的区域综合开发、教育引导下的区域综合开发。从泛旅游产业整合方法论出发，阐述以泛旅游产业为引擎的区域综合开发模式及发展路径。

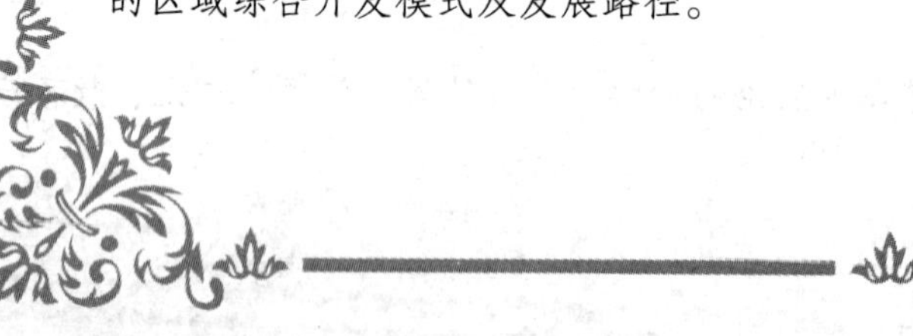

第一节　泛旅游产业整合途径和模式

食、住、行、游、购、娱等旅游消费活动的实现，涉及餐饮业、酒店业、零售业、交通业、文化娱乐业、体育运动业、房地产业等众多产业。要充分发挥旅游产业的带动作用，必须研究旅游产业与相关产业的相互作用关系，从而提出合理的产业运营模式。泛旅游产业整合理论，就是根据旅游促进区域经济发展的现实逻辑，实证研究了全国各地的旅游与区域经济运营实践后，形成的一套行之有效的产业运营模型。泛旅游产业结构如图 3-1 所示。

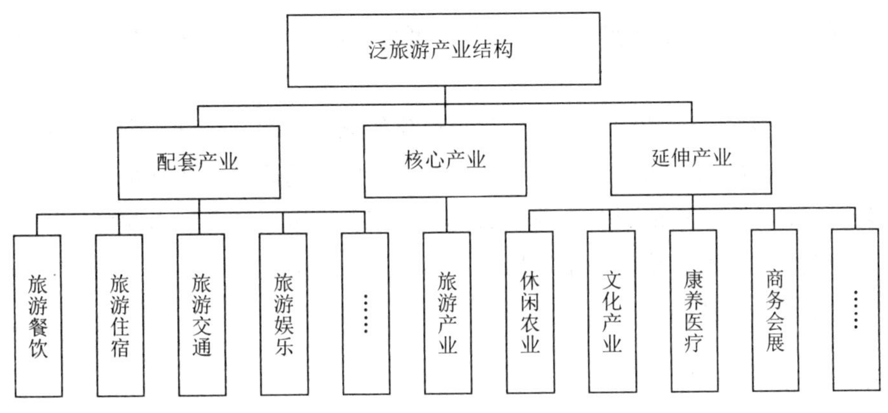

图 3-1　泛旅游产业结构

以“旅游 +”为核心的泛旅游产业通过“旅游”这条主线，串联起健康、互联网、金融、零售等业态，在丰富旅游度假深度体验的同时，带动相关联产业的发展，带来更多增值内容，形成高附加值和溢出效应。

旅游产业链上下游企业正在进行着泛旅游产业整合——以旅游产业为核心，实现健康、消费、服务、金融等业态的融合发展，围绕食、住、行、游、购、娱等需求构建一个有价值、有效率的联盟体。产业链企业从竞争到竞合，建立协作共享机制，泛旅游产业抱团发展将成为未来发展的常态。

一、旅游产业融合与泛旅游产业整合

在旅游项目开发运营实践中，经常会遇到旅游产业融合的概念，而绿维文旅提出的是“泛旅游产业整合”。

（一）旅游产业融合

旅游产业融合就是旅游产业与其他产业或不同行业之间相互渗透、关联，最后形成新的产业，如旅游产业与医疗业融合形成医疗养生业等。

旅游业是一个跨区域的综合性服务行业，多个产业（如餐饮业、住宿业等）依托于旅游过程整合在一个产业链关系中，这是传统旅游产业已经形成的产业特征。在现代旅游发展中，原有的关联产业呈现深度融合的趋势。例如，在传统旅游产业中，酒店、餐饮、车船是旅游过程中的服务配套，景区是旅游吸引核，它们之间形成了核心吸引物与服务配套之间的基础性产业关联关系。伴随产业融合的深化和全域旅游的开展，各产业得到更好的发展，形成酒店吸引物（迪拜的帆船酒店）、餐饮吸引物（美食街）、车船吸引物（海上快艇），打破原有产业关系，形成了产业的升级发展。更重要的在于，农业、文化、养生、运动、养老等非配套性产业也与旅游深度融合，形成了泛旅游产业群体，包括休闲农业、旅游实景演艺、养老度假、医疗旅游、高尔夫旅游等新型产业业态。

基于技术的融合、产业链的融合、角色转化的融合、政策突破的融合，可以形成旅游与不同产业的新融合。对这些融合模式需要进行深度的研究，尤其是在泛旅游产业集群的框架下，研究融合后的交叉产业及其新型业态具有重要意义。由此可见，旅游产业融合是一种现象、一种结果、一个目标，是经济发展所追求的一种产业发展态势，它强调的是形成新产业，从而形成新的经济增长点。

（二）泛旅游产业整合

整合，就是把一些零散的东西通过某种方式彼此衔接，从而实现信息系统的资源共享和协同工作，其主要精髓在于将零散的要素组合在一起，并最终形成一个有价值、有效率的整体。因此，如果说融合更强调一种结果，那么整合则是一种手段。

泛旅游产业整合，就是以旅游产业为核心，利用整合手段，使旅游产业及其他相关产业通过某种方式彼此衔接，打破各自为政的状态，构建一个有价值、有效率的产业集群，实现产业联动，从而推动区域经济发展。

通过“旅游+”，可以形成多产业的资源整合，形成融合发展结构。如“+农业”的乡村旅游、“+城镇”的特色旅游小镇、“+工业”的工业文创体验园、“+科技”的AR与VR虚拟体验园、“+教育”的研学旅游、“+体育”的体育旅游小镇与运动度假综合体等。

1. 旅游+农业

绿维文旅认为，“旅游+”是乡村振兴战略的重要抓手，在解决“三农”问题、拓展农业产业价值链、助力脱贫攻坚、城乡融合建设等方面发挥着巨大的作用。

“旅游+农业”，即以优质生态环境为依托、以大农业资源为基础、以品质乡村旅游为引导、以城乡一体化协调发展为目标，打造集生态产业、现代农业、农产品 DIY 加工、乡村旅游、养生度假、休闲地产、创意文化为一体的综合开发项目，包括美丽乡村、田园综合体、乡村旅游休闲度假区、国家农业公园等。这一结构兼顾了生态、生产、生活，可以说是“三生合一”，不仅可以促进一、二、三产业融合发展，还将形成“村镇化”发展结构，并与“城镇化”形成双轮驱动，使三大产业在城乡之间进行广泛渗透融合，城乡经济相互促进，为城乡协调发展提供坚实的物质基础，最终实现共同繁荣。

2. 旅游＋工业

“旅游＋工业”在激活传统经济、优化产业结构、延伸产业链条方面具有重要作用，它以工业文化、工业遗址、工业生产过程、特殊工艺、工人劳动生活场景为主要吸引物，形成集工艺流程观赏、工艺体验、主题文化体验（文化体验馆/博物馆、主题演艺、文化长廊）、主题景观观光等为一体的综合性发展结构。“旅游＋工业”受工业企业的影响较大，需要在更高层次上寻求多种要素的融合，同时强化创意，注重与游客的互动体验。绿维文旅在广西丹泉酒文化旅游景区项目中，依托丹泉酒业 2000 年的深厚文化底蕴、传承已久的酿酒工艺，以及独特的丹泉洞藏环境，植入当地的酒文化、诗词、歌赋、民俗、风情，打造了以“探酒源、溯水源、叙酒缘、观藏洞”为主题脉络的中国白酒洞藏第一洞，以及中国白酒文化博物馆、五星级主题酒店、白酒文化主题广场等核心旅游体验项目。

3. 旅游＋文化

旅游产业和文化产业有着较强的关联性、高渗透性，文化为旅游产业提供丰富的内容依托，旅游则为文化消费创造巨大的市场空间，为文化保护传承提供有力支撑。推进文化和旅游融合发展，一是要以创意为引领，以文化为依托，以旅游为通道，衍生出艺术街区、文创产业园、旅游演艺等创新业态，同时形成附加价值较高的文创产品，提升当地文化品牌形象，增加旅游收入。二是要借助现代技术手段，加速文化与旅游的融合，形成可观赏、可体验的面向市场的旅游产品，从而放大文化资源的旅游价值，提升旅游产品的文化内涵。

4. 旅游＋教育

随着人们教育理念的不断改观和素质教育的深入实施，亲近大自然、寓教于乐、户外探索等新型的教育活动成为教育新的载体。依托休闲农业、特色文化、自然景观、宗教等资源，以旅游为手段，以增进学生对自然和社会的认识，培养其社会责任感和实践能力为目的，开发亲子农场、青少年文化研学旅行基地、智慧营地、智慧农场、户外探索基地等创新项目，以及众多主题营、动漫艺术节、非遗体验周、“阅读＋旅行”等活动，成为旅游开发的热点。

5. 旅游＋科技

科技与旅游的发展相辅相成，科技可以助推旅游的体验化发展及升级，旅游可以促进科技的产品转化及产业链延伸。首先，在人们对旅游的趣味性、体验性要求越来越高的现实需求下，科技的融入可以很好地解决这一问题，尤其是对于一些文化类旅游产品来说，科技的融入将大大提升旅游的价值。例如，故宫通过虚拟三维和 VR 等时下热门的技术植入，使得游客可以更加形象、更加直观地了解历史。其次，科技通过旅游化的手段转化为旅游产品，将实现产业链的有效延伸以及科技更广层面的快速推广。

二、泛旅游产业整合的三大路径

泛旅游产业整合主要以多产业旅游化、创新引领融合化、十八大要素业态化为实现路径。

（一）多产业旅游化

旅游业主动与其他产业融合发展，促进旅游产业的转型升级，在实践中，多个产业积极与旅游融合，旅游化也成为诸多产业转型的重要抓手之一。例如，健康产业旅游化产生健康旅游，体育产业旅游化产生体育旅游，教育产业旅游化产生研学旅游，养老产业旅游化产生养老旅游等。各个产业主动与旅游融合，这是源于旅游产业的综合性与多元性，依托旅游过程，将众多产业整合在全产业链关系中，形成旅游全程全链发展的新趋势。多产业旅游化主要以产业链延伸、产业融合、消费与产业聚集为实现路径。

产业链延伸：围绕旅游要素，通过整合旅游资源、塑造旅游品牌、开拓旅游市场、升级旅游产品、配套旅游服务，完善并延伸旅游产业链，促进旅游产业转型升级，并拉动产业链上其他产业的发展。

产业融合：旅游产业与其他相关产业进行融合，形成新的产业或业态，拓展旅游产品和市场，形成旅游产业发展的新动力和新方向，同时也促进相关产业的发展。

消费与产业聚集：以旅游消费为核心，形成泛旅游产业聚集，从而形成产业聚集区。产业聚集一方面能带来良好的规模经济效应，具有显著的产业规模和发展潜力，成为区域经济发展的支柱或者主导产业；另一方面，产业聚集带动城市化发展，推动城市化进程，从而实现区域的综合发展。

（二）创新引领融合化

改革开放以来，我国社会主义现代化建设取得瞩目成就，但科技创新能力不足日益阻碍经济社会的发展。2016 年颁布的《国家创新驱动发展战略纲要》明确提出，到 2020 年进入创新型国家行列，到 2030 年跻身创新型国家前列，到 2050 年建成世界科技创新强国。党的十八大以来，习近平总书记高度重视创新发展，在多次讲话和论述中反复强调“创新”，内容涵盖了科技、人才、文艺等多个方面的内容。党的十九大报告提出创新是引领发展的第一动力，是建设现代化经济体系的战略支撑。随着创新成为国家的发展战略，各行各业都在进行积极的实践探索。我国旅游业虽然起步较晚，但始终处于高速发展的阶段，也已成为国民经济的战略性支柱产业。在面对当今旅游投资持续增长、市场需求不断多元、科学技术日新月异等因素的多重驱动下，创新正引领旅游与各产业融合发展，创新引领的融合化已经成为实现旅游产业的全面创新，形成系统、科学的发展体系与结构的重要手段。

（三）十八大要素业态化

根据旅游产业发展情况，绿维文旅创新性地提出了新旅游十八大要素，即吃、住、行、游、购、娱、厕、导、智、商、养、学、福、情、奇、文、体、农。在这十八大要素的引导下，衍生出旅游新兴业态产品，成为旅游产业发展的新动力。十八大要素业态化，其本质是在“旅游 +”背景下的拓展延伸，通过业态化带动形成“旅游 +”的产品体系，推动旅游产品的创新发展，从而推动整个旅游行业的创新发展。

三、泛旅游产业整合的八大内容

（一）技术整合

技术创新是产业和企业发展的重要力量，包括两方面内容：一是新技术的发明创造；二是新技术的引进和应用。旅游产业通过技术整合，引入其他产业的相关技术，促进自身发展。例如，旅游业引入信息技术和网络技术，引发了旅游战略、运营方式和产业格局的变革。

（二）资源整合

资源是产业发展的基础，产业间进行有效的资源整合，可以实现资源有效利用和产品业态创新，从而带动产业发展。例如，旅游资源与农业资源、林业资源进行整合，可以形成休闲农业、休闲林业等旅游产品。

（三）产品整合

产品整合是将两个相关产业的产品进行合理整合，创新产品和产业形态。例如，旅游业与会议会展业相结合，形成会议旅游和会展旅游新产品，既丰富了旅游产品形式，又增加了会议会展业的福利性，还推动了旅游业和会议会展业的发展。

（四）市场整合

市场整合是将两个产业的市场进行整合，挖掘市场中存在共性或者能有效衔接的部分，使两个产业互相享有对方的部分市场，从而达到扩大市场、带动产业发展的效果。例如，旅游业挖掘教育培训业的市场需求，面向教育培训市场，推出研学旅游产品。

（五）经营方式整合

信息技术的发展为经营方式整合提供了可能。例如，携程等旅游专业服务公司，通过网络虚拟技术，把旅游链上各环节的经营方式进行整合，形成网络一站式购买的新经营方式，方便了游客，同时大大促进了相关产业的发展。

（六）组织管理整合

组织管理创新是产业融合的重要支撑，即将不同产业间的组织管理形式进行有效整合，打通产业链条，实现产业间协同发展。例如，旅行社与景区、车船公司、购物点等进行组织管理整合，为游客提供全程游览服务，实现企业和产业共赢。

（七）制度整合

制度整合包括产权制度、管理体制和运行体制创新三方面。产业整合必须依赖于宽松、完善、规范且相互包容的制度，企业融合的前提是制度整合，通过良好的制度环境，营造良好的营商环境，激发创业者的潜能，带来各种形式的创新。

（八）人才整合

产业的发展壮大离不开人才。在产业整合过程中，各种整合方式的良好运作都离不开人才。产业间人才的整合流动能促进产业整合，为传统产业增添创新能量，使整合后的产业（企业）实现良性发展。

四、泛旅游产业整合的三大模式

根据旅游产业与泛旅游产业集群内其他产业的作用机制，绿维文旅归纳出泛旅游产业整合的三种模式。

（一）反哺式

某些产业为旅游业提供了必不可少的资源或环境基础，但产业本身是公益性的，不具备营利性，如环境保护、文物修缮等。旅游产业取得较大收益后，将部分收益直接投资于这些产业，使旅游产业自身发展的同时反哺公益性产业，为旅游业的持续发展提供保证。

（二）拉动式

部分产业为旅游产业提供要素支撑或配套，它们本身并不和旅游业相融合产生新的旅游吸引物，旅游业规模的扩大直接拉动原产业的发展，如交通运输业、信息业、建筑建材业、金融业等。

（三）联动式

某些相关产业与旅游产业融合，形成新的产业形态和产品，丰富了旅游内容，提升了旅游产品，开拓了旅游新市场，业态创新的同时促进了该产业和旅游产业的发展。例如，农业与旅游业融合形成休闲农业，取得的收益可带动传统农业的发展。

五、泛旅游产业整合规划的技术路线

在区域综合发展进程中，要想发挥旅游产业强大的动力价值及协调能力，泛旅游产业整合就不能只停留在概念上，而应落实到实践中。绿维文旅通过多年区域旅游发展规划实践，总结出泛旅游产业整合发展规划的五大步骤：第一，梳理区域产业经济，进行旅游产业定位；第二，捋清产业关联机制，构建泛旅游产业集群；第三，运用产业整合手法，提出产业整合措施；第四，针对重点发展产业，提出产业发展思路；第五，创新旅游产业业态，形成旅游落地产品。

第二节　幸福产业——泛旅游产业整合的重点

党的十九大报告中曾多次提及“美好生活”，幸福产业就是在经济新常态背景下，为人们提供优质化消费供给、不断满足人们美好生活需求的新兴产业。现代社会中，旅游已经成为常态化的生活休闲方式，作为五大幸福产业之首，旅游业具有高度融合的产业特征，在旅游要素不断拓展、旅游活动日渐多元的时代中，旅游与文化教育、体育运动、健康养生、颐养天年等物质和精神需求更加紧密相连，旅游与文化、体育、健康、养老这几大幸福产业在技术、资源、产品、市场、经营方式等方面的关联性也日趋明显。因此，幸福产业是泛旅游产业整合的重点，以“旅游+”为核心思路，串联起大健康、体育、文化、教育等产业业态，在丰富旅游度假深度体验的同时，形成幸福产业的高附加值，从而促进区域社会经济的进一步综合发展。

一、幸福产业政策背景

2012 年全国两会即将召开之际，光明日报社联合中国人口福利基金会共同举办幸福文化价值观建设理论研讨会，会议邀请了哲学、社会学、心理学、经济学等各方面专家学者，以及在“幸福文化价值观”建设上开展实践的政府、企业和其他社会组织领导，共同探讨在十七届六中全会提出的文化大发展大繁荣的目标下，幸福文化价值观如何建立，幸福文化如何繁荣，幸福文化产业如何发展等问题。

2016年6月27日，国务院总理李克强在出席夏季达沃斯论坛时，首次将旅游、文化、体育、健康、养老并称为“五大幸福产业”。

2016年11月28日，国务院办公厅出台《关于进一步扩大旅游文化体育健康养老教育培训等领域消费的意见》(下称《意见》)，制定了进一步扩大消费，促进五大幸福产业发展的具体措施，强调“要消除各种体制机制障碍，放宽市场准入，营造公平竞争市场环境，激发大众创业、万众创新活力”。《意见》紧紧围绕消费供给体系的调整升级滞后于消费需求变化的矛盾，适应居民消费升级大趋势，突出增加高品质产业和服务的有效供给，弥补了服务消费领域的短板；聚焦破除扩大消费体制机制的障碍，更多运用改革创新的办法，着力激发市场主体提供高品质产品和服务的积极性和主动性；着眼增强居民消费信心，持续完善消费市场的软硬条件，着力构建良好的市场环境。

二、幸福产业的概念内涵

幸福产业即幸福导向型产业，也被称为第四产业、精神文化产业，是指以满足人由生存到发展的多元幸福诉求为导向，以健康、绿色、时尚、智慧为特征，以旅游、文化、体育、健康、养老等为内容的新兴产业。这类产业主要包括休闲旅游、健康服务、低碳环保、时尚创意、数字娱乐、安全监管、心灵疗伤服务、网络教育、智能、智慧化社会管理服务及智慧文化产业等。

三、幸福产业内容构成

（一）旅游产业的构成

传统意义上的旅游产业一般包括旅行社业、交通客运业、以饭店为代表的住宿业、餐馆业、游览娱乐行业，以及旅游用品和纪念品销售行业。

（二）文化产业的构成

文化产业主要包括：①新闻服务（指新闻业）；②出版发行和版权服务（主要包括书、报、刊出版发行，音像及电子出版物出版发行，版权服务）；③广播电视电影服务（指广播电台、电视台及其他广播电视服务，广播、电视的传输和电影的制作与发行）；④文化艺术服务（主要包括文艺创作、表演及演出场所，文化保护和文化设施服务，文化研究与文化社团服务和其他文化艺术服务等）；⑤网络文化服务（主要指互联网信息服务，包括互联网新闻服务、互联网出版服务、互联网电子公告服务和其他互联网信息服务）；⑥文化休闲娱乐服务（主要指旅游文化服务，娱乐文化服务）；⑦其他文化服务（指文化艺术商务代理服务，文化产品出租与拍卖服务，广告和会展文化服务）；⑧

文化用品、设备及相关文化产品的生产与销售。

（三）体育产业的构成

体育产业分类有不同的标准，较具代表性的是以下两种。

1. **按体育产品和劳务生产方式分类**

体育产业分为经营型体育产业、半经营型体育产业和非经营性体育产业。其中，经营型体育产业是指由体育社会团体、企业、个人举办的以营利为目的的，以休闲、娱乐类体育项目为经营对象的产业部门；半经营型体育产业是指由政府举办或资助的带有公益性质的体育服务；非经营性体育产业指政府、社会团体等出资进行的群众性体育活动。

2. **按体育产业的市场构成分类**

体育产业分为主体产业、相关产业和外围（边缘）产业。其中，体育主体产业是指利用体育自身特征进行生产和服务的部门的集合，包括体育健身娱乐市场、体育培训市场、竞赛表演市场等，而每一市场中各部门和企业的集合，又可称为某一产业，如健身娱乐业等；体育相关产业是为人们进行体育活动提供相关物质资源（消费品）的生产、销售和服务的企业的集合，如体育用品、体育服装的生产与销售等行业；体育的外围或边缘产业是体育企事业与其他部门和企业的结合，如体育彩票、体育旅游、体育新闻媒体、体育经纪人、体育保险及体育纪念品的生产与销售等行业。

（四）健康产业的构成

健康产业主要包括五类：①以医疗服务机构为主体的医疗产业；②以药品、医疗器械、医疗耗材产销为主体的医药产业；③以保健食品、健康产品产销为主体的保健品产业；④以健康检测评估、咨询服务、调理康复和保障促进等为主体的健康管理服务产业；⑤健康养老产业。

（五）养老产业的构成

我国的养老产业主要包括家庭养老、机构养老和社区养老三类，其中机构养老包括福利院、养老院、托老所、老年公寓、临终关怀医院等，社区养老以社区居家养老为主要内容。

四、幸福产业发展现状及趋势

随着居民消费结构的升级，以旅游、文化、体育、健康、养老等为内容的“五大幸福产业”快速发展，不断推动民生改善，进一步提升居民的幸福感。2016 年 1—11 月，我国规模以上服务业企业中，“五大幸福产业”营业收入合计同比增长 12.6%，比全部规上服务业总体增速高出 1.2 个百分点。其中，旅游服务业、体育服务业、养老服务业、健康服务业、文化及相关产业服务业的营业收入同比分别增长 8.1%、24.4%、17.1%、16.4% 和 15.5%。

（一）旅游产业发展现状及趋势

1. 发展现状：产业体系趋于完善，导向性更加明显

旅游产业产值最大、规模最大，居幸福产业之首。近年我国旅游业发展势头迅猛，在国民经济发展中的作用越发凸显。文化和旅游部的公开统计数据显示，2018 年，国内旅游人数 55.39 亿人次，比上年同期增长 10.8%；入出境旅游总人数 2.91 亿人次，同比增长 7.8%；全年实现旅游总收入 5.97 万亿元，同比增长 10.5%。初步测算，全年全国旅游业对 GDP 的综合贡献为 9.94 万亿元，占 GDP 总量的 11.04%。

目前，我国旅游发展层次得到提高，形成以观光游为基础，休闲度假游、深度体验游全面发展的格局；以“旅游 +”为统筹的旅游产业体系逐渐完善，业态越来越丰富；旅游行业管理体制趋于规范；旅游市场化程度逐步提高，旅游产业地位日趋明显，已上升至国家战略高度。随着国家宏观经济背景环境的不断变化、从创汇创收到拉动内需的转变，以及旅游供给侧改革的积极推进，国家对旅游业的政策扶持力度不断增强，旅游产业的导向性更加明显。

2. 发展趋势：市场前景可观，旅游行业发展趋向深度化、多元化、融合化

从旅游市场看，作为世界旅游资源大国和人口大国，我国拥有世界最大的国内旅游市场。在旅游供需双向互动下，我国旅游市场需求量不断增加，尤其是带薪假期延长及人均可支配收入的提高，为国民出境游提供了更大的发展空间。同时，中国国际地位提升及丰富优质的旅游资源，也将吸引更多的入境旅游者前来，2020 年中国有望成为世界最大的旅游目的地国。

从旅游行业发展看，为迎合自主旅游时代下的多元化、个性化、品质化旅游需求，旅游产品供给将从“资源土地景观”依赖型转向“情怀体验”发展型，旅游开发更加倾向于将更加深度化、体验化、品质化；旅游发展将从景点旅游转向全域旅游，旅游业的统筹带动作用更加明显；旅游将从单纯的旅游业内部要素发展到以“旅游 +”跨界融合深化，泛旅游产业链将逐步形成并发展。

（二）文化产业发展现状及趋势

1. 发展现状：整体发展水平低，呈现两极分化

目前，我国文化产业发展尚处于初级阶段，整个文化产业的市场化程度不高，呈现出企业规模小、发展水平低、文化产业集约化程度低、文化产业资源分散的现状。国家统计局最新数据显示，2018 年，全国规模以上文化及相关产业拥有 6.0 万家企业，实现营业收入 89257 亿元，比上年增长 8.2%，其中文化服务业的增长最快，增速达到 15.4%。新闻信息服务、创意设计服务、文化渠道传播营业收入增长率超过 10%。随着

我国经济的快速增长及人民日益增长的精神文化需求变化，我国文化产业发展的市场空间还很大。

近年来我国文化产业呈现出严重的“两极分化”局面。一方面，文化产业呈现出同质化、地产化、空壳化的发展，由此导致全国部分影视基地、主题公园及文化产业园区处于大面积亏损状态；另一方面，我国部分文化产业呈现出快速增长的态势，特别是文化产业利用资本市场得到超常的发展，文化企业在创业板的表现突出，成为资本市场的“新宠”。同时，小规模企业在上市后积极利用资本市场，寻求企业外延式的扩张，通过进行产业整合、提高企业经营管理水平等方式，一改过去被动竞争的局面。

2. 发展趋势：逐渐回归传统民俗文化，数字文化产业备受欢迎

我国文化产业正发生着质和量的飞跃，从之前的一味模仿国外做法，开始转向利用本民族、本地区的传统文化和乡村民俗文化向自主创新发展。数字文化产业活跃度高此外，网络文学、动漫游戏、网络视频、网络音乐等数字文化产业迅速发展，与百姓生活越来越密切，已经成为目前群众文化消费的主产品。

（三）体育产业发展现状及趋势

1. 发展现状：产业规模不断扩大，发展水平亟待提高

近年来，在国家经济社会以及体育事业快速发展的大背景下，我国体育产业乘势而上，规模不断扩大，初步形成了以竞赛表演和健身休闲为驱动，体育用品为支撑，体育场馆、体育中介、体育培训、体育传媒等业态均快速发展的良好态势。经国家统计局核算，2016 年国家体育产业总产出（总规模）为 1.9 万亿元，实现产业增加值 6475 亿元，产业增加值占 GDP 的比重增长至 0.9%。体育市场体系逐步完善，市场主体日趋成熟，产业结构进一步优化，与旅游、文化、养老、健康、科技、传媒等行业日益融合，呈现投资主体多元化的发展趋势。

我国体育产业发展虽取得了很大的成就，但是与发达国家相比，我国体育产业发展水平还不高，结构不尽合理，市场主体活力和创造力不强，产品有效供给不足，体育产业供给侧结构性改革亟待推进；公民体育健身意识不强，大众体育消费激发不够；市场在体育资源配置中的决定性作用尚未充分发挥；政策体系还不完善，体育产业公共服务水平有待加强，体育产业距离成为国民经济转型升级的重要力量还有明显差距。

2. 发展趋势：体育特色小镇建设升温，时尚体育“井喷”式发展

“十三五”时期，伴随着供给侧结构性改革的不断深入、科技革命和产业变革的不断发展和“健康中国”战略的逐步实施，我国体育需求将从低水平、单一化向多层次、多元化扩展，体育消费方式将从实物型消费向参与型和观赏型消费扩展，体育产业将从追求规模向提高质量和竞争力扩展。《体育产业发展“十三五”规划》提出，到 2020 年中国体育产业总规模超过 3 万亿，从业人数超过 600 万人，产业增加值在国内生产总值中的比重达 1%。

在业态布局上，体育特色小镇建设将进一步升温。同时，航空、帆船、射箭、马术、攀岩、电子竞技、卡车、皮划艇等时尚体育运动快速发展，这种“井喷”式发展的时尚体育将为体育产业发展注入新的活力。

（四）健康产业发展现状及趋势

1. 发展现状：产业发展快、发展水平低

随着社会经济发展和人们生活水平的提高，以及人类生活方式的改变，人们对健康产品的需求急剧增加。以生命科学和生物技术为先导，涵盖医疗卫生、营养保健、健身休闲等健康服务功能的健康产业成为 21 世纪引导全球经济发展和社会进步的重要产业。在发达国家，健康产业行业增加值占 GDP 比重超过 15%，已成为带动整个国家经济增长的主动力之一。而在我国，健康产业仅占国民生产总值的 5% 左右，远低于发达国家。

我国健康产业链主要有五大基本产业群：一是以医疗服务机构为主体的医疗产业；二是以药品、医疗器械、医疗耗材产销为主体的医药产业；三是以保健食品、健康产品产销为主体的保健品产业；四是以健康检测评估、咨询服务、调理康复和保障促进等为主体的健康管理服务产业；五是健康养老产业。

我国健康产业虽处于发展初期，但发展十分迅速，市场容量不断扩大，在国民经济中的比重也在不断上升，尤其是保健品行业已成为经济发展的又一新兴动力。但同时，由于健康产业涉及领域众多，在发展中没有规范的标准参照以及完善的法律和制度约束，导致行业管理难、市场秩序混乱。在健康管理与服务市场，依据消费主体的差异化需求呈现出服务主体多元化和服务形式多样化的特征，存在健康医疗核心技术与相关健康服务整合度不够，无法为客户提供系统的解决方案。

2. 发展趋势

（1）网络将开辟新的健康服务模式。

随着信息技术的迅猛发展，健康服务机构将充分利用电脑网络来提供便捷的服务，预约健康服务将成为时尚，远程服务、家庭监护、网络医生等全新健康服务模式将改变传统的健康服务形式，这会大大缩短健康服务机构与客户之间的距离，提高服务质量与效率。

（2）老年健康、营养保健、娱乐健身将成为健康产业发展的主动力。

随着我国人口老龄化进程加快，老年健康产业将占据中国未来健康产业的主导地位。对老年健康的重视必然带动保健品、营养品等老年健康产品的发展，以及老年康复中心、老年家庭病床护理、保健器材、健康咨询等服务的发展。

我国经济的快速发展和人们生活水平的提高，以及消费方式的改变，使营养、健康成了永恒话题，人们对营养健康的诉求转移到营养保健品、绿色有机食品等方面。加之老龄化社会的到来，将促使营养保健市场的快速发展。近年来，我国保健品增长一直在 15%~30%，远高于发达国家 13% 的增长率。未来，营养保健将成为我国健康产业发展

的巨大增长点。

随着人民可支配收入的提高，带薪休假制度的推进，假日休闲娱乐成为时下热点，尤其是离家医养旅游、养生膳食、康体运动健身、美容养颜、健身娱乐的发展已成为健康产业的一大亮点，未来也将成为拉动健康产业增长的亮点。

（五）养老产业发展现状及趋势

1. 发展现状：以居家养老为主，市场供给缺口大

目前我国养老方式主要是居家养老、机构养老和社区养老，其中居家养老占到96%，是主流养老方式，从侧面说明我国的养老体系还不成熟。现阶段我国养老产业市场主体主要依靠养老服务机构。近年来健康、养老领域相关硬件设施、专业人员、服务质量大幅提升，由于人口老龄化加重及各种因素的制约，我国养老机构的床位数供应量远不能满足社会庞大的养老需求。2016 年年末，全国医院、医疗卫生机构床位、卫生技术人员的数量分别为 2.9 万个、741 万张和 845 万人，较 2012 年分别增长 25.8%、29.4% 和 26.6%；已建成各类提供住宿的养老服务机构 2.8 万个，提供养老床位 680 万张，较 2012 年增长 63.3%；我国老年人口逐渐增加，预计 10 年后，比重会超过 20%，床位供给与巨大增加的老人人口相差甚远，存在巨大缺口。

此外，目前我国养老机构的市场定位模糊，市场需求主体不明确，从而导致养老机构供需双方脱节。为缓解这种问题，政府不断采取相关措施，一方面积极鼓励家庭养老，维持家庭养老的主体地位，避免出现众多老年人涌入养老机构的局面出现；另一方面为弥补家庭养老的不足，大力发展社区养老，完善社区养老设施及服务。社会各个方面都在朝着有助于养老产业和养老机构发展的方向运行，政府逐步完善养老机构运行环境、人们对养老方式及养老机构观念的释放、社会资本大举进军养老机构领域等，这些都将加速养老机构的供给增加，助推养老产业的发展壮大。

2. 发展趋势：庞大的市场需求将催生大批专业化的养老服务机构

随着人们个人财富的积累及养老观念的逐渐改变，未来服务机构养老的需求会越来越高。随着政府不断推进并完善机构养老的各项政策措施，养老市场环境将进一步改善，社会资本将大举进入养老市场，养老服务机构将更加趋向专业化、社会化发展。家庭养老未来必将随家庭结构的变化而逐步向社会养老过渡，更为适应我国老年人的生活习惯和心理特征，也更符合中国实际、符合大中城市中心城区发展社区为老服务的社区居家养老，将获得进一步推崇及发展。

第三节 大健康引领下的区域综合开发

健康是人类永恒的主题，不仅关系着每一个人的幸福，也与国家的进步与民族的

兴衰息息相关。在2015年的十八届五中全会公告中，建设“健康中国”上升为国家战略；在2016年8月19—20日召开的世界卫生与健康大会上，李克强总理强调，要努力把健康产业培育成为国民经济的重要支柱产业。在十九大报告中，习近平总书记指出，人民健康是民族昌盛和国家富强的重要标志，要完善国民健康政策，为人民群众提供全方位全周期健康服务，国家连续出台的健康政策吹响了建设健康中国的时代号角。在“健康中国”正式成为中国发展的核心理念下，健康产业已经成为新常态下服务产业发展的重要引擎，在未来20年，必将迎来一个发展的黄金期，大健康时代已全面来临。

随着物质条件的不断改善及精神追求的崛起，人们对健康的追求已不再仅仅是没有疾病，而是涉及物质和精神的各个层面，追求多元化、个性化的健康服务，其核心是自我健康管理，通过排除或减少健康危险因素，达到身体、精神、心理、情绪、社交、道德等方方面面的健康。这一背景下，医疗技术、生态环境、健康资源等方面具有优势的区域成为人们追寻健康与宁静的首选之地，大健康产业成为这些区域发展的重要引擎。

一、大健康产业的内涵与市场分析

（一）大健康产业内涵

1. 大健康产业内涵

大健康包括人们吃穿住行的健康、生活方式的健康、内在精神的健康等多个层面，因此，大健康产业涉及的领域非常广泛，包括健康产业、健康服务产业及由其拓展的相关产业。

健康产业是指以医疗产业的研究、生产、教育为核心的产业集群结构。

健康服务产业是指以健康食品、健康生活方式等为主的农产品种养殖、农副产品加工、健康食品科研、休闲养生、养老服务、医疗器械制作、健康保险服务等众多产业集群。

关联产业则指通过大健康产业发展拓展出的电子商务、物联网、文化创意产业等相关的产业集群。

对于区域开发来说，大健康较好的产业融合特征与超长的价值链，有利于区域根据自身优势选择可导入的资源并形成区域新的产业结构，特别是一些产业基础薄弱、生态环境较好的经济发展落后地区，大健康更是非常好的产业发展抓手。

2. 大健康产业圈层结构

在区域的产业发展结构上，大健康产业形成了以大健康服务产业为核心，以产、学、研为支撑，以总部经济、电子商务、物联网、文化创意等为拓展的圈层结构（见图3–2）。

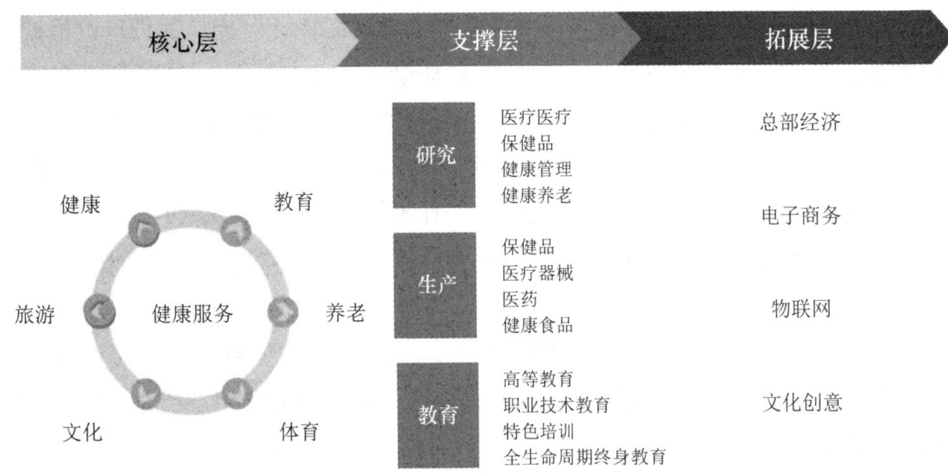

图 3-2　区域大健康产业发展的圈层结构

核心层的大健康服务既包括了传统意义上的个体健康范畴，也囊括了个体之间，个体与自然之间的健康范畴。个体健康范畴包括基于个体身体及心理健康管理与治疗所衍生出的产业内容；人与人关系的健康范畴包括基于个体与个体间相处关系所衍生出的社区管理内容；人与自然关系的健康范畴包括个体在居住生产环境建设过程中，所要达成的与自然原生态之间可持续发展的健康关系。从纵向上来看，大健康服务可以为需求者提供包括出生、幼儿期、青少年期、成年期、老年期的全生命周期大健康服务（见图 3-3）。

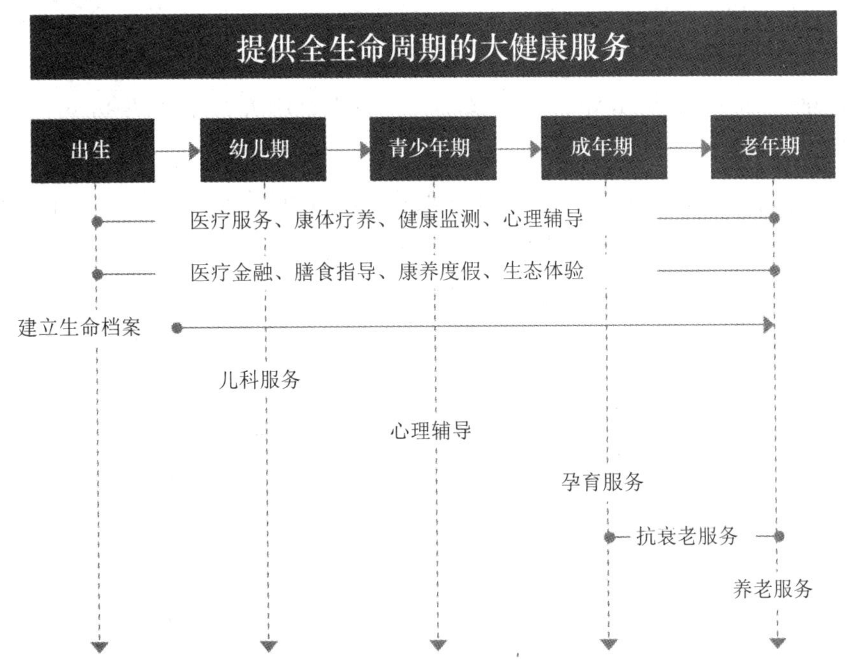

图 3-3　全生命周期的大健康服务

支撑层包括科研、生产、教育三个产业集群。在科研产业方面，区域可以根据自身的科研基础，划定不同的发展方向。例如，科研基础优良的区域，可以导入全国乃至国际领先的科研资源；拥有特色健康服务的区域，可以培育特色健康科研项目等。在产业生产方面，包括了两部分：一是提供健康治疗的医疗器械、医药、保健品的生产；二是提供有机蔬菜、瓜果的健康食品的生产。在教育产业方面，既包括从儿童、青少年、成年、老年的通识教育，也包括高等教育、职业基础教育、特色培训的健康教育体系。

在产业核心层、支撑层充分发展的基础上，区域可以根据自身发展需要及资源基础，拓展发展总部经济、电子商务、物联网、金融、商业服务等相关产业，以满足区域产业的外溢需要。

（二）大健康产业市场分析

1. 大健康产业市场潜力大、增速快

在欧美发达国家，大健康产业增加值占 GDP 的比重超过 15%，我国大健康产业处于初级发展阶段，仅占 GDP 的 4%~5%，不过未来的发展空间极其广阔，主要体现在以下几个方面。

第一，我国存在大量的病人及亚健康人群。数据显示，中国符合世界卫生组织关于健康定义的人群只占总人口数的 5%，与此同时，有 20% 的人处在疾病状态中，剩下 75% 的人处在亚健康状态。

第二，老龄化人口将达到高峰。国家统计局数据显示，2018 年，全国人口中 60 周岁及以上人口 24949 万，占总人口的 17.9%，其中 65 周岁及以上人口 16658 万，占总人口的 11.9%。预计到 2050 年，中国老年人口将占全国人口总数的 36.5%。这将是一个庞大的健康消费群体。

第三，中等收入阶层崛起。2017 年年底召开的中央经济工作会议，首次明确我国形成了世界上最大规模的中等收入群体。据保守测算，目前我国中等收入群体超过 3 亿人，大致占全球中等收入群体的 30% 以上。调查显示，中等收入及以上人群及其家人是健康产品和服务的主要消费对象，这一群体人数的持续攀升，意味着巨大的市场规模增量。

综上，在庞大的潜在市场驱动、国家政策支持、“互联网 +”等技术突破、人们生活方式及观念转变下，我国健康产业必将迎来黄金发展期。2016 年，我国大健康产业的规模为 5.6 万亿元，2020 年预计达 8 万亿元以上（见图 3–4）。

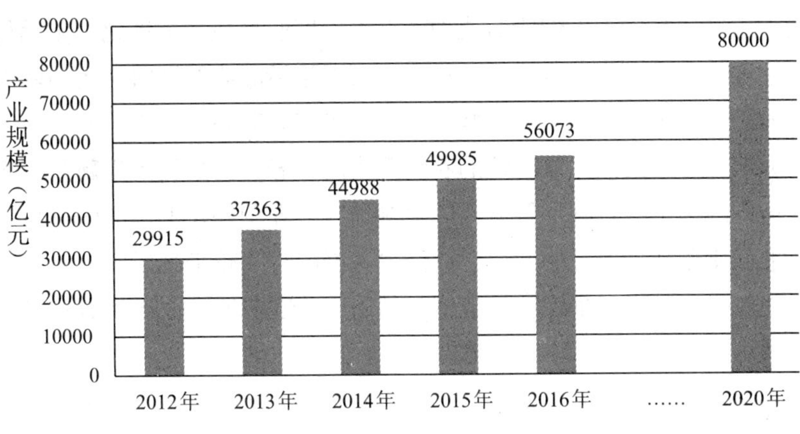

图 3–4　2012—2020 年大健康产业规模

（资料来源：《2017—2023 年中国大健康行业深度分析及发展前景咨询报告》）

2. 大健康时代催生五养度假

大健康时代下，人们对健康的需求呈现以预防为重点，以治疗为主体，以修复为配合，以康养为生活方式的特征。传统的住家医养方式逐渐向离家医养方式转变，养生、养心、养老、养颜、养疗的“五养”模式构成了现代人生活方式的重要板块，其表现形式为度假（见图 3–5）。

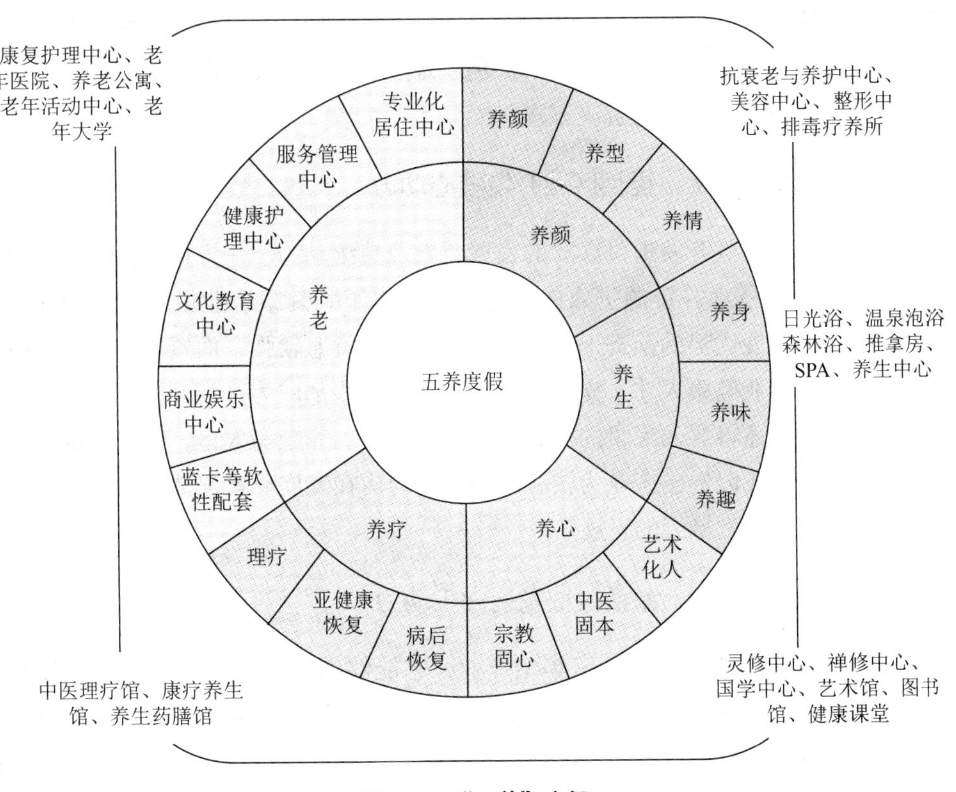

图 3–5　“五养”度假

与传统养生度假相比，大健康时代的“五养”度假呈现出个性化、多元化、高端化的特征。养生度假在通过旅游度假活动提高度假者生活品质的同时，还强调健康生活方式的重塑；养心度假则不再囿于宗教修炼，呈现出宗教养心、艺术养心、国学养心等多元化的修养方式；养老度假则从传统的衣食无忧的“养”向享受人生新阶段的“享”转变；养颜度假则除了美容、整形等方式的美颜外，还强调外在形体的塑造与内在气质的提升；养疗度假则不再是患者的专属，亚健康人群的养疗越来越成为时尚。这些转变预示着度假者更注重产品的完整性、细节度与品质感，它需要度假区具有相对完整的健康产业链与较高水准的服务人员作为支撑。

综上所述，“五养”度假市场需要新的载体完成度假内容的升级与健康产业链的构建。而具有良好的生态环境、健康的有机食品、丰富的“五养”资源和优惠的产业发展政策的发展区域将能够满足大健康市场需求，越来越获得投资商与度假者的青睐。

二、大健康产业为区域开发提供动力引擎

区域综合开发是解决我国不平衡不充分发展问题的重要途径。从目前的开发实践来看，发展相对落后区域大多区位条件一般，资金、人才、技术等发展要素存在瓶颈，区域发展缺少有力的抓手与核心产业。在开发过程中，区域经济的提升往往以牺牲生态环境为代价，外部资本与内部诉求矛盾重重，区域难以实现可持续发展。与工业制造业不同，大健康产业对区域的产业基础依赖性较低，其主要依托所在地良好的生态环境与“五养”资源，与区域可持续发展的要求更为契合。依托巨大的市场潜力，大健康产业将为区域发展提供更为有效的解决方案。

（一）导入发展要素，提供区域开发核心动力

大健康产业为区域开发提供必要的发展要素及持续动力。一方面，大健康产业成为外部资金、人才、技术等资源进入的快捷通道。由于大健康产业极好的盈利前景，在具有一定的区域发展优势的前提下，社会资本的参与意愿较强，而资本的导入同时带来新的健康理念、专业健康人才、先进健康技术等，这些都成为区域开发的原动力。另一方面，大健康产业还将导入大量的养疗、休闲、度假、养老等人口，这将形成庞大的消费市场，使当地形成以健康产业为核心的聚集结构。在发展要素与消费结构的共同推动下，区域实现稳定、可持续的发展。

（二）优化人口结构，激活区域发展内生动力

一般来说，大健康属于劳动密集型产业，它能够为区域人口提供更深入参与的机会，也更容易调动区域的主观能动性，形成良性的内生增长机制。首先，大健康产业提供有机食品种植、食品加工、医疗护理、养老陪伴、餐饮服务等众多低技术含量工作岗位，这使区域剩余劳动力经过简单培训即可上岗，为他们提供了众多的就业机会。其

次，大健康产业创造的就业机会与巨大的市场前景，将吸引外出人员回流和外部人才进入，从而优化人才结构。总之，大健康产业无论对当地人口还是外来人口来说，都意味着更多个人发展与财富增长的机会。这将使他们能够更加积极主动地参与其中，主动创新，从而完善产业链条、优化健康产品、提升健康服务，形成区域发展的巨大动力。

（三）加速要素流动，形成城乡融合发展良性机制

基于大健康的产业特性，它能够加速城乡区域的要素流动，较好解决城与乡的发展问题，形成城乡互补的发展格局。于城市而言，一方面，大健康产业导流城市资金进入村镇区域，为资金找到优势项目，解决城市资金高效率使用问题；另一方面，乡村区域发展起来的大健康产业为城市有健康需求的人群提供优质产品，使其身心获得健康，从而更好地为城市建设服务。于乡村而言，健康产业的发展，健康消费的聚集，加速了乡村现代化的进程，乡村的产业体系、就业环境、生态环境、生活配套、社会服务等都将获得质的提升，从而实现乡村区域的就地城镇化。总之，大健康产业在城与乡间建立了互需互促结构，使城市的资金助推乡村发展，乡村的资源解决城市发展中的相关问题。

（四）构筑宜居环境，提升区域综合素质

大健康产业是人的产业，其服务对象是所有对健康有需求的人群。与其他产业相比，它以构建宜居环境为基础，是对区域产业、人口、技术、文化、生态等综合素质的提升。第一，由于大健康产业本身对区域的生态环境有较高要求，在产业开发中，还将继续强化区域这方面的特质，从而形成宜居基础。同时，为了满足消费者需求，区域还将围绕健康产业完善基础设施与公共服务配套，构建软硬件双优的宜居环境。第二，以大健康产业为基础，区域的人才结构、人口素质、技术水平等将随着产业的提升而得到同步优化。第三，大健康产业还将更新区域的健康理念，逐渐改变人们的生活方式，从而形成区域更加健康的饮食文化与民风民俗。第四，人口结构与素质水平的提升，将倒逼区域提升治理水平，形成现代化的区域治理结构。

三、大健康引导的区域综合开发模式

在医疗国际化接轨的过程中，我国大健康产业需要面向世界，成为与国际融合发展的划时代载体。因此，大健康引导区域综合开发绝不仅仅是入驻一两个医疗机构，提供简单的健康服务，它应该是大健康产业与区域发展融合的典范，包括构建大健康上下游产业链、建设区域发展结构的产学研城一体化发展的示范基地等内容。

（一）大健康引导的区域综合开发总体逻辑

以大健康与养生度假的天然契合为基础，区域开发以大健康产业为引擎，在纵向维度上，往上向研发延伸，往下向应用延伸，形成产学研一体化发展的健康产业集群结构；在横向维度上，以大健康服务产业为核心，通过养生度假疗养等项目的“消费搬运”功能，聚集大规模的外来养疗、健身、度假等人口，这些人口的到来意味着健康、养老、度假、餐饮、住宿、购物等复合消费结构的形成，构建全产业链聚集。大量的大健康特色产业就业人口、泛旅游产业就业人口和度假养老等短暂性居住人口形成了新的人口聚集结构，人口的聚集必将产生生产、生活、休闲、娱乐、居住、教育、医疗等多种需求，由此便催生了商业综合体、居住社区、度假社区、学校、医院、银行等系列生活配套设施的完善，以及公安、工商、市政等政府公共管理服务机构的产生，形成了基础设施配套完善、社会公共服务健全、区域以人为本管理、相关政策合理完善的宜居环境，形成产城研学一体化发展结构，并最终形成以大健康为引擎，以新型健康城市、城镇化发展区、健康小镇、康养综合体、医疗产业园区、康养度假区等为特色的区域综合开发结构。大健康区域开发的总体逻辑如图 3–6 所示。

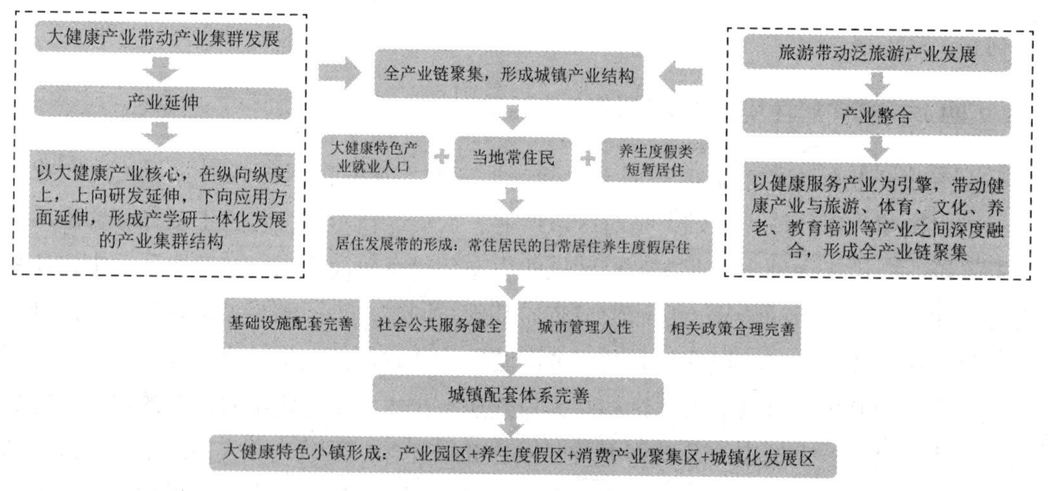

图 3–6　大健康区域开发的总体逻辑

（二）构建产学研城一体化的综合开发架构

1. 以大健康产业为引擎，构建集产学研城为一体的发展架构

区域开发以大健康产业为引擎，在产业链条上，纵向延伸健康科研、健康生产、健康学习三大产业子类；横向上，将健康、教育、旅游、养老、文化、体育六大服务产业融合，形成现代服务业集群。同时将这一产业集群渗透于区域开发的各个层面，为社区居民及外来健康消费者构建全面一体化的健康生活方式，提高人们的生活质量及幸福感。

2. 形成以大健康服务产业为核心的六大幸福产业聚集

2016 年 6 月，国务院总理李克强在出席夏季达沃斯论坛时，将旅游、文化、体育、健康、养老并称为“五大幸福产业”。2016 年 11 月，《国务院办公厅关于进一步扩大旅游文化体育健康养老教育培训等领域消费的意见》印发，明确地提出要加快发展旅游、文化、体育、养老、健康等幸福产业，这是对幸福产业的初步界定。

在大健康引导的区域综合开发模式中，应该以大健康服务产业为引领，融合旅游、文化、体育、养老、教育产业，延伸大健康产业链条，形成现代幸福产业集群，提供互相交融的六大服务体系，构建以大健康产业为核心的幸福产业的聚集结构。大健康与旅游度假的融合主要有以下几个方向。

第一，健康服务产业。以康复疗养为目的，搭建康复疗养服务体系，形成康复疗养中心、全时体检中心、健康管理中心、抗衰老与养护中心、美容中心等特色项目。与休闲农业相结合打造健康饮食养生，即将健康食品的开发与休闲农业相结合，通过发展绿色种植业、生态养殖业，开发具有特定保健功能的生态健康食品。与中医药及现代医学相结合打造康疗养生，即以中医、西医、营养学、心理学等理论知识为指导，结合人体生理行为特征，配合一定的休闲活动，打造康复养生综合的项目。

第二，教育培训产业。以培养大健康服务人员为主，进行健康养生员培训、健康理疗员培训、养老护理员培训等；以医疗科普目的打造科普中心、论坛活动等，最终打造医养职业培训基地。

第三，体育康养产业。与体育运动结合打造运动康体项目，即依托山地、峡谷、水体等地形地貌及资源，发展户外康体运动养生产品，推动体育、旅游、度假、健身、赛事等业态的深度融合发展。

第四，健康文化产业。与文化休闲结合打造文化养心，即深度挖掘项目地独有的宗教、民俗、历史文化，结合市场需求及现代生活方式，运用创意化的手段，打造利于养心的精神层面的旅游产品，如宗教文化度假区、国学体验基地等。

第五，健康养老产业。与生态环境相结合打造生态养生，即依托项目地良好的气候及生态环境，构建生态体验、生态养生、田园养生等养生业态，打造健康休闲产品，形成生态养生大健康产业体系。与养生养老结合发展健康享老，即将医疗、气候、生态、康复、休闲等多种元素融入养老产业，发展康复疗养、体育、教育、文化等业态，打造集养老居住、养老配套、养老服务为一体的养老度假基地等综合开发项目。

第六，健康旅游产业。与休闲度假相结合打造休闲养颜，即依托温泉、花卉、排毒药等特色资源，结合休闲度假需求，构建“容、形、心”的多维度养颜业态。与度假居住相结合打造居住养生，即以度假地产开发为主导而形成的集健康饮食、健康环境、健康管理、健康生活为一体的健康养生方式。休闲农业结合旅游体验活动，如农业观光、农事体验、乡村度假等，推动健康食品产业链的综合发展。

3. **以四大项目体系为支撑，完成健康生活方式的打造**

综合开发发展架构的建设要关注健康服务体系与生活体系的融合，通过对环境体系、项目体系、服务体系、居住体系的四大体系的打造满足人们对于健康生活方式的追求（见图 3–7）。在融合体系构建过程中，既要满足当地居民的日常生产生活需要，还要满足外来疗养、康体、养老、度假等人口需求，力求通过合理化的融合体系构建，降低建设成本，最大化地利用公共资源，为常住与暂居人口提供满意的公共设施与个性化服务。

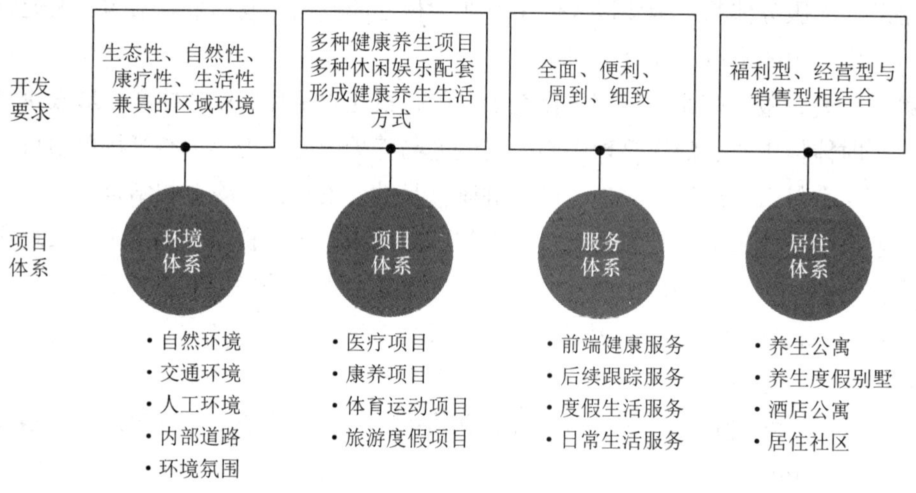

图 3–7　健康服务体系与生活体系的融合

（三）大健康引导的八大区域发展模式

1. **大健康城市**

大健康城市是以建设城市人口居住与大健康产业密切融合、服务于城市居民全生命周期的未来健康创新型城市。这一模式构建学研产城一体化的新型城镇化发展的架构及典范，把区域目的地城市建设成为一座健康之城和国际化之城。健康城市建设以构建医药产业体系为基础为核心，围绕医药产业形成教育科研产业体系、医药科技产业体系、健康金融服务体系、健康产业生产体系、疗养康复服务体系、享老度假体系六大产业体系，与城市健康居住体系充分融合，最终形成以健康产业为引擎的新型健康城市，如图 3–8 所示。

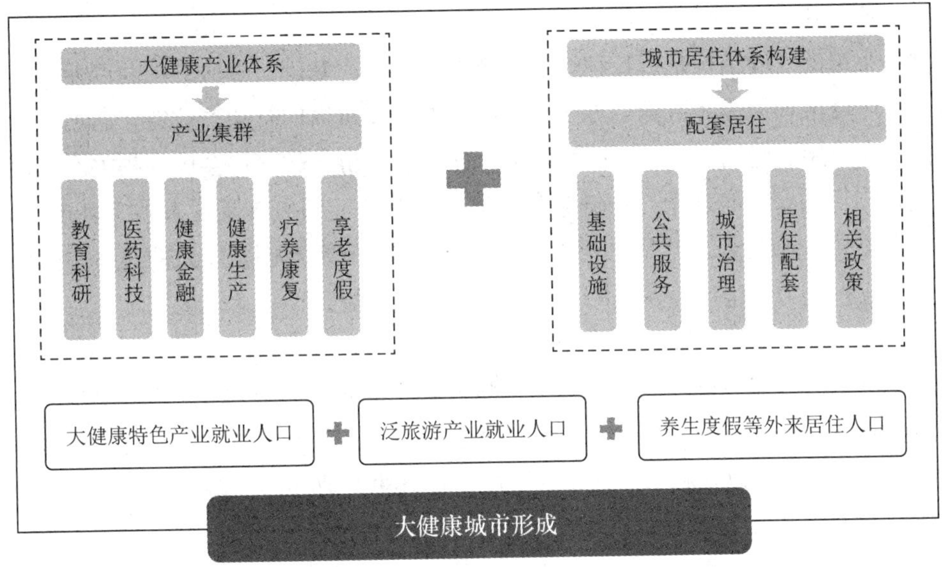

图 3-8　大健康城市发展架构

2. **大健康新区**

大健康新区是以教育、科研、生产为基础依托，以大健康产业引领下的健康、旅游、文化、体育、养老、教育等服务产业为主体，充分融合新区居住体系与健康服务产业，将产业格局渗透于居住空间，形成城市周边的健康医疗服务副中心，构建一个健康核心、X 个产业板块、Y 个居住体系，即“1+X+Y”的发展模式。健康核心为患者、亚健康人群等提供从筛查、医疗方案制订到治疗、监护的一站式医疗服务链条。产业板块根据区域原有产业基础，构建医疗科研、医药科技、健康金融、健康生产等产业，并通过优惠政策、宜居环境的打造，构建创业、创想、社交、发展的创新聚集交流平台，以吸引青年创客及企业家入驻。居住体系主要根据人的全生命周期监护理念，规划建设居住、商业、文化娱乐和医疗服务等全方位配套服务设施，承载居住、运动、娱乐、教育、养老等功能，从而构建优质的生活空间。其开发架构如图 3-9 所示。

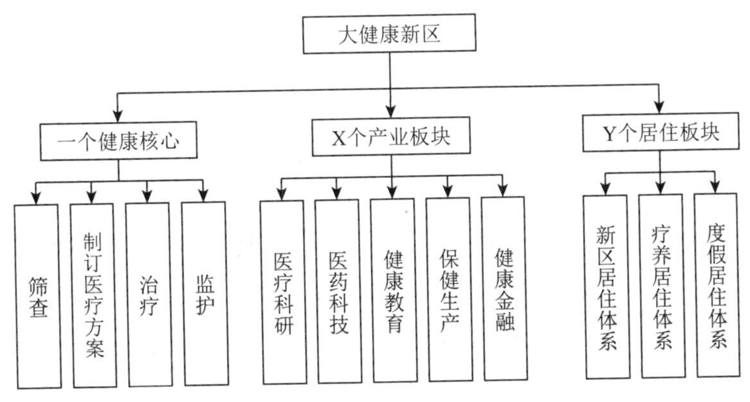

图 3-9　大健康新区开发架构

3. 健康小镇

健康小镇的发展结构是以特色产业的产业链聚集为基础，以服务配套产业的发展为支撑，以产城融合为最终目标（见图 3–10）。健康小镇纵向打通产业链，向上往研发延伸，向下往应用、营销、管理、服务延伸；横向与旅游、教育、会议等相关产业及配套产业进行广泛融合，实现全产业链聚集。通过全产业链的聚集实现人才、科技、资本、信息等高端要素的聚集，实现特健康小镇产业的转型升级与创新体系的建立。配套产业和服务产业将成为健康产业发展的支撑体系，这也是健康小镇真正区别于产业园区，拥有更多"小镇"内涵的关键。

健康小镇通过服务产业的发展完善区域配套，满足当地居民生产生活的多种需求。合理的产业定位能促进一、二、三产业的协调发展，推进小镇的经济发展。合理的健康产业布局能推动生产效率和资本效率的提高，使健康产业在分工协作、产品配套、原材料供应、技术服务等方面形成较为完善的健康产业链，降低整体成本，加速资本的流动，刺激潜在的经济要素重新组合创造出现实的生产力，进而促进小镇经济的发展，最终实现真正的产城融合。

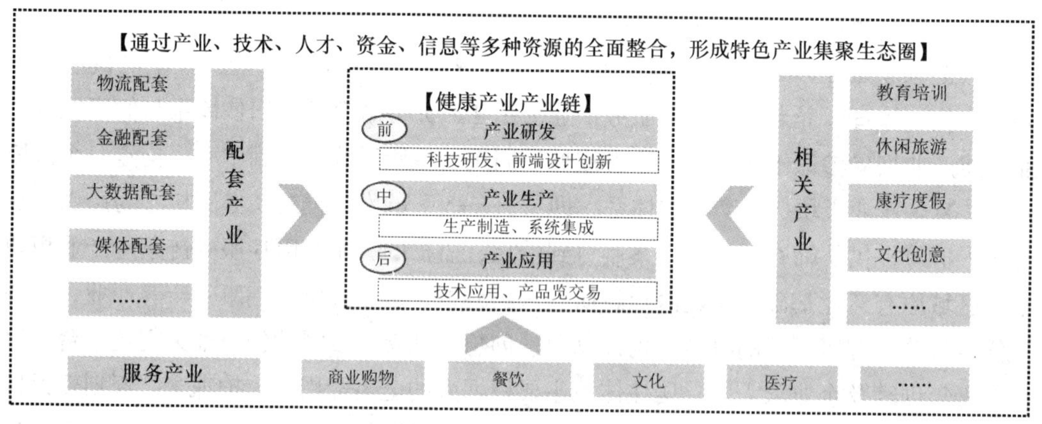

图 3–10　健康小镇发展结构

4. 康养综合体

康养综合体模式是一种以大健康产业与旅游度假产业双轮驱动的区域综合开发模式（见图 3–11）。这一模式以东西方养生哲学与东西方养生理疗技术为支撑，构建健康产业链与旅游度假产业链两大产业体系，打造延年益寿、强身健体、修身养性、康复理疗、修复保健、生活方式体验、文化体验七大健康主题，形成区域健康的生活方式。康养综合体一般选址在空气优良、环境优美、私密性强的区域，其主要针对中高级白领、企业主等多元亚健康群体，通过运动健身、心灵疗法、美容养颜、生活方式管理、休闲娱乐、养生度假等完善的养生项目体系打造，塑造区域健康养生的核心主题，使游客获得身心上的健康。

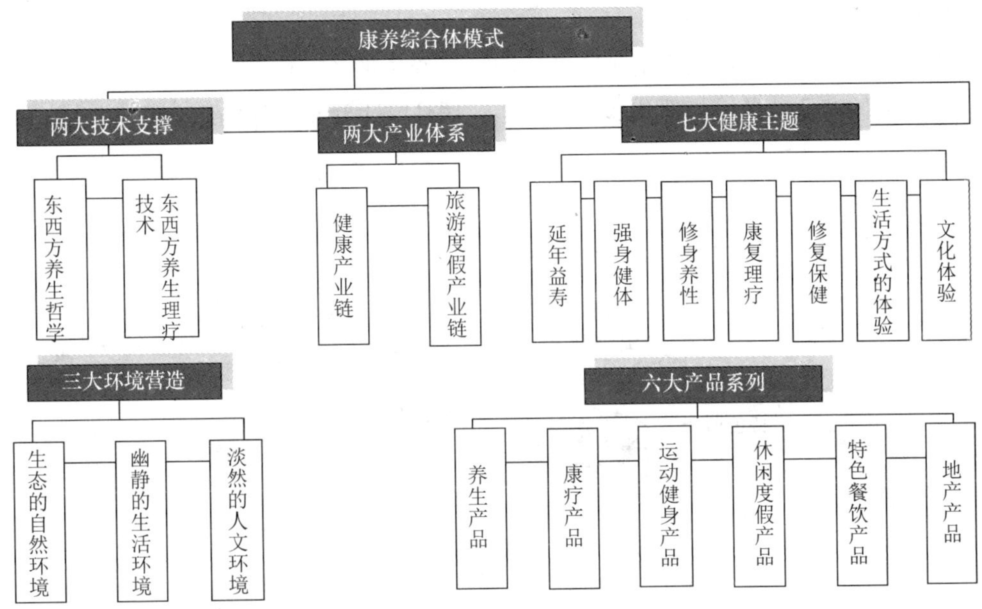

图 3–11　康养综合体模式

5. **产业园区**

产业园区模式是在医疗教育、研发、疾病治疗三大核心功能主导下，配套完善机构和行政服务，形成以医疗为特色的区域开发模式（见图 3–12）。这一模式依托一定的气候及生态环境资源，重点开发或引进先进的医学设备设施及项目，形成能够满足疾病患者医疗前的检查、医疗中的治疗、医疗后的康复等全方位需求的产品体系。这一开发模式的特点在于，对医疗条件、医疗技术、医疗专业人员、医疗服务的要求较高，还须将医疗与度假结合起来，为病患人员提供相对安静、生态、健康的度假方式，并提供较长时间居住的便利条件。此外，医疗教育、医疗研发与治疗服务相辅相成，教育与研发为治疗服务源源不断地提供人才与技术，治疗服务为教育与研发提供资金。在此过程中，区域内逐渐形成教育机构、科研院所、医院的聚集结构，并在此结构带动下，实现区域的共同发展。

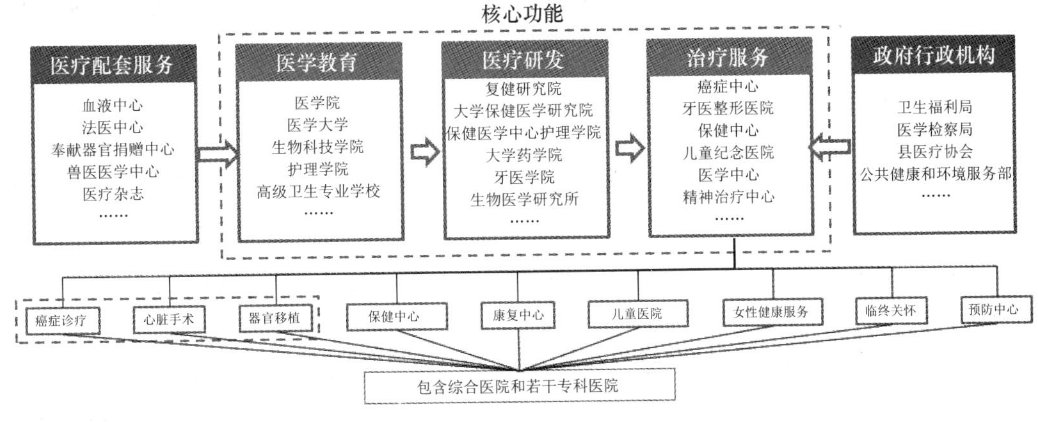

图 3–12　产业园区开发模式

6. **康养度假区**

康养度假区是借助区域内的地势及资源、气候条件，重点打造运动设施、场所，融合康体与度假产业特色，打造集康体、度假、居住、生活于一体的综合开发模式（见图3-13）。

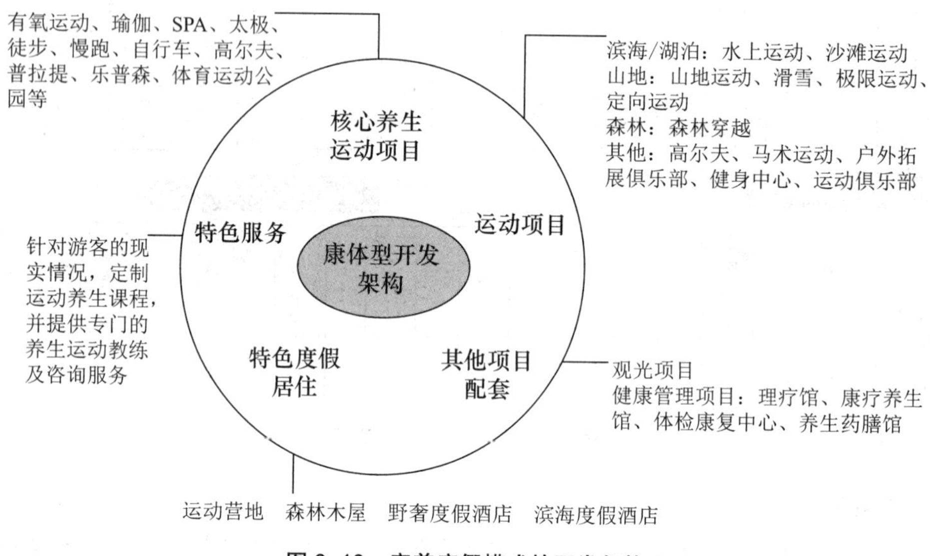

图 3-13　康养度假模式的开发架构

与普通的运动休闲不同，康养运动要求将健康管理、运动休闲和旅游度假相融合。因此，诸如运用先进的设备和视频分析技术对游客的运动表现进行分析，在专家指导下进行调整等相关健康服务，显得尤为重要。具体而言，康养度假模式以融入先进健康管理理念的健康运动方式为核心，针对游客的实际情况，定制运动养生课程，并提供专门的养生运动教练及咨询服务。在具体产品提供方面，既包括有氧运动、瑜伽、SPA、太极、徒步、慢跑、自行车、高尔夫、普拉提、乐普森等核心养生产品，也依托特殊的自然条件，开发诸如山地、滨海、森林、冰雪等资源，提供水上运动、山地运动、滑雪运动、马术运动等体育运动产品。康养度假模式为游客提供强身健体、放松身心的独特体验，使游客通过身体的释放，达到身心的愉悦，并最终形成区域康养度假产业链条，引导区域综合开发。

7. **中医药旅游示范区**

2016 年 10 月，《关于开展国家中医药健康旅游示范区（基地、项目）创建工作的通知》发布；2017 年 7 月，首批中医药健康旅游示范区和健康旅游示范基地名单公布。在政策推动下，以中医药旅游示范区为发展引擎的模式成为区域开发的一种重要模式。

中医药旅游示范区区域开发模式依托于特色的中医药资源，将其与旅游的食、住、行、游、购、娱、厕、导、智、商、养、学、福、情、奇、文、体、农等市场需求对接，打造医养生活保健服务为核心的旅游产品体系，形成以服务企业为实体的示范基地、示范项目，以及形成医药产业集群的示范区（见图 3–14）。在示范区、示范基地、示范项目的共同推动下，区域社会、经济、文化得到飞速发展，区域生活环境得到飞速提升，人民生活更加富裕，精神文化生活更加丰富。

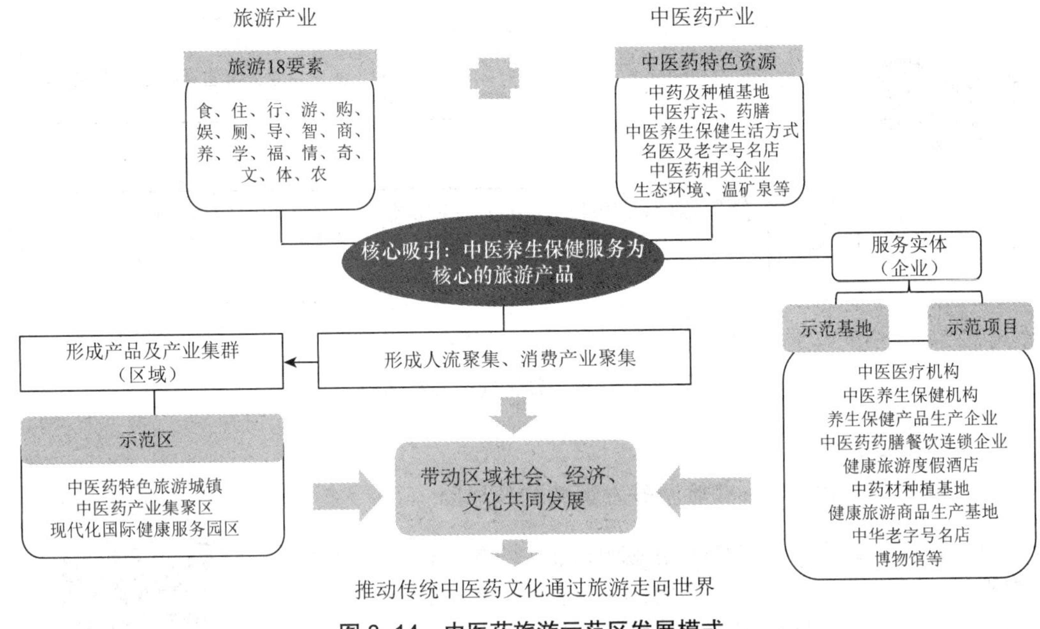

图 3–14　中医药旅游示范区发展模式

8. 享老社区

享老社区模式是依托区域良好的生态环境，通过养老社区与城市社区共生模式的打造以实现区域综合开发的目标（见图 3–15）。享老社区不同于以往的养老模式，要从物质和精神两个层面，通过舒适愉悦的生活环境、人性化的专业侍候体系、智能化的专控服务体系、便利性的特色产品体系保证老年人的身体健康；通过良好的人际交往环境、多元的休闲娱乐项目设置，使老年人获得心理上的享受。享老社区以打造健康老人、幸福老人为目标，针对老年人与年轻群体共同生活、与子女亲密联系的心理需求，构建养老居住与区域社区的共生模式。

享老社区的打造既需要构建旅居度假产品，提供运动休闲、养生、养心、康复治疗的健康服务，以及亲子、亲孙、三代四代同乐的综合休闲度假服务，又需要注重安全无障碍设施设计，关爱老人的日常生活需求。通过文化养老方式，使老年人生活年轻态。以养老社区为核心，区域内最终形成集培训、诊疗、科研、监控、养护、修复、体验于一体的享老产业链，以优化产业结构，增加核心竞争力。

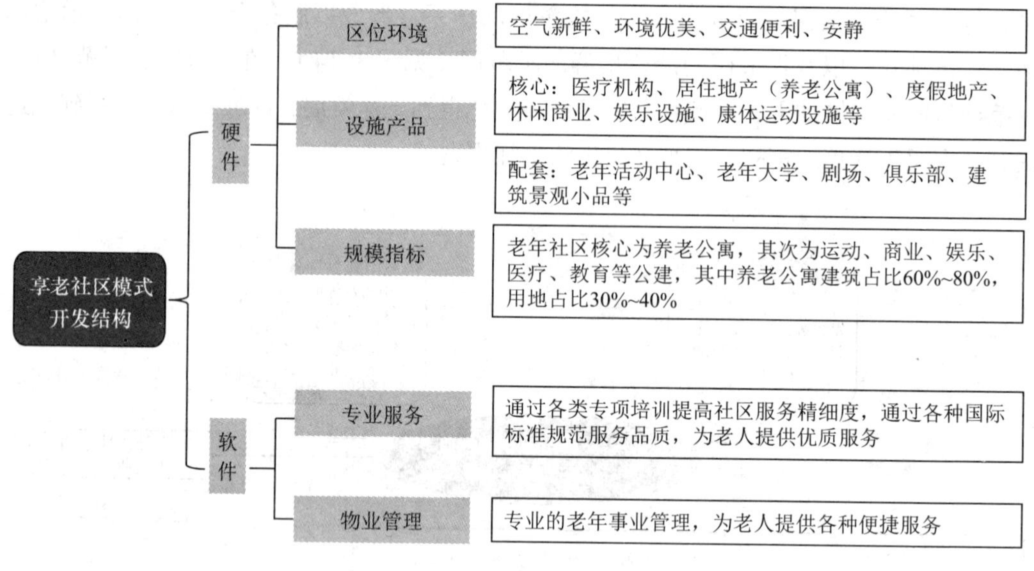

图 3-15　享老社区模式开发结构

专栏 1　康养旅游开发运营的新思路

健康中国战略背景下，康养旅游成为投资风口，是中国旅游发展的主导方向之一。绿维文旅结合政策导向、市场需求与项目实践，提出“三避五养”度假理念，为业界提供了康养旅游开发运营新思路。

相关案例：河南新密黄帝康养小镇、木兰康谷·桃源旅游度假区、蕲春县国家中医药健康旅游示范区、河南栾川伏牛山居温泉度假村……

更多详情请扫描二维码

第四节　体育旅游引领下的区域综合开发

改革开放以来，我国一直把体育作为一种振兴民族的精神力量，体育产业也是如今市场发展潜力最大的产业之一。国家统计局、国家体育总局发布的《2017 年全国体育产业总规模与增加值数据公告》显示，2017 年国家体育产业总产出为 21987.7 亿元，增加值为 7811.4 亿元，其中体育用品及相关产品制造的总产出和增加值最大，体育场馆、健身步道、体育公园等全民健身设施建设力度不断加大，体育服务业（除体育用品及相关产品制造、体育场地设施建设外的 9 大类）保持快速发展势头。

2017 年，我国体育服务业占国家体育产业总产出的比重为 36.5%，虽然较 2007 年的 18% 提高了一倍有余，但与美国的 57% 相比，从未来产业发展结构来看，还需进一步提升和优化。另外，在产业发展细类中，篮球、羽毛球、游泳、乒乓球、跑步与足球等项目的体育用户最多；击剑、滑冰、电竞体育等消费较高；形式前卫的体育运动在青少年中认可度很高，未来具有巨大的发展潜力。从政策规划来看，到 2020 年，水上运动、航空运动、山地运动三项运动的产业总规模计划达到 9000 亿元，占当时体育产业生产总值的近 1/3。

一、体育产业发展的政策背景

以 2014 年 10 月国务院《关于加快发展体育产业促进体育消费的若干意见》的出台为标志，体育产业被定位为国家经济转型升级的重要力量。自此，从产业发展方向到产业落地抓手等一系列的体育产业政策陆续出台。从这些密集出台的政策来看，“体育+”、体验式消费、产城融合、体育运动小镇将成为体育产业未来发展的关键词。

第一，“体育 +”将成为体育产业发展的关键。《关于加快发展体育产业促进体育消费的若干意见》《关于加快发展健身休闲产业的指导意见》《关于大力发展体育旅游的指导意见》中均提出促进体育产业与其他产业相互融合发展（见图 3–16）。未来，体育与文化、教育、旅游、健康、养老、地产、传媒、信息、金融、农业等产业的融合发展将进一步加深，融合后的“外溢效应”也将成为体育产业价值的增长空间。

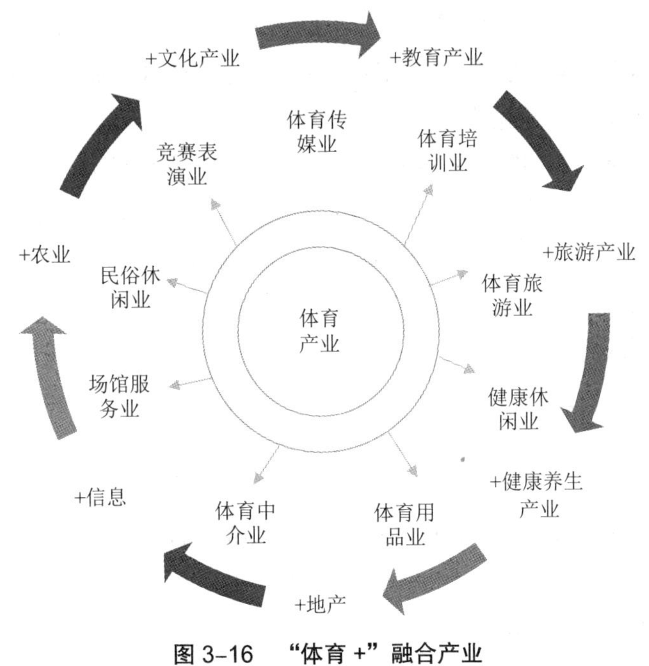

图 3–16　“体育 +”融合产业

第二，体验式消费将成为引领体育产业发展的新热点。《体育产业“十三五”规划》提出，“十三五”时期，我国体育消费方式将从实物型消费向参与型和观赏型消费扩展。多个政策文件中也提出支持具有消费引领性休闲项目的发展，且体育竞赛表演、户外运动、冰雪运动、特种运动将成为发展重点，如图 3–17 所示。

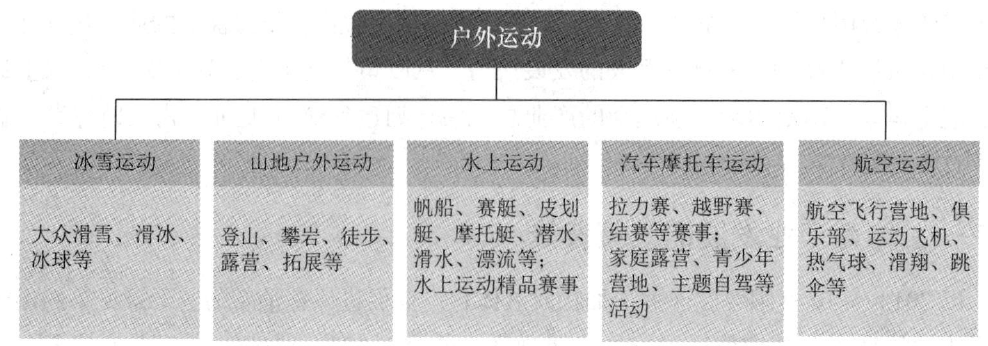

图 3-17 户外运动分类

第三，产城融合将成为未来体育价值的重要着力点。在目前有关体育产业的各项政策中，体育产业发展与城市发展、区域经济社会发展之间的引导措施已有显露，如《关于加快发展体育产业促进体育消费的若干意见》提出以体育设施为载体，打造城市体育服务综合体，推动体育与住宅、休闲、商业综合开发。

二、体育旅游开发模式

“旅游 + 体育”将成为新时期旅游发展的新引擎和新动力、旅游休闲领域的新亮点，旅游综合开发为体育产业发展提供了足够的场地，也为体育产业从实物型消费向参与型和观赏型消费扩展提供了可能。

体育旅游开发模式的确定，是体育旅游业可持续发展的宏观基础。体育旅游的开发模式从主导资源的类型分类，分为专项型开发模式、组合型体育旅游开发模式、附带型体育旅游开发模式；从体育旅游资源结构与区位条件配合分类，分为资源开发模式、市场开发模式、创新开发模式；从产业角度分类，分为“体育 + 旅游”开发模式、“旅游 + 体育”开发模式。

（一）从主导资源的类型分类

1. 专项型开发模式

所谓专项型体育旅游开发是指以某一种体育旅游产品为开发目标，将体育旅游资源开发成唯一的旅游吸引物，旅游者的旅游目的也是单纯地奔着这一吸引物而来的。

2. 组合型体育旅游开发模式

所谓组合型体育旅游开发是指将体育与其他旅游资源相互配合，在整合资源开发过程中，体育资源不具有独占地位，而是和其他产品相互融合。以这种形式进行开发，主要是针对体育资源（包括民族传统体育资源）较为丰富，同时又具有优美自然风景和深厚历史文化底蕴的地区，在开发过程中，体育资源是开发的重点资源。对于旅游者而言，前往某地观光游览的目的不仅仅是参与当地民族体育活动，而且需要游览当地优美的自然景观，体会浓厚的人文氛围。

3. **附带型体育旅游开发模式**

附带型体育旅游开发模式是指在一般旅游活动中附带介绍体育知识，旅游过程中或结束时观看体育表演，或参加体育娱乐等活动。附带型体育旅游资源开发模式与组合型有些类似，只是体育在与其他旅游产品的组合中起附带性作用。比如，导游在讲解的过程中，渗透民族传统体育活动的知识，或渗透对某些文化遗址所拥有的体育文化内涵的讲解，或者是组织游客参与民族传统体育或民间体育活动的表演，或组织观看体育图片展览等。

（二）从体育旅游资源结构与区位条件配合分类

1. **资源型发展模式**

资源型发展模式是在体育旅游资源价值优势十分明显，但当地区位条件一般，区域经济欠发达的地区，充分发挥地方特色，通过国家在资金、政策上的扶持，选择有代表性的项目合理布局，有重点地进行开发，使体育旅游资源的吸引功能得到最大限度的利用，完成资源优势向产品优势的转化。

2. **市场型发展模式**

市场型发展模式是在体育旅游资源特色不是特别突出，但当地区位条件和区域经济条件十分优越，可进入性强，距客源市场较近的地区，在对体育旅游市场进行细分的基础上，以旅游者的旅游需求为导向，进行产品的全面开发，最终实现经济效益、社会效益和生态环境效益的均衡发展。根据不同的体育旅游细分市场，考虑到需求的不同，可以对体育专项旅游产品从产品的命名、目标市场的选择、产品开发的作用进行设计，以满足不同人群的需要。

3. **创新型发展模式**

创新型发展模式是在体育资源的特色、当地区位条件，以及经济条件都不是特别突出的情况下，围绕热点市场需求设计富有创意的新产品，通过对体育形象的创新、文化内涵的挖掘，或是利用时事动态等进行产品开发，以满足旅游者的新、奇、异的需求或突发性需求。

（三）从产业角度分类

1. **“旅游＋体育”模式**

“旅游＋体育”模式是指以旅游资源为依托开发体育旅游产品，就是充分利用资源条件，寻找开发体育旅游的切入点，增加旅游活动的内容，提高旅游产品的吸引力，实现旅游业的可持续发展。旅游过程中的各种体育现象可以概括为旅游者的各种身体娱乐、身体锻炼、体育竞赛、体育探险、体育购物、体育观赏、体育考古、体育会议、体育保健及康复等内容。“旅游＋体育”模式的开发，能使游客充分感受到旅游中的体育。

由于它又有别于单纯的体育运动，因此旅游中的体育又可称为“旅游性体育”。

2. **“体育＋旅游”模式**

“体育＋旅游”模式是指以体育资源为依托开发体育旅游产品，即充分利用体育竞赛、表演或节庆活动，扩大宣传，提高组织规格，吸引更多的观摩者，以提高举办地的对外影响并增加经济收入。同时，在以体育资源为依托开发旅游产品的过程中，还要加强城市管理和规划，尤其是要加强举办地旅游景点的规划与建设。通过对体育赛事的形象背景、文化氛围、体验性体育旅游活动的策划等，能让观众亲身参加体验性体育活动，并融入到欢乐、刺激的氛围中，给旅游者带来视觉、听觉、触觉的全方位冲击，使游客充分感受到体育观摩中有旅游活动。由于这种旅游形式有别于传统的旅游，因此，还可以把这种体育中的旅游称为“体育性旅游”。

三、体育小镇——未来体旅融合发展的新方向

体育产业对产业发展基础及积淀的要求并不高，甚至有些区域可以凭借一场具有影响力赛事的引入，带动当地体育产业的发展。因此，无论是从产业发展前景还是产业培育的可行性方面来判断，体育产业都非常契合特色小镇对产业的要求。传统的体育商业模式较为简单，无法支撑庞大的市场规模需求。而特色小镇作为一种综合开发架构，作为一种就地城镇化的模式，对于产业综合效益的发挥、对于多样化消费业态的聚集、对于区域经济的拉动有着巨大作用。可以说，体育小镇激活了体育产业的新蓝海。

体育小镇是基于一定的体育资源，以体育产业及体育运动休闲为导向开发而形成的，是一个旅游景区、产业聚集区、新型城镇化区三区合一的综合发展结构，互动发展的休闲体育集群、综合休闲项目、体育休闲社区是其核心功能构架。体育小镇的本质是以体育产业为主导的特色小镇，突破了传统的建制村镇，是在中国就地城镇化建设背景下的广义小镇概念，从规模来看，大到几十、上百平方公里的建制城镇，小到几百、几千亩的综合体，都可以作为体育小镇的建设雏形。体育小镇的出现，可以说是基于特色小镇和体育产业双重发展机遇下形成的一个创新结构。

体育小镇的开发，以释放体育消费为引领，以体育产业与其他产业的整合为手段，以休闲化消费人群及就业人口的聚集为目的，以配套设施及服务的完善为依托，构建了一个产城融合的综合开发结构与运营模式。

（一）消费引领

促进消费、拉动内需已经成为我国经济工作的基本立足点。随着居民消费逐渐从基本消费、功能消费过渡至健康消费、体验消费，以健康为本、具有高度参与性及体验性的体育产业，面临着巨大的消费释放机遇，其未来的发展方向也应该是转向供给侧改革的消费。

在业态上，体育产业的消费，不仅仅是传统专业的竞技赛事，而是与旅游、健康、养生、养老、亲子等协同的多元化消费，即融合了赛事、户外运动、教育培训、餐饮、购物、休闲、娱乐、健康、养生等多种消费业态。除了赛事之外，以冰雪运动、山地运动、水上运动、航空运动等为引领的户外运动，以慢跑、太极、瑜伽为引领的健康运动，都将成为未来发展前景良好的消费业态。

在人群上，体育消费带动的是整个家庭的消费，即面向青少年的体育教育培训、面向中青年的体育休闲娱乐、面向中老年的体育健康养生。体育产业唯有形成适合不同人群的消费业态，才能达到可持续发展。

在消费频率上，体育消费是一种重复性消费，可以不断重复吸引人群。另外，体育消费不同于观赏性消费，体验性、参与性较强，可以吸引消费者留宿，产生夜间消费聚集。因此，体育小镇将形成“白天体育休闲运动 + 晚上赛事表演及其他休闲娱乐”的消费业态结构。

（二）产业聚集

在产业开发上，体育小镇应以体育产业链的整合为主，发展“体育 +”，打造赛事、体育休闲项目等吸引点，融合高科技元素强化服务，推动体育用品的供应，最终将体育与制造业、科技、文化、传媒、旅游等有机结合，形成以体育产业为核心，以体育旅游、体育影视等为特色，以体育产业服务为有效延伸的产业发展体系，实现“1+1>2”的联动效应。

目前，国家政策文件的推动下，体育产业与旅游产业的融合走在了前列。对于旅游产业来说，通过体育的植入，可以促使旅游由观赏性向体验性转变，促使关联产业增值，并帮助旅游解决淡季和重复性消费的问题。对于体育产业来说，通过旅游的手段，可以有效弥补体育商业模式单一的问题，拉长体育消费产业链。

（三）产城融合

产城融合，即产业与城镇融合发展，以城镇为基础，承载产业发展；以产业为保障，形成常住人口，驱动城镇更新和完善服务配套，进一步提升土地价值，以达到产、城、人、文一体化的发展模式。

体育小镇是一种以体育产业、旅游产业及其他相关产业的整合为支持，以大量就业人口及休闲化消费的聚集为动力机制，以配套设施及服务的配置为基础依托，以就业人口的居住建设与旅游人口的度假居住建设为居住配套，以管理、金融、运营的创新为相关保障，以提高人们生活质量与幸福指数为目标的产城融合发展模式。

更多详情请扫描二维码

专栏 2　绿维文旅的体育旅游开发实践

绿维文旅为“体育 + 旅游”产业的综合开发提供全链全程服务，形成了体旅融合、休闲运动、体育小镇等开发运营模式，打造了包括奥运城市、体育旅游目的地、运动主题度假区等在内的一系列优秀案例。

第五节　文化引导下的区域综合开发

在国民经济不断发展、国民财富日益增加的背景下，人们对精神文化的需求日渐丰富。“文化搭台，经济唱戏”逐渐成为过去式，现在是大家为文化搭台，让文化来唱大戏。目前，全国大部分省、自治区、直辖市均提出“文化大省”“文化强省”的口号，各类文化产业园区遍及全国，各种文化产业博览会论坛、交流活动也层出不穷，文化成为引导区域综合开发的重要抓手。

一、文化与文化产业

文化的定义在学界众说纷纭，国内外的出版物中给文化下的定义可达几百种之多。在我国文化的发展历程中，呈现出以下几个特征：一是文化属于上层建筑，是有党性的意识形态；二是文化是人类的事业，文化传承是我们的使命，基本的文化生活要求是社会福利的基础；三是文化形成的产品可以消费，文化产品的消费构成了文化产业的发展结构；四是文化具有公共性，包含文化基础设施与公共服务设施的建设，以及文化的基本事业化需求。

文化产业的提法最早出现在《启蒙辩证法》中，书中将文化产业定义为“服务于大众消费的、商品化的文化生产”。根据 2018 年 5 月国家统计局颁布的《文化及相关产业分类（2018）》，我国对文化及相关产业的定义指为社会公众提供文化产品和文化相关产品的生产活动的集合。

二、文化产业与旅游产业的融合效应

对于文化产业而言，一方面，旅游的融合为文化传播提供了载体，是文化交流与扩散的有效渠道。通过旅游能够促进文化的保护与传承，并在游客移动过程中扩大文化的影响力，有助于推动传统文化的复兴与创新，提升我国文化软实力。另一方面，旅游拓宽了文化产业的市场空间，是推动文化发展的重要力量。旅游消费对于文化具有很大需求，这为文化产业的发展提供了巨大的客源市场，文化在游览过程中传播，能够使其走向大众、走向市场，实现经济价值。

对于旅游产业而言，文化是提升旅游品质的重要因素。一是文化能够赋予旅游产品丰富的内涵，提升产品的附加值。二是文化能够提升游客的满意度，在游览过程中融入文化内容，可以更大限度地满足游客的精神需求。三是文化为旅游创新注入新的活力，在文化融合的基础上，结合先进技术，使旅游产品从静态变为动态，从无声变为有声，从而创新旅游体验。

可以说，文化产业与旅游产业在发展中是相互渗透、相互依存、相互促进的，文旅融合是产业发展的内在规律和必然趋势。

三、文化引导的区域综合开发价值

（一）文化引导的区域综合开发含义

文化导向的区域综合开发，是指基于一定的文化资源与土地基础，以文化体验、文化产业、文化旅游为导向进行土地综合开发，以互动发展的文化综合体、文化消费聚落、文化创意园区、文化产业园区、文化创意地产开发区为核心功能构架，形成整体服务品质较高的文化产业聚集区。作为聚集综合文化产业功能的特定空间，该类区域综合开发项目是一个泛文化产业聚集区，也是一个区域经济系统，并有可能成为一个文化体验目的地。

（二）文化引导的区域综合开发是有效推动城市发展的新模式

CIPE（Culture Industry Promoting Economy），即文化产业发展拉动城市经济发展模式，是一种通过发展文化产业来拉动城市经济发展、提升城市形象、推动城市产业转型、推进新城市生活品质的模式。这种模式是在研究新阶段中国城市发展特点及未来趋势下而提出的一种新型城市发展路径，从以下三方面提升城市发展品质。

第一，文化创意工作者的入驻不仅为落后的地区带来生气，也促成文化产业之外的其他产业支持架构的发展，引导产业与人才聚集。

第二，无论是创造文化的产业园区，还是消费文化的博物馆区，都日益成为城市发展自身独特性的品牌手段。

第三，文化产业发展带来的文化自觉与文化自信，既是资产，也是动力。城市或地区推动文化产业大发展的基础在于视文化为生活方式，在文化创新发展的过程中，也同时在形成新的城市性格与生活品质。

四、文化引导的区域综合开发规划

文化产业的规划不应当只是处理诸如住宅、交通、土地利用等问题，应该以文化产业架构的视角，来决定如何处理规划、发展模型、产业业态等要素。

文化引导的区域综合开发的规划设计，是以文化资源为基础，确认规划方案、拟订运营计划，并巧妙运用执行策略的流程。相对于一般的区域规划设计而言更为复杂，它不仅要求规划设计者处理诸如土地利用、交通等问题，还要对接文化与文化产业，梳理地域文化资源，创意文化产品，形成文化产业细分业态，并架构运营模式。

（一）文化资源是基础

文化资源是文化产业规划的原料，也是它的价值基础，创意则是利用这些原料，并助使他们增长的方式。文化资源可以是文化建筑、文化景观、文化遗迹等硬性文化资源，也可以是文化历史、文化人物、文化故事、非物质文化遗产等软性文化资源，它包含了能证明某地与众不同的一切文化资源。梳理文化资源的要点在于寻找与凝练城市或区域的文化脉络。

（二）文化创意是灵魂

对整个产业规划而言，文化创意是灵魂性的要素，对文化资源本身的理解、文化产业架构、文化建筑与文化景观的创新，都需要文化创意来实现。

（三）文化产品是本质

文化产业规划的重心，在于创意差异化的文化产品。产品的同质化和标准化，正威胁着地方认同感，逐渐使城市看起来都大同小异。在区域开发中形成独具特色的文化产品，会让文化产业园区本身具有不一样的特质。

（四）文化消费是人气来源

文化消费是文化产业聚集人气、聚焦社会关注的重要方面。以文化为特质，结合文化主题酒店、文化休闲街区、文化休闲设施、文化特色餐饮、主题表演留住消费者，从而扩大区域消费，一方面使产业园区能够获得持续收益，另一方面也能有效地提升园区的品牌形象与人气。

（五）文化产业打造是核心

产业园区内的文化产业将突破传统文化产业条块分割，打破文化产业与其他产业的界限，以“文化+”的复合型文化产业模式，将文化渗透到产业发展建设的方方面面。例如，“文化＋科技”衍生科技孵化、信息外包产业链；“文化＋教育”发展大中学生教育、职业技术教育、专业培训；“文化＋旅游”带来民俗文化体验、非遗观光体验等特色旅游；“文化＋商业”促进文化产品交易、文创产品研发等产业发展。

（六）文化创意地产是保证

从投资回收周期的合理化配置与产业驱动发展的角度来看，文化创意地产都是不可回避的问题，也是文化产业园区能够成功打造的重要保证。

五、文化引导的区域综合开发理念与思路

（一）理念正确是前提

绿维文旅认为，文化引导的区域综合开发要坚持“新五观”开发理念。一是新的发展观，即科学发展观；二是新的资源观，即多角度审视文化资源；三是新的产品观，即大文化视野下的文化产品；四是新的产业观，即泛文化产业的发展思路；五是新的动力观，即多产业聚集的文化产业主导模式。

（二）手法运用要得当

文化引导的区域综合开发关键在于文化产业整合，而文化产业整合需要以文化为核心，进行相关产品业态的整合。总体而言，文化产业整合是以文化生产为基础、文化体验为特色、文化休闲与文化商业为重点、创意产业为延伸、会展商务相配合的泛文化产业整合，以及行政办公、综合商业、其他服务业、总部基地、居住等互补的现代服务产业整合。

（三）要素完备是关键

一个文化导向的区域综合开发项目的成功打造要具备一系列的元素构成，包括是否具备园区载体、是否有项目支撑、是否有龙头企业、是否具备特色文化、是否存在产业核心及产业支撑、是否存在专业的文化产业运营商、是否具备切实的政府组织保障、是否有相关政策扶持等内容。

六、文化引导的区域综合开发运营模式

（一）整体运营模式

在运营模式上，根据文化引导的区域综合开发的特点和国内外成功先例，采取“G+1+X+Y”，即“政府＋区域运营商＋次级开发商＋创意创业者”的开发模式，走政府扶持、企业主体、文化创意者参与的科学发展道路。“G+1+X+Y”开发模式中，G 指地方政府，1 指区域运营商，X 指次级开发商，Y 指文化创意创业者。

其中，区域运营商对于项目而言，其开发内容超越一般项目开发的层面，必须拥有文化创意产业的相关操作经验和推广平台优势。同时也要承担城市基础设施建设、土地一级开发、产业运作等内容，必须是文化产业运作能力强、实力雄厚、富有社会责任感的企业。

（二）利益驱动结构

文化引导的区域综合开发，利益主体由政府、企业、文化园区、当地居民及消费者

共同组成。对于政府而言，以文化为主导的区域开发能够优化产业格局，改善城市文化环境，聚集文化产业消费，从而拉动区域经济增长；对于企业而言，能够获得文化园区开发的运营利益，并提升企业品牌影响力；对于文化园区本身而言，能够吸纳资金和人才，一方面完善园区的基础设施和公共服务设施建设，一方面增强园区核心产业竞争力；对于当地居民及消费者而言，文化引导的区域综合开发不仅能够增加区域就业，还能够丰富民众的业余生活，提高居民幸福指数。

（三）文化导向的区域综合开发政府运作思路

从政府运作的角度看，文化导向的区域综合开发应把握以下五方面要点。

第一，以规划方案的把控为前提。一方面是通过规划对区域生态环境、资源、耕地提出明确要求；另一方面是通过规划对文化综合开发项目的文化创意、文化休闲、文化商业、文化地产的科学配比、开发强度与协调发展提出战略层面的明确方向。

第二，以相关政策支持为重点。一是要从资源整合、土地流转、新农村建设、税收优惠及专项产业基金扶持等方面对旅游综合开发项目给予大力支持；二是要针对项目成立由主管领导挂帅，土地、规划、建设、文化、发改、财政、旅游、交通等相关部门负责人组成的领导小组，协调项目的相关工作。

第三，以公共工程的建设为核心。主要包括文化标识、信息咨询等服务系统建设工程，文化景观与环境建设工程，社区教育与开发扶持工程等。

第四，以招商引资的落实为突破点。这项工作主要强调项目包装、创新招商方式和甄别意向企业。

第五，以后续监管的持续为保障。监管内容包括是否真正按照既定规划与战略方向进行投资，是否真正进行文化为导向的区域综合开发，是否真正从可持续发展的角度去考虑文化经营、产业发展和城乡融合的推进。

专栏 3　文旅融合的绿维优秀案例

文旅融合已成为当下业界热议的话题，绿维文旅紧扣时代主题，结合项目实践经验，对文旅融合发展的体系、结构与创新方向进行了梳理提炼。

相关案例：江苏淹城春秋主题乐园、湖南夜郎文化项目总体策划、西安大明宫国家遗址公园经营运作……

更多详情请扫描二维码

第六节　教育引导下的区域综合开发

教育是国之大计、党之大计，是民族振兴、社会进步的重要基石。近年来，研学旅行作为一种寓教于乐的教学方式多次被写入国家级政策文件，是我国教育体制、教学内容改革的重要突破。事实上，“学”与“游”具有天然的耦合关系，古语有云“读万卷书，行万里路”“知者行之始，行者知之成”，正是对游中有学、学有所得的精确描绘。随着国民素质的提升和精神文化需求的增加，研学旅游也逐渐成为热门的旅游细分市场，其出游客群已不再局限于学生或青少年的跟校、跟团游览，体验特色文化、获取特定知识、接受技能培训也日益成为大众消费群体的出游动机。

在政策不断支持与市场需求不断释放的背景下，旅游能够作为体验式教育的载体，促进教育行业的改革创新；教育能够作为丰富旅游体验的内容，提升旅游业持续发展的能力。因此，“旅游＋教育”的产品开发及游线设计将成为串联区域自然、文化、生态、产业等资源的重要线索，形成教育引导的区域综合开发模式，即通过开发研学旅游目的地的特色消费项目，构建起“育人”与“聚人”的良性生态圈，打造区域产业新体系、经济发展新动能和社会文化发展新引擎。

一、教育引导区域综合开发的时代机遇

旅游是修身养性之道，研学旅游作为一种学、游交融并举的活动形式，更是践行素质教育理念、拓展旅行意义的重要方式。近年来，国务院办公厅、教育部、原国家旅游局等相关部委屡次发文，明确了研学旅行在学生综合素质教育中的重要地位，鼓励全国各地推进“旅游＋教育”相关项目的建设，支持夏令营、冬令营、课外实践等多种研学旅游活动的开展。国家关于支持研学旅游发展的相关政策如表 3–1 所示。

表 3–1　国家关于支持研学旅游发展的相关政策

时间	政策文件	发文部委	相关内容
2013.02	《国民旅游休闲纲要（2013—2020 年）》	国务院办公厅	逐步推行中小学生研学旅行，鼓励学校组织学生进行寓教于游的课外实践活动
2014.08	《关于促进旅游业改革发展的若干意见》	国务院办公厅	积极开展研学旅行，将研学旅行、夏令营、冬令营等作为青少年爱国主义和革命传统教育、国情教育的重要载体，纳入中小学生日常德育、美育、体育教育范畴
2015.08	《关于进一步促进旅游投资和消费的若干意见》	国务院办公厅	支持研学旅行发展，把研学旅行纳入学生综合素质教育范畴。支持建设一批研学旅行基地，鼓励各地依托自然和文化遗产资源、红色旅游景点景区、大型公共设施、知名院校、科研机构、工矿企业、大型农场开展研学旅行活动

续表

时间	政策文件	发文部委	相关内容
2016.02	《关于公布首批“中国研学旅游目的地”和“全国研学旅游示范基地”的通知》	原国家旅游局	授予北京市海淀区、浙江省绍兴市、安徽省黄山市等10个城市“中国研学旅游目的地”称号，授予北京市卢沟桥中国人民抗日战争纪念馆、滨海航母主题公园等20家单位“全国研学旅游示范基地”称号
2016.11	《关于推进中小学生研学旅行的意见》	教育部、国家发改委、原国家旅游局等11部门	要求各地将研学旅行摆在更加重要的位置，推动研学旅行健康快速发展提出将研学旅行纳入中小学教育教学计划，强调加强研学旅行基地建设，要求各地规范研学旅行组织管理，明确健全经费筹措机制、建立安全责任体系、加强统筹协调、监督评价等相关要求
2017.01	2017年全国旅游工作报告	原国家旅游局	推进“旅游+教育”，加强研学旅游基地建设，推出一批精品示范项目
2017.07	《教育部办公厅关于开展2017年度中央专项彩票公益金支持中小学生研学实践教育项目推荐工作的通知》	教育部	贯彻《教育部等11部门关于推进中小学生研学旅行的意见》精神，教育部利用中央专项彩票公益金支持开展中小学生研学实践教育项目，将在各地遴选命名一批“全国中小学生研学实践教育基地”和“全国中小学生研学实践教育营地”，广泛开展中小学生研学实践教育活动
2018.02	2018年全国旅游工作报告	原国家旅游局	要推进发展研学旅游，包括林学、矿学、农学、工学、地学、气象学、商学、医学、军事学、民族学、美学等内容，培育中小学生教育实践基地

从相关政策文件中可以看出，研学旅游已经成为我国教育体制改革创新的重要抓手，包括气候、土壤、植被、生物、农业、工业、科技、文化、民俗、艺术、历史遗迹等在内的区域资源经过合理的开发利用，都能够成为延伸教学知识、丰富课程体系的有效内容，使认识自然、了解社会、培养技能、塑造人格、提升综合实践能力的教育目标在旅行的过程中得以实现。

国家政策的支持和战略地位的提升为研学旅游创造了优越的发展空间，同时，以“80后”“90后”为主的新一代父母的教育理念革新，以及国民消费能力、文化素质和精神需求的提升，也将使这种兼具知识获取和趣味体验功能的旅游形式迎来新一轮市场规模的扩张。研学旅游的发展依赖于科学文化知识的物化开发和旅游资源的活化利用，由此产生大量的空间、产品、业态、配套服务等目的地建设相关的开发需求，将获得旅游企业、地产开发商、培训机构等众多市场主体的青睐。因此，教育引导的泛旅游产业整合与消费聚集，在未来一段时期都将是推动区域综合发展的重要引擎。

二、教育引导的区域综合开发模式

教育引导的区域综合开发，是以教育业的改革创新为导向，以研学旅游产品为核心吸引力，通过区域自然、文化、技术、特色产业等资源的整合及配套服务设施的完善，形成知识的共享、人流的搬运和消费的聚集。其核心思路是通过研学旅游目的地体系的建设，构建起“旅游＋教育＋X”的新产业体系和区域综合发展新格局。

（一）旅游资源导向的“7+2”开发模式

旅游资源导向的区域综合开发，是指依托区域旅游资源本底，寻找开发研学旅游项目的切入点，积极挖掘自然景观、工厂、村庄、农田、历史遗迹、特色建筑、博物馆、宗教、革命根据地、战争遗址等观光资源中可以用作研学、教育的相关内容，结合知识付费产品、科学考察、文化修学、学术交流、生活体验、文化节庆等活动的创意体验化设计，使游客充分感受到旅游目的地产品及线路的独特内涵和吸引力，通过“旅游＋教育”的产业联动，促进旅游资源的整合及旅游业态的创新，从而构建区域经济发展新动能。绿维文旅依据多年研究和实践经验，总结出目前适宜研学旅游目的地的“7+2”开发体系，即“七大专项产品＋两大基地建设”。

1. 国防科工旅游产品

国防科工旅游产品旨在引导学生学习科学知识、培养科学兴趣、掌握科学方法、增强科学精神，树立总体国家安全观和国防意识。产品开发可以分为国防教育旅游产品和工业旅游产品。国防教育旅游产品包括国家安全教育基地、国防教育基地、海洋意识教育基地、科技馆、科普教育基地、科技创新基地、高等学校、科研院所等单位。工业旅游产品包括工业园区、工业城、高新技术园区、高新技术企业等。因为国防科工旅游具有很强的知识性，开发的过程中要融生产、观光、参与、体验为一体，充分开发观光之外的参与体验项目和课程。

2. 自然生态旅游产品

自然生态旅游产品具有环境教育和保护功能，而崇尚自然正符合当下旅游的需求。地质地貌、动植物、气象水文等生态旅游资源含有丰富的自然、历史、文化、科学信息，具有较高的文化品位。除了地质公园、森林公园等，一些新型的生态旅游产品受到追捧，如我国台湾地区的生态农场，近年来一直是亲子旅行和青少年团队出游的热选地。

3. 历史文化旅游产品

中国在5000余年的人类历史发展历程中，形成了丰富的历史文化旅游资源，如遗址遗迹、古代建筑、古代园林、古代陵墓等，这些资源富有文化底蕴、科考价值和美学价值，是文化旅游产品中最为重要的一类。可针对历史文化旅游资源的不同特性，开发独特的研学旅行产品，如北京胡同游、北京王府游、古村落写生游、园林美学游等。

4. 红色旅游产品

红色旅游一直以其"寓教于游"的功能受到研学旅行市场的青睐，革命纪念地、伟人诞辰地等革命精神承载地，以及核心的纪念馆、故居、博物馆、风景名胜区是主要的红色旅游产品。全国百余个红色旅游景点景区、十余个红色旅游重点城市和几十条主题线路业已成型，为研学旅行提供了广泛的选择空间。

5. 乡村扶贫旅游产品

乡村扶贫旅游产品是建议开发的一种新型研学旅行产品，主要是组织学生群体到经济不发达的地区体验生活，了解农村发展现状，参与农事活动，帮助别人。通过这种形式，旅游者可以提升实践能力和助人为乐的品质，更加珍惜今天的生活。

6. 现代景观（城市）旅游产品

与乡村旅游产品相对应的是城市景观产品，主要在北京、上海、深圳等大城市开展游览，这些区域经济比较发达，城市建设比较完善，地标性建筑、城市公园、街区风貌、现代设施、大型知名企业、大型工程等体现了城市文化、发展、管理规划、设计、美学、历史、民俗等方面的内涵，能够加深旅游者对中国特色主义建设成就的理解和自豪感。

7. 特色游学产品

特色游学产品，通常由院校或培训机构牵头组织设计，根据课程设置的需求设计旅游线路和产品，例如，到山东学习儒家文化，到印度学习瑜伽，到各大名校参加业余课程培训等。这类产品的主要开发思路，是让消费群体在实地体验风土人情、文化氛围的过程中获取知识和技能，是旅游与教育有机融合的一种重要形式。

8. 研学户外营地

研学户外营地是专门为研学旅游者设计的实践教育拓展基地，具有承担一定规模中小学生研学实践教育的活动组织、课程和线路研发、集中接待、协调服务等功能。通过组织野外生活、自然地域游览、模拟探险活动、情景式心理训练等实践教育活动，培养户外生存技能，提高研学旅行者的身心素质与合作交往能力。

9. 研学旅行基地

研学旅行基地是指适合中小学生前往开展研究性学习和实践活动的优质资源单位。其主题性和体验性较强，通过设计旅游线路和亲子互动活动，以及开发不同学段（小学、初中、高中）、与学校教育内容衔接的研学实践课程，丰富研学旅行内容。研学旅行基地这种新兴旅游区一般规模较大，具有接待、教育、娱乐、观光等综合性功能。

（二）教育产业导向的区域综合开发模式

教育产业导向，是指依托区域名校、名师、大学城、高新科技、特殊技能培训等教育资源，以政府、学校、培训机构与旅游开发主体的跨界合作为前提，通过对区域资源禀赋、实践性教育需求、目标客源市场需求和热点研学内容的综合分析，将研学主题、课程系统、学术交流、技术交流、人才交流、合作办学等开放式的教育活动与旅游目的地开发相结合，形成完整的研学旅游体验闭环，从而打造集人才培养、休闲度假、文化体验、科技创新等功能于一体，宜学、宜业、宜游、宜居的区域综合开发体系。

例如，在绿维文旅负责策划规划的常州殷村国际职教小镇项目中，项目组立足于常州“南有高职园区，北有职教基地，东有职教联盟，西有殷村职教新片区”的职教产业基础，结合殷村的江南田园景观和优良生态环境，确定了以职教产业为核心，协同发展文旅产业的“学 + 游”的双特产业体系。依托职教院校中的教学设施资源，开展以学习体验、职业技能、艺术特长、学分互修为主的游学项目，同时以 5A 级旅游景区标准打造传统与现代结合的文化体验观光区，融合文创孵化、运动休闲、创新创业等多项服务功能，为游学、教育、置业等客群提供优质的社区服务，使殷村职教小镇成为服务于全国及世界职教文化交流、大国工匠培育的职教产业高地和高端休闲度假区，助力区域打破传统的经济发展模式，在人才培养、促进就业、惠及民生方面实现新的跨越。

复习思考

1. 什么是泛旅游产业？泛旅游产业整合的途径和模式有哪些？
2. 旅游产业如何与大健康、体育、文化、教育产业融合，引领区域的综合发展？

第四章

旅游引导的区域综合开发

学习目标

知识目标

1. 掌握旅游项目开发流程及各阶段的重点工作内容；
2. 掌握旅游引导的区域综合开发模式的类型及各类型的内涵；
3. 了解旅游开发的难点与痛点、旅游项目的开发模式；
4. 了解旅游用地的含义、特征、我国土地利用存在的问题。

能力目标

1. 站在旅游引导区域综合开发的视角，掌握景区、旅游综合体、旅游小镇、度假区、城市旅游化提升、休闲农业与乡村旅游的开发要点；

2. 识别我国旅游土地利用存在的问题，掌握旅游用地管理对策和乡村土地获取的策略。

在旅游产业发展的新时代下，应该以全新的综合视角，对日新月异的旅游相关业态和投资模式进行全方位的整合。旅游引导的区域综合开发模式这一概念的提出，正是为了解决目前旅游面对的跨行业、跨城乡、复合型区域发展的模式与构架问题。

本章主要包括九节内容：旅游开发的现状及流程、景区、旅游引导的新型城镇化模式及体系、旅游综合体、旅游小镇、度假区、城市旅游化、乡村旅游与休闲农业的发展模式、基于旅游用地的综合开发。通过各类旅游引导的区域综合开发机理的研究，结合经典案例的解读，找出产业整合、城乡融合、综合开发的路径与商业模式，为政府提供决策参考，为企业提供运营模式。

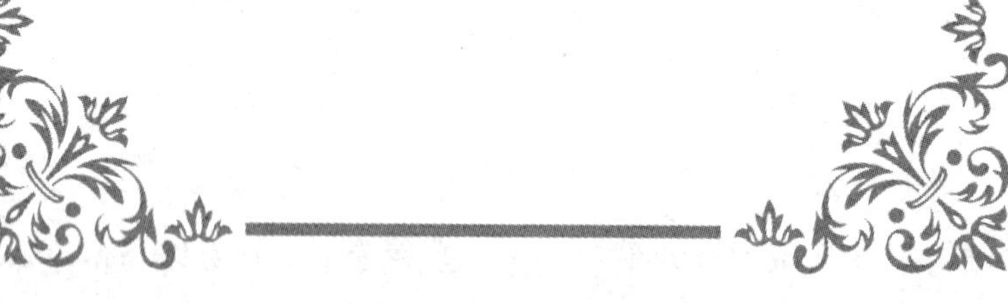

第一节　旅游开发的现状及流程

一、旅游进入区域综合开发时代

旅游业投资大幅增长，并正在成为产业投资的主流方向，我国进入了旅游投资的新时代。这个新时代，不仅仅是总量上的变化，更在于投资内容与模式的差异。在新的旅游投资中，几百亿元、上千亿元的投资主要是各类综合开发，包括主题公园综合体、高尔夫社区、超级娱乐综合体、超大休闲商业综合体、养生社区、度假社区、养老社区、文化小镇、房车小镇、生态商务新城、会展新城、运动新城等，新概念、新模式层出不穷。

在房地产界看来，这是新概念地产——旅游休闲度假房地产。而从投资界的视角看，这种新业态、新综合、新商业模式，正是中国经济转型升级的宠儿，是以旅游产业为主导的区域综合开发，是可以吸纳数万亿元资金，既有快速回报又有长期收益的良性发展的新兴模式。面对旅游产业的新综合时代，绿维文旅认为，应立足旅游创意创新的特色，对日新月异的旅游业态和投资模式，按全新的视角进行整合。

新的旅游综合开发，已经实现了两个突破。第一个突破是旅游与城镇化结合，旅游区与城镇村的开发全面融合，并形成典型的旅游综合体新模式。第二个突破是旅游服务产业与文化、教育、会议会展、养生养老、医疗、体育、农业、房地产等产业的全面融合，形成了旅游产业主导下的泛旅游产业聚集与整合，出现了泛旅游产业集群。

二、旅游开发的难点与痛点

旅游开发是一个涉及多主体、多内容、多流程的复杂系统，从顶层设计到开发建设、持续运营，不仅要做到规划服务商、投资商、开发商等角色的有效沟通，还要做到多要素、多类型、多载体的统筹考虑。基于旅游业的复杂性，旅游开发快速增长的同时，也出现了很多问题，绿维文旅将其归纳为“三大脱节、四大分离、三大难题、四大失衡”（见图 4–1）。

三大脱节	四大分离
• 规划设计与运营脱节 • 政府投资与市场脱节 • 企业投资与回报脱节	• 旅游投资与旅游开发分离 • 旅游投资与旅游运营分离 • 旅游规划设计与旅游建造分离 • 旅游规划设计与旅游运营分离
三大难题	**四大失衡**
• 开发融资难（找资金） • 产品创新难（找团队） • 落地运营难（找团队）	• 旅游咨询服务与市场需求失衡 • 服务机构业务失衡 • 旅游市场信息失衡 • 人才供求失衡

图 4-1　旅游产业开发运营痛点

（一）三大脱节与四大分离

1. 三大脱节

从规划服务商角度看，多年来规划设计一直很难落地，被戏称为“墙上挂挂”，很多设计院在做规划方案时，并没有考虑到人流、现金流、投资节奏等运作层面的问题，造成顶层规划与运营脱节；从政府投资与市场需求角度看，政府不断推动旅游投资，背后是否有足够的市场需求，最后消费埋单与否是关键；从企业投资与回报角度看，大多数是在靠地产、行政力量等因素实现回报，而依靠现金流支撑回报的较少，能够达到8%以上收益率的旅游项目更是少之又少，投资与回报之间并没有很好衔接。

2. 四大分离

在旅游项目开发过程中存在“四大分离”问题，即旅游规划设计、旅游投资、旅游开发建造、旅游运营四个阶段之间的相互分离。如今各行各业的投资者都在投资旅游业，但众多项目投资人对旅游目标定位、旅游产品规划设计、旅游建造、旅游项目管理等旅游开发过程并不熟悉，大部分旅游投资者并不具备运营能力与基础，大量的建造商并不知道如何营造特色主题、如何建造旅游特色景观，造成设计与施工分离，最后导致旅游规划设计与旅游运营分离。

（二）三大难题与四大失衡

1. 三大难题

旅游开发中的三大难题是指开发融资难、产品创新难、落地运营难。

开发融资难（找资金）。我国旅游开发虽然出现了跨行业投资态势，大型非旅资本不断进军旅游业，但是目的地旅游投资的“大投资、长周期、回报慢”难题依然存在。归根结底是资产端和资金端的匹配问题，资产端融资时要选对时机，在现金流不错、收益良好的时候去融资。资金端投资前要考虑好前期可研、投资节奏、成本控制等问题。

产品创新难（找团队）。旅游景区大量同质化旅游产品已不能适应需求侧多元化、升级型的市场消费。既然旅游的核心在于其吸引力的打造和动态创新，那么旅游目的地或旅游项目的开发，尤其是不可逆的资源型旅游开发，就要真正走心，在传统开发设计上，寻找优秀的创新团队进行合理的调整。

落地运营难（找团队）。旅游目的地或项目要想做好，EPC 建造和持续经营管理能力至关重要。很多旅游项目一开始具有新颖、超前的理念和规划，但三五年后落地工作具有很大困难。因此，前期策划规划要考虑到后期采购、实施的影响，要形成前期与后期建造一体化的弹性运营，并且注重服务细节，这样才能让旅游目的地保持持续、稳定、健康地朝前发展。

2. 四大失衡

旅游开发中存在咨询服务与市场需求、服务机构业务、市场信息、人才供求的四大失衡。

旅游咨询服务与市场需求失衡。“不接地气、无法落地”已成为旅游规划目前面临的最大问题。传统旅游策划、规划、建设、运营等单一的咨询服务已不能满足目前旅游开发运营市场的需求。旅游项目的开发不只要有好的顶层设计、好的产品规划，还要确保项目成功率和投资回报率。因此，需要投融资、规划、策划、建设、运营等各方面资源无缝对接，真正融为一体，将团队效率和项目效益实现最大化。在市场需求的倒逼下，有一定规模的旅游规划设计院，必须要实现向全产业链、全程服务转变，成为集成化服务机构。

服务机构业务失衡。目前真正有实力的旅游规划公司数量并不多，规划公司地域的不均衡导致业务失衡。优秀的团队不能介入项目中，无法综合考虑项目开发和后期落地运营等诸多问题，导致规划无法落地。

旅游市场信息失衡。我国目前旅游行业的招投标领域，往往存在信息发布与获取不对称问题，如借提高工作效率之名来控制信息、缩短招标发布时间，或因地域原因，获取招标信息延迟，错失投标机会。在政府工程采购网、各省政府采购中心网站、部分省级公共资源交易中心网站、部分地市政府部门的招标网站及央企、民企自有采购平台、行业公共招标平台、招标公司网站等众多网站中，信息获取的及时性较差，存在非公开竞争的局限性。

人才供求失衡。旅游业的迅猛发展与新兴业态的不断产生带来旅游人才短缺的供求矛盾，市场对于高素质、创新型、实用型旅游专业人才的需求日益强烈。而高质量、新思维的高端技术人才却集中在大城市或部分龙头企业中，造成旅游人才的失衡，尤其是新媒体营销、个性化定制、智慧景区建设与管理、跨界复合型等人才的缺失。

三、旅游项目开发模式

旅游综合开发是立足旅游项目自有资源基础，以旅游产业为主导，以市场为导向，以资本为驱动，以资源整合为核心，通过集中土地、资本、技术、交通、劳动力等生产要素，推进土地开发、交通建设、基础设施建设，形成人口聚集，配套发展公共服务。结合发展商业化服务，对接旅游市场，优化产业结构，催化项目落地运营，实现产城游一体化发展，并形成景区、消费产业聚集区和新型城镇化区三区合一产城互动的一体化开发模式和发展结构。

可以从不同角度划分旅游开发的模式：

（1）按开发区域结构划分为三种模式，即单一项目开发模式、成片整体开发模式、目的地整体开发模式。

单一项目开发模式：对某一个具体单独的旅游项目，在一定时间和一定预算内，为旅游活动或者旅游区域发展目标的实现而进行旅游开发的模式。

成片整体开发模式：取得土地使用权后，依照规划对成片土地进行整体性的旅游开发建设的模式。

目的地整体开发模式：一个区域或者跨区域下整合食、住、行、游、购、娱等多个旅游要素，综合区域内休闲、度假、观光等多种功能为一体的综合性开发模式。

（2）按开发投入时序划分为三种模式，即滚动开发模式、分期开发模式、一次性完成开发模式。

滚动开发模式：对旅游项目进行分区域或者有交叉的连续性开发模式。

分期开发模式：旅游项目地确定明晰的区域划分和项目分期开发计划，根据计划，一个区域或者一个项目开发完毕，按照时间计划（时间可能不连续）再进行下一个区域或者项目的开发。

一次性完成开发模式：对旅游项目开发采用一个时间段内一次性全部完成的开发模式。

（3）按产业多元性划分为两种模式，即单一开发模式、综合开发模式。

单一开发模式：对单一产业的项目进行开发的模式。

综合开发模式：多种产业结合，形成复合产品结构的开发模式。

（4）按与市场的关系划分为五种模式，即近郊型项目开发模式、远郊型项目开发模式、区域型项目开发模式、全国型项目开发模式、国际型项目开发模式。

近郊型项目开发模式：旅游项目位于城市近郊区，客源市场以临近城市客源为主，对于这类项目的开发称为近郊型项目开发模式。

远郊型项目开发模式：旅游项目位于城市远郊区，客源市场以附近城市客源为主，对于这类项目的开发称为远郊型项目开发模式。

区域型项目开发模式：旅游项目客源市场辐射以项目为中心的跨城市旅游客源市场，对于这种类型项目的开发称为区域型项目开发模式。

全国型项目开发模式：旅游项目客源市场辐射全国旅游客源市场，对于这种类型项目的开发称为全国型项目开发模式。

国际型项目开发模式：旅游项目资源禀赋高、市场价值大，客源市场辐射国内外旅游客源市场，对于这种类型项目的开发称为全国型项目开发模式。

四、旅游项目开发流程

旅游项目的综合开发往往有很强的综合性效益，可以带动一个地区的经济发展，也可以提升该地区的文化品牌，对区域经济、人文、生态都具有深刻的影响。项目的从无到有，涉及多方面利益，必须科学规划、精心设计，做好旅游项目开发建设各阶段的管理工作。

（一）开发四阶段重点工作内容

根据旅游项目特点和项目开发建设的客观情况，可以把旅游项目开发建设过程划分为四个阶段：开发前期筹备阶段、开发招商引资阶段、开发建设阶段、开发运营阶段。每个阶段对应的核心任务如表 4–1 所示。

表 4–1　旅游项目开发建设阶段核心任务

阶段	开发前期筹备阶段	开发招商投资阶段	开发建设阶段	开发运营阶段
核心任务	投资决策、规划咨询、运作策划、用地审批	资金运作、招商引资	工程建设和管理、竣工验收	开业前筹备、开业试运营、持续运营
	市场研判发展定位、产品体系搭建、前期土地整理、招拍挂及手续报审	多渠道、多方面招投标和招商引资	分期建设控制和管理、EPC 工程施工建造、竣工验收合格	开业营销、试运营立品牌、持续运营管理

1. 开发前期筹备阶段

投资决策与可行性研究：投资决策过程中，最重要的是对旅游资源及项目开发价值的评价。投资方可委托旅游投资顾问公司进行市场调研，对资源价值、市场环境、客源区域、游客结构、消费习惯、价格接受度的初步考察之后，再对项目总体进行可行性研究，平衡好项目总投资额、成本回收期及经济、社会效益，最终出具一份《可行性研究报告》作为决策依据。

策划、规划咨询方案：通过产品策划明确项目定位、业态配比、产品组合、经营周期，并与此同步编制旅游总体发展规划，确定规划条件，或直接编制控制性详细规划。

项目设计、运作策划：项目设计及项目开发运作的策划，主要解决主题定位、市场定位、游憩方式设计、收入模式、营销模式、运作模式、盈利估算、投资分期等问题。必须聘请专业的旅游项目开发咨询顾问公司，提供《旅游项目总体策划报告》及《旅游项目开发运作计划》。

政府审批事项办理：通过政府的各项审批非常重要，主要是用地审批与手续报审。其中涉及发改委立项、可行性研究报告审批、规划评审、市级 / 省级 / 国家级重点扶持项目立项与申请、国债项目等特殊扶持申请；规划委批准；土地规划审批；建设土地的招、拍、挂与征用；合同中政府承诺的落实；施工图的审查；建设准备与报建批复等。这些工作为政府资金申请、银行融资、战略投资人及子项目投资人招商引资等方面的工作奠定基础。同时投资商与旅游资源控制方签订合同前，须划定红线，确定项目的开发用地和建设用地，确定核心土地购买权、门票收益权、项目开发与招商权等所有权和经营权。

2. 开发招商引资阶段

资金运作与招商引资：旅游项目的开发一般都是回收期较长的长线投资，分阶段的招商引资成为旅游项目开发的具体和持续工作，目前往往通过“引智”达到“引资”，将“资源”在“智力”的创意下转化为“资本”，邀请专业咨询公司，借用其专业的、广泛的人才和资源渠道，对旅游项目进行推介。

3. 开发建设阶段

开发建设阶段以建设工程管理为主，重点工作包括前期的工程招标与建设管理工作和后期的工程竣工验收管理。

工程招标与建设管理：以项目经理为首协调各方，负责工程招标、建设准备和工程施工期间的管理工作，监督、控制工程进度、安全与质量，协调各施工单位的交叉作业，保证工程按设计要求和合同要求完成。旅游工程中主要有基础设施与公共设施建设项目、重点引擎与一般项目、区域综合开发项目等。

工程竣工验收：项目建设工程结束后，项目法人要组织建设单位会同设计、施工、设备供应单位及工程质量监督等部门，全面检查是否符合设计要求和工程质量，并取得竣工合格资料、数据和凭证，促进项目及时发挥投资效果。

4. 开发运营阶段

开业前筹备：项目建设完工阶段，必须着手管理团队的架构与服务人员的培训工作，确保管理体系和相应的管理制度的完整。人员管理涉及导游、保安、环卫人员、技术维护、营销人员等服务人员，必须通过现场实操、岗位培训、应急演练等基础工作的培训管理，才能运行到位。另外，旅游标识系统、旅游卫生系统、旅游安全保障系统、游览服务系统、游客接待服务系统等也要在开业初期保证正常运营。开业前还要有切实可行的开业营销方案，营销队伍要理清渠道、展开品牌推广和活动促销，提高项目的社会影响力。

开业试运营：重点是树立品牌意识，做好文化体系建设和特色服务。推进旅游项目的文化体系建设和加强主题服务设施建设，实施丰富多样主题活动，内部运营与营销相互促进，完善提升管理水平，建立预防为主、防消结合的安全保障体系，强化团队和人才培养，以“外树品牌，内立品质”为理念，保证项目的良好口碑和品牌知名度，促使客流量稳步上升、内部运营体系规范高效。

持续运营升级提档：随着已开发旅游资源价值的逐步释放，要不断进行旅游延伸产业的开发和完善，同时根据市场新需求不断推进旅游产品的深度开发与更新，适当地进行持续性包装并打造项目 IP。

（二）旅游项目开发建设流程

民营企业投资旅游产业的热情不断高涨，同时也出现了一些不遵循旅游产业规律的“边规划、边报批、边建设、边开放”的不合理开发现象。绿维文旅在多年研究和实践的基础上，提炼出了旅游项目的一般开发流程。在一般开发流程里，绿维文旅特别强调了“四先定律”：一是先进行产品策划，再编制规划，而非先规划后策划；二是先规划，再建设，而非盲目建设，或搞四边工程；三是先确保旅游特许经营权，再锁定核心地块的资源权益；四是先设计商业运作模式，清晰地把握资金运作思路，找准盈利点再投入资金。

旅游项目从投资意向产生到项目建成交付使用，必须经历一个完整的开发过程。这个过程由若干个环节组成，每环节相对独立，却不孤立存在，它们之间相互联系，环环相扣（见图 4–2）。

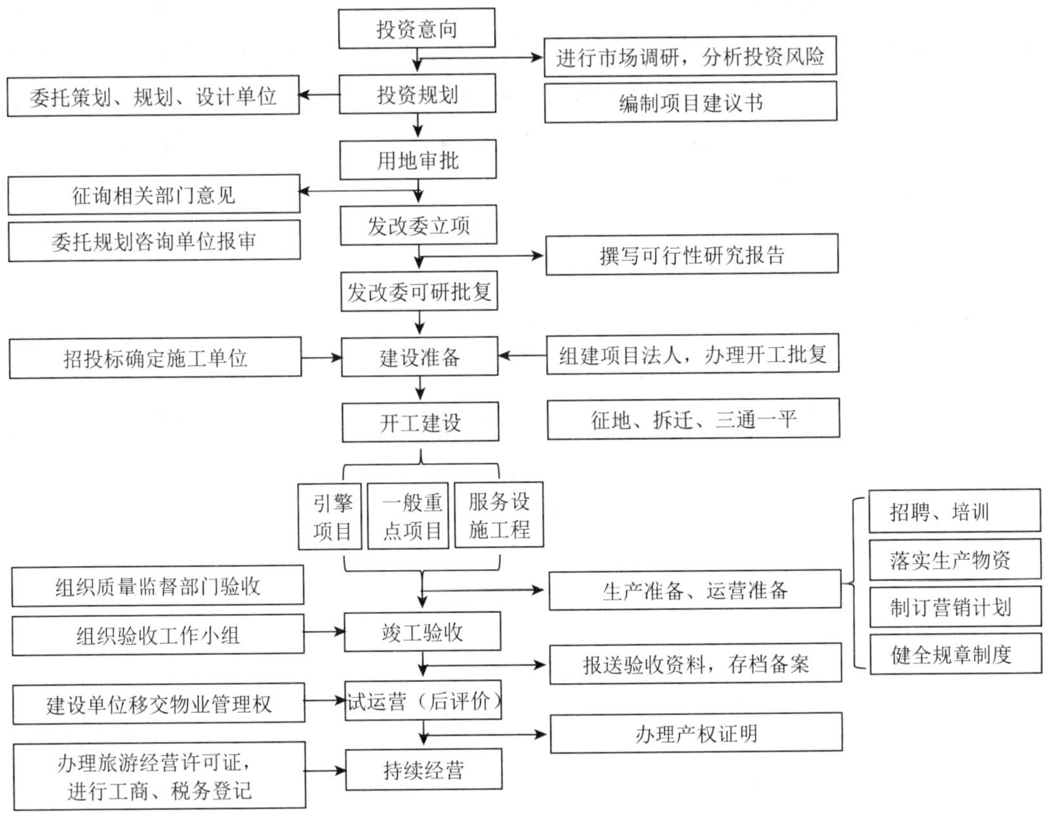

图 4–2 旅游项目开发建设流程

第二节　景区——旅游发展的核心载体

一、景区现状与趋势

景区是一个区域旅游发展的基础，没有吸引核就不会形成吸引力，也就没有产业发展的根本。区域旅游的综合开发与发展，必须依托景区跨越式发展的大战略。没有景区大战略，区域旅游发展就是缘木求鱼。景区是旅游产业的基石，其内涵及外延在我国旅游的实践中不断扩大。基于我国庞大的人口基数及消费特点，市场已经引导我国景区进入了一个全面创新发展的新阶段。

在我国旅游上市公司中，景区类上市企业占半数以上，包括黄山旅游、北部湾旅游、云南旅游、丽江旅游、西藏旅游、桂林旅游、西安旅游、海昌海洋公园、大连圣亚等在内的景区类上市公司，其经济运行指数在旅游产业发展中连年稳居前列。因此，优质的自然景区、人文景区、主题公园类景区的开发、经营和管理也日益为社会资本所青睐，由此带来的丰富业态、多元化市场需求和 IP 资源，为景区发展注入了新动力，加速了景区和各产业要素的深度融合。无论是从数量规模来看，还是从市场认可度来看，景区都堪称我国旅游业的“中流砥柱”。

从吸引力上看，我国景区的发展经历了从包装吸引核到创造吸引核，再到多种方式创新吸引力的三个阶段；从消费模式与消费供给上看，经历了从单一消费到多元消费，从观光业态到购物业态、娱乐业态、游乐业态、餐饮业态、体验业态、养疗业态、运动业态、会展业态、居住业态等全消费多业态综合发展。我国的机构消费多、家庭化消费强、周末休闲欲望强、餐饮文化特殊等特点，必将引导景区产品的全面创新并创造出中国特色，一场没有硝烟的景区革命已然展开。

（一）景区的概念、分类与特征

1. 景区的概念

随着市场的变化，旅游景区的内涵在不断地扩大。绿维文旅认为，旅游景区是以旅游资源为依托，通过相应的旅游设施及旅游服务，满足游客观光、休闲、体验、娱乐、游乐、养生、度假、运动、探奇探险、培训、教育等多种需求的场所和项目。其依托的旅游资源既可以是自然资源或人文资源，也可以是人造资源。景区作为旅游业的核心基础，是旅游产品的根本，因此投资开发（包括资源控制、策划、规划、设计、建造、获批开业等），持续经营（包括营销、服务、收益、管理等），提升（包括产品改造、经营提升等）构成了景区开发服务的主要内容。旅游景区的开发运营是从吸引力打造到景观、建筑、设施设备再到商业模式、营销模式、运营管理等一系列设计过程。

2. 景区的分类

（1）按照开发建设类型分类。

景区按照开发建设类型分为两种：一是无中生有型新建景区的开发，打造成区域重点景区；二是需要升级换代的原有景区，这种景区升级后可成为重点景区。

无中生有型景区是指在没有景区开发的基础，实体资源基础也较为薄弱的地块上，结合区域内具有吸引力的旅游资源，重新塑造旅游吸引核，依靠高水平策划规划和大资金投入，本着“无中生有”的发展理念建成景区，实现区域旅游产业的华丽转身。此类景区包括新建的自然景区、文化景区、聚落型景区、活动场所景区、演艺场所景区、主题园区、产业园区、文化聚落景区等。

原有景区的升级换代，是指已经开发运营的景区的升级换代。从市场的角度看，存在四代景区，第一代是接待性景区，完成国家政府的接待任务；第二代是到此一游的景区，为名山大川与文物保护单位；第三代为休闲性景区，满足黄金周爆满及周末自驾的扩张需求；第四代为主题体验与养生度假景区，满足细分的市场与不同年龄段的需求。目前的景区状况是“三代同堂”，即第一代已经消失，二、三、四代同时存在，或在同一个景区，形成三代产品的混搭架构。这些景区在当时为区域发展立下了汗马功劳，但是随着时代的发展，需要进行创新型的提升改造，通过满足不断变化的市场需求，进一步促进区域综合发展。

（2）按照开发模式分类。

景区按照开发运营模式可以分为资源保护类景区、主题游乐景区、城市休闲景区、“+ 旅游”景区、体验式景区等多种类型。

资源保护类景区包括自然资源类景区和人文资源类景区，这类景区以资源保护为主。自然资源类景区包括风景名胜区、森林公园、自然保护区、世界地质公园、国家水利风景区等。人文资源类景区包括历史文物保护单位、宗教景区等。

主题游乐景区是指以特定主题开发的具有参观游览、休闲度假、康乐健身等功能，具备相应旅游服务设施并提供相应旅游服务的独立管理区，包括动物园、海洋馆、主题公园、主题游乐场所等。

城市休闲景区是指以满足当地居民休闲度假、康乐健身等功能为主的区域，分为有边界和无边界区域两种，包括城市休闲公园、城市滨水度假区、城市休闲广场等。

“+ 旅游”景区是指旅游行业与其他行业深度融合形成的景区，如旅游与美食、修学、医疗保健、体育项目、工业项目等形成的美食度假区、康养度假区、工业度假区、体育度假区等。

体验式景区是指预先设计，注重游客个性化需求，以游客深度参与、体验为主要目标形成的景区，如俱乐部、农庄等。

3. 景区的特征

我国景区的发展呈现出以下特征：一是数量上不断增加，经济总量不断扩大；二是类型上更加多样，景区类型向着诸如聚落型、产业园型、工业旅游型、科教旅游型景区等更细分的市场方向发展；三是地位不断提升，景区助推旅游业乃至社会经济发展的作用正在凸显；四是管理日益规范，《旅游景区质量等级的划分与评定》《旅游景区质量管理办法》等相关文件的印发实施，提高了景区经营管理的规范化水平及整个行业的素质。

（二）传统景区的生存现状与发展问题

1. 传统景区的生存现状

传统观光景区曾在我国旅游发展过程中担当大任，是我国旅游发展的先遣队。从资源品级上来讲，这些景区无疑是我国观光资源的精华所在。但随着旅游业的深度发展，观光型景区逐渐失去了吸引市场的先天优势，多数景区陷入“圈地收票”经营模式，自我更新能力差，反应机制不到位，无法跟进市场变化的困境。

具体来说，这类景区的生存现状可概况为“内忧外患”。“内忧”指的是景区收入来源过于单一，运营资金投入不足，基础设施陈旧落后，经营管理缺乏市场观念和主动性，自我成长能力较差，无法形成泛旅游产业聚集。“外患”指的是缺乏产品创新，无法对接市场需求，突出表现为“有可观无可留”，无法形成综合型旅游目的地，而创新型景区层出不穷，对传统景区发展形成一定的挑战。

优势的资源需要优质高水平的旅游开发，“内忧外患”的传统观光景区应该升级开发模式，对接市场需求，以盘活旅游产业为目标，综合提升开发为导向，助推区域社会经济大发展，这是历史赋予景区的重大责任。

2. 传统景区的发展问题

问题的识别与诊断是景区提升的前提，目前我国旅游景区需要解决的问题主要包括主题、产品、管理与服务、收益、网络五个方面。

（1）缺乏特色鲜明的主题。

主题是景区体现核心价值的关键所在，一个鲜明、具有特色的主题，能够让游客对景区的内涵文化形成最直观印象。目前，许多传统观光型景区由于资源梳理和文化挖掘不到位，存在主题雷同、诠释力不足、与自身特色不相符的问题，使景区难以形成具有市场吸引力的品牌符号。如何凝练主题、形成景区的核心吸引力，是当下传统观光型景区在转型升级的道路上需要面对的重要问题。

（2）产品与服务缺乏创新。

景区缺少独具魅力的原创 IP、多元化的产品供给和完善的综合性服务设施，是造成景区游客停留时间短、缺少综合性收益来源的主要原因。当前我国大部分景区管理模式传统粗放，旅游配套服务设施缺乏，对科技旅游手段运用也仅停留在初级阶段，产品与服务缺乏创新，无法满足日益个性化、多元化的游客需求。

（3）管理权责不清。

目前我国景区沿用的体制多为国家指导、属地多部门分头管理，一个景区在隶属关系上，涉及旅游、建设、林业、国土、水利、环保、文化、发改、财政、宗教、海洋等众多部门，这种定价权、管理权下放的体制导致顶层宏观的法律法规难以在地方形成标准化的制度流程并有效落实，进而引起景区政出多门、部门人员结构繁冗、财权事权不匹配、多次收费现象丛生、导游管理不规范、定价监管不到位、安全防护不到位等一系列问题。

（4）收益结构单一。

近年来，我国旅游景区在全国旅游业蓬勃发展的总体形势下，开发建设和保护利用都取得了巨大成就。然而，从中央有关部门不断发布的政策指示中可以看出，目前我国的众多景区存在收入结构单一、门票价格偏高的问题。目前我国众多的景区营收仍以“门票 + 景区客运（索道、景区观光车）”的模式为主导。诸多地区仍将发展旅游业简单地理解为“办景区卖门票”，营收提升主要依赖票价的提升，这种守旧、单一的经营方式，是景区转型升级的巨大掣肘。

（5）“网络”通达性差。

旅游景区的“网络”问题主要包括内外交通网络、市场营销网络和社会资源网络。目前很多景区交通可达性差：对外缺乏与其他景区的线路串联及业务合作；内部交通体系不完善，交通站点布局不合理，停车场数量不足等。市场营销网络是景区扩大知名度、提升品牌效应的重要因素，目前景区营销网络建设上还存在很多问题，如景区市场定位不准确、推广力度不到位、营销与销售方式不合理等。此外，社会资源网络是旅游景区得以持续发展的支撑体系，景区与当地政府、客源地市场、旅行社、餐饮、住宿等相关机构的合作关系涉及景区的资金、人员配置、客源范围、业态布局、服务供给等诸多方面。因此，因地制宜地拓展社会资源网络，选择合适的合作发展模式，与景区的经营管理和后续发展息息相关。

（三）景区的发展趋势

绿维文旅经过研究认为，未来景区的发展必然会呈现出以下趋势。

1. 以景区为平台实现休闲综合开发

不具备突出优势的新开发景区，想要依托资源做成诸如张家界、黄山这样的一流景区难度较大，但可以避开此类竞争，依托市场需求，向休闲化、综合化方向发展。

绿维文旅认为，未来的景区应依托自身优质的资源、环境及市场条件，以旅游休闲为导向，旅游产业化发展为目标，通过产业聚集，实现综合开发，也就是我们一直倡导的“旅游引导的休闲综合开发”。景区形成旅游吸引核，带来客流，综合开发则构成休闲度假平台，将游客留下来，旅游观光与休闲度假互动协调发展，实现共赢。

2. 资源开发以保护为前提

资源是景区赖以生存的基础，也是吸引游客前往游览的重要因素。自然资源环境保护是景区开发与经营的前提，生态保护基础上的开发才能使景区可持续发展，并带来长远的利益及溢出效应。对于风景名胜区来说，生态的保护显得尤为重要，应严格按照《风景名胜区管理条例》执行，在景区内打通旅游线，设置基本的配套设施，最大限度地保护资源的原生性，将酒店、养生、娱乐等设施设置在景区外围发展。对于资源一般的休闲型景区来说，内部可以建设适量的住宿、餐饮、娱乐等设施，但一定要注重与自然保持和谐统一，要通过新材料的应用、外立面的包装及创新的建筑景观打造手法，使其位置、材料、造型、色调等方面与景区环境实现融合。

历史遗存、民俗文化、社会风尚、非物质文化遗产等的保护，同样也是景区开发的重要前提。对于以工业遗产、农业生产为吸引物的景区，以新兴城市、标志性新建筑及休闲商业建设为依托的产业型景区，都需要订立生产经营及社区保护的新规范，确保以环境保护为前提进行资源开发。

3. 实现景区精细化开发及服务

无论从市场竞争还是游客的需求来看，对景区开发与服务的精细化要求将成为未来的发展趋势。开发上要求景区注重细节打造，每一个景观节点、休憩平台、服务设施既要基于人本主义设计，又要与周边环境、当地文化相契合，杜绝千篇一律的现象，形成自身的特色和竞争优势。另外，完善的硬件设施必须由精细化的软性服务来配合，否则不但设施的作用会大打折扣，还会造成游客的流失。

在旅游景区提升与改造中，需要在对旅游资源重新分析认识的基础上，根据旅游业发展的要求，对现有的旅游产品进行再分析、再认识、再策划、再建设，剔除不适合旅游产业发展的旅游产品，不断补充新的、符合旅游资源利用方向的、游客乐意接受的旅游产品，并利用新一代信息技术为游客提供便捷、智能的票务、导览、咨询等服务，从而满足游客的旅游需求。

4. 实现景区智慧升级

随着互联网技术的发展，智慧旅游成为国家大力倡导的旅游发展模式，对市场比较敏感的景区正在抓住这一趋势，依托数字化发展，在景区管理、景区营销、景区产品设计方面实现智能升级。高新技术的利用，可以打造具有吸引力、适应市场需求的产品，增强游客体验性与参与感，实现随时随地推销产品，同时还可以提高管理效率、节约管理成本。

二、景区十二大设计内容

景区设计服务于景区开发建设。一个优秀的景区设计，不仅可以优化景区旅游功能、丰富景区游览内容，也可以美化环境，改善地区风貌，促进人与自然、人与人之间和谐相处。

结合多年来的景区设计实践，绿维文旅将景区的设计归纳为入口服务区设计、游览交通运输设计、景点设计、游乐项目设计、演艺舞美设计、旅游服务设施设计、基础设施配套设计、导览标识查询系统设计、VI 系统设计、旅游纪念品与土特产品包装设计、业态设计、智慧景区设计 12 个方面。

（一）入口服务区设计

入口服务区包括大门、停车场、游客中心、文化与集散广场、换乘站、公交客运站、门前商业街区、酒店客栈等。该区是整个景区的起点和亮点，是景区特色、气质、品质的集中展现区，是景区对外展示的窗口、游客“第一印象区”。景区入口服务区的各项目及设施在设计过程中，除了要满足各自的基本功能外，还要与周边的环境协调，富有艺术性和设计感，更重要的是要反映景区最核心的特征和旅游价值。

例如，绿维文旅设计淹城春秋乐园旅游区大门时，设计师在满足多种使用功能的基础上强调项目的艺术性和作品性，将刀币、盾牌、饕餮纹、旗帜、版图等多种最具代表性的春秋元素融在一起，使整个大门的设计极具内容性。战火纷飞的战争特色，诸子百家的思想争鸣，城墙上战旗招展，春秋版图群雄割据，一文一武，一左一右，使春秋乐园的大门设计从一开始就彰显出卓越不凡的气质（见图 4–3）。

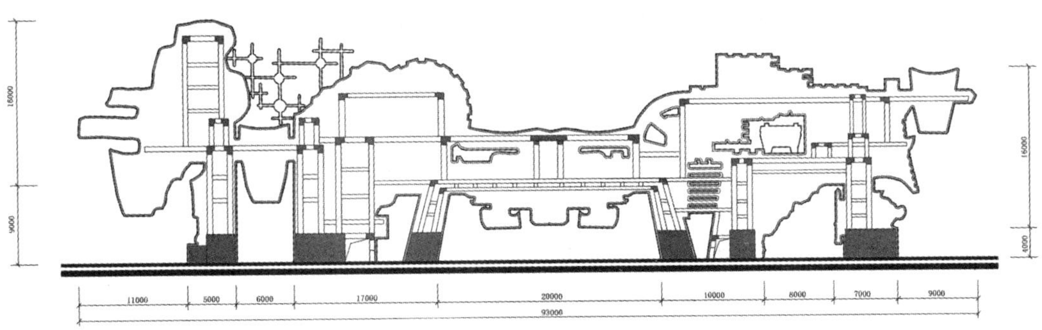

图 4–3　淹城春秋乐园旅游区景区大门效果图与结构图

（二）游览交通运输设计

游览交通运输设计包括车行交通、游步道、栈道、绿道、索道等道路设计，缆车、特色电瓶车、特色马车、小火车、人力车、自行车、游览船、电瓶船、人力船等交通工具设计，以及休憩节点、运输站点等的设计。其中，游步道、栈道、绿道等慢游道设计和观光平台、码头、休憩点等交通节点的设计，是最具有创意设计的工程。

1. 游步道、栈道、绿道等慢游道设计

（1）游步道。

游步道是真正引导游人深入景点、引人入胜的道路，是形式最多样化的游路。游步道设计，除满足其基础交通功能外，应因地制宜、适地适路，游步道的选择应适应自然的地形水文条件、不破坏重要的自然景观并能够让人欣赏体验优美的自然环境。游步道设计还应突出审美性，符合景区的整体风格，满足构图的需要；要在线型和空间上寻求变化，以满足人们视觉上的动感需求；铺装的色彩和图案的设计应从美观因素上考虑。

（2）绿道。

绿道应充分利用并适应当地的自然生态条件，如乡间小道、田间机耕路、废弃铁路线、河岸堤坝等，要注重保护当地生态环境和景观，防止对自然资源的侵占和破坏，避免大填、大挖、大建。旅游服务设施和旅游活动的开展应选在珍稀物种分布区以外，规避重要植物群落或生态敏感地段、交通事故易发地段，以及滑坡、泥石流等特殊地质地点。绿道线路设计要确保旅游活动安全、舒适，应完善各类旅游服务设施，如规范清晰的标识系统、方便快捷的公交换乘及停车系统、完备的环境卫生设施、保障及时的应急安全救助系统，以及游憩、餐饮、观景、娱乐等设施的配置。

（3）栈道。

栈道的设计要因地制宜，运用出色的技术能力建构适应复杂地形条件和景区环境的道路。绿维文旅认为，栈道修建还应衬景应景（如太姥山观海悬空栈道、宜春明月山青云栈道）、以小见大（如笔架山栈道），或调和补充（如翔凤山悬崖栈道、华山长空栈道），或点睛升华（如天门山鬼谷玻璃栈道）景区游览内容。

2. 观景台、码头、驿站等交通节点

（1）观景台。

观景台作为景观要素之一，在设计时应统一考虑其选址、造型、取材、装饰等方面因素，通过观景台与周围景观两者的交融与延伸，产生丰富的意境美，可以使行人在动态的观赏中得到驻足和休憩，在静态的环境中得到休息和放松。观景台的选址及结构形式的设计，应结合周边环境的景观特征进行构思，通过地形、地物，形成观景台自身象征性效果的特色景观。观景台设计要注重休憩功能和景观艺术的结合，并与周边环境相协调，不要跳跃在周边景观之上产生违和感。

（2）码头。

兼具旅游功能的码头在设计时，可在考虑满足码头基础运输功能的基础上，结合当地地理特征、自然景观、历史人文等元素，利用创意艺术手法，设计自成一景、独具特色的码头建筑物，同时完善配套码头周边特色餐饮、特色购物商店、停车场、厕所等设施，使码头成为城市旅游、观光休闲的重要场所。

（3）驿站。

旅游驿站是旅游景观的一部分，在具体设计中除了要考虑其多元化的服务功能，还要注重呈现驿站的景观美。在驿站的具体设计中，要科学选址、合理布局，充分结合周边环境特征，并且与地域文化特征相融合。

（三）景点设计

景点设计主要包括景区内的主体景观建设、自然景观调整提升、自然景观修饰衬托、景点休憩环境、景点服务设施等的设计。它是景区构建核心吸引物，获取长远发展的关键要素。景点设计是以景观美学为指导，合理构建景区空间肌理，丰富景区项目结构，优化景区功能配置，促进实现人与自然、人与人和谐的一种手段。其中主体景观建设，尤其是标志性景观的建设，是景区产品建设的重中之重，直接决定着景区的运营发展。这就要求景区标志性景观的设计要具有独特性、艺术性、文化性、融合性等基本特征，具有多重旅游复合功能，充分体现主体景观的主导性和统领性。而景区内休憩环境设计、自然景观的调整提升及修饰衬托，是景区环境整治、风貌提升的重要手段，要因地制宜、因时而动、合理配置，科学构建景区游览生态环境。

例如，绿维文旅在为某景区设计景点时，发现该景区有一处体量比较大的建筑，建筑附近有一处面积较小的水面。项目组希望能结合一些创意，将这个建筑利用起来，做成一个水道观的概念方案，衍生出一个“拜龙王，祈福求财”的产品，最终打造成“景区一绝”。项目组结合道家八卦等文化元素，使用互动技术、3D 全息投影技术、光影控制技术等综合手段，着力设计祈福流程，打造游客可亲身参与、获得互动体验、融入并感受奇幻的视听奇观（见图 4–4）。

图 4–4　某景区设计效果图

（四）游乐项目设计

游乐项目是景区游览的主要内容之一，也是游客体验的重要组成部分。景区游乐项目设计包括游乐设施的包装设计、互动设施的包装设计、情境化项目的包装设计、参与体验项目的包装设计等。游乐项目及设施的设计要在安全性、科学性的基础上，体现出游乐项目本身的趣味性、互动参与性、娱乐性等特征，同时要考虑与周边环境及旅游项目的融合性、匹配性，不同客群的需求特征，以及游客的游乐消费心理期望及体验感受等因素。此外，在游乐项目的具体设计中，要以场景化为设计指导理念，通过考虑不同使用人群的游玩、休憩等需求，模拟构建多人群娱乐共享的场景，从而设计出娱乐效益最大化的人性化娱乐项目。在娱乐项目及设施设计上要尝试引入新技术、新手段，增加娱乐项目的新颖性和趣味性，同时还要考虑娱乐设施的管理、维护及后续更新等问题。

（五）演艺舞美设计

演艺舞美设计包括演出场所设计、演艺舞台美术设计、舞台艺术创造、声光电水自动演出系统设计等内容，它是艺术与技术相结合的极具外在形象的艺术产品，是景区文娱活动举办的重要支撑部分。演出场所设计从属于景区功能区划，而舞台美术设计从属于表演艺术，包括灯光、布景、化妆、服装、音响、效果、道具等综合型艺术。景区演艺与舞美相融相生，主要表现在一些大型景区演艺活动上，如大型山水实景演出、大型广场演出、灯光秀等。

演出场所设计即演出空间及舞台的空间构成设计，演出形式有小剧场、露天演出、中心舞台等一般演出，也有以整个广场、街道、体育场或者自然山水为空间尺度的光影秀、实景演出等的大型演艺活动。但不管是何种尺度，在具体设计上都要考虑观演关系，注重创造独特的舞台视觉形象，给观众创造视觉冲击力，体会观众的观后感，从而最大限度地激发观众的审美激情。此外，由于现代舞台科技的快速发展及舞台表演形式的多元化需求，在现代演艺舞美设计中更强调运用新工艺、新技术、新材料等高科技因素来增强演艺活动的艺术表现力。如在演艺活动中展现声、电、光、烟、火、水、雾等所依赖的舞台机械，光源、器具、材料、多媒体电脑控制设备等的大量运用，拓展了舞台美术展示空间，丰富了观众的艺术审美体验。

（六）旅游服务设施设计

景区旅游服务设施设计包括商业街、售卖亭、客栈、酒店、餐厅、休闲娱乐设施、郊野休闲运动设施设计等内容。它是景区功能设施建设的重要组成部分，为景区旅游提供游览配套服务支撑。

景区旅游服务设施设计，一方面应结合旅游景区规划空间布局及项目特点，充分考虑服务设施设置的环境适应性，服务设施建设的尺度、数量，以及景区游客容量变化情况，合理布局设计景区服务设施；另一方面要将景观化、生态化、功能化的理念注入服务设施设计，满足旅游配套服务设施基本功能要求，如观光摄影、休闲娱乐、文化体验等旅游功能。

（七）基础设施配套设计

景区基础设施设计包括给排水设计、电力电信设计、能源供给设计、综合防灾设计、电子信息系统设计、灯光系统设计、音响系统设计等内容。它是景区建设的基础内容。不同于市政基础设施设计，景区基础设施设计要充分考虑景区当地及周边的自然地理与资源条件，结合景区旅游项目布局，以及景区现状条件，统筹分析，找出经济、合理的规划设计方法。一个合理的景区基础设施配套设计，应该是兼顾基础使用功能和旅游发展需求的设计，应该是兼顾生态友好和人与自然和谐发展的设计。

（八）导览标识查询系统设计

景区导览标识查询系统设计，包括以导游全景图、导览指示牌、景点（景物）介绍牌、服务设施导向牌、关怀警示牌五大类为主要内容的标识导向系统设计，和以景区自助导览系统、触摸屏查询系统、景区内容介绍软件等为内容的景区信息化管理手段的运用。

其中，景区自助查询导览系统、景区内容介绍软件等景区信息化管理手段的运用是智能化的重要表现。景区导览标识设计要依据景区经营管理理念表达及定位要求、景区室内外环境条件、游客对游览线路及内容的要求，以及导览标识的表达方式与导向分类原理进行，要注重技术与规范、环境和谐性、游客心理适应性、艺术呈现效果、后续维护更新等问题。景区导览标识设计必须达到功能完整、主题鲜明、位置突出、易识别，所有标识系统整体风格统一且富有生态性、功用性、文化性和艺术性，同类别、同体系的识别系统具有连续性、衔接性；要根据景区类型及标识应用场景的不同，区分冷暖、轻重、软硬、强弱等不同色彩，活泼与恬静、华美与质朴等不同形状，选择适合景区环境、气质特征的标识；导览标识的材质、外观及风格要与景区类型、特征及环境协调一致，各不同功能类型的标识系统，应建立有机衔接并统一协调于整个景区。

（九）VI 系统设计

景区 VI 系统设计是传播景区文化（包括景区管理文化），提升景区知名度，塑造景区形象的重要途径。景区 VI 系统设计包括 Logo、企业愿景、企业文化、口号、视觉识别体系（如旗帜、日常用品、接待用品、交通标识、员工工作服等）、歌曲、微电影、VI 手册等设计内容。

在强化 VI 系统设计的可识别性、可延展性、标志造型化、高度的系统性及鲜明的时代性等一般特征基础上，景区 VI 系统设计还要兼顾本体文化和景区管理文化，要把景区当地历史文化、民风民俗、宗教传统等本体文化，以及景区管理文化融入VI设计中，使其在兼顾本体文化的传承的同时，体现景区管理文化的时代特点。此外，景区VI设计会侧重于景区导向系统和环境系统的设计，尤其是导向系统。景区导向系统设计不仅仅是对核心标志的简单应用，而是要综合考虑场地情况、气候特征、项目布局、材质选择、文化与景观的融合等多方面因素。而环境系统作为景区服务设施的有效补充，其设计要求在满足基本使用功能的同时，也要承担景观作用。总之，优秀的景区VI系统设计，尤其是导向系统设计和环境系统设计，要在和景区整体形象系统协调一致的同时，还能够与景区的自然风貌和文化特征相吻合，做到“显眼不碍眼，指景不抢景”。

（十）旅游纪念品与土特产品包装设计

以旅游纪念品、土特产品为主要内容的旅游商品是旅游购物资源的核心，是展示景区甚至旅游地形象的渠道和载体。旅游商品在满足旅游者购物需求的同时，还承载了传播旅游地形象的作用。因此，旅游纪念品创意设计、纪念品系列设计、土特产与礼品包装设计，不仅是完善构建景区“购”要素的重要组成部分，还是塑造景区品牌形象的重要推手。

在旅游纪念品与土特产品的包装设计上：一是要突出“货真价实”，即在特色商品选定后，要选择同真实商品属性相呼应、相协调的包装设计风格。二是要突出景区和地域文化特色，如选用景区Logo、吉祥物或地域文化元素，使用竹制、草编等特色包装材料及方式等。三是要具有较强的艺术性，一件设计独特、制作精美的旅游商品能激发并适应旅游者的精神需求，唤起旅游者的对旅游地独特旅行体验的心理满足。

（十一）业态设计

景区的业态设计包括食、住、行、游、购、娱、修、学、养、疗、体、探等的设计。景区业态设计是否合理直接关系到景区能否营收及后期能否可持续发展。因而，在景区业态选择及布局上，要结合景区定位、产品规划及功能布局，科学选择匹配的业态类型，并合理布局业态组合。在景区业态的具体设计上，要结合游客求新、求奇、求异需求，挖掘利用当地的风土民情、民族风俗、文化传统、历史沿革、宗教习俗，发展特色餐饮、特色住宿、特色娱乐、特色商店、特色养生等。

（十二）智慧景区设计

智慧景区设计是以国家旅游信息化建设要求为指导，依托先进的管理理念和信息技术，并结合景区实际情况，建立以智慧管理为中心的景区资源管理系统（如景管通）、景区电子自助导览系统（如景游通）、景区数字营销系统、景区门禁与安防系统、景区监控管理系统、电子巡更系统、景区智慧化体验项目等管理与营销系统，从而实现对景区可视化管理、智能化运营，实现景区环境、社会、经济的全面、协调、可持续发展。

三、景区开发运营模式与创新

景区开发运营是一个需要投资开发（包括资源控制、策划、规划、设计、建造、获批开业）、持续经营（包括营销、服务、收益、管理）、优化提升（包括产品改造、经营提升）的持续性链式过程，其成功的核心更多表现在持续经营上，合理的收益模式也是景区持续健康发展的最佳保障。

（一）景区收益模式的综合性思维转换

对于旅游景区项目而言，其盈利情况主要通过旅游收入总额及收入结构两个方面体现。收入总额的最大化、收入结构的最优化和合理化，是旅游景区成功运营的基础。绿维文旅认为，要探究景区的收入机制创新，应明确景区的三类资源、三大成本、三大回报、四个目标方向。

1. 三类资源

景区资源主要包括自然资源、文化资源、聚落资源。其中，聚落资源是指聚集了鲜活原住民的街区或村镇，与一般意义上的自然资源和文化资源有较大差距。由于三类资源在呈现形式、发展特征等方面的差异，这三大类型资源的开发需要区别对待，尤其是在开发结构、投资结构、回报模式等方面。例如，自然资源区域的开发注重生态的利用和保护；文化资源区域的开发重点在于体验和休闲；聚落资源区域的开发需要当地原住民的参与，并建立与当地居民合理的利益分配机制。

2. 三大成本

景区经营的成本主要包括三类：一是产品开发成本，也可称为投资成本；二是产品升级服务成本；三是资源的保护与维护成本。目前上述三类资源的开发中，每一项投入都是巨大的投资，这些投资是否有回报、是否要以市场化手段运营，这些问题仍需深入探讨。三大成本应由谁来给予支持，哪些应纳入门票，哪些不应纳入门票，这些问题都需要进一步研究细化。

3. 三大回报

一是门票价格回报，以往门票是投资回报结构的基础，门票价格的调整将打破这一主体回报要素。二是景区的基本服务回报，例如，进入景区后的餐饮、交通、购物等基本服务收入，也有可能成为景区收入的主要部分。三是多业态、多要素的增值服务回报，景区通过针对不同层次、不同需求、不同消费能力的人群，提供多样化的服务，从而刺激消费产生增值服务性回报。值得注意的是，景区的门票基础服务、基本服务和增值服务类别不同，开发模式、运营模式和市场化程度也有差别。不同景区的不同服务和运营模式，必将导致回报结构的差别。因此，在开发运营景区之前，就应该捋顺其商业运营模式和回报结构。

4. 四个目标方向

景区要突破单一的门票经济，创新增收模式，应明确四大目标：第一，鼓励“0”门票；第二，保障较低门票；第三，促进弹性门票；第四，引导市场化增值服务大提升。因此，景区的门票机制确立不应该是“一刀切”的简单模式，而是复合景区开发运营的综合模式。

（二）景区盈利模式导向下的项目实操

在具体的景区类项目策划及规划过程中，感性的市场感知判断与主观的意向体验表达固然非常重要，但符合逻辑的客观数据分析及理性算法佐证更是直接决定了景区成功运营的可行性。景区的核心算法贯穿了项目具体操作的整个过程与阶段，对景区项目的投资和营收起到了非常重要的作用，为项目的成功奠定了理性的数据基石。

1. 景区核心算法详解（见表 4–2）

表 4–2　景区核心算法详解

指标	算法	
景区游客量测算	初始游客量测算	1. 时间序列法：下一年增长率 = 近 5 年平均增长率（用于已有景区，有历年数据可查）
		2. 目标预测法：景区初始游客量 = 上一级旅游区域游客数据 × 上级旅游区域中本景区游客吸引力比重（适用于已有项目及全新项目）
		3. 市场比较法：与市场上类似项目（产品类似）对比得出本景区初始游客量（适用于已有类似项目的全新项目）
	未来若干年游客量测算	根据旅游地生命周期规律计算：探索阶段（全新景区）、参与阶段（3~4 年，增长率 15%~20%）、发展阶段（4~5 年，增长率 30%~35%）巩固阶段（5~6 年，增长率 5%~10%）、停滞阶段
景区游客容量测算	$G=(t/T)\times C$ G——日游客容量，单位为人 t——游完某景区或游道所需的时间（4h） T——游客每天浏览最舒适合理的时间（7h） C——某景区或游道的日环境容量，单位为人次	
景区环境（生态）容量测算	面积容量法	$C=(A/a)\times D$ C——日环境容量（人次） A——可游览面积（m^2） a——每位游人应占有的合理面积（m^2/ 人） D——周转率 = 景点开放时间 / 游完景点所需时间
	卡口计算法	$C=B\times Q$　　$B=t_1/t_3$　　$t_1=H-t_2$ B——日游客批数 Q——每批游客人数 t_1——每天游览时间（分钟） t_2——游完全程所需时间（分钟） t_3——两批游客相距时间（分钟） H——每天开放时间，这里取 480 分钟

续表

指标	算法	
景区环境（生态）容量测算	线路计算法	完全游道：$C=(M/m)\times D$ 不完全游道：$\dfrac{M}{m+\left(m\times\dfrac{t_1}{t_2}\right)}\times D$ C——日环境容量（人次） M——游道全长（m） m——每位游客占用合理游道长度（m） D——周转率，D= 游道全天开放时间 / 游完全游道所需时间 t_1——游完全游道所需时间（h） t_2——沿游道返回所需时间（h）
床位数测算	$E=N\times P\times L/(T\times K)$ N——年游客量；P——住宿游人比；L——平均住宿天数；T——全年可游天数；K——床位平均利用率；E——床位数	
客房数测算	总房间数 $M=B/2+(B/2\times 10\%)-(B/2\times 2.5\%)$ B 为床位数，10% 为自然单间所占比例，2.5% 为自然单间重复数比例	
服务人员数量测算	直接服务人员数量 = 床位数 × 直接服务人员与床位数的比例（一般为 1∶2~1∶10 不等）	
餐位数测算	$C=[(X_1\times N+X_2\times S)\times K]/Y\times T$ C：餐位数；X_1：年住宿游客量；N：平均住宿天数；X_2：年非住宿游客量；S：餐饮率；K：游客集中指数；Y：全年可游天数；T：餐位周转率	
停车位测算	按停车场面积测算	N=AA× 停车位指标 停车位指标 = 车位 /100 平方米游览面积 N：景区车位数 AA：景区占地面积 停车位指标（市区景区：0.8/100；郊区景区：0.12/100；城市公园：0.02/100）
	按旅游人数测算	$M=A*32.48\%/(C_i*P_i)$ $N=A*67.52\%/(C_i*P_i)$ $V=\sum_{i=1}^{n}(A\times T_i)/(C_i\times P_i)$ V——景区旅游车辆总（即车位数） A——旅游人数 T_i——第 i 种公路出行方式分担率 C_i——第 i 种公路出行方式核定座数 P_i——第 i 种公路出行方式实载率 M——小车的车辆数 N——大客车的车辆数
电瓶车数量测算	电瓶车数量 =（平均每日客流 ×50%）/［8 人每辆 ×（8h/ 单次环线所用时间）］ 平均每日客流 = 年游客接待量 / 可游天数	

2. 景区核心算法项目实操应用框架（见图 4–5）

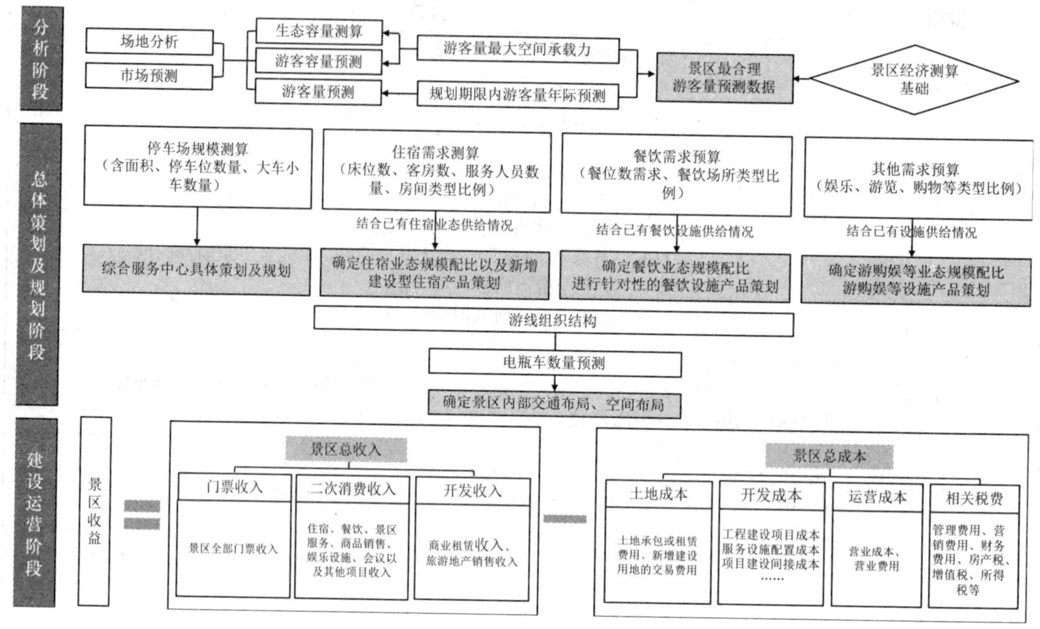

图 4–5　景区核心算法项目实操应用框架

四、景区运营服务体系的智慧化提升

伴随着移动互联、物联网、大数据、高速通信网络、高性能信息处理、智能数据挖掘、位置服务等新一代信息技术的发展，旅游业迎来了现代化发展的新一轮动能和契机。景区作为旅游业的核心资源及载体，其管理体制、服务质量和营销手段的提升都有赖于信息技术的整合应用。许多省市地区不断开展智慧旅游试点建设，旅游景区正在不断借助各类科技的力量，逐步探索内部资源管理和市场需求对接的有效途径。

（一）景区智慧化提升的技术依托

智慧旅游景区，又称智能旅游景区，是利用创新技术手段，借助各种网络形式和计算机设备终端，对旅游景区营销方式、旅游设施、旅游服务、旅游活动，甚至旅游景区经营者在内的各种资源进行信息化、智能化管理，从而实现掌握消费者需求、优化旅游产品、提升景区品牌价值、提高顾客满意度、降低旅游管理成本和加强企业市场风险防范能力的目的。简单地说，就是游客与网络实时互动，让游程安排进入“触摸时代”，让景区进入“智慧时代”。现阶段我国智慧景区的建设过程中，技术系统主要包括两个部分：数据库系统和技术服务系统。

数据库系统主要包括资源数据库、游客数据库、图片数据库、视频数据库以及云数据库在内的数据信息集合。数据库系统与泛在网、物联网、移动互联网以及云计算等共同构成了智慧景区现阶段的技术系统。

技术服务系统包括全面感知技术、全面传输技术和智能化的人性处理技术。全面感知技术具体包括传感技术、RFID 技术、GPS 技术、视频识别、红外、激光、扫描等；基于互联网和物联网的全面传输技术，包括互联网技术和移动通信技术等，分为远距离通信技术（GSM、GPRS、UMTS 等）、近距离通信技术（WiFi、蓝牙、Zigbee、RFID 和 UWB 等）及基于 GPS、无线终端和网络的位置服务技术等；智能化的人性处理技术有云计算、模糊识别等。云计算通过网络把多个成本相对较低的计算实体整合成一个具有强大计算能力的完美系统，并借助 SaaS、Paas、IaaS、MSP 等先进的软件应用模式把强大计算能力分布到终端用户手中。

（二）景区智慧化提升的实施

智慧旅游景区的实施分为三个层次，分别是管理智慧化、服务智慧化和营销智慧化，如图 4–6 所示。

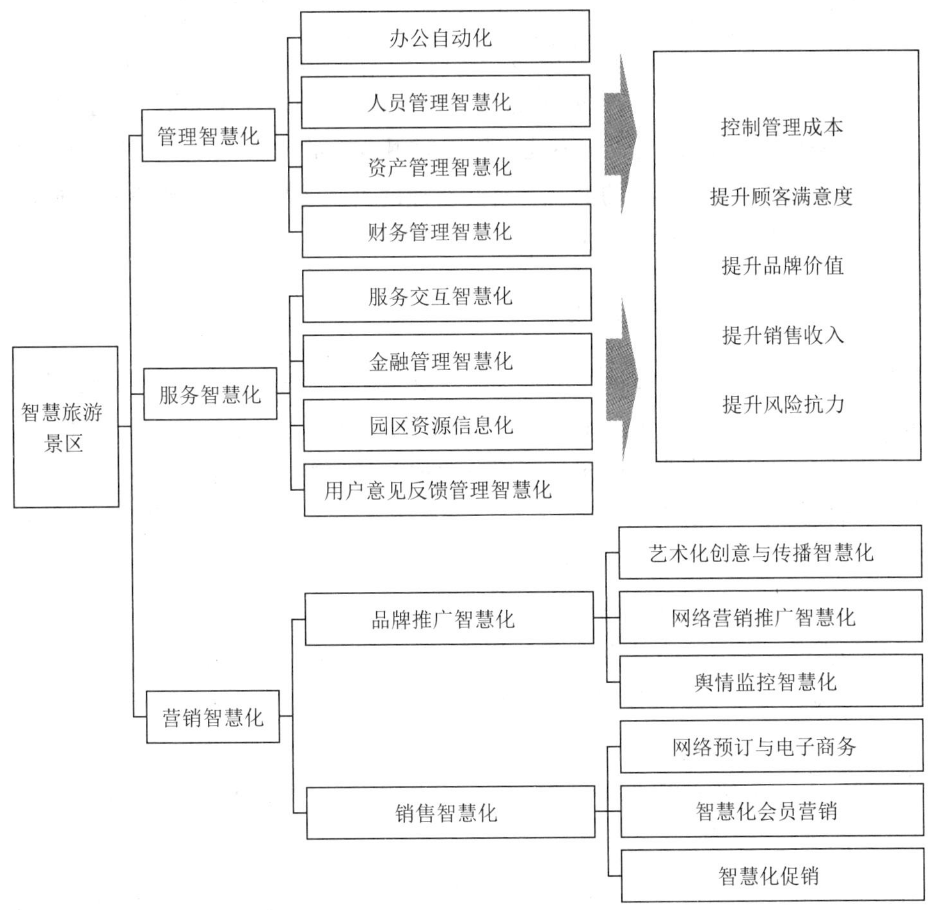

图 4–6　旅游景区智慧化架构

1. **景区管理智慧化**

景区应依托互联网、物联网、GPS、GIS、RS等信息技术，在客流集中区、环境敏感区、旅游危险设施和地带设置视频监控、客流监控、位置监控、环境监测等设施。通过建立景区智慧管理体系，实现包括电子票务、设备监控、客流量监控、工作人员管理、环境监测等管理流程的可视化和智能化运作，从而实现科学管理和有效决策，提升风险的主动预测和及时处理能力。

2. **景区服务智慧化**

随着新一代信息技术的进一步发展，食、住、行、游、购、娱相关的旅游要素也将形成更智能、更高质量的服务体系。对于景区而言，应借助信息技术完善包括电子票务、智能导览、信息咨询、行程规划、投诉协助等智慧化游客服务体系，使游客能够随时随地地了解旅游信息，从而提升决策效率、简化出行流程、完善途中服务，实现“一机在手，说走就走，说游就游”。

3. **景区营销智慧化**

景区应通过旅游舆情监控和数据分析，挖掘旅游热点和游客兴趣点，引导旅游企业策划对应的旅游产品，制定对应的营销主题，从而推动旅游行业的产品创新和营销创新。通过量化分析和判断，筛选效果明显、可以长期合作的营销渠道。依托景区实体，通过独特的创意，利用网络的无边界性，积极运用虚拟景区、节庆活动等传播手段，以娱乐化、互动化的手段向潜在的消费者讲述有趣的景区故事，激起消费者的旅游欲望，从而把潜在的消费者变成现实的游客。

（三）智慧旅游景区的打造要点

智慧景区旅游提升计划是以服务游客为中心，实现“网上一点击，问题全解决”的效果和目标；充分运用物联网、云计算、下一代通信网络等先进、成熟的技术，体现国内一流、国际先进的设计理念；充分体现商业模式的创新，兼顾技术架构、服务模式、运营模式和管理模式等政府管理要素和旅游行业生产经营要素，促进景区旅游文化产业的发展。

绿维文旅认为，智慧景区总体建设方案至少应包括如下内容：项目背景、需求分析、建设目标、总体构架、建设内容和项目、实施步骤、投资及运营模式、经费预算（含软硬件建设经费）、组织保障、绩效评估等。同时，智慧景区建设是一个复杂的系统工程，景区应结合自身特点，既要因地制宜，又要兼顾大局，统一标准、规范建设。为实现全行业管理和旅游资源的有效整合，形成管理合力和规模效应，在建设过程中，应共同遵循以下建设原则。

第一，总体部署，分步实施。景区要按照住建部的总体部署，做好智慧景区建设总体方案编制工作，根据自身实际情况制定近期和远期建设目标，在城建司的指导下，分阶段逐步实施，确保智慧景区建设取得成效。

第二，统一标准，保障共享。智慧景区重点建设项目，要按照住建部统一标准，实施规范建设，确保实现行业管理的信息共享。

第三，整合资源，集约发展。对于关系到全行业资源整合的重点建设项目，住建部将统一协调或组织建设，打造行业品牌，形成管理合力，实现规模效应。

第四，突出重点，先急后缓。各景区要根据自身实际情况，制订切实可行的智慧景区建设总体方案。按照突出重点、先急后缓的原则，优先建设景区资源保护和经营管理需求迫切、投资小见效快的重点建设项目。

第五，实用可靠，适度先进。系统建设要注重实效，在技术选型方面要注意选择技术成熟度好，实用可靠并适度先进的技术，避免盲目引用不成熟的新技术，造成建设资金浪费。

第六，创新机制，市场运作。智慧景区建设要注重产业化经营管理机制的创新，借鉴国际先进理念，引入市场运作机制，促进资源保护与旅游服务产业的良性互动和协调发展。

五、景区体制改革：市场机制导入与“扩”“管”“营”

绿维文旅认为，景区改制要以全域旅游为指导思路，要打破“全”的概念，着眼于市场要素的配置，有的放矢，破“全”、立“逻辑”、找“抓手”、达“目标”，并总结出景区体制改革的“三七”架构。

（一）景区体制机制改革以文物保护开发为前提

绿维文旅认为，景区景点体制改革的前提是要坚决遵守《文物保护法》，坚决保护生态，满足风景名胜区条例的基本要求。文物保护机构及职责不能减，只能加；文物保护的范围内，不能开发，只能保护性利用；文物景点的门票收入，全部用于文物保护相关经费不能变。

全域旅游不是向门票要经济，不是向景点要经济，而是由此衍生出旅游经济发展架构。文物景点的收入原则上还是按照文物法的规定用于保护。此外，应该设大景区结构、形成大门票、开发交通及其他收益方式，从而形成对文物景区的拓展式发展。

（二）景区体制机制改革的立足点

景区体制机制改革的立足点具体归为四点：

一是立足存量，做大增量。以现有景区资源为依托，丰富旅游展现形式。

二是立足资源，做好产品。让投资商看到产品的轮廓和产品的未来，对盈利有信心。

三是立足景区，整合区域。一个 5A 级景区可以带动一个城市，一个 4A 级景区可以带动一个小镇，只要是能够达到30万以上人次游客量的区域，都有带动区域经济的能力，这个带动结构是景区扩张发展的关键。所以，景区的机制放开，让外围带动、提拉景区，即使景区不赚钱，但是周边有一系列延伸性收益结构也能形成价值。

四是立足观光，突破休闲。观光是景区的基础功能，在观光功能的基础上拓展休闲功能，以顺应休闲旅游的发展趋势。

（三）景区体制机制改革的“三七”架构

“三七”架构即“三个字，七个架构”。“三个字”——扩、管、营，即扩大、管理、经营。

1.“扩”分为两个架构

首先是扩大范围。做景区改制首先要有景区概念性规划，城市景区匹配城市周边结构，乡村景区匹配乡村结构，城镇结构匹配特色小镇。用产业园区的方法抓旅游，让每一个景区，都成为一个引擎，带动一个片区发展。整合散、小、乱的局面，整合景区周边乡村、小镇资源，提供片区开发空间。

其次是扩大结构。借力景区改制，整合区域多种旅游产业的资源与要素，打造旅游综合配套基础，从而形成旅游目的地的支持系统，构建多业态休闲度假系统，形成旅游综合开发的抓手。

2.“管”分成三个架构

一是具有县级行政权的管委会。跨多个建制镇的大型景区，具有带动力大、辐射强、资源点多的特点。景区与建制镇及村庄结合紧密，可以形成独立的行政建制或准县级行政权的派出机构，强力推进目的地旅游区域综合发展。

二是景镇一体化管委会。主要镇区内，中等规模自然景区、古村古镇古城景区，打造景区应该与建设特色小镇结合，形成景区发展带动城镇化及美丽乡村的作用。

三是文保景区一体化管委会。文物保护单位面积较小，难以扩大或暂时没有规划出区域带动结构，可以依托文物管理机构，转型为“文保＋景区”的管理模式。

3.“营”分为两个架构

第一个是开发建设的“营”，称为投融资运营；第二个是经营运作的“营”，即营销、管理、运营。

投融资运营主要是导入投融资结构的合作开发商，投资人既是开发商又是运营商，将会更好地把运营导入开发结构中，让开发落地性更强。投融资的导入实际上是掌控资产与价值，这个过程中政府的转移支付链巨大，可以通过基础设施开发机构，形成政府长期资金导入开发旅游的支持结构。从而形成政府主导的区域旅游控制能力，建设旅游基础设施、旅游公共服务设施，控制景区形成与社会资本对接的景区现金流基础，推进资产增值与资本上市目标。政府导入长期开发性计划投入，会吸引大量民营资金进入。

景区运营可以轻资产运营，可以重资产运营，可以使用轻资产运营团队与重资产合作的方式，可以导入多层次的运营结构，因此运营结构的把控也是可以分层次的，比如，电瓶车运营、索道运营、演艺运营、商家运营、酒店运营、餐饮运营等。政府在景区改制上要把控主动权、把控资本、把控资源。

（四）景区体制机制改革的实施建议

一是先引智后引资。用智慧吸引资本，包括投融资包装、投融资规划设计，导入资本对接，最后有效实现项目发展。

二是践行试点推广模式。通过试点模式，积累发展经验，将普适性的成功做法向大范围景区推广。

三是制定详细导则。涵盖规模不同的文化型、自然型等不同类型的景区，通过制定导则，形成基本的发展准则和遵循方向。

六、景区 5A 级标准化创建及超越 5A 级的景区升级之路

景区创新是一个永恒的主题。创新不是目的，是实现转型升级和效益提升的手段。景区面对的问题不是创不创新，而是如何创新。这需要睿智，需要有突破的理念，同时需要遵循市场的规律。因此，景区作为旅游产品，需要投资开发（包括资源控制、策划、规划、设计、建造，获批开业），需要提升改造（包括产品改造、经营提升），需要持续经营（包括营销、服务、收益、管理）。景区的提升有两个板块：一是按照国家景区质量等级评定标准进行的景区 A 级提升；二是在对国家景区质量评定等级进行理性研判的基础上，从市场开发的角度提出的具有超越 5A 级提升理念的提升之路。

（一）A 级景区创建的意义

旅游景区 A 级评定，是当今国内衡量各景区软硬件发展水平的最权威标准，是旅游景区综合实力的品牌标志，是景区旅游环境和发展质量的综合体现。我国把旅游景区质量等级划分为五级，从高到低依次为 5A 级、4A 级、3A 级、2A 级、A 级旅游景区，五个等级的划分不仅仅体现在级别差异，更体现了一个景区的综合竞争力。国家开展 A 级创建工作，尤其是 5A 创建工作，目的就是促使各地方政府加大对核心景区的投资力度，以改善硬件设施，强化管理来提升软性水平。在全国现有的旅游景区中筛选出一批质量过硬、满足境内外游客需求、在国际上有竞争力的景点，使其成为真正的标杆性旅游精品景区。在当前形势下，旅游景区创 A 是进一步加快提升旅游形象品位，增强旅游产品竞争实力的必要途径，此项工作对于景区、政府、区域发展而言，都是一件利国利民的好事，应该将其作为区域旅游发展的重中之重。

（二）对A级景区标准的解读

20世纪八九十年代，我国景区发展飞速，数量上不断增加，但随之也出现了一系列问题。于是原国家旅游局开始组织拟定《旅游区（点）质量等级的划分与评定》标准，并于1999年10月1日起正式施行。后来随着时代不断发展，原国家旅游局先后于2003年和2016年对原有标准进行了修订。我国旅游业的标准化建设经历了多年的发展，取得了很大的进展。依据2016年评定细则，A级景区评判标准有9“内”3“外”，要获得较高的评级，就要做到这几点的“内外兼修”。

1. 9**“内”**

（1）内部交通：交通设施的完善程度、游览线路或航道的合理和通畅性、交通工具的环境友好程度等。

（2）游览服务：包括游客中心的功能完善程度、各种引导标识与环境的和谐程度、公众信息资料的特色和丰富程度、导游服务的质量高低、公共信息图形符号的规范性和艺术性、公共休息设施的完善程度、环境是否整洁、场所是否达到相应的卫生标准、公共厕所是否数量充足布局合理等。

（3）旅游安全：包含旅游安全制度是否完善、安全设施是否齐备有效、紧急救援体系是否建立等。

（4）信息化：包括信息化基础设施是否配置完备，信息化管理系统是否监控有效、是否有良好的信息服务系统、电子商务是否有良好的营销效果等。

（5）综合服务：包括购物服务、餐饮服务、住宿服务、娱乐服务过程中是否有特色，是否能够提供良好服务及相关设施与环境的和谐程度等。

（6）特色文化：包括文化主题是否辨析度清晰、融合度良好，文化内涵是否挖掘，文化展示是否多样性，文化体验效果是否良好等。

（7）综合管理：包括管理体制和经营机制是否健全有效、规划编制与实施是否有审批有监督、门票价格是否合理、企业形象及社会效益是否良好、员工培训及投诉制度是否健全等。

（8）旅游资源的吸引力：对旅游资源的观赏游憩价值、历史文化科学价值、珍稀奇特程度、体量丰度和完整性进行评估。

（9）资源与环境的保护：包括空气、噪声、地面水和污水排放等是否达到相应标准，对自然景观和文物古迹的管理，建筑及设施与环境的友好程度等。

2. 3**“外”**

（1）外部交通：可进入性的好坏。

（2）市场吸引力：对景区的知名度、美誉度、市场辐射力进行评估。

（3）游客抽样调查：对游客的满意度进行调查。其中5A级景区要达到90分，4A级景区达到80分。

（三）5A 级景区的四大创建模式

5A 级景区在创建时，有一些规律和模式可循，绿维文旅将其划分为四种，即资源取胜模式、大力投资模式、联合申报模式、政通人和模式。每种模式各自有侧重点，各有特色，不同类型的景区适合不同的模式。当然，一个景区创建 5A 成功，可能并不单单依靠一种模式，只是以一种模式为主、其他模式为辅。

1. **资源取胜模式**

以第一批 5A 级景区为代表，主要是旅游开发历史悠久，人文、自然和社会价值资源稀缺度高且广为人知的传统旅游资源型景区，包括各类世界级自然和人文遗产、世界级地质公园、国家级风景名胜区、国家文保单位、国家级自然保护区等。此外，还有部分具有较高旅游价值，国家或地方投资建设的现代工农业设施、市政配套，主要包括国家级文体、科技、农业、水利、路桥等工程项目，以及重点城市有一定历史积淀的名片级市政公园、文化景观等。

此类景区在晋级 5A 之前，已经形成了相对成熟的旅游接待设施和服务系统，拥有全国性的知名度和较为稳定的大规模旅游客源，其人文、自然和社会价值明显。资源取胜类景区主要根据 5A 景区建设的硬性标准要求，按照“缺什么补什么”“整治脏乱差”的工作思路对内部软硬件系统进行综合提升，依托既往获得的世界遗产、国家风景名胜区、世界地质公园、国家自然保护区等多个金字招牌彰显资源价值，获取支持。

如庐山作为第一批 5A 级景区，其创 5A 工作过程中，工作重点在于根据 5A 级景区标准要求，进行景点环境整治、服务网点完善等建设。国检组对批准庐山为 5A 级景区的评价为：庐山景区是具有很高旅游资源价值的景区，优势主要体现在——庐山是全国首批 4A 级旅游景区、全国文明风景旅游区，有多年景区建设和管理经验的积淀；1996 年被评为世界文化景观世界遗产，2004 年被评为世界地质公园，国际上有较高的声誉和认同度；有很深的历史文化积淀；具有很高的自然科学价值。

2. **大力投资模式**

这类景区主要是以高投资打造而成的主题公园、主题景区或度假区。其中，主题公园、度假区多紧邻大都市或旅游目的地城市，主题景区往往具备深厚的历史文化背景。

在创建 5A 的过程中，此类景区主要通过企业市场运作和重资本投入，以高水平的创意，设计打造丰富多彩的旅游产品和服务，形成全国性知名度和旅游人气，以成效作为创建 5A 级景区的主要资本。在此基础上，通过对照标准，制定和落实景区游客接待中心、旅游厕所、标识标牌、导览系统、停车场、公共服务设施等软硬件建设方案，加强台账建设及管理服务等，创建 5A 级景区。

如浙江鲁迅故里 · 沈园景区在创建 5A 过程中，主要突出了三个方面。其一，把自己定位为绍兴对外宣传的一个重要窗口和著名的人文景观，承担起打造绍兴人文历史名片的社会责任。其二，在软硬件不断提升、服务水平不断优化的同时，创新营销手段，扩大影响力。其三，严格按照5A评定标准，对旅游基础设施、服务环境、道路交通、旅游安全、旅游购物、综合管理以及资源和环境保护等，进行了一系列全面有效的完善、整改和提升。

3. 联合申报模式

此模式适用于两个或者两个以上景区，由于行政分割或者地缘因素，成为相互独立的景区。这些景区在资源类型上相似，但是单个景区影响力和知名度不高，资源品级构不成世界级水平；或者两个景区在资源上相互依存，单个景区无法构成既定的品牌和影响力。具备这种情况的两个或者两个以上的景区，需要联合申报5A才能提高成功率。在目前竞争压力较大、单个景区资源品质不高的情况下，联合申报5A成为重要的创建手段。

如河南省洛阳栾川老君山·鸡冠洞旅游区包含了老君山和鸡冠洞两个景区，两者同属伏牛山系，均为国家4A级旅游景区。老君山是联合国教科文组组织认定的世界地质公园，国家自然保护区，国家级森林公园，具有奇特的自然资源和道教文化，鸡冠洞具有北国第一洞府的美誉。2011年，两景区联合申报国家5A级旅游景区，对照国家5A级旅游景区标准，以大景区概念来打造，累计投入资金6.08亿元，统一规划、统一宣传、统一标志，经过层层申报和考核，最终被批准为国家5A级旅游景区。

4. 政通人和模式

此模式主要针对的是拥有一定山水资源或人文资源基础，但开发历史较短或长期知名度不高，或自然资源及人文遗存丰度不足的景区。此类景区在创5A的过程中，前期经过了全新的文化包装、规划设计、资源潜力挖掘，并借助资源整合、市场炒作、整合营销等多元手段，形成了较高的人气知名度，后期通过不断凸显景区发展愿景和开发建设成效，提升5A级景区标准中规定的软硬件建设，综合发力建成5A级景区。

如神农溪纤夫文化旅游区、酉阳桃花源景区、呀诺达雨林文化旅游区等，通过为自然景区注入文化话题，聚集市场注意力，成功升级5A。保定白洋淀、临沂沂蒙山则不仅通过整合资源，更强调自身红色文化历史，突出政治意蕴，成为晋升5A的主要因素。苏州同里古镇景区、宁波奉化溪口—滕头旅游景区等借助上海世博会契机，申报5A级景区并获得成功。

（四）超越5A的旅游景区升级之路

A级景区的评定是目前我国景区等级划分的唯一标准，但随着时代的变化和旅游消费者需求的变化，等级划分标准也显现出了一定的局限性。通过景区的A级创建，虽可以实现景区整体建设水平、服务水平和管理水平的提升，但对景区长远发展缺少综合考虑，现有的景区升级评价体系不能完整、科学地实现景区核心要素的提升，因此亟须形成一套A级升级与景区本身提升相结合的新体系。

为满足市场需求，景区不仅仅需要提高建设、服务、管理水平，也需要通过提升自身内在价值，形成特色景区吸引力，实现独特性、差异化的发展。景区要想获得长久发展，就需要维持旺盛的人气，并通过人气聚集财气，来推动景区的经济模式、收入模式、运营模式提升，整体提高景区经济效益，并进一步提升景区对所属区域在品牌、文化、区域经济发展上的带动作用。因此，旺盛的人气、丰厚的收入、明显的区域带动作用是景区发展的三个重要目标。在市场化的引导下，尊重景区现实情况，满足消费者多样化需求，超越5A，进行景区提升，也许比景区评级更为重要。绿维文旅通过十余年的经验总结，为众多A级景区问诊把脉，得出了景区市场化提升的创新思路，可谓超越5A，实现了景区提升的真正价值。

1. 从开发的角度深度研判与挖掘资源

资源是旅游景区开发的基础，一般包括自然资源、历史文化资源两个方面。从投资的角度，将资源的价值区分为本体价值和开发价值。本体价值是资源固有的价值基础，开发价值则是从开发收益的角度，对资源价值的一种评价，这一评价对于开发商投资具有很重要的意义。因此，绿维文旅所提出的资源评价是一个主观评价与深度挖掘的过程，是深度的研判与创造性挖掘的过程，与仅尊重原始基础的本体评价有较大的思路差异，主要体现在以下几个方面。

第一，资源定位、独特性及其吸引力评价。即对资源在全球、全国、区域中具有独特性或唯一性的评价，以及对其独特吸引力与整体吸引力的评价。这是资源开发的前提，需要横向进行比较，并对资源方方面面的吸引力进行综合评估，是一种系统的评价过程。

第二，可进入性与进入条件评价。景区的可进入性评价是投资的前提之一，进入条件影响项目对游客的吸引力、投资成本及游客游憩成本。进入条件包括进入目的地的距离、时间消耗、交通工具及其舒适性、交通成本四个因素。首先是大交通关系，即目的地与客源地之间的距离、交通方式、时间消耗、成本；其次是接待中心与景点之间的距离、交通方式、时间消耗、成本；最后还包括景区内部的距离、交通方式、时间消耗、成本。投资商在这三个层面都必须进行评价，并对交通由谁投资做出初步判断。

第三，基础设施条件及投入评价。基础设施条件评价，实际上属于现状评价，是对景区的水、能源、环保、通信及接待配套基础的评价，这一评价涉及投资规模和投资的成本。

第四，展示条件与观赏条件评价。对景区内的景观吸引物，我们要进一步研究其大尺度、中尺度、近尺度与进入性观赏的条件，以及景观与文化的展示条件。这些条件决定了游憩产品本身的投资。

第五，游乐、康疗与体验条件评价。资源的挖掘，需要分析其在游乐、康体、养生、治疗、深度体验方面的支持与条件，越有延展性，资源价值就越高。

第六，产品现状评价。景区的产品现状，是投资前必须进行系统评价的内容。其中，游憩模式、市场现状、管理现状、基础设施现状等的基础与问题，应该分析透彻。

2. 符合市场逻辑的市场调研

旅游景区的提升设计，最重要的还是对市场的把握。要把握好市场，需要从五个方面进行深度研究与策划：市场调研、市场分析与预测、市场定位、对应于目标市场需求的产品创造（创意策划与游憩方式设计、游线设计）、市场核算与运作策划（收入模式设计、营销策划、市场效果判断、效益估算等）。

3. 文化找魂确定主题

景区提升很重要的一个方面是衡量现有的主题是否适合本景区。如果有清晰独特、引人入胜的主题，并且旅游项目按照主题进行整合打造，景区的旅游吸引力就会得到极大的提升。有些景区因为没有独特的主题，只是以单一的吸引核或综合性功能来吸引人，长此以往，必定会导致景区经营不善，遭到市场的淘汰。因此，景区提升首先要找魂，找到适合景区持续发展的主题。

4. 极富创意的游憩方式设计

从景区开发的角度讲，游憩方式设计是对旅游者出游中涉及的各关键要素进行设计安排，使旅游者的旅游过程获得最大满足，景区资源获得最佳利用，从而使旅游开发商、投资商获得最大收益。在游憩方式的设计过程中，应充分发掘当地的特色文化和奇特的游乐方式，把丰富的文化内涵植入新奇的产品供给，让旅游者享受到独特的游乐方式。

5. 多元化的收入模式设计

系统分析旅游产业运营中的各种收入模式，把游憩方式与收入方式结合起来，开发旅游产品的收入提升与附加价值，对景区的经营与开发具有普遍的指导意义。从理论上说，旅游收入就是旅游景区所获得的旅游者异地消费的总和。旅游产业的收入包括了游客出游以后的食、住、行、游、娱、购等各个方面，并且形成一个收入链。其中收入来源主要有：门票收入、观赏过程收入、参与性游乐、夜间娱乐、日用购物、游乐性购物、特色餐饮、特色住宿、康体消费、疗养消费等。

6. 独到的商业模式设计

全面综合的研究旅游项目开发，应系统解决锁定资源、定位主题与市场、设计并形成产品、制定营销战略、清晰构建盈利模式。一个景区或一个旅游企业所采用的商业模式可以利用旅游投资商业模式专用分析工具——三链坐标分析法来进行设计。

专栏 4　绿维文旅的景区升级实践

更多详情请扫描二维码

区域旅游的综合发展，必须以景区的开发升级为前提。绿维文旅从景区基础研究、景区开发与提升、景区策划规划设计、景区创 A 升 A 等方面进行了实践探索与深度解析。

相关案例：山海关老龙头片区总体规划、镜泊湖景区景观提升设计、新疆葡萄沟景区提升设计……

第三节　旅游引导的新型城镇化模式及体系

城镇化是一个综合的概念，既包括城乡人口变动，也包括人口质量的提高；既包括人口在城乡比例上的变动，也包括由此带来国民经济结构的变化；既包括劳动力向城镇聚集的过程，也包括资金等生产要素向城镇流动的内容；既包括乡村的城镇化，也包括城镇自身发展。绿维文旅经过多年的实践和研究分析后认为，旅游引导的新型城镇化，就是以旅游带动下的泛旅游产业集群为产业基础，由旅游带来的消费集聚直接推动的城镇化过程。旅游在消费带动、产业带动、价值提升、生态效应、幸福价值效应等方面的一些特性，决定了其引导的城镇化在城乡融合、生态环境、解决就业等方面均有不俗的表现，在解决城镇化的社会问题方面，给出了比较高效的解决方案。

一、旅游引导的新型城镇化模式

泛旅游产业整合发展，形成了产业的聚集、集成与集群化，由此带动了城镇化的进程。我们可以用一个简单的逻辑加以说明：旅游产业要求场所，形成了旅游区；旅游区是一种产业发展区，与产业园区相似，同样需要土地开发、基础设施建设，需要为游客提供吃住玩的场所，需要为员工提供住宿基础，需要为拆迁的农民安置社区，这一切，形成了旅游区作为产业功能区的产业化发展。

旅游产业化发展，要求留下游客进行消费，必须开发大量的休闲项目，如温泉浴场、美容按摩、游乐场、KTV、酒吧街、餐饮街、创意商铺、工艺品店、厂店一体的工坊等，由此形成了休闲聚集区。

工业区不适合人居住，而旅游区不同，其是最适合于人居住与生活的区域。因此，旅游区需要开发旅游接待型新农村社区、游客居住的休闲酒店与休闲聚集区、周末休闲的第二居所住宅区、避寒避暑养生养老的度假住宅区等。于是，一个基于不同需求的综合性居住社区形成，而以“吸引力景区＋休闲聚集区＋综合居住区＋公共服务设施配套”为发展形式的非建制城镇结构，也就此产生了。

新型城镇化不只是创建新城，也包括老城市的扩张升级。从城镇体系结构的分层提升与建设上进行细分，旅游引导的新型城镇化包括现有大型城市的扩张与升级、中小城镇特色化发展、产城一体化项目开发与非建制性旅游城镇化、新农村社区建设四个方面，这四个层次有着不同的模式与机理。

（一）城市旅游化模式

这里的城市是指拥有50万以上人口的超大型、大型及中型城市，其本身就是客源地，很多也是目的地。通过旅游吸引力建设，将大大提升城市品牌与城市服务产业发展空间。大中型城市的旅游化发展，主要是包括城市景区开发、新型城市休闲中心建设、旧城改造休闲街区化发展、休闲卫星城组团化建设和环城游憩带城乡融合开发五种方式。

城市景区开发，是指对于拥有独特旅游资源的城市，依托资源，集中建设旅游景区，形成城市景区吸引核，打造城市作为旅游目的地的核心吸引力。景区开发始终是城市旅游化的基础，无论景区在城区或不在城镇区域，景区吸引力越大，旅游带动城市发展越强。

城市休闲中心，即RBD（Recreational Business District），是大中型城市必需的休闲聚集核心，也是城市品牌与都市吸引核。城市有多种休闲中心，有的偏休闲商业，有的偏休闲商务，有的偏休闲娱乐，有的形成了商务商业娱乐游乐餐饮一体化综合休闲区。例如，北京的王府井、西单、什刹海、798艺术区等，都是不同类型的休闲中心。在新城建设中，集中较大土地建设RBD，是规模化新城开发最好的模式之一。

旧城改造建设休闲街区，特别是滨河、滨湖、古街、古建聚集区、旧工厂区、公园周边区、体育场周边等区域，是形成与建设休闲街区的最佳位置。在旧城改造中，借力河道疏浚整治、绿地公园建设、体育设施建设、古建保护等城市基础设施与文化基础工程，把公共环境资源周边的黄金土地，建设成为休闲商业街区，形成休闲环境与休闲街区的整合，打造城市休闲化最大且最重要的旅游化工程，可以建设文化街区、创意艺术街区、酒吧街区、时尚休闲街区、美食街区、购物步行街区等多种项目。

休闲卫星城组团化建设，是大型城市旅游化发展的重要方式。基于大型休闲综合体、大型主题公园、大型体育设施、大型会展场所、养生养老机构设施等的区域，都可以形成卫星城的特色聚集化发展。例如，处于北京卫星城良乡的房山长阳镇，规划建设中央休闲购物区，就是一个新打造的休闲娱乐聚集区，规划了高端商务组团、时尚休闲组团、中心组团（艺术展览厅、湿地公园、休闲体育中心、主题公园、滨河酒吧和美食街等）、文化创意组团。

环城游憩带，是一个城乡融合的打造模式。在大型城市周边1小时圈内，可以形成依托卫星城、小城镇、旅游区、村落而发展的休闲带。这个休闲带是未来田园城市建设中的城市的组成部分，是新型城市化中最有特色的部分，是旅游城市化的重点内容。

从城市发展的总体架构看，大中型城市的旅游化发展，在旧城改造、新城建设、城乡融合、产城一体化发展基础上，形成了城市休闲中心、城市休闲街区、休闲卫星城、环城游憩带等组成的系统发展结构（见图 4–7）。旧城改造出休闲区，新城建设出休闲区，城市从摊大饼转化成为绿色覆盖、休闲组团发展的花园城市。其中，通过休闲卫星城和环城游憩带的发展，形成中心区居民外迁，同时进行旧城改造，形成新的组团，并通过城市绿化改善环境，形成花园城市、组团城市，从而形成大中型城市内部提升及向外扩张，这是大型城市升级的最佳路径之一。

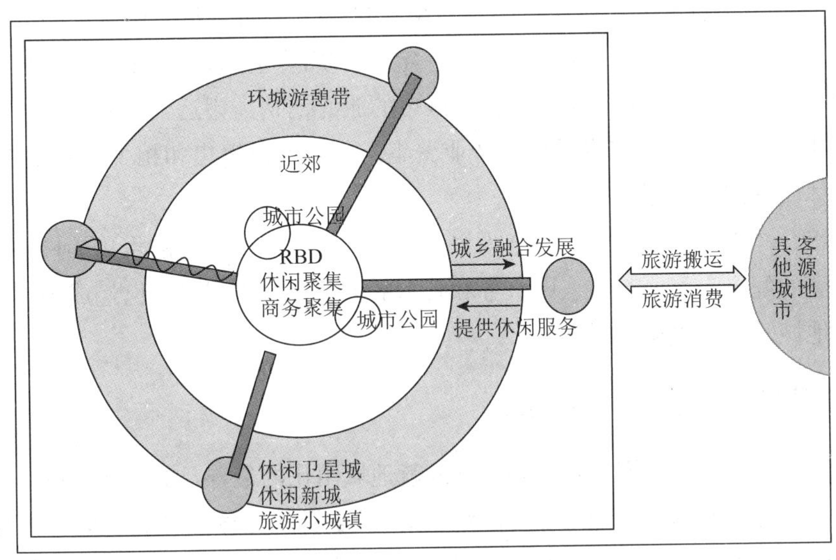

图 4–7　旅游引导的大中型城市结构

（二）旅游城镇建设模式

小型地级市、县级的中心镇和建制镇，带动性相对于大中城市较弱，但易于形成鲜明的主题性特征，可以走特色旅游城镇化之路，这是我国最重要的旅游城镇化模式。

对于本身就拥有丰富旅游资源的中小城镇，可依托自然资源，实现旅游特色化发展，形成滨海城镇、滨河城镇、滨湖城镇、冬季度假城镇、夏季度假城镇、温泉城镇、滑雪城镇等特色城镇；基于文化资源，可以打造文化名城名镇、休闲古城古镇、民族风情城镇、民俗风情城镇、艺术城镇、工艺城镇、创意文化城镇、商贸购物城镇、电影城镇等；依托旅游景区，可以打造各类接待型城镇，借力景区的泛旅游延伸，可以打造会展城镇、运动城镇、休闲农业城镇；依托于特色资源、特色工业、特色批发市场等，可以打造酒城、玉城、家具城。泛旅游产业集群化的发展，使得打造特色旅游城镇的可能性空间大大提升，特色旅游与特色产业紧密结合，为城镇化带来了全新的发展思路。任何资源都可以成为吸引核，只要当地有特色资源或优势产业，就可以结合旅游发展成泛旅游城镇。

对于一些没有这么强劲吸引核的小城镇，需要挖掘资源，开发旅游产品，寻找泛旅游产业发展的契机，推进旅游城镇化。并非所有城镇化都必须进行旅游化，但在不同程度上利用旅游化手法，可以使城镇化获得更好的效果。

（三）旅游综合体开发模式

旅游综合体是一种特殊的新型城镇化形态，既不是传统的旅游景区，又不是纯粹的住宅社区，也不是建制型城镇，更不是新型农村社区，而是基于城乡之间，如城市郊区、乡村地区、大景区外围区域等，具有一定旅游资源与土地空间的地块。依托良好的交通条件，通过旅游的“搬运效应”，将城市的旅游消费力搬运到开发地块，从而带动该地块的土地综合开发，实现泛旅游产业聚集、旅游人口聚集和相关配套设施的发展，形成旅游休闲导向的新型城镇化聚落。

旅游综合体以泛旅游产业的整合为根本支撑、以休闲化消费的聚集为核心动力、以设施和配套的配置为重要基础、以服务和管理的创新为基本保障，已经成为广大适宜区域实施就地城镇化的主流模式之一。

（四）旅游新农村社区打造模式

旅游新农村社区打造模式是旅游引导的就地城镇化的最普及的模式之一。基于城乡一体化的大背景，以农旅产业链打造为核心，以乡村观光休闲度假功能为主导，以乡村观光休闲业态为特色，以乡村商业休闲地产为支撑，以田园乡居生活为目标，通过土地整合、城市基础设施引入、文化特色的呈现、农民就业的解决，进行独立村的改造升级，向旅游综合社区发展，是这一模式的主要路径。

旅游对于新农村社区建设，具有良好的产业推进价值，主要是使农民找到产业转化依托的同时，可以把生活资源转化为生产资源，就地发展产业。

二、旅游引导的新型城镇体系构建思路

城镇体系由城市体系和村镇体系构成。城市体系，按其现代的意义来说，它是一个国家或一个地域范围内由一系列规模不等、职能各异的城镇所组成，并具有一定的时空地域结构、相互联系的城镇网络的有机整体。村镇体系是在一定地域范围内由村庄、集镇和建制镇共同组成的一个有机联系的整体。传统的城镇体系包括大中小城市、连接城市与一般村镇的中心镇、建制镇及村庄。

旅游产业导向下的泛旅游产业聚合的区域经济与城镇化综合开发，形成了城镇向田园城市发展的方向，一批非建制城镇化结构发展起来，形成了新型的、更加完善的城镇化体系。

（一）旅游中心城市（旅游大中型城市及旅游集散中心城市）

随着后工业化时代的到来，城市综合实力不断增强，城市环境和配套设施得到改善，大多数中心城市不仅仅是客源地，还是重要的旅游目的地。它们以旅游聚集作用为特征，具有较高的承载力与多功能性，内部居民的出游力与休闲需求较强，对周边地区发展起到辐射带动作用。

一方面，大中型城市对外输出旅游者，凭借其休闲、娱乐、度假、居住等需求，形成泛旅游产业支撑，带动周边小城镇的发展，促进城乡融合。另一方面，大中型城市的多种功能及配套设施，能够吸收外地游客，形成旅游集散。中心城市的旅游发展中，将商务游憩区、休闲商务会展区、休闲商街建设成为城市文化集中表现的载体，它们具有生态性、景观性、休闲性等特点，可以形成旅游核心吸引力。城市公园、郊野休闲公园、主题乐园等城市配套，既是为市民服务的重要公共设施，也承担表现城市文化、增强旅游者体验双重功能。

（二）休闲卫星城（大城市周边休闲聚集城镇）

卫星城和中心镇在城市体系中是一个层次，是依附于大城市、与大城市密切联系又相对独立的外围城市。我国城镇化进程迅速，给城市体系中的卫星城及中心镇带来发展机遇。由于区位优势、市场优势、资源优势等条件，大城市周边的休闲卫星城及中心镇，成了出游率较高的城市居民周末或小长假休闲的第一选择。

（三）旅游小城（旅游小城市及较大的旅游中心镇）

依托于县级城市的中心镇，形成旅游休闲小城的基础非常好。多年来，县域旅游发展，塑造了一批旅游小城、休闲小城，如丽江、武夷山市等，都是旅游目的地经典小城。

（四）旅游小镇（较小旅游中心镇与旅游建制镇）

旅游小镇的带动性相对大中城市较弱，但易于形成鲜明的主题性特征，与产业联系极为密切。旅游小镇的发展须采取城镇建设与旅游经济的整体经营、整体规划以及产权结合经营的模式，增加人口承载力，带动城市化水平，加快城乡融合发展。

（五）旅游综合体（非建制产居一体区）

旅游综合体是基于一定的旅游资源与土地基础，以旅游休闲为导向进行的土地综合开发。旅游综合体以旅游产业园区为核心，以互动发展的度假酒店集群、综合休闲项目、休闲地产社区为重要功能构建，整体形成服务品质较高的旅游休闲聚集区。这种模式是非建制型城镇化，但属于城市架构的重要方面。

（六）旅游休闲度假区（产业区）

旅游业的发展使具有丰富旅游资源的地方开发成旅游景区，由于旅游景区的吸引，形成游客聚集，从而使这些景区、度假区内部和周边原本是自然景观的地方聚集大量的商业和服务业，原本居住的农民变成旅游从业人员。同时，随着旅游进一步开发，旅游道路、交通、水电等城镇设施建设不断完善，社会公共服务配套提高，形成原有城镇居民、农民城镇化居住、产业佣工聚集居住、外来游客居住、外来休闲居住（第二居所）、外来度假居住（第三居所）聚集，从而形成了旅游区城镇化。

（七）旅游新农村社区（产居一体社区）

新农村社区以及大城市郊区旅游化发展，是解决农村就地城镇化的有效途径。村庄依托旅游，特别是旅游接待村落，把生活资料转化为生产资料，可以用自己的房屋从事旅游服务产业，从而把农民身份转化为居民、农业转化为服务业、村庄也转化为城镇化的社区。通过旅游进行土地整合、城市基础设施的引入、文化特色的呈现、就业的解决，进行城中村、大城市郊区及独立村的改造升级，以此推动新农村社区建设。

专栏5　绿维文旅对新型城镇化的探索与实践

绿维文旅成立十余年来，始终奋战在实践旅游引导的新型城镇化的阵地前沿，经过科学的规划和设计，一个又一个旅游小城镇、旅游引导的新农村社区、旅游新城成为当地区域经济的动力引擎，无数农村的村容风貌得到改观，当地农民实现由从事农业到从事第三产业的转型。

更多详情请扫描二维码

第四节　旅游综合体——泛旅游产业聚集模式

一、旅游综合体——旅游产业改革创新的重要抓手

（一）旅游综合体的概念与综合特征

1. 基本概念

旅游综合体的概念实际上来自于城市综合体，但是两者在机制与作用方面，有着巨大区别，分别代表着基于产业引导的综合体与基于城市功能聚集的综合体。

城市综合体是以城市中心区的建筑群为基础，融商业零售、商务办公、酒店餐饮、公寓住宅、综合娱乐五大核心功能于一体的“城中之城”，其核心是城市功能聚合，体现出土地集约化、建筑一体化、功能集中化、业态聚集化四方面的作用。

旅游综合体是指基于一定的旅游资源与土地基础，以旅游休闲为导向进行土地综合开发，以互动发展的旅游吸引核、休闲聚集区、旅游地产社区为核心功能构架，以相关配套设施与延伸产业为支撑保障，形成整体服务品质较高的旅游休闲聚集区。作为聚集综合旅游功能的特定空间，旅游综合体是一个泛旅游产业聚集区，也是一个旅游经济系统，并有可能成为一个旅游休闲目的地。因此，我们也用泛旅游综合体来代替旅游综合体的概念，包括休闲综合体、度假综合体、休闲商业综合体、创意文化综合体、温泉养生综合体、康疗运动综合体、高尔夫度假综合体、休闲农业综合体等各种类型。

2. 综合特征

旅游综合体的出现，是“旅游消费模式升级（从单一观光旅游到综合休闲度假）、景区发展模式升级（从单一开发到综合开发）、地产开发模式升级（从传统住宅地产到综合休闲地产）”三大升级共同作用的结果。从这个意义上看，更印证了旅游综合体必然是推动我国旅游产业再次升级的主力引擎，也决定了其核心特征包括以下五个方面。

（1）以旅游资源与土地为基础。

这是旅游综合体打造的前提所在，需要指出的是，这里的旅游资源，是包括自然资源、气候资源、人文资源、产业资源、人造资源等在内的泛旅游资源的概念，如何将资源转化成具有独特吸引力的旅游产品是其核心指向。土地资源规模决定了旅游综合体的规模大小，影响着产品的配比结构。

（2）以旅游休闲功能为主导。

作为旅游综合体，旅游休闲功能必须是主导功能。基于泛旅游产业综合发展的构架，旅游综合体应融合观光、游乐、休闲、运动、会议、度假、体验、居住等多种综合旅游休闲功能。当然，在实际开发中的功能综合配置，不是多种功能的简单叠加，而是要根据具体情况，侧重打造其中某一项或几项功能。

（3）以土地综合开发为手段。

旅游综合体，实际上是以旅游休闲为导向的土地综合开发利用的一种手段，其目标是通过综合开发，进行多功能、多业态的集聚，以旅游发展提升土地价值、推动衍生产业发展、多元文化互动，最终实现开发回报的最优化。

（4）以休闲地产产品为核心。

休闲地产产品既包括度假酒店地产、休闲商业地产（商街）、休闲住宅地产三大核心类别，也包括其他特色主题地产如创意地产，这是旅游综合体开发最核心的一个板块，是企业赢利的核心所在。

（5）以较高品质服务为保障。

作为旅游开发的升级模式，旅游综合体必须拥有超越一般景区的较高品质的服务作为保障，才能够实现良好的运营。

（二）旅游综合体的作用和意义

从大的层面上来说，一个成功的旅游综合体，对于提升城市品牌形象、提供更多就业岗位、推动产业转型升级等方面都有巨大作用。

从旅游发展的角度来说，旅游综合体有三大作用：其一，推动区域旅游从观光时代走向休闲时代；其二，推动区域旅游从景区时代走向旅游目的地时代；其三，推动旅游开发从单一产品时代走向综合体时代。

从地产开发的角度来说，旅游综合体为大地产开发特别是旅游休闲地产的开发提供了一种创新的模式。按照旅游综合体的特色模式进行旅游休闲导向的土地综合开发，实现地产开发与综合旅游休闲发展的完美融合，为旅游休闲地产的创新开发带来了巨大的空间。

（三）旅游综合体是新型城镇化的创新模式

1. 旅游综合体是一种特殊的城镇化形态

从城镇化的角度看，旅游综合体是一种特殊的新型城镇化形态，其特殊性表现在以下五个方面。

第一，城市质量升级核。旅游综合体可以是已建成城镇中的一个项目，如城市休闲商业综合体，其在城镇化中，是一个集产业聚集价值、环境美化价值、文化品牌价值、幸福指数价值于一体的城市升级核。

第二，非建制性城镇化创新模式。旅游综合体更多是非城镇建成区的项目，它脱离城市区的相对独立，但开发建成后形成人口聚集，具备社区功能，被称为非建制性城镇化形态。

第三，就地城镇化的新式社区。旅游开发依托于资源，对于拥有资源的区域，包括泛旅游概念下的文化农业等资源，也包括一般生态资源及低成本土地资源，都具有引导形成泛旅游综合体的条件。综合体的开发会有效形成对本地农民的就地城镇化效应，进一步会形成区域就业人口的聚集，这是典型的就地城镇化价值。

第四，田园城市节点与土地提升极核。旅游的搬运效应带来城市消费力作为发展的根本动力，其内在发展机理是旅游带动的新型聚集。搬运来的旅游消费，不仅直接带动产城一体的本地块土地综合开发，更将进一步形成周边土地的价值提升。很多旅游综合体镶嵌在乡村田园中的价值高地，辐射带动土地开发，这是未来田园城市化发展最好的组团模式。

第五，产城一体化的特征。旅游综合体具有产城一体化的基本特征，主要是依托产业形成城镇化，其核心包括非农业人口的聚集、泛旅游产业的聚集、市政配套和公共设施的聚集、公共服务与政府管理的配置等要素。

2. **旅游综合体在新型城镇化进程中大有可为**

第一，旅游综合体符合政府对区域综合发展的政绩诉求。旅游综合体不仅可以吸引社会投资，更在本质上通过旅游的搬运效应，将城市的消费力带到乡村，从而有效带动周边乡村的就业增加、产业升级、配套完善和区域综合发展，实现地方旅游资源价值的市场化利用，并最终有力地带动区域的新型城镇化。

第二，旅游综合体符合企业对战略转型突破的获利诉求。通过打造旅游综合体参与新型城镇化的开发，不仅能够通过旅游综合体的开发实现土地综合开发价值的最优回报，还受到地方政府的广泛欢迎，获得极大的政策支持，无疑是大型地产企业介入新型城镇化最重要的形式之一。

第三，旅游综合体符合旅游者对于综合度假的吸引诉求。我国进入了休闲时代，游客产生极大的多样化的综合休闲度假需求，这就呼唤更多的旅游综合体项目的开发，也为旅游综合体的开发带来了巨大的市场消费动力。

第四，旅游综合体符合老百姓对于生产生活的发展诉求。旅游综合体的开发，不仅能够带来极强的消费力，从而有效带动区域特色产业的发展，而且由于需要大量的服务人员，能够大幅增加居民在家门口就业的机会。此外，旅游者的综合需求又为当地居民实现旅游创业带来了机会，并会促进当地居民的财富来源从传统的种植经济转向旅游服务经济，实现生产生活结构的转型升级。

综上所述，旅游综合体能够为政府、企业、游客、居民等不同利益主体带来利好，将成为新型城镇化的一种重要模式，在新型城镇化进程中必将大有可为。

二、旅游综合体的开发结构

旅游综合体项目面积一般在300亩到3000亩，超过3000亩的称为旅游综合区域。旅游综合体既是景区，又是旅游商业区，还是旅游酒店区，它由旅游带来的居住形成了住宅居住的第一居所、第二居所，甚至养老居所和养生居所等。旅游综合体可以简单地概括为从单一开发到综合开发，从传统住宅开发向综合产业地产开发的过渡。

（一）旅游综合体的发展架构

旅游综合体的发展架构由五个部分构成，即旅游吸引核、休闲聚集区、居住发展带、社区配套网、产业延伸环，如图4–8所示。

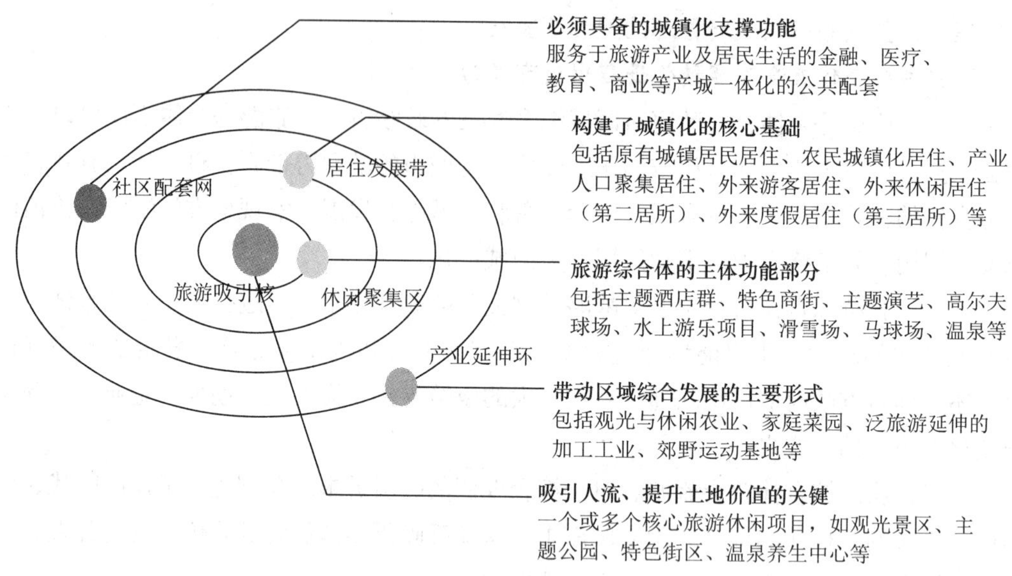

图 4–8　旅游综合体的发展架构

1. 旅游吸引核

旅游吸引核是面向市场需求，创新整合开发核心资源，目的是创造一个或多个独特的核心吸引物，这是创造核心吸引力的基石所在，可以是一个或多个核心旅游休闲项目，如观光景区、主题公园（乐园）、赛马场、赛车场、影视城、特色街区、温泉养生中心、高尔夫球场、特色酒店、主题博物馆等。核心吸引中心的打造是吸引人流、提升土地价值的关键所在，需要对旅游产品有着深入的研究与创新能力才能实现。

2. 休闲聚集区

休闲聚集区是为满足由核心吸引物带来客源各种休闲需求而创造的综合休闲产品体系，实际上是在泛旅游产业构架下各种休闲业态的聚集，主要包括主题酒店群、特色商街、主题演艺、高尔夫球场、水上游乐项目、滑雪场、马球场、温泉 SPA 等。

核心吸引中心把人流吸引进来，形成了最初的消费，但要留住人流并扩大其消费，就需要创造更多的休闲产品激发并满足人流的休闲消费需要，让其成为旅游休闲目的地，即构造休闲聚集中心。这是旅游综合体的主体功能部分。

3. 居住发展带

居住发展带是旅游综合体迈向城镇化结构的重要支撑。旅游各要素的延伸带动泛旅游产业发展形成产业融合与产业聚集，产业聚集形成人员聚集，形成原有城镇居民居住、农民城镇化居住、产业人口聚集居住、外来游客居住、外来休闲居住（第二居所）、外来度假居住（第三居所）六类人口相对集中居住，从而形成了依托产业的城镇人口以及为此建设的居住社区，构建了城镇化的核心基础。

4. 社区配套网

社区配套网是旅游综合体必须具备的城镇化支撑功能。服务于旅游产业的金融、医疗、教育、商业等称为产业配套，而与此结合，服务于六大居住需求的居民，同样需要金融、医疗、教育、商业等公共服务。由此，区域内形成了产城一体化的公共配套网络。

5. 产业延伸环

产业延伸环是旅游综合体带动区域综合发展的主要形式，以吸引核、休闲聚集区、居住社区为主体，同时会在周边区域形成产业延伸的一系列项目，往往环绕中心区，形成辐射或组团分布。这些特色延伸产业包括观光与休闲农业、家庭菜园、泛旅游延伸的加工工业、郊野运动基地等。延伸产业环发展可能性空间很大，业态非常丰富。

（二）旅游综合体的地产架构

旅游综合体的地产架构主要包括三个方面，一是休闲商业地产，包括商铺、商街、商场等；二是度假酒店地产，包括酒店、客栈、公寓等；三是休闲住宅地产，包括第一居所、第二居所、第三居所、养老居所等。这三个方面整合在一起形成综合复合业态的地产模式，这恰恰是旅游综合体间经常出现的、复杂的但满足多样性需求的一种模式。

从土地开发到公共设施建设、休闲项目的经营、房地产产品的运营，形成了土地开发运营、旅游休闲的服务运营、房地产产品销售经营三个层次的整合。这三个层次形成了土地开发的一级利益、旅游休闲的经营现金流的服务盈利和房地产开发的地产产品三种盈利结构的整合，是适合资本市场所需要的持续现金流与快速回报的混搭结构。

三、旅游综合体的开发重点

旅游综合体的分类依据有很多，最常见的是从品质上来说，可以分为一般旅游综合体和国际旅游综合体。绿维文旅认为，旅游综合体的分类，基于核心资源、核心产品或核心功能来划分，在规律性的把握上，更有现实的意义，由此一般形成了“X+旅游综合体”的分类模式（X，指核心资源、核心产品或核心功能）。这些分类在实际的情况中又有交叉，但主要包括十大类别，即温泉旅游综合体、滨海旅游综合体、主题公园综合体、乡村旅游综合体、高尔夫旅游综合体、文化创意旅游综合体、休闲商业旅游综合体、主题酒店旅游综合体、生态休闲旅游综合体、休闲新城旅游综合体。不同类别的综合体，打造模式也必然有所不同。绿维文旅结合实践经验，提炼出一般模式，让开发企业在最短的时间内，抓住旅游综合体的开发要领。

（一）确立综合打造为指向

综合打造的指向，既是旅游综合体的核心特征，也是打造旅游综合体的第一要领，包括四大含义。

第一是土地的综合开发。旅游休闲导向型的土地综合开发，是旅游综合体打造的本质所在，遵循“复合型资源、综合性利用”的思想。

第二是产业的综合发展。旅游综合体，是从单个旅游项目到综合旅游聚集区的转变，包括地产、商业、会展、创意、体育、文化等在内的泛旅游产业的综合发展架构。不同的旅游综合体，产业的侧重将不同。

第三是功能的综合配置。旅游综合体，区别于传统旅游景区的特色之一，就是聚集了多种旅游功能，既要突出某项功能，又能够一站式满足游客全方位的旅游体验需求。

第四是目标的综合打造。一个成功的旅游综合体，完全有可能发展成为城市特色功能区、旅游休闲新地标、城市文化新名片。这是一个综合目标的构架，已经超越了一般旅游区的层面，而对城市、文化同样有着巨大影响。

（二）确立定位突破为先导

在旅游综合体未来的发展中，必然面临激烈的竞争，赢得竞争的关键，在于定位的突破，主要包括两个方面。

第一，区域功能定位。旅游综合体的打造要跳出地块，在区域旅游一体化的结构中，通过发挥自身的优势，明确自身在区域发展格局中的定位，这是旅游综合体融入大区域城镇发展与旅游发展的前提。

第二，开发主题定位。旅游综合体的打造要面向市场需求，以创造差异化的吸引力与感召力为指向，整合自然旅游资源、文化旅游资源和社会旅游资源三大资源，凸显放大比较优势，形成一个独特性的主题（案名），即要找到旅游综合体打造的灵魂，这个灵魂将指导旅游综合体个性文化与特色意境的构建，是非常重要也极具难度的一个环节。

（三）确立功能构架为核心

功能构架的确立是旅游综合体打造的核心所在。旅游综合体在功能构架上，绝不是各种功能简单地堆砌和罗列，而是要充分研究其主要作用、内在关系和互动模式。根据实践的总结，绿维文旅提出，任何一个成功的旅游综合体，在功能构架上都是由核心吸引中心、休闲聚集中心和延伸发展中心三大部分构成的。

（四）确立操作运营为支撑

旅游综合体对于运营的要求极高，也具有相当的难度。在此，绿维文旅立足推进项目操作的角度，从两个方面来谈初步的操作建议。

1. 寻求专业化、落地化的高水平的智力支持

由于开发竞争相对激烈，从前期拿地到实际开发，都需要一个高水平的开发方案。这就要求政府或开发企业十分重视旅游综合体开发方案（包括策划、规划、设计和运营咨询）的编制，在实际操作中，要靠高水平的智力支持来实现。绿维文旅认为，对于相对复杂的旅游综合体来说，高水平的智力支持应当具备以下两项能力。

第一，具备多专业配合的团队构架——透析泛旅游产业的团队大构架，特别是拥有旅游产品、度假酒店、休闲地产、投资运营和土地综合开发的专业人才。

第二，具备全程化咨询的服务能力——要具备从创意策划到落地运营的综合能力，一个成功的旅游综合体开发方案，必须有灵魂、有骨架、有血肉、能成长，而“策划找灵魂、规划搭骨架、设计长血肉、运营促成长”各有不同，因而能够落地的规划设计机构必须是策划、规划、设计、运营咨询一体化的构架。

2. 选择特色化、创新化的高水准运营模式

旅游综合体对旅游综合运营的要求非常高，要体现全局性、长期性、品质性特征，在实际的操作中应该有两种选择：

第一是独立开发，独立运营的模式。目前能够这样做的企业并不多，主要是大型旅游集团或已经转型旅游领域多年的大型地产集团。

第二是统筹开发，合作运营的模式。旅游综合体的开发会形成一个新的运营主体，即旅游综合体运营商，主导地块的规划与开发，并且是一个招商平台、融资平台、营销平台，做一级半开发。运营商开发并独立运营自身比较擅长的项目，综合体内的其他项目可通过战略合作的方式来落实具体运营。

综上所述，一个旅游综合体既要有自己的专业主体运营公司，同时要根据不同的功能部分联合最为专业的合作伙伴，共同来管理运营项目，才能够为目标客群提供周到的综合服务。

专栏6　绿维文旅的旅游综合体开发解决方案

更多详情请扫描二维码

成功的旅游综合体将成为区域产业升级的重要引擎。绿维文旅为开发运营主体编制最具创新性、前瞻性和落地可操作性的旅游综合体开发解决方案。

第五节　旅游小镇——“旅游+”带动的就地城镇化途径

一、旅游小镇的概念解析

（一）旅游小镇的定义

旅游小镇，是指以开发当地具有价值的自然或人文景观为基础，以整体景区化为核心特质，以休闲核心为增长极，以旅游产业综合发展为目的的一种社会化的政府支持与市场化的运作相结合的就地城镇化模式。

旅游小镇是一个有机生命体，也是一个有效运转的生态系统。它是旅游在景区结构下发展的新业态；是新型城镇化下，以产城一体化发展为目的的就地城镇化创新形态。总体而言，它是一个以自身资源为基础发展起来的小型旅游目的地，是一个有效运转的经济系统，是旅游产业聚集区。

旅游小镇不等同于行政建制村镇。从一般规律上看，旅游小镇位于乡镇政府所在地。这是由于镇政府的所在地一般是该地区经济、政治和文化的中心，是区域内资源与资金、人口与文化的聚集区，开发基础相对较好。但依然有很大一部分的旅游小镇本身并不是行政建制村镇，这些小镇可能依托于某项突出的旅游资源（如生态资源、历史文物等），在行政建制村镇的其他区域形成旅游聚集区。

（二）旅游小镇的特征

旅游小镇不同于一般小城镇，具有自身的鲜明特征。

1. 景区特征

旅游小镇本身就是一个文化气息浓郁、环境优美的景区，它是观光旅游的载体。依托其空间布局形成的游线结构，形成X街X景、一街一品的布局，具有非常好的可游乐性。从文化底蕴上讲，旅游小镇是文化旅游的重要载体，城镇风貌及建筑景观体现一定的文化主题；旅游小城镇所拥有的特殊文化，能转化为旅游小城镇独特的形象特征。从旅游的角度讲，旅游小镇的景区，具备食、住、行、游、购、娱、体、疗、学、悟等旅游要素。

2. 休闲产业聚集特征

旅游小镇的主导产业是旅游服务业、休闲产业。围绕主导产业，小镇还将形成酒店服务业、商品零售业、娱乐休闲业、餐饮服务业、会议会展演艺等。以产业为核心，旅游小镇的产业人口构成主要为旅游人口及旅游服务人口，其中，旅游服务人口主要为小镇常住居民。

3. 城镇化特征

从城镇化的角度讲，旅游小镇是围绕休闲旅游，延伸发展出有常住人口、完善的城镇公共服务配套设施的小城镇。它有居民、有产业，形成居住，并在此基础上有安全保障管理体系。

基础设施：旅游小镇的服务设施配套主要围绕游客的食、住、行、游、购、娱展开，有大量的演艺场所（如影剧院、广场等）、餐饮场所、购物场所、休闲会所、养生健身中心等。除此之外，还有为小镇常住居民服务的公共设施，如医院、学校、行政管理办公楼等。

交通设施：旅游小镇承担着旅游集散与夜间休闲功能，其交通规划必须处理好人车分离、停车集散与游线组织的关系。

4. 综合发展特征

旅游小镇概念，突破了传统的建制村镇概念，在规模布局上，围绕几十亩、上百亩或者千亩的景区核心区域，以圈层结构向外延伸形成城镇聚集形态，延伸发展范围可以达到几平方公里或者数十平方公里。它专注于在合宜的尺度内构建旅游吸引物，强调的是以休闲核心为增长极的各个发展阶段。整体规模应当达到一般小城镇的水平，从宜居的城市规模、人口密度来说，总面积不宜超过 25 平方公里，总人口不宜超过 5 万。

旅游小镇围绕休闲业态、客流、餐饮、演艺等多重聚集的休闲集散核，以核心集散广场或是中央公园为核心，形成公共服务圈、居住圈、外围村落等圈层式结构。从经济发展的角度来说，旅游小镇以旅游业为支柱型产业，并以旅游为引擎，通过“食、住、行、游、购、娱、厕、导、智、商、养、学、福、情、奇、文、体、农”等元素的建设，带动小镇餐饮、居住、商业、交通等一系列产业的发展，进而促进小镇经济的综合发展。

旅游小镇在以上基本特征基础上，可分为景区型、休闲型、城镇化型等类型。城镇化型的旅游小镇包括建制镇和非建制镇两种。非建制镇旅游小镇的基础设施、城市设施、政府的管理建设相对滞后；而建制镇则过分强调政府职能与城镇功能。旅游小镇在进行开发建设时，应在政府的支持下，和市场有机结合，并根据小镇类型的不同进行各有侧重的打造，以形成小镇发展的就地城镇化结构。

二、旅游小镇的成长模式和发展架构

（一）旅游小镇成长模式

旅游小镇的开发建设是通过创造创意核心旅游产品，实现核心吸引力的打造，并形成城市吸引核结构。旅游小镇在形成核心吸引力后，将实现旅游服务人口、度假人口、常住人口与旅游休闲消费的规模化聚集，进而实现休闲业态的聚集和泛旅游产业的聚集。在此基础上，形成住宅地产、度假地产、养生养老地产等居住发展结构，城市化基础设施建设，以及学校、金融、医疗等社会公共服务配套，行政管理配套等城市化发展结构（见图 4–9）。

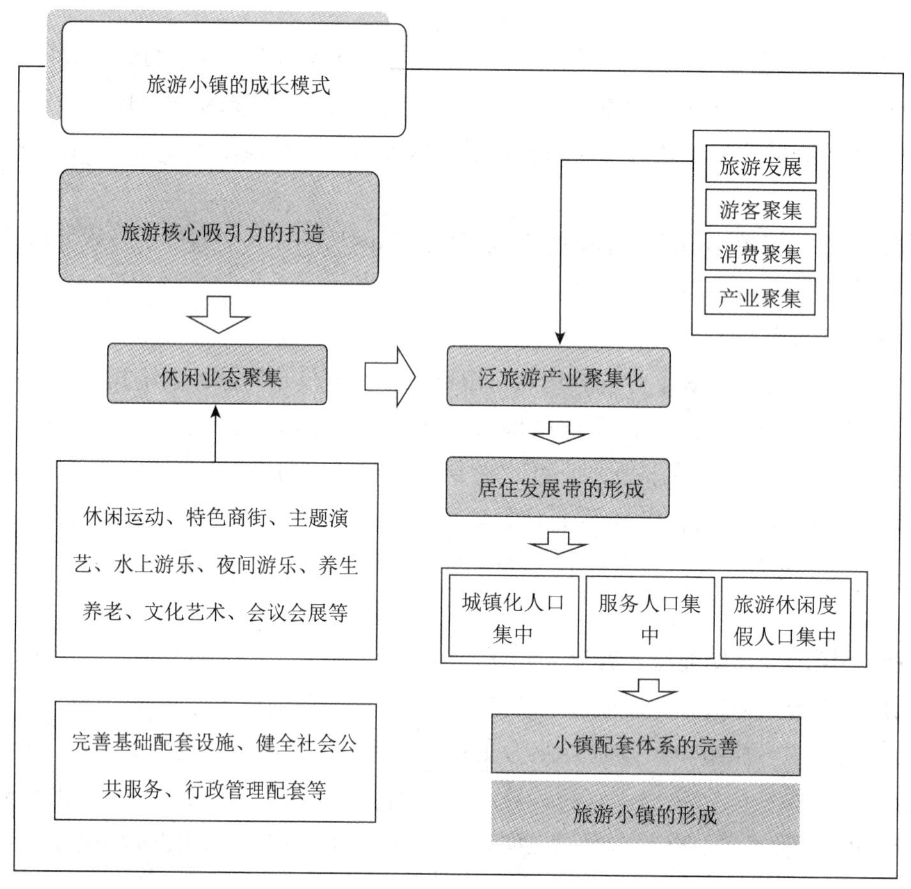

图 4–9　旅游小镇成长模式

（二）旅游小镇发展架构——“吸引核 + 聚集核 + 地产延伸”

旅游小镇是一个景区，有风貌、有特色，还能起到示范作用。旅游小镇也是消费产业聚集区，是由消费聚集形成的产业园区。旅游小镇还是新型城镇化发展区，需要解决人的城镇化。绿维文旅提出了旅游小镇构建的 12 个重要方面，也可依据其成长模式，概括为“吸引核 + 聚集核 + 地产延伸”（见图 4–10）。

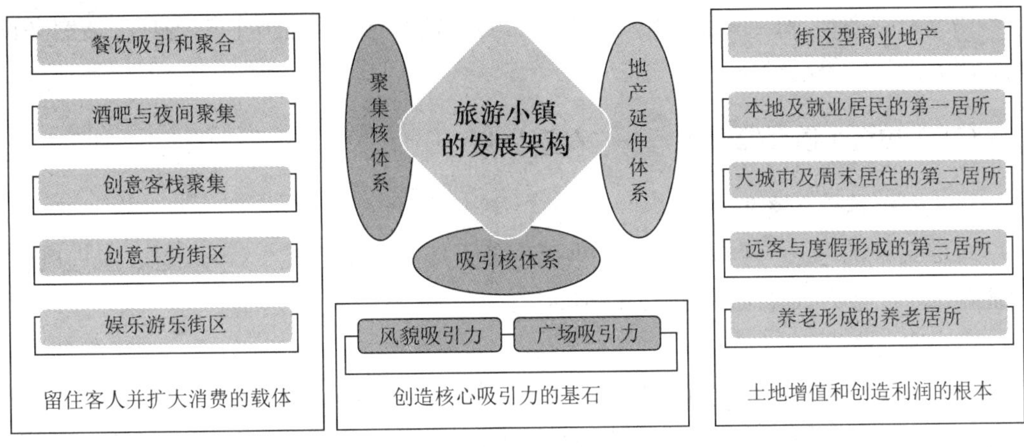

图 4-10　旅游小镇开发架构

1. 吸引核体系

旅游小镇的吸引核体系主要包括风貌吸引力和广场吸引力两个方面。

第一，风貌吸引力。旅游小镇一定要有风情，风情首先要有风貌，再加上人的活动、业态的结构才共同构成具有特色的小镇，所以风貌吸引力是第一要点。

第二，广场吸引力。旅游小镇一定要有文化广场，我们称之为“文化的载体”。文化广场可设置激光水秀、灯火晚会、演艺等吸引人的活动，让游客留下来后，进行夜间休闲。

2. 聚集核体系

聚集核体系包括特色餐饮、夜间消费、创意客栈、创意工坊街区、游乐娱乐街区五大部分。特色餐饮的聚集为人们提供丰富的消费内容，夜间消费项目聚集是延长游客停留时间的关键，创意型、个性化的客栈为游客提供特色的住宿体验，手工业物质文化遗产、非物质文化遗产、手工艺品、创意工坊的聚集可以形成旅游纪念品的消费和区域特色文化的展示，娱乐游乐街区包括演艺、洗浴、养疗等服务业态，可以满足各种消费人群的需求。

3. 地产延伸体系

第一，街区与商业地产。多个主题街区共同构成街区结构，在每一个街区的节点上形成小型广场、博物馆、特色景观，构建出整个城市风貌的支撑性核心结构。

第二，就业与本地居民的第一居所。旅游发展机会推动本地居民的安置工作，进而带来就业人员，形成第一居所。

第三，大城市与周末居住的第二居所。大城市周边的周末休闲需求带来第二居所规模的扩大。

第四，远客与度假形成的第三居所。外来度假人口增多，形成区域内的第三居所数量增加。

第五，养老形成的养老居所。养老居所是特定服务人群居所，对各项生活服务设施、服务人员的要求较高。

（三）旅游小镇开发模式——“六要七步”

1. 旅游小镇六大要素

绿维文旅认为，一个成功的旅游小镇，必须具备六大要素：文化主题、肌理风貌、商业业态、生活方式、旅游功能、性格品位。

（1）文化主题。

一个成功的旅游小镇，首先要根据文化主题，创造属于本地的核心吸引力。文化主题是旅游小镇在市场上的聚焦点，旅游小镇（尤其是新建的旅游小镇）必须具备鲜明的文化主题，以其引导建筑特色、商业特色、旅游文化体验特色。文化主题是小镇个性的组成部分，而人文意境和人文风情构成小镇软环境，直接关系到旅游体验的深度。

（2）肌理风貌。

小镇的肌理结构是指小镇各种建筑、公共空间、道路、水系、景观等单元在空间上呈现出的组织特征和规律。不同的地域、民族和历史文化孕育出各不相同的城镇肌理，肌理结构和建筑风貌是文化的载体。因此，旅游小镇的肌理结构和建筑要有自身的文化特色，必须符合一定的地域和民族文化特点，以此反映文化属性。

（3）商业业态。

商业功能是旅游小镇的基本功能，旅游小镇要在旅游项目基础上，延伸泛旅游产业链，形成商业业态。不同的文化有不同的饮食习惯、不同的物产、工艺和商品，每种文化都有自己的衍生商业内容，透过小镇特色的商业，游客感受到的是文化的内在价值。因此，旅游小镇必须具备多样的商业业态，并有小镇特色商业业态。

（4）生活方式。

旅游小镇是活着的小城镇，旅游小镇的建设以打造全新生活方式为目的，所以必定要有相当规模的常住人口和与相应文化适应的生活方式，具有自身特色的生活方式是旅游小镇开发要素的组成部分。

（5）旅游功能。

旅游小镇根据不同的功能定位，须满足不同的旅游需求，如文化休闲型旅游小镇须具备文化休闲核心产品；集散型旅游小镇须具备食、住、娱等核心功能；度假型旅游小镇须具备度居所、度假配套等设施。

（6）性格品位。

旅游小镇应该有自己独特的性格，如江南小镇的细腻温婉、瑞典小镇的纯净自然等。不同的文化、不同的生活方式孕育出不同的小镇性格、情调及品位。

2. 旅游小镇打造七步曲

绿维文旅认为，旅游小镇是一个活着的生命体，城镇的肌理结构是小镇的骨骼，建筑风貌是小镇的相貌，业态是小镇的血脉，生活和旅游活动是小镇的呼吸，文化是小镇的灵魂。绿维文旅在旅游小镇项目制作及研究的基础上，提出旅游小镇打造的七个基本步骤。

（1）文化挖掘，主题定位。

文化是旅游小镇的灵魂，可以透过肌理结构、建筑风貌、民俗风情、生活习惯、传统工艺、商业业态等表现出来。文化挖掘就是要确定旅游小镇的地域背景、历史背景和文化主题，为小镇的打造寻找文化支撑，确定主题方向，寻找差异化优势和独特性内涵。文化是旅游小镇的核心吸引点所在，因此旅游小镇打造中文化点的选择和主题定位是第一步，也是至关重要的一步。

（2）肌理打造，搭建骨架。

肌理结构是小镇的骨架，结合文化主题的历史和地域特征，打造旅游小镇的肌理结构。例如，街道、商铺、大宅院、祠堂、书院、祠庙、戏楼等构成了古镇最核心的肌理要素；青石板的路面、临水而建的蜿蜒的街道、公共建筑与住宅紧凑有序又疏密结合的布局构成了江南小镇主要的肌理结构；欧洲中世纪的小镇的肌理特征则是以教堂为中心向外进行自然布局。因此，符合文化主题的肌理结构是旅游小镇人文底蕴的重要组成部分。

（3）风貌选择，塑造外观。

小镇的风貌主要通过建筑和景观体现出来，建筑风貌是小镇的外观，是小镇文化要素的重要体现。根据旅游小镇文化主题的不同，小镇的建筑风貌也具有不同的特点。如结合地域文化打造的仿古型旅游小镇，在建筑风貌的选择上往往重点结合本地古民居建筑特点，形成具有明显地域特色的建筑风貌和景观风情。而结合异域文化打造的旅游小镇，在建筑风貌的选择上也要表现出典型的文化印记。

（4）业态设计，输入血脉。

商业业态是旅游小镇的血脉，旅游小镇规划之初就要对小镇的商业业态进行科学合理的设计。小镇的商业业态类型通常有餐饮、住宿、娱乐、文化休闲、纪念品、特产销售、非遗工坊等。业态是旅游小镇文化的重要展现方式，不同地域和民族文化下的餐饮、住宿和特产都有不同的特色，业态设计要体现小镇独有的文化特色。另外，旅游小镇的业态设计要结合旅游小镇的功能定位、文化定位和市场定位来展开，餐饮、住宿、购物、休闲、体验等各种业态在旅游小镇中占的比例应根据小镇的功能来确定。例如，对于以观光和文化休闲为核心功能的旅游小镇，应扩大休闲和文化体验等业态所占的比例；以接待功能为主的旅游小镇，要根据游客接待量来测算餐饮、住宿等业态的配给量。根据市场细分确定各种业态的内部配置，如住宿业态中的客栈、商务酒店、星级酒店、休闲度假酒店如何配置就需要通过对市场进行深入研究后来确定。业态关乎小镇的经济效益，具有小镇文化特色且符合功能定位和市场消费规律的业态设计才能给小镇带来浓郁的商气。

（5）功能规划，注入活力。

观光休闲主导型、集散服务主导型和度假型三种不同类型的小镇在具体功能规划中有所区别，但无论是何种类型的旅游小镇都应具备最基础的接待服务和旅游休闲功能。功能是旅游小镇产品设计的依据，需求导向功能，功能导向产品。

（6）产业整合，良性互动。

旅游小镇是一个以旅游产业和文化产业为主导，集休闲农业、房地产、商贸、会展业等多个产业于一体的复合型系统。产业是支撑小镇发展的动力，在旅游小镇的规划中，需要以文化旅游为主导对小镇进行泛旅游产业的整合，形成文化和旅游主导下的休闲农业、特色物产加工产业、房地产开发、商贸、会展等产业的协调发展架构，在小镇功能规划中融入产业整合思路，以多产业的良性互动推动旅游小镇可持续发展。

（7）城镇配套，景镇合一。

旅游小镇开发，实际上就是以旅游为主导产业的小城镇建设。因此，在旅游小镇的规划中，既要尊重旅游规律，也要遵循城镇规划规范，以小镇的旅游发展来引导城镇化进程，并以城镇建设配合旅游功能，实现产业发展与城镇建设的系统整合。在功能上小镇旅游与镇区生活并重，小镇既是旅游区又是居住生活区，生活与旅游互补发展，景区为镇区居民提供就业，镇区为旅游提供服务，形成旅游休闲与社区生活双重互利共生的“景镇合一”系统。

专栏7　绿维文旅的旅游小镇开发运营思路

更多详情请扫描二维码

绿维文旅对旅游小镇的概念特征进行了深入的研究，并结合自身大量的优秀案例，提炼了旅游小镇的发展模式及打造要点。

相关案例：山东郓州水浒文化旅游小镇、浙江古堰画乡最美乡愁艺术小镇、云南惠民旅游小镇……

第六节　度假区——度假需求导向下的综合开发

一、“五养”度假与消费结构解读

（一）“五养”度假

绿维文旅创新提出了“三避五养度假模式”，“三避”，即避霾、避暑、避寒。“避霾”深呼吸，以换气洗肺为目的；“避寒”与“避暑”深呼吸是为了感受温暖如春和清凉宜人的气候价值。通过度假的方式使“五养”（即养生、养心、养老、养颜、养疗）得到充分的实现。养生度假——通过旅游度假提高生活品质，形成健康生活方式；养心度假——精神文化度假，维护身心健康，提高精神层次；养老度假——度假养老居住，强调养老品质；养颜度假——颜值气质双修，提高旅游者外在颜值内在修养；养疗度假——健康养疗，通过疗养度假产品，帮助病后亚健康人群和病患人群恢复健康。

置身闲适的自然环境，享受品质化的度假服务，这就是度假生活方式最基本的要义。离开住家的养生、养心、养老、养颜、养疗，构成了现代人生活方式的重要板块，其表现形式为度假。

（二）七大度假消费结构

度假时代的来临推动着旅游消费的升级。度假消费形成了以旅游居住为核心，以居住、餐饮、休闲、养生、运动、文化、购物七大消费为主的结构。

1. 度假居住消费

度假居住是度假生活的核心，根据消费水平的不同、年龄层次的不同、家庭出游与跟团出游的不同等情况，分为高档、中档、低档不同价位及档次的类型，以满足不同的市场需求。

对于度假群体来说，酒店已经不仅仅是一个居住的地方，待在酒店里读读书、泡泡温泉、做做运动也是一种度假方式，甚至，有时候酒店会成为一个旅游目的地。因此，人们对酒店的度假氛围、娱乐配套、服务设施的要求越来越高，酒店也越来越走向综合开发。

另外，面对不同的市场群体，面对更加激烈的市场竞争，度假居住的新花样也是层出不穷，人们有了更多的选择。例如，购买产权酒店的部分产权，在获得物业升值的同时，还能每年享受一定时间段的免费使用权，并可实现系统内酒店换住的增值服务；入住酒店式公寓或别墅，既可以满足家庭式的度假生活需求，还可以花较少的钱享受较高的住宿质量；企业也可以以众筹的方式，为自己的公司或员工定制商务会议场所和度假场所。随着农村土地改革的进程加快，木屋、野奢酒店、农场等郊野度假屋的发展也将会有更多的空间和机会。

2. 度假餐饮消费

度假旅游地的餐饮特色及餐饮环境也是游客十分看重的要素，除了地方特色和民族特色之外，还有世界各地的各式大餐、地方主打菜系，消费档次较多，使游客在享受好的环境时能享受到各式美味。具体类型包括高端餐饮、品牌餐饮、休闲餐饮、主题餐饮、特色餐饮、素食餐饮、自助餐饮、创意餐饮等。

如今，餐饮与休闲娱乐结合的方式越来越多，已经成为时尚消费的创新方向。比如，餐饮与演艺秀场结合的演艺秀场餐饮模式；餐饮与休闲活动结合的露天餐厅、烧烤区、生态餐厅等休闲餐饮模式；餐饮与KTV、健身、洗浴等功能结合的餐饮娱乐场模式。无论何种模式，都应满足消费者对地域特色、健康饮食、人本服务、生态休闲等的基本需求。

3. 度假休闲消费

休闲消费在度假消费中占有很重要的地位，是延长游客停留时间、积聚人气、形成商气的基础。休闲消费无论从种类还是档次上看都很广泛，具体设置取决于所面向的度假群体，内容主要包括商务会所、歌舞观赏、手工艺制作、茶吧/咖啡吧、农事体验等。

4. 度假养生消费

随着经济的发展，人们的生活水平提高了，但相对来说工作压力也大了，健康成了人们关注的焦点。养生包括养心和养身两个方面，自然环境、康体设施、服务质量、文化渊源、休闲度假氛围等附加价值也成为人们在度假消费时重点考虑的因素。

5. 度假运动消费

运动作为一种时尚的休闲旅游方式，已经成为一种潮流，形成了度假旅游的新吸引力和收益点。

从运动休闲在旅游开发和运营中的作用出发，我们将其分为支撑类、提升类、营销类、服务类四大类。支撑类，即可独立支撑运动休闲区或旅游区的运动休闲项目，如海滨浴场、滑雪场、跑马场、山野运动基地等。提升类，是指能够大幅度提升旅游区或者旅游区域的运动休闲内容，往往是一系列同类型或互相呼应的项目总和，如各种水上游乐运动对滨水景区的提升、康体娱乐中心对酒店的促进等。营销类，是指通过该类运动休闲，可大幅度提升旅游区和旅游区域的知名度和美誉度，最终吸引庞大客源的运动休闲，如通过自主策划大型赛事和体育节庆活动而提升自身品牌的旅游区。服务类，主要指满足游客和居民运动休闲需要，以服务性为主的运动休闲内容，如目前国内常见的小区健身运动器械区；公园和城市绿地的健身场所和活动组织等。另外，特定的区域，也有特定的运动休闲项目。例如，室内可开展保龄球、台球、壁球等运动；草原可开展赛马、摔跤、滑草等活动；森林可开展探险、穿越、溯溪等活动；沙漠可开展徒步、滑沙、赛车等活动。

6. 度假文化消费

在国家大力发展文化产业的条件下，文化消费被赋予了新的内涵，呈现出主流化、高科技化、大众化、全球化的特征。而娱乐性、享受性、消遣性的精神文化消费一直占据着重要地位。文化消费可分为文化演艺活动类和文化展示类，前者包含电影、剧场演出、音乐会等室内演艺，以及露天电影、户外节庆活动等室外演艺；后者包含展览馆、博物馆、名人故居等场所。

7. 度假购物消费

购物作为“无限”花费，在旅游产品的构成要素中可挖掘的经济效益潜力最大。国务院发布的《关于促进旅游业改革发展的若干意见》中要求，要扩大旅游购物消费，整治规范旅游纪念品市场，鼓励各地推出旅游商品推荐名单，研究完善境外旅客购物离境退税政策，鼓励特色商品购物区建设，提供金融、物流等便利服务，发展购物旅游。因此可见，购物消费经济潜力的发挥，除了健康的市场环境及保障、金融及物流等方面的支持外，还需要在商品的创意、环境的营造、特色及体验的打造上进行创新。

二、度假区——度假需求导向下的区域综合开发模式

（一）度假区的概念解读

度假区，是指依托自然风光、人文景观、景点景区、主题乐园、古城镇、运动基地、博物馆、大型演艺等旅游核心吸引物，以“三避五养”度假需求为导向，围绕度假酒店、公寓、别墅等接待设施，通过1~3小时车程内旅游资源的整合及餐饮、交通、购物、娱乐、养生、旅居等服务设施的完善，形成多元化度假消费结构、满足游客多种旅游要素需求的目的地系统结构。

度假区实际上是以宜居景区为支撑，以生态养生为依托，通过酒店预订、游线设计、交通体系、餐饮购物、咨询服务、游乐需求等软硬件配套，打造增值服务体系，从而为消费者提供一种以养生休闲为目的的度假生活方式。

（二）度假区的开发架构解读

基于旅游综合开发的理念，度假区的开发架构可概括为“1+X+Y+Z”：1——核心度假载体、X——度假配套设施、Y——度假物业地产、Z——度假软性服务。

1. 核心度假载体

度假区一般围绕某一个或一类核心度假载体来构建，依靠其强大的内在聚合效应，迅速带动人气，是形成市场品牌和吸引力的内在关键力量。核心度假载体一般依托于项目地的优势资源或通过资源的整合来打造，常见的主要有高尔夫、温泉、滨海、名山、古镇、原始森林、历史古迹、湖泊、草原、葡萄酒庄、滑雪场等。核心度假载体的打造需要解决三个问题：主题核心吸引力、游憩方式“玩法”、游客需求全面满足（见图4–11）。

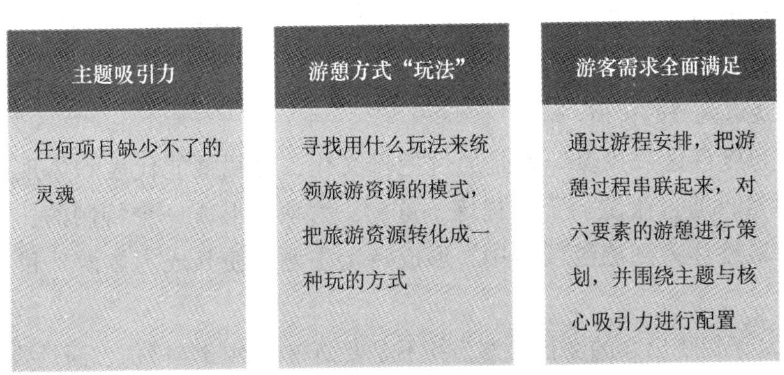

图4–11　核心度假载体解决的三个问题

2. **休闲度假配套**

休闲配套是度假必不可少的内容，是核心度假载体的有效补充，主要满足游客及度假物业业主的多样需求，实现留客及消费扩张。包括：休闲娱乐配套，如度假酒店、特色餐饮、商业街区、文艺演出；生活配套，如超市、商店、健身娱乐等；相关产业延伸配套，如由高尔夫延伸出来的培训学校、商学院等。其打造关键在于多业态体系的形成及夜间旅游产品的强化。

3. **度假物业**

度假物业以度假地产为主要模式，是度假区成功开发和打造的重要部分，是资金链滚动的重要环节，也是实现土地增值和项目可持续发展的有效保障。一般度假区的开发和建设都将度假地产作为各阶段建设的重要内容，与度假核心载体、度假配套设施同步建设。

4. **软性服务**

度假区的核心在于生活方式的营造，因此软性服务至关重要，其突出作用体现在对运营的保障，同时也是度假区品质和知名度提升的关键。借助互联网及大数据，整合聚集周边的旅游、休闲、养生、运动等服务，形成“度假生活 300 公里业主社群”，是度假服务的创新方向。

综上所述，度假区开发的四大层面呈现出一种相辅相成的关系，具有足够吸引力的核心度假载体是度假区发展的基础，也是吸引人流的关键，其他层面均围绕其展开；休闲度假配套为游客及业主提供了多样的休闲娱乐及生活服务，是聚集人气的关键，也是扩大消费的核心；地产物业作为度假综合体的标配产品，是其盈利的主体；软性服务可提升度假的品质，提高游客的重游率。

（三）度假区的开发关键

1. **以文化为魂，塑造特定主题**

任何旅游项目，都是主题文化项目，必须要有独特的主题，形成项目的独特性卖点、垄断性吸引力、一致性内涵、差异化特质。度假区也不例外，文化体系与度假体系是其不可缺少的组成部分，其中文化是“魂”，是总体引领，度假是“血肉”，是主体架构。很多度假项目，功能完整、设施一流，但是由于缺少文化主题，像是一个大拼盘，无法成就跨区域的价值。

因此，为度假区“找魂”就是通过挖掘文化，寻找最能代表和体现旅游项目本质的文化要素，通过旅游的手法提炼、重构，为项目形成一个特制的、不可复制的文化精髓，最终注入到旅游项目中，形成特定主题，使其成为旅游项目独一无二的灵魂。

当然，对于提炼出来的文化要素，并不是要简单地回归与模仿，而是要结合市场需求、现代生活方式、主流价值观等进行再认知、再加工和再创造。植入新认知、新生活方式、新导向，使旧文化焕发新活力，并通过视觉化、体验化、博览化、功能化、创意化等多种手法，进行文化活化，形成能够被游客感知的体验化旅游产品。

2. 以综合化打造为手段，构建多元化产品体系

度假区相较于传统的旅游景区来说，聚集了多种旅游功能，既要突出某项功能，又能一站式满足游客全方位的旅游体验需求。因此，在度假区的构建中，需要基于自身资源及主题，根据不同细分市场的需求，构建多元化的业态及产品体系，打造全体验式度假目的地。

3. 以服务为特色，提高游客的体验感及重游率

旅游度假的消费群体相对来说较为高端，且容易产生黏性，因此细致、周到、人性化的服务是其重要构成部分，也是塑造度假区第二家园形象、文化精神领地及游客体验感、归宿感的重要途径。根据度假区的功能板块，可将其服务分解为四个层面：酒店服务——个性化、私密性、高端化的服务；社区服务——传统社区服务及社群服务；度假服务——“低插手”的周到服务；周边区域——个性化的定制服务。

专栏 8　绿维文旅关于度假区的研究及开发实践

绿维文旅多年来致力于休闲度假产业的研究，已经在城市型旅游度假区、主题型旅游度假区、温泉型旅游度假区、庄园型旅游度假区、滨海滨湖型旅游度假区、山地型旅游度假区、养老型旅游度假区等方面形成大量研究成果与案例成果。

更多详情请扫描二维码

三、RNCV 度假村——创新度假新模式

在快节奏的城市化发展背景下，休闲度假旅游规划设计只有更加强调度假产品生态化、个性化、多元化和差异化，更注重绿色、生态的度假生活方式打造，才能掌握度假时代的话语权。基于此，绿维文旅以“回归自然，缔造放缓生活节奏的理想度假地”为核心理念，创新研发出 RNCV 度假模式，营造“无问东西，纵情丛林山谷、乡野田间”的闲适生活。

（一）绿维文旅 RNCV 概念解析

1. RNCV 规划理念解读

（1）新自然主义理念，塑造度假时代新话语。

RNCV度假村以“新自然主义”理念为核心，将自然资源与逆城镇发展需求深度结合，突出自然、原野、乡土、田园特征，强调回归自然的生活方式，倡导绿色健康、淳朴本真的旅游体验。以新型的旅游经营与管理模式，创新多元的度假业态植入，创造持久的旅游经济生态链，打造具有本地文化特色、引领时代发展的“新自然主义度假村”，构建一种“让心灵回归本真自然、无问东西，纵情丛林山谷、乡野田间”的闲适度假生活新方式。

（2）让“自然”焕发新活力，全方位塑造新自然美学。

自然的环境、建筑、景观、绿色有机的食品、生态化的娱乐活动都是自然、生态的。这种源于自然的元素，输出转化为游客可触碰、可感知、可聆听的自然美学系统，释放“色自然”“味自然”“音自然”“物自然”等的全方位自然的活力。

2. RNCV **概念解析**

R（Return）+ N（Nature）+ C（Country）+ V（Vacation）
回归 + 自然 + 乡村 + 度假

（1）R——Return——回归。

度假场景的“回归感”营造，强化带入感、温度感与情景感。

度假氛围的带入感。强调度假村带来侵入感、沉浸感，诠释一种心灵、身体与自然合一理念，真正地远离城市喧嚣，回到心灵向往的生活。

度假服务的宾至如归。强调度假村提供的标准化、个性化、贴心化的管家服务，让游客享受到家一般的温馨。

从视觉、触觉上让人开始放松，产生舒适怡人、与自然、环境融为一体的心理感受。

（2）N——Nature——自然。

依托自然，超越自然，回归本真的大自然。一方面代表自然的度假环境依托，而非人工雕琢，如田园、乡村、草地、森林、湖泊、海洋；另一方面阐释崇尚自然的生活理念，包括建筑、美食、生活方式、居住空间、家具物语等，呈现相对完整的保存在地的生活形态。

（3）C——Country——乡村。

乡村的，而非城市的。强调私密性，在快节奏的、钢筋水泥筑起的城市生活间，满足人们对田园闲适生活和追忆乡愁情怀的需求。

创新 + 乡村环境、景观 + 乡土文化 + 乡村民俗 = 新乡土主义。依托乡村元素，通过创新多元化的乡村休闲活动，如田园度假项目、民俗演艺活动、农事体验类产品等，串联乡村空间和乡土情感记忆。

（4）V——Vacation——度假。

度假理念的强化。构建一种野奢、原乡、原野、原生态的度假方式，一种回归本真的“真”度假生活。

多样化的度假业态支撑。休闲、娱乐、购物、运动、康体、体验等多元业态的配置，业态层次更丰富，更具传播影响力和更能满足人们的度假需求。

业态调性与品质保持一致。强化精致的、自然不浮夸的、有情怀的、小资的度假品质。

度假设施的生活化。符合总体度假理念，设施用具配套要低调、简约却不失奢华、便捷。

3. RNCV 的市场客群——锁定“亲子 + 银发 + 情侣”三大市场

RNCV 面向全年龄的市场结构，以亲子、银发、情侣市场为核心支撑。亲子市场主要打造针对儿童客群的生态体验、研学教育、益智成长、亲子互动欢乐体验类项目；情侣市场，以爱恋、蜜月为核心导向功能，配置相应的产品设施；银发市场，以老年大学，老年活动中心、健康管理中心等为承载，配套康养度假类项目；同时也面向“80 后”“90 后”、千禧一代的市场，呈现主题 Party、时尚活动、娱乐节庆等项目内容。

（二）绿维文旅 RNCV4314 模型

1. 选址四大标准

区位——近郊，周边有大城市依托，或相对成熟的旅游景区依托，有市场基础保障。选址以一二线城市的郊区、乡村为主，邻近城市的人口密度及人均经济产值相对较高，周边辐射的城市数量及城镇人口多；或近邻较为成熟、有一定知名度和稳定市场客群的景区、公园等，便于宣传推广并具备一定的市场依附能力。

交通——交通便利。距离一线城市车程小于 3 小时，距离重要交通枢纽（高铁站、机场）车程小于 30 分钟；交通便利，多种交通方式能有效衔接，满足大城市客群周末及小长假出行的交通需求。

环境——环境优美，具备观赏价值和游憩价值。秀丽的景色、淳朴的民风、幽静的环境、清新的空气等。

用地——配套大尺度的生态协调区 + 较小的开发难度。周边有较大尺度的自然生态肌理与环境，环境便于安静和私密性度假氛围营造。原则上，作为度假开发使用的总建设用地规模不小于 500 亩，作为配套生态协调区所依托的自然环境，如田园乡村、森林草原等占地面积不少于 400 亩，整体能形成综合度假开发的架构。这种度假开发模式难度相对较小，在场地难度、村民配合度、基础设施配套、环境安全无污染及隐患等方面有较大优势。

2. 布局三大功能空间

RNCV 度假村由中心设施区、度假配套区和生态协调区三大功能分区组成。

中心设施区：作为度假村的核心区域，是综合发展的娱乐中心、度假休闲生活的核心依托，配套亲子、老人等全年龄段的功能性业态，包揽亲子娱乐、文化体验、康体养生等消费结构和特色业态的休闲聚集中心。

度假配套区：以住宿功能为核心承载，配套多种居住方式为特色，建筑理念以新自然主义为核心，建筑形式多以院落、小户型度假公寓、综合性度假酒店、产权酒店、主题客栈、创意性建筑等形式呈现。

生态协调区：为支撑回归自然的度假理念，打造逆城市化的度假氛围，构建与自然相协调的度假环境，满足生活在城市中的人们远离喧嚣、回归自然的心理需求，度假区周边要有大规模生态环境为依托，使度假村成为相对私密的天然释压休闲场所，同时承担度假游客生态运动、康体健身、自然休闲的功能。

3. 创新一套度假产品模型

（1）产品设计原则。包括：恰当精准的主题选择；极致化的度假场景构建；丰富多元的业态及活动贯彻；互动参与性的强化。

（2）1+X+Y 的产品模型。1 指回归自然的度假生活方式，以度假基地为承载；X 为多元、丰富的业态类型、具备吸引力的产品和度假软性服务，涵盖餐饮、娱乐、健康、运动、游乐、科普等，可以延展成为森林乐园、田园体验空间、水游乐中心、林间驿站、微型主题园、工坊商业街等。实际上，X 是多元业态和产品，以观光、休闲、度假等形式呈现，共同勾勒出的度假场景；Y 为跨界资源整合，扩展成为新的、多层次的产品内容，如演艺活动、会议论坛、文创产品等，拉升品牌的高效附加值。整体上，围绕度假生活品牌形成“1+X+Y”完整且独特的度假体验产品体系。

4. 遵循四化理念

（1）建筑自然化——营造生态休闲氛围。

围绕低碳环保、亲近自然、回归乡土的设计理念，将度假村的建筑打造成为本土建筑、新乡土建筑、新自然建筑的典范。借鉴本土原乡的建筑形态，采用近乎原生态的建筑材料，最大限度地就地取材，如石材、木料、稻草等，同时融合新的设计元素、在地文化符号的建筑再生转化，呈现传统在地建筑肌理与新元素融合的建筑设计表达，自然与现代、原生与创意结合，时尚现代而不失乡土气韵，传统而不失雅致，造型简约而不失设计感。建筑与自然环境有机融为一体，顺应地形地势，与山水相依，与田园相伴，建筑与自然环境互为景观。

（2）生活乡土化——重构原乡生活情境。

乡野自然景观基调之上，融合传统农耕文化与现代休闲体验，传承与保护当地民俗风情、文化遗产、生活风俗等软环境，重构最原乡的生活情境，打造本真的新乡土主义度假村。

（3）度假设施原野化——引领轻奢度假生活。

打破传统度假酒店因住而住的格局，以回归生活的本质为核心，住宅环境以“乡味”为基底，建筑形式讲求文化性、乡土性，与周围环境融为一体，不突兀、不张扬。外旧内新、外朴质内奢华的反差组合，既兼顾度假的品质与舒适，又营造出独特的度假体验。让游客体验到一种远离尘世喧嚣，不着痕迹的奢华。打造四大高端主题性度假住宅：舒适型、优质型、VIP 尊享型、森林主题木屋型。

舒适度假型住宅主要面向亲子客群，以“亲近自然，回忆童年”为主题设计，再现放松身心的童趣生活，唤醒纯真的内心世界。

优质度假型主要面向情侣、朋友团体客群，作为以“远离尘嚣，舒缓生活”为主题的深度体验度假住宅，营造出一种返璞归真的意境。

VIP 尊享型主要面向银发客群，以“荣耀人生，心灵领地”为设计理念，尊贵典雅的建筑风格、非凡身份的圈层体验，为事业成功人士打造一个心灵家园。

森林主题木屋主要面向千禧一代、“80 后”“90 后”客群，以“自然回归、原乡意境”的主题，让游客在自然秘境中探寻生活的意义。

（4）娱乐生态化——打造自然互动体验。

借势项目地的自然环境与资源本底，打造以户外活动类为主的生态体验类项目，重点打造山地运动、滨水休闲娱乐和田园体验类项目。山地运动类项目主要分为绿色心脏（登山训练）、山地骑行、越野旅行、户外探险、森林生物探索；滨水休闲娱乐类项目主要依托度假村滨水资源，打造水上运动、滨水休闲娱乐等产品，如沙滩排球、沙滩足球、游船、水上运动俱乐部等。田园体验类项目主要以农事体验活动、田园骑行、田园观光等产品为主。多维度项目体系为游客提供一个生态的欢乐世界，去释放运动激情、探索自然的奥妙、追寻乡愁的记忆。

（三）绿维文旅 RNCV 商业模式

1. 商业模式

绿维文旅在前期开发阶段主要协助开发商获得土地、寻找比选投资人、整体项目的策划建造及品牌 IP 导入。在项目销售阶段配合业主品牌代理和销售管理，在运营阶段主要以业主委托的形式对度假村进行经营管理。

2. 投资周期

RNCV 度假村整体投资为 6 亿 ~12 亿元，开发周期为 3~5 年，主要收益为住宅租售与旅游体验型项目收费，预计 3~4 年收回成本，并随着开发的增强、旅游知名度的提升，每年以 10%~15% 的利润递增。

3. 经营模式

RNCV 度假村致力打造创新型旅游度假引领者，整体经营理念突破传统旅游开发投资大、周期长、见效慢的困局，从长短结合的视角，以租赁度假生活方式为核心理念，将度假公寓或酒店租赁给个人或机构投资者，以其“售后回租”的商业模式进行经营。整体形成“1+N”的经营收益结构，“1”为度假收益，“N”为旅游体验收益、度假公寓租赁收益、商业运营收益、特色交通收益、文创产品收益等。

绿维文旅的 RNCV 度假模式概念新颖、模式成熟、商业空间极大，不但可以快速植入，同时有着稳定的客源市场支撑，其新锐前潮的度假理念和创新的开发模式，必将引领未来的度假方向，成为度假时代的新星。

四、旅商文体康养综合发展的度假区——重庆白马山度假区

目前已进入落地建设阶段的白马山旅游度假区规划，是一个旅商文体康养综合发展的典型案例。白马山位于重庆的中国旅游先进县——武隆县，政府将这个项目作为“十三五”核心战略落实项目。白马山不仅是建设国际知名旅游胜地的重要载体和抓手，也是建设生态文明示范区县的需要，是推进脱贫攻坚和全面建成小康社会的重大举措。由此政府对绿维文旅提出了高要求：要把白马山打造成一个5A级景区和国家级旅游度假区，让其产生年百万人口的吸引力。

项目组通过充分挖掘白马山乃至武隆地区的历史文化资源，梳理出世界茶源文化、白马仙女情侣山的爱情文化两个核心灵魂，以高山茶园为资源基础，依托白马山与仙女山的比附营销关系，形成以爱情文化、茶文化、四季度假养生养老文化为特色，以“天下情侣山 · 武隆飞天吻”为主题形象，以“仙眷茶园 · 爱情圣地”为定位，以生态观光、文化体验、养生度假为主要功能的，集5A级景区核心部分和高山旅游度假区于一体的综合性项目。

天尺坪片区核心区域是白马山旅游度假区先导开发运营区域，承担整个景区核心旅游业态、核心吸引物、景区启动引爆点等重要功能。作为整个白马山旅游度假区的先导项目，围绕“天下情侣山”的主题，绿维文旅严格遵循白马山规划的空间布局、功能规划、各项指标控制、指导性思路等，进行重点片区的细化规划与设计，重点打造爱情天街、飞天之吻、白马仙街、爱情魔方、飞天小镇、茶道小镇、精品茶庄酒店、8D影院、白马茶园等创意项目和吸引核，助力天尺坪乃至白马山成为国家级旅游度假区、国家5A级景区及世界著名爱情主题胜地。

其中最重要的项目是“飞天之吻”，通过灯光、烟雾的效果打造浪漫的场景，将象征白马与仙女的两个飞行岛做成演义故事，飞行岛从地面上升到55米的空中旋转一圈后接吻，让游客欣赏两个雕塑的爱情表演，如图4–12所示。

图4–12 “飞天之吻”效果图

第七节 城市旅游化——城市旅游的提升路径

旅游在推动城市建设的机理与价值取向上，拥有明显的动力性和未来性，即旅游能够引导消费、形成聚集、改善环境、提高幸福值，具有新型城镇化优选推进产业的典型特征。对于大中型城市，如何通过旅游推进城市建设，本节提出“城市旅游化”的概念，并形成了三层体系、五种提升路径，以期通过有效运用泛旅游产业整合的发展手段，以“城市旅游化”方式，高效推进新型城镇化建设。

一、旅游与城市化

城市化是当今各国社会发展的主要趋势，其规模和程度关系到该国综合经济实力的大小。随着社会经济的发展，城市在不同的发展阶段具有不同的作用和地位，城市化的动力源和模式也随之改变。近代城市化始于工业革命，工业化带动了城市化的兴起和发展，而随着工业现代化的发展及世界经济体制的国际化，城市第三产业的发展和现代社会与工业化的关系日益密切。

作为第三产业的重要组成部分，旅游业的发展已成为促进我国城市化发展的重要力量。随着信息时代、休闲时代的来临，顺应时代要求的旅游作为一种综合的经济现象，其发展与多种产业尤其是第三产业密切相关，旅游对城市经济、社会发展具有显著的推动作用已成为共识，旅游作为城市化的一种动力已显示出其巨大的作用。

二、城市旅游化对城市发展的推进作用

城市旅游化，是以旅游为引导，通过泛旅游产业整合推进城市产业聚集、经济协调，促进城市服务向旅游、商务及居民生活服务完善，从而促进城市风貌、文化经济和生活品质的优化。

（一）旅游推动城市生态文明建设

原生态自然与文化资源，是旅游的基本要素；景观、绿化体系的搭建，是旅游的重要内容。通过对生态的保护与开发，把城镇发展与资源合理利用、环境保护有机协调起来，积极倡导和发展低碳旅游、生态旅游，探索绿色系统方式，按照建设资源节约型、环境友好型社会的要求，全面贯彻生态文明理念，促进城市生态的内涵发展。

（二）旅游塑造城市文化品牌

旅游具有充分挖掘历史文化、创新现代文化、弘扬先进文化、展现时代特色、突出

城市性格的特征，其对文化的强调与极强的表现形式，可以促进城市国际化与传统民居、生活习俗等原真城市特色的融合，甚至可以以旅游特色重新定位城市形象，通过旅游营销与推介，提升城市知名度。

（三）旅游带动城市品质提升

旅游引导下的城市建设，应以人为本，在城市基本功能需要的基础上，注入旅游元素，带动城市的基础设施建设，促进服务环境、人文环境的规范和打造，提高城市软硬件系统升级。

（四）旅游导入城乡融合结构

近郊旅游、乡村旅游、休闲农业旅游的创新性发展，着力解决城乡建设与资源环境的突出矛盾，促进农产品种植的多样化、加工的产业化和精细化，吸纳劳动力，实现就地城镇化，可以较好地导入城乡融合发展结构，以实现城乡建设方式的根本转变为目标，实现集约发展。

（五）旅游促进区域经济协调发展

旅游产业的发展，对于田园城市、花园城市、森林城市、卫生城市的创建，都可以起到巨大的促进作用，使很多以保障城市生活需求功能为主的城市，转变为领略田园、森林风光，兼顾生态、娱乐、文化等多种综合功能的旅游城市，实现了城市的经济转型和功能的多元化。

以旅游产业与优势产业为核心，以其他产业为关联延伸，以城市配套要素为支撑，形成泛旅游产业聚集结构，发挥泛旅游与传统产业的关联和改造提升作用，大力发展战略性新兴产业，以旅游化推动需求结构的改善，保持经济平稳较快发展，促进区域经济协调发展。

三、城市旅游化提升的“三层体系”

（一）城市整体风貌体系

系统分析气候环境、城市肌理尺度、特色产业、历史文化，进行城市精神塑造与城市行为引导、城市景观识别系统的搭建，并通过大山水格局、色彩、建筑、交通、绿地、水系、标识等方面，进行风貌控制。

例如，绿维文旅在《普洱市主城区城市特色及风貌建设指引》中，确定“满眼都是绿色的风”的休闲城市风貌定位，构建风貌控制系统原则，诠释宜居、宜游的“妙曼普洱”风貌特征。

（二）形象品牌体系

以旅游及旅游相关产业为基础，通过特色旅游产品及旅游服务提升城市文化氛围，树立城市形象，带动城市环境优化，树立城市环境形象，提升产业品牌及城市品牌价值。

城市形象品牌的塑造表现出多重模式。第一种模式，依托城市特色旅游资源，如在旅游资源基础上发展起来的温泉之都、滑雪之都、高尔夫之都、博物馆之城等。第二种模式，依托城市优势产业，如绿维文旅参与规划的普洱“中国茶都”、仁怀“中国酒都”等。第三种模式，依托城市重大活动及会议会展形成城市品牌，如海南博鳌“亚洲论坛”、大连“足球之城”等。

（三）功能布局体系

将旅游功能融入城市功能区划中，旧城改造与老城保护、新城开发相结合，引导城市向新区发展，以宜居、宜游为出发点，结合城市功能组团的建设，注重景观效果和休闲化、旅游化特征，结合道路交通建设，打造生态廊道、景观廊道。

四、城市旅游化的提升路径

（一）文化塑魂，多元维度展示城市特色

本土文化与旅游要素设施充分融合，通过对文脉、地脉的深入挖掘、解读和包装，结合旅游十八大要素的业态化创新和地标性景观、建筑的设计，使旅游景点、旅游线路、旅游商品等处处体现城市文化特色，构建城市旅游的鲜明品牌，多元维度展示城市的特色形象。

（二）打造爆点旅游吸引，撬动大众旅游市场

结合自主旅游时代的新兴市场需求，打造主题鲜明、互动形式丰富、体验内容多样的爆点旅游项目，是撬动大众旅游市场，形成稳定客群和消费吸引的重要条件，要运用“四季全时”的开发运营理念，通过文化植入、科技创新、景观创意化设计等方式，打造城市旅游的核心吸引物。

（三）资源梳理整合，重构城市旅游空间

在自主旅游时代，城市旅游的旅游资源已经不再局限于传统意义上的自然景观或人文景点，随着旅游内容多元化、旅游体验深度化的需求不断提升，旅游要素的内涵不断延伸，餐饮、街巷、商业中心等城市休闲资源也能够成为游客驻足的新吸引点。因此，在城市旅游开发的过程中，要以旅游资源的重新分类梳理为基础，通过主题设计、形象定位和功能分区布局，重构城市旅游空间。城市旅游空间通过重构可以分为旅游景区、

品牌街巷、产业园区、度假区、商业综合体、城市公园、特色体验区、美丽乡村、自驾营地与风景道等旅游空间集群或环城游憩带。旅游空间结合旅游要素的业态化创新形成休闲旅游闭环，延伸城市区域的文化、休闲、娱乐、商务等旅游功能，从而营造城市旅游化的整体氛围，使城市成为满足多样化市场需求的高品质旅游空间。

（四）旅游发展社区化，形成主客共享格局

在城市旅游化开发的过程中，由于城市区域内的休闲设施资源承担起了游客接待和服务的功能，难免形成旅游发展与居民生活之间的矛盾。因此，如何协调好旅游空间与城市休闲空间之间的关系，是城市旅游发展过程中的重要课题。在城市旅游的发展过程中，开发运营者要注意运用“旅游即城市，城市即旅游”的规划理念，遵循主客共享的原则，综合统筹城市居民与游客的休闲需求，通过旅游发展逐步带动社区更新，增建社区服务中心、休闲广场等公共服务设施，并提高公共空间的利用程度，加强绿色空间的亲和性、开放性和可达性，在疏导居民、保障居住安全与舒适性的同时，提升城市旅游设施的品质，兼顾旅游与民生的双重需求，突出旅游发展的人本主义理念。

（五）优化配套设施及服务，构筑高品质旅游城市

完善设施，优化服务，通过内外交通、生态绿地、特色建筑、生态厕所等城市基础设施和度假酒店、游客服务中心等服务设施的配套建设，以及社区服务、旅游服务的精准化、智慧化、人性化提升，将城市打造成为高品质、精致化的旅游目的地。

专栏 9　以旅游产业为主导的城市规划

更多详情请扫描二维码

绿维文旅把握文化产业、智慧城市、生态低碳新趋势，为政府及区域开发商提供旅游城市规划、城市休闲功能区规划、城市景观的设计、休闲产业运营策划、招商推广计划等服务。

相关案例：张家口市旅游发展规划、普洱市旅游发展规划、石家庄井陉矿区旅游发展规划、常州西太湖城市新区总体规划及产业规划……

第八节　乡村旅游与休闲农业的发展模式

一、乡村旅游的内涵与类型

乡村旅游的形式早已有之，但真正对乡村旅游的概念、特征、类型等内容的思考和研究直到20世纪中期以后才渐成风气。第二次世界大战后，随着和平时代的到

来，各国经济的复苏，乡村旅游开始在各国盛行开来，乡村旅游对地方经济、社会、文化的推动作用也逐渐显现出来。这加快了各国政府与学术机构对乡村旅游的实践与研究。

（一）乡村旅游的内涵

1. 乡村旅游概念的界定

乡村旅游与乡村发展、农民增收、农业现代化发展、旅游市场趋势等各方面都有着千丝万缕的联系。因此，各国学者对乡村旅游的界定存在多视角、多维度的特征，目前国内外学术界对乡村旅游并没有完全统一的定义。具体而言，对乡村旅游的定义角度主要有两个：一是“三农”角度；二是旅游角度。通过对比分析，绿维文旅认为，乡村旅游本质上是一种以旅游产业为核心的经济活动，其对乡村社会的推动与当地居民收入的提升，都是基于旅游活动的副产品，只有厘清乡村旅游的“旅游”本质，才能实现乡村旅游的发展带动作用。因此，乡村旅游是指以乡风观光、乡野休闲、乡俗体验、乡居度假为目的，以农业生产、农村风貌、农民生活为基本载体的旅游活动。

2. 乡村旅游的特征

区别于城市旅游，乡村旅游有其独特的内涵特征。“位于乡村地区”与“以乡村性为旅游核心吸引物”是乡村旅游发展的两个必要条件。

（1）位于乡村地区。

乡村旅游具有在地性特征，仅发生在乡村地区。一般而言，城镇之外的区域都可以称为乡村。从旅游角度而言，乡村主要指具有优良的生态环境、农田景观、农舍等地方特色建筑、地方特色小吃、传统生活习俗的区域。乡村旅游产品具有不可转移性。观光、休闲、度假、文化体验等旅游活动与乡村结合孵化出具有区域独特性乡村旅游产品，这些产品具有唯乡村型，它们一旦脱离乡村地区，其独特的旅游吸引力往往会消失。因此，位于乡村区域是乡村旅游得以发生的必要条件。

（2）以乡村性为旅游核心吸引物。

乡村性是乡村区别于城市的本质特征，也是乡村旅游吸引城市居民的核心。具体而言，乡村性主要有以下三方面的内容：一是乡村规模一般较小，建筑物、街道、公共设施等一般都是小尺度的，其从空间上为旅游者营造的是一种“乡里乡亲”的氛围；二是旅游吸引物的乡土性，乡村的生态环境、田园风光、社会人文环境，以及独特的区域特色文化、节庆活动、生活方式、特色餐饮等都对城市居民构成了有别于他处的魅力，这种乡土的唯一性成了乡村旅游的核心吸引力；三是乡村社会结构具有传统特征，乡村传统社会是熟人社会，由熟人社会建立起来的家庭、家族、邻里关系，以及孕育出的乡民所构成的乡土社会文化体系，成了乡村文化游、精神游的基础。

（二）乡村旅游的类型

乡村旅游涉及乡村与旅游多维度的内容，其活动具有多侧面、多进程、多形式等特征。绿维文旅从旅游本质出发，从旅游目的、旅游经营内容等方面对乡村旅游进行划分，以尽可能展示乡村旅游多方面的形态。

1. 从旅游目的地角度划分

一般来看，旅游者到乡村旅游主要有观赏田园风光、休闲度假、体验乡村生活、学习乡村知识、购买乡村土特产品等目的。以此为依据，可将乡村旅游划分为七大类型。

（1）观光型乡村旅游。

观光型乡村旅游以良田、特色蔬菜、花卉苗木、乡村农舍、溪流河岸、园艺场地、绿化地带、产业化农业园区、特种养殖业基地等自然、人文景观为观光活动的主要内容，其主要目的是满足游客回归自然，感受大自然的原始美、天然美，在山清水秀的自然风光和多彩多姿的民族风情中放松自己，从而获得一种心灵上的愉悦感。

（2）休闲型乡村旅游。

休闲型乡村旅游以乡村风景为背景，以宁静、松散的乡村氛围为依托，提供棋牌、歌舞、观光采风等休闲娱乐活动服务。值得注意的是，在乡村文化休闲渐成趋势的背景下，将乡村居民的生产、生活场景、器皿工具、房屋建筑、屋内陈设、饮食、服饰、礼仪、节庆活动、婚恋习俗及民族歌舞和语言等方面的传统特色纳入乡村休闲范畴，已经越来越受到旅游者的青睐。

（3）度假型乡村旅游。

度假型乡村旅游依托乡村蓝色的天空、清新的空气，给游客创设乘着习习凉风，呼吸着清新的空气，听着泉水韵律，望着流星明月，感受“天人合一”的审美境界。度假型乡村旅游通常会同时提供乡间散步、爬山、滑雪、骑马、划船、漂流等集观光、休闲、娱乐、康体、养老等为一体的多种配套产品，以丰富乡村度假内容，形成旅游度假目的地。

（4）体验型（参与型）乡村旅游。

体验型（参与型）乡村旅游主要将旅游与当地的民俗文化、农业生产和农副产品相结合，旅游者通过参与民俗活动、种花栽树、挖地种菜、采摘瓜果蔬菜、捕鱼捞虾、放养动物、石臼舂米、木机织布、手工刺绣、制作简单农具及陶制品等活动，体验乡村生活的质朴淡雅，收获耕种的喜悦。这种“房归你住，田归你种，牛归你放，鱼归你养，帮你山野安个家”的整体体验方式，不仅为旅游者提供了花卉食品、花粉食品、野生植物食品、水果食品、特色风味小吃、珍稀禽畜水产佳肴等丰富的土特产品，还以角色置换的方式让旅游者切实体验了乡村的生活方式与文化特质。

（5）求知型乡村旅游。

求知型乡村旅游主要以城市居民，特别是少年儿童为对象，向他们普及农业、农科知识，提供了解乡村民风民俗的窗口。求知型乡村旅游面对的另一类旅游者是农业兴趣人群。这一群体以考察研究先进农业、特色农业或农业文化、学习农业技艺为主，他们通过农村研学、参观考察、教育培训等多种形式，开展农业文化考察、特色农业考察、农业技术培训、花木栽培装饰培训、工艺品制作培训、农业知识学习等研修型乡村旅游活动，使乡村农业的教育功能充分发挥。

（6）购物型乡村旅游。

购物型乡村旅游主要依托乡村独特的乡土资源，如洁净新鲜的特色蔬菜瓜果、稀有的珍稀禽畜和名贵水产、美丽花卉、风味独特的土特产、古朴雅致的农民书画等，将其包装加工成有机绿色食品、别致的盆景、工艺精湛的手工艺品、设计独特的旅游纪念品等丰富的旅游购物商品，并以特色商品为核心吸引物，开展特色旅游活动，以提高农民收入，带动区域发展。

（7）综合型乡村旅游。

综合型乡村旅游是集观光、休闲、度假、体验、求知、购物等旅游活动为一体，提供多种类、综合型的旅游产品。实际上，几乎所有的乡村旅游具有综合型特征，以满足旅游者多样化的旅游需求。

2. 从区位角度划分

乡村旅游多开展在能够或者有潜力吸引游客的地区，通过产品差异化打造，与大都市或著名景区等形成互补性联动。其类型主要有都市郊区型、景区边缘型两类。

（1）都市郊区型。

都市郊区型乡村旅游是目前我国比较普遍、比较成熟、市场潜力较大、效益较好的一种类型，其主要依托于郊区良好的自然生态环境和独特的人文环境、地缘区位优势和便利的交通条件而发展起来。都市郊区型乡村旅游的目标市场主要是城市居民，主要为他们提供观光、休闲、游憩的“后花园”。在带薪休假、汽车普及等政策、经济利好形势下，目前北京、上海、广州等大城市郊区的乡村短期度假正在快速发展。

（2）景区边缘型。

景区边缘型乡村旅游主要依托各地著名的风景名胜旅游区联动发展。这种景区周边的乡村旅游是风景区观光旅游的伴生物，是旅游者对自然风景观光之余，对周围村庄和田园风光、民俗文化、农家生活的观光游赏。如云南大理、丽江风景旅游区和西双版纳旅游区周围的乡村旅游就属此类。

二、乡村旅游的“12345”规划方法

乡村旅游涉及乡村社会、经济、文化、生态等各层面结构的重塑。乡村旅游规划绝不仅仅是旅游设施、旅游业态、旅游产品等旅游要素的安排，还涉及乡村产业、空间结构、风情风貌等各方面的统筹。绿维文旅依托十余年的乡村旅游规划经验，在厘清乡村

旅游内涵基础上，针对乡村旅游存在的主要问题，从规划理念、规划手法等方面对乡村旅游规划进行了深入的研究与探讨。

（一）乡村旅游规划的基本思路

乡村旅游规划既有区域性宏观规划的指导作用，又有策划设计微观落地的实际意义，特别是对生活环境与旅游环境的提升、村落风貌设计改造、交通道路的合理设计、民俗旅游的落实与运营、传统农业为基础的产业融合规划、特色农业产业园的打造等方面都有很强的指导意义。它具备大生态、大农业、泛旅游的综合意义。因此，乡村旅游应在多规合一理念的指导下，对城乡总体发展布局、乡村的产业、土地利用、乡村景观等进行统一的规划，使乡村旅游纳入区域发展的大格局。此外，在具体规划过程中，应注意导入产业资源、旅游IP、运营管理机构、开发建设投融资机构等资源，以顺畅对接旅游规划与落地实施。

在具体思路方面，乡村旅游规划应遵循“六最”理念，如图4–13所示。

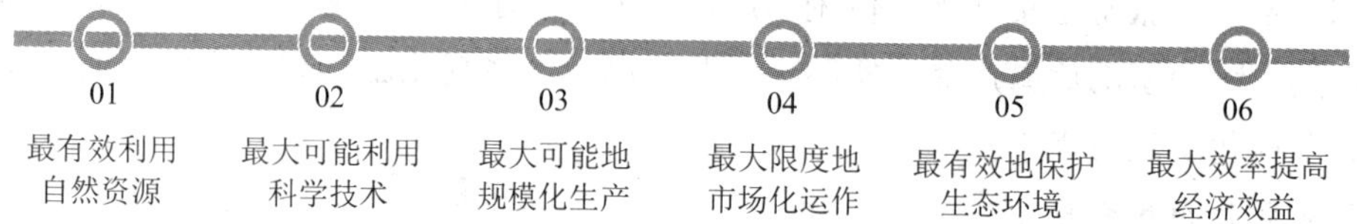

图4–13 乡村旅游规划“六最”基本思路

（二）乡村旅游规划的手法

基于多个乡村旅游规划案例的总结，绿维文旅形成了明确一个定位、突破两个难题、解决三个问题、统筹四个维度、协调五大主体的“12345”乡村旅游规划方法，如图4–14所示。

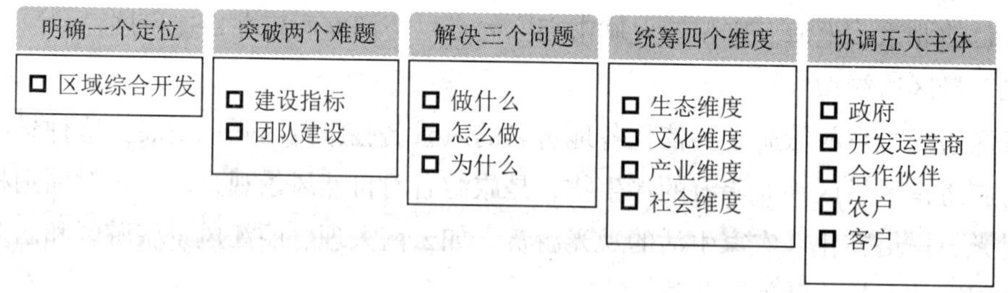

图4–14 乡村旅游规划方法体系

1. 明确一个定位

乡村旅游规划前期，需要明确什么是乡村旅游规划、建设运营主体的责任、规划项目的目的。绿维文旅认为，乡村旅游项目的本质在于乡村区域以旅游为引导的综合产业的开发运营，这个定位包括以下六个关键点。

（1）乡村区域：项目位于乡村某片区域范围，占地数十亩、数百亩、数千亩乃至上万亩。（2）以旅游为引导：结合项目地的核心差异化特点，利用旅游的引擎功能，快速形成项目的引爆点。通过旅游的搬运属性，吸引城市居民到乡村旅游、休闲、度假，返城时带回当地生产的安全健康农产品。（3）综合产业：乡村旅游不是简单的农业和简单的旅游，而是以生态、农业、旅游、文化、养生、美丽乡村建设为引导的多种综合产业的有机聚集融合。（4）建设：项目涉及一、二级开发建设联动。（5）运营：项目涉及一二三产业运营互动。（6）商业：项目的本质是打造一组差异化的商品体系、创新一种复合型的商业模式。

2. 突破两个难题

乡村旅游规划初期，需要突破两个难题，即对项目地进行破题和配备人才智库。首先需要对项目地量体裁衣，明确项目地的建设指标，即项目地的开发运营主体“想做什么”，结合实际分析“能做什么”。其次要结合项目地的实况来组织相关行业的专家组建团队，形成规划的智力支撑（见图 4–15）。

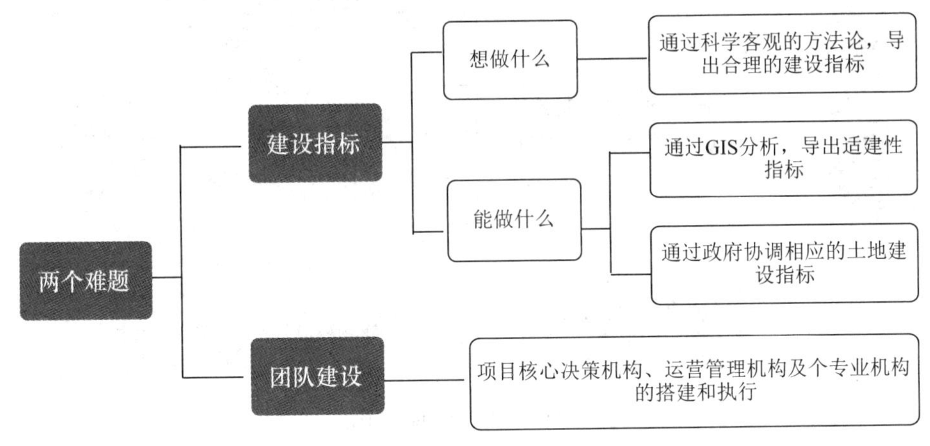

图 4–15 “两个难题”图解

（1）建设指标。

建设指标是发展乡村旅游的必要条件，到底需要获取多少建设指标，需要从“想做什么”“能做什么”两个角度进行思考。

想做什么？可以通过科学客观的方法论，通过项目的产业支撑，落实到产品体系，计算出合理的接待量，推导出合理的建设指标。这个建设指标是最理想化的数据。能做什么？一方面需要通过 GIS 分析，根据不同的项目土地特征计算出合适的建设指标；另一方面需要根据项目所在地的上位规划，向政府相关部门申请合理的土地建设指标。

（2）团队建设。

团队建设是指项目核心决策机构、运营管理机构及各专业机构的搭建和执行。乡村旅游是综合性很强的产业，需要农业专业人员、酒店管理专业人员、营销推广专业人员等多种人才。而中国的乡村旅游真正发展仅仅十几年，综合型的人才极为缺乏，组建合适的团队是乡村旅游实现可持续发展面临的一个难题。

3. 解决三个问题

在乡村旅游规划过程中，明确了“能做什么”和“想做什么”之后，规划主体需要解决三个核心问题，即“做什么”“怎么做”“为什么”。基于此，才能形成乡村旅游规划的主体内容，如图 4–16 所示。

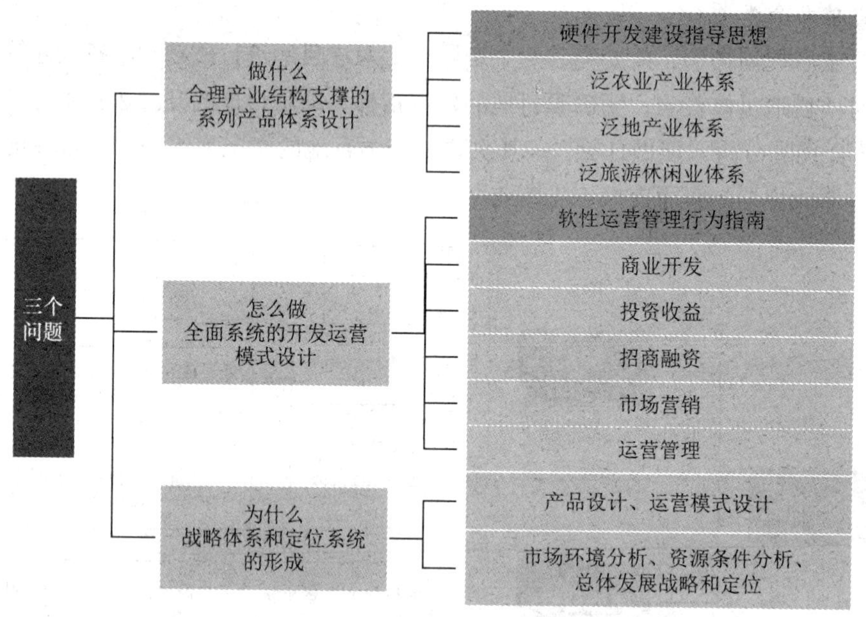

图 4–16　“三个问题”图解

“做什么”是指合理的产业结构支撑体系下系列产品体系的设计，即硬件开发指导思想，包括生态的修复、保护及综合利用，现代农业产业发展，乡村旅游景区开发运营，安全健康农产品及家庭营养配送，家庭养生宜居小镇打造等方向。“怎么做”是指全面系统的开发运营模式设计，即软性运营管理行为指南，主要包括商业建设、投资收益、招商融资、市场营销、运营管理五方面内容。“为什么”是指战略体系和定位系统的形成，即投资建设原则框架、产品体系设计及运营模式设计等内容。

4. 统筹四个维度

乡村旅游涉及生态、文化、经济、社会等多个学科内容，在规划过程中，需要统筹好四个维度的关系，如图 4–17 所示。

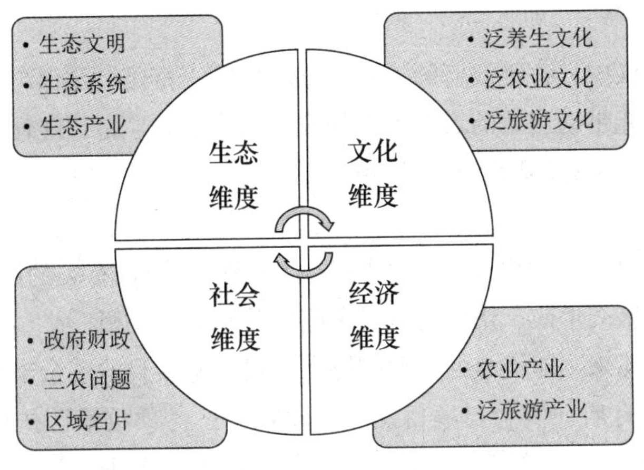

图 4–17　“四个维度”图解

生态维度：项目需要在生态文明建设的指导下，结合当地实际的生态环境情况，整合本区域的生态系统，形成可以造血的生态产业。

经济维度：主要是项目投资收益的合理设计，在确保健康、持续的运营手段基础上，综合提升区域经济水平。

文化维度：以项目地的区域特色文化为基础，统筹泛养生文化、泛农业文化、泛旅游文化等领域。以文化作为项目的重要维度，不仅能为项目确定灵魂和性格，还能作为窗口将整个区域营销出去。

经济维度：乡村旅游项目不仅可以为政府增加税收，解决部分财政收入，还可以通过生态、生产、生活“三位一体”的发展理念实现农业更强、农村更美、农民更富的发展目标，最终打造成区域发展新引擎。

5. 协调五大主体

乡村旅游是一种多要素的产业集合体，涉及政府、建设运营商、合作伙伴、农户和客户等多个相关利益主体。因此，乡村旅游在规划过程中，只有实现各主体之间的核心利益，平衡各方利益关系，方可实现“基业长青”（见图 4–18）。

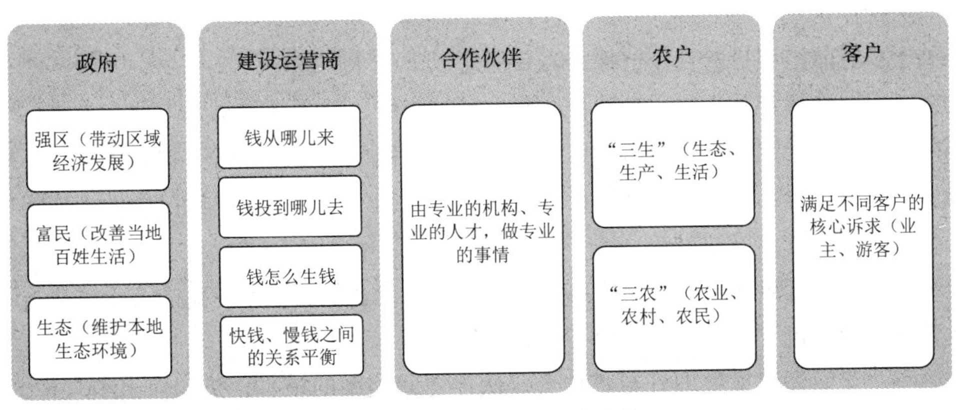

图 4–18　乡村旅游的五大主体

（1）政府。

在乡村旅游发展中，各级政府的核心诉求是强区、富民、环保，乡村旅游规划需要解答乡村旅游是否能带动当地的农业生产和农村经济发展，是否能使当地农民致富，是否能维护并改善当地生态环境这三个问题。

（2）建设运营商。

在乡村旅游发展中，建设运营商的核心诉求是四个与钱有关的问题：钱从哪儿来、钱投到哪儿去、钱怎么生钱、快钱与慢钱之间的关系如何平衡。

第一，钱从哪儿来，即资金的来源问题。乡村旅游项目的资金来源，主要有四个方面：建设运营商自有启动资金与项目发展滚动资金；各项政策性扶持、补贴资金；招商融资；各项政策性低息、贴息、无息贷款。科学合理的争取、运用、平衡以上资金来源，是乡村旅游项目资金保障的重要前提。

第二，钱投到哪儿去，即资金投向的问题。在乡村旅游项目中，需要遵循系统规划、分步实施、启动核心、带动全局的原则，在项目整体实施过程中，既要整体系统规划，也要谨慎地分步实施，从而实现"从无到有、从小到大"的滚动建设运营时序，合理控制资金投入节奏与风险。

第三，钱怎么生钱，即投资收益的问题。投资就是为了产出、为了收益，在乡村旅游项目中，应本着尊重现状、整合资源、因势利导的原则，尽可能地减少大拆大建和重资本投入，以减轻后期的运营压力。同时，在乡村旅游项目中，应多设计一些具有浓郁乡村特色的"软性产品"，如森林寻宝、植物标本、稻草手工、农产品加工体验等，既满足游客接近自然的需求，又能产生相应的经济效益。

第四，快钱、慢钱之间的关系如何平衡，即资金平衡的问题。乡村旅游总体来说是一个投资金额较大、回收周期较长、收益速度较慢的项目，尤其是一些基础设施的建设，需要较大量的资金投入。因此，发展乡村旅游需要部分"短平快"的产品和服务来平衡资金结构。例如，采取会员制预售，提前收回部分资金；提供专项定制服务，取得增值收益等。

（3）合作伙伴。

关于乡村旅游项目的合作伙伴，需要注意以下三个问题。

第一，合作伙伴是指项目在建设运营发展过程中，除了建设运营方股东之外的所有内外部合作伙伴，既有项目内部的运营团队、管理团队、技术团队、执行团队等不同类型的员工队伍，也有项目外部规划设计、营销外包、专项合作等不同阶段的合作机构或个人。

第二，乡村旅游项目的规划应由专业的机构、专业的团队或专业的人士来进行，建设运营方不能承包所有工作，否则将会适得其反。

第三，建设运营方处理好与各种合作伙伴之间关系的核心，是如何组织合作资源，共同做大、做好、做强"蛋糕"，并科学合理地分配好"蛋糕"。

（4）农户。

农民是发展乡村旅游事业的主要决定因素。乡村旅游要通过生态、生产、生活的“三生”方式，解决农业、农村、农民的“三农”问题。生态问题不仅与自然环境有关，也与社会环境有关，更与人文环境有关，是“三农”问题存在的核心基础。生产问题是社会发展的第一动力，是乡村经济社会效益提升的主要渠道。此外，在“三农”问题中，农民生活条件改善的本质，不仅是经济收入的提高，还包括社会保障机制的完善。

（5）客户。

市场和客户是项目得以发展的根本动力，随着市场的进一步成熟和完善，各个项目所面对的目标客户群体将进一步细分。因此，需要根据每个项目的实际情况，满足某一个目标消费群体在某一时间、某一方面的消费需求，并规划设计出相应的产品和服务体系。

专栏 10 绿维文旅的乡村旅游开发实践

更多详情请扫描二维码

乡村旅游是旅游精准扶贫的核心手段，也是乡村振兴战略的重要抓手。绿维文旅十余年来积累了大量的乡村旅游研究及优秀案例，为业界提供乡村旅游开发运营的有效思路。

相关案例：浙江杭州·鳌山渔村建筑景观设计、山东莱芜·雪野旅游区乡村旅游发展规划、河北卢龙县·鲍子沟乡村旅游示范村创建规划……

三、休闲农业的内涵解读

近几年，在政策与市场的双重推动下，休闲农业呈现出“井喷式”增长态势，2017年我国休闲农业和乡村旅游各类经营主体已达33万家，比上年增加了3万多家，营业收入近6200亿元。休闲农业在带动农民增收、推动区域发展等方面取得了显著成效。但我们也应看到，我国休闲农业总体发展水平不高、产品较为单一、规模较小，中高端乡村休闲旅游产品和服务供给不足，一二三产业融合尚处在初级阶段，休闲农业的后续发展需要质的提升。

（一）休闲农业的概念

休闲农业并不是一个通用术语，在不同国家与地区，存在诸多相近的表述，如观光农业、旅游农业、体验农业、乡村休闲等。

据研究，中文“休闲农业”一词最早在公开场合使用是在1989年我国台湾大学举办的“发展休闲农业研讨会”上。1992年，台湾地区公布实施《休闲农业区设置管理办法》，休闲农业开始正式成为官方用词。台湾地区“农业委员会”将休闲农业定义为：

利用田园景观、自然生态及环境资源，结合农林牧渔生产、农业经营活动、农村文化及农家生活，提供人们休闲，增进人们对农业及农村的体验为目的的农业经营。以此为源头，内地学者开始介入“休闲农业”的界定，2002 年，《全国农业旅游示范地、工业旅游示范点检查标准（试行）》发布，其中对农业旅游点进行了界定：以农业生产过程、农村风貌、农民劳动生活场景为主要旅游吸引物的旅游点。2013 年，农业部印发《全国休闲农业发展“十二五”规划》，从官方层面对“休闲农业”进行了表述。文件指出，休闲农业是贯穿农村一二三产业，融合生产、生活和生态功能，紧密连接农业、农产品加工业、服务业的新型农业产业形态和新型消费业态。至此，我国休闲农业的内涵得以确定。

（二）休闲农业的界定

以《全国休闲农业发展“十二五”规划》中休闲农业的界定为基础，参考国内外业界专家的讨论，绿维文旅认为，休闲农业可以从以下四方面进行界定。

1. 休闲农业的本质是一种新型农业产业形态

休闲农业既不同于传统的农业生产经营形态，也不同于休闲产业单纯的娱乐服务属性，它是以农业自然生态为核心，将种养殖、林业、牧业、渔业等产业资源与旅游休闲功能进行整合后形成的新型农业产业形态。但休闲农业具有较为明显的季节性与地域性，需要根据农业生产的季节性与地域性特征设计休闲产品，同时也需要通过差异化产品组合，淡化季节性影响。

2. 休闲农业以“三农”为发展基础

休闲农业的发展需要充分考虑农业、农村、农民问题，不能脱离“三农”基础。在农业方面，通过休闲功能的植入，休闲农业的发展可拉长农业产业链，提升农产品的附加价值，实现一二三产业的融合；在农民方面，休闲农业的发展，可充分吸收农村剩余劳动力，在加工业、服务业等方面增加农民就业，同时还可拉动农民创新创业；在农村方面，休闲农业以产业发展带动区域经济发展，同时通过传统文化的传承、基础设施与公共服务设施的完善、城市文化的碰撞，提升社会文明水平。

3. 休闲农业以“三产融合”构建产业形态

休闲农业是一种“泛农业”概念，是传统农业与加工制作、旅游休闲、康体运动，以及科学技术、物联网、互联网等各类产业融合形成的产业形态。因此，休闲农业是以“农”为基础，以休闲化为导向，通过农业与二三产业的深度融合，打造丰富的产品类型与活动体验，最终形成一二三产互促发展的创新产业形态。

4. 休闲农业融合生产、生活、生态功能

休闲农业集生产、生活、生态功能于一体，为消费者提供生产体验、农产品购买、生活方式体验、生态环境共享等服务，其目的是通过休闲化打造，充分挖掘乡村的生态优势与文化优势，盘活农村闲置资源，以推动农业增效、农民增收、农村增绿。

四、休闲农业的开发模式

依托不同的资源基础与开发手段，休闲农业有多种开发模式。从实际现状看，艺术观光型、休闲聚集型、智慧科普型、田园养生型是休闲农业目前主流的四种开发模式。本部分将针对目前休闲农业开发中的问题，围绕这四种开发模式的内容、产品类型、开发要点等进行讨论。

（一）艺术观光型开发

艺术观光型休闲农业是指通过艺术手法的介入，使乡村原有的良田、粮食蔬菜、花卉苗木、乡村农舍、溪流河岸、园艺场地、绿化地带、产业化农业园区、特种养殖业基地等自然、人文景观形成独特的艺术魅力，并以此为核心，融入文化、旅游、休闲元素，打造艺术节、文化村等活动与项目，为旅游者构建以艺术观光休闲为主要内容的产品。

这类产品使得游客回归自然，感受大自然的原始美以及艺术与自然融合的震撼力，在山清水秀的自然风光和多姿多彩的艺术形态间放松自己，从而获得一种心灵上的愉悦感。

产品类型：艺术观光休闲产品强调艺术植入与艺术的生活化处理，其产品兼具自然艺术与生活艺术的美感，主要类型如表 4–3 所示。

表 4–3　艺术观光型休闲农业的重要产品类别及项目

类别	特点	具体项目
艺术田园观光	创意景观	花海（油菜花、向日葵、薰衣草、胡麻花、郁金香等）、稻田、梯田、花季果园、丰收田园、麦田怪圈、稻田画等
设施农业观光	科技农业景观	立体种植、容器种植、无土栽培、温室栽培、温室花卉、创意农业、基因工厂等
建筑艺术观光	建筑景观	特色民居（竹屋、土屋、窑洞、石头房子等）、生态建筑、仿生建筑等
人文艺术观光	文化记忆	艺术设计小品、博物馆 / 文化馆 / 艺术馆、农业遗址等

开发要点：艺术观光型休闲农业的开发以艺术与乡村风貌的改造融合为核心，主要有三个要点：一是以艺术家为核心，多方共同参与。艺术观光休闲产品的打造需要艺术家、原村民、消费者的共同参与，该类产品的核心生命是艺术，需要艺术家倾注心力，对原有的田园、建筑等农业资源进行融合改造，并根据场景进行艺术创新，最终形成具有核心吸引力的艺术观光产品。而艺术观光产品产生的全过程都离不开原村民的参与，原村民提供闲置的乡村农业资源，参与休闲活动的经营，并在区域发展中受益。由艺术连接起来的消费者，具有较高的忠诚度，通过适当的引导，能够与原村民一起推动区域的艺术发展与产品更新。二是依托区域资源，打造可持续更新的艺术观光休闲模式。艺术具有生命性，与个人生活、时代发展等密切相关，需要持续不断的改造、创新，这样

才能为项目持续注入生命力。因此，这一开发模式应尽量选择具有持续性的艺术活动来带动，以不断保持产品的时代感与创新性。三是以更宽广的视角，打造产品的独特性与典型性。艺术是人类情感的表现，艺术与农业的融合远不是在农业环境中放几个艺术作品那么简单，它需要艺术与乡村风貌的完美融合，需要从人类共通情感中打造农业中的艺术世界，形成具有独特魅力、典型价值的艺术场景与体验（见图 4-19）。

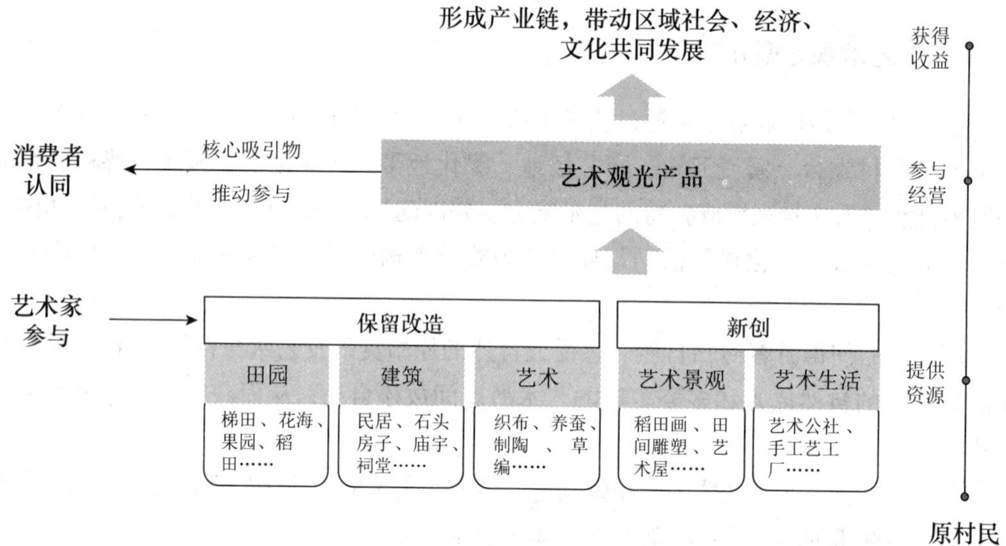

图 4-19　艺术观光开发模式的多方参与

（二）休闲聚集型开发

休闲聚集型农业开发是以农业为基础，以宁静、松散的自然氛围为依托，以农事体验、花卉观光、科普、运动等多种多样休闲体验活动为核心的一种开发模式。此模式的核心在于通过“主题化”途径打造乡村休闲活动和乡村文化的极致化体验，进而通过休闲消费的聚集来提升运营和盈利能力。主题往往能构成项目吸引核，成为吸引人流的利器，并通过主题型特色体验和特色服务内容的提供，留住人群，刺激消费，推动产业升级。

开发要点：一是充分挖掘主题资源。基于乡村文化和农业特色，聚焦特色主题进行突破。同时通过景观设计和体验情景的融入，让游客感受到主题氛围，并参与其中，满足其体验诉求。二是围绕主题形成产品支撑体系。主题资源及文化的挖掘和定位固然重要，但最终落地要靠主题型核心产品和项目支撑。三是基于主题形成品牌化发展。在主题体验产品和主题氛围的营造下，通过文创将主题导入到“种植、加工、包装、营销”等环节，提升农产品附加值，并借助互联网和微平台，形成互动营销和品牌宣传，拓展游客和消费市场。

产品类型：休闲聚集型开发模式下，结合市场需求和主要功能综合考虑，休闲农业的产品一般分为特色农业类休闲、亲子类休闲、运动类休闲、文化类休闲、科普类休闲及其他特色休闲等类别（见表 4–4）。

表 4–4　休闲聚集型的重要产品类别及项目

类别	特点	具体项目
特色农业类休闲	特色农产品为吸引	花卉休闲游、林果采摘游（草莓、苹果）、休闲牧业游、葡萄庄园、茶园、水草农场、水稻农庄、竹林生态乐园、休闲渔场等
亲子类休闲	儿童游乐 + 亲子活动	亲子乐园、萌宠乐园、番茄庄园、亲子 DIY 等
运动类休闲	运动拓展	花田 / 农间迷宫、赛场，农业主题马拉松、趣味运动会、田园风筝节等
文化类休闲	农俗 + 民俗风情	农耕文化馆、农耕文化主题农庄、民间技艺、民族村落（中华民族村）、乡土艺术主题民宿等
科普类休闲	自然教育 + 农业科技展示	农业科普教育、自然教育、科技农业园区、创意农业园等
其他特色休闲	婚礼主题、农业嘉年华、乡村音乐节、乡村市集等	

（三）智慧科普型开发

随着互联网、物联网等信息技术及智慧设备在农业中的广泛应用，智慧农业成为农业转型升级的新途径。智慧农业运用现代科技手段进行农业生产种植，包括智能温室农业、无土栽培、精准农业等现代农业生产和经营内容，具有规模化、产业化、精准化等特点。

智慧科普型休闲农业是基于农业科技内涵，以智慧农业为核心，集科技展示/示范、旅游观光、科普教育及休闲娱乐功能于一体的一种综合开发模式。智慧科普型休闲农业注重延伸科学教育功能，强调智慧科普的同时也强调娱乐参与性，通过体验化产品打造满足游客对科技的探秘和好奇，同时也成为智慧农业的重要宣传窗口。

产品类型：智慧科普型开发模式下，根据主要服务功能来看，一般分为科技观光、科普教育、农业科研、休闲游乐等产品类别（见表 4–5）。

表 4–5　智慧科普型休闲农业的重要产品类别及项目

类别	特点	具体项目
科技观光	技术展示	智慧农业园、智能温室、设施园艺示范园、沙漠植物室、绿色农业种植园、农业创意馆、智能生态农场等
科普教育	技术普及	教育农场、自然学校、亲子科普活动、智慧农乐园等
农业科研	技术支撑	新型农业科研基地、垂直农业技术馆、健康科技农园、国际农业交流园、会议会展活动等
休闲游乐	趣味体验	AR 主题乐园、科技 DIY、主题餐厅、主题农事节庆等

开发要点：科技农业资源、科普教育及休闲旅游功能的深度融合是智慧科普型休闲农业开发的关键。在具体实施过程中，应充分利用农业新科技及智慧化管理，并结合农业田园风光、农耕文化等资源，形成“科技 + 农业 + 教育 + 旅游”的创新型产品谱系。

一是打好“科技牌”，做好农业科技的展示和示范。智慧农业从育种到采摘全链生产过程中都与传统农业不同，技术含量高，管理模式现代化，同时有一定的观光展示和虚拟体验等功能，能形成休闲带动效果。

二是做好科普活动及教育课程的设计。在已有资源和生产基础上，针对不同的科普对象（行业内技术人员、行业管理人员，还有青少年等），创新性地从科普内容、体验活动、服务内容等方面形成一套面向市场的科普体验产品体系。

三是补充大众休闲游乐产品体系。在智慧科普的核心产品下，从农业附加价值的实现和项目综合收益角度考虑，要丰富全方位全周期的休闲、趣味、游客体验内容和服务设施，对接市场多层次的体验和游乐需求，实现从深度向广度的市场拓展。

（四）田园养生度假开发模式

近几年，随着人们旅游观念的转变，休闲度假逐渐成为一种趋势，依托蓝色天空、清新空气的乡村田园养生度假受到都市人的追捧。度假型休闲农业以农作、农事、农活的体验为基本内容，重点在于享受乡村的生活方式，借以放松身心，达到休闲的目的。通常来说，主要由度假农庄提供田园养生度假服务，并同时提供乡间散步、爬山、滑雪、骑马、划船、漂流等观光、休闲、娱乐、康体、养老等多种配套产品，以丰富乡村度假内容，满足多样化度假需求。

产品类型：田园养生度假休闲农业的主要产品类型有农事体验、特色农庄住宿、绿色生态美食、田园养生养老等（见表 4–6）。

表 4–6　田园养生度假型休闲农业的重要产品类别及项目

类别	特点	具体项目
农事体验	田园生活	开心农场（种植、采摘、垂钓）、田园牧歌、养老庄园等
特色农庄住宿	住宿载体	特色农家院和客栈、渔家村、酒庄、木屋、乡村帐篷等
绿色生态美食	食疗养生	农村集市、有机餐厅、新农村怀旧餐厅、温室生态餐厅、农家特色餐厅等
田园养生养老	养生保健	园艺疗法、中医理疗馆、养生会所、生态健身步道等

田园养生度假休闲农业的开发主要有四个要点：一是多主体共同开发。田园度假休闲涉及乡村住宿、特色餐饮、养生养老产品等诸多方面，其开发需要村集体、农民、企业的配合，形成共担责任、共享利益的开发结构。二是闲置资产的利用。在大规模乡村人口进城的背景下，乡村出现大量的闲置房屋、土地，这些闲置资源的充分利用，有利于缓解我国用地矛盾，保护耕地资源，增加农民收入，助益乡村振兴。三是打造田园度

假产品独特的“乡土味”。从某种意义上说，田园度假是一次对乡土文化与生活的体验，因此，田园度假产品应通过材质、建筑形态等营造淳朴的乡村氛围，从文化活动、餐饮配套等方面形成乡土的生活方式，让旅游者体会本真的乡土味。四是高品质的乡村度假生活。“乡土味”不等于低端的产品服务，田园度假应在“乡土”基础上，提供丰富的现代休闲配套和高端的度假服务。

需要说明的是，具体到某个休闲农业项目的开发可能涉及艺术观光、主题休闲、科技农业、田园养生等多个层面，在实际操作中，不同项目需要根据其自身的现实条件综合考量，选择最合适的开发模式。

更多详情请扫描二维码

专栏 11　绿维文旅的休闲农业开发实践

休闲农业是促进农村产业结构升级、助力乡村振兴的有效手段。绿维文旅致力于农村一二三产业融合研究实践，在观光农业、生态农业、共享农庄、农业庄园、休闲农业园区等领域形成了多个优秀案例。

第九节　基于旅游用地的综合开发

旅游业的发展必须依托于土地资源，旅游建设项目的大量增加势必占用大量土地（包括耕地）。我国的土地资源本来就极度缺乏，随着经济的发展和城市化水平的提高，建设用地数量急剧上升，用地紧张的局势日益加剧。因此，如何发挥有限旅游用地的最大效益显得尤为重要。

一、旅游用地的含义及利用特征

（一）旅游用地的含义

旅游用地是旅游区内最基本、最广泛的具有旅游功能的各种土地的总和。狭义的旅游用地是指县级以上人民政府批准公布确定的各级风景名胜区内的全部用地，供人们进行旅游活动，具有一定经济结构和形态的旅游对象地域组合。广义的旅游用地就是旅游业用地，即在旅游目的地内为旅游者提供游览、观赏、知识、乐趣、度假、疗养、娱乐、休息、探险、猎奇、考察研究等活动的土地。

（二）旅游用地的利用特征

（1）区位性。旅游区土地区位包括自然地理区位、经济区位和交通区位。它不仅影响旅游区风景类型和特色，还影响旅游区开发、规模、线路设计、利用方向、旅游市场客源及旅游区经济收益。

（2）多样性。旅游者在特定的时间和地点所消费的资源要素不同，旅游活动类型不同，所要求的旅游设施的性质和功能也不尽相同，旅游业发展所利用的土地资源种类、性质和范围也随之发生变化，故旅游区用地类型多样，功能分区比较明确。

（3）综合性。旅游用地同时具有生产和旅游的双重价值，具有双重产业属性。旅游开发起到了对土地生产力立体综合开发利用的作用，景区土地利用效益也体现了经济、社会、生态效益的综合性和统一性。除少量旅游设施用地以外，景区建设中的游览线路、活动场所、景点、环境保护等，均是对自然资源、土地资源的充分利用。

（4）营利性。旅游区不但维持其原有不同类型土地功能的收入，更能通过其旅游功能获得额外收入。

（5）关联性。旅游包含食、住、行、游、购、娱等十八大要素相关的活动，关联多个产业，带动效应明显。不仅各类型旅游用地之间存在较大关联性，旅游用地还对景区生态系统具有较大影响。

二、我国旅游土地利用存在的问题

我国正处于旅游业快速发展时期，旅游区数量和用地规模急剧扩张，而且新增加的旅游区大多位于城郊和乡村。旅游开发定位不准，景观和产品创新不足，导致土地污染、土地粗放利用和管理混乱等严重问题。同时，由于法律、政策和管理上的缺陷，一些旅游用地获取不规范，有些旅游项目建设用地涉及农地转用和土地征用，旅游开发采用“以租代征”方式，甚至以旅游开发为名，进行变相圈地，从事工业招商和高档别墅开发。除此之外，我国旅游用地还存在其他一些问题，包括以下三方面。

第一，由于旅游区土地利用类型多样、功能重叠，以及土地价格评估、基准地价评价体系和价格机制尚未形成等原因，旅游区土地的出让或租赁价格较低，导致许多景区投资短缺、土地闲置和利用率低。

第二，有些景区没有制订规划或规划没有得到有效实施，造成旅游区建设布局和结构不合理，景点建设城市化，旅游资源破坏及土地污染、水土流失等生态环境问题。

第三，由于制度、法律、政策和管理体制上还存在各种缺陷，旅游区常出现多头管理、执法不严、土地产权不明确、管理混乱等问题，加剧了旅游区土地利用的各种矛盾。

三、旅游用地管理对策

（一）增强旅游用地的复合功能

首先，加强对已开发旅游用地和新旅游用地的复合利用。旅游用地除旅游功能外，还应结合经济作物、药材、花卉、养殖业等的生产进行综合利用，如在山地旅游绿化地内栽种珍稀植物、种植药材、茶树、果树，在水域可适当种植莲藕、养鱼、养鸭等。

其次，加强非旅游业用地（如工业、农业及其他特殊用地）向旅游用地的转化，实现旅游用地资源的多重立体利用。旅游用地综合利用最常见的是观光农业、林业、工业，即产业旅游。观光农业是以农事活动为基础、以农业经营为特色、把农业与旅游业结合在一起，利用农业景观和农村自然环境、经营活动、文化生活吸引游客观光的一种新型农业生产经营形态。而这一建立在农事活动对土地资源利用的基础上的旅游项目，是农业由第一产业向第三产业的渗透，观光林业、观光工业亦同理，它们都同时具备了两个产业的双重特性。旅游开发在其中起到了对土地生产力立体综合开发与利用的作用，体现了土地生产和旅游的双重价值。

（二）充分挖掘未利用地旅游功能，强化未利用地向旅游用地转化

除少量的设施建设用地外，旅游业中所必备的大量游览线路、活动场所、景点，均是对自然资源、土地资源的充分利用。一般情况下无法在其他领域中利用的溪流、溶洞、岩石、沙漠等资源，均可在旅游业中发挥长处。旅游开发对这些天然事物的研究和价值挖掘做出了新的诠释，可谓物尽其用。

（三）搞好旅游区用地规划

把地方旅游业建设纳入到土地利用总体规划、城市建设规划中。正确处理城镇规划、土地利用规划与景区规划、旅游发展总体规划的关系。把城镇规划与旅游规划融为一体，把风景名胜区、旅游度假区的开发建设和生态保护结合起来。

各地旅游区开发都应进行综合规划，合理设计景区旅游产品，尽量做到长、中、短线相结合，观光、休闲、度假相结合，实现旅游产品多样化，正确处理旅游产品开发中规划与策划之间的关系，将二者有机结合起来。严格执行旅游区规划，维护旅游区规划的权威性、连续性，不允许任何单位和个人随意改变规划。

四、乡村土地获取的七大策略

我国在农村土地制度改革上，坚持土地公有制性质不改变、耕地红线不突破、农民利益不受损三条底线。按照规定，一般建设项目不得占用永久基本农田，不得超越土地利用规划，严禁随意扩大设施农用地范围。在乡村土地的开发利用中，需要特别注意的是国

家规定的基本农田的“五不准”，即不准非农建设占用基本农田（法律规定的除外）；不准以退耕还林为名违反土地利用总体规划，减少基本农田面积；不准占用基本农田进行植树造林、发展林果业；不准在基本农田内挖塘养鱼和进行畜禽饲养，以及其他严重破坏耕作层的生产经营活动；不准占用基本农田进行绿色通道和绿化隔离带建设。

乡村土地的获取是进行项目建设的首要步骤。从项目开发建设所需要的土地类型来看，主要包括农用地的获取及建设用地的获取。农用地主要用来进行现代农业、创意农业的生产，建设用地上主要进行二产加工以及商贸、旅游、养老、仓储、物流等产业的发展。

（一）通过土地转让获得农用地

即在发包方（一般为农村集体经济组织）同意的前提下，与土地承包人签订土地转让合同协议，获得其所拥有的未到期土地的承包权与经营权（流程详见图 4-20）。土地转让成功后，原土地承包人所享有的使用、流转、抵押、退出等各项权能将转移给受让对象。此类获取土地的方式较为严格，需经过发包方的同意，如果出现承包方不具有稳定的非农职业或者稳定的收入来源，或者转让合同不符合平等、自愿、有偿原则，或者受让方改变了承包土地的农业用途，或者受让方不是以农业生产经营为主要目的，或者本集体经济组织内其他成员提出要优先享有等情况，发包方有权不同意承包方与受让方之间的合同。

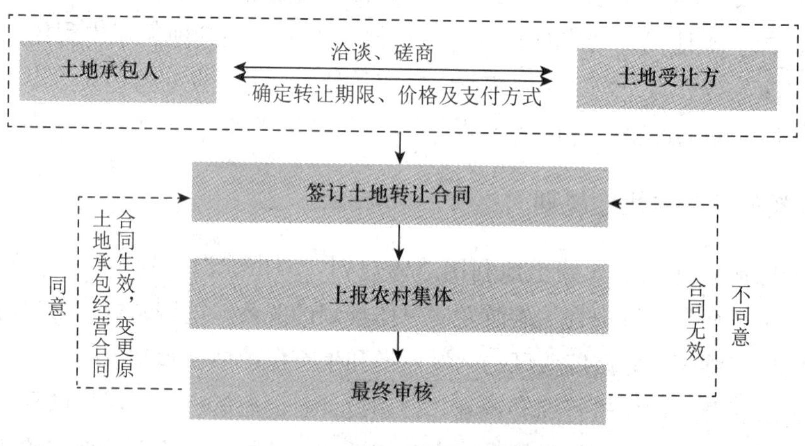

图 4-20　承包地转让流程

（二）通过土地租赁获得农用地

即在与土地承包人或土地经营人进行洽谈磋商的基础上，以承租的方式，签订土地租赁合同协议，获得一定期限的土地经营权，并按一定方式付给出租方实物或货币（流程详见图 4-21）。土地租赁合同签订后，需上报农村集体经济组织存档，但与土地转让不同，农村集体仅限于存档，无许可权。另外，对于这一模式来说，出租的仅是土地的经营权，承包权仍属于出租方。

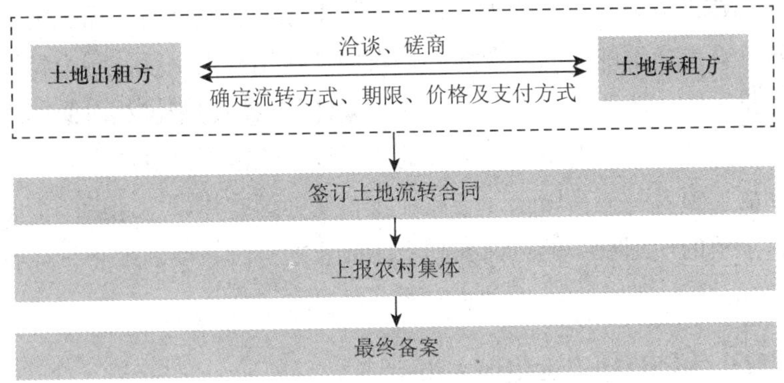

图 4-21　承包地租赁流程

（三）通过土地作价入股获得农用地

即在自愿联合的基础上，土地权利人与投资者签订土地入股（股份合作）合同，将自身拥有的土地使用权和投资者的投资共同组成一个公司或经济实体，从事农业生产（流程详见图 4-22）。一般土地权利人仅提供土地，资金、管理、运营等由投资者负责。入股的土地一般按照产量评定股数，作为取得土地收益分红的依据。这一模式与前两种模式相比，并不改变土地的经营权，另外，其收益不固定，受农业生产经营效果的影响。

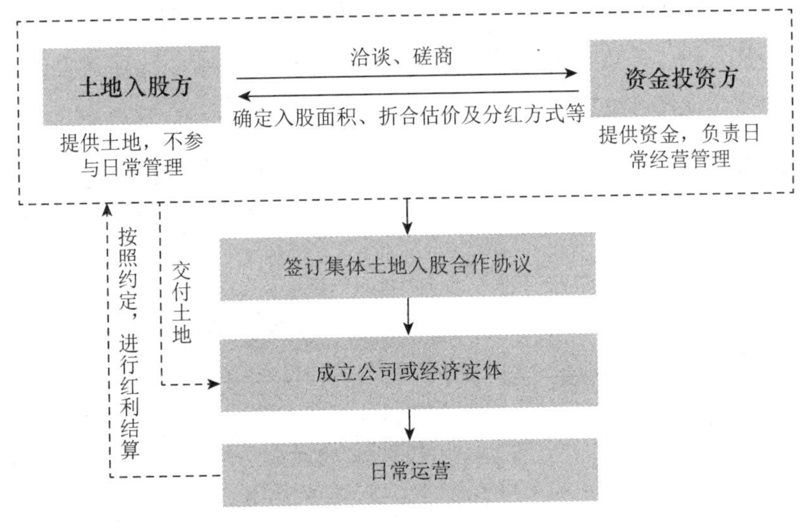

图 4-22　承包地作价入股流程

（四）通过土地征收获得建设用地

土地征收是将农民集体所有的土地转化为国有土地，并依法给予合理补偿和妥善安置的一种行为。征收的对象主要有集体农林用地与集体建设用地。其中，集体农林用地转国有建设用地需按照城镇建设用地与乡村建设用地增减挂钩政策，通过建新拆旧和土地复垦，实现建设用地总量不增加、耕地面积不减少、质量不降低、用地布局更加合理。另外，这一性质土地的征收需要先办理农用地转用审批手续，转为建设用地，再办理土地征收审批手续，转为国家所有。而对于集体建设用地来说相对简单，可直接进入土地征收流程。土地征收有严格的国家规范与流程，这里不再赘述。

这一模式的实施者一般为国家，土地征收转变为国有建设用地后，企业可通过正常的招拍挂获得土地的使用权。但目前我国土地征收的范围在不断缩小，征收的程序在不断地规范化。

（五）农村集体经营性建设用地入市

农村集体经营性建设用地是指具有生产经营性质的农村建设用地，包括工矿仓储用地、商服用地、旅游用地等。2015 年，集体经营性建设用地入市与农村土地征收、宅基地制度改革共同进入试点阶段，这一次改革提出在坚持农村集体经营性建设用地所有权不变的情况下，赋予其通过出让、租赁、入股等方式，使得使用权通过有偿方式实现转移的行为能力，从而与国有土地同等入市、同权同价。中华人民共和国境内外的公司、企业、其他组织和自然人，除法律、法规另有规定外，均可依照规定取得集体经营性建设用地使用权，进行开发、利用、经营。

对于具备开发建设所需基础设施等基本条件的用地，可就地直接入市；对于零星、分散的集体经营性建设用地，可根据城镇建设用地与集体建设用地增减挂钩政策，先复垦后再异地调整入市。入市后的土地可以用作工矿仓储、商服、旅游等经营性用途，暂不涉及住宅用途（见图 4–23）。

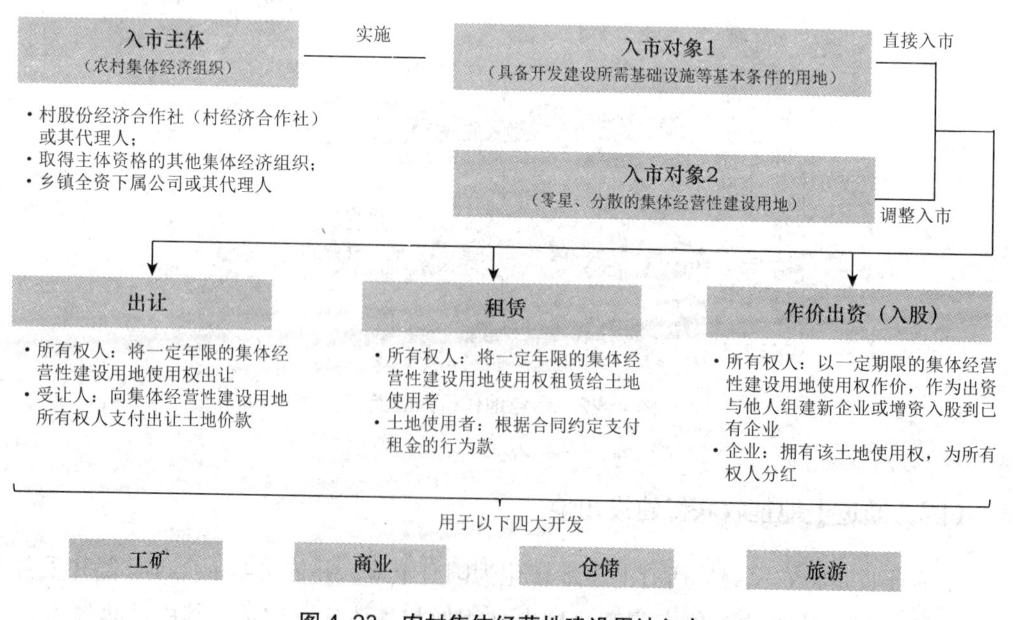

图 4–23　农村集体经营性建设用地入市

（六）宅基地入市

2018年，中央一号文件首次正式提出“探索宅基地所有权、资格权、使用权‘三权分置’，落实宅基地集体所有权，保障宅基地农户资格权和农民房屋财产权，适度放活宅基地和农民房屋使用权”（见图4–24）。根据各试点的实践经验来看，有效利用宅基地的方式主要有以下几种。

第一，通过使用权的转让与出租。义乌市在农村宅基地制度改革试点工作中，探索建立农村宅基地使用权转让制度，对已完成农村更新改造的村庄允许宅基地使用权在本市集体经济组织成员间跨村转让并办证。中央一号文件中也提出适度放活使用权，这将派生出有偿使用费、租赁费等流转费用，从而增加农民财产性收益。

第二，通过村庄整治、宅基地有偿退出等措施，产生节余指标，利用“城乡建设用地增减挂钩”政策，调整入市。很多试点均采用这一模式，即通过集中安置房的建设，以宅基地换房，提高建设用地的集约利用，并将节余的宅基地进行拆旧复垦，产生建设用地指标，调整入市。原来城乡建设用地增减挂钩节余指标大多是在省域内进行调剂，2018年3月，国务院办公厅印发《城乡建设用地增减挂钩节余指标跨省域调剂管理办法》，允许“三区三州”及其他深度贫困县城乡建设用地增减挂钩节余指标跨省调剂，这将极大促进建设用地指标的合理流转。另外，随着城镇化进程的不断加速，大量在城市落户农民的宅基地闲置，通过有偿退出机制的设计，可以大大改善这一问题。

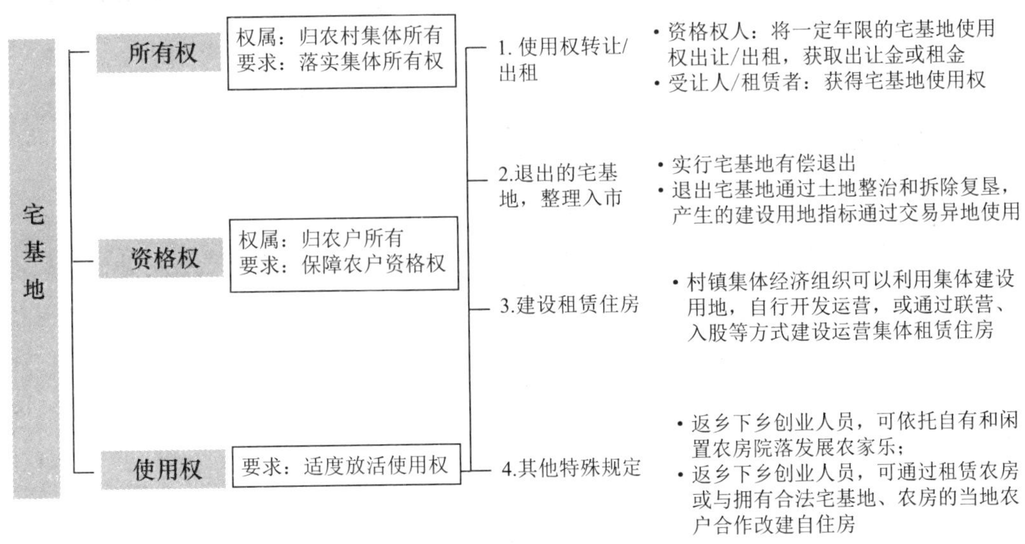

图4–24　宅基地“三权分置”

第三，利用集体建设用地建设租赁住房。根据住建部2017年发布的《利用集体建设用地建设租赁住房试点方案》，在试点城市，村镇集体经济组织可以自行开发运营，也可以通过联营、入股等方式利用集体建设用地建设运营集体租赁住房。

第四，利用一些特殊政策的规定。比如，国务院《关于支持返乡下乡人员创业创新促进农村一二三产业融合发展的意见》中提出，支持返乡下乡人员依托自有和闲置农房院落发展农家乐。在符合农村宅基地管理规定和相关规划的前提下，允许返乡下乡人员和当地农民合作改建自住房。

宅基地入市后的用途要严格把控。2018 年中央 1 号文件明确提出一个“不得”和“两个严”，即不得违规违法买卖宅基地，严格实行土地用途管制，严格禁止下乡利用农村宅基地建设别墅大院和私人会馆。宅基地三权分置不是让城里人到农村买房置地，而是要使农民的闲置住房成为发展乡村旅游、养老等产业的载体。

（七）四荒地利用

近几年，一系列政策的支持使得四荒地（荒山、荒沟、荒丘、荒滩）成为市场争取利用的对象。《关于积极开发农业多种功能大力促进休闲农业发展的通知》鼓励利用“四荒地”（荒山、荒沟、荒丘、荒滩）发展休闲农业，对中西部少数民族地区和集中连片特困地区利用“四荒地”发展休闲农业，其建设用地指标给予倾斜。《关于支持旅游业发展用地政策的意见》支持使用未利用地、废弃地、边远海岛等土地建设旅游项目。在各地出台的关于特色小镇的土地支持政策中，也常见到“充分利用低丘缓坡、滩涂资源”的政策指向。国家建设项目使用集体未利用地的，应当办理土地征收审批手续后依法供地；不需要办理农用地转用手续，不需要用地计划指标，不缴纳新增费和耕地开垦费。

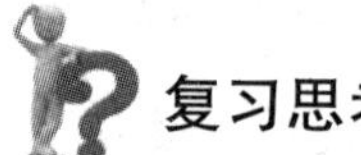

复习思考

1. 简述旅游项目的开发流程及各阶段的重点工作内容。
2. 旅游引导的区域综合开发模式有哪些类型？这些模式的开发要点分别是什么？
3. 我国旅游土地利用存在哪些问题？应以何种策略进行旅游用地的获取和管理？

第五章

旅游房地产开发

学习目标

知识目标

1. 掌握旅游房地产的概念、分类、特征和转型升级趋势；
2. 掌握旅游房地产项目开发的组成要素和关键要点；
3. 了解旅游房地产项目开发的经典模式。

能力目标

1. 识别新时代旅游房地产开发的困局和机遇；
2. 基于对旅游房地产项目开发经典模式的理解，把握旅游房地产开发的思路和创新策略。

在如今的旅游界，“地产”是一个敏感的词语，大家都对其讳莫如深。尤其在国家稳步去杠杆和经济转型的大背景下，旅游房地产甚至成为旅游开发中避讳的一件事情。事实上，旅游与房地产的联姻，是市场的必然选择，也是互补互助的良性架构，对促进区域综合发展、创新就地城镇化模式具有提升和拉动作用。只要有游客过夜，就会涉及度假地产的开发，只要旅游产生就业拉动，就会有住宅地产的开发。甚至，房地产产品开发仍然是旅游开发中最盈利的部分。因此，错的不在“地产”本身，而在于如何开发、如何运营，如何由“制造房子”的工厂模式转变成为以人为本、以服务为核心的产业整合模式。

本章的主要内容包括三大部分：新时代下的旅游房地产转型升级、旅游房地产开发的现状与经典模式研究、旅游房地产开发思路。通过对旅游房地产困局与机遇的解读，提出经济新常态背景下旅游房地产转型升级的路径。

第一节　新时代下的旅游房地产转型升级

我国经济的高速发展及城镇化的不断推进，一直伴随着地产的高热度开发。中国围绕地产开发，已经形成了一条财富价值链。房地产市场形成了一条由土地开发、房产开发、城市建设构成的财富价值链，政府（土地收益）、开发商（房产收益）、投资人（资产保值升值）、农民（拆迁款）四方均从中受益。这是房地产发展的基础，也是土地开发的基础，同时也是区域发展的基础。

在稳步去杠杆和经济转型的大背景下，房地产或将告别高速扩张的时代，其面临的挑战逐渐增加，房地产业正从过去的粗放发展方式转向精细运营方式。随着土地价格的不断增加，以及政府相关部门对企业拿地的门槛不断升高，房地产企业在拍卖土地、开发规划等方面也越来越谨慎，行业正从增量时代向存量时代转变。

由于以土地开发收益为主导的土地开发和以居民住宅为主体拿地、建房、卖房的方式来运作的房产开发模式都涉及土地招拍挂制度，因此未来房地产企业拿地需要有足够的资金和雄厚的经济实力才能在竞争中取胜。整个房地产行业的转型升级迫在眉睫。

一、旅游房地产的再认识

（一）房地产是一个“服务产业发展整合平台”产业

新时代的房地产已经由“制造房子”的工厂模式，发展成为以人为本、以家庭为基础、以服务为核心的产业整合模式。以“家庭·服务”为主要内容的服务结构，包括“三个家”的结构和由三个家庭服务构成的三类房地产综合开发构架，是当今房地产发展的必然趋势（见图 5-1）。

图 5-1　“三个家”的结构

第一个家是以居住为主要功能的居住之家，是以社区服务为基础的家庭服务结构。第二个家是指郊区休闲、乡村度假、养生养老等以旅游、休闲、娱乐、养疗、避暑、避寒、度假等为主要功能和服务的第二居所、第三居所，由此构成了第二个家的服务产业整合与服务结构。第三个家是指城市综合体、商业综合体、部分度假接待综合体等相关地产和场所，以公共空间的方式，为家庭提供休闲、娱乐、购物、养生等多元化的公共服务，由此构成第三个家的服务产业整合与服务结构。

（二）旅游视角看房地产

旅游行业和房地产行业是不同的两个行业，但二者相互交叉、理念相互渗透。以旅游的视角看地产，可以分析产业交叉内容，运用旅游业提升房地产的附加价值。其中，景观配置、游憩安排、六要素综合平衡、独特性吸引力打造、文化与资源挖掘等，都可以成为提升房地产附加值的途径，对房地产开发商提升其房地产运营能力及房地产商进入旅游产业，都具有一定启示。

（三）旅游房地产的定义

旅游房地产一般是指依托于周边丰富的旅游资源，以旅游休闲度假服务为主要内容，融旅游、休闲、度假、居住等功能为一体的房地产项目，主要包括作为第二居所或第三居所的住宅、产权酒店及分时度假酒店等。旅游房地产在实践中形成了许多边沿性结构，形成全新的综合开发模式，包括产权酒店、分时度假项目、度假别墅区、高尔夫别墅区、中央游憩区、商业步行街、Shopping Mall 等模式。

二、旅游房地产开发组成要素及特征

（一）组成要素

绿维文旅提炼出旅游地产开发的五大组成要素：

第一，良好的可进入性，便捷的交通与地理位置，是旅游地产开发的前提。

第二，具有独特吸引力的旅游资源，特别是具有极高观赏价值、康复疗养、休闲度假功能的资源，为旅游地产开发增加了筹码，也是旅游地产进行空间特性与产业性质定位的必要条件。

第三，基础设施与配套服务设施，是旅游项目、休闲度假项目、人居项目之外的另一重要组成部分，需要满足旅游与居住的双重需求。因此，要求设施配套齐全，功能组合丰富，且相互支撑。

第四，融旅游开发理念与度假人居配套为一体的景观、绿化环境，具有游憩化、人性化的公共空间环境，可以促进旅游地产向更加成熟、完善的方面发展。

第五，保证旅游、地产开发顺利进行的设计方案，合法的产权手续，专业、先进的物业管理与酒店管理，以及资金支撑、营销推广系统、交换网络系统等，也是旅游地产不可缺少的组成要素。

（二）主要特征

1. 基本特征——旅游与地产相互交叉

旅游地产以旅游开发为基础和发展背景，以地产为盈利点和终极目标。这就要求既要把旅游项目经营好，又要把房产配套建设好，二者结合促进旅游地产作用的发挥。因此，旅游地产区别于单纯的旅游或房地产项目运作，包括了产品定位、产品开发、资本运作、资产经营等多个环节，是一种结合了金融业、房地产业、旅游业和资产管理的复合型投资开发及经营管理。

2. 旅游地产的核心价值——生活方式的引导

旅游地产需要在公共空间、绿化环境、户型及内部装饰上，考虑消费者的需要，突出个性化、人性化和体验化，即旅游特征的表现相对鲜明。对自然与文化资源特色的体现，对生活方式的引导，构成了旅游地产市场的核心诉求。例如，“乐活”的生活方式，既迎合人们向往自由、回归自然的心理需求，又对生活方式形成引导。

3. 旅游地产的市场定位——中高端消费群

旅游地产具有多重市场价值，具有消费的可存储性和期权消费特征。在旅游产业化升级中，中高端休闲、度假群体，特别是中高收入阶层成为主要客源，他们消费水平较高，消费需求趋向多元化、个性化、品质化，这些构成了打造旅游地产产品和服务的市场驱动力。

4. 旅游地产的开发模式——“投资与消费”双重功能的发挥

旅游地产具有“投资 + 自用”双重功能。作为一种投资品，固定资产投资通常被认为是拉动地方经济增长的三驾马车之一，这就要求旅游地产同时具有人气和商气，具有极高的升值空间。从消费环节上，一方面需要能够为旅游消费提供方便；另一方面，住户可以将旅游地产作为一种投资选择，在不同的时段租借给不同的消费者。正是这种特点，使旅游地产与一般的旅游项目相比较，投资回收期较短，投资回收率高，显示出较高的抗通胀、保值的功能。

5. 旅游地产的综合效应——产城一体化作用

旅游地产与城市建设关系密切，对于塑造城市性格、树立城市品牌、推广城市形象等具有重要作用。基于此，旅游地产在开发过程中，需要综合考虑景区发展、城市发展、政策的扶持和制约等因素，最终实现产城一体化开发，而开发商也应由旅游投资商或城市运营商，向区域运营商转变。

三、旅游房地产转型升级趋势

（一）房地产开发新前提："地产 + 产业 + 城镇化 + 互联网"

现阶段，地产已经出现一系列问题。从短时间来看，中国的二线城市在迅速成长中；而从长远来看，商业、住宅、旅游、产业地产的问题将集中爆发。房地产出现的系列问题告诉我们，房地产开发已经不再仅仅是开发土地和建设房屋。过去的房地产，是土地一级开发销售，房产二级开发销售，住宅、写字楼、商业空间就是产品。发展到城市综合体阶段，其本质也是"写字楼 + 商场 + 住宅"构成的一体化建筑群，面向市场的是以销售为主的多功能的房子，即使不销售，自持也是通过招商引资，实现房租收益。随后，商业地产经历了靠经营收益的第一次提升和靠多业态主力店经营的第二次提升。其后，地产不再依靠周边社区人口消费，而是谋划旅游休闲产业格局，吸引其他区域客源消费，在形成人气聚集的同时，形成人口聚集。近几年，在电商大规模冲击实体店之后，如何让实体店不因互联网而关门，而是借互联网引导体验人群线下聚集，增加人气与消费，实现 O2O 体验消费是地产发展的关键。

在互联网商业大规模地冲击实体经济的背景下，房地产应作为一个服务整合平台，必须是房地产、产业链整合、城镇化升级、互联网运用的叠加。产业开发及产业链整合，是地产商的必修课。新形势下的地产开发，应实现产城融合发展，产业带动城镇化建设，形成居民人口聚集，同时结合教育、商业、金融、文体、卫生及健康服务等，成为一体化结构。以智慧城市为基础，构建"产业 + 互联网""城市 + 互联网"成为区域开发的前提。成功的房地产开发，将成为产业及区域发展的平台。

（二）房地产发展新结构："房产融一体化"结构

由于国家土地管理制度越来越严格，一般型的商业综合体的发展结构已走向末端，因此地产转型的方向在于增加休闲化、体验化、不动化、游乐化和娱乐化设施，并结合文化、健康、体育、休闲、旅游、度假等产业，打造客厅式、度假式、休闲式和特色居室等新的地产模式。特别是以游客的观光休闲度假为支撑的休闲度假物业，已经成为未来地产转型主打的方向。

以旅游休闲为主导，兼顾并结合体育、养生、养老、文化等要素，以休闲游客、度假游客为依托，以亲子、研学、休闲、养老市场为主打市场构建出的休闲度假与商业地产模式已经成为地产发展转型的主流方向。

房地产作为一种平台，未来发展的综合结构应该是与产业、金融相结合。如果没有房地产这种不动产，仅仅以现金流做资本，就轻资产做轻资产，缺少了不动产的要素，是非常难经营的。轻资产公司与房地产企业，都不是资本市场追逐的目标。房产融一体化结构有效地整合房地产不动产结构、服务产业的现金流结构，以及与投融资的金融关系，充分发挥服务产业不动产功能实现的价值，体现金融产业在不动产流动的交易属性和价值属性，这样的房产融一体化结构是下一个阶段地产发展的核心。房产融一体化，是今天房地产发展的必然结果，是任何房地产企业发展的一种必然走向。因此，房产融一体化和服务整合平台是未来房地产发展的核心结构。

（三）房地产开发新模式：旅文体康养商多产业融合的综合开发

在房产融一体化和服务整合平台的架构下，最重要的趋势是产业融合，尤其是消费服务产业的融合发展，旅、文、体、康、养、商、学、金多产业融合的房地产综合开发，已成为当前及未来房地产开发的主流。在这个核心结构下最重要的趋势是产业融合。旅游、文化、体育、健康、养生养老这五大幸福产业加商业，构成了一种多产业融合下的综合地产发展趋势。“五大幸福产业 + 商业 + 金融”的产房融一体化模式，也将成为新时期房地产发展的新架构——以家庭服务为目标，以旅游为龙头，整合旅、文、体、康、养、商五大幸福产业，地产是骨架，五大幸福产业是五脏六腑，商业是皮肉，金融是血脉。

第二节　旅游房地产开发的现状与经典模式研究

在旅游地产的初期发展阶段，尤其是房价、地价持续高涨的时代，投资、增值、盈利等功能的高速膨胀，使其经历了一段时间的畸形增长。目前，旅游地产的发展逐渐走向理性，越来越体现出适应于生活、休闲、度假等本身的需求，并进一步显现出对旅游产业、区域经济、社会发展强大的带动作用。总体来讲，在我国旅游开发进入区域综合开发阶段后，旅游地产市场也正逐渐趋于良性的发展态势。

一、旅游房地产项目开发的困局与机遇

伴随城镇化率不断提升、人们对住房需求的不断提升以及国家对房地产发展新一轮调控，房地产行业进入了发展新阶段，跑马圈地就能盈利的时代已经结束。旅游房地产因为能满足人们多元化的需求受到市场的认可，其开发模式也逐渐走向多元化。如何让旅游房地产项目最大限度地盈利，并塑造品牌形象、带动区域发展，以获得地方政府的大力支持，是房地产商面临的首要问题。

（一）旅游房地产项目开发的困局

旅游房地产开发存在五大困局，具体表现在以下五方面。

1. 缺乏核心吸引物

旅游房地产的开发，要使得生地变熟地，需要有核心吸引物。许多项目，特别是位

于城市周边的项目，除了拥有较好的生态环境外，几乎没有任何拿得出手的吸引物，更有甚者，就连项目地块本身的生态环境也极其一般。缺乏核心吸引物，这是相当一部分旅游房地产项目所面临的最大困局。

2. 同质化问题严重

在现实中，依托一个核心景区或资源进行开发的旅游房地产项目往往不止一个，而是以集群的形式出现，如海南岛各大湾区、云南阳宗海板块等，资源同质、客源同质、模式同质、产品同质，同质化问题非常严重，如何避免陷入“多你一个不多，少你一个不少”的红海竞争，必须破解同质化这一核心困局。

3. 定位不精准

旅游房地产项目最重要的问题之一是定位不精准，产品定位、客户定位、市场定位等都没有经过科学的市场调查，最终的结果是住宅物业和度假物业概念混淆，售楼者解释不清，购房者更是无法判断旅游地产的实际价值。

4. 服务不完善

旅游房地产跟其他住宅地产最大的区别就是休闲度假的属性，这个属性的实现需要配套服务的配置，包括度假服务和物业经营服务等。旅游房地产开发商没有配置相应的运动、娱乐和生活设施，没有与度假相匹配的管理公司提供品质服务，这样的房地产失去了旅游房地产的本质，得不到市场的认可。

5. 渠道不对口

旅游房地产面向的人群并非旅游目的地周边的居民，但是房地产开发商在销售的过程中沿袭传统住宅营销模式，雇用了传统房地产分销代理商，他们营销的理念是为了实现购房者房产的升值，吸引的是炒房者，这样就造成了“空城”“鬼城”。销售应该把旅游地产当作旅游产品，售卖的是以旅游度假为目的的生活方式。

（二）旅游房地产项目开发的机遇

第一，城镇化空间巨大，为未来20年提供了持续增长的机会。国家统计局最新发布的数据显示，2018年年末，我国城镇常住人口83137万，比上年年末增加1790万；城镇人口占总人口比重（城镇化率）为59.58%，比上年年末提高1.06个百分点。中国的常住人口城镇化率距发达国家多为80%的水平还有很大的差距，城镇化远没有达到饱和的状态，城镇化的提升仍将进一步拉动内需的增长。

第二，城市配套水平持续升级，为城市梯级房地产升值形成波浪式推进结构，形成城市房地产开发的可控与有序机会。

第三，产城一体化趋势明确，为产业园区、经济开发区等与城市房地产混合发展提供了机会。同时形成了创新开发商机，使产业资本与房地产资本融合发展成为新主流模式。新型服务产业主导下形成的新型城镇化是未来中国最重要的发展目标和方向。城市建设所涉及的消费设施、商业地产、休闲地产、旅游景区地产、旅游居住地产、养老居所等这些都是旅游地产。他们卖的不再是住宅而是复合型地产，其销售、管理模式是综合型复合化的。因此旅游地产是等待大家去创造的、也是中国城镇化的一种全新发展模式。

二、旅游房地产项目的开发模式

结合案例的分析与项目的实践可以发现，大型旅游房地产项目均是以优美自然生态环境为前提，以特色休闲项目经营为基础，以主题度假酒店建设为重点，以地产开发为核心载体，以一流配套服务为支撑。主要有以下几种经典模式可以借鉴。

（一）现代农业庄园

现代农业庄园是以现代化农业生产为基础，以现代旅游经营服务理念和管理方式为支撑，以满足游客多元化需求和旅游消费转型升级为目标，依托庄园自然和人文资源深度开发集旅游观光、休闲度假、健康养老、科普文化等多种功能于一体，并形成多种形态的旅游产业集聚区和旅游综合体。伴随乡村振兴战略的实施，国家大力推进现代农业和旅游业深度融合，进一步培育和发展新型农业旅游业态。农业庄园作为农业产业化发展的新模式，不仅能创造良好的社会效益和生态效益，开辟农业现代化的新途径，而且能够有力地激发农村经济全面发展的内在潜能。

农业庄园能够将规模经营的理论引入农业生产经营，通过对资金、土地、劳动力及设备各生产要素的优化组合，加快推进农业的集约化，进而实现农业现代化。庄园的选址决定了庄园的度假配套，如平地、山地、河谷等先天条件的不同，在一定程度上影响度假的品质。在实际开发中，农业庄园可根据实际情况开发为农业产业化庄园、农业文化娱乐庄园、农业养生度假庄园、农业观光采摘庄园等。

（二）温泉会都模式

温泉已经成为全国休闲开发的超级热门，它对旅游房地产的开发具有突出的作用。以特色温泉水疗产品为吸引，以会议度假酒店为核心，带动先售后租的地产开发的会都模式在市场取得了巨大的成功。其原因有三：一是因为温泉本身具有养生与休闲的双重特性，可以提升地产的附加值；二是因为温泉可以解决酒店经营的冬季问题，并对会议经营有极大带动作用；三是因为如果有观光景区在周边，则可以成为休闲消费的核心平台。

据此，由于有会议经营的支撑与冬季温泉旅游的支持，温泉带动型休闲地产，升值空间非常明显，发展潜力巨大，通常以“先售后租”的产权式物业来操作。这种模式在温泉综合地块的开发中，必将继续大放异彩。

（三）文化度假酒店综合体模式

悦榕庄酒店、安缦酒店是目前中国度假市场上最炙手可热的度假酒店，这两家均来自新加坡的酒店集团，在中国市场上取得了巨大的成功，并且正以稳健的速度持续扩张。究竟是什么原因让它们如此受青睐，答案是文化的魅力。以生态别墅或古村落为载体，强调与自然环境的和谐，与本土文化的融合，在一种独特的文化意境里享受时尚度假的奢华体验，这种低调的奢华获得了世界范围内许多高端休闲人群的极大认可，造就了一批忠实的“全球粉丝”。

尽管这两家酒店的重点不在地产开发，但这些具有鲜明文化主题的精品度假酒店，其文化意境的地域性、其低调奢华的特色性、其时尚浪漫的品质性，对地产的开发有着突出的带动作用。

（四）休闲 Mall 模式

对于位于城市中心或中心城拓展区的地块，一般采用休闲 Mall——城市综合体的发展模式，如万达广场。就是通过将品牌餐饮美食街、五星级酒店、购物中心、家电商场、大型电影院、量贩 KTV 等不同的业态整合在一起，创造一个独具吸引力的区域性休闲消费中心——休闲 Mall，然后带动写字楼和住宅地产的开发，此种模式，可以称之为城市中心区休闲地产模式。

（五）主题文化小镇模式

主题文化小镇，主要是古镇、古街区，或者新打造的小镇。其核心都是创造出符合市场需求、凸显独特主题风情的文化小镇，以小镇为载体，构建旅游平台，提升吸引力，进而带动小镇外围的旅游地产，如丽江大研古镇、成都宽窄巷子、上海朱家角古镇、成都芙蓉古镇、楚雄彝人古镇。这种模式，已经成为很多旅游古镇进行休闲化升级与城镇化发展的主流途径。

（六）特色景区综合体模式

这里所说的特色景区，包括主题公园或休闲景区。主题公园带动模式，以华侨城和迪士尼为代表，以游乐园带动休闲地产开发，已经成为业界经典，但需要强大的开发资金、品牌效应与运营管理等多方位支持，进入门槛较高，并非每一个企业都能够操作。如绿维文旅主持规划设计的安徽某木屋村度假区，通过中国最大的珍稀乡土树木园的打造，以木屋为特色，带动休闲地产的开发，获得了市场的青睐。此类模式，以稀缺性资源的占有或者打造为前提，投入相对较大，然而一旦开发成功，其开发效益回报将会非常可观，对城市总体休闲水准也是一个巨大提升。

（七）多元休闲综合体模式

除了以上几种模式外，还有许多大型项目，往往将几种模式综合起来，形成一个多元休闲综合体模式。如东部华侨城，立足生态基础，以多元文化为内涵，将特色景区、高尔夫球场、主题文化小镇、温泉水疗 SPA、文化度假酒店及大型演绎项目综合起来，构筑了一个综合休闲的饕餮盛宴，最终有力地带动了休闲地产板块——天麓大宅的开发，使之成为中国南部品质最高、售价最高的旅游地产产品之一。此模式是大型综合性地产项目值得借鉴的重要模式。

第三节　旅游房地产开发思路

一、旅游房地产开发的思考关键

旅游地产作为一种边缘性、交叉性产业，如果仅按照一种产业规律非常难把握。旅游地产和产业发展、城市开发、区域综合开发结合在一起，涉及开发商、政府管理部门、旅游度假者和当地居民四大主体。旅游地产是一个综合性项目，它与城市地产最大的区别就是需将人从客源地搬运到目的地。因此旅游地产的开发关键，就是形成吸引核，进而构建休闲消费聚集，在低成本的土地价格与高回报的房产收益之间寻找平衡。

（一）如何形成吸引力

对于任何一个旅游区域开发和旅游项目开发来说，吸引力的打造都是最基础、最本质、最核心的工作。若没有吸引力，就不会产生游客的旅游效应，没有旅游行为，也就不会发生各种形式的旅游消费，包括旅游地产的消费。

（二）如何形成地产升值

土地升值，是旅游地产的第一个盈利点。旅游人气的集聚依靠吸引核的打造，也可以借力现有景区。如何把已经形成的旅游游客引导进入休闲消费，包括购物、夜间娱乐、参与性游乐、滞留休闲等，是形成商气的关键。因此，从观光游客的人气基础，形成休闲人气，建设集散与休闲商气，是土地价值升值的关键。有了休闲消费，休闲商业地产的价值就形成了，整个区域的土地价值才能够提升。

（三）如何快速引爆市场

一种较为普遍的观点，认为旅游地产即以旅游带动地产，这种理解虽然有所偏颇，但表述了旅游地产的两大功能——旅游聚集人气，地产带动商气，也是旅游地产发展的目的之一。如何选择具有市场开发潜力的项目，进行运营模式的转换，形成市场的快速引爆，是旅游地产开发期冀达到的一个主要目标。

（四）如何塑造强烈的主题、形象

旅游项目设计的核心在于主题定位，而从房地产项目吸引力的塑造来看，进行旅游

地产的主题定位及打造，具有提升附加价值的功效。因此，实现项目开发建设与主题理念的共鸣是发展的关键所在。

（五）如何开发销售型房产

旅游地产最大的盈利，来自二级开发的房产。旅游房产的种类较多，特别是房地产市场调控以来，具有经营价值的旅游休闲商业房产的品种越来越多，模式创新很快。其中休闲小镇的商铺、客栈、前店后坊的工坊等业态模式，直接带动了休闲小镇地产的火爆。销售型房产是旅游地产盈利的重点，包括产权客房、产权公寓、会所庄园房产、景观住宅、高尔夫住宅、郊野别墅等。什么样的房产受欢迎，价格、销售量如何才能最佳，这些问题都与旅游地产的产品设计密切相关。开发房产的产品设计，只有全面结合市场需求，符合国家政策方向，才有机会获得销售的回报。

（六）如何有效利用政策、资金支持

旅游地产对城市及区域发展的带动作用极强，在我国经济发展模式转型的机遇下，政府部门对旅游地产开发大多有相应的政策支持和土地、资金优惠条件，如何合理、有效地利用相关支持，是开发前期值得深入思考的一个方面。

二、旅游房地产开发思路

（一）找准发展方向：旅游开发综合化、旅游房地产功能化、旅游房地产城镇化

旅游房地产开发的最根本模式是以旅游休闲为引擎、以休闲度假地产发展为支撑，以旅游产业聚集为延伸，三者的良性互动共同推动区域旅游、产业、城镇化的综合发展。在综合开发的背景下，度假地产投资商不再仅仅充当房产供应商的角色，不仅仅是做楼盘和卖房子，而是要注重与城市的结合，成为区域综合开发商、城市运营商和产业运营商。在政府的管理下，以主投资商的身份，通过规划、二级招商、土地一级开发、泛旅游产业项目开发、市政公用建设开发、商业地产开发、住宅和度假地产开发，推动区域经济社会综合发展，获得区域综合运营带来的巨大升值效益。在旅游房地产开发初期，应以吸引综合地产开发商为主。如果没有吸引到综合地产开发商，也要用政府行为引导旅游房地产开发商向区域运营商身份逐渐转变。

（二）创新权益归属：产权酒店、分时度假交换、分权度假、众筹

由于旅游产业本身的一些属性，旅游房地产面临着一些发展困境：一是产权和使用权分离，买了旅游房地产却不需要长期居住，闲置房产如何管理经营困扰着购房者；二是度假交换的问题，在一个地方买房，但还要去其他地方旅游度假，怎样保证换住权益；三是经营的问题，目前大多数旅游房地产的“回租”经营，实际上是一种融资方

式，收益率还不如银行利率高，因此如何实现较高的收益成为一大问题；四是高总房价的问题，高总价打消了大部分家庭的购买意愿。

面临这些问题，绿维文旅认为，“产权酒店、分时度假交换、分权度假、各类众筹”，是旅游房地产销售的解决之道。这一解决之道包含了四个核心，即众筹理念、时权模式、信托投资、消费回报。众筹理念，即多人共享一套房，通过产权的分拆，降低成本，这是度假时权分割的基础。时权模式包括时权分割、时权交换、时权的货币化。时权是可以分割使用的，基于时权标准化分割，就可以实现时权交换。同时，时权是有价权益，是资产证券化的核心。信托投资是经营价值的支撑者，分时度假一般解决交换使用问题，不能实现投资回报问题。为此，投资者以信托方式，将资产委托给经营者，追求更大回报率，成为一种制度设计。消费回报关注消费的最后一公里，把投资回报转化为消费回报，可以更好地获得消费者的认同。

（三）运用互联网思维：结合业态，整合资源，合作发展

互联网思维在这两年已经成为对商业和地产业发展影响最大的一个理念。承载着物质和空间具体结构的房地产，如果不能有效地把互联网关系结合进来，不能有效地依托互联网而实现智能化生活方式、智能化购物模式、智能化体验模式、智能化社区交往，那么这个地产一定是落后的。旅游房地产也应该充分地运用移动互联思维的结构价值，用智能化、互动化、社交化的手段去整合土地资源、建筑资源、空间结构关系和产业业态，形成一种发展结构。

房地产与互联网的结合主要包括三个方面：一是与产业业态相结合；二是要用互联网思维去整合；三是合作发展。这就需要旅游房地产的开发商，第一要有互联网思维；第二要将这些技术进行整合；第三要忠于旅游房地产独特的生活方式。只有这样，才能真正实现从土地开发、建筑开发到空间发展的价值，这不仅仅是转型的问题，还是整个社会发展和产业发展的趋势。

（四）创新打造吸引核：包括主题乐园、大型演艺、博物馆、展览馆、酒店目的地、运动聚集区等

旅游房地产开发需要文化支撑，借助吸引核，突出个性、特色，从而打造属于旅游房地产独有的内涵、品位、层次和知名度。旅游吸引核是吸引人流、形成人气、提升土地价值的关键，是将人搬运到旅游区的重要动力，是旅游消费产生的根源，其创新打造是旅游及度假地产最基础、最本质的核心工作。随着旅游的飞速发展及游客需求的不断翻新，旅游吸引核的内涵也在不断延伸。主题乐园、大型演艺、新建小镇博览会、博物馆、酒店综合体、休闲运动项目等都可以作为旅游吸引核，关键是要符合旅游消费者的需求。

（五）产品结构创新：形成“持续经营产品 + 销售型房地产产品”的产品结构

单一的功能、单一的业态已经不再适合时代的发展。旅游房地产在开发过程中，要注意业态的多样化，引进餐饮、商业、娱乐等其他消费领域的业态，完善产业链条，未来旅游房地产的竞争也将是产业链价值的竞争而不是单一项目的竞争。未来旅游房地产开发很难由一家企业独立完成，品牌与业态之间的跨界合作或成为必然。在产品结构创新中，要形成“持续性经营产品 + 销售型房地产产品”的结构，实现旅游房地产附加值的最大化，实现企业盈利、区域经济提升的双赢效应。

三、旅游房地产项目开发的关键要点

综合以上关于分布特征与核心困局的分析，结合项目实践的经验，绿维文旅提出旅游地产项目的开发关键如图 5-2 所示。

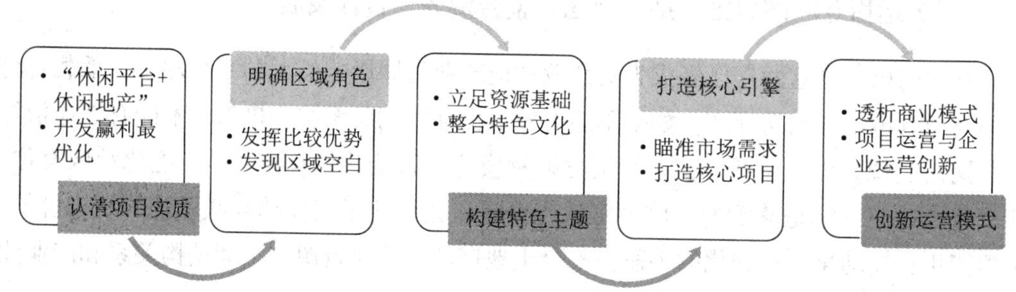

图 5-2　旅游地产的开发关键

（一）以赢利最优化的眼光，透析项目本质，认清其实质

要清晰地看到，任何旅游地产项目，均是由“旅游 + 地产”两大板块构成的综合性土地开发，其实质是要实现赢利最优化。

一般说来，既要有地产板块销售的快速回收，还要有旅游板块经营的持续收入。其实现的途径，就是要把项目打造成为一个具有强大吸引力的旅游综合体或旅游目的地，这就要求首先要创造一个特色旅游平台，继而带动休闲家园建设，并且让两大板块在布局与经营上实现很好的融合与互动。如绿维文旅在腾冲某大型旅游地产项目策划规划中，提出以两大主题高尔夫球场、一个精品度假酒店、一个高端商务酒店、一个主题休闲小镇、一个野奢温泉 SPA 五大项目来构建中国西南地区高端政务商务休闲交流平台，继而带动高尔夫地产、酒店地产的开发，最终实现生态休闲旅游目的地的目标。

（二）以区域一体化的眼光，挖掘比较优势，明确其角色

在经济全球化与区域一体化的今天，旅游地产开发特别是在同质化问题突出的集群式开发中，必须跳出地块，研究区域旅游休闲与城镇化的发展格局来明确自身的角色，

这是融入区域大格局的前提。

通过挖掘自身的比较优势，发现区域格局中最大的功能空白，从而明确自身的功能角色定位——门户、客厅、卧室或花园，这是旅游地产项目特别是后发者提高战略定位、破解同质化困局的关键之道。如绿维文旅在阳宗海某大型旅游地产项目的前期咨询提出，要跳出六大项目高尔夫 + 酒店 + 地产 + 温泉（“三菜一汤”）的同质化模式，利用自身作为“阳宗海门户”的区位优势，通过开放式的浪漫花卉公园、异域主题休闲小镇、区域休闲集散中心等项目的建设，打造阳宗海的休闲客厅——成为区域休闲消费中心（超级出发台与超级回归台），从而占据制高点获得后发优势，使其他项目成为自己的配套。

（三）以体验差异化的眼光，构建独特主题，突出其特色

对于旅游项目来说，竞争力形成的关键，主要依赖于差异化的体验，必须通过构建一个具有强大感召力的独特主题——将整个项目统领起来的灵魂主线、核心概念、总体定位，这至关重要。

独特主题的构建，需要将资源基础与特色文化整合起来，可以是本土文化，也可以是外来文化，关键是要对市场形成强劲的吸引力，能够为旅游休闲板块与休闲地产板块创造出特色的意境，极大地提升其文化内涵与附加值，并最终促进项目市场竞争力的提升。如在浙江缙云县某温泉休闲地产项目的开发中，绿维文旅提出以黄帝文化、道家《内经图》文化与温泉及地产开发相融合，用“黄帝温泉谷 · 养生内经图”的主题来统领整个项目，打造“中华养生第一泉”，从而实现与临近的浙江武义县欧式温泉的差异化发展。

（四）以市场特定化的眼光，打造核心项目，铸就其引擎

旅游地产项目的开发，需要有一个或多个核心项目，即区域发展的引擎来带动。引擎的打造，主要有特色景区、主题公园、主题活动（实景剧、音乐会、电影节、民俗文化活动等）、特色休闲项目（包括温泉 SPA 中心、高尔夫球场、主题度假酒店、主题小镇）及多个项目组合五种。

核心项目的选择，需要立足资源本底，研究核心市场，根据市场的特定化主流需求来选择打造。如在西安高陵县城东南某休闲地产开发项目中，绿维文旅提出，针对由近 10 个特色产业园区（基地）构成的渭北产业聚集区在休闲、购物、娱乐、餐饮等方面的巨大需求，打造一个特色化的城市休闲商业综合体（融合购物中心、酒吧街、电影院、休闲广场等于一体）——渭北幸福港湾，以此来带动整个片区的地产开发。

（五）以运营科学化的眼光，创新操作模式，突破其发展

运营操作的创新，关系项目的发展升级，主要形成了以下经验。

1. **项目运营**

一是先做旅游平台，再做休闲地产。旅游平台主要指运动平台、养生平台、会议平台、文化休闲平台，通过休闲平台的打造，来带动休闲地产的开发，是休闲地产项目开发的商业模式实质。

二是先做项目品质，后做销售面积。在开始先注重项目品质，为的是创造品牌效应，在土地充分升值后做大销售面积（追求合理容积率），是为了更大限度地获取增值回报。

三是销售型物业与经营型物业相结合的运营模式。一般来说，除了主题园区、会所、酒店大堂等公建以外，包括酒店客房在内的休闲地产产品均可以产权式物业的手法先售后租，通过会议经营实现回租后的有效使用。

四是以会员卡的模式，实行捆绑销售，增加项目附加值。如高尔夫地产可以与高尔夫会员捆绑销售，温泉地产可以与温泉泡浴年卡捆绑，同一家企业的若干个项目则可以通过会员卡实现组合权益大联动。

2. **企业运营**

从“项目开发商”到“区域运营商”，做“一级半”开发。在企业运营上，从项目开发商到区域运营商，以一级土地开发与二级土地开发相结合（即一级半开发）的方式，部分重点项目引进战略合作伙伴共同进行开发，如度假酒店、温泉 SPA、养生项目、商业休闲街等，可分别引进国际著名的酒店管理集团、著名 SPA、国家级中医理疗机构、休闲商业街各类业态品牌店来合作开发，最终推动整个项目的大发展，而开发商将在降低开发风险的同时，在土地增值与经营分成中获得巨大收益。

专栏 12　绿维文旅基于新型城镇化的地产开发创新

更多详情请扫描二维码

新型城镇化下的房地产发展，需要全新的结构和模式创新，绿维文旅基于对旅游地产行业的解读和项目运作经验，总结出旅游地产开发的科学架构，形成了休闲商业地产、休闲居住地产、酒店地产、养老地产、文创地产、庄园地产等多领域的优秀案例。

四、旅游房地产的开发形式与产品类型

（一）旅游房地产开发形式

1. **土地一级开发**

所谓一级土地开发，指在土地出让前，对土地进行整理投资开发的过程。土地一级

开发是土地出让前的运作方式，开发的主体多为当地政府或由当地政府指定的土地开发企业，而土地一级开发的结果是要使“生地”成为“熟地”，达到出让的标准。在大多数城市，土地开发主要是由政府来操作，也可以由政府委托企业来做，政府负责管理和监督，或者由国有企业或事业单位性质的土地储备机构来做。

旅游房地产土地开发，属于土地一级开发的范畴。严格意义上讲，国内外的土地使用性质都不存在“旅游房地产用地”这个类别，而对于国内出现的“旅游房地产土地开发”概念，其实质是一级土地开发经划拨或转让后，针对房产开发商建设的项目是否用于与旅游行业相关的居住和休闲娱乐方面的经营活动来定义的。

旅游房地产中的一级土地开发，涉及很多不同类别，包括城镇中旧街区改造为休闲商业或休闲娱乐街区，成本往往很高，风险较大。但是城市休闲聚集核如果设计得好，可以有效地提升旅游房地产区域地价，实现一级开发盈利。非城市中心的旅游房地产，特别是偏远区域，环境好、旅游资源好、地价很低，如果政府对大交通解决得比较好，一级开发空间就很大，这是绝大多数房地产商参与旅游房地产开发的关键。

旅游房地产商参与土地一级开发，与城市土地开发的差别在于，旅游房地产开发不仅仅是项目地的征地补偿、拆迁安置、七通一平等基础设施和社会公共配套设施建设，重点是要形成真正的旅游产业。因为旅游房地产的核心，在于依靠旅游，形成游客搬运，实现消费聚集。旅游产业的价值决定了土地的价值，开发商必须结合旅游产品开发，结合旅游房地产二级市场开发，才能真正获取一级市场的利润。

当然，在旅游房地产的建设过程中，存在旅游综合体、新农村社区、配套酒店、度假公寓等各类项目的开发建设，如果房地产商与政府形成补偿性合作，参与进行土地一级开发，相对风险较小，盈利更有保证。这一时期的运营要点在于顶层设计和政策法制层面，顶层设计层面应做好城市规划和产业规划，确定区域未来的发展方向；政策法制层面应出台土地、奖惩、税收等方面的政策条件及监管机制，保证项目的顺利推进。

2. PPP 模式下的旅游公共设施建设与旅游项目开发

以 PPP 模式为主导，通过与政府合作，打造旅游休闲的公共工程项目，不仅可以形成旅游相关的公共设施建设，还能形成一批旅游产品，由地产商经营一段时间，再交回给政府管理，或者长期由地产商经营，或者地产商完全建成以后交给政府经营。这类项目包括旅游交通、游客中心、城市休闲区、展馆博物馆、旅游景区、大型旅游娱乐项目等，以及与之相配套的综合性公共基础设施和功能开发，如道路、通信、水电等综合管网系统。其开发建设，需要大量投资，但是市场回报相对来说比较困难，通过 PPP 或者通过政府的优惠扶持，结合土地开发与旅游项目开发，使得地产商积极地参与进来。

PPP 作为公共基础设施建设中发展起来的一种优化的项目融资与实施模式，其得天独厚的优势，也吸引了众多旅游城市通过这种模式，对包括餐饮、宾馆、酒店、旅游交通，以及各种文化娱乐、体育、疗养等各项旅游公共设施及城市休闲项目进行开发建设。完善的旅游公共设施，不仅为旅游发展提供了有力的保障，同时也强力带动了旅游项目的长足发展。

3. 泛旅游房地产产品开发

旅游房地产产品开发，不同于一般商业地产或住宅地产产品，其与旅游产品的结合非常紧密。因此，一般把旅游房地产产品开发纳入区域综合开发的结构之中，深度设计，形成五大类运营模式不同的产品：自持型经营产品、出租型商业房地产产品、销售型商业房地产产品、销售回租型商业或住宅产品、销售型住宅产品。

面向旅游房地产的地产开发，必须以区域综合开发为理念，运用泛旅游产业集群化发展模式，开发泛旅游架构下的地产产品。

（二）泛旅游房地产类型

绿维文旅运用泛旅游房地产的架构，将旅游房地产概括为休闲商业地产、休闲居住（第二居所）地产、度假居住（第三居所）地产、酒店地产、养老居住地产、庄园地产六大类。

1. 休闲商业地产开发

休闲商业地产是传统商业地产在体验经济时代的发展方向，在旅游与城市发展中，是集聚人气的最好选择，包括城市休闲商业地产和旅游区休闲商业地产两类。伴随着国民经济的提高和人们需求的不断增长，休闲商业地产越来越趋向于综合化发展，这种发展架构最重要的在于商业业态的设计。突破传统的购买型商业业态，消费型商业业态成为休闲商业综合体最重要的业态模式。如何有效地推动这种业态，实现让人留下来消费的价值？绿维文旅认为首先应通过文化策划、业态策划确定主题及商业模式，然后落到建筑设计上，且要符合主题及业态的要求。

休闲商业综合体的辐射范围比城市综合体大，不仅辐射本城区内，还辐射到整个周边城区结构。如此强大的带动作用，使得休闲商业地产对城镇化发展的推动作用也日益凸显。一是对城市商业的影响，表现在优化城市商业格局，形成新的零售商业网点空间格局，加速零售商业空间优化组合及优化城市商业环境。二是对城市休闲娱乐的影响，可以充实市区休闲娱乐的内容，引导人们新的休闲娱乐需求。三是对城市地域空间的影响，有利于加快新城区的发展，促进旧城区的改造，形成新的城市功能区。四是可以改造城市空间，优化城市功能，重塑城市品牌，提升城市形象和增强城市吸引力。五是有助于提升城市土地开发价值，可以扩大政府税基，提高社会公共福利水平。

2. 休闲居住（第二居所）地产开发

休闲居住地产又称第二居所，主要是周末郊区休闲居所。此类地产一般在距离中心城区 2 小时以内的环城游憩带中（如北京、上海、成都的郊区），规模比较大。其开发机会主要依托良好的交通及城市人群的巨大休闲与居住市场，时间距离与交通成本是其开发的关键因素，主要有郊区别墅排屋、花园洋房等社区群落或者城郊景观别墅、为城市新生代白领阶层开辟的大型综合居住社区、为离退休老人设计的养老型公寓等。

休闲居住地产对创新城市发展模式、创新城市生活方式和加快城镇化进程等方面都具有重要的意义。具体而言，第一，可以改变目前城市“摊大饼”式的扩张和“卫星城”式的发展模式，为城市发展提供创新模式。第二，休闲居住地产为城市居住者创造了一种新的生活方式。酒店、办公、公园、购物、休闲娱乐、居住等多种建筑功能元素融于统一的规模化社区中，提倡高尚多元的文化品位，商业配套和生活服务功能彰显休闲元素，体现出全新的“在休闲中工作、在工作中休闲”的生活方式。第三，休闲居住地产的发展推动了农村新村和社区建设，促进了城乡经济的融合程度，对新型城镇化的进程起到了重要的推动和促进作用。同时，依靠挖掘文化资源、创造休闲生活的高品质物业，休闲居住地产还有利于城镇化进程中地域文化的传承和发扬。

3. **度假居住（第三居所）地产开发**

度假居住不同于休闲居住，不可能每个周末都去，而是每年在此消费一定时间。在旅游胜地的度假地产开发中，拥有滨海资源、温泉资源、避暑环境等核心资源的地区率先成为度假地产的宠儿，这类旅游地产以第三居所和度假休闲为主要需求，通过休闲社区、公寓、别墅等多种形式的地产开发，用资源创造生活方式，营造自然生活环境，体现人与自然的和谐统一。度假居住地产产品主要有以下四种类型。

（1）滨海度假地产。

世界休闲地产发轫于海滨，海滨休闲地产是发展时间最久、产业最成熟、开发规模最大的一种休闲地产类别。海是比较稀缺的自然资源，因此海滨休闲地产是相对高端的休闲地产类型。

（2）防寒避暑地产。

防寒避暑地产是依托其特有的气候资源，以避暑度假或防寒度假为目的的房地产开发模式。为了迎合消费者多元化、个性化的需求，防寒避暑地产中往往会融入休闲、养老、养生等元素。这类地产具有明显的季节性及地域性，怎样通过分时度假理念的融入，来激活淡季的地产运营，是这类地产开发的关键。

（3）运动度假地产。

以高尔夫和滑雪为代表的运动类度假地产，通过发展满足旅游者体验性、参与性需求的运动游乐项目，能够有力地提升整个度假村的整体吸引力，并提高综合收益。

（4）康疗养生地产。

温泉以其康复疗养与休闲养生的双重特性，对度假地产的开发具有突出的作用。以特色温泉水疗产品为吸引，以会议度假酒店为核心，带动先售后租的温泉地产开发的“温泉会都”模式在市场上取得了巨大的成功。

养生地产是以生态环境良好的区域为依托，为满足消费者追求延年益寿、强身健体、修复保健以及养生文化体验而提供的各种类型的地产。它一般远离大城市，多建在环境良好的山水、森林、滨湖等生态景区，配以医疗、交通、教育、康体娱乐等相关设施。随着休闲养生需求迅猛发展，养生地产逐渐成为旅游地产发展的一种趋势。

4. 酒店地产开发

绿维文旅总结多样化的酒店业态之后，概括了酒店综合体的模型。即以酒店的第一功能——住宿为基础，延伸出餐饮、会议、商务、娱乐、游乐、运动、博彩、观光、体验、康疗养生等休闲娱乐功能，并结合产权式客房、酒店式公寓、商务别墅等销售物业，最大规模整合聚集业态的“复合共生型”酒店社区。简言之，酒店综合体是“酒店住宿 + 休闲功能 + 度假物业”的集合。

酒店综合体对旅游度假区域项目来说，可以较好地配套休闲设施，形成酒店功能的吸引力。若与主题文化相结合，形成主题型酒店综合体，还可以引入主题游乐、主题娱乐、主题餐饮等，从而放大主题功能，提升酒店吸引力，最终有效延伸游客滞留时间，扩大游客消费。

酒店综合体最重要的一个价值，在于以酒店管理及酒店休闲来支撑酒店式销售物业，包括产权客房、产权公寓、产权别墅、产权四合院、产权独栋会所等。以商业用地或旅游用地，通过酒店物业管理，延展出快速回收的销售物业，达到快速回收资本、扩大酒店接待能力等多种效果。

产权客房单元，通过销售回租模式的运用，既保证了业主持有产权，可以每年消费一定时段，又可保证其享受经营收益。

产权公寓或别墅，享受酒店式管理，可以回租，也可以不回租，或者是个人进行出租。因此具备经营性质，也是比较受欢迎的产品。

产权会所，是以机构为销售对象的度假商业地产产品。会所比一般别墅大，处于酒店管理之内，对于中国及其庞大的国有、股份、私营机构而言，是一种商业物业，又是机构进行商务接待和会议公务的场所。最大的优点在于，会所可以由酒店托管经营。机构既可以享用会所，又可以获取经营收益，还能够资产保值增值，并可用于资产抵押或运作。会所地产正在成为中国旅游地产中最有吸引力的产品。

5. 养老居住地产开发

养老居住地产，是以“养老 + 地产”为开发模式的一种复合型地产产品。复合型地产产品往往具有鲜明的主题，以及围绕主题所产生的服务价值链条。对于养老地产来说，要以居住地产产品为载体，结合医疗、康复、休闲等养老服务进行开发。

养老居住地产是指可以使老年人获得经济供养、生活照料及精神慰藉等基本内容的居住场所。它的基本存在形式有老年社区、老年公寓、老年住宅、养老院、托老所等。一个成功的养老居住地产项目，除了满足基本的居住功能，即提供公寓、套房等产品外，还需要满足生活服务功能、文化娱乐功能、医疗护理功能、商业功能等，向老年人提供公园、健身区、棋牌室、医疗室、紧急呼叫、日常护理、超市、洗衣理发服务等配套产品。

6. 庄园地产开发

生态农庄是以绿色、生态、环保为目标，以资源有效利用为载体，以科技创新为支撑，以市场化运作为手段，集农业生产深加工与观光旅游于一体的规模集约化农业场所。

作为生态型休闲农庄，农业仍是其核心产业基础，因此农业应当继续作为园区的主导产业。旅游业则以园区内的特色旅游资源为依托，分期投资，打造独具特色的旅游项目。由于房地产的投入较大，因此应放到后期发展，通过争取扩大建设用地面积和旅游拉动土地价值两大手段，撬动房地产业开发。

绿维文旅综合多年的经验，认为根据打造主题的不同，农庄主要有以下几种开发类型：一是特色农业农庄。定位景观农业体验、创意农业休闲等，开发农业游、林果游、花卉游、渔业游、牧业游等不同特色的主题休闲活动。二是科普教育农庄。兼顾生产、科技示范与科普教育功能，在农业科研基地的基础上建设，利用科研设施作景点，融入现代审美观的特色型发展模式。三是风水养生文化农庄。充分结合地形地貌，导入风水养生理念，结合风水艺术景观来构建风水农庄；而生态养生则是利用项目地特有的养生资源，推出一系列特色养生度假产品的发展模式。四是商务会都农庄。以优美田园风光为依托，利用优质的生态环境建立特色主题，建设商务套房、会议室等商务必要设施，围绕商务活动、集会、团体性接待形成对应的配套服务项目，如康体、康疗、歌舞宴等。五是果酒庄园。以酒文化为主线，带动各类特色果品的种植、采摘和体验，同时形成不同类型的酒庄、酒窖、酒文化博览馆等。六是体育公园型庄园。融入现代体育运动与康体度假，打造以体育花园与康复社区为主题的休闲农庄。七是低碳环保庄园。通过一批具有示范意义和推广价值的绿色生态建筑、节能环保建筑及其他新能源产品形成的体现未来生活的主题农庄。

复习思考

1. 什么是旅游房地产？旅游与地产结合的优势有哪些？

2. 旅游房地产开发的困局和机遇有哪些？面对这些困局和机遇，旅游房地产项目应如何开发运营？

3. 旅游房地产项目开发的组成要素有哪些？

4. 以泛旅游产业为框架的旅游房地产开发形式和产品类型有哪些？

第六章

旅游项目的基础分析研究

学习目标

知识目标

1. 掌握旅游资源的概念、延伸内涵；
2. 掌握旅游客源市场的研究内容和调研体系；
3. 了解旅游项目分析的资源观、市场观、要素观、产业观和竞合观。

能力目标

1. 树立旅游项目分析的新“五观”，实现对旅游项目基础条件的正确认知、科学评价和有效分析；
2. 熟悉 GIS、大数据应用等旅游项目分析方法，探索旅游项目基础分析的创新手段。

旅游策划、规划和设计能够为旅游业的发展提供宏观蓝图和落地指南，而前提保障是科学的基础分析研究。要提出因地制宜的策划、规划和设计方案，首先要对资源禀赋、客源市场、地域特征、产业结构等因素进行全面的分析与预测，从而确定项目的总体定位、目标定位、形象定位和市场定位，为后续的主题设计、功能分区、产品研发、基础设施和公共服务设施布局等开发运营工作提供科学、清晰的发展方向。

本章包括三节内容：旅游项目分析的新“五观”、旅游资源分析的研究、旅游客源市场的分析研究。

第一节 旅游项目分析的新“五观”

随着旅游日益成为人民群众追求美好生活的日常行为方式，新时代的旅游业也呈现出消费规模化、需求品质化、要素多样化、产业综合化、目的地全域化等发展特征。在此背景下，应树立创新的资源观、市场观、要素观、产业观和竞合观，从而形成对旅游项目基础条件的正确认知、科学评价和有效分析。

一、资源观——全域资源的价值挖掘

传统的“景点观光、到此一游”模式已经不能满足国民日益增长的休闲度假需求，构建旅游目的地综合发展体系是新时代旅游业发展的必然要求。因此，在对资源的梳理和分析过程中，不仅要关注国家风景名胜区、自然保护区、文物保护单位等观光游览资源，更要发现风景道、观光农业、特色乡村、城市社区、山水环境等新资源在四时四季、养心养老、康养运动等方面的价值，梳理旅游资源中景区景点、风景道、资源聚集区的空间关系，重新认识核心旅游资源区、旅游资源融合区、旅游资源拓展区的价值。同时，要用“旅游+”的理念，串联项目地的工业、商业等产业资源，活化当地非物质文化资源，实现人文旅游资源、自然旅游资源、产业资源等多种资源的全面共建共享。

二、市场观——结构化体系化市场开拓

在旅游消费常态化、生活化，旅游人群多样化、客群化、细分化，旅游竞争国际化、全面化的总体特征下，旅游项目的开发运营应具有结构化、体系化的市场分析、研究和开拓思路。首先，在进行市场总体现状调查时，不但需要研究市场总量的变化，同时也需要发现市场人群特征、客源地等变化的趋势，关注客源消费习惯的改变；通过市场调查问卷发放或购买市场大数据获得一手市场资料，形成对客源地的总体评价、景区评价及地域评价。其次，对客源市场的界定，不应只局限于按照车程来划分的距离市场，在以自驾、高铁、飞机为引领的新时代交通格局下，旅游市场除按行程时长划分外，更重要的是按照全域旅游区域内的不同结构和主题产品聚集不同辐射半径的客源，形成多样化市场结构。最后，市场渠道上，应该做好系统化市场开拓方案，互联网的出现打破了物理空间束缚，全域旅游目的地借助虚拟空间尤其是借助移动智能终端可进行渠道的优化和推广。

三、要素观——五大诊断，全要素开发

旅游要素的概括归纳，反映了旅游活动和产业发展的不同阶段需求。旅游项目分析

中需要树立的要素观不仅是狭义的旅游六要素或旅游十二要素、十八要素，还涉及旅游目的地综合发展的各个方面。绿维文旅的全要素开发观体现在对旅游目的地各种发展要素的多元审视，主要包括五个方面：一是对核心吸引物的诊断，包括旅游目的地的旅游资源开发现状、旅游产品现状、旅游线路现状、节庆情况等；二是对旅游要素（十八大要素）的诊断；三是对基础设施和公共服务设施的诊断；四是对“旅游 +”新业态的诊断，包括文化、健康、体育等；五是对城乡旅游发展环境的诊断。除了以上五个主要方面，还包括对乡村旅游发展、旅游扶贫、旅游产业融合、目的地产业品牌等多个方面的研究与推进。

四、产业观——全产业链综合发展

旅游是一个无边界的产业，依托其巨大的带动效应和灵活的市场机制，具有为各相关产业“搭建平台、促进共享、提升价值”的功能。因此，应树立全产业链整体发展的产业观，以“旅游 +”的产业思维，站在区域综合发展的层面来分析旅游业的现状、趋势和方向。“旅游 +”是多方位、多层次的，融合的方式多种多样，融合的内容也越来越多，可以是工业、农业等大产业，可以是创客、教育、体育、文化、养生、养老、医疗等具体产业，也可以是互联网、工业等关联性产业。任何一个“+”的产业，都可以单独支撑起旅游项目的特色，也可相互叠加，起到更好的支撑作用。旅游把人有效聚集到目的地，客流的聚集形成消费的聚集，“旅游 +”的核心在于通过与旅游的高度融合创新形成产业链的整合，全产业链转化为旅游目的地的消费项目和经济发展引擎。“旅游 +”需要因地制宜、因时制宜地选择特色领域重点突破，从而提升区域旅游业发展能力，拓展区域旅游发展空间，构建旅游产业新体系，培育旅游市场新主体和消费新热点。

五、竞合观——明确的定位体系构建

竞合，即竞争、合作，是指基于对市场现状的分析，与竞合对象进行比较分析，从而理解自身的优势与劣势，制定提升自身竞争力与合作共赢并行的战略逻辑。在旅游项目的开发运营中，竞合分析主要包括对同地区多旅游项目、不同地区同类型的旅游项目的分析比较，以及具有相似特征的国内外典型成功案例的解读借鉴。竞合分析是挖掘项目特色、精准市场定位、创新产品体系、优化经营手段、明确合作对象的重要步骤。构建旅游项目分析的竞合观，核心是要明确竞合对象，要综合考虑竞合对象与自身旅游资源或环境的相似性、互补性和区位条件的关联性，通过对项目所在地资源的纵向梳理和相似类型项目的横向比较，把握项目在所在地区、国家和国际竞争格局中的有利与不利因素，从而确定项目的核心吸引力、在旅游目的地综合发展体系中的角色、重点客源市场和线路串联手段。

第二节　旅游资源的分析研究

旅游资源是旅游业赖以生存和发展的物质基础，是旅游要素中“游”的核心载体，是刺激旅游需求、开展旅游活动的首要条件。旅游资源的数量多少、质量高低和开发水平，都影响着旅游目的地的市场竞争力和可持续发展能力。因此，正确认识旅游资源内涵与特征，对旅游资源进行科学的分析和评价，构建与资源本底及潜力相配的策划、规划和设计体系，是旅游开发运营过程中需要面对的首要课题。

一、旅游资源观的重构

旅游资源的内涵解读是一个动态的过程，随着消费需求的变化和产业发展的需要，其范围不断扩大、类别日渐细化。目前针对旅游资源的界定和评价，主要关注其吸引属性和效益属性，即具有吸引力、能够激发旅游者出游动机并满足某种心理需求，同时可为区域带来经济收益、社会发展和生态效益的资源，可称之为旅游资源。

（一）旅游资源的概念界定

在我国旅游业理论和实践不断深化的过程中，旅游资源这一概念始终未形成统一的结论。特别是在早期的研究中，旅游资源的原始性是众多学者的分歧所在，不同学科、不同行业和不同利益出发点的主体，针对“资源是否被开发”这一问题对旅游资源的定义给予了不同的界定。但是，回顾改革开放 40 年以来相关文献中对“旅游资源”概念的解读，“吸引力是旅游资源的基础”这一共识已经达成。吸引游客的功能和价值，包括吸引旅游者产生旅游动机和实际的旅游行为，是旅游资源必须具有的前提条件。2003 年《旅游资源分类、调查与评价》（GB/T 18972—2003）的颁布，使旅游资源的分类及评价工作有了一个统一的标准，2017 年新版《旅游资源分类、调查与评价》（GB/T 18972—2017）充分考虑旅游界针对旅游资源的研究和实践成果，将旅游资源定义为自然界和人类社会凡能对旅游者产生吸引力，可以为旅游业开发利用，并可产生经济效益、社会效益和环境效益的各种事物和现象。

可以看出，旅游资源的内涵需要从两个角度界定，一是对旅游者有吸引力，即能激发人们的旅游动机，并可用于旅游者开展旅游活动；二是必须“可以为旅游业所利用”，即拥有被旅游业所利用的综合价值和潜力。在现实情况中，众多拥有秀丽风光的景区都是依靠天然存在的山川、森林、水系而建，拥有悠久历史的艺术、民俗、非物质文化遗产也不需要开发即自成活化的博物馆，而人造的主题公园、游乐场馆、特色村镇等旅游吸引物也不断吸引着旅游群体前往，交通、餐饮、住宿、游客服务中心等人工规划和开发的基础配套设施和公共服务设施在旅游目的地体系构建中扮演着不可或缺的角色。

因此，旅游资源概念的界定与资源的原始状态及人工开发程度无关，其判定的核心在于是否能够促进旅游活动的开展。能够通过刺激旅游动机，实现消费搬运，进而产生区域经济效益和社会发展动能的自然、人文、服务、设施等资源，均可以称之为旅游资源。旅游活动中的人力资源，因其并不是构成对旅游者的吸引力、刺激旅游者产生旅游的需求或实际旅游行为的直接原因，只是在旅游活动中起到媒介作用，不应称作旅游资源。

（二）旅游资源的内涵创新需求

根据《旅游资源分类、调查与评价》（GB/T 18972—2017），旅游资源分为地文景观、水域景观、生物景观、天象与气候景观、建筑与设施、历史遗迹、旅游购品及人文活动八大主要类型，主类下包括 23 个亚类、110 个基本类型。

随着经济社会的发展、人民生活水平的提高、国内道路交通基础设施的日臻完善，旅游者对旅游资源及由资源构成的吸引物的认知和需求都发生了巨大转变。无论从时间维度到空间维度，还是从物质形态到精神层面的元素都能够成为旅游资源，进而在引起游客共同关注后形成旅游吸引物。

面对市场需求细分化、出游方式散客化、空间行为全域化的新型旅游方式，旅游资源内涵的革新与完善是旅游业进步与发展的必然。因此，新时期下的旅游开发运营需要建立与旅游市场发展趋势相匹配的旅游资源体系，不局限于国家风景名胜区、自然保护区、文物保护单位等传统的物质形态资源，而应保持一个开放的视角，发现道路交通、特色乡村、城市社区、山水环境、气候条件以及工、农、商等产业资源在目的地品牌塑造、四季全时旅游项目开发、“三避五养”度假体系构建等方面的价值，从而实现旅游资源分析内涵的丰富与创新。

（三）旅游资源的内涵延伸

在旅游发展的新形势下，旅游策划、规划、设计中的资源内涵不断延伸，原本不属于旅游资源的交通、环境乃至一个地区的生活方式、文化气质等都均能转化成为引起游客关注并青睐的旅游吸引物。

1. 道路交通

道路交通系统中的风景道、具有某种主题性特色体验的道路以及一些特色游步道，都可以成为一个地区独特的旅游资源。例如，美国的蓝岭风景道、66 号公路和我国的草原天路等均以沿路优美的自然景观而闻名；日本的音乐公路则以其特殊的音乐体验吸引了大批游客的关注；美国旧金山星空步道、法国 3D 画游步道也因其创意性的景观特色而成为一道亮丽的风景线。这是因为它们实现了道路从单一的交通功能向交通、生态、创意、游憩、康体和保护等复合功能的转变，对于新时期科学发展观指导下的道路建设、生态保护、旅游发展等具有十分重要的作用和意义，因此，道路交通应在旅游策划、规划和设计中得到充分的重视。

以绿维文旅主持编撰的《池州市全域旅游发展规划》为例，池州市起自池州主城区贵池，经318国道、103省道、325省道、025县道，全程数百公里有着多条风景道，连线大小数十处优质景观资源。一路自驾骑行，会穿越山林、河湖、田野、古城、小镇、美丽乡村……景环路，路串景，异彩纷呈，变化万千，是北纬30°线上罕有的景观如此丰富集中的交通要道。基于此，规划将干线、支线、乡村公路等若干具有景观吸引力的道路纳入到池州市旅游资源的范畴中来，并在系统的分析、诊断之后，结合在地文化特质，将其转化成为池州具有突破性的自驾旅游产品。如提升和打造礼佛公路、山岳最美道路、徽池古道、古驿道等主题公路，形成环九华环线、环升金湖环线等“一主四环”全域覆盖的最美自驾公路等。同时，作为自驾旅游产品中重要的一环，池州市还将配套建设环九华山、环升金湖、沿秋浦河与富硒谷四大营地体系。

2. **生活方式**

生活方式可涵盖的内容很广，大到一个地区的精神风貌、城市性格、生活节奏，小到当地居民待人接物的生活习惯、人与人之间的气氛等，都可带给旅游者与众不同的旅游体验。因此，旅游策划、规划、设计中也应将其作为有别于传统资源单体的新型旅游资源加以考量。在绿维文旅主持编撰的《厦门市全域旅游专项规划》项目中，厦门生活被作为一项核心的旅游资源，对其价值进行深层的剖析与解读，提出“厦门生活是指在中西文化交融、内陆和沿海文化交融的双重作用下，由南洋华侨、台湾归侨、原住居民、青春学生、外迁移民五种主要人群在长期的交流与碰撞中所生发出的一种以包容友善、从容闲适、以茶待客、文艺精致”等为特点的生活方式（见图6–1）。

中西合璧的多元文化构成厦门生活的独特体验场景

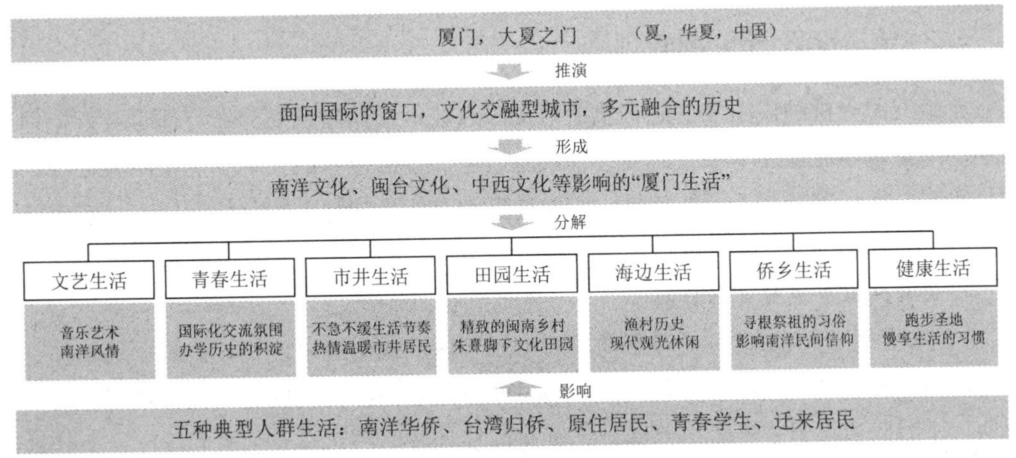

图6–1　厦门生活解读分析

依据这一资源特质，规划将厦门定义为以其城市独特的文艺生活、青春生活、市井生活、海边生活、侨乡生活、田园生活、健康生活七大主题为引领的文化休闲、城市度假旅游目的地。与此同时，在产品、要素的构建过程中，也充分强调对其原态生活的还原与体现。在这一主旨下，以本岛为载体，打造了传统生活、时尚生活、夜厦门生活、美食生活等一系列生活体验型旅游项目。在全域范围内，相应形成了山海欢动生活、闽台文化生活、浪漫海岸生活、欢乐田园生活、生态康养生活等厦门特色生活体验游线，共同构成以城市生活方式为核心吸引的厦门旅游体验产品体系。

3. 环境

近年来，PM2.5 等恶劣的空气环境状况对人体健康的危害引发各地市民的高度关注。人们越发青睐去一些拥有新鲜空气、纯净水源、宜人气候，远离雾霾，贴近自然的目的地开展休闲度假、康体养生等旅游活动。一个地区的气温、降水、风力、湿度等气象要素是气候分析中的重要依据。好的气候与空气质量等环境条件能让人们在繁忙的工作之余得到身心的修整，也正在成为旅游者的新关注点。因此，在旅游资源分析时，将气候等环境条件纳入旅游资源范畴应是一个必然的选择。

在绿维文旅主持编撰的《厦门市全域旅游专项规划》中，项目组通过对各月温度、湿度、风向等指标将厦门市四季如春的气候、优良的空气质量作为旅游资源分析的重要方面，四季宜游的全年化特性突破了旅游产品构建的季节性限制，优良的空气质量也是其强有力的吸引点之一。依托这一气候特征所具备的养生价值，规划打造了滨海度假、康疗养生、温泉度假、避暑度假四大主题养生度假旅游产品，形成了汀溪、大帽山、丙洲岛、天竺山—明谷、五缘湾五大旅游度假聚集区、一个国家级旅游度假区和两个省级旅游度假区，极大地丰富了厦门市旅游产品的层次结构。

二、旅游资源的分析方法创新

（一）旅游资源分析的维度创新

旅游资源分析的惯用维度通常包括对资源点数量、品质及其分布特征等进行梳理与归纳。而在市场需求逐步细分的今天，规划应更加全面地考虑到不同类型旅游资源在时间、空间、区位等新视角上的差异，对旅游资源进行更加深入的分析和研究，实现旅游资源分析的维度创新，从而挖掘出原本被忽视或掩盖的资源特质。

1. 从时间维度进行资源分析

“罗马不是一天建成的。”对于任何一个规划区域或场地来说，其资源、风貌都有历史的成因，尤其是一些在历史长河中经历过曲折变迁的项目地更是如此。规划分析时若仅从一个时间节点对资源做出判断，无疑是浅显和片面的。只有从时间维度，系统地剖析项目地的“前世”与“今生”，进一步挖掘资源、文化背后的故事，方能全面地认识一个规划对象，从而更加准确地把握其发展定位，设计出更能体现在地文化，也更具层次感的产品和体验。

绿维文旅在编撰《青海·翡翠河谷旅游总体策划及概念性规划》的过程中，项目组发现，黄河文明、撒拉文化和红色文化是对场地影响最大的三个文化类型，但在长期的历史发展中，三者的影响力并不是一成不变的。因此，规划从时间维度切入，以史前时代到近现代数万年的历史长河为脉络，提炼出了以黄河文明、撒拉文化、红色文化在不同历史阶段最为关键的独特文化价值构成的时间轴模型。在该时间轴模型的基础上，该项目将其涉及的文化资源进一步分层，寻找到其中最具市场吸引力的文化方向，以指导项目核心 IP 的建立及核心吸引产品体系的构建（见图 6–2）。

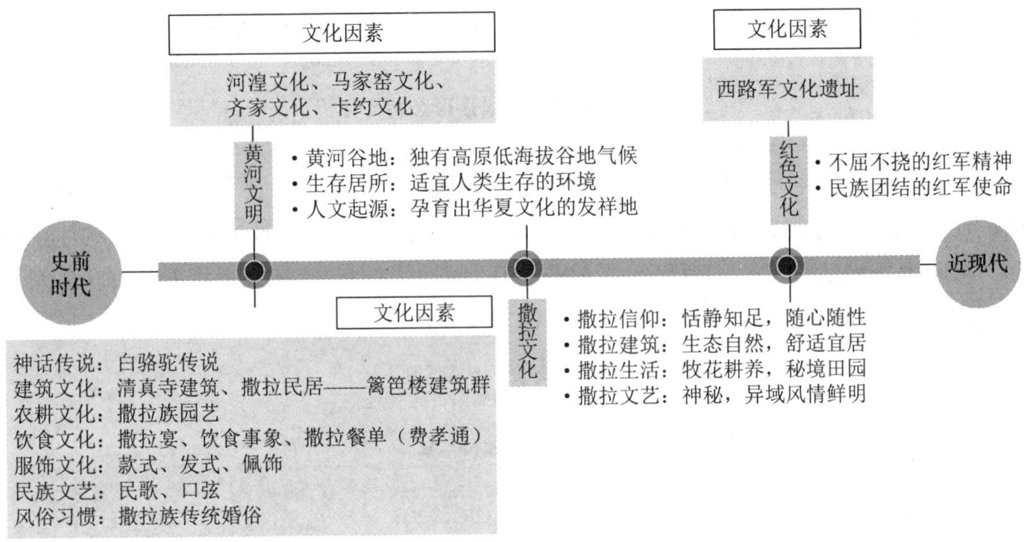

图 6–2　翠河谷文化资源时间轴分析模型

2. 从空间维度进行资源分析

从空间角度对旅游资源进行分析是把握项目地资源特征必不可少的一步。针对旅游发展要求的不断提升，规划应不局限于一个单一层次，而应分层次、多视角地展开研究。如项目自身各空间区域的差异化对比，项目地与周边的竞比以及从宏观、中观到微观角度的逐层递进等，都是从空间维度对资源分析的进一步优化与创新。

在《青海·翡翠河谷旅游总体策划及概念性规划》项目的资源分析过程中，项目组采取了空间分段的方式，将全长 5000 多公里的黄河流域划分为源头段、上游青海段、上游宁夏段、上游内蒙古段、中游山陕豫段、下游山东段六个段落（见图 6–3）。

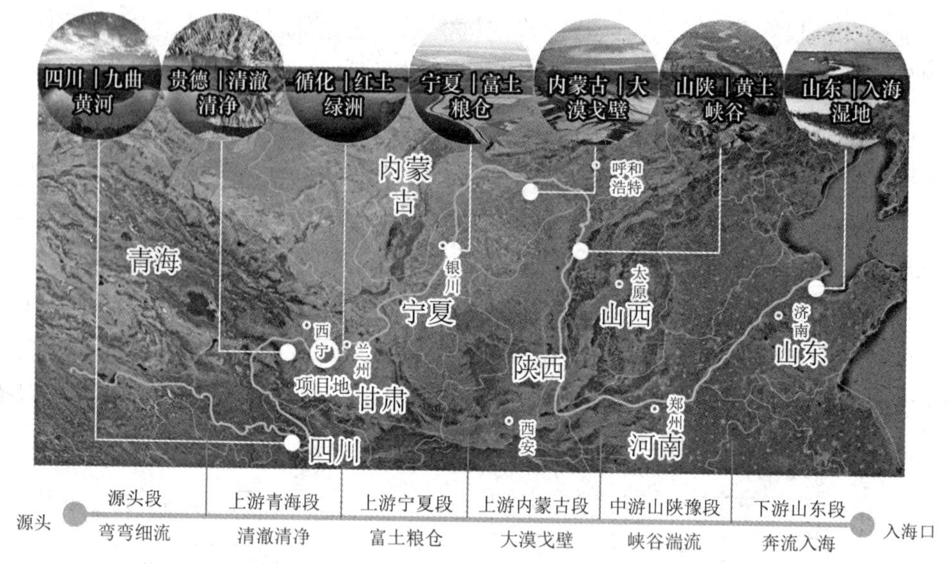

图 6–3　黄河流域各段落形态特征分析

依据对不同段落地质地貌、旅游景区、区域风貌等方面的竞比分析，发掘了项目地在黄河流域这一空间维度中与众不同的形态特质，凸显了项目地宜游、宜居的生活属性，指明了场地适宜度假、养生等旅游产品开发的方向，后续规划也据此演绎出五种不同风情的“黄河岸边最美度假生活”产品体系（见图 6–4）。

有一种黄河的生活叫翡翠河谷
演绎5种不同风情的高原黄河生活

演绎层面	神秘异域的文化生活	翡翠水岸的活力生活	暖阳河谷的康养生活	牧花耕种的田园生活	户外谷地的运动生活
体验内容	神秘的异域商街 传说的白驼足迹 丰富的民族才艺	清澈秀美的翡翠河水 细腻温柔的黄河泥沙 欢乐多彩的黄河夜场	舒适宜居的风情水街 浪漫惬意的红酒品鉴 黄河岸边的唯美花田	冷水鱼类的趣味认知 农家牛羊的萌宠竞技 辣椒田地的浪漫秀场	奇伟壮观的丹霞土林 惊险刺激的红谷赛事 气势震撼的黄河横渡

图 6–4　翡翠河谷“高原黄河生活”体验产品规划

3. 时间与空间维度融合进行资源分析

在旅游项目的资源分析中，时间与空间不是两个孤立的维度，特别是对于历史悠久、地域文化特征多样的场地，策划、规划、设计人员更应跳出传统的资源理解局限，采用时间与空间维度相互融合与叠加的分析方式，对项目地的旅游资源进行深度挖掘，从而明确项目地的发展定位，为后续的开发战略提供科学的背景依据。

绿维文旅在《西安临潼国家旅游休闲度假区文化专项策划》项目的规划中，正是采取了这种时间与空间维度相融合的方式，从宏观、中观区位和微观区位的视角，对项目地文化落地和定位进行了深入解析。

宏观区位上，西安作为中国古都之首，正在成为中国文化的复兴旗帜和文化产业的标杆，临潼度假区的建设处在西安文化复兴与文化旅游产业蓬勃发展的大背景下，要借势发展，对接西安的发展战略。从中观区位看，临潼的文化与西安文化同根同源，作为古都西安的东大门，临潼是西安的文化脉络缩影。因此，临潼文化旅游的发展要突出自身的特色，与西安形成互补，而不是同质竞争。微观区位上，度假区紧邻临潼三大核心资源——骊山、秦始皇陵与华清宫，处在临潼文化的核心区位，应该成为骊山文化和临潼文化的重要代表。基于对项目地文化区位属性的充分认识，项目组提出“千古传奇骊山·东方度假之巅”的形象定位，并在此基础上推出了三大产品线、六大核心项目与12个辅助项目（见图 6–5）。

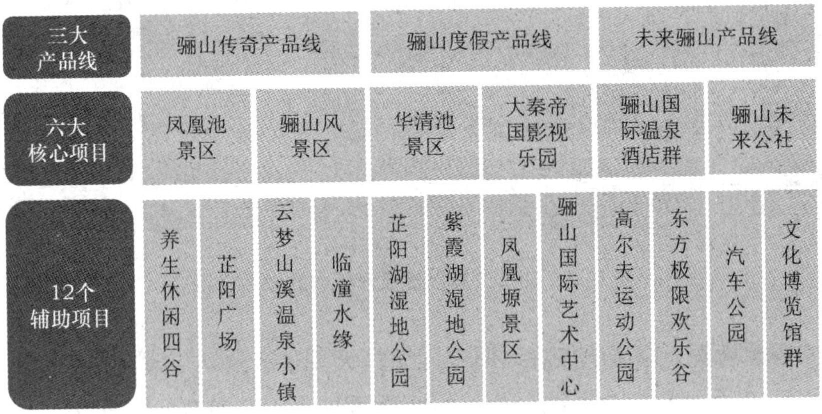

三大产品线：骊山传奇产品线；骊山度假产品线；未来骊山产品线

六大核心项目：凤凰池景区；骊山风景区；华清池景区；大秦帝国影视乐园；骊山国际温泉酒店群；骊山未来公社

12个辅助项目：养生休闲四谷；芷阳广场；云梦山溪温泉小镇；临潼水缘；芷阳湖湿地公园；紫霞湖湿地公园；凤凰塬景区；骊山国际艺术中心；高尔夫运动公园；东方极限欢乐谷；汽车公园；文化博览馆群

图 6–5　临潼度假区项目体系结构

（二）旅游资源分析手段创新

传统的旅游资源分析手段多是运用旅游规划体系自身的模型和方法对旅游资源进行定性或定量的研究，与其他前沿科技或技术手段的结合尚显薄弱。在科技手段日新月异、旅游需求持续扩张的今天，旅游资源分析的手段也要跳出传统局限，与 GIS、大数据等信息手段充分结合，实现资源分析的技术性突破。

1.GIS 应用

将 GIS 手段充分运用到旅游资源的分析中，能够更直观地掌握项目地的自然本底和生态条件，对旅游资源的评价和旅游决策的制定起到不可或缺的作用。运用 GIS 工具，对规划区的山地、水体、林地、田地等区域的高程、坡度、坡向、植被覆盖情况、可视性等方面进行分析，能够更加清晰地判断旅游资源的空间分布特征，划定适宜开发的区域范围和优先保护区域，明确水体、林地、草地等资源的开发价值与方向，有利于潜在最佳观景点的选取以及生物保护安全格局的构建等（见图 6–6）。

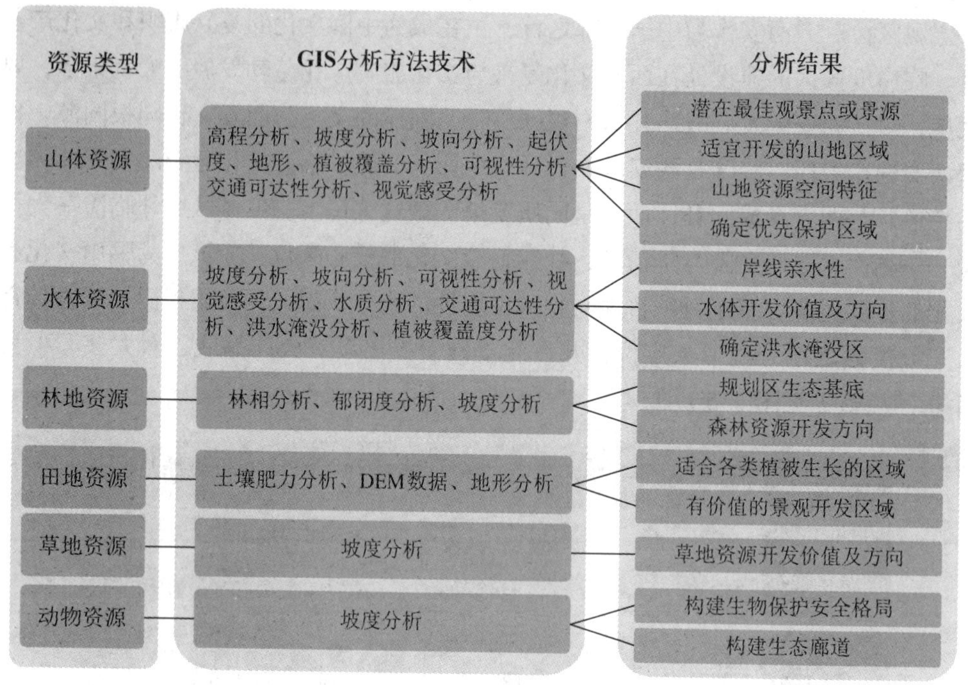

图 6-6　GIS 工具在资源分析中的应用分析

以山体资源为例，绿维文旅在《野三坡龙门天关景区策划与改造提升设计方案》的编制中，将 GIS 手段与旅游资源分析进行了深度的融合。首先，通过坡度、坡向、地形、可视性等方面与旅游资源分布的叠加分析，明确了项目地核心资源点，并发现了其“三点、两线”的空间分布关系（见图 6-7）。

图 6-7　龙门天关旅游资源空间分布分析

其次，利用高程、坡度、坡向、交通可达性以及视觉感受分析，更加精确地选定了龙门天关若干潜在观景点（见图 6-8）。

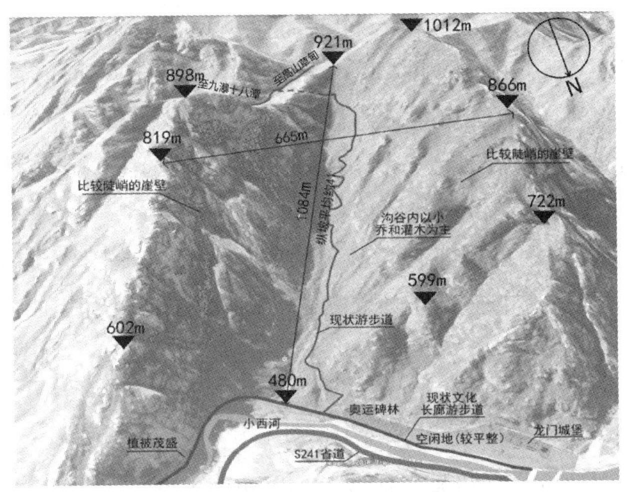

图 6-8　龙门天关潜在观景点初选分析

最后，规划依托 GIS 对项目地山体资源多个层次的分析，确定了最佳观景点、景观大道、文化公园的选址方案，并从整体上为场地的开发利用指明了方向（见图 6-9）。

图 6-9　龙门天关重点项目选址建议

2. **大数据应用**

大数据分析和处理的技术给旅游业带来了变革性机会，旅游资源的分析也应充分利用这项技术，以取得更加精准、客观的研究结果。

以《池州市全域旅游发展规划》为例，绿维文旅在项目基础分析的过程中，运用大数据的技术手段，对包括九华山、大愿文化园、牯牛降、杏花村、蓬莱仙洞等在内的十大重点旅游资源进行了游客认知、满意度方面的细致分析，并以此判断其旅游吸引力情况，发现其在旅游发展中存在的不足。

如通过对 OTA 上的游客评论进行关键词提取，可发现游客对九华山的认知多与佛教、菩萨、名山、风景好等词相关联。再辅以相关大数据软件对好评率的统计，综合得出九华山在游客心中的认知度与满意度，帮助团队对资源在旅游发展中的努力目标和开发方向做出更加准确的判断。同时，通过对九华山舆情传播与网络搜索变化趋势的分析可知，九华山舆情传播与网络搜集具有正相关性，说明舆情传播通达有效，为该资源的进一步营销明确了宣传卖点。大数据手段在旅游资源分析中的运用，帮助了规划团队在重点资源的旅游开发和品牌营销等方面做出更加准确和有针对性的决策。

三、旅游资源评价体系的创新构建

传统的旅游资源评价，一般是指从资源本体角度出发，以《旅游资源分类、调查与评价》（GB/T 18972—2017）为标准，对资源本身的观赏游憩使用价值、历史文化科学艺术价值、珍稀奇特程度、规模丰度与几率、完整性、知名度和影响力、适游期或使用范围、环境保护与环境安全作出评分评级。然而，在旅游者对旅游资源的认知正发生巨大转变的自主旅游时代，如果资源评价的视角仍旧局限于资源本身，无法“跳出资源看资源”，所得出的评估结论势必会与真实的资源价值存在差距。

因此，新时期旅游资源评价的技术思路需要充分顺应市场趋势，结合开发条件及投资状况，从资源本体的细分维度、市场认知维度及开发投资维度等视角，对评价体系进行创新与完善，为旅游资源的开发规划及管理决策提供可靠依据。

（一）基于资源本体维度的评价体系创新

在旅游新资源观的基础上，资源内涵不断丰富，不同类型的旅游资源体现出不同的主体价值，它是资源质量和品位的反映。因此，对资源本身的评价也不能一概而论，而是要具体问题具体分析，对特殊资源类型形成具有针对性的评价视角和体系。

1. 人文旅游资源评价体系创新

不同于自然旅游资源，文化类旅游资源的形成和变迁往往与所在地域的经济、政治发展、代表人物及文化成就等多个方面都有着不可割舍的内在关联。因此，对该类资源的评价一定要建立在全方位的分析视角上，才能得到客观、准确的判断。

如《西安临潼国家旅游休闲度假区文化专项策划》一案，项目组通过对该项目的发展现状进行综合诊断，发现了“文化属性的缺失”这一核心问题，得出“重构文化体系，寻找文化属性”将是临潼度假区实现发展目标的关键，即需要从文化角度对骊山的人文资源进行系统的评价，并需与度假区的功能导向和资源价值导向相契合。该规划对度假区旅游资源要素价值进行了评价体系赋值的修订，并适当强化“与度假区契合度”的分值，得出了新的人文资源评价标准，使整个资源评价体系更加科学与合理（见图 6–10）。

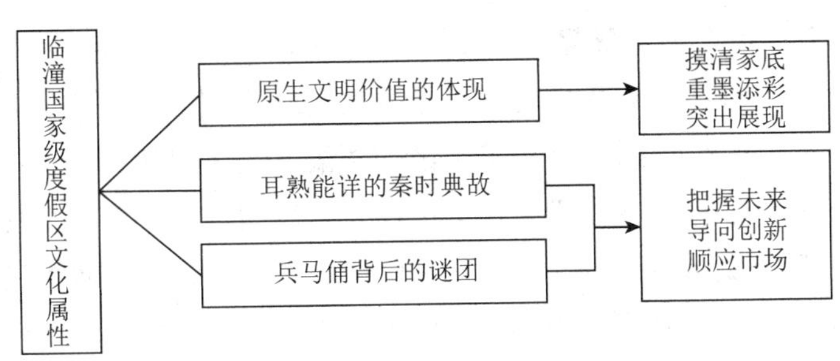

图 6-10 临潼国家级度假区文化属性寻求方式

首先，项目组对临潼文化资源进行了五个子项的分解，从历史时期、历史遗存、历史事件、传说故事、文化标志物等维度对相关资源单体进行细致地梳理。随后，项目组从时间脉络、政治区位、文化区位等方面入手，挖掘度假区不同历史阶段的文化特征，并结合“与度假区契合度”这一视角，形成了度假区文化资源评价的总体标准（见表 6-1）。以此标准为纲领，经过对项目地文化资源的层层剥离与评析，规划最终提炼出临潼度假区核心文化体系、核心资源品牌及主要文化脉络。在文化体系重构的基础上，细化了旅游项目及旅游功能的布局，提出了“一心六区”的基本框架结构，对总体布局做出了更为合理的优化与调整（见图 6-11）。

表 6-1 临潼国家级度假区文化资源评价总体标准

评价项目	评价因子	赋值
资源要素价值	游憩使用价值	20 分
	历史、文化与艺术价值	25 分
	文化独特性	15 分
	文化丰度	10 分
	文化完整性	5 分
	知名度与影响力	10 分
与度假区契合度	与度假区特点、核心资源契合度、度假活动规律契合程度	15 分

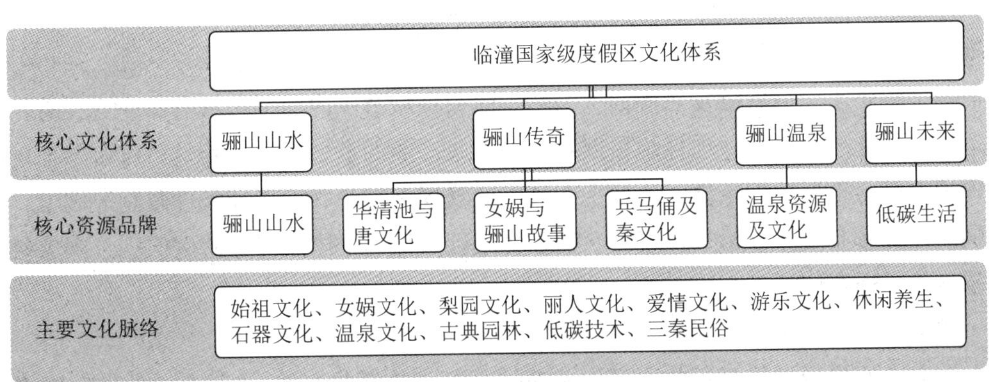

图 6-11 临潼国家级度假区文化体系重构

2. **产业旅游资源评价体系创新**

对于现代旅游业而言，某些特色产业具有其与众不同的吸引力，也可以作为旅游资源。产业资源价值的影响因素有很多，诸如发展实力（品牌影响力、产业规模、产值等）、产业文化、与旅游的结合度（参与度）等，且不同产业的发展侧重点也有所差异，因而对产业资源评价维度的确定就显得尤为关键。下面将通过对一些与旅游结合较为紧密的产业资源的评价维度进行梳理，以充分阐明产业资源评价的特殊要点。

（1）食品加工业。

食品加工业是与旅游产业融合度较高的产业之一，如贵州茅台酒业、聊城阿胶产业、厦门银鹭集团等，都在旅游产业融合方面取得了不错的成效。基于这类产业的发展特点、市场偏好等情况，对于一个区域食品加工产业的评价，主要应从食品品牌影响力、加工过程独特性、产业规模、发展历程的文化内涵、游客参与度与开发难度等几方面着手。

如在《厦门市全域旅游专项规划》中，以银鹭集团为代表的新圩镇食品产业实力雄厚，战略眼光长远，与旅游业融合发展的意愿明显。绿维文旅在对旅游资源的评价中，将其作为产业资源的一个重要内容，采用以上评价维度进行专业化的价值评估，整体把握其品牌认知度、挖掘集团发展的文化内涵，综合考量旅游参与度的多种可能性，并提出发展难点，为后期的旅游产品策划提供了重要的依据，最终落实了新圩食尚小镇、厦门老茶厂等食品加工类旅游体验产品及体验游线的规划。

（2）健康产业。

对于饱受空气污染、繁重压力及亚健康状态等“折磨”的都市人群来说，健康旅游越来越受到人们的推崇。在这种趋势下，健康产业，如富硒产业、生物医药产业、功能糖产业等均有着良好的旅游市场融合发展前景，能够成为某个地区的核心吸引级别资源。以生物医药产业资源为例，规划中应从医药产品的健康疗效与其主要客群、产业规模、专业人才及配套设施条件、旅游参与度（旅游产品的转化度）、开发限制条件及现状等多个方面进行评价。

以《池州市全域旅游发展规划》为例，池州市域范围内富硒土壤分布广泛，有条件打造富硒农业产业基地。项目组根据对富硒健康产业的发展规模、疗效、旅游参与度等的评估，结合地形地貌条件、区域生态条件、气候条件、开发用地条件限制等因素，通过硒元素的分布走势分析，以富硒、生态为基础，提出了国家级旅游度假区、国家级康养基地的目标定位。

（3）体育产业。

随着人们强身健体意识的增强以及对体育赛事热情的高涨，“体育＋旅游”融合发展已成为一种趋势。体育赛事是体育产业当中关注度较高的元素之一，青岛、厦门、昆明等城市都通过大型体育赛事的举办，较好地展示了城市风貌和文化底蕴，使其成为旅游的一张亮丽名片。在对体育赛事资源的价值进行评估时，应从赛事数量与级别、举办场地数量与规模、大型赛事情况、客源地及客源特征、旅游参与度、开发条件及开发现状等方面逐一展开评价。

在《池州市全域旅游发展规划》一案中，项目组基于规划区体育产业优越的发展基础，通过对其体育赛事资源的系统评价，发现了池州市绿色运动会的突出价值。从而在产品组织阶段，通过不同赛事、赛点举办和运动设施场地的建设，形成了以绿色运动会为龙头的池州式生活方式——“生命在于运动，心灵在于禅修”，为池州市打造了运动旅游目的地新形象。

（二）基于旅游市场维度的资源评价体系创新

在旅游市场需求趋于个性化、定制化的今天，资源本身的价值与其市场接受度不一定完全等同，一些承载悠久历史和丰富文化价值的旅游资源并非能受到大众的喜爱，另一些从传统意义上讲价值并不出众的旅游资源却可能获得更高的人气和青睐。因此，旅游项目的资源评价也应充分对接实际旅游市场需求而展开，包括明确旅游资源对各层次游客的关注度、认知度和吸引力，寻找资源对应的目标客群、潜在市场并分析其特征，确定其市场影响的范围等。

绿维文旅在《西安临潼国家旅游休闲度假区文化专项策划》项目中，从历史发展脉络和市场维度双重角度，对临潼度假区内的始祖文化、女娲文化、丽人文化、温泉文化、秦文化等多元的文化进行了梳理和评价。其中，秦朝文化旅游资源本体虽在数量上并不占优势，但从旅游市场维度进行资源评价之后，项目组发现，兵马俑在临潼度假区目标市场中的关注度与认知度极高，以此推论出秦朝文化具有极高的市场影响力，其价值应得到充分的挖掘和释放。

基于这种从市场角度出发的资源评估，项目组以“复活的大秦军团”和“神秘的秦代陵寝”为主题，以秦时典故、兵马俑背后的谜团、《大秦帝国》影视场景为文化资源基础，应用影视及娱乐科技手段展现了大秦帝国文化的雄伟、神秘与壮阔，构建了大秦帝国影视乐园、秦东陵文化园和凤凰塬景区（秦风悦榕）等核心旅游产品群，在国内游客、入境游客、影视爱好者、秦文化爱好者等客群中都形成了较高的认知度和认可度（见图 6-12）。

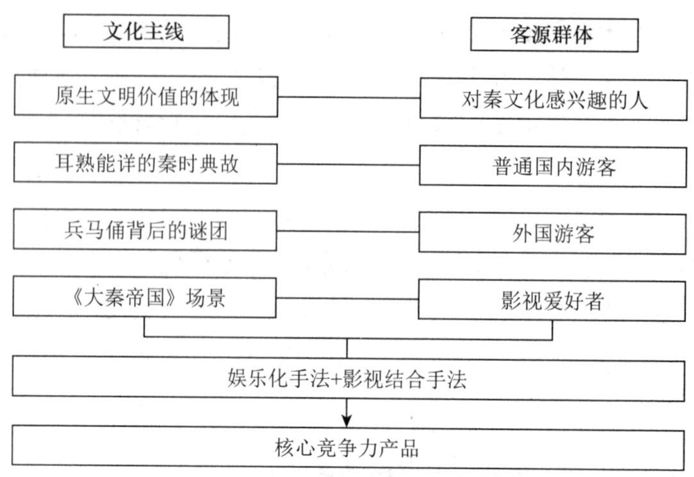

图 6-12　临潼国家级度假区秦文化核心竞争力推导

（三）基于开发投资维度的资源评价体系创新

在旅游项目开发运营的实际操作中，需要通过对旅游资源的交通条件、管理情况、地块条件和开发现状等方面的研判，做出投资条件的评估，为旅游企业、投资商、开发商等市场主体提供相应资源分析更加准确、专业的旅游开发引导（见图 6-13）。

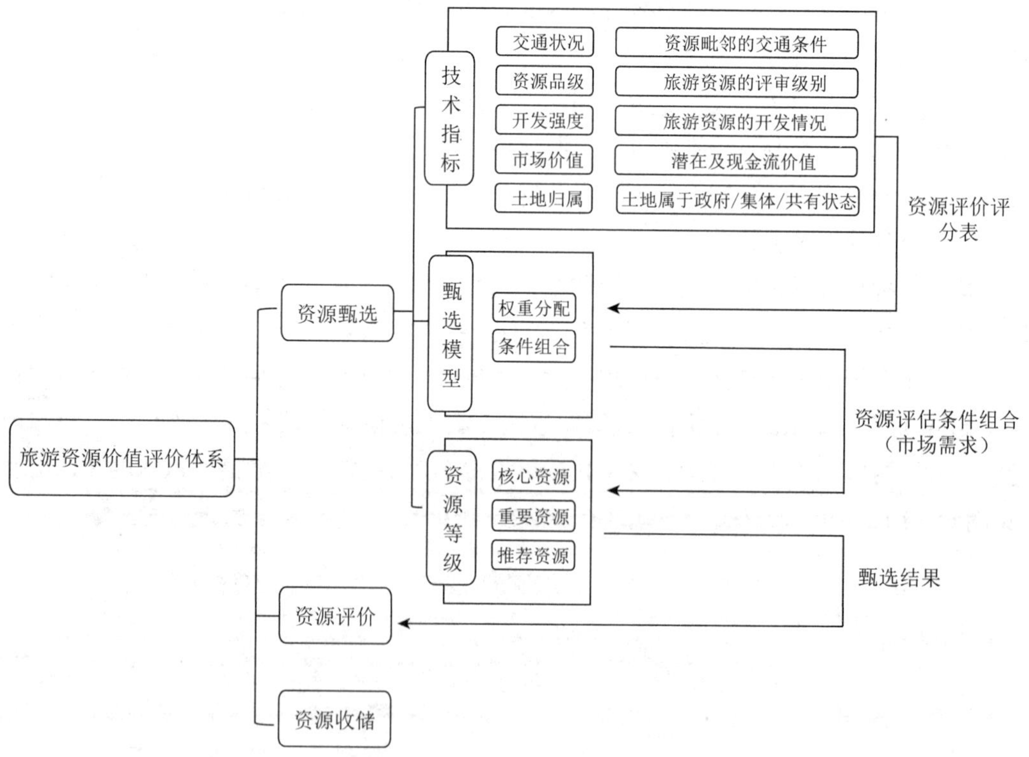

图 6-13　基于开发投资维度的旅游资源评价体系

投资视角的资源评价体系应从交通状况、开发程度、管理情况、基础及配套设施、地块条件与开发建设情况等维度，对旅游资源进行综合评估，并以评估结果为依据，将旅游资源划分为核心资源（高市场价值 + 高 / 中品级资源 + 未开发资源）、重要资源（高市场价值 + 高 / 中品级资源 + 已开发资源）和推荐资源（中级市场价值 + 高 / 中品级资源 + 半开发资源）三个级别，为后期优质资源的优先开发和利用给出有效的指导，如表 6–2、表 6–3 所示。

表 6–2　基于开发投资维度的旅游资源评价指标

交通状况评价

<table>
<tr><td colspan="6">机场飞行区</td><td colspan="5">公路交通</td><td colspan="6">铁路交通</td></tr>
<tr><td rowspan="2">4F 级机场</td><td rowspan="2">4E 级机场</td><td rowspan="2">4D 级机场</td><td rowspan="2">4C 级机场</td><td rowspan="2">3C 级机场</td><td rowspan="2">2B 级机场</td><td rowspan="2">高速公路</td><td rowspan="2">一级公路</td><td rowspan="2">二级公路</td><td rowspan="2">三级公路</td><td rowspan="2">四级公路</td><td colspan="3">时速等级</td><td colspan="3">客货取向</td></tr>
<tr><td>高铁</td><td>快铁</td><td>普失</td><td>客运专线</td><td>客货共线</td><td>货运专线</td></tr>
</table>

资源品级评价

<table>
<tr><td colspan="6">资源类型</td><td colspan="3">资源评价</td></tr>
<tr><td>地文景观</td><td>水域风光</td><td>生物景观</td><td>天象与气候景观</td><td>遗址遗迹</td><td>建筑与设施</td><td>资源要素</td><td>资源影响</td><td>附加值</td></tr>
</table>

市场价值评价

<table>
<tr><td colspan="3">潜在价值</td><td colspan="6">现金流价值</td></tr>
<tr><td>交通状况</td><td>资源品级</td><td>开发程度</td><td>门票收入</td><td>区内交通收入</td><td>旅游纪念品收入</td><td>餐饮收入</td><td>住宿收入</td><td>其他收入</td></tr>
</table>

开发程度评价

<table>
<tr><td colspan="9">基本条件</td><td colspan="12">基础开发</td><td colspan="11">系统开发</td></tr>
<tr><td rowspan="2">土地属性</td><td rowspan="2">通电</td><td rowspan="2">给水</td><td rowspan="2">通热</td><td rowspan="2">通路</td><td rowspan="2">排水</td><td rowspan="2">通信</td><td rowspan="2">燃气</td><td rowspan="2">土地平整</td><td colspan="3">规界设施</td><td colspan="5">基础服务</td><td colspan="2">内部交通</td><td colspan="2">标识标牌</td><td colspan="4">旅客接待</td><td colspan="4">旅游产品</td><td colspan="3">旅游服务</td></tr>
<tr><td>大门</td><td>围墙</td><td>停车场</td><td>厕所</td><td>超市</td><td>饭店</td><td>旅馆</td><td>农家乐</td><td>机动车道</td><td>游客步道</td><td>外部标识标牌</td><td>内部标识标牌</td><td>游客接待中心</td><td>旅游餐饮集群</td><td>旅游商业街区</td><td>旅游住宿集群</td><td>观光类</td><td>休闲类</td><td>游乐类</td><td>其他类</td><td>智慧旅游</td><td>导游</td><td>区域内交能</td></tr>
</table>

表 6–3　投资维度的资源等级评价模型

<table>
<tr><td rowspan="2">**核心资源**</td><td colspan="3">高市场价值 + 高 / 中品级资源 + 未开发资源</td></tr>
<tr><td>市场需求满足度高
易打造爆款项目</td><td>观光吸引力强
观光人流量大
休闲潜力高</td><td>收购成本低
谈判空间大
资源可塑性强</td></tr>
</table>

续表

重要资源	高市场价值 + 高 / 中品级资源 + 已开发资源		
	市场需求满足度高 易打造爆款项目 投资回收快、效益佳	观光吸引力强 观光人流量大 休闲潜力高	收购成本高 谈判空间小 投资回收快
推荐资源	中级市场价值 + 高 / 中品级资源 + 半开发资源		
	市场需求度高 同质化资源多 消费转化较低	观光吸引力强 观光人流量大 休闲潜力高	谈判空间大 开发灵活 投资选项丰富

在《绥阳县区域旅游综合开发评估与策划（初稿）》一案中，该项目的开发主体遵义交旅委托绿维文旅以项目地的资源禀赋和现状问题为依据，为企业明确其投资、开发导向。在这一背景之下，项目组对绥阳县旅游资源从交通状况、资源品级、市场价值、开发程度等投资维度展开分析，确定了以宽阔水国家级自然保护区、十二背后林区等代表的核心收储资源，以观音岩景区、雅泉庄园等为代表的重要收储资源和以鸣泉谷景区、卧龙寺等为代表的推荐收储资源。依托优先开发资源的等级评定，规划确立了四大综合开发区域，并形成了三大核心项目、五项重点项目、十个支撑项目的旅游产品体系，为旅游开发主体的资源利用和投资行为提供了有效指导（见图 6–14）。

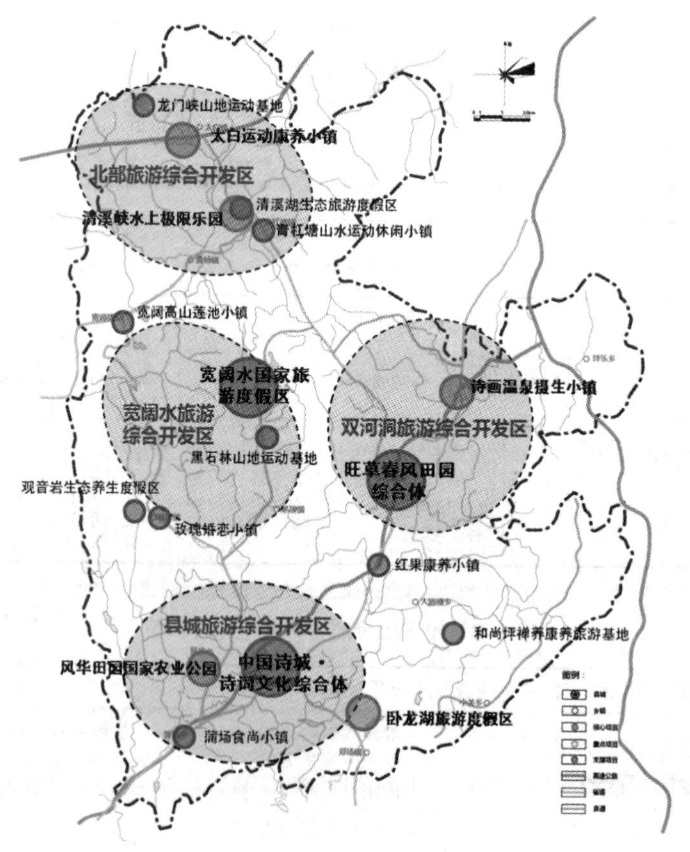

图 6–14　绥阳县旅游综合开发区域与项目分布

第三节　旅游客源市场的分析研究

旅游客源市场，是指旅游目的地、旅游景点或某一特定旅游产品的消费客群，包括现实消费客群和潜在消费客群。占有广大而相对稳定的客源市场，是保证旅游业顺利发展的必要条件，针对客源市场的深度分析研究对旅游规划中项目发展定位及产品导向起着至关重要的作用。随着客源市场的多元化需求发展以及新一代信息技术的不断成熟，旅游客源市场的研究方法及分析维度也呈现出了多样化全方位的特征，其精准化、创新化发展对旅游目的地明确定位、找准发展方向具有重要的意义。

一、旅游客源市场的研究内容

针对旅游客源市场的研究，主要是为了明确项目的总体定位、形象定位、市场定位和目标定位，为旅游项目资源的开发和持续经营提供客观的数据支撑。其内容主要包括：旅游客源市场分布、旅游客源市场细分和旅游客源市场发展趋势。

（一）旅游客源市场分布

旅游客源市场分布，是指客源市场在空间上的分布规律，即一个城市或地区作为旅游地，其客源向外扩散的能力程度。根据居民出游衰减规律，一般把近程旅游（相当于距城市 50~500 公里范围）的目的地体系中，直接来自于中心城市的本市居民称为一级客源市场，而将来自其他地区、以城市为中转点、再以城市为起点向四周扩散的客源市场称为城市周围旅游目的地的二级客源市场（主要集中在距城市 250 公里半径圈内）。

伴随交通方式的变革，飞机、高铁等交通工具缩短了空间距离，也使得旅游者的出游半径不断扩大。除了空间距离和时间距离，客源市场的分布也与客源地居民的收入和消费水平有关。旅游需求产生的基础之一是人们可以自由支配的收入，因此，收入和消费水平越高的地区，往往出游能力较强。此外，客源市场的分布还与目的地与客源地之间的各种自然、经济及社会上的联系相关。

（二）旅游客源市场细分

旅游客源市场细分，就是旅游地把整个市场划分为若干个需要不同产品和市场营销组合的市场部分，其中任何一个市场部分都是一个有相似消费欲望和消费需求的购买群体，都可能被旅游地选为目标市场。客源市场细分对旅游地旅游产品的设计、旅游项目的策划、相关服务与配套设施的建设都具有指导性作用。

旅游客源市场细分的依据主要是客源市场的区位特征以及消费者的行为特点。区位特征，包括地理位置、交通区位、人口结构等；消费者的行为特点，包括购买时间、购买方式、影响购买的因素、购买者所属的社会阶层和心理类别、购买原因等。

（三）旅游客源市场发展趋势

离开市场的需求，资源的开发利用就会成为“文不对题”的行为。因此，要根据对时代背景、政策导向、市场现状等宏观环境的理解，研究旅游客源市场的发展趋势，进而对项目地的市场定位和发展战略形成解读和预判。

二、旅游客源市场的调研体系

随着旅游现象由资源导向型向市场导向型的发展转变，针对游客这一行为主体所进行的包括客源市场结构与分布情况调研、游客群体社会特征调研、游客消费偏好调研、游客关于目的地的旅游服务质量评价调研等系统性的客源市场分析研究变得尤为重要。

（一）客源市场结构与分布情况调研

旅游是游客离开自身常住区域前往具有吸引物的区域开展游憩、休闲、观光等体验性娱乐活动，其最明显的特征之一即是空间跨越性。通过对客源市场结构调研，能够较为精准地掌握游客从哪里来、哪些地方游客最多、游客怎么来、游客为什么来等游客空间跨越的大数据，有助于旅游开发运营主体明确客源市场定位、划分客源市场等级分布、清晰了解目标客源市场与潜在客源市场发展状态，从而为评估市场发展潜力，分析客源地旅游产品供给，研判旅游市场需求，优化规划实施地内外部交通通达性提供参考依据，为有效规避同质化产品，实施竞争性、差异性的旅游市场发展战略提供数据支撑。

（二）游客群体社会特征调研

不同游客基于多元化的出游需求参与旅游活动，其携带的社会特征既表现出一定程度上的个性化，又存在趋同性。通过游客群体社会特征调研，发现游客出游的规律，有利于旅游开发运营主体根据项目地实际情况制订相对应的旅游方案。例如，当地气候环境十分宜人，老年游客群体占比较大，那么在产品设计中要将老年人疗养、医疗、健身等适合老年人群体的旅游项目纳入考虑因素之列；再如，当地游客市场中青年类游客人数占比较大，那么在规划编制中要充分考虑哪些资源能够对接中青年游客需求等。做好游客群体社会特征调研，可以通过对游客性别、年龄、消费能力（一般以月收入水平代替）、职业、受教育程度等多个重要维度的社会信息的全面掌握，预估规划实施地客源市场发展潜力，为产品设计与市场营销提供思路。

（三）游客消费偏好调研

对游客消费偏好的调研，主要是针对游客在旅游基础要素与发展要素方面的消费情况进行摸底调查，调研指标包括出游目的、出游形式、出游时间与频次、消费水平、过夜情况、旅游产品偏好等，通过对游客消费偏好的数据调查，能够直观、精准地掌握旅游市场游客消费需求与期望，从而有效地梳理目的地旅游资源规模与结构，统筹规划旅游产品研发体系，迎合旅游市场的游客新需求与期望指明方向。

（四）游客关于目的地的旅游服务质量评价调研

随着旅游逐渐成为大众休闲方式，涉旅企业不断涌入市场，但很多企业的服务质量无法满足游客日益提升的旅游质量需求，导致游客满意度下降，游客二次重游率与推荐率不理想。

通过对游客关于目的地旅游服务质量评价的调研，主要包括对旅游大环境、涉旅企业服务质量（如旅行社经营规范性、酒店服务设施水平等）调研，找出目的地涉旅产业与服务环节中的痛点、难点与盲点，为优化提升旅游环境、改善基础设施与服务水平提供指导，从而形成更加合理化、便捷化与舒适性的旅游服务方案。例如，游客纷纷对旅游目的地的旅游集散服务表示不满，那么后续的规划中就要将如何优化游客信息咨询、交通换乘、票务购买等集散需求的便利性纳入系统考虑的范畴之列，从而优化旅游目的地旅游氛围与环境。

三、旅游客源市场分析的大数据应用探索

绿维文旅作为旅游规划行业的佼佼者，通过多年的项目和数据积累，已经形成了专业的旅游产业数据、项目地相关宏观经济数据、地理环境数据及游客行为数据等数据库和数据源分析系统，将大数据技术创新运用至所承接的旅游项目的旅游客源市场分析中，为旅游项目规划提供了重要的指导。

（一）旅游客源市场分析的大数据基础

绿维文旅的数据库，包括旅游产业数据、宏观经济数据、地理环境数据、游客行为数据、智慧旅游数据五个部分。

旅游产业数据库，是结合自身项目经验和全国旅游项目数据构建起来的，包括各地筹建、在建、运营的旅游项目和各地旅游收入、游客量、旅行社、酒店等数据。宏观经济数据库，包括国家权威部门发布的各地人口数量、社会结构、收入结构、消费能力、GDP、财政收入等数据。地理环境数据库，包括卫星地图数据、DEM 地形数据、各地基础地理信息、交通路网、机场、铁路、历年气象监测等数据。游客行为数据库，包括用户信息、地理位置、消费数据、搜索记录、地图应用定位、社交媒体 / OTA 评论、上网 / 通话记录、旅行轨迹、游客满意度等数据。智慧旅游数据库，包括智慧管理相关的 CRM 平台数据、智慧服务相关的信息服务及游客需求数据、智慧营销系统相关的市场数据和网络营销效果数据。

（二）旅游客源市场的大数据分析步骤

1. 根据客源地分布，判断核心客源市场

客源市场与空间距离、经济水平、交通便捷程度密切相关。一般而言，某地区距目的地的空间距离越近、经济发展水平越高、交通越便捷，则目的地在该地的客源市场份额越高。通过对较成熟客源市场的经济社会状况、区位地理位置、地形地貌、自然禀赋及人均消费能力、普遍消费心理等数据的多元统计分析，能够对目的地的核心客源市场形成较为准确的判断。

以池州全域旅游项目为例，通过大数据分析，绿维文旅分析出合肥市场是池州各大景区的主要客源市场，其次是南京和上海市场，主要原因是三个地方经济发展水平高，处于高铁沿线，交通便利。其他市场主要以长三角市场为主，京津冀、珠三角等国内发达地区市场开发不足，游客比例较少。

2. 分析潜在客源市场，探索旅游市场洼地

要挖掘目的地潜在的客源市场，首先要基于用户属性数据、用户行为数据、LBS 数据等海量数据，通过用户痕迹复原分析法（User Trace Recover Analysis，UTRA），对旅游消费市场较为成熟的客源地进行游客行为分析，判断项目地吸引这些洼地市场的可能性。此外，要将项目地与其他社会经济状况、人均消费能力、交通便利性等因素相似的旅游目的地进行数据比较，从而分析项目地作为旅游目的地需要突破的核心问题，探索项目地吸引潜在客源市场的有效路径。

以池州全域旅游规划项目为例，绿维文旅通过数据分析发现，池州市的旅游潜在游客主要分布在华东地区，包括安徽、江苏、浙江等省份，上海、北京、杭州、苏州等大城市的游客对池州旅游的搜索有较高的比例，但从搜索到实际购买转化率偏低，说明池州旅游对其出游吸引力不足，未来有一定的提升空间。因此，项目组为池州市策划了包括景区旅游产品、度假旅游产品、休闲城镇旅游产品、乡村旅游产品等多样化的产品体系，并依托景观设计、游憩方式设计等手段，解决池州市的核心吸引力问题。

3. 总体旅游评价调查，明确针对性提升路径

对于旅游目的地来说，游客口碑评价尤为重要，通过分析游客在社交媒体 / OTA 上的评论，能够了解游客对旅游目的地的满意程度和不满之处，进而为旅游目的地的针对性提升提供有效的指导方向。

在池州全域旅游规划项目中，绿维文旅通过大数据分析发现，游客对池州市旅游的差评主要集中在景区管理、景区内部设施与游客服务（见图 6–15）。在各区县评价中，青阳县的好评率最高，石台县好评率最低，旅游服务有待提升。以这些数据为基础，项目组为池州市提出了基础设施、公共服务设施和全域旅游要素服务体系的规划，为池州市的全域旅游建设提供了针对性的指导依据。

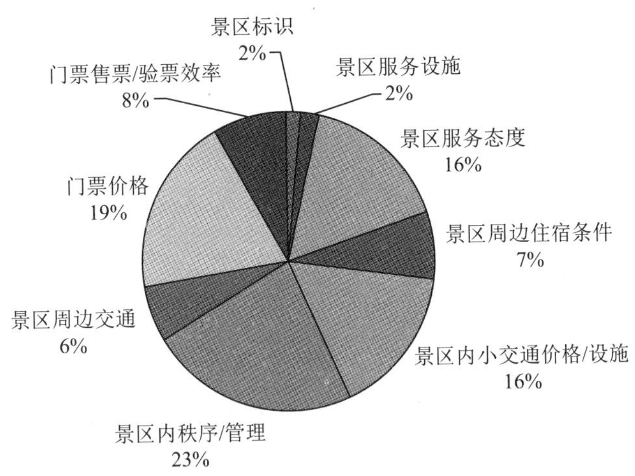

图 6-15　池州市景区差评关键词数据分析

复习思考

1. 旅游项目的基础分析研究包括哪些内容？为什么需要做这些研究？

2. 什么是旅游资源？在旅游项目的基础分析中，有哪些区域资源可以被视为旅游资源？如何评价一个区域的旅游资源？

3. 旅游客源市场的研究内容有哪些？旅游客源市场的分析方法有哪些？

第七章

旅游策划
——以需求和目标为导向，解决核心吸引

学习目标

知识目标

1. 掌握旅游全案策划的内容及步骤；
2. 掌握旅游目的地定位的内容；
3. 掌握旅游十八大要素的提炼内容；
4. 掌握旅游项目商业模式的内涵；
5. 了解自主旅游时代的商业模式发展特征。

能力目标

1. 认识策划先于规划的必要性，形成旅游全案策划的创新思维逻辑；
2. 掌握旅游十八大要素的业态化创新路径；
3. 形成旅游游憩方式创新的思路；
4. 掌握旅游项目策划的“四季全时”解决方案；
5. 把握旅游多层次项目开发的要点；
6. 培养旅游商业模式创新的思维能力。

旅游策划，是利用创造性思维，以市场需求和产业发展目标为导向，通过整合旅游资源，厘清并优化资源、环境、交通与市场之间的关系，构建发展的有效路径并形成可实施的落地方案的过程。旅游策划要先于旅游规划形成全案架构，要基于对目的地的基础分析，形成明确的定位体系，并以此为指导，形成业态创新、游憩方式、商业模式、运营模式的解决方案，从而构建旅游项目的核心吸引力和市场竞争力。

本章包括七节内容：重新认识旅游策划、旅游目的地的定位体系、旅游要素业态化创新、旅游游憩方式创新、“四季全时”解决方案、旅游多层次项目开发、旅游项目商业模式设计。通过本章的学习，读者能够对旅游策划形成科学的认识，并熟悉掌握旅游策划中的内容和创新要点。

第一节　重新认识旅游策划——策划先于规划的理念逻辑

经过旅游业数十载的发展实践，“规划先行”已经成为国家部委、地方政府和各类旅游企业的共识。然而，旅游策划的概念与重要性却常常被业界忽略。事实上，科学、富有创意的旅游策划方案能够为旅游项目的开发运营提供发展蓝图与落地指导，是引领一个区域形成旅游核心吸引力的关键指南。在旅游开发运营过程中，策划的地位应与规划并重，其理念逻辑应该被业界重新认识。

一、策划先于规划的必要性

习近平总书记曾指出，规划科学是最大的效益，规划失误是最大的浪费，规划折腾是最大的忌讳。旅游规划是一个区域内旅游系统的发展目标和实现方式的整体部署过程。然而，在我国旅游规划编制的实践中，却常常出现规划方案难以落地、需要不断返工修编的现象。这其中的主要原因，是诸多旅游规划人士照搬《旅游规划通则》，缺少对项目地资源、市场和产业的深入理解，造成了顶层设计与实际情况脱节。

针对旅游规划实践中面对的困境，绿维文旅认为，旅游策划要先于旅游规划并形成全案架构，基于对项目地基础条件的深入分析，找出资源与市场间的核心关系，建构可采取的最优对接途径，明确市场定位及具体的发展目标，用创新性的思维解决核心吸引力的问题，在主题形象、产品形态、产业布局、市场定位、经营方式等方面形成可落地实施的方案，并对近期的行动进行系统的安排。

二、旅游全案策划的内容及步骤

旅游开发运营过程中的各个流程，都需要有一个科学的方案作为指导依据。绿维文旅认为，通过旅游全案策划，形成包括旅游产品策划、项目投融资策划、旅游经营管理策划三方面内容，就可以全面把握项目开发的条件与运营的方法。具体而言，旅游全案策划主要包括基础分析、项目定位、产品策划、游憩方式设计、要素配置与业态布局、商业模式设计、开发运作计划制定七个步骤。

其中，基础分析包括对资源分析和客源市场分析两个部分；项目定位包括总体定位、形象定位、市场定位、目标定位；产品策划是以人本主义为原则，根据资源禀赋和市场需求策划出可以游玩、销售、经营的实体项目；游憩方式设计即“玩法”的设计，包括项目中的观景、行进、休憩、娱乐、饮食、住宿、购物、研学、运动等所有满足人休闲需求的活动方式的设计；要素配置与业态布局，是根据对新时代旅游现象和旅游产业结构的理解，重新提炼旅游结构要素，并以此为框架对旅游业态进行丰富和创新；商业模式设计，是要理清资金筹集、投资布局和收益模式的思路，探索旅游要素与市场主体更有效的组合方式。

在以上步骤的基础上，旅游全案策划还应包括一个具体的开发运作计划，包括经营权属、合同签订、土地征用、居民安置、立项报批、工程招标、招商引资、融资运作、开业验收、营销推广、管理方式、人才培训等一系列相关方面的具体细节安排，让旅游项目在落地运营过程中的每个环节都有参考的指南。

三、旅游策划的逻辑四步曲

旅游策划强调的是创造性思维与因地制宜思维的有机融合，因此没有固定的编撰标准和样式。但是，无论何种项目类型、所在何方区域，旅游策划都要围绕以下四大步骤确保项目的顺利推进，绿维文旅将其称为旅游策划的"逻辑四步曲"。

第一步曲：阅读项目场地。场地阅读，不仅仅是对现有游览资源和旅游发展基础的表层描述，更要以新的资源观、市场观、要素观、产业观和竞合观梳理和分析项目地的本底现状和发展潜质。第二步曲：解读核心问题。基于对现状的深入理解，厘清项目区域作为旅游目的地的发展瓶颈和面临的关键问题，围绕核心问题建立策划的思路框架。第三步曲：提炼文化价值。文化价值的提炼是形成创意亮点和清晰的逻辑线索的前提，对当地文化的深度挖掘能够延伸出具有地方特色的创意业态和产品体系，为塑造核心吸引力、突破发展瓶颈提供思路依据。第四步曲：形成落地方案。旅游策划讲求创意的落地，要以项目场地现状为基础，以解决核心问题为目标，以文化价值的利用和提升为手段，通过主题概念的创新实现品牌落地，通过游憩方式的设计实现游客体验落地，通过商业模式的创新实现投融资落地。

专栏 13　旅游策划的全案架构

绿维文旅坚持策划先于规划的逻辑，通过旅游全案策划，形成包括旅游产品策划、旅游开发建造及投融资策划、旅游营销及经营管理策划等方面的内容，可以全面把握项目开发的条件。

相关案例：盐渎明城运营策划及景观设计、丹江口·五指湖主题度假区总体策划、王屋山风景区总体策划暨总体规划、西安临潼骊山影视基地策划暨概规、宜昌交运新型三峡游轮旅游项目营销策划……

更多详情请扫描二维码

第二节　旅游目的地的定位体系

成功的旅游目的地，是凸显自身特色、构建品牌形象，从资源、市场、产业、环境和运营等维度寻找旅游产业在政府、企业、游客、居民等多重利益受众中的角色定位，依此形成聚集人气、商气、财气的旅游旺地、产业高地和政策洼地。在旅游目的地开发运营的过程中，梳理项目在各类坐标系中的角色和地位是首要任务，在旅游策划规划中被称为“定位”。

一、旅游目的地定位的基础研究

（一）资源是基础

旅游资源是刺激旅游需求、开展旅游活动的首要基础条件。通过对项目地的自然资源、人文资源、产业资源、村镇资源、气候环境等旅游资源进行调查、分析与评价，寻找其独特的吸引力和开发价值，是旅游目的地的定位基础和产品策划前提（见图 7–1）。

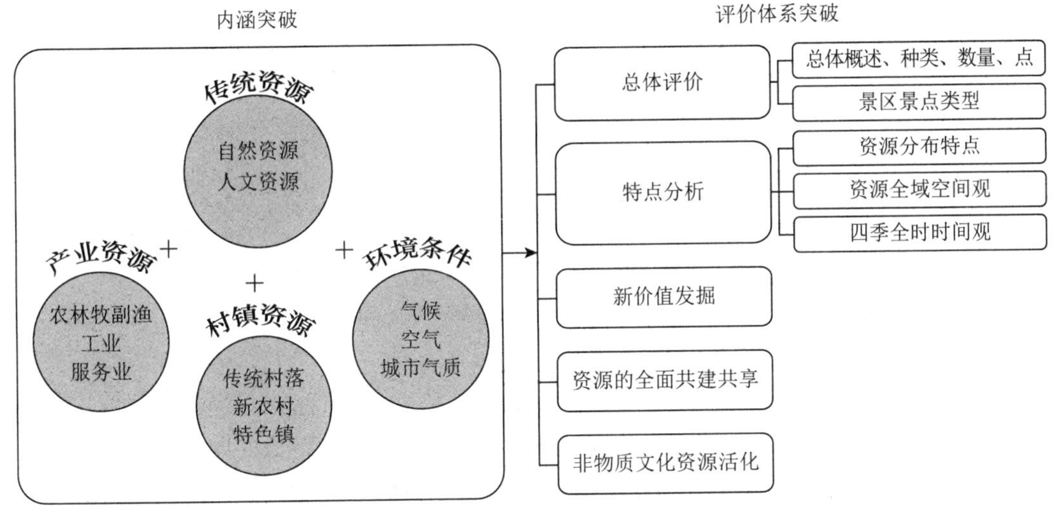

图 7–1 旅游资源分析体系

（二）市场是导向

在大众旅游、自主旅游的时代背景下，旅游消费呈现出常态化、多元化、细分化的特征。因此，旅游目的地的定位也应该以市场需求为导向，以数据分析为基础，既要宏观地把握当今旅游市场的结构和发展趋势，也要具体地研究成熟客源地的市场总量、人群消费特征和产品偏好，从而确定目的地在旅游市场中的角色和地位，为后续的产品体系策划和营销策划提供明确的方向。

（三）产业是核心

产业是区域综合发展的基础，在旅游目的地的定位过程中，应立足区域原有产业根基，探索旅游与农业、文化、工业、体育、医疗等多种产业的最佳组合方式，通过“旅游+”实现新产业业态的构建，通过“+旅游”探索原有产业的升级路径，以此为基础形成目的地的特色产业体系，构建一二三产业融合发展的格局（见图7–2）。

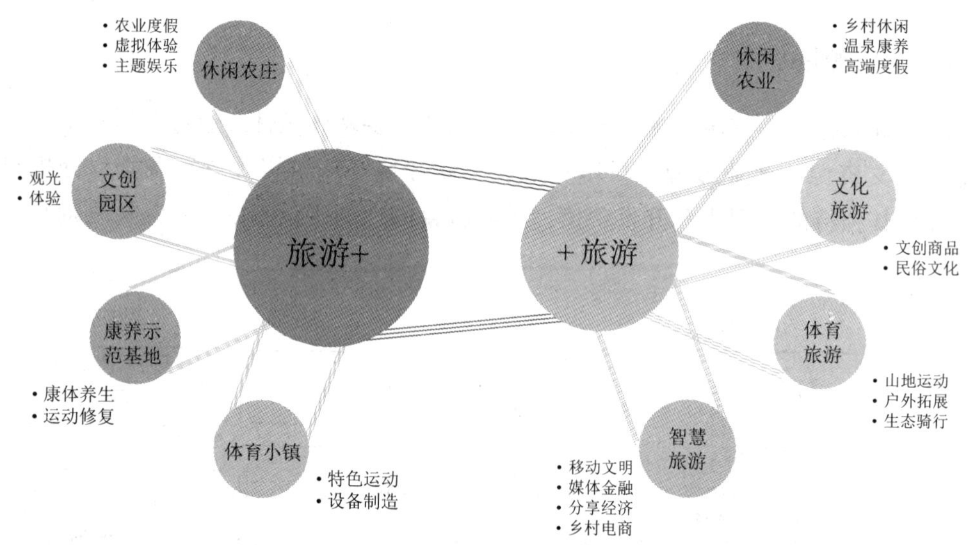

图7–2 基于“旅游+”“+旅游”的产业体系重建

（四）环境是支撑

生态环境、社会环境都是旅游目的地建设的根本支撑。旅游目的地的发展受到自然条件、区位条件、政治、经济、文化、商业环境等多重因素的影响。因此，在旅游目的地的定位过程中，需要综合研究项目所在地及客源市场的环境背景，确定旅游目的地建设在此大环境中能够扮演的角色，并在此基础上形成对目的地发展机遇的预判和整体发展战略的制定。

（五）政府运营是保障

政府的政策利好和公共服务体系建设，是旅游目的地建设的保障。在旅游目的地定位体系构建的过程中，应充分理解政府针对旅游产业和区域发展的顶层设计，使目的地的总体定位符合社会经济发展的阶段性需求，明确政府在目的地开发运营过程中的角色，从而为后续的项目落地建设争取更多的政策和财政支持。

二、旅游目的地定位的内容

（一）总体定位

总体定位，是从区域、产业、城市、社会、历史等角度对旅游目的地的角色和发展方向做出的基本判断，并以高度凝练的语句进行总结。总体定位主要包括两种类型：一类是城市总体规划中对于旅游的定位，其核心是体现旅游城市的特征，如杭州的国际风景旅游城市、厦门的港口风景旅游城市、海南省的国际旅游岛；另一类是旅游目的地的发展定位，通常涵盖多重功能和属性，如绿维文旅负责的池州全域旅游案例中定位的“建设成为集礼佛、运动、休闲、度假、健康、养老、自驾、研学等多种功能于一体，全天候和全年候的复合型国际旅游目的地与国际生态休闲城市”。

（二）形象定位

形象定位，是从营销传播角度对旅游目的地进行的定位，是针对旅游目的地的资源、产品、文化、环境、体验等要素进行的阐述和包装，常常以简洁的旅游口号作为传播内容。形象定位以构建核心吸引力、形成游客消费搬运为目标，因此在总体形象定位的体系下，应基于对游客旅游偏好的理解，形成针对不同消费群体的细分定位。如山东省的形象定位是“好客山东——文化圣地·度假天堂”，既突出了山东省的文化根基，也涵盖了大众旅游的需求，塑造了山东集文化、研学、休闲、度假等功能于一体的目的地形象。

（三）市场定位

市场定位，是基于对现实旅游客群和潜在旅游客群的空间分布、行为特征与偏好需求的分析，形成的对目标客源市场的界定，其核心理念是针对不同的客源分布和细分市场，实现精准的品牌形象塑造和有效的游客消费转化。在市场定位中，通常以 3 小时时间距离（自驾车、高铁）作为一级市场或基础市场，通常以年龄、喜好等作为客群分类的标准。

（四）目标定位

目标定位，是基于对目的地现状的分析，结合项目的实际类型，按照国际标准、国家标准、行业标准等，对旅游目的地未来的建设方向形成的定位，如国家 5A 级景区、世界文化遗产、国家全域旅游示范区（县）、国家级特色小镇等。目标定位能够为旅游目的地后续的开发建设提供战略蓝图和指标参考。

第三节　旅游要素业态化创新

随着国民消费行为与需求的不断升级和一二三产业融合趋势的不断深化，基础的“六要素”已经不足以诠释新时代的旅游现象与产业结构。自主旅游时代，影响人们旅游动机和体验的因素日渐多元，旅游要素的概念亟须延伸，基于新旅游要素结构下的业态创新也成为大势所趋。绿维文旅认为，旅游要素是对旅游产业发展现状和供求关系的概括提炼，由此架构衍生出的旅游要素业态化创新是促进旅游业供给侧结构性改革的重要抓手。

一、旅游要素的重新提炼

“六要素”——食、住、行、游、购、娱，是业界普遍认同的旅游基础要素，因其简洁、精练地刻画出了旅游消费、旅游供给与旅游产业的基本结构，这一概念自 20 世纪 90 年代初期被提出以来，就被我国的大量旅游文献和专业教科书引用，并作为旅游基础理论沿用至今。在 2015 年的全国旅游工作会议上，原国家旅游局局长李金早基于对“十二五”时期旅游业的实践总结和对未来一段时期的发展展望，在旅游基础六要素的基础上提出了新的六要素，即商、养、学、闲、情、奇，并指出如今激发人们旅游的动机要素越来越多，需要拓展新的旅游要素。事实上，旅游要素的提炼不是一劳永逸的，需要随着产业实践的推进、市场需求的变化和社会经济宏观发展的趋势不断进行调整。

基于对当下旅游产业的理解和多年的实践经验总结，绿维文旅提出了新旅游“十八大要素”创新体系，由“九大基础要素”（食、住、行、游、购、娱、厕、导、智）和“九大发展要素”（商、养、学、福、情、奇、文、体、农）共同组成，意在为旅游开发主体在项目开发过程中的业态布局提供方法论框架（见图 7–3）。

图 7–3　休闲消费业态化：新旅游“十八大要素”

（一）“九大基础要素”（食、住、行、游、购、娱、厕、导、智）

1. 食

现如今，吃已不再是简单的“吃”，吃的形式、吃的内容、吃的过程都发生了重大改变，把体验经济玩到极致，甚至成为“食补康养之旅”的重要部分。“吃”作为旅游要素之首，在旅游策划规划时应作为重要的考量因素。绿维文旅认为，特色餐饮是旅游基础要素的重要组成部分。特色餐饮的设计，最重要的是要挖掘当地特色饮食文化、特殊食材、特色食品，从食的方面体现旅游目的地饮食文化的吸引力。

2. 住

住是指过夜居住，是保证旅游活动得以延续的重要基础要素之一。经过长期的发展，国内外已经形成了众多知名的住宿品牌。随着游客需求的个性化与开发运营主体的多元化，旅游中的住宿要素也呈现出多种特色化形态。在住宿项目的实际开发中，应充分彰显地方文化特色、自然风光特色和建筑特色，引入多元文化IP，创意住宿产品，注重软件设施和硬件设施的合理配置，并运用精准营销手段，打造区域特色化住宿品牌。

3. 行

旅游中的大小交通是基础要素中的一项重要内容。交通方式的创新，可以在满足旅游者移动的同时，形成独特的旅游体验。如今，旅游交通已呈现出游乐化、本土化、体验化的特点。绿维文旅认为，景区内交通方式的设计应该以项目类型、特征为基础，并结合区域的地形地貌，设计具备景区特色的、有一定趣味性和参与性的特色交通方式，或者将常规型交通方式进行包装，使其成为一种可体验可盈利的特色游憩方式。在开发的过程中要注意因地制宜，配合当地地质条件、地域特色、景观布局开发多样化的交通形态，满足旅游者“旅速游缓”的需求。

4. 游

在推崇个性和流行自由的旅游时代，游玩形式已经从传统的观光发展为多样化的度假体验，旅游项目呈现出细分化、专业化的趋势，以现有资源为载体，打造丰富的游乐体验形式，从而最大限度地体现出旅游资源的价值。细分化趋势表现在不同领域与旅游业的融合，专业化趋势是指根据游客的年龄、性别、喜好等个体要素，发展定制化旅游，如将“学”与“游”融为一体的研学旅行，旅游达人定制的城市徒步线路等。

5. 购

旅游购物发展至今，正逐渐由传统的零售模式，朝着体验化、文创化、情感化方向发展，正在切实地用体验感和情感营造商业吸引力。如今，购物已经不仅仅是一种购买行为，对于部分购物景区而言，购物本身就是一种核心吸引力。绿维文旅将旅游中的“购”分为生活类购物和体验性购物两大类，生活类购物是满足人们旅途中的日常必需品、旅游工艺品购买需求的基础要素配置，体验性购物是旅游项目的一种创新方案，如树屋商店、无人超市、创意集市等场所，不仅满足游客的购物需求，还能够因其独特的商品和体验供给而成为游程中的核心吸引物之一。

6. 娱

随着旅游日益成为国民的日常休闲文化活动，“到此一游”的观光游览也伴随着国民旅游经验的日益丰富而逐渐显示出了局限性，“娱”被写入旅游基础要素之一并沿用，也充分体现了现代旅游消费中的娱乐需求。旅游娱乐要素，可以大致分为健康养生类、文化体验类、游乐休闲类和探奇体验类。健康养生类娱乐要素主要包括美容、疗养、运动等功能，常见的项目如美容中心、美发馆、纤体中心等；文化体验类包含文化表演、文化创作，画廊、手工艺体验工坊、旅游演艺场馆或露天场地是常见的项目形式；游乐休闲类强调让人身心放松、愉悦的功能，常见形式如水上乐园、室内游乐园、室外游乐场等；探奇体验类娱乐是针对“求新求异”的市场需求，主要是通过声光电科技、虚拟现实等技术和高新游乐设施的整合运用，为游客提供惊险、刺激的沉浸式体验，这类项目常见于主题乐园类景区。

7. 厕

如厕是人类最原始、最紧迫的需求之一，在旅游活动中，厕所是一项重要的基础要素，也是体现一个地区文明程度的一个重要窗口。在我国，广大城市地区和拥有较久发展历史的5A级景区的厕所建设相对卫生、完善，然而在经济欠发达的农村地区，厕所的“脏、乱、差、少、偏”问题依旧是公共服务体系建设的短板。随着人们的旅游需求逐渐向城市周边、郊野和乡村地区延伸，厕所更应作为旅游项目开发中基础设施和公共服务设施建设的重要切入点，通过卫生厕所、生态厕所等的建设管理，让游客的旅游过程变得更便利、更卫生、更温馨。

8. 导

导是指导游导览系统，由地图、导览牌、标识牌、语音导览系统、实景导览系统、导游、AI伴游等元素组成。导览系统不仅要为游客指明路线，更需要引导游客感受山水、文化之美，解决旅途中可能出现的突发事件，给予游客食、宿、行等方面的帮助。在旅游项目的开发运营过程中，一方面，应通过培训、考核等机制促进导游素质的提升；另一方面，不断完善并更新游览地图，并积极利用人工智能、增强现实等新型技术，提升导览系统的效率性、直观性和趣味性。

9. 智

“智”是指科学技术，是促进旅游产业结构升级、旅游活动频繁、旅游产品多样化、旅游服务便捷化、旅游管理智能化的核心动能。移动互联网的出现和普及已经极大地改变了国民的生活方式，当今旅游业的现代化发展，需要积极探索大数据、物联网、人工智能等新一代信息技术的应用及虚拟现实、新材料、新能源等高新科技的创新，建立起旅游智慧化与科技化体系，使游客享受到更便捷的要素服务和更新颖的旅游体验。

（二）“九大发展要素”（商、养、学、福、情、奇、文、体、农）

1. 商

商是以商务人士为主要目标市场，把商业活动与游览、观光结合起来的一种旅游形式。商务旅游以商务差旅、会议会展、旅行式团建 / 年会、奖励旅游等因公旅游的形式呈现，是随着跨地区的商务洽谈、行业交流等商业活动日趋频繁而发展起来的旅游细分市场，是新时代最重要的旅游发展和拓展要素。商务旅游的开发应该完善满足商业活动所需的交通、住宿、餐饮、会场等设施系统和相关服务体系，通过导入有影响力的会议会展活动汇聚人气提升知名度，使之成为商务人士青睐的旅游目的地。

2. 养

随着生活节奏的加快、环境污染问题的频发和人们对健康关注度的提升，“三避五养”度假成为现代休闲生活方式的主流之一。三避，即避霾、避暑、避寒；五养，即养生、养老、养心、养颜、养疗。在旅游项目的策划中，“五养”应是被高度重视的旅游发展要素，温泉疗养、中医养生、健康管理中心、美容会所、养老俱乐部等项目的布局，能够对接新时代旅游群体对健康生活的需求，将成为旅游目的地休闲度假本质提升的重要因素。

3. 学

学与旅游自古以来就是有机的整体，“读万卷书，行万里路”正是对这一要素的精练概括，以学习知识、增加阅历为目的的旅游，是时下不断发展的细分市场。其主要形式有研学、培训、拓展、国学学习、禅修、摄影采风等。绿维文旅认为，在旅游项目的策划中，应根据项目地的文化资源禀赋和客源市场的细分，积极挖掘研学、教育相关的内容，运用创意体验化手法，增强研学内容的体验性和趣味性，同时应促进政府、学校与旅游开发主体形成合力，规范市场行为，对热点研学内容予以共同关注。

4. 福

福是中华民族文化最为重要的祈愿用字，围绕“福”字所形成的祈福文化，象征着人们美好的愿景，并形成了五字真谛（福、禄、寿、禧、财）。同时祈福文化的兴起还催生出了宗教，宗教的传播和宗教节庆活动也使得民间祈福走向多元化发展态势。中国的祈福文化发展到今天，已经成为宗教、旅游及传统文化的重要组成部分，煨桑祈福、祭天祈福仪式、开耕祈福、宗教养生、宗教体验活动等成为祈福旅游主要的开发类型。在人们生活节奏加快、工作压力变大、物质生活得到极大满足的同时，很多人开始追求精神的升华，祈福旅游成为人们追求精神需求的重要手段和方式。

5. 情

情是指亲情、爱情、友情等一切美好的情感。以情感升华为目的的旅游形式即情感旅游，包括婚庆、婚恋、纪念日旅游等各类承载精神和情感的旅游形式。“情”这一要素强调主题性及体验性，在旅游项目的策划中，以亲情、爱情、友情等情感为主线，通过纪念日的活动、交通 / 游线配置、景观节点的布置、完善设施复合功能、社群体验打造等方式，让旅游者满足的情感需求。情感旅游能够彰显旅游业作为“五大幸福产业”之首的特征，是旅游群体追求幸福、追求精神满足的重要载体。

6. 奇

探奇旅游包括探险、探秘、游乐等旅游形式。一些资深“驴友”已经不满足于常规的景点和舒适的休闲，徒步穿越、珠峰登顶、骑游、蹦极、跳伞等深度体验类的旅行方式渐受青睐。这些新方式令游客更加亲近自然、亲近人文，获取身心的锤炼与提升，更具个性化、更为深入。“奇”的项目布局，是要以满足游客的探奇心理为核心，突破原有游憩方式的物理和空间局限，以极限运动为主要活动方式，能够最大化地利用和挖掘水、陆、空资源，让游客充满刺激感和乐趣感。与其他旅游形式相比，探奇旅游风险系数更高，开发过程中需要更加重视安全保障体系的构建和风险控制模式的建立。

7. 文

文化是旅游的灵魂，在旅游项目的开发运营中，“文”这一要素是指文化创意旅游，通过对主体文化的创意性包装和产业化开发，形成具有地方特色的旅游 IP 及与之对应的文化创意旅游产品。文创 IP 的开发，需要深度挖掘文化内涵、创新文化体验模式；需要建立内容丰富、游览紧凑、结构合理的游憩结构；需要利用创意概念，开发设计文创衍生品；需要创意独具特色的品牌形象，形成独特的文化观光和文化休闲吸引力。

8. 体

体是指体育运动，体育运动是人们获得美好生活的基础，也是重要的旅游发展要素。体育旅游是体育与旅游融合发展的结果，是体育运动大众化的重要手段。体育旅游强调的是以观赏、参与各种体育运动为目的的旅游休闲方式。随着体育运动逐渐常态化、休闲化、全民化，体育活动及竞技赛事的举办，成为旅游目的地扩大自身影响力和市场规模的重要手段。在旅游项目的策划中，应在充分梳理项目地气候、地形、自然资源、赛事举办经验等优势的基础上，提出与之相匹配的体育项目植入方案，形成运动引领的游憩方式创新。

9. 农

农是指以农业为基础的活动，农业旅游是指利用农业景观、农事参与和农产品吸引游客前来观赏、游览、品尝、休闲、体验、购物的新型旅游形态，是促进乡村旅游发展和一二三产业融合的重要因素。在旅游项目开发的过程中，应重视农业的产业资源价值的挖掘和开发，融合文化、科技、艺术、节庆等元素，使农、林、牧、渔等农业资源转化为吸引城市客群的旅游资源。

二、基于“十八大要素”理论的业态创新要点

目前，旅游界对旅游业态这一概念尚未形成统一的定义。绿维文旅认为，商业业态是围绕商业要素形成的发展形态，旅游业态对应的是旅游业如何经营的问题，指的是

旅游组织为不断适应市场需求变化进行要素组合而形成的经营形式，具有动态性、综合性、特色性的特征。旅游业态不是仅指旅游本身，而是在某一个旅游要素下形成的多种多样的发展模式和发展形态。

旅游业态创新，包括横向联合和纵向深化两方面。横向联合指的是旅游业态所涉及的业种及产品形态的增加，纵向深化指的是旅游业态的商业模式及经营形式的推陈出新和自我调适。旅游市场需求与产业发展结构决定了业态创新的方向，在旅游项目的开发运营中，应基于对“十八大要素”理论的理解，从要素需求出发，结合项目地的基础条件、开发要求和发展战略，因地制宜地策划出各要素体系下的业态创新路径，从而构建旅游目的地的核心吸引力，通过业态创新提升带动旅游目的地的优化升级。

（一）食——餐饮业态的创新路径

体验经济时代，餐饮业态应不仅满足消费者吃饱的需求，主题餐厅、美食广场等业态更应作为展现地方特色文化或创意理念的载体，为游客提供色、香、味俱全的感官盛宴。

餐饮业态的创新路径策划主要围绕用餐场所、食品供给、用餐氛围和用餐服务四个方面展开。用餐场所方面，旅游项目的开发运营主体结合项目地的资源禀赋和客源市场的用餐偏好，因地制宜地布局主题餐厅、美食广场、小吃街、食品工坊等多样化的餐饮业态；食品供给方面，应构建特色美食产品体系，食品的样式、菜品的组合和各类吃法应突出地方特有的餐饮风俗和文化，使吃的过程成为体验当地生活方式的有机组成部分；用餐氛围方面，应为餐厅设计出清晰的主题，室内的装修细节上要凸显主题特色，并根据项目需要融合民俗演艺、影视、趣味游戏、餐前秀、虚拟场景等元素，为消费者营造沉浸式的用餐氛围；用餐服务方面，应加强服务人员的素质培训，并充分利用以移动互联为基础的新一代信息技术，为游客提供便利、高效的点餐、呼叫和结账服务，从而树立良好的口碑形象。

（二）住——住宿业态的创新路径

作为游客夜间休息、休整的场所，住宿业态是旅游目的地保障游客停留时间的首要基础，住宿环境与住宿服务质量都能够深刻地影响游客对当次旅游活动的体验评价，住宿业态的创新也应围绕这两大方面展开，其核心要点是明确市场定位和主题定位，打造趣味与舒适于一体的住宿体验。

住宿环境方面，酒店、民宿、野奢等业态的开发运营主体应关注新时代旅游者的个性化需求，从住宿场所和客房设计两种角度实现创新突破，可以根据旅游项目地的资源禀赋积极探索高山酒店、海洋酒店、森林树屋等创意住宿场所的建造设计方式，也可以通过对地方文化的深入挖掘或创意 IP 的导入进行主题化、多样化的客房设计。

住宿服务方面，相关开发运营主体应密切关注医疗、养生领域的科研成果，引入助眠设备、助眠系统，为游客提供更优质的健康睡眠服务，也应充分利用新一代信息技术的发展，简化游客预订、办理入住和离店的流程，并根据用户的消费偏好分析，对服务进行持续的改进和升级。

（三）行——交通业态的创新路径

便利、安全、舒适的交通体系，是旅游活动能够成行的重要保障。基于“行”要素的业态创新，包括“大交通”和“小交通”两大体系的创新，“大交通”指的是连接目的地与外部空间的线路及交通工具，“小交通”指的是串联旅游景区或旅游目的地内部景点的交通系统，其核心目标是打造“快进、快出、慢游”的出行体验。

“大交通”方面，旅游开发主体可以在充分评估项目地地质条件和资源条件的基础上，在公路、水路沿线进行景观设计和特色餐饮、游客服务中心等项目布局，使交通道路成为串联区域旅游资源、具有独特吸引力的服务业态；也可以积极导入游轮、游艇、直升机等集交通与游憩于一体的交通工具，进行游憩方式和现代服务设施的创新，将交通工具自身发展成为一种旅游业态。

“小交通”方面，应重视多样化交通工具和线路的布局，可以应用高新科技布局无人驾驶、空中飞船等未来交通，也可以规划马车、自行车、游船等慢行交通，还可以植入低空飞行、山地火车等游乐式交通。这些交通工具运用在旅游项目的策划中，都能够称为“行”的业态创新，其开发的宗旨是要打造动静结合的“行”的节奏，使游客的游览线路具有鲜明的阶段性和丰富的体验感。

（四）游——游玩业态的创新路径

游是旅游活动中的核心要素，包括观景、行进、休憩、游乐等一系列旅游现象。基于游的业态创新，应围绕旅游项目供给和游玩体验方式两个角度进行。

旅游项目供给方面，旅游目的地的开发主体应通过对项目地自然、文化、艺术、风俗、历史等资源的深度挖掘和有效整合，打造主题鲜明、形式多元的旅游项目，突破“圈地卖门票”的传统景区售卖模式，因地制宜地打造旅游小镇、度假庄园、主题公园、博物馆、研学基地、创意秀场等多样化的业态形式，丰富目的地的旅游内容。游玩体验方式方面，旅游项目的开发运营主体应以求新求异的市场需求为导向，通过景观设计提升、科学技术应用、创意文化植入、主客互动设计等手段，打造富于变化的游玩产品和游憩方式，从而延长游客停留时间，刺激更多消费需求。

（五）购——购物业态的创新路径

购物是推动旅游目的地经济增收的重要业态，精美的旅游商品和特色的购物场所，都能够使旅游目的地的吸引力再登上一个新的阶梯。目前，我国尚未形成旅游购物的核心吸引力，针对“购”这一要素的业态创新，主要可以通过商品创新、购物场所创新和购物方式创新三种途径。

商品创新方面，应通过文创、科技等手段，着力突破旅游商品和纪念品创意不足和文化诠释不足的问题，通过品牌故事塑造、高科技技术植入、商品创意化生产包装等环节，致力于为游客提供多样化、实用化、情感化的购物商品；购物场所创新方面，旅游目的地应根据客源市场需求，因地制宜地通过建筑设计、室内装饰设计、购物场景创新等手段布局特色产品专营店、休闲商街、主题购物中心等多种购物业态，为游客提供多样化的选择；购物方式方面，应针对购物信息不对称、流程烦琐、定价不规范等问题，打通线上线下一体化的购物渠道，通过无人超市、线上VR购物商城等业态的布置，为游客提供便利、愉悦的购物体验。

（六）娱——娱乐业态的创新路径

丰富生动的娱乐内容，是旅游目的地塑造核心吸引力、增强市场竞争力、延长游客停留时间、刺激旅游消费的重要推动元素。旅游娱乐要素框架下的业态创新，应从娱乐内容和体验方式两个方向展开。

娱乐内容方面，旅游开发运营主体可根据旅游目的地定位和旅游项目的实际类型，因地制宜地布局剧场演出、大型演艺等文化体验类业态，水乐园、室外游乐场、室内游乐园等游乐休闲类业态和黑暗乘骑、飞翔影院、灾难仿生、密室闯关、丛林探险、VR体验等探奇体验类娱乐业态。体验方式方面，应综合运用文化植入、科技创新、互动体验项目设计、主题场景设计、虚拟场景设计、夜间造景等手段，增强游客娱乐体验中的新奇感、参与性、趣味性和沉浸感。此外，应注重个性化、情感化的娱乐服务，使游客能够在身体、心理的舒适区域中享受充满乐趣的娱乐体验。

（七）厕——以生态厕所为基础的业态创新路径

厕所虽小，却是展示地方文明的窗口，也是决定游客旅途中舒适度、愉悦度的重要基础要素之一。游客不会因为厕所而特意选择旅游目的地，但厕所是影响游客满意度的重要因素。厕所自身不能称为业态，但可以在卫生厕所、生态厕所建设的基础上，通过合理的空间布局、外观及内饰的设计、技术及设备的综合利用和商业模式的策划，增设兼顾美学和实用性的复合型商业功能，如零售中心、时租休息室、景区VR全景体验、目的地相关广告投放等，将生态厕所建设成为能够满足多元化休憩需求的公共服务空间或驿站空间，成为旅游景区或目的地增收的一种新型业态。

这种以生态厕所建设为基础，以公共服务的商业化经营为手段，以驿站空间、游客服务中心为呈现形式的业态创新路径，既兼顾了国家层面倡导的“厕所革命”，也能够分担因厕所改善行动而产生的成本。

（八）导——基于旅游导览需求的业态创新路径

完善的导览服务，是游客能够在目的地畅通游玩的重要保障，因此，以创新导览服务为理念的业态创新，也能够获得较大的市场规模。基于“导”这一要素的业态创新，主要可以从导览系统和导游服务两个角度出发，核心路径是以广泛应用的移动互联网技术为依托，通过对目的地景点、设施、交通、商家、服务人员等资源的全面整合，增强导览服务的及时性、精准性和灵活性，构建线上线下一体化的导览服务平台，使游客能够做到“一机在手，说游就游”。

导览系统方面，应结合人工智能、增强现实等高新科技，使游客能够清晰地看到全景路线和终点位置，通过人机实时对话获得互动式讲解、翻译、资讯等服务，AR 导览、AI 伴游等智慧导览系统是目前主要的创新业态形式。导游服务方面，旅游企业可以探索远程讲解、旅友结伴、达人伴游、远程协助等服务，使导游服务更加灵活、便利，目前常见的创新业态包括行中服务 APP、旅游达人线上平台等。

（九）智——科技引领的旅游业态创新路径

科学技术为旅游业的现代化发展提供了新动能，在线预订平台、在线旅行社、旅行 APP 等基于互联网的业态已经成为当今旅游市场上重要的角色。依托“智”这一旅游基础要素的业态创新，旅游开发运营主体应以自主旅游时代的游客市场需求和游客行为为导向，可以从产品供给、体验方式、要素服务、管理方式等角度出发，探索各类技术的有效组合手段，开拓线上平台服务与线下体验活动的细分市场，打造更新颖的产品体系、更震撼的体验场景、更精准的服务体系和更智能的管理系统。可以参考的创新业态形式包括科技类主题公园、智能导览 APP、VR 线下体验馆、智慧景区管理系统、旅游创客平台等。

（十）商——商务旅游的业态创新路径

商务往来与交流活动的日益频繁使商务差旅、会议会展、旅行团建等旅游形式成为现代旅游业的重要细分市场，也为旅游业态的创新提供了新的思路。基于“商”这一要素的业态创新，旅游开发运营主体可以从场所供给和服务供给两个角度出发，核心路径是以满足商务接待需求为基础，通过融合当地多样化的旅游资源，形成核心吸引力，构建集商业、会展、度假、休闲等功能于一体的商务旅游目的地。

场所供给方面，旅游目的地开发主体可以基于对不同商务旅游客源群体特征的分析，以市场需求为导向，因地制宜地布局国际会展中心、休闲商务酒店、社群俱乐部、会员活动中心、团建基地等业态；服务供给方面，商务旅游相关业态的经营主体要针对客户群体普遍收入高、素质高、时间利用率高的特征，利用文化、科技、互动项目设计等手段，优化场所、场地的功能配置，充分考虑消费群体在旅途中的参与性、私密性、高效办公、轻松休闲等需求，为游客提供高效、便利、舒适、高质量的综合服务。

（十一）养——基于“三避五养”度假需求的业态创新路径

旅游是在快节奏工作生活的压力下，人们关注自身健康的一种活动表现形式，离家医养正在成为规模日渐扩大的细分市场，因此在旅游项目的开发运营中，“养”是个不能被分割的考虑要素。基于“养”这一要素的业态创新路径，是要以“三避五养”的度假市场细分需求为导向，根据目标市场的定位，充分挖掘并整合利用项目地气候、生态、人文、医疗技术、医药、温泉等“五养”资源，将舒适的自然环境与品质化的“五养”服务融合，分层次、成体系地布局观光、餐饮、休闲、康养、运动、文化、购物等消费产品、软性服务和基础配套设施，从而营造高品质度假生活的氛围，以健康为核心吸引力形成旅游度假的消费搬运。

在这个过程中，旅游开发运营主体既可以从横向上开发康养小镇、健康研修基地、养老度假综合体等业态，从而丰富旅游目的地的“五养”消费供给；也可以从纵向上通过医疗、养生、食品、睡眠、负氧离子等健康科技或者温泉水疗、美容SPA、中医膳食等产品的引入，使现有的餐饮、住宿、景区等业态成为满足“五养”度假需求的消费载体。

（十二）学——研学旅游的业态创新路径

研学旅游既不同于传统的团体旅游，也不同于传统的课程教学，是一种以旅游活动为体验式教育和研究性学习的载体，其本质是一种体验式学习的新旅游形式。因此，针对学生这一细分市场的旅游开发运营主体，要以“游”与“学”交融并举为理念，将各类科教文化、教育基地与旅游产业相结合，形成以教育为主题的研学旅游创新业态。

基于“学”这一要素的业态创新路径可以从产品体系创新与课程体系优化两个角度出发。开发运营主体可以通过深入挖掘研学内容的内涵，运用旅游创意化和体验化手法，精心设计“游中学”“学中游”的综合性产品体系，并将研学内涵从“游学合一”向“知行合一”提升，打造可观、可玩、可感的研学旅游项目。也可以通过整合优化旅游资源，设计研学主题、课程演练、节点控制、课程实施和评估等系统开发，形成完整的研学体验闭环，通过“教育＋旅游”的跨界融合，形成主题鲜明、定位明晰的多样化研学产品，满足研学不同细分市场的需求。

（十三）福——祈福旅游的业态创新路径

祈福旅游的魅力在于其独有的文化内涵，宗教文化、禅意文化、祈福仪式等多元化业态与旅游产业中的观光、度假、养生相结合，形成以“福”要素为基础的旅游创新业态。在祈福旅游业态的开发中，可通过兼具传统和创意特色的建筑艺术表现手法，利用特色化的建筑以及艺术化的内部空间装饰，形成眼球效应，构建核心吸引力，满足旅游者的猎奇心理。对于宗教信仰者而言，祈福体验的关键在于寻找一方净土，感悟参透人生；对于普通游客来说，则需要通过游乐化方法、演绎化手段，将祈福文化转化为通俗化的产品，从而引起共鸣，将抽象的祈福文化以具体、巧妙的方式表达出来。

（十四）情——基于情感需求的业态创新路径

精神愉悦、情感维系、心灵追求成为当今游客的主要诉求之一，亲子旅行、毕业旅行、蜜月旅行等旅游形式已经成为重要的旅游细分市场。相对其他业态来说，基于“情”这一需求要素进行的业态设计更需要产品创新以及多样化体验的支撑：创新产品能够为游客带来视觉与心灵的震撼，多样化的体验活动能够将游客带入情境中，通过亲身感受产生情感。基于情感需求的旅游业态创新的核心思路，是对文化资源、自然环境资源和其他相关资源进行优化配置，明确爱情、友情、亲情等情感主题旅游产品分类，选择合适的旅游开发模式，打造集聚休闲、娱乐、养身、度假等功能于一体、集多种风情于一身的特色业态。

（十五）奇——探奇旅游的业态创新路径

探奇旅游是满足游客“玩就不同”这一心理需求的新兴旅游市场，其发展的核心是在突破安全救援技术的基础上打造与众不同的旅游体验。探奇旅游的业态创新可以从自然场景体验和虚拟实境体验两个角度展开。

基于自然场景的创新路径，是在新材料、新能源与安全防护、实时救援系统基础上的技术突破，突破物理和空间的局限，实现海、陆、空全感官体验的创新，常以极限体验项目基地的业态形式出现，常见的业态有特色攀岩、走绳、翼服飞行、热气球、冲浪、帆船、蹦绳、空中滑板、低空跳伞等。基于虚拟实境的创新路径，是综合运用虚拟现实、全息投影等现代化展陈技术，结合高新游乐设备的使用，为游客打造穿越时空、身临其境的体验，常见业态形式有黑暗乘骑、灾难仿生、盗墓体验、真人密室逃脱、失重体验等。

（十六）文——文创旅游的业态创新路径

文化与旅游具有天然的耦合性特征，文化旅游的业态创新可以从两方面着手：一是植根本地文化，通过文化梳理—文化提炼—文化挖掘—创意植入—文化活化的过程，突破文化的静态展示模式，以创意元素的运用，将文化融入游客的旅游活动中，弥补静态展品诠释力不足的问题，打造文化旅游的深度体验，创新业态有文创集市、文化设计周、文创交流会等。二是孵化一批文创企业、创客，借助大众创业、万众创新的力量，布局创意工坊、文创产业体验园、文创集市等创新业态，将各具特色、各有专长的设计师、手工艺人等民间高手的智慧发挥到极致，带动文创体验的创新。

（十七）体——体育旅游的业态创新路径

体育旅游主要借助多样化的体育运动、体育展览、体育文化、体育赛事，结合旅游观光、主题公园、民俗节庆，形成创新业态。应当立足于当地体育文化资源，加强与景区景点合作，通过开发多层次互动型体育产品，提升目的地活动的吸引力，并且在特色产品上注重体验项目的细分和内容设计。此外，体育旅游的开发要注重导入赛事IP，形成品牌传播效应。在市场化经济环境下，任何形式的业态组合都是为了实现盈利，而借助体育赛事的影响力无疑为景区知名度的打造带来新助力。

（十八）农——乡村旅游的业态创新路径

乡村旅游是一种生活化和体验化的新型旅游方式，不同地域的乡村旅游要形成不同的地道生活方式，从而创新业态，提升旅游体验。

“五味俱全”是乡村旅游业态的创新提升法则，突破传统乡村“看＋吃＋住”的业态格局，遵从乡味、野味、俗味、人味、新味五大标准要求，提质乡村旅游业态。有乡味：要杜绝城市化，在景观营造和环境优化方面，保留乡村风韵，体现乡愁记忆和乡土气息，展现最原味、最闲适、最绿色的乡村风韵。有野味：有乡野田园气息，或山野茂林，或沃野阡陌，能体现出自然的，原乡的特色。有俗味：要将乡村原汁原味的民俗风情通过旅游化的手法传承和演绎，让游客感知地道的风土人情。有人味：将农民的生产生活化，生活产品化，以人为本，构建乡村生产生活方式。有新味：对乡村特色建筑、景观、文化通过创新型的手法，让游客从参与互动的角度体验感知，形成乡村“新气象”和“新光景”。

三、基于“十八大要素业态化”理论的创新产品

（一）餐饮业态的创新产品类型

不同的餐饮文化为满足不同的市场需求而存在，常见的有特色小吃名店、地方品牌餐馆、全国连锁品牌加盟店、休闲美食街或美食广场等，而基于创新途径可以将餐饮业态产品进行重新梳理（见表 7–1）。

表 7–1 基于“食”要素的业态创新产品

“吃”要素	细分	业态创新产品
主题类	融入文化 IP	吸血鬼咖啡馆、80 后主题餐厅、邓丽君音乐主题餐厅、工厂主题概念餐厅、监狱主题餐厅、圣斗士主题餐厅、日本池袋“东方红”中餐厅、爱丽丝梦游奇境主题餐厅等
体验类	餐饮制作	英国伦敦 Food Ink 餐厅、分子料理餐饮等
	演艺活动	风波庄武侠主题餐厅、朝鲜餐厅歌舞宴等
	感官体验	3D 投影餐厅、日本东方银座“花舞印象”艺术感官餐厅、海洋生物互动餐厅——上海蛙塞餐厅等
	创意设计	悬崖餐厅、海底餐厅、流动巴士餐厅、树屋餐厅、墓地餐厅、空中餐厅等

（二）住宿业态的创新产品类型

随着游客需求的个性化与多元化，住宿业态衍生出新的旅游产品，常见的有精品民

宿、连锁酒店、主题酒店等（见表 7–2）。

表 7–2　基于“住”要素的业态创新产品

“住”要素	细分	业态创新产品
文化类	民族特色	露营帐篷、蒙古包等
	影视文化	水浒酒店、武侠客栈、西游记主题酒店等
	主题 IP	冰雪酒店、爱情酒店、海洋酒店、音乐酒店等
娱乐类	新颖体验	水上旅馆、树屋、窑洞住宿、冰屋等
	科技创新	机器人酒店、空中酒店、潜水酒店、森林酒店等

（三）交通业态的创新产品类型

在体验经济背景下，以创新为主导的交通业态产品可分为纯观光型、特色体验型、娱乐体验型（见表 7–3）。

表 7–3　基于“行”要素的业态创新产品

“行”要素	细分	业态创新产品
纯观光型	山、水景观	邮轮旅游、游艇、机器人拉车、江上索道等
特色体验型	民俗文化	人力花轿、驴拉车、驯鹿拉车、竹筏、雪橇等
娱乐体验型	创新体验	水上摩托、热气球、水上飞机、直升机观光、人造移动岛、机器人拉车、滑道等
	节庆活动	汽车拉力赛、F1 赛车、帆船比赛、F1 赛艇、环青海湖自行车赛等

（四）游览业态的创新产品类型

游览业态产品的创新中，要尽可能地突出旅游资源特色，包括民族特色、地方特色、资源特色等，才能成为当地的特色吸引物（见表 7–4）。

表 7–4　基于“游”要素的业态创新产品

“游”要素	细分	业态创新产品
资源类	自然资源	北欧极光游、大地艺术观光游、森林旅游、海洋旅游等
	人文资源	沉水走廊、玻璃平台、飞天之吻等
人文类	新颖体验	狩猎旅游、援助旅游等
	活动演艺	创意秀场、Cosplay 秀等
	专项市场	亲子暑期夏令营、红色基地研学游、老年康养游、商务会展游等
	情感表达	情侣蜜月游、家庭游、毕业旅行等

（五）购物业态的创新产品类型

基于服务人群的不同，购物业态产品可以分为体验类购物与生活类购物两大类（见表 7–5）。

表 7–5　基于“购”要素的业态创新产品

“购”要素	细分	业态创新产品
体验类	零散购物点	慢邮店、树屋商店、无人超市等
	购物街	慢生活体验街区、文化创意市集、历史文创商街、休闲主题商街等
	专营购物店	文创体验店、手作体验工坊等
生活类	常见形式	京味卤煮店、711 便利店、沃尔玛超市等

（六）娱乐业态的创新产品类型

自主旅游时代下的娱乐业态产品创新主要可以分为健康休闲类、文化娱乐类、游乐休闲类三种（见表 7–6）。

表 7–6　基于“娱”要素的业态创新产品

“娱”要素	细分	业态创新产品
健康休闲类	健康理念	有机食疗馆、中医理疗馆、温泉疗养中心等
文化娱乐类	文化表演	绿维创秀、《印象·刘三姐》、《印象·平遥》等
	文化展览	西西弗书店、诚品画廊、玻璃博物馆等
	文化创作	儿童陶艺吧、个性印染店等
游乐休闲类	游乐互动	VR 体验馆、水上乐园、户外 CS、哈利·波特游乐园等
	核心区休闲	科学技术馆、名品购物街、咖啡时光、漫游广场等
	景区休闲	森林氧吧、郊野公园、徒步绿道等

（七）旅游厕所的业态化创新产品类型

基于“厕”要素的厕所业态产品创新可以根据形态和技术，分为设计类和科技类（见表 7–7）。

表 7–7　基于“厕”要素的业态创新产品

“厕”要素	细分	业态创新产品
设计类	创意设计	形式美学厕所、奥斯丁新木桶理论厕所、单向视线玻璃创意厕所、落地窗风景体验式厕所、透明厕所等
	文化主题	区域文化主题厕所、卡通主题厕所、游戏主题厕所等
科技类	技术革新	生态处理技术、生态仿生厕所、智慧化厕所等

（八）导览业态的创新产品类型

导览业态产品包括设备导览和人员导览，可以结合新技术、新理念实现产品创新（见表 7–8）。

表 7–8　基于“导”要素的业态创新产品

“导”要素	细分	业态创新产品
设备类	技术导览	AR 导览、智能机器人服务、AR 展览等
	服务搜索	美食搜索小程序、旅行翻译、随身 WiFi、随身导览等
人员类	导游服务	定制导游、旅游“微领队”等

（九）智慧旅游业态的创新产品类型

随着智慧旅游技术的不断发展，智慧业态产品不断创新，可以分为创新类和平台类（见表 7–9）。

表 7–9　基于“智”要素的业态创新产品

“智”要素	细分	业态创新产品
创新类	智慧 + 旅游	AR/VR 旅游体验中心、电子导游等
平台类	智慧 + 管理	携程旅游 APP、游客体验中心等
	智慧 + 监控	旅游应急指挥平台等

（十）商务旅游业态的创新产品类型

“商”要素可以分为会议、展览、节庆、奖励四类，以旅游观光为基础，衍生出邮轮商务会议、科技展览、美食节、培训旅游等多种创新业态产品形式（见表 7–10）。

表 7–10　基于“商”要素的业态创新产品

“商”要素	细分	业态创新产品
会议类	会议中心、配套服务	邮轮商务会议、年会、专业培训会、专题论坛等
展览类	展览中心、会展会动、会展搭建、会展管理	科技展览、设备展览、绘画展览、文化论坛等
节庆类	节庆活动展示、节庆组织、节庆服务运营商	美食节、购物节、旅游节、文化节、狂欢节、民俗节等
奖励类	培训旅游	团建、奖励旅游活动等

（十一）康养旅游业态的创新产品类型

在消费升级的大背景下，康养旅游业态产品创新，应体现出消费观念的变化和消费模式的转变，将康体、疗养、医疗与旅游结合，实现康养旅游业态产品创新（见表7-11）。

表 7-11 基于“养”要素的业态创新产品

“养”要素	细分	业态创新产品
康体类	休闲运动	定向运动、山地自行车、非动力运动、运动康复中心等
疗养类	养生、养心、养颜、养老、养疗	有机餐厅、休闲农庄、排毒养颜所、温泉中心、中医疗养等
医疗类	体检、理疗、健康管理	体检中心、健康管理中心、整形中心等

（十二）研学旅游业态的创新产品类型

研学旅游是带有一定学习任务的旅游形式。将各类科教文化、教育基地与旅游产业相结合，形成以教育为主题的研学旅游创新业态产品（见表 7-12）。

表 7-12 基于“学”要素的业态创新产品

“学”要素	细分	业态创新产品
农旅研学	置身自然、体验乡土乡情	乡村扶贫体验游、养殖基地游等
工旅研学	了解企业历史、科技技术	工业科技旅游、高新园区游等
文旅研学	感受传统文化，寓教于乐	遗址遗迹研学游、红色研学、国学体验、博物馆深度游等
科考研学	探索求知、环保科普	地质科普游、动植物园考察等

（十三）祈福旅游业态的创新产品类型

祈福旅游的魅力在于其独有的文化内涵，宗教文化、禅意文化、祈福仪式等多元化业态与旅游产业中的观光、度假、养生相结合，形成以“福”要素为基础的业态创新产品（见表 7-13）。

表 7-13 基于“福”要素的业态创新产品

“福”要素	细分	业态创新产品
观赏类	朝觐仪式、宗教表演	煨桑祈福、祭天祈福仪式、开耕祈福、武僧团巡回表演、少林武术表演等
参与类	体验活动、宗教养生度假	宗教医疗（藏医）、宗教餐饮（禅茶、禅食）、抄经祈福，宗教绘画、书法、音乐制作体验等

（十四）情感旅游业态的创新产品类型

当精神愉悦、情感维系、心灵追求成为当今游客的主要诉求后，出现了很多与“情”相关的创新业态产品（见表7–14）。

表7–14　基于“情”要素的业态创新产品

“情”要素	细分	业态创新产品
亲情类	亲子、家族旅游	亲子敬老游、家庭休闲度假、祭祖寻根游等
友情类	同学、朋友出游	毕业旅行、闺蜜游、友情岁月牧场游等
爱情类	情侣、蜜月、婚庆旅游	婚纱摄影基地、蜜月之旅、教堂婚礼、婚博会、爱情银行等

（十五）探奇旅游业态的创新产品类型

无论是极限体验还是新奇体验，都是充分利用资源的探险、神秘、新奇等特征吸引游客，形成业态创新产品（见表7–15）。

表7–15　基于“奇”要素的业态创新产品

“奇”要素	细分	业态创新产品
极限体验	极限运动、赛事、人造景观	徒步穿越、登山探险、海底探险、森林探险、溯溪、追踪野生动物探险旅游、空中滑板、低空跳伞等
新奇体验	动漫主题、军事主题、科技主题	冰雪城、淘气堡、角色扮演馆、自拍馆、动画电影体验、盗墓体验、真人密室逃脱、失重体验等

（十六）文创旅游业态的创新产品类型

文创旅游是在文化和旅游业态天然耦合的基础上，以市场为导向，创新产品开发形式，可以总结出以下业态创新产品（见表7–16）。

表7–16　基于“文”要素的业态创新产品

“文”要素	细分	业态创新产品
展示类	文创商品、创客基地	创意零售、设计师原创品牌、创意展览、创客空间、个人工作室等
体验类	文创体验、文创活动	体验工坊（花艺、陶艺、茶艺）、互动娱乐（小剧场、发布区、沙龙）、文创产业体验园、文创集市、文化设计周等

（十七）体育旅游业态的创新产品类型

体育旅游主要借助多样化的体育运动、体育展览、体育文化，结合旅游观光、主题公园、民俗节庆，形成创新业态产品（见表 7–17）。

表 7–17　基于“体”要素的业态创新产品

“体”要素	细分	业态创新产品
运动体验类	休闲场地、休闲活动	冰雪游乐场、体育休闲综合体、滑翔伞体验等
竞技发展类	培训教育、竞技赛事	体育项目夏令营、专业高尔夫球赛、滑雪赛、奥运主题观光等
综合服务类	生产、销售、服务	体育购物、体育俱乐部、体育设备展览等
节庆品牌类	体育节庆营销	国际马拉松赛、国际滑雪节、冰雪嘉年华等

（十八）乡村旅游业态的创新产品类型

乡村旅游是一种生活化和体验化的旅游方式，不同地域的乡村旅游要形成不同的“地道生活方式”，从而创新业态产品，提升旅游体验（见表 7–18）。

表 7–18　基于“农”要素的业态创新产品

“农”要素	细分	业态创新产品
农业景观观光	农业生产、设施农业、大地景观	农业观光园、主题花田、特色梯田、稻田画等
农事体验参与	休闲农场、科技农业	农耕文化体验园、家庭农场、市民农园、垂钓俱乐部、科技农业课堂等
农产品消费	大型集散、小型店铺	中医药购物街、创意农品店、特色农产品集市等
农业节庆	农业主题、生产环节	农业嘉年华、花卉旅游节、花海摄影节、缤纷水果节等

第四节　旅游游憩方式创新

游憩，是指闲暇时间从事的以娱悦身心为目的的活动。游憩方式是出游之后的观景、行进、休憩、娱乐、饮食、住宿、购物、研学、运动等所有满足人休闲需求的活动方式总称。从游客出行活动的特征来看，观赏、娱乐、运动、疗养是最纯粹的游憩活动；修学、感悟是过程中的精神活动；运输、住宿、饮食、购物既是满足基本生理需要的基础服务，又是旅途生活中可以形成兴奋点与愉悦性的游憩内容，人们在进行这些活动时往往带有享受和休闲的性质。旅游中的游憩方式创新，通俗来讲，就是“玩法”的创新，从开发运营的角度来说，就是通过多主体的开发和多载体、多类型、多要素的游憩供给，实现旅游者的旅游过程满足感最强化、旅游目的地资源利用最佳化、旅游投资主体收益最大化的目标。

一、游憩方式设计的基本原则

游憩方式的设计，首先要对旅游目的地的核心产品，按照观赏、娱乐、运动、疗养、修学、感悟等不同类别，单独或综合交叉进行具体设计，包括景点观赏、文化品位、风情感受、游乐参与等；其次要把运输、住宿、饮食、购物等基础服务设置成具有特色、风情、文化及娱乐性的方式；最后还要进一步对全部游程进行合理化整合，形成全程结构的整体理念与效率优化。

（一）人本主义原则

即把以人为本，遵循人体生理与心理的规律，满足人类审美、修学、交流、康体、休憩以及整个生活方式需求作为第一要义的原则。在这样的理念下，游憩方式的设计就必须尊重人的本性、共性和特性，并在生理规律与需求、心理规律与需求、精神规律与需求三个层面上进行设计。

（二）产品化原则

游憩方式设计，目的是形成旅游产品。对于游客而言，整个出游过程是一个产品，但对于各个旅游项目开发商而言，开发范围内的景区或旅游区构成一个或几个产品。因此，游憩方式设计，必须把握好服务产品的构成模式与结构，即游憩过程可以由若干个独立运营的单元构成。每一个单元产品，都可以形成相对独立的经营基础，而单元之间又必须相互结合，构成旅游要素的完整配置。

（三）保护与开发协调的原则

游憩方式设计的过程中，需要把握风景资源保护、生态环境保护、文物保护、游客安全保护四方面的保护：①不能以破坏风景资源为代价进行开发。因此，对观赏、游乐、基础设施的位置、体量、风格等的规划，必须以保护为前提，与资源相协调。②任何开发，必须符合环境保护要求，不能引起整体生态环境不可逆转性的破坏。因此，对环境容量、污染治理、垃圾处理等，必须采取到位的措施。③对文物资源，不限于已经列入全国或地方政府保护名单的所有历史或民俗文化性资源，都应该予以保护。④必须充分考虑游客安全，包括旅途安全、游览安全、游乐安全、社会安全等几个方面。

二、游憩方式创新的思路

游憩方式创新的核心思路，就是要解决何时玩、去哪儿玩、玩什么、怎么玩的问题，也就是要从时间、空间、产品、服务四个方面展开对游憩方式的创新开发。

（一）游憩时间创新——四季全时解决方案

旅游具有明显的季节性特征，旺季拥挤、淡季无人、白天看景、晚上睡觉是长久以来困扰旅游景区及目的地的问题。开发一个核心引爆项目容易，但是运营“一年四季+白天+夜晚”都具吸引力的项目很难。在旅游开发运营的过程中，应利用温室、温泉、夜游、演艺、节庆、研学等手段，挖掘工作日、淡季、夜间蕴藏的巨大商机。通过打造四季全时的游憩方式，能够减少资源使用不均衡、成本回收期拉长、可持续经营困难等难题，满足消费群体“随时都能玩”的旅游需求。

（二）游憩空间创新——全域空间整合规划

全域空间整合，是打造游憩方式创新载体的重要思路。其核心在于突破地域上的旅游发展局限及不平衡现象，打破单一景点游览模式，通过全线贯通的交通规划、旅游资源要素的整合和多元化业态的布局，形成景区、度假区、城市、乡村之间的联动，实现目的地一体化发展的结构，为旅游群体打造“无处不景点”的空间格局。

（三）游憩产品创新——多元化的创意产品研发

新产品、新场景、新体验方式，是不断满足变化、求新求异的旅游市场需求的内生动力。旅游开发运营主体应深入挖掘文化、艺术资源，并整合应用虚拟现实、全息影像、声光电等科学技术和游乐装备，打造形式多元化、内容创意化的旅游产品，突破单一的观光旅游模式，满足新时代旅游群体“玩的内容多样”的旅游需求。

（四）游憩服务创新——技术引领的要素服务创新

移动互联网及终端设备的普及，各类旅行类APP的出现与发展，线上、线下消费服务的联动发展，大大地提升了旅游人群“自主性需求”被满足的可能性。以此为基础，旅游开发运营主体应密切关注并积极应用人工智能、物联网、大数据、虚拟现实等新一代信息技术，对食、住、行、游、购、娱等相关的旅游要素进行科技化的服务提升，形成高效、精准、人性化的服务体系，从而满足游客更智能、更便捷、更高质量的玩法需求。

三、游憩方式创新的理念及内容

游憩的本质意义是令人愉悦，模块化、常规化、“有可观而无可留”“下车拍照、上车睡觉”的传统、单调的旅游方式已经不能满足自主旅游时代的消费需求。因此，在旅游项目的开发运营过程中，要围绕游憩节奏、游憩模式、游憩路线、游憩内容、游憩场景、游憩体验六个层次展开游憩方式的创新，形成动静结合、主题明确、功能多样、场景别致的游憩供给和“心流”体验的游憩效应。以此方向为指导，游憩方式打造过程中应遵循凸显审美、全程体验、情境互动、内容落地四大理念，从而实现资源的最大化利用和旅游需求的有效对接。

（一）游憩方式创新的理念

1. **凸显审美吸引力**

旅游，起源于审美的需求，是对自然美、艺术美、社会美的综合性审美实践活动。游憩方式创新，必须着眼于打造核心吸引力，遵循审美凸显的原则，从已有的资源中挖掘其特色性审美要素；注入与资源协调的植物景观、园林景观、建筑景观和其他人文景观，形成全程审美的旅途生活。

2. **全程体验旅途生活**

游客从一出门就开始对旅程充满期待，希望获得一种全新的感观体验，寻求生活方式的转换，因此旅游过程中涉及的各个环节，包括食、住、行、游、购、娱等都应该纳入游憩方式设计。同时，把旅游作为全新的生活方式进行设计，符合游客出游、寻求生活角色及生活方式转换的要求，可形成旅途人生的全新体验与激荡。

3. **情境戏剧化与互动化**

在游憩方式设计中，要把观赏对象、景观环境、文化生活环境尽量进行情境化和戏剧化处理，构成特殊的审美意境，制造戏剧化冲突，产生兴奋与激情效果，让游客获得一种特殊享受。体验，是旅途人生的核心，差异于日常生活的体验感悟是游客所追求的。游程中角色体验，征服或融入自然的体验，回归历史的时空体验，异域文化的特色体验等，构成游客旅途人生的全面满足。

4. **旅游内容产品化**

游憩方式的设计需要把观赏、游乐、娱乐、餐饮、住宿、休闲运动、疗养修复等过程有机融合，更重要的是，要将科技、文化、互动体验等概念变为可以落地运营的服务产品，从而实现有效的交易，达到市场消费的目的，谋求供需双方的双赢结果。当然在产品化过程中，必须协调好保护与开发的关系，包括对风景资源、生态环境、文物和游客安全等方面的保护，这样才能保证旅游目的地的可持续发展。

（二）从六个层级展开游憩创新

游憩方式的创新，在旅游项目和活动的设计开发上，主要通过游憩节奏、游憩模式、游憩线索、游憩内容、游憩氛围和游憩效应 6 个层次的创新来实现。

1. **富于变幻的游憩节奏**

游憩在本质上是一种令人愉悦的生活方式，其优美感觉的形成与诗词歌赋一样，需要被赋予一定的节奏。游憩方式的创新，首先体现在游憩节奏的创新上。

对于文物旅游区而言，在原有实物展览的基础上，把历史题材与高科技手段结合起来，同时将当地的民俗、文化、自然环境等融合进来，把文物静态展示与文化风俗动态表演、体验结合起来，动静交错，使游览节奏起伏而协调，以加深游客的体验和感性认识，从而使人文旅游资源的文化内涵与游客的心情愉悦达到完美统一。

对于风景名胜区或者自然旅游区而言，游憩节奏创新通过创建旅游区的内部特色交通、景观休憩节点等实现。在游览线路设计上应有鲜明的阶段性和空间序列变化的节奏感，由“起景”开始、发展到高潮结束，逐渐引人入胜，处理好旅与游的关系，处理好重点区域与一般区域的张弛急缓。从进景区门口开始，规划设计游客的活动，争取达到每 5 分钟有一个兴奋点，每 15 分钟有一个高潮。缺少沿途的景观配合，终点再好的景色也会被一路枯燥所抵消。基本的要求是兴奋持续、高潮迭出，当然，也不可能永远兴奋，适当地让游客静一静，也是调剂性的体验。

2. 主客互动的游憩模式

在张家界土家民族风情园，游客观看完土家族传统的祭祀活动后，还可加入到祭祀队伍中，与土家儿女同跳民族舞。在德夯苗寨的跳歌晚会上，苗家儿女会用鲜花和鼓声邀请游客与他们对歌、玩民族游戏。以往一些地域文化优势明显的景点只是一味地向游客展示，忘却了与游客的互动交流，或者也打出文化风情游的招牌，却很少有让游客亲身体验文化风情的项目。游憩方式设计中有以风情资源为主体，旅游者（市场需求）为客体，主体和客体互动、双向选择、优化配置，实现主体的情境空间设计和客体的人性关怀体验。

3. 主题明确的游憩线索

任何一种游憩方式都应该有一个鲜明的主题线索，有鲜明的主题才会产生鲜明的市场形象，才会引起旅游者热切的关注。在游憩方式设计上深入挖掘主题，主要是挖掘民族文化，在此基础上，努力形成一条主题明确的游憩线索。例如，美国夏威夷的波利尼西亚文化中心，即是以当地土著民族文化为主体并通过进一步深入挖掘内涵，形成的一种游憩线索。

4. 功能复合的游憩内容

游憩方式设计，要从现代旅游需求出发，开发具有多种功能、能满足旅游者文化体验、研学、娱乐、观赏等多元化需求的复合型游憩方式。以广州电视广播观光塔为例，它处在广州新城市中轴线和珠江景观轴线的交会处，站在塔上，可观看城市两大轴线的景观：塔基部分为介绍广州历史、文化、经济、旅游的展示场所；塔冠部分设置餐饮、娱乐功能及观景平台；此外，观光塔有城市建设展示功能，用于陈列大型城市模型及其他城市建设成果展示。

5. 立体塑造的游憩氛围

游憩方式的设计应当避免平面化的设计思路，充分利用各项手段塑造立体化的游憩氛围。而且在实践中，实现手段本身，甚至也成为一种游憩吸引物。一是科技手段。积极运用机械、建筑、声、光、电、VR、AR 等现代高科技手段，其中数字化手段已经成为现今基本的实现手段。二是文化手段。通过丰富的文化手段来表现深厚的游憩内涵。

文化手段的运用是从硬件到软件的全方位应用，处处体现文化手段的多样化，由此形成总体的文化氛围和各个方面的文化细节。三是商业手段。商业手段作为主要经济手段，在各国旅游业中广泛应用，在经营过程中，从广告到具体销售的各种商业手段的运用，体现了现代成熟的商业技巧和按照市场导向发展的吸引力，也从多个角度塑造了游憩活动的特殊氛围。

6.“心流”体验的游憩效应

心流，指的是一种人们高度投入某项任务或活动时全神贯注的积极情绪体验。游憩方式设计应当研究如何让客人的精神参与进去，产生“心流”体验。针对不同的游客，有不同的参与方式，体验也有所不同。比如，同样是看庙，文物专家看文物，建筑专家看建筑，一般的客人看外表，都是参与，要把这些参与转化成兴奋，甚至高潮，经过这样有“心流”的游憩体验之后，有深省顿悟的感受。有价值的游憩方式，应当使游客在其中而有所得，出其里而有所悟，将旅游与人生的旅程结合作一体化观感，通过旅游得到更高层次的领悟。

第五节 “四季全时”解决方案

对于旅游目的地来说，规划一个核心引爆项目容易，但是规划“一年四季 + 白天 + 夜晚”都能引爆市场的项目很难。绿维文旅在旅游项目的策划上，提出了“四季全时”的理念，即通过四季、工作日、夜间旅游方案：春季的踏青观花、夏季的避暑嬉水、秋季的观叶采摘、冬季的冰雪及温泉、工作日的商务享老及研学、夜间的夜游演艺及夜市。“四季全时”的理念在一定程度上突破并改善旅游季节性的限制，使得淡季不淡、旺季更旺，能够有效帮助政府和开发商减少由淡旺季带来的资源使用不均衡、成本回收期拉长、可持续经营困难等难题。

一、冬季解决方案

对于众多温带地区来说，冬季都会因其气温低、白天短、水体枯瘦、缺少绿植花卉而成为游览价值不高的旅游淡季。人气缺少带来的门票收入锐减、游乐设施闲置、餐饮住宿空房率激增等问题都会成为旅游目的地的发展瓶颈。针对这个问题，绿维文旅结合十余年的旅游开发运营经验，提出了温室、冰雪旅游、温泉、节庆庙会四大冬季旅游解决方案，通过对冬季气候优势的挖掘和旅游产品的研发，减少旅游季节性限制造成的资源浪费和经营困难等问题。

（一）温室

温室设施在我国的农业生产中已经得到广泛应用。随着温室种类的不断发展与功能的不断延伸，温室逐渐由单一的农业种植功能，发展成为以温室设施为载体，以恒温环境为卖点，以全时休闲度假为理念，集合生态观光、休闲娱乐、旅游度假、科普教育、农业种植等为一体的综合性智能温室，成为引爆冬季旅游的一个新的引擎。绿维文旅认为可以依托以下四种形态进行升级开发。

1. 生产依托型种植温室

这一类型的温室主要用于生产高附加值的花卉、种苗、特种蔬菜及水产养殖，是温室旅游发展的最初模式。

2. 高科技试验基地型观光温室

依托农业科技园、特种植物培养基地等研究机构形成的观光温室。主要用于新奇特品种植物培育、科技研发等，将科普教育与高科技农业观光紧密结合。

3. 大型观览及休闲场所型温室

这一类型的温室是将休闲场馆与温室技术相结合而形成的一种新型模式，集生态观光与餐饮休闲等功能于一体。

4. 综合型农业生态园温室

这一类型温室是以上几种温室开发模式的综合，通常以乡村环境、田园风光为大背景，内部空间的功能设置可以由农业向复合型休闲、会议度假、康疗体检等延伸，形成一站式温室休闲综合体的概念，也是未来温室发展的重要趋势之一。

（二）冰雪旅游

冰雪是冬季旅游开发的重要资源，能够形成冰雪观光、冰雪休闲游乐、冰雪运动等多样的旅游产品体系，打造冬季度假的核心引爆项目。例如，瑞士靠近奥地利边境的达沃斯小镇，自 20 世纪初就通过举办滑雪、滑冰等赛事而成为闻名国际的冬季运动中心，随后以冰雪运动为基础，通过国际顶级商务会所的修建和国际顶级会议的主办提高知名度，形成了冰雪度假与会展经济的良性循环。在旅游项目的开发运营中，有降雪条件的地区可以通过对冰雪资源的充分利用，做旺做强冬季旅游。绿维文旅认为冰雪旅游的开发主要有以下六种产品形式：

1. 观光类冰雪旅游产品

观光类冰雪旅游产品可以分为冰雕、冰灯、冰瀑、雪雕等多种类型。

2. 休闲游乐类冰雪旅游产品

休闲游乐类冰雪旅游产品依托于冰雪旅游场所，冰雪旅游场所是集观光与娱乐为一体的综合性冰雪休闲场所，是较为独立的冰雪旅游项目，有攀沙岩、滑雪场、冰球场及雪地摩托车场等多种项目类型。休闲游乐类冰雪旅游项目本身既是旅游吸引物，对地区甚至全国都能产生较大吸引力。

3. 节庆类冰雪旅游产品

节庆型冰雪旅游产品是指在体育冰雪旅游项目中包含特定节庆因素的冰雪旅游产

品。节庆因素包括冰雪节、地方特色的冬季体育盛事、大众体育比赛、冰雪嘉年华等具有冰雪旅游特色的活动，如哈尔滨国际滑雪节、齐齐哈尔关东文化节、吉林雾凇节、长春净月潭国际滑雪节等。

4. 赛事类冰雪旅游产品

体育观赏型产品也称为活化体育旅游产品，是指组织各项体育赛事的观众前往比赛举办地进行观摩和运动体验，并参加各种节庆的旅游产品。既包括诸如冬奥会、亚冬会、世锦赛等有影响的国际比赛，也包括趣味冰上运动会、冰上运动比赛等民间组织的比赛项目。

5. 演艺类冰雪旅游产品

冰雪演艺类活动包括冰雪文艺演出、冰上舞蹈、冰上体操、冰上模特秀、冰雪灯光秀等。例如，冰雪节开幕的以冰雪为主题的文艺演出，包括诸如冰上芭蕾、冰上交际舞等冰上舞蹈。

6. 民俗游乐类冰雪旅游产品

民俗传统冰雪旅游产品是指具有浓厚的民族特色的冰雪体育产品，反映出一种独特的冰雪文化，是长期历史文化发展的结晶，与当地的风俗人情、生活习惯、宗教信仰等密切相关。

（三）温泉

温泉资源开发赢得冬季旅游市场竞争的关键是开发模式的创新，突破温泉主题概念，实现差异化特色化经营、建立独特优势，塑造品牌价值需要四步走战略：第一步，找出温泉自身卖点；第二步，强化卖点化作品牌；第三步，提升服务体验；第四步，改善配套硬件设施。

冬季，温泉项目可以与其他项目做加法，形成多种业态，丰富旅游目的地冬季旅游项目。

1. 温泉＋农庄

将温泉资源与生态农庄开发有机融合，一方面有力发挥温泉资源的延伸利用价值，以地热营造温室，发展高附加值种养殖项目、温泉生态农业项目，有助于推动生态农业从单一的产品经济向服务经济迈进；另一方面，生态农庄的建设有效地改善了温泉度假村的休闲环境，更可以利用生态农庄的设施载体，创造出极具特色的温泉泡浴场所。

2. 温泉＋运动

温泉与运动游乐的结合，也是温泉度假村最常见的开发模式之一。其核心是在温泉泡浴的基础上，通过发展满足旅游者体验性、参与性需求的运动游乐项目，有力提升温泉度假村的整体吸引力，延长游客停留时间甚至改善温泉度假村的淡季经营问题，提高人均消费水平，从而实现整体开发经营的突破。

3. **温泉＋景区**

以创造独具特色的温泉泡浴景区来赢得市场的模式，这是温泉设计的根本模式，其关键是运用文化来包装主题或凸显自然山水特色并形成体验型温泉泡浴景区。主要包括两种类型：面向大众的精品温泉景区和面向小众的高端SPA景区。

七仙瑶池位于七仙岭热带雨林森林公园，绿维文旅将其定位为中国唯一主题化热带雨林温泉，立足山形地貌特征，突出热带雨林主题环境特色，融合七仙女及甘工鸟传说、黎苗文化等，以游客感受七仙女传说的心理过程为主线，结合温泉泡浴习惯，形成符合现状特征、主题性强、功能区各具特色的空间格局，从而打造差异化精品温泉。

4. **温泉＋康养**

温泉吸引市场最核心的本质就是健康养生。因此，在进行温泉设计时，依托医院、生命科学研究中心等机构，充分发挥医学、生命科学与健康管理的作用，结合现代理疗手法，把温泉的健康养生价值与日常的体检、医疗、诊断、康复、疗养、健身等一系列手段深度结合，打造四季都良好运营的温泉康复疗养基地。

绿维文旅承接了洛阳市栾川县伏牛山山居度假村项目的修规、景观设计、建筑设计、温泉设计，并担任项目建设阶段的工程监理，以万物生发的生态环境为基础，以千药荟萃的中药王国为资源，以百景争奇的名山胜水为背景，以十剂养生的汤药泡浴为产品，以伊尹耕莘的文化渊源为卖点，深入挖掘中医养生文化，将伏牛山居度假村打造成中国第一理疗胜地。

（四）节庆庙会

冬季庙会模式，指依托地域特色民俗活动、传统节庆、民间宗教等文化资源，通过开发一系列民俗观光、集市活动、休闲娱乐、文化体验、特色餐饮等冬季旅游产品，来打造特色旅游目的地的模式。冬季庙会一般在12月初至来年的2月中旬，以周末和节假日为主导。庙会包含地方民俗展示、创意集市、土特产品展销集市、餐饮市场、祭祀市场五个组成部分。

1. **地方民俗展示**

庙会是展示地方民俗文化、传播地方民俗文化的一种重要形式。庙会从头到尾贯穿着丰富的民间艺术和民俗文化表演，如皮影戏、踩高跷、高空绝技、花轿、舞龙舞狮、戏曲等，游客可以直接感受民俗文化的独特魅力，非物质文化遗产也通过这样的形式增加了展示的舞台。

2. **创意集市**

创意集市主要展示的是脸谱、吹糖人、剪纸、皮影、软陶等具有文化内涵和创意表现力的传统手工艺品，具有民族特色的民族手工艺品，以及具有异域风情的国外手工艺品。我国是一个多民族国家，地域文化、风土人情和传统工艺丰富多彩，开发民间手工艺旅游商品的条件得天独厚。

3. **土特产品展销集市**

自古以来，庙会就是百货云集的场所，经营的商品既有传统土特产，又有新颖百货，汇集本地的各种土特产品成为交易的重要部分。商品涵盖传统服饰、古玩玉器、民间工艺品、山货、礼品包装食品类土特产等多种门类。

4. **餐饮市场**

庙会上的餐饮多以地方特色小吃为主，没有固定店家，以摊位的形式售卖。游客来庙会，一般不会单单为了吃，然而逛庙会的过程中看到各种美食，也不免产生享受美食的冲动。

5. **祭祀市场**

我国的庙会已有上千年的历史，其形成和发展多与宗教活动有关，尽管发展到现代，庙会更多地增加了娱乐、商业和旅游的成分，但祭祀仍然是人们参加庙会的一个很重要的原因。这类庙会须以宗教类的景区为依托，以集市活动为表现形式，融民间艺术、游乐、旅游、经贸等活动为一体进行综合开发。

二、春秋季解决方案

春季最重要的自然资源是花草，最重要的文化资源是民俗；而秋季是一个收获的季节，各种各样的果实及独特的景观是秋季旅游可依托的资源。由于气候温度的相似性，春季和秋季是旅游观光的最佳季节，其旅游解决方案也存在相似性。绿维文旅认为，“大地景观＋庙会节庆”是春秋季旅游的主要解决方案，即以大地景观为吸引核，以文化体验、休闲游乐为主导，通过举办节庆、节事、庙会等多种形式的主题活动，将春秋季旅游打造成集观光游乐、文化体验、特色购物、特色餐饮、农舍住宿等于一体的休闲度假方式。

（一）大地景观——打造唯美浪漫的景观环境

1. **农田艺术**

用艺术的手法提升中间的农田景观，借鉴日本稻田画艺术，经过品种选育、图案设计、定点测绘、秧苗栽植、田间管理五个环节，通过种植小麦、油菜花、玉米、向日葵等形成艺术景观，最终形成特色图案，以此吸引游客。游客可通过高空步道进入该场地进行观光游览，也可以通过麦田步道进行观赏，也可以通过低空旅游等形式在高空进行观赏。

2. **稻草艺术**

稻草艺术作品制作价格低廉，可以随时更换，还可以联合地方的艺术学校，让田园成为艺术学校制作稻草艺术的展示舞台。稻草艺术要注重主题的营造，运用带有各种肢体语言的稻草人讲述大家都熟悉的故事，并且结合稻草游乐设施，形成集观光、游览、游乐等功能于一体的综合娱乐场所。

3.“农业秀”创意雕塑

以农业及农产品为基底，设计创意农业主题景观雕塑，作为旅游目的地的标志性景观。

4. 乡土乐园

设计乡土乐园，就地取材于农业生产及农业生活，打造乡村主题游乐项目，满足现代人亲近土地、返璞归真的心理诉求。

（二）民俗节庆——举办丰富多彩的节庆活动

传统民俗丰富多样，但很多虽具有特色，却无法对现代都市民众产生吸引力。创意民俗的重点在于把时代文化与流行元素融入到对传统民俗的继承之中，赋予民俗新的活力与生命力，达到改进化、创新化地传承民俗的目标。以节庆、节事、庙会等多种形式的主题活动，不仅可以将各种设施进行充分利用，而且可以以此来提高项目的知名度与有效收益点。

1. 艺术主题庙会

民俗庙会是指以少数民族的新年与活动为主的民族节庆，以及各地婚嫁习俗、民间宗教活动、祭祀、冬季捕鱼狩猎等其他民俗活动为依托，形成的集土特百货交易、民俗文艺娱乐、祭拜、餐饮等为一体的社会现象。定期举办艺术主题庙会，对于展现民俗风情，打造品牌节庆，形成庙会经济有重要作用。

2. 创意主题集市

在没有经典传统民俗节庆依托的前提下，通过对旅游资源的整合开发，结合整个园区的特色，开展创意农产品主题集市、创意农业嘉年华等。

三、夏季解决方案

夏季是众多旅游景区及目的地的旅游旺季，也是一些高温、多雨地区的旅游淡季。绿维文旅认为，室内亲水游乐产品具有市场认可度高、不受季节限制的特征，能够成为夏季“旺季更旺、淡季不淡”的旅游吸引核。根据多年的策划规划实践经验，绿维文旅认为室内水乐园有以下几个开发要点。

（一）打造独特的文化主题

现代游客追求的娱乐模式，不仅要有身体的感官体验，还要有心灵的精神体验，从这个层面上看，挖掘文化内涵，打造独特的主题才是水乐园吸引游客、塑造品牌吸引力的关键。

（二）主题包装，凸显独特性卖点

主题是旅游项目整合的核心。赋予水乐园某种主题，要求乐园所有的建筑、景观、游乐设施、活动、表演、气氛、附属设施、商品等方面，必须服务于主题定位，在主题整合下，形成项目的独特吸引力，凸显独特性卖点，最终形成主题品牌。

（三）特色产品开发

水乐园大量新鲜时尚的游乐项目是使游客流连忘返的重要因素。游乐体验产品的开发必须是多样性、特色化的，满足各种人群的需求。例如，适合儿童的亲子小型水寨、适合老人的舒适气动按摩床浴、适合年轻朋友的激流勇进，以及适合情侣的浪漫漂流河道等。

（四）盈利模式多元化

目前国内水上乐园的盈利模式主要是“门票＋餐饮＋商品（水上用品零售＋纪念品）”，其中门票是主要经济来源。绿维文旅认为，单一的门票收入模式不利于水乐园的发展，打造休闲、运动、健身、娱乐、美食等参与性产品，以及旅游纪念品、动画、电影等衍生品，可以有效延长游客的滞留时间和增加非门票收入。

四、工作日解决方案

带薪休假制度仍处在探索完善阶段，旅游市场的冷热程度在工作日和节假日之间显得格外悬殊。在未来的旅游开发中，应注重激发“有闲”群体的旅游需求，有效调配旅游资源，通过产品和模式的创新挖掘工作日蕴藏的巨大商机。研学旅行、老年旅游、会奖旅游是三个黄金潜力市场，能够为工作日出行提供给养和原动力。

（一）研学旅行，带旺大众度假市场的新支点

研学旅行在国外发展已久，在国内正处于初步发展阶段，但随着一系列政策的出台以及市场的调配作用，研学旅行作为专项旅游逐渐走入人们的视野，并成为拓展旅游发展空间的重要举措。绿维文旅总结了研学旅行的国防科工旅游、自然生态旅游、历史文化旅游、红色经典旅游、乡村主题旅游、城市景观旅游六大产品系列和研学户外营地、研学旅行基地两大基地建设。

（二）养老地产与旅游地产结合的金矿——度假型养老模式

基于老年旅游市场现状分析及国家的政策性指引，绿维文旅认为，休闲度假式养老和候鸟式养老将是未来发展的主流形态，并通过对“度假”和“养老”这两个服务产业的整合，结合房地产开发的快速回收模式，推出了度假型养老模式。

1. 自然和文化双因素是度假型养老的先决条件

老年人喜欢自然条件禀赋高的地区作为旅游目的地，以冬季的南方滨海区、夏季的北方沿海或森林地带为首选，优越的生态环境为养生提供了环境支持。而不同地域特有的文化气质则为老年人出行提供了核心支撑，养生即是文化，度假型养老产品以养生为

主题，既要求绝佳的生态，又需要丰富的文化。

2. 养生产品和养老服务一体化

老年旅游市场更加注重产品和服务的一体化，养生产品和养老服务是养老度假基地存在的根本。实现区域性度假型养老一体化发展，需要研发中医药养生、温泉养生、宗教养生、滨海养生、运动养生等多类型的旅游产品作为子产品，提升目的地适用于老人的基础设施、健全旅游目的地医疗体系，提供亲情式的人性化服务，多视角对接老年人度假和健康需求。

专栏 14　度假型养老——地产商转型升级的新方向

更多详情请扫描二维码

绿维文旅的度假型养老模式，是基于对度假与养老两个市场的交融进行深度研究，将两个服务产业与房地产开发的快速回收模式结合，实现产城人一体化的区域综合开发模式，为地产商转型升级提供了一个创新方向。

相关案例：河南鄢陵科学养老示范基地修建性详细规划、度假型养老模式下的普洱“国际养生城”打造策略……

（三）会奖旅游，开辟旅游产业升级的新路径

会奖旅游，包括会议、奖励旅游、考察、培训、展览五个部分。近年来，会奖旅游以其巨大的需求和消费能力迅速成长并带动相关产业形成集聚。会奖旅游市场因为消费水平高、价格敏感度低、逗留时间长、团队规模大等特点，被认为是高端旅游市场。

1. 会奖旅游是解决工作日旅游平淡的潜力市场之一

会奖旅游是解决工作日出游、平衡淡旺季、发展周边及长途旅游的黄金潜力市场之一。会奖旅游不受季节、节假日、周期长短等时间因素的影响，面对的人群一般素质高、收入高、职位高、团队规模大，其带来的庞大的人流移动和多元化的消费需求，形成了高消费、旺需求以及丰厚利润，使得会奖旅游成为大众向往的时尚高端旅游市场之一，足以填补工作日旅游市场的平淡。

2. 深度和广度优化升级是转型的核心驱动力

市场的变化，使得会奖旅游面临转型升级，而从深度和广度两个方面进行优化升级，是我国会奖旅游突破发展，主动迎接市场检验的核心驱动力。深度上应不断挖掘文化内涵，把文化体验融入会奖旅游，打造有趣、生动、结合文化与本地内涵的独特性产品，同时还应提升服务质量，提升资源整合能力，使旅游者享受到高品质的服务；广度上应整合旅游资源，形成市场细分，面向各种类型的企业，研发不同形式、不同档次的产品，提供定制服务。

3. 会都模式将引领会奖旅游发展方向

绿维文旅在实践中总结出我国会奖旅游未来发展的模式——会都模式，即以会议形成产业聚集，以会奖旅游、会议接待为特色及主导，以其他旅游产业为支持，拥有大规模休闲度假项目和住宿接待设施的城市、大型度假村、旅游综合体等。会都意味着既有交通、餐饮、酒店等基础设施保障，又有丰厚的历史文化底蕴或优越的自然旅游资源。会都以旅游市场导向、城市商务导向、特色资源支撑为动力，实现规模化、综合化经营。以会都为中心的会奖旅游将形成区域优势，通过发展主题游、定制游等特色旅游产品引领中国会奖旅游产业跻身世界强国行列。

五、夜间解决方案

“白天看景，晚上走人”是不少景区休闲旅游的短板。延长旅游时间、提高游客在景区的参与度和逗留时间，丰富夜间旅游产品是解决“留客难”的关键。绿维文旅将旅游演艺、商街夜市、民俗活动、夜间造景作为夜间旅游吸引力打造的四种武器，从而弥补了旅游市场夜晚消费这一空白点，形成了全新的旅游生活方式。

（一）夜间造景

利用灯光照明等效果打造景区美丽夜景，是夜间旅游项目最初级也是最普遍的开发方式。从旅游角度出发，夜间造景是以灯光照明为主要景观形式，以观赏夜间光景为主要特征，以夜间观光旅游为主要目的，针对大型都市景区与山水景区等人气较旺的区域做的亮化工程。简言之，夜间景观的打造是构成夜间旅游体验的基础。

（二）民俗活动

民俗活动主要针对地域特色比较浓厚的地区，特别是少数民族地区，以体现地方风俗节庆的原真性为主，向游客展示其原有风貌。民俗文化是民俗活动开展的核心。如彝族火把节，在夜幕降临的时候，人们围着篝火载歌载舞，气氛十分愉快热烈。

（三）商街夜市

商街夜市是最具地方特色和休闲体验的场所，是满足游客夜间旅游休闲消费需求的重要载体，也是支撑“夜经济”的重要支点。一方面，商街夜市可以创造新的兴奋点，使旅游区的表现更加丰富，增强游客的区域认同感；另一方面，它是游客白天旅游的情感延续与体验深化，可转化为夜间的持续消费。此外，商街夜市还延伸了旅游产业链，带来了大量的就业机会，促进了当地经济的发展。

（四）旅游演艺

旅游演艺是夜间旅游开发中较为突出的解决方案，演出形式包括山水实景剧、露天广场乐舞、室内剧场演出、灯光秀、多媒体秀等。其开发的关键，是从旅游者的角度出发，突出表现旅游目的地的文化背景及特色，注重体验参与性、形式多样性和场景震撼化的设计。

目前我国旅游演艺市场发展如火如荼，涌现出了《宋城千古情》《印象·刘三姐》《梦回大唐》等众多品牌演艺节目，增加了旅游吸引核，极大地拓展了旅游发展空间。一场晚间剧目，不仅可以延长游客停留时间，促进游客二次消费，提升旅游目的地形象，拉动餐饮、住宿等相关行业的发展，还可以解决更多的居民就业。

第六节　旅游多层次项目开发

一、温泉休闲项目

温泉休闲项目是冬季的核心旅游项目。随着消费需求不断升级与市场竞争的日趋激烈，规模化、综合性、复合型的温泉综合体已经成为温泉休闲市场的主流模式。绿维文旅认为，温泉综合体就是要通过三中心——核心吸引中心、休闲聚集中心、延伸发展中心的构建，来打造人气、形成商气、带动地气（见图 7–4）。

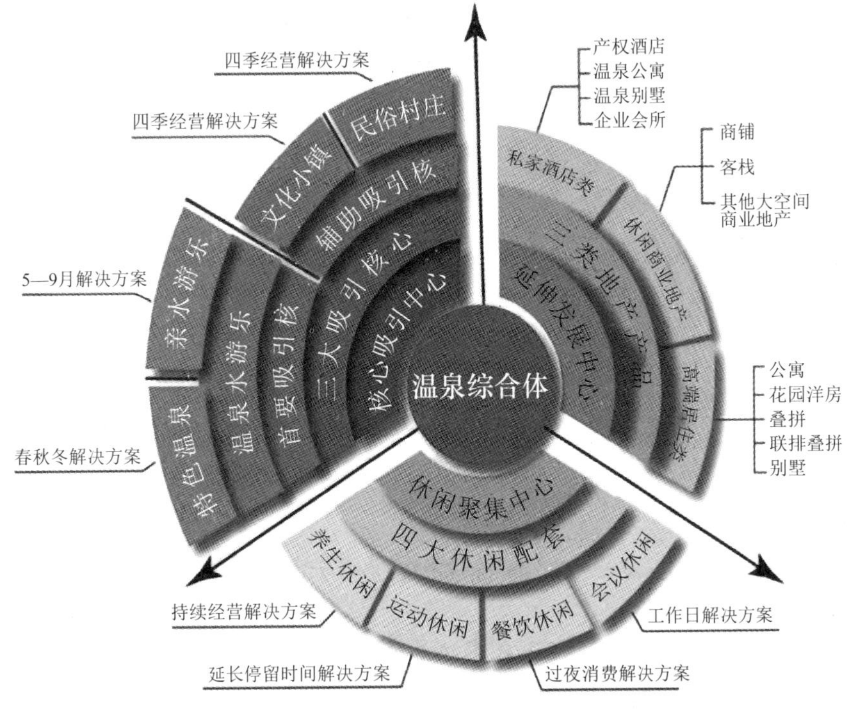

图 7–4　温泉综合体三中心

（一）构建核心吸引中心，打造人气

在温泉综合体的结构中，以温泉水游乐为主，以温泉小镇、民俗村庄为辅的是吸引人流、提升土地价值的关键所在。

作为首要吸引核，温泉项目必须体现其差异化、特色化，然而我国目前的温泉项目普遍面临产品雷同严重，主题差异性不足的问题。绿维文旅从以下几方面对温泉进行创新突破。

1. 运用主题文化打造手法建设差异化温泉

随着温泉开发竞争的加剧和同质化现象的日益凸显，寻求温泉主题概念的突破是实现特色化差异化经营、建立独家优势、塑造品牌价值的关键所在。而文化是树立主题形象的关键要素，是差异化的核心。用文化设计温泉，不但可以加深温泉产品的文化底蕴、提升文化价值，而且可以刺激观众心底的文化情结，对项目地温泉产生强烈的亲近感，使温泉体验变得厚实、凝重、独特起来。

绿维文旅将温泉设计创作的重心投注到打造差异及主题文化上，通过梳理地域文化、提炼主题文化元素，将地方传统文化融入到温泉设计中，以此打造差异性温泉。

2. 创新温泉休闲游憩方式

温泉旅游要创新，温泉本身就要做出彩，特别是温泉游憩方式的创新，这是基础。现如今，泡温泉的方式越来越多样化、综合化、艺术化，并与水上运动、水上娱乐、美容、康疗等活动相结合，形成了温泉的几百种泡浴模式，构建了“特色泡浴 + 亲水游乐”的休闲游憩方式，使得温泉具备更强的吸引力（见图 7–5）。

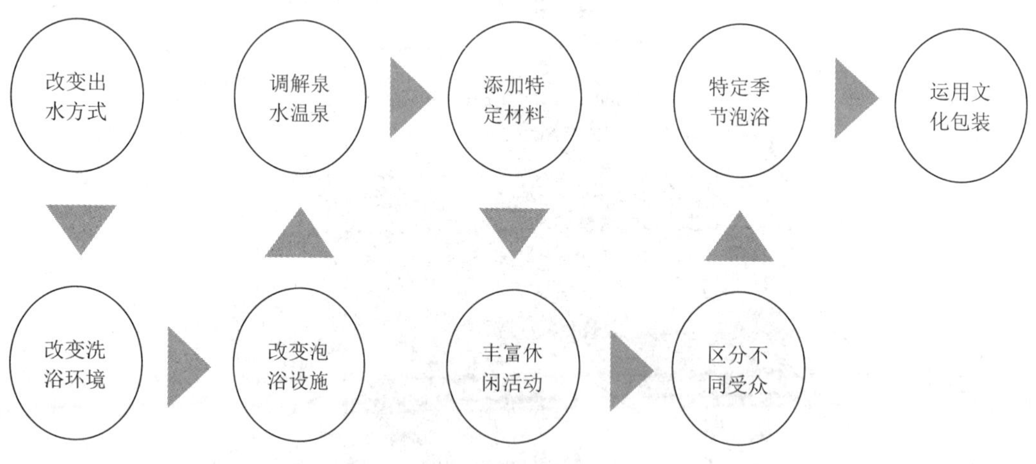

图 7–5　温泉游憩创新方式

3. 依山就势建设融合环境、重在自然的景观温泉

温泉泡浴模式是温泉泡浴板块最根本的落脚点，创新温泉泡浴模式，既要充分演绎文化主题，还要注重与周边环境的完美结合，甚至要优化提升乃至创造一个优美独特的环境，同时要注重结合辅助养生材料、养生手段及现代科技康疗手法的运用，才能实现持续创新。

打造特色泡浴环境，可以从四个方面对温泉的景观环境做出创新突破：一是夜间景观，增加夜间休闲和消费；二是生态景观，丰富主题特色和景观效果；三是建筑景观，本着建筑也是景观的基本理念，使温泉泡池与景观和谐自然；四是小品景观，围绕文化和主题，构建特色景观小品体系。

4. 管理服务的创新突破

如果说独具特色的主题文化温泉是吸引消费者前来消费的重要原因，那么人性化和个性化的服务则是游客一来再来的关键。

服务设施：把景区化打造的理念引入温泉度假村的开发，把整个度假村按照一个4A级甚至5A级景区的标准来完善各项配套设施建设，为旅游者创造更好的温泉旅游体验，必将极大地提升温泉度假村的整体品质。

软性服务：服务质量是旅游目的地吸引力的重要影响因素。服务是依靠人员来实现的，需要对服务流程、操作要领、投诉反馈等进行规范化要求，并在标准化的基础上进行个性化、定制化提升，从而达到高质量服务的目的。在海南七仙瑶池温泉项目中，绿维文旅策划了一系列特色鲜明而又简约实用的管理和服务措施，如以芭蕉叶为元素，为女性服务人员设计了全生态的、兼具原始和野性韵味的工作装；就部分高级浴池和独家温泉庭院开设预订、私家表演、就地SPA按摩等专属服务等。

（二）构建休闲聚集中心，形成商气

特色温泉把人流吸引进来，形成了最初的消费，但要留住人流并扩大其消费，就需要创造更多的休闲产品，养生休闲、运动休闲、餐饮休闲、会议休闲作为温泉综合体的四大休闲配套，是延长停留时间、带来商气的主体功能部分。

1. 养生休闲——持续经营解决方案

温泉吸引市场最核心的本质是健康养生。随着社会上亚健康状态人群的不断加大，人们对于养生、康复的需求越来越大，把温泉的健康养生价值与日常的体检、医疗、诊断、康复、疗养、健身等一系列手段深度结合，打造温泉康复疗养基地，做大温泉健康养生的文章，获得巨大效益。

2. 运动休闲——延长停留时间解决方案

温泉与运动休闲结合，其核心是在温泉泡浴的基础上，通过发展满足旅游者体验性、参与性需求的运动游乐项目，有力提升温泉综合体的整体吸引力，延长游客停留时间甚至改善温泉综合体项目的淡季经营问题，提高人均消费水平，从而实现整体开发经营的突破。

3. 餐饮休闲——过夜消费解决方案

在旅游六要素“食、住、行、游、购、娱”中，“食”是最刚需的需求，是旅游目

的地二次消费的主要部分，也是夜间市场最大的需求之一。因此，很多景区将餐饮休闲作为挽留游客在景区过夜的重要手段之一。

4. 会议休闲——工作日解决方案

除了少量处于偏远地区、交通相对不便的温泉之外，会议几乎成为大多数温泉度假村经营发展的重要带动产品。旅游目的地应以温泉水疗为吸引物，以会议度假酒店为载体，以会议接待为重点，以政务、商务休闲会议客群为主要消费人群，积极打造温泉会都开发模式。

（三）构建延伸发展中心，带动地气

温泉开发项目从过去的门票收益型发展至现在的综合开发形态，收益模式已经发生了很大变化。目前，温泉设计项目大多希望凭借温泉地产的收益摊薄综合开发成本，使地产成为温泉项目的重要赢利点。因此，会议度假酒店、休闲商业街区、别墅公寓等地产产品是温泉综合体最重要的延伸发展中心，可以带动地气、形成现金流。

以养生地产和温泉第二居所为概念，是温泉度假村房地产项目的主流；与会议经营相结合的产权式度假物业也成为重要的市场热点，升值空间较大，因而受到市场青睐。设置度假酒店、休闲商业街区等休闲商业地产项目，一方面可以为游客提供餐饮、住宿、娱乐、休闲等服务；另一方面可以促进资金快速回收，推动项目可持续发展。

现阶段，温泉地产存在的主要问题是温泉与地产分离。一方面仅强调拥有温泉资源优势，但对温泉资源却没有深度开发，未能很好地使其成为住宅的增值要素；另一方面温泉地产开发落后，仅仅打造社区配套的温泉泳池、温泉会所和水疗中心，却未能融入丰富的温泉产业及大量协作性很强的商业产业，未能打造整体的温泉休闲生活方式。

绿维文旅认为，温泉综合体的开发要实现温泉旅游与地产的双核启动及双向互动。一部分用作经营，即以温泉旅游休闲项目开发为主，营造大景观、私密性、精致性、文化性的氛围，提升项目人气，从而带动地价升值；另一部分以住宅的形式进行销售，即以地产项目为辅，充实休闲产业结构，完善投资模式，从而实现快速盈利。

专栏 15　温泉项目的开发运营宝典

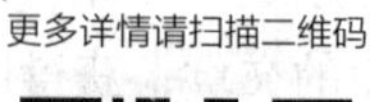

温泉项目开发是四季全时解决方案中的重要组成部分，已经成为中国休闲产业中的龙头，具有强大的消费聚集和区域经济带动作用。绿维文旅经过十余年的积累，形成了温泉旅游开发运营的科学理念，并指导了多个项目的成功落地。

二、滨水度假项目

随着经济的快速发展及城市化进程的加快，曾经依赖工业化港口功能为区域经济重要动力的滨水地区，开始走向转型升级之路。这些地区纷纷通过扩展旅游游憩功能等旅游开发规划手法，为城市发展寻求更多的经济效益、社会效益和生态效益。

就滨水旅游而言，按照毗邻水体的不同可将其分为滨海、滨湖、滨江（河）、岛屿及湿地旅游，其中滨水度假区依托海岸、湖泊独特的自然景观，发展较早，模式较成熟，是最受欢迎的度假区类型之一。鉴于滨水在资源、区位及环境方面无可比拟的优势，我国早期的滨水度假呈现野蛮式开发，但是由于忽略了相关的生活服务和休闲度假服务配套及城市公共服务配套，房地产与旅游分离，旅游地产与城镇化分离，从而导致大量“鬼楼群”出现，影响了城镇化进程。

滨水度假作为一种针对湖泊资源的全方位综合开发模式，主要将水体各圈层作为载体，通过资源组合手法，针对各种湖泊景观的组合特征打造极具特色的度假休闲环境，在不影响整体景观美感和不破坏生态环境的前提下，与滨湖度假地产、康复疗养、休闲商业等项目有机结合，全方位打造度假旅游的良好氛围。

（一）滨水休闲圈层理论模式

绿维文旅通过对多年来滨水旅游项目的案例整理、分析，形成了一套滨水休闲圈层规划设计模式——滨水休闲圈层模式，以期对滨水资源进行全方位的整合利用，打造极具特色的度假休闲环境。

1. 滨水休闲的“三层”

此模式在综合保护和对核心层、周边层适度开发的基础上，重点对扩展层（滨水层，即可以看到水体的岸上区域）加以开发（见图 7-6）。旅游项目围绕旅游要素全方位展开，其产品集观光、休闲、度假、疗养、运动、探险等功能为一体，能满足游客多方面的需求。在生活方式的打造上，滨湖度假主要为游客提供一种与日常生活不同的、健康的生活方式。健康的概念可以从运动、疗养的养身，文化体验的养心等角度去体现，具体由湖泊的主导资源来决定。

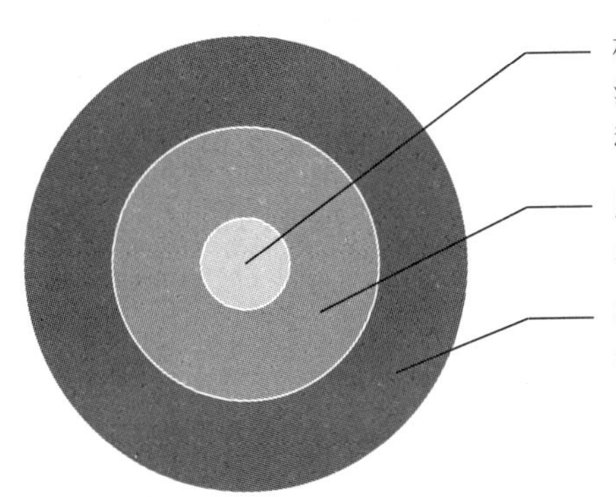

图 7-6 滨水旅游三个层次

2. 滨水休闲的"七圈"

滨水休闲圈层结构分为水空、水面、水下、水岛、水滩、水岸和滨水区七个不同的水结构。其中，水滩、水岸和滨水区三个结构存在差异区分，尤其是功能、景观、项目和产品文化结构有很大的差异，在规划过程中非常重要。水空和水下到水面之间的差异又构成了多样化亲水休闲、水游乐、水运动的差异化。

水滩：浅水区域，重要的亲水戏水、水休闲区域，以海边浴场最常见。它明显是一个非建设区，但却是最重要的水休闲游览、娱乐、互动区域，是亲水核心。

水岸：近邻水体的陆地，既是护堤区域，也是水与村 / 镇 / 城互动的关键区域（可人工参与形成生态堤、艺术堤、水岸花园等多种景观休闲空间）。水岸是承载了建设性内容和道路交通、运动休闲项目最重要的结构。

滨水区：滨水区延伸是开发结构，滨水区的开发不仅仅是观光旅游、休闲项目支撑和接待能力与酒店建设，更重要的是它可以较大地展开为度假区结构，包括陆地游乐场设施、主题度假村、景观建筑等。

水空：水面之上的凌空空间。水上飞机、水上热气球、水上伞翼、飞降、索道、桥等都能构成空中鸟瞰，产生差异化感受体验。

水面：水面构成了水游戏的主体，包括游泳、水球、滑道、水喷淋系列、水休闲浴、滑水、船艇、帆板、冲浪、水上充气游乐设施等。

水下：水面以下空间（可短暂潜水娱乐，也可建设长期性水下场馆），以人工方式、运动方式、体验方式挖掘水下运动、水下休闲、水下探索、水下体验空间及与水植物相结合的水下景观创新。

水岛：水体中的核心标识系统和游憩目的地。水岛在湖泊旅游中尤其重要，特别是浅水区域打造人工岛，有效地利用堤和岛之间的关系成为亲水休闲的核心聚集区，成为亲水收益最高的消费型区域。水岛是旅行中最重要的目的地和景观节点，它是水的核心系统，是最好的空间和场所。

（二）滨水休闲的产品体系

滨水休闲圈层结构通过立体空间结构关系和规划结构内容，分七大圈层来区分其功能、景观、项目、文化结构等差异性，并结合四大开发模式，导入创新型的游乐项目、娱乐项目、互动项目、体验项目和文化创新项目，形成多元化产品，来实现旅游景区的多样化产品和多样化收入结构，形成景区从观光型、休闲型到度假延伸的结果，从而满足多样化市场需求（见表 7-19）。

表 7-19　滨水休闲的产品体系

	水				陆地		空
	水面产品	水下产品	水岛产品	水滩产品	水岸产品	滨水区产品	空中产品
核心层	·游览观光产品（湿地植被景观风光、水上生态观光） ·水上康乐体育活动（湿地迷宫、戏水乐园、水上垂钓、水上游乐园等） ·游泳、盐浴、死海漂浮等，帆板、摩托艇等 ·科考产品（潜水、湿地探索长廊、湿地微缩园） ·体育活动赛事（水上芭蕾、花样滑水、定点空降、水上歌舞等众多水上展演节目；赛舟、赛艇等） ·休闲观光设施（亭台、游艇、游船、水上栈道等）						飞艇、直升飞机等空中游览
周边层	垂钓、漂流				·生态观光（湿地景观、观赏候鸟、水乡长廊等） ·科普产品（湿地生态链主题馆、湿地功能展示馆 / 区、水族馆、研究观测基地等） ·康体运动（徒步旅游、环湖自行车、跑马场、射击场、露营地、烧烤区等） ·滨水浴场（日光浴、沙滩浴、盐浴等） ·配套设施（滨水游路、亭台、雕塑小品、休闲观光设施）		缆车观赏、滑翔、拖拽伞
扩散层	戏水、潜水设施服务				·周边村镇及城市休闲（生态农业观光、城市夜间休闲） ·采摘、特色水鲜品尝等渔家乐、农家乐民俗风情体验； ·康体运动场地（高尔夫、网球等） ·温泉度假、疗养（药浴、汤浴等） ·商务会议（会展、培训中心、滨水会议、度假酒店等） ·不同特色的主题公园 ·节庆旅游（国际沙雕节、滨水运动节）		低空飞行基地

同时，滨水休闲要从景区化、立体业态、康养居住、城镇化把握四大开发模式（见图 7-7）。

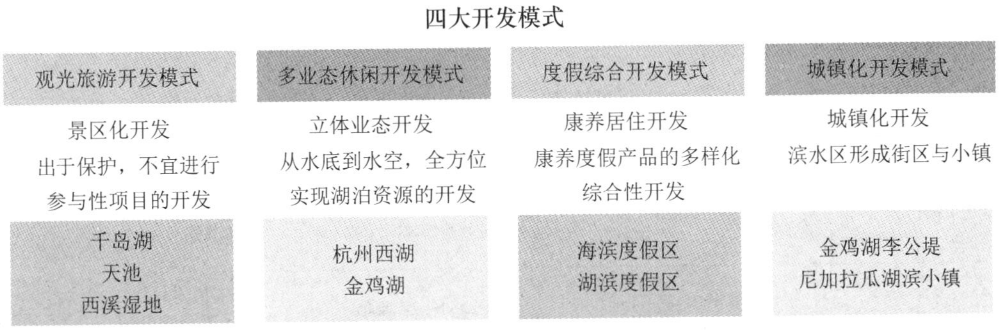

四大开发模式

观光旅游开发模式	多业态休闲开发模式	度假综合开发模式	城镇化开发模式
景区化开发 出于保护，不宜进行参与性项目的开发	立体业态开发 从水底到水空，全方位实现湖泊资源的开发	康养居住开发 康养度假产品的多样化综合性开发	城镇化开发 滨水区形成街区与小镇
千岛湖 天池 西溪湿地	杭州西湖 金鸡湖	海滨度假区 湖滨度假区	金鸡湖李公堤 尼加拉瓜湖滨小镇

图 7-7　滨水旅游四大开发模式

滨水区需要延伸开发，形成度假区结构，度假区的结构不仅要住，而且要有产业，更重要的是能够有各种消费项目，让人增加停留时间，形成超过7天的消费结构。这些消费结构、生活观、家庭管理、社群观点和群体关联，构成社区化发展。因此滨水度假需要社区化，不仅是完善旅游基础设施、度假设施，还要有生活结构，依据水的不同空间、不同功能，形成不同的开发手法。

（三）绿维文旅案例：国际湖泊水乡生活目的地——湘阴滨水旅游体系

湘阴县水体资源丰富，水域体系全。“水”在湘阴是一个大资源背景、重要的旅游要素；“水”在湘阴塑造的是一种国际湖泊水乡生活方式；“水”在湘阴打造的是多元江湖水乡体验产品。

洞庭湖是国际级的旅游资源，以水乡为基底，展现水乡＋小镇、水乡＋湖泊、水乡＋田园等多元生活，在湘阴体验湖泊水乡的悠闲生活。湘阴水圈层理论下的水旅游产品体系，围绕“水陆空”三圈、“水面、水下、水心、水滩、水岸、滨水区、空中”七层，形成洞庭湖国家公园、东湖、沙洋湖、鹤龙湖等丰富的多元化产品（见表7–20）。

表7–20 湘阴水旅游产品体系

三圈	水				陆地		空
七层	水面产品	水下产品	水岛产品	水滩产品	水岸产品	滨水区产品	空中产品
洞庭湖国家公园	湖上游船（豪华游船＋野奢木船） 湖上观光	（目前受水质影响，难以开展水下旅游产品）	洞庭第一渔村 休闲湿地群岛（帐篷岛、湿地鸟岛）	南洞庭湖十里银滩（多主题） 湿地科普乐园 湿地花海	游船码头、邮轮码头 渔村广场 湖鲜美食街区 环洞庭湖风景带	生态酒店度假村 环湖美丽乡村集群（含滨湖农庄等）	低空飞行基地
东湖	游船		—	城市滨水沙滩	湘阴码头亲水广场 东湖步行绿道 环湖城市休闲绿道	湖湘宋城休闲区 慢谷左岸休闲区 湖湘国际生态商务区 国际滨湖“五型”生态社区	空中观光
洋沙湖	游船、游艇 洋沙湖水秀广场 水上运动中心		白鹭岛	滨湖风情沙滩	滨湖夜游 欢乐水世界 湿地公园、七彩花海 洋沙湖房车营地	度假酒店／度假小镇 渔窑小镇 音乐剧场 马术俱乐部	
鹤龙湖	横行世界主题乐园	渔业	—	—	湖上蟹宴美食街	环湖美丽乡村	
其他	龙舟赛事	—	夹洲岛特色小镇 萝卜洲	—	左公河十里画廊 樟树镇水街 资江沿岸田园观光带	铁炉湖度假村 岭北水乡田园综合体、三塘田园综合体、水乡庄园	

三、山地旅游

山地旅游以山体资源为重要依托，它以独特的自然景观、优质的生态环境、惊险的山地运动、悠远旷达的意境令无数旅游者神往。山地度假的开发，即以山地自然、生态及人文资源为基础，打造核心吸引力，并依托一定的土地基础，形成山地运动、生态度假、娱乐休闲、康体养生、文化体验、峡谷探险、地质科普、旅游地产、特色村寨等休闲度假业态的聚集。

（一）以旅游产业为导向，打造山地发展模式

山地旅游发展要以旅游发展为导向，以综合性项目开发为主体，形成产业集聚，促进产业升级，进而推进区域全面发展。整合山地区域内的各项旅游资源和项目，打造山地观光、运动、度假、休闲、养生、科普等一体化开发模式，以旅游为导向，以综合项目为带动，形成旅游整合、产业集聚与城镇化建设（见图 7–8）。

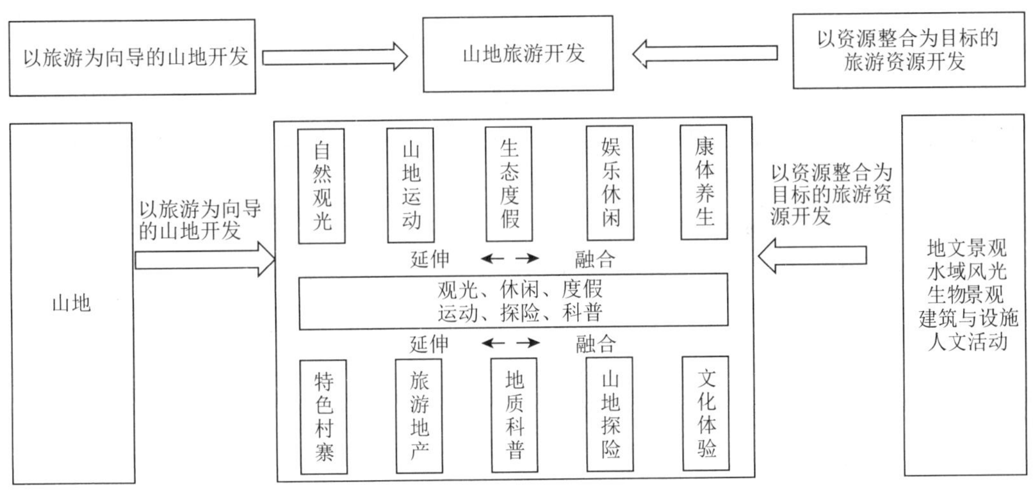

图 7–8　山地旅游开发架构

以山地为基础，以整合山地内旅游资源为目标，结合区位和经济条件，运用“1+X+Y”开发手法，形成自然风光主导型、生态度假主导型、运动休闲主导型、文化创意主导型、康体养生主导型、科普探险主导型和综合开发型等山地旅游开发模式。“1”代表山地，是基础资源；“X”代表山地内的地文景观、水域风光、生物景观、建筑与设施和人文活动，是核心资源；“Y”代表观光、休闲、度假、运动、探险和科普，是基础资源整合核心资源的延伸与融合，最终形成自然观光、山地运动、生态度假、娱乐休闲、康体养生、文化体验、山地探险、地质科普、旅游地产、特色村寨等旅游产品。

1. 自然风光主导开发模式

自然风光主导开发模式是山地旅游最早的开发模式，主要依托山地的自然和人文景观资源。自然具有雄、奇、险、壮、秀、幽等特色，人文具有厚重的历史文化，自然与

人文交相辉映，融为一体，使得山地极富有观赏价值。

这类开发模式的山地景区，其生命周期的长短取决于景观资源等级的高低，等级越高吸引力越强，生命周期越长，反之亦然。因此，以自然风光为主导开发模式的山地景区，必须在现有观光的基础上通过发展其他细分市场提高竞争力，以延长生命周期。

2. 休闲度假主导开发模式

休闲度假主导开发模式主要依托山地优美的生态环境，通过丰富休闲度假功能进行打造。山地休闲度假开发对山地的景观等级要求一般不高，但对交通、环境、设施和服务要求较高，需要配置便捷的交通、宜人的环境、舒适的设施和优质的服务。因此，对于山地景观资源等级不高，但有很好的区位条件和区域经济发展水平，具有发展旅游业的社会经济基础的地区，发展山地休闲度假旅游能产生较好的经济价值。

3. 运动休闲主导开发模式

山地运动休闲主导开发模式是对山地自然资源进一步的深度开发，导入具有吸引力和经济价值的休闲类户外运动项目，主要有登山、攀岩、漂流、速降、溪降、溯溪、溜索等运动。运动爱好者们通过登山、攀岩、速降、溪降、溜索等方式体验遭遇惊险和艰难，而后获得战胜困难的乐趣，达到超越自我、精神升华的境界，获得一种独特的超越自我的感受。

4. 康体养生主导开发模式

康体养生主导开发模式不仅要依托山地内优越的生态环境、高含量的负氧离子，还要依托于山地内具有康体养生功能的其他资源，如温泉、特色中药材、特色养生文化等。这类开发模式对区位和经济条件也要求较高，必须有便捷的交通、舒适的设施和优质的服务。山地可开发区域应该配置高质量的住宿设施，成为康体养生的主要载体。

5. 生态探险主导开发模式

生态探险主导开发模式主要针对那些探险价值高的山地，其开发方式尽量地保持山地内的原始自然地貌和植被条件，让旅游者通过自身努力翻越山地。正因为其处在原始状态，山地往往带着非常强的神秘色彩，这对生态探险旅游爱好者来说无疑是巨大的吸引力。因此，山地生态探险旅游开发方向应以生态、探险、人与自然等为主题，开展针对性强的特种生态探险旅游活动。

6. 科普教育主导开发模式

山地景观是地壳运动的综合产物，是大自然鬼斧神工的杰作，它们的形成与发展都存在着规律性，并深含着一定的科学原理。科普教育主导开发模式让旅游者在旅游的过程中，不仅可以欣赏到山地的美，而且还能学习一些关于地形、地貌、地质、植被等科学知识，起到山地知识科普教育的意义，科普教育主导开发模式主要针对那些科学价值高、具有典型和代表性的山地。

（二）丰富旅游产品，构建梯层产品体系

山地旅游产品开发思路要以提升观光旅游产品，做好旅游产品开发、完善及升级；深化度假旅游产品，龙头带动，优势利导；深度开发休闲度假产品，促进旅游产业向休闲度假升级；创新特色旅游产品，加快复合产品的设计和非观光产品的开发。绿维文旅对现有旅游区（点）及支撑资源进行系统归类，形成具有针对性的旅游产品体系，最终形成十大类旅游产品，即三个核心产品，四个基础产品，三个辅助产品（见表 7–21）。

表 7–21　山地旅游项目布点

<table>
<tr><th>产品层次</th><th>产品名称</th><th>亚类</th></tr>
<tr><td rowspan="7">核心产品</td><td rowspan="3">山岳旅游</td><td>山地避暑</td></tr>
<tr><td>林地养生度假</td></tr>
<tr><td>山地探险</td></tr>
<tr><td rowspan="2">城镇休闲</td><td>休闲观光</td></tr>
<tr><td>度假养生</td></tr>
<tr><td rowspan="2">生态休闲</td><td>山水休闲</td></tr>
<tr><td>生态度假</td></tr>
<tr><td rowspan="6">基础产品</td><td>自驾车游</td><td>自驾游</td></tr>
<tr><td>传统观光</td><td>自然观光</td></tr>
<tr><td rowspan="2">乡村旅游</td><td>农业生态旅游</td></tr>
<tr><td>乡村民俗旅游</td></tr>
<tr><td rowspan="2">文化旅游</td><td>文化观光</td></tr>
<tr><td>文化体验</td></tr>
<tr><td rowspan="3">辅助产品</td><td>商务会议</td><td rowspan="3">—</td></tr>
<tr><td>运动拓展</td></tr>
<tr><td>创意旅游</td></tr>
</table>

（三）完善旅游功能，形成点线面的空间结构

山地旅游空间结构形成一心、两带、三区的发展布局，一心是以山地资源为核心；两带分别是山岳观光游憩带和生态景观带；三区是山地果林产业区、山岳精品观光区和生态旅游体验区。

四、森林旅游

森林旅游是在特定地域——森林，依托其“超级大氧吧”的生态资源优势，为旅游者提供休闲度假、观光游览、狩猎探险、科普教育等产品与服务的一种绿色生态的度假

方式。绿维文旅提出森林度假的开发须创新游憩方式，立体开发森林生态，打造生态休闲大本营——森林度假综合体。

立体开发，即将森林旅游开发结构分为上、中、下三个层次结构，核心围绕生态度假的主题，形成林地旅游产品的开发、林中旅游产品的开发、空中森林旅游产品的开发的立体式结构，从而构建生态性、游乐性、参与性、度假性较强的森林度假生活体验体系（见表 7-22）。

表 7-22　森林旅游立体开发项目

空间层次	具体项目	简介	项目属性
林地项目	林地漫步	依托森林生态多样性景观，以石材和木材为主，建设游步道，连接景观节点、森林氧吧、游憩节点、观景平台，形成风格迥异的森林生态景观游览线，让游客在林地上漫步，获得精神上的愉悦和身体上的放松	休闲娱乐观光
	山野营地	山野营地通过住帐篷、睡吊床、树底下纳凉、草地上野餐等野外活动，让人们了解到野外生存基本技能和乐趣，充分体验与大自然零距离接触的感受。营地内还应开设公共活动场，配有一些简单的游戏场地和相应设施。根据主题的不同，营地包括狩猎营地、森林迷宫营地、野外探险营地、森林音乐营地等	度假
	游憩驿站	游憩驿站一般依山就势修建，完全融入森林的自然环境之中。内部有丰富的室内娱乐，舒适的生活享受和野外活动的情趣	休闲娱乐
	森林趣苑	集合了充满森林气息的各种林间娱乐，包括：森林秋千、荡椅、激光打飞碟、趣味射箭、童话树屋等	休闲娱乐
	丛林野战	茂密的森林植被提供了较好的遮掩性功能，结合现代时尚的射击体验类项目，于丛林内开展具有军事休闲体验的实战游乐活动	休闲娱乐
	百鸟园	将自然的山体、森林，与亭台、楼阁、小品等人造景观融为一体，为游客营造一个林木葱郁、鸟语花香，既可听鸟鸣、欣赏表演，同时又能亲近鸟类，与鸟实现对话、交流，真正融入五彩缤纷的鸟类世界，尽显人与自然和谐共处的体验场景	休闲娱乐
	特色美食苑	以冷餐为主的特色美食苑。考虑到护林防火和保护生态环境的需要，美食以冷餐为主，将具有地方特色的冷餐美食提供给在林中游憩的游客，方便游客的餐饮需要	服务配套
	林间小火车	作为一种特色交通游憩方式，林间小火车连结公园内主要景观，既满足游客的“蒸汽火车梦”，又方便游客游览园内美景	休闲娱乐观光
	浪漫木屋	依托森林里的独特景观，建设具有浪漫风格的木屋，开展婚庆摄影、情侣度假等活动。木屋的建设应充分考虑其私密性、生态性和浪漫色彩	度假

续表

空间层次	具体项目	简介	项目属性
林中旅游项目	山水酒吧	组群式建筑，结合了森林野趣的休闲环境，加上酒吧休闲方式，用生态化手法将其建设成为风格质朴，形态优雅的建筑，室内的装饰布置具有较强的山野艺术品位，让客人于山水间品酒论道	休闲娱乐
	森林石寨	利用石材、木材等建筑材料，建设具有标志性景观的建筑群，整体上形成森林里的特色精品民宿	度假
林中旅游项目	森林冒险乐园	是一项在树上进行的探险项目，集冒险、运动、娱乐、挑战于一体。它是通过在林间设置并搭建各种难易不同、风格迥异、超强刺激的障碍环节将树连成一条线路，玩家需要通过悬空桥梁、网道、步道、泰山秋千和其他趣味环节等方式进行树木间的探险，通过爬、滑、游、跨、跳、飞等动作越过所有障碍，到达终点。在整个游玩中，汇集了高空、速度、力量、毅力等户外探险所必备的元素，为参与者提供了感官上的刺激	休闲娱乐
	山泉泠浴	建造以山泉泡浴为特色的生态游泳池和各式泡浴池，让游客在蓝天森林下畅游其中，放松身心。还可利用当地特产的中药材，设置养生药浴、矿泉浴、山野 SPA 等特色康体保健项目	健康养生
	山林高尔夫	结合中高档休闲度假与高档休闲产品发展的需要，将山林高尔夫作为重要度假休闲配套项目，实现高端休闲产业链的有机延伸	休闲运动
	森林养生苑	充分利用森林环境，发挥森林生态效用，开展森林浴、氧吧浴、静养、运动以及健康饮食、保健等活动，使游客达到养身、养心、养气三养合一的境界	健康养生
	森林剧场	依托地势及森林环境，遵循“生态自然”的理念，建设户外的露天剧场。可上演主题话剧，亦可举办森林音乐节等活动，为游客带来随意轻松的野外情趣	休闲娱乐
	野外拓展基地	充分利用地势的奇、秀、峻、险，从情感、体能、智慧和社交上对旅游者提出挑战，在解决问题和应对挑战的活动过程中，实现“磨炼意志、陶冶情操、完善自我、融炼团队”的宗旨	休闲娱乐
空中森林项目	滑道游乐	依托地形和树林而铺设的滑道，使游客在大自然中获得刺激性体验的游乐项目	休闲娱乐
	鸟巢木屋	依托树冠开发树顶度假木屋、树顶休闲书吧、树顶瑜伽健身台、树顶观光餐厅等项目，将观光与休闲度假项目进行整合发展	度假
	天路走廊	依托笔直的松林，架设高空中的栈道。栈道与搭架在树上的树屋村宅相连，部分地段可根据地形与道路相连，栈道的修建充满刺激性和趣味性，游客通过掌控身体平衡力走完全程，同时还能让游客在高空中既能俯瞰到地面的景观，又能观赏到远方的美景	休闲娱乐观光

五、乡村度假

乡村度假主要基于乡村田园生活，利用乡村独特的自然环境、田园景观、生产经营形态、民俗文化风情、农舍村落等资源，为游客提供一种度假方式。

“三农”问题首先要解决农业问题，以农业为基础，一二三产业联动的产业发展是“三农”乡村度假的开发要素，包括原生的乡村环境、舒适的旅游设施、周全的旅游服务、特色的文化娱乐。乡村度假就是基于产业问题的解决，结合农村社区的发展，实现农民居住条件改善、生活方式转变，促进农民市民化进程，从而实现中国社会主义新农村发展的道路。因此，绿维文旅认为，乡村度假是未来度假市场中的一个金矿。它与“三农”问题的解决、美丽乡村的建设、就地城镇化的实现、乡村振兴战略的实施等息息相关（见图 7–9）。

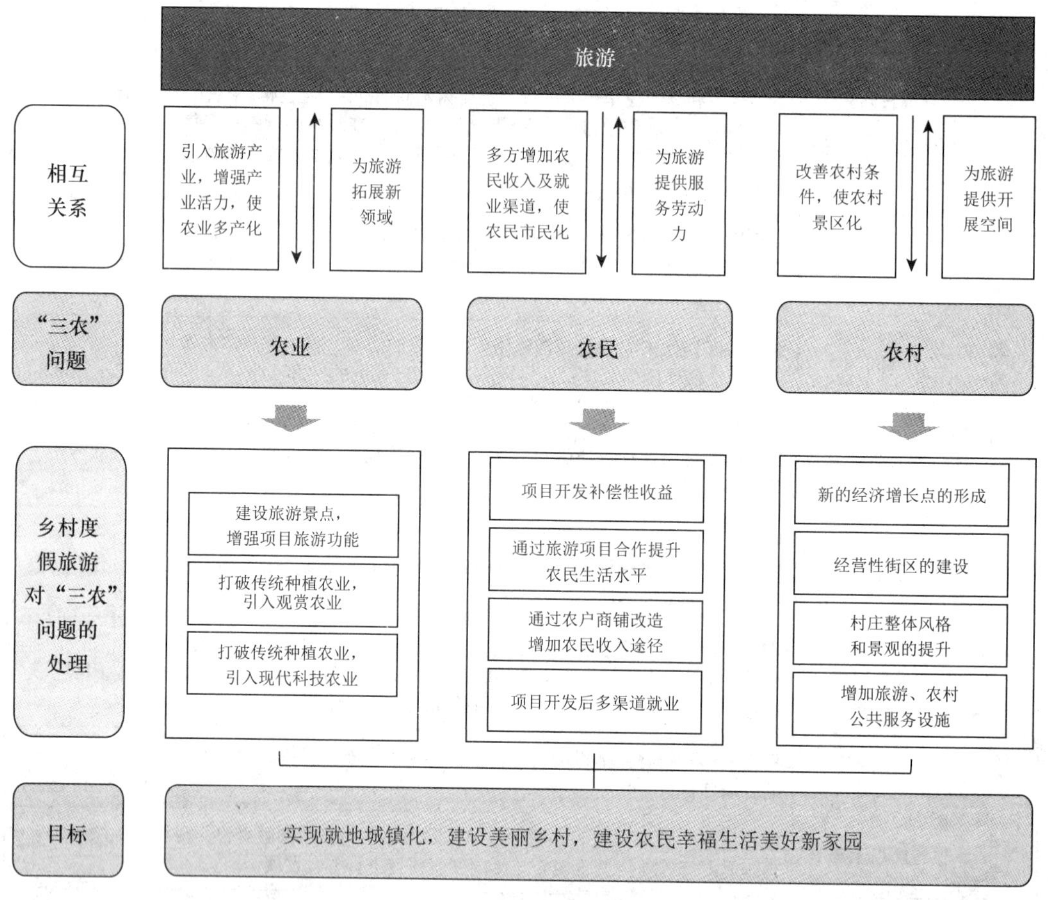

图 7–9　乡村度假就地城镇化关系

（一）乡村度假的开发要素

从观光农业到休闲农业再到乡村度假，可以看作是乡村旅游发展的三个阶段。观光农业体现的核心要素是农业的观光性，是把农业的游憩要素以观光方式充分体现而形成的一种业态方式。休闲农业更多呈现的是休闲要素，不同于观光要素的门票经济，休闲要素带来的是休闲消费经济，因此，休闲农业实际上是由一系列消费构成的一种业态结构。乡村度假又和休闲农业形成了一种差异，乡村度假不再是短时消费，而是持续性消费，其涵盖了观光农业和休闲农业的各种要素，包括原生的乡村环境、舒适的旅游设施、周全的旅游服务、特色的文化娱乐等，这些要素最后构成了一种度假业态多样化的结构（见图 7–10）。

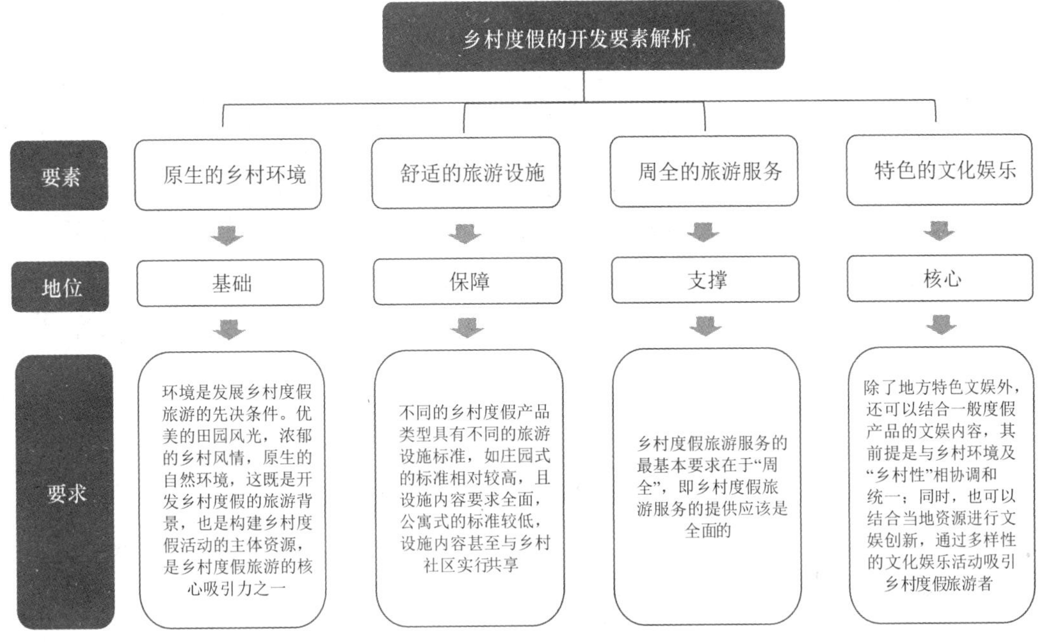

图 7–10 乡村度假开发要素解析

（二）乡村度假的发展架构

乡村度假的发展架构可以分为三个层次：第一，半小时、30 公里区域之内的度假区复合功能结构；第二，以村落为主题的结构，包括自然村落和自然村落聚集形成的风情小镇；第三，每一户的服务人员和服务结构。第一个层次实际上是度假目的地生活方式的架构。第二个层次是一个以村落为中心的相当于景区和度假接待村落结构下的度假区域，称为度假聚落景区化。第三个层次，是农户业态，每一个农户有它自身的经营方式和餐饮方式。

旅游发展的重点和本源是吸引力。那么靠什么吸引人、拿什么资源作为基础来经营、什么是盈利点？我们将乡村度假的功能结构分为住宿、餐饮、休闲、观光四个层面（见图 7–11）。住宿是度假要素的第一位，如今住宿已不再是以高星级度假酒店为核心，而转化为多种特色、多种主题、多样化度假物业的发展形式。餐饮，包括绿色餐饮、有机餐饮、养生餐饮、特色餐饮等多种业态。休闲，包括运动、养生、田园休闲、文化体验等各种业态。观光对人的吸引力始终是第一位的，没有观光型的配套不能构成乡村度假。

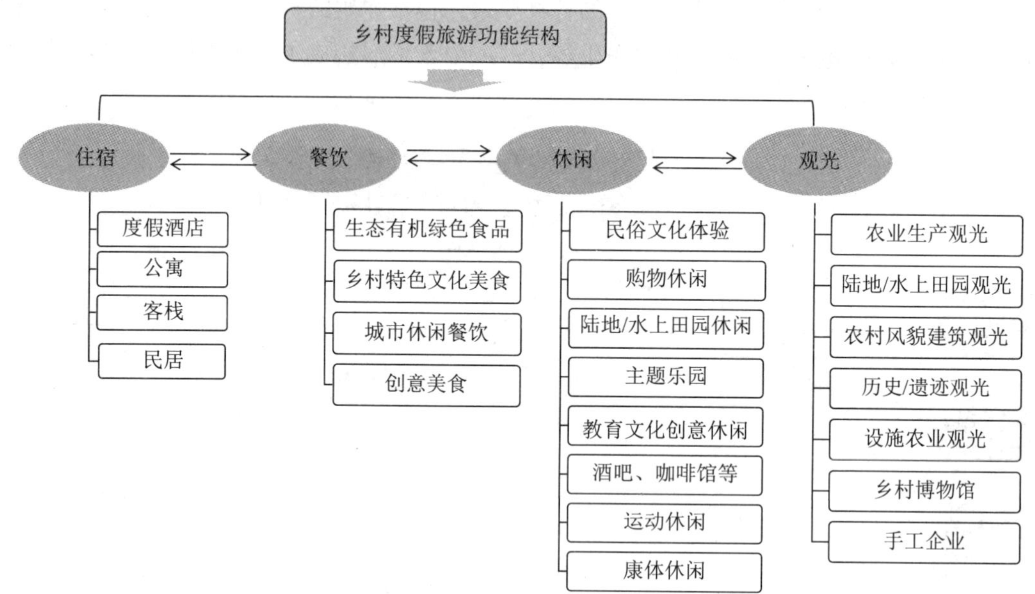

图 7-11　乡村度假旅游功能结构

（三）乡村度假开发的三大关键

对于乡村度假项目而言，应打造区域度假结构。这个区域，可以小到一个村，也可以大到一个度假区域。绿维文旅认为，对于一个区域乡村度假项目来说，需要解决好以下问题。

第一，进行文化梳理和形成主题化。文化梳理是第一个步骤，也是形成差异的基础。主题是在文化梳理的基础上提炼的，是能够代表当地形象和理念的精华，也决定了不同的目标群体、消费模式和运营方式。

第二，做好综合开发，形成可持续的商业运营模式。乡村度假旅游的发展，涉及农业、农民、农村、土地、地产等一系列问题，往往需要政府、投资商、农民三方合力，形成一体化方案。同时针对如何系统、全面、合理的配置规划要素，如何安排投资商的盈利结构，如何安排农民的富裕模式，如何安排政府的支持因素，如何实现资金快速回收与盈利持续增长等问题，整合成为一个商业化运营方案，我们称之为商业运营模式。

第三，以市场为导向，进行资源配置。跟乡村度假关联度较大的是中高端人群和跨省人群，这部分人群里面最主要的包含两类，一类是购买了度假资产，但自己享用时间较短的中高端群体；另一类是以养生养老为主要目的的老人度假群体。市场影响产品配置、运营配置以及要素配置，我们在规划中，应在投资客群与消费客群的支撑互动上形成方案，最终形成发展结构。

六、文化度假

随着人们对度假认识的加深、对静养身心需求的增强、对传统文化及各地特色文化喜好的加大，以浸润文化、静心怡情、参悟生命为主的文化度假将成为未来度假旅游的重要板块。绿维文旅认为，文化度假的开发有其自身的特征及手法，可归纳为以下几种。

（一）重构文化体系，寻找项目核心吸引力

文化是构建旅游项目核心吸引力的重点，其中，文化梳理是基础，文化体系重构是手段，文化的凝练和提升是关键。绿维文旅提出了“四位一体”的文化体系构建方法。

第一，文化资源的梳理。对于文化种类纷杂的项目，在罗列的基础上需要应对市场进行文化的最优选择；对于文化贫瘠的项目，在穷尽的基础上要凝练和提升现有文化源点。梳理的关键是要对项目范围内所涉及的多种类型文化资源进行总结，找到自身独一无二的文化属性，进行文化重构，确定合理的文化结构体系，构建新的文化品牌、文化旅游产品体系、文化展馆体系、文化工程体系，铸造项目自身独特的文化特性。

第二，以市场为导向，进行文化选点。只有在顺应旅游大势，寻找旅游供给市场空白，迎合旅游需求市场热点的基础上，选取市场相关热点的文化元素，才能为项目成功保驾护航。如果不能从市场角度出发，单从文化稀缺性、文化重要性等方面来选取旅游项目的文化源点，那无异于将课堂生硬地搬到景区，必将无法长久生存。

第三，寻求文化属性。繁杂的文化结构中，最重要的是分析各种文化之间的关系，是否可以融合，是否可以共同构建文化旅游产品等。互相冲突的需要剔除，与市场或主导文化不相容的或关系不大的直接摒弃。通过对文化属性的确定，可确定项目的文化基调，从而决定项目的性质、建筑风格、色彩基调等。

第四，文化体系重构。通过对文化体系的系统梳理，选取文化要素，确定文化属性，新的文化体系即将呼之欲出。

（二）塑造独特的文化体验情境

文化度假，多以某一个和多个文化主题为特点，结合区域的生态与人文资源，传递给游客某一种文化情境，其吸引核心就在于自身所承载文化的独特性与唯一性。游客之所以选择这个度假地而不是其他，是为了体验与了解这种独特的文化情境。通过有形的环境景观、无形的活动、表演与生活方式等，听、看、触及这种文化的独特表现，并上升到心理的感受与思维判断层面，对这种文化形成感知，由此构成了一个完整的旅游体验，并心生向往。这种体验意境的营造，是度假地的核心吸引力，越独特化、差异化，越能引起游客的兴趣。

（三）四大维度，营造具有文化属性的度假生活方式

第一，文化景观塑造，推动文化观光升级。对于文化度假综合体的升级，硬环境首当其冲，其总体规划、建筑设计、景观营造及环境小品的配套，色彩、材质的运用，都需要围绕文化内核开展，形成对文化度假主题的旅游传导。

第二，互动体验设计，形成文化度假综合体的情境提升。体验的核心在于“互动”，迪士尼即是通过人与人的互动、人与卡通的互动、人与机械游乐的互动、人与光影的互动来实现其作为“童话王国”的体验情境，对文化度假而言，同样可以通过互动产品的设计来实现对文化体验的提升。

第三，购物设计，拓展文化度假综合体情境。购物总是与旅游活动相辅相成。每到一地游玩，游客总希望能留下些值得珍藏的纪念品。对于文化度假综合体而言，好的旅游购物体验的设计，不仅不局限于购买旅游纪念品本身，还能有效提升对文化的体验。

第四，创意度假情境设计，实现文化情境的延伸。度假产品是文化度假地独特的产品代表符号，甚至其本身即是对文化情境的有效延伸。例如，心理理疗、疗养、培训等度假项目，可结合区域文化进行情境设计，打造特色体验空间。

七、享老度假

享老产业，顾名思义主张老年人享受生活，享受他们自己一生辛勤劳动成果。当前中国养老市场处在一个转型升级、快速发展的十字路口。步入老龄社会的中国，养老问题形势严峻，我国的养老基础设施及行业发展仍存在许多亟待完善之处。当今的老人，特别是富裕的老人，需求的不仅是养老的房子，更多是温馨舒适的服务及温情关爱的精神供给。绿维文旅结合多年养老产业与旅游产业融合开发的实践经验，创新提出“ 享老度假”这一概念，为养老带来了颠覆性的社会意识变革。

享老度假，是一种创新性的生活方式和旅居享老模式，让老人在安全、轻松、私密、整洁、舒适、和谐的环境下，体验休闲度假、旅居交友等活动的乐趣，从而心情愉悦，真正享受“旅游 + 居家 + 度假 + 享老”的生活式度假，以及旅居度假带来的快乐，提高老人晚年生活质量。

绿维文旅将享老度假总结为“2+X+Y”模式（见图 7–12）。取养老和度假二者的核心部分，并通过专业化打造、产业化融合使传统的养老社区进行了突破性的变革——让配套成为“主套”、让配套自我造血、让消费拓展延伸、让商业模式优化、让开发风险降低，进而形成一个高尚生活空间、一个高端生活区、一个文化聚集区、一个局部的商业聚集区。

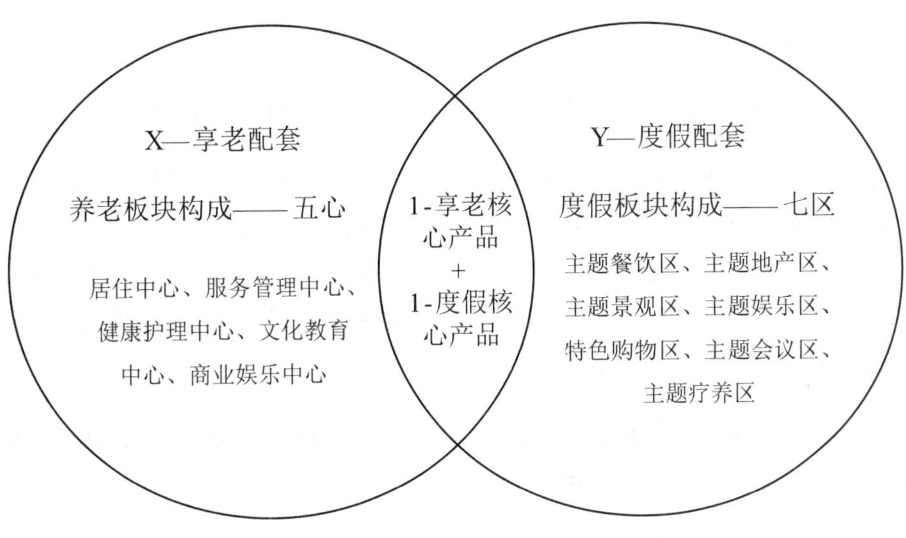

图 7-12　享老度假“2+X+Y”模式

享老度假项目在开发时，需要认清一个本质、发展两个结构、做好四大配套、植入六大要素。

（一）一个本质——养生养老度假综合体

享老度假项目是以生态资源为基础、以养生养老为根本、以休闲度假功能为主导、以综合开发为手段、以旅游地产产品为核心、以高品质服务为保障的养老养生度假综合体。生态资源是享老度假项目打造的前提，如何将生态资源转化成具有吸引力的产品是其核心指向。养生养老是享老度假项目的基础，仅仅做养老，不利于商业模式的优化，由养老衍生养生、由养生延伸至养心，才能更广泛地吸纳消费群。休闲度假功能是主导，融合观光、游乐、运动养生、度假、体验、居住等多种旅游功能，并不是各功能的简单叠加，而是根据项目定位和市场需求，侧重打造其中某一项或几项功能。综合开发是手段，包括土地的综合开发、产业的综合发展、功能的综合配置、配套的综合建设、目标的综合打造。以旅游地产产品为核心，包括两个相对独立的板块，即养老地产和度假地产。地产板块包括度假酒店地产、休闲商业地产（商街）、休闲住宅地产三大核心类别，以及其他特色主题地产如创意地产等。以高品质的服务为保障，指的是度假型养老项目必须拥有超越一般景区和养老社区的较高品质的服务（包括旅游服务与公共服务）作为保障。

（二）两个结构：度假和养老

度假和养老两个结构板块既相互独立，又彼此交融。享老度假项目把传统的养老社区项目的休闲板块进行了专业化的系统升级，使其不但成为养老板块的必要配套，而且成为可以独立运营的盈利模块，成为养老社区和外界沟通的最主要路径，成为保证养老社区活力的源泉。

（三）四大配套：养老专项配套、度假配套、旅游配套、休闲配套

养老专项配套主要指的是五心——居住中心、服务管理中心、健康护理中心、文化教育中心、商业娱乐中心。面对中高端游客的度假配套主要指的是会所集群——主题会所区、主题娱乐区、主题会议区、主题疗养区。面对大众的旅游配套主要指的是主题景观区（标志性景观）、特色购物区（风情街）。面对家庭型的休闲配套主要指的是家庭休闲庄园、家庭农庄和科普教育等。

（四）六大植入：文化植入、金融产品植入、互联网智能化技术植入、环保技术植入、健康产业链导入、会员模式导入

文化植入是度假型养老项目取得突破的关键，这里的文化不但指的是传统的孝文化和长寿文化，更重要的是地域文化，同样也指时尚休闲文化。金融产品指的是对于较大面积的养老综合体而言，导入金融产品，才能让产业链更加富有活力。老年人拿着不动产是没有价值的，因此，不动产的现金化是享老与财务的重要金融结构。智能化技术指的是 ICT 系统：云计算、物联网、互联网、通信网、人工智能等，打造高效的智能办公中心，成就智慧社区。环保技术的植入主要指的是注意可再生能源的利用。健康产业链导入，除了蓝卡等外在技术和资源的嫁接利用，同时对服务养老模块的健康管理中心和青春修复中心的核心技术，如羊胎素等技术，进行产业化培育。会员制的导入指的是营销层面 GO（Gentle Organizer）会员制是可以导入的享老度假的重要制度之一。

除了上述的基本原则外，在养老板块的细节上，还应时刻追踪国际先进科技，提升服务水平。在老年公寓的设计上，考虑对应老龄化的事项，如从空间（消除室内高差）、装置（设置扶手、地面防滑）、设备（紧急通报系统、安全热电源）、管理员或生活援助顾问等方面，对应老年人日常生活能力日益降低的特点，确保入住者日常生活的安全性，做到紧急时刻可以立即采取措施。

八、体育休闲运动

度假与运动相结合不仅能够带动休闲旅游相关产业的全面提升，还能带动区域经济的极大发展。体育和旅游都是政策大力扶持的重点产业，是居民消费升级的重要体现，无论是在国内还是在国外，体育旅游产品都日益丰富和成熟，吸引了大量体育旅游爱好者。

随着休闲泛化逐渐延伸到体育领域，休闲度假、体育运动和时尚、文化及当地特色物质文化资源逐渐融合，营造出运动性、趣味性、地域性和文化性交融的休闲度假氛围。因此，我们更愿意从适宜开发的“运动休闲度假”的角度，而不是相对专业的“体育”，来解读这种度假新模式。

从旅游角度分析，运动度假作为一种近几年新兴起来的新型业态，是以体育运动资源为基础，以休闲度假环境氛围塑造为依托，集主题运动、旅游休闲度假、运动娱乐、节庆赛事、健康养生、商务会议等为一体的旅游形式。从狭义上说，运动度假是为了满足和适应旅游者的各种体育运动需求，借助多种多样的体育活动，使旅游者身心得到健康发展的休闲度假形式；从广义上说，运动度假还包括各种运动娱乐、身体锻炼、体育赛事、健身康复、文化交流、主题节庆、体育赛事，以及它们所衍生的各类休闲活动。

体育运动度假作为一种集合式的度假形式，其现实载体一般是运动小镇或运动度假综合体。其开发架构概括起来，包括核心主题运动及由此延伸出来的各种休闲运动、运动小镇 / 运动度假综合体本身的架构、运动绿道及赛道、全年度的节庆及赛事活动（见图 7–13）。

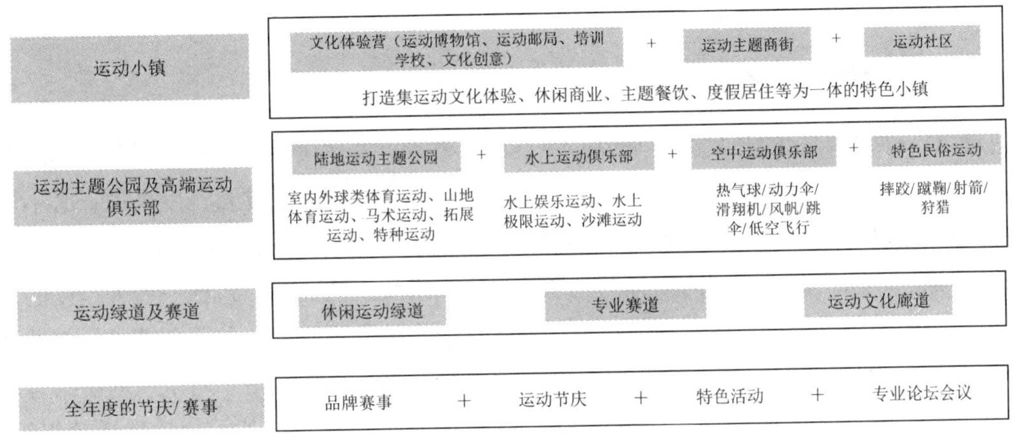

图 7–13　体育运动度假开发架构

（一）核心主题运动及由此延伸出来的各种休闲运动及相关产业链

一般运动度假目的地是以一项或两三项优势运动为特色或核心引爆，做强体验，延伸产业链，并融合其他各种室内外适合开展的休闲及体育运动，形成多元化的运动集群，支撑度假目的地的开发。按照运动休闲在旅游开发和运营中的作用，初步将其分为四类：支撑类、提升类、营销类、服务类。

支撑类：可独立支撑度假目的地的运动休闲内容，如滑雪、高尔夫、山地运动等。

提升类：能够大幅度提升度假区域旅游产品的运动休闲内容，往往是一系列同类型或互相呼应的项目总和。如各类户外运动对山地度假的提升；各种水上游乐运动对滨水度假的提升；各种康体娱乐活动对酒店度假村的促进。在考虑该类内容的时候，需要把着眼点放在休闲和服务上。

营销类：通过该类运动休闲内容，可大幅度提升度假区域的知名度和美誉度，最终吸引庞大的客源。长期、稳定的营销活动本身也是一种有效的旅游盈利模式，如大型赛事、体育节庆类活动的策划和主办等。

服务类：主要指满足游客和当地居民运动休闲需求，以服务性为主的运动休闲内容，如健身中心、公园和城市绿地的健身场所和活动组织等。

（二）运动小镇 / 运动度假综合体本身的架构

这一架构承载了运动度假的休闲生活服务功能，聚集了文化体验、休闲商业、主题餐饮、休闲娱乐、度假居住等各项功能，是继核心吸引物将人吸引过来后，留下人消费过夜的主要区域。其中，文化体验包括运动博物馆、运动文化创意、运动邮局、运动培训学校等；主题商街囊括了休闲餐饮、设备租赁、设备 / 服装售卖、健康养生、室内运动、特色客栈等业态；运动社区，包括公寓、别墅、四合院及相应的配套设施，主要为游客及当地居民提供居住服务。

（三）运动绿道及赛道

针对一种综合化的开发类型来说，一条将主要景点及休闲服务设施串联起来的路非常重要，完全可以实现区域旅游产业的升级。针对体育休闲运动项目开发来说，必不可少的就是运动绿道及赛道。要将一条普通的交通道路，转变为融运动养生、旅游观光、旅游体验、休闲度假、交通为一体的主题体验道。沿线上的业态，包括一些大尺度的景观节点，如田园景观、自然景观、民俗村落景观、山地景观等；一些服务节点，如游客集散 / 咨询中心、跑步中心、山地自行车运动中心、自行车租赁站、与生态厕所结合的休憩站等；一些休闲度假点，如自驾 / 房车 / 休闲营地、驿站；若干项软性活动组织，如自驾 / 房车游览、自行车运动 / 赛事、慢跑、马拉松赛事、徒步穿越等。

（四）全年度的体育节庆及赛事

体育节庆及赛事，以各种类型的大众化、专业化运动赛事及运动节事为主要内容，实现短期内聚集大量人气，扩大自身影响知名度，促进专业设施及服务设施逐步完善，并带动周边及区域内餐饮、旅游、住宿大发展。

赛事的专业度较高，对场地设施的先进性及标准化有较高的要求，但影响力较大，可吸引众多赛事的热爱者及某些体育明星的粉丝。体育节庆一般受季节与时间的限制，多为短期性行为，大众参与性强，容易成为地方形象的传播途径。

九、亲子度假

（一）亲子度假产品特征

1. 孩子的特点和旅游需求是旅游消费的决策出发点

在亲子旅游的实际消费过程中，父母在选择亲子旅游产品时，除了考虑自己的旅游需求外，更多的是从孩子的特点和旅游需要出发来选择相应的亲子旅游产品。一般情况下，孩子的年龄、性别、爱好、身体状况、性格特征等都是父母在进行消费决策前重要的考虑因素。而随着孩子们年龄的增长和知识阅历的积累，孩子们也会主动地参与到决策过程中，此时父母往往比较尊重孩子的决策。

2. 对旅游产品的安全性有更高要求

由于参与亲子旅游的大多数孩子的身心发育尚未成熟，因此亲子旅游产品的安全性往往是亲子旅游活动所关注的一个重点。父母在出行前通常会对此次行程的安全因素进行全方面考虑，特别是在交通工具的选择，饮食住宿的安排，旅游服务设施的配套，旅游活动项目的安排及线路的设计等方面，对于安全性的要求大大高于其他旅游形式。

3. 旅游目的具有特殊性

亲子旅游不同于其他旅游形式，其除了强调通过旅行开阔视野增长知识、放松身心、结识朋友，同时更强调通过旅游来增进父母与孩子之间的感情交流，融洽家庭关系，实现父母与孩子共同成长。

（二）亲子度假产品类型

安全是亲子旅游的重要因素，亲子旅游的类别基本都以安全、便利、冒险性小的旅游方式为主，例如主题公园游、农场旅游、户外运动旅游、休闲度假旅游、夏 / 冬令营以及科普教育游等。通过大量国内外案例的研究，我们将亲子旅游的产品模式归纳为主题乐园、亲子农场、度假村、亲子营地四大板块，并列举了部分产品，如图 7–14 和表 7–23 所示。

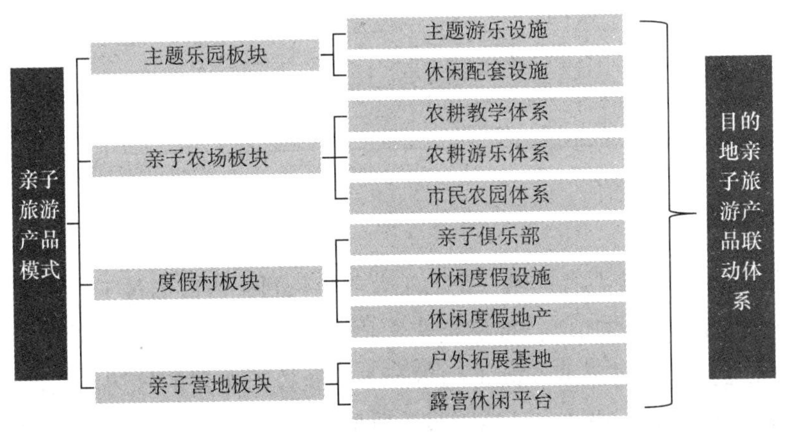

图 7–14　亲子旅游产品模式

表 7-23 亲子旅游产品列表（部分）

产品类别	项目分类 / 构成	必备产品	吸引产品	未来产品发展趋势
主题公园	游乐型主题公园	各类主题游乐设施，如高空飞翔、激流勇进、大摆锤、炮弹飞车、家庭过山车、碰碰车、激战鲨鱼岛、极速风车、摩天轮、泡球战城、儿童欢乐世界等；休闲商业产品	4~7 个主题游览区，利用声、光、电、气等现代科学技术，表现未来、科幻、太空、海洋等主题，包括各类游乐设施、大型主题演艺活动、文化节庆	主题公园与影视传媒相结合；在高科技的支持下，高度更高、坡度更大、速度更快、晕旋感更强、安全更有保障的乘骑产品将更为丰富
	观光型主题文化乐园		文化历史型主题景观、异国异地名胜微缩型主题景观	
	风情体验型主题文化乐园		利用野外博物馆的形式模拟民俗风情和生活场景、民俗演绎、文化节庆	
	主题型文化乐园（如水族馆、野生动物园）		各类动物参观、互动表演	
	情景模拟型主题文化乐园（如影视城、职业体验馆等）		各类影视情景主题园区，如怪物史莱克 4D 冒险历程记等；社会各类职业体验中心，如医院、学校等	
亲子农场	农耕教学体系	农业观光、农产品采摘、生态餐饮等	农业高新科技示范园、数字艺术农业园、农耕科普课堂等	强调农业与旅游、科技、教育的融合发展，增强农耕文明展示的教育意义与趣味体验感，增进城乡交流、促进农业产业链延伸、农民增收和产业结构优化
	农耕游乐体系		乡土乐园、迷你农场、亲子牧场、农业嘉年华	
	农耕体验体系		农事体验、手工业体验、开心采摘、生态餐饮、DIY 体验	
亲子度假村	亲子俱乐部	各类休闲设施、住宿设施、商业中心	迷你俱乐部、小小俱乐部、少年俱乐部、青年俱乐部	强调亲子互动，度假与体验并举
	休闲配套设施		亲子健身中心、休闲运动中心	
	休闲度假地产		亲子酒店、家庭度假别墅	
亲子营地	户外拓展基地	营位区、室内外培训场所、培训课程等	水上拓展项目、森林拓展项目、攀岩等运动拓展项目等	强调主题性和教育性，以某个专项学习体验为主要目的，如滑雪亲子营、国学亲子营、游学营等
	休闲露营平台		亲子游乐场、露天影院、球类运动场	

十、工业旅游

工业旅游不仅能为旅游者提供一定的工业旅游项目，更能通过工业旅游来扩大企业品牌影响力，提高产品附加值，推广企业文化，在促进绿色发展、推进资源型地区转型，保护工业遗产、促进就业、改善民生等方面发挥着重要的作用。2017 年，为加强对工业旅游的工作指导，提升工业旅游服务质量，原国家旅游局发布《国家工业旅游示范基地规范与评价》（LB/T 067—2017），并同时发布《全国工业旅游创新发展三年行动方案（2018—2020）》，计划目标是到2020年，工业旅游接待游客量达2.4亿人次，旅游收入超过300亿元。同年，全国旅游资源规划开发质量评定委员会发布公告，公布10个国家工业旅游示范基地和10个国家工业遗产旅游基地。我国工业旅游还存在发展不平衡不充分、供给水平低的问题，需要补齐短板、扩大规模、提升品质。

（一）工业旅游开发的三个立足点

1. 保护性利用工业遗产资源，弘扬工业文化精神

工业遗产保护的关键在于有效合理的开发利用。工业遗产是特定时代生产力进步和社会发展的标志，具有历史价值、社会价值、建筑价值及审美价值。整合利用工业遗产资源，提升工业遗产价值，可为工业旅游开发注入文化活力和发展内涵。另外，工匠精神、民族品牌、劳模精神等是老工业区振兴发展的内在力量，也是现代社会需要广泛弘扬的民族品格。利用特定工业城市丰富的工业遗产资源，可以建设具有科普教育价值的文化馆、博物馆、展览馆、文化综合体等集旅游、休闲、科普教育于一体的文化产业园区和各类艺术实践基地，大力发展文化创意产业，传承并弘扬工业文化精神。

2. 创新发展体验化工业，构建工业旅游运营生态

在传统工业与服务业不断融合的趋势下，工业旅游作为工业与旅游服务业的结合体，也面临新的发展机遇，工业旅游将被赋予更多的生产性服务功能和产业价值，工业旅游为工业提供服务的地位和作用也逐步上升。工业化不但表现为社会化、市场化、国际化和信息化，还表现为体验化。以工业资源为核心的体验式旅游开发，要注重融入科技、文化、休闲元素，把封闭的工业区变成开放宜人的旅游区，把标准机械的现代工业生产流程提升为富有情趣的旅游体验过程，把无声的企业博物馆变成企业精神的流动宣传栏，用情怀讲好每一个传统工业故事，构建一个泛旅游产业统筹下的“可看（观光）、可玩（参与体验）、可学（知识）、可购（购物）、可闲（休闲）”的工业旅游运营生态（见图7–15）。

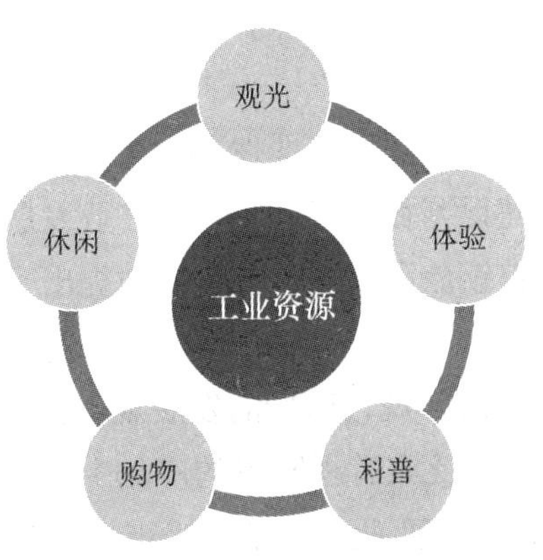

图7–15　工业旅游运营生态示意

3. **让工业旅游成为提升城市内涵的重要抓手**

工业旅游已成为城市旅游的又一重要增长点。对于一些工业衰退或资源枯竭的工业城市来说，工业旅游是城市产业转型升级的重要推手，如唐山市、湖北黄石、江西萍乡等工业城市，通过二次旅游开发，工业资源变废为宝，工业遗址重焕新生，成为地区产业转型示范和对外形象展示窗口。对于那些发展欣欣向荣的工业企业来说，发展工业旅游是企业将无形资产转化为有形资产的一种有效途径。通过整合现有工业生产、工艺流程、建筑景观、科技成果、企业发展历史等工业资源，创意包装设计工业旅游产品，吸引人们前来参观游览，从而达到提升企业形象、推广企业文化、扩大企业品牌影响力的目的。无论是资源枯竭型城市还是现代工业企业，在工业旅游开发过程中，都要基于城市系统整体考虑，充分放大工业资源价值，发挥工业旅游在提升特定区域或城市内涵的作用。

（二）绿维文旅工业旅游的创新开发模式——以北京首钢遗址公园项目为例

1. **项目背景**

北京首钢全面停产后在北京市城西留下 8 平方公里的用地，根据北京市总体规划和首钢工业区改造规划的要求，首钢及其协作发展区应作为北京城市西部的综合服务中心。进而提出了首钢旅游产业在“首钢工业区改造”中应当承担怎样的角色和怎样承担的问题。为此北京市旅游局、石景山区旅游局、北京首钢实业有限公司联合进行国际招标，绿维文旅通过两轮竞标，最终获国际竞标第一名。

2. **项目难点**

首钢工业区改造面临的主要问题首先是如何平衡工业遗产保护保留与土地高商业开发价值之间的矛盾，其次是首钢搬迁后，如何借助旅游开发有效解决 6.47 万工人的就业问题。这是首钢工业区整体开发的主要矛盾，也是首钢工业旅游开发要关注的核心问题。尤其是首钢被石景山区定义为京西综合服务中心，在搬迁后如何用旅游规划手法解决上述问题和矛盾，是本项目要解决的重点和难点。

3. **开发思路**

首钢旅游发展规划不是一个简单的工业遗产旅游规划，而是一个从旅游产业角度对现代服务业多种产业及城市建设与城市经营整合的产业发展规划。基于此，绿维文旅跳出传统旅游产业角度去审视首钢旅游发展，首创性地提出了“泛旅游产业”和“都市休闲聚落”概念，并运用“后现代主义”等三个维度来深度剖析首钢旅游发展规划问题。

在发展理念上，重塑六“新”观，即新的发展观（科学发展观）、新的资源观（多角度审视资源）、新的产品观（泛旅游视野下的产品）、新的产业观（大旅游产业发展观）、新的市场观（兼顾城市休闲商业与旅游观光市场）和新的动力观（休闲化聚集的泛旅游产业主导）。

在对首钢旅游发展问题深度解析及在六“新”观的指导下，项目确定了将首钢遗址公园打造成为“后现代艺术包装的工业遗产上的都市休闲聚落”的总体定位和目标，并在此指导下，合理开发以传统旅游、休闲商业、创业产业、会展商务为内容的泛旅游产业体系和以综合商业、高新技术产业、办公商务、物流产业、居住为内容的其他产业体系，完善构建首钢泛旅游产业结构体系。

在具体实施上，项目统筹周边及区域发展，合理分区科学布局，通过精心打造“四大核心项目”，实施“六大工程”，确立阶段性开发时序等具体手段，最终解决工业遗产保护保留与土地高商业开发价值之间的矛盾和工人就业两大核心问题。

4. 打造模式

（1）创新运用泛旅游产业整合形成产业集聚。

泛旅游产业通过旅游业可以形成游客聚集和市场聚集，产生产业聚集效应，形成游憩区、度假区、会展区、娱乐区、步行街区、购物游憩区及旅游小城镇等，被广泛用作提升城市功能，推动城市经营的有效手段。

项目分别从旅游、工业遗产、泛旅游产业三个角度解读了首钢工业区的“泛旅游产业”资源价值，从而断定首钢工业区除工业遗产外的其他组合资源与旅游资源相融合将能发挥更大的优势力量。在泛旅游产业整合理念下，项目形成了以观光为基础，游乐为特色、休闲娱乐与休闲商业为重点，创意产业为延伸，会展商务相配合的泛旅游产业整合；以及以行政办公、综合商业、其他服务业、高新技术、居住等产业为互补的城市产业整合，最终形成大旅游产业体系（见图 7–16）。

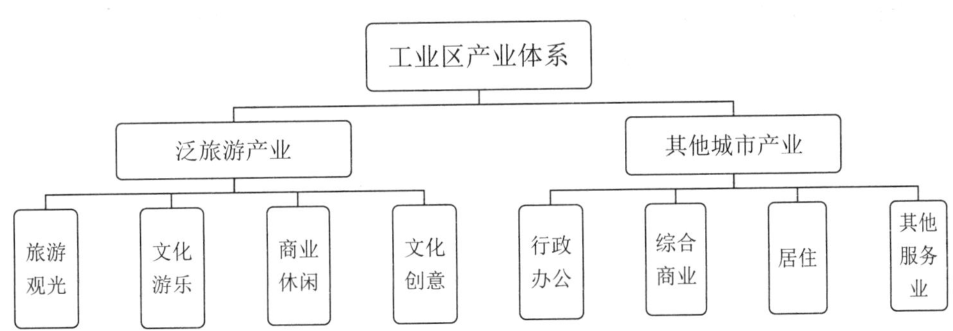

图 7–16　工业区产业体系构建

（2）完善游憩结构及产品体系，创新打造都市休闲聚落。

绿维文旅认为，都市休闲聚落，是位于都市之中，具备一定的休闲消费吸引力、有相当规模和场地空间，能够聚集人群并为之提供休闲游憩的都市休闲产业聚集区域。都市休闲聚落，是绿维文旅在深度研究商业和休闲产业发展特征及趋势后总结而成的一种模式。项目以回忆首钢、体验首钢、创意首钢、休闲首钢、开放首钢为脉络，构建了首钢工业区的游憩结构体系，并在此基础上策划设计了融工业遗产体验、特色购物休闲、文化创意休闲体验、会议会展、文化娱乐、康体养生体验于一体的遗址观光、主题游乐、创意产业、购物休闲、商务会展五大类主题产品。

（3）巧妙借助后现代主义艺术创造力营造氛围。

后现代主义是超越现代主义的哲学与艺术思潮，与后工业社会与后工业文明相对应，项目将其与现代服务业和信息产业社会相结合，作为一种理念和手法加以运用。项目引用后现代主义，主要是借助其艺术创造力，借鉴其与后工业社会对应关系，对应于“首钢工业遗产区”，创造和构建一种后现代的艺术环境和城市景观。

（4）实施统筹工业区建设及城市区域发展的建设工程。

项目围绕国际化后现代休闲产业聚集区的总体定位，统筹考虑工业区内部建设、周边及区域发展，确立以工业区风貌艺术化改造及提升（景观风貌）、旅游区游憩方式创新（游憩）、区域旅游形象及整合营销（营销）、旅游要素配套与配置（旅游配套）、职工教育与开发扶持（工人安置）、旅游发展保障体系（发展支撑）等为内容的六大建设工程，并设定阶段性开发时序，全面保障工业区旅游开发建设、职工安置、区域形象提升及城市休闲功能优化。

十一、红色旅游

红色旅游是以弘扬革命精神、增进爱国主义教育为核心目标，以纪念场馆、战争遗址、烈士陵园、伟人故居等革命标志物为载体，以革命历史、英雄事迹、革命精神等红色精神文化为主要内涵，以感悟精神、缅怀先烈、参观游览为主要内容的旅游活动。发展红色旅游，是旅游与文化、教育深度融合的生动体现，是增强党与人民群众思想沟通的纽带，更是推动革命老区经济发展、促进精准扶贫的重要抓手。在旅游开发运营的过程中，特别是针对革命老区的旅游项目，要在深入挖掘、科学分析评价红色旅游资源的基础上，合理有效地规划、开发和经营红色旅游产品及线路，适当提高红色旅游的市场化程度，建立红色旅游、红色教育的品牌体系。

（一）我国红色旅游发展的利好条件

2004年12月，中共中央办公厅、国务院办公厅2004年年底印发《2004—2010年全国红色旅游发展规划纲要》，明确了红色旅游的内涵、意义和发展任务。为进一步加强红色旅游基础设施建设，全面发展红色旅游，经国务院批准，国家发改委从2005年新增的国家预算内专项资金中安排7亿元，用于支持红色旅游重点景区的相关基础设施建设。近15年来，红色旅游多次被写入国家级政策文件（见表7-24）。可以看出，红色文化作为我国革命时期的特色文化和民族奋斗历史的写照，其教育、资源保护和经济带动的作用得到了国家层面的充分重视，国家相关部委从资金和政策方面都将给予大力扶持。

表 7-24 国家关于发展红色旅游的政策文件

时间	政策文件	发文部委	相关内容
2004.12	《2004—2010 年全国红色旅游发展规划纲要》	中共中央办公厅、国务院办公厅	明确红色旅游的概念、发展意义、基本原则和主要任务，提出培育 12 个“重点红色旅游区”、组织规划三十条精品线路
2008.09	《关于进一步促进红色旅游健康持续发展的意见》	国家发改委、中宣部、财政部、（原）国家旅游局等 14 部委	提升红色旅游发展质量，完善红色旅游资源保护体系、红色旅游精品体系与配套服务建设、加强人才队伍与创新能力建设；统筹推进红色旅游与各类旅游资源的融合发展；加大红色旅游资金投入和政策支持力度
2011.05	《2011—2015 年全国红色旅游发展规划纲要》	中共中央办公厅、国务院办公厅	深入挖掘文化内涵，丰富红色旅游内容；加强基础设施建设，完善红色旅游经典景区体系；转变发展方式，提升红色旅游产业化水平；创新体制机制，增强红色旅游发展的后劲和活力；加强红色旅游队伍建设，提高从业人员综合素质
2014.08	《关于促进旅游业改革发展的若干意见》	国务院办公厅	大力发展红色旅游，加强革命传统教育，大力弘扬以爱国主义为核心的民族精神和以改革创新为核心的时代精神，积极培育和践行社会主义核心价值观
2016.03	《2016—2020 年全国红色旅游发展规划纲要》	中共中央办公厅、国务院办公厅	完善全国红色旅游经典景区体系，公布修订后的全国红色旅游经典景区名录，着力凸显红色旅游教育功能，积极发挥红色旅游脱贫攻坚作用，有效提升红色旅游规范化水平，广泛开展红色旅游宣传推广活动，扎实推进红色旅游人才队伍建设
2016.12	《关于印发全国红色旅游经典景区名录的通知》	国家发改委	按照《2016—2020 年全国红色旅游发展规划纲要》的要求印发名录，进一步开展红色旅游的相关工作
2017.11	《全国红色旅游经典景区三期总体建设方案》	国家发改委	支持《景区名录》的新增景区和已纳入一、二期名录的部分重点景区提升基础设施条件和服务水平，重要革命历史文化遗存和纪念设施得到有效保护，更好地实现红色旅游的理想信念教育功能，发挥脱贫富民作用
2018.02	全国旅游工作报告	（原）国家旅游局	大力推动红色旅游再上新台阶，优选一批“全国红色旅游创新发展研究基地”，建立红色旅游金牌导讲员评价制度，组织开展红色旅游从业人员培训，推出百条红色旅游精品线路、首批“红色旅游优质服务示范景区”，开展全域红色旅游示范城市、红色示范小镇创建活动，实施红色旅游扶贫工程
2018.07	《关于实施革命文物保护利用工程（2018—2022 年）的意见》	中共中央办公厅、国务院办公厅	拓展革命文物利用途径、提升革命文物展示水平，打造红色旅游品牌，加强全国红色旅游经典景区和红色旅游精品线路建设，统筹加大对革命文物保护利用的支持力度

获得国家顶层设计层面不遗余力地扶持的同时，随着人民文化素质的不断提高和相关项目建设的不断推进，红色旅游的市场规模也日渐扩大。据文化和旅游部发布的《2018 年上半年旅游经济主要数据报告》显示，2018 年上半年，436 家红色旅游经典景区共接待游客 4.84 亿人次，相当于国内旅游人数的 17.13%，按可比口径同比增长 4.83%；实现旅游收入 2524.98 亿元，相当于国内旅游收入的 10.32%，按可比口径同比

增长 5.73%。这种传承文明、振奋精神、增加阅历的旅游形式，正在旅游市场上持续升温。

（二）红色旅游开发的立足点

要使红色旅游撬动更大规模的市场，获得政府层面大力支持的同时激发更多游客的自发前往和消费行为，开发运营主体应从文化内涵、产业融合、基础设施建设、文化展示创新四个角度进行突破。

文化内涵方面，革命老区的历史文化是红色旅游开发的灵魂所在，要对中国共产党创建、红军长征、抗日战争等重要历史时期的历史事件和文化内涵进行系统的梳理和解读，以红色文化为主题串联起区域内的旅游资源，从而形成主题鲜明的红色旅游线路和目的地品牌。

产业融合方面，红色旅游的开发要突破单一的景点或场馆架构，站在区域综合发展的角度，以泛旅游产业体系为引擎，构建旅游业与影视、教育、商业、娱乐、农业、生态等相关产业融合发展的格局，使红色旅游成为促进经济发展、惠及民生的带动性产业。

基础设施建设方面，要遵照国家相关部委的各类方案要求，在文物保护的前提下，重点加强红色旅游活动所必需的旅游公路、步行道、露天停车场、供电线路、供排水线路、旅游厕所、消防安防设施、垃圾污水收集设施、展陈场馆改造等基础设施建设，开展必要的环境整治，最大限度地满足红色旅游景区及目的地的接待要求。

文化展示方面，由于当代的旅游者，特别是青、少年旅游者与战争年代相隔较远，静态的场馆观光和单一的导游讲解难以引起游客的共鸣，因此，在红色旅游开发的过程中，要创新文化展览形式，利用影视、实景演出、AR 导览、角色扮演、互动游戏、文创体验、文化活动等方式，在保证安全和庄严基调的前提下，迎合游客求新、求奇的心理，对红色文化进行更加立体鲜活的展示，使游客在穿越时空的体验中更加全面地感悟红色文化的魅力和可歌可泣的革命精神。

（三）红色旅游开发的实践创新——以贵州瓮安猴场会议陈列馆为例

在绿维文旅主持编撰的《贵州瓮安猴场会议陈列馆设计》中，项目组以红军长征为主线，抓住猴场会议“上承黎平会议，下启遵义会议，是中国革命转危为安的重大会议”这一重要特点，在产品开发过程以“转折”二字为主线，将整个展区分为了运筹帷幄战黔中、峰回路转见黎明、沧海桑田话今朝三大部分。

面对猴场会议陈列馆自身资源优势难以凸显的问题，绿维文旅提出了“跳出展馆看展馆”的打造理念，将其与周边旅游资源整合，充分利用得天独厚的自然资源和底蕴深厚的人文资源，实现生态旅游、红色旅游、古邑文化旅游等多方位整合发展，留住游客，拉动消费。

猴场会议陈列馆在情境化设计的基础上提升高度，运用高科技技术创新体验环节，实现人机互动，使游客在多种感官体验中深入了解历史。如运用电子沙盘与影片放映结合，真实表现红军四过瓮安的光辉岁月；再如，在强渡乌江的场景还原中，采用影片播放与地面互动结合的展陈手法，在场地中复原乌江动感场景，同时地面互动的多媒体展陈技术使游客脚下竹筏浮动，呈现波光粼粼的特效，游客在游览过程中仿佛是与红军共进退，能使游客快速融入革命事件之中，与历史产生共鸣。

猴场会议陈列馆自开馆以来，已成为当地居民休闲、旅游、会议、演出的重要场所，并相继举办了多场红色素质教育、党员宣誓、第二课堂等人民群众喜闻乐见的活动，对延续长征精神、构建革命圣地品牌起到了重要的作用。

第七节　旅游项目商业模式设计

商业模式，是指整合内外要素资源，形成有效的组合方式和商业活动方式，从而带来利润、创造价值的核心逻辑和运行系统。旅游项目的商业模式，涉及政府、投资商、开发商、产品供应商、服务供应商、渠道分销商和消费者等多种主体之间的交易方式、供求关系、合作手段与利益联结机制，包括土地开发、产业布局、收益机制、投融资手段、经营方式、管理体制等一系列相关的商业机理。其设计的目标，是要以供给侧改革的思路，通过资源的有效整合与多元化商业活动的落地，不断创新经营战略、对接时刻变化的外部环境与市场需求、挖掘新的消费群体、构建长期有效的内外部合作制度，从而形成核心竞争力与差异化的价值体系，构建资源与资本、供给与需求无缝对接的开发运营生态圈。

一、旅游项目的商业模式内涵

旅游项目的商业模式，是要以更有效的方式组合多元化的旅游要素与市场主体，通俗地讲，就是要解决“钱从哪里来”“钱到哪里去”和“如何更赚钱”的问题，需要厘清开发运营全过程中各个环节的资金筹集、投资布局和收益模式的思路，全面综合地研究政府、各类企业和消费者的需求，从而锁定资源、明确定位、设计产品、有效管理、精准营销，建起良性循环的资金链、产业链与服务链。

（一）“钱从哪里来”——旅游项目的资金筹措途径

旅游项目的资金筹措途径包括财政支持、银行信贷、私募资本融资、整体项目融资、商业信用融资、租赁融资、产权融资、信托融资、国内上市融资、海外融资、招商引资等。设计融资模式时，须结合旅游项目的具体性质，制订并落实各时期的融资计划、资本架构和现金流的配置，积极构建并利用各类合作平台，申请政府资金补贴、嫁接社会资本与要素资源。

（二）"钱到哪里去"——旅游项目的投资战略布局

投资战略的要素包括对项目的投资总额、投资结构、投资分期，投资方式等方面的评估和设计。在旅游项目的具体操作中，应针对项目具体的资源市场和开发条件把握其投资特点，对旅游开发过程中的自然环境、安全防护、社会适宜性、政府政策、市场需求等因素加以周全考虑，分析投资总额与整个项目的收益是否匹配，理清各个阶段资本进入与退出的思路，结合成本控制、分销渠道、竞争策略、市场细分、协同事项、采购物流等商业活动要素的分析，因地制宜地采取现金、土地、智力成果、道路、游乐设施、景点、旅游经营权、股份等投资形式。

（三）"如何更赚钱"——旅游项目的收益模式设计

商业模式设计的核心目标是创造价值，因此，旅游项目的开发运营主体需要对自然及文化资源进行更深入地挖掘和更有效地利用，不断通过新业态、新产品、新服务和新体验方式的植入，对接新时代的市场需求，形成人气的聚集与消费的搬运，设计多样化的收益增长路径。收益模式设计需要解决的问题是收什么、怎么收、收多少，即确定收入点、收入方式和价格水平。合理的收益模式设计能够对项目的主题定位、产品研发、产业联动、经营方式、服务供给、管理体制和营销手段提供明确的指导方向。

二、自主旅游时代的商业模式发展特征

随着国民经济的不断发展，旅游活动已经成为人们生活方式的重要组成部分，庞大而个性化、多样化的旅游需求层出不穷。在此背景下，打造差异化产品和特色化服务，成为各类旅游企业创新的主流，旅游行业的商业模式也在经历着深刻的变革，主要呈现出如下特点。

第一，线上与线下深度融合促转型。新一代信息技术的快速发展为用户搜索旅游资源、预订旅游服务、实现旅游交易提供了极大的便利，随着 OTA 加快线下的扩张步伐，传统旅游企业积极拥抱互联网，未来旅游商业模式将是线上、线下的深度融合，这种融合并非两者的简单叠加，而是双方业态的共同转型，需要重新梳理业务管理体系和采购分销系统，通过创新商业模式来实现整个行业的转型升级。

第二，定制化与分众化需求重塑商业结构。随着定制化的自主旅游成为未来旅游发展的主要趋势，旅游商业模式将逐步由碎片化产品简单打包，转变为有主题、区分市场、更加贴近用户需求的深度体验模式，进而影响企业的规模结构、产品体系、营销策略、人员配置等各个方面，重塑企业的商业结构。

第三，多元产业联动形成区域综合发展的战略布局。旅游的本质是消费的搬运，这使得旅游业具有天然的渗透性和关联性。为满足游客食、住、行、游、购、娱等相关的

基本消费需求和多样化、深层次的度假体验，同时发挥旅游业作为国民经济支柱性产业的重要作用，新时代的旅游项目已经逐渐打破单一景点或游乐设施开发的模式，众多旅游企业已经开始通过文化、健康、体育、教育、餐饮、地产、休闲商业等相关业态及产品的布局，构建起泛旅游产业引领的区域综合发展的战略架构。

三、旅游项目的创新商业模式

如何进一步提高旅游业的运行效率、促进各种资源的合理化配置，是当今旅游业发展的重要课题。旅游项目的商业模式创新，正是以价值提升为核心目标，以供给侧结构性改革为理念，以资本和资源的商业化运作为载体，通过开发运营过程中各类旅游要素的有效组合，从而实现产业布局优化、产品及服务创新、管理体系创新、项目经营战略创新等新时代旅游业优质化发展路径的突破。

伴随着移动互联、智能科技的发展和共享经济体系的问世，旅游项目的商业模式也在不断探索创新，主要体现在资本运作、资源利用、合作共赢方式、管理模式和营销手段方面。在具体实践中，包括共享经济模式、项目众筹模式、分权度假模式、俱乐部模式、卡式消费模式、分期付费模式等。

（一）资源共享模式

共享经济对于旅游开发运营主体来说是一种商业思路的转变，更是对原有供给模式和交易关系的创新变革。共享经济强调提高资源的使用效率，突出“使用权”而非“拥有权”，在旅游项目的开发运营中，房、车、人、景等资源均可以通过共享经济的商业模式，实现闲置资源的有效利用和需求配对。比如，途家将大量闲置房产转型为酒店式公寓进行经营，实现“房”的共享；脆饼、锐目等新型旅游服务商，通过将当地人发展成为“发现者”“侠客”等伴游资源，实现“人”的共享。

（二）项目众筹模式

“众筹”一词来自英文“Crowd Funding”，是以预购、团购为主要形式的资金募集方式，是推动“双创”的重要融资手段。在旅游项目的开发运营过程中，众筹是解决“钱从哪儿来”的有效商业手段，其核心思路是形成投资和消费一体化的解决方案，通过“锁定消费—参与投资—利益分享”的形式，形成资金、资源和人气的聚集。

例如，绿维文旅打造的“东方酒肆”葡萄酒文化小镇项目，利用众筹的商业思路，鼓励各类开发商、投资商、服务供应商、原住居民及旅居游客参与到小镇投资建设及运营的各个环节中，包括一级土地开发、二级房产开发，参与（可经营性）物业产权购买、投资购买，参与直接消费、间接消费和延时消费。参与众筹的小镇投资人也将对应地获得资产权益（不动产）、资本权益（股权）和消费权益（红酒）。以众筹为融资手段，该项目将形成葡萄酒交易中心，集红酒的批发、零售、仓储、展销为一体；形成葡萄酒文化产业聚集区，涵盖葡萄酒文化、葡萄酒博览、葡萄酒学院、葡萄酒展览等多种业态；形成葡萄酒文化小镇创意产业示范区，通过建设设计、景观特色表达等，彰显文化创意的力量；通过“酒币”的设计，形成交易模式的创新互动性体验；以众筹论坛、俱乐部、创新孵化基地，形成“东方酒肆”葡萄酒文化旅游小镇众筹核心区。

（三）分权度假模式

分权度假，是以产权式物业为基础，以 10~13 人按份占有产权为形式的度假地产销售模式，其核心在于使用权与拥有权并重，使投资人通过时权交换实现低成本的全球度假，在享受度假的同时还拥有一份可转让、可继承、可赢利的房屋产权，这种“以房养游”的消费型投资回报方式，是互联网思维与共享经济理念下的创新商业模式，打开了地产开发、金融投资与旅游度假之间的通道。

例如，由绿维文旅开发运营的 O2O 分权度假交换与运营平台分权宝，集中了全球与全国的优秀旅游度假资源，提出了“一地置业，全球换住，终生度假，私顾服务”的全新服务架构，使客户以极低的旅行投入获得极高的服务和投资收益。这种共享产权、旅居交换的创新商业模式，为旅游地产的销售提供了新的思路，也为旅居消费者提供了闲置房源最大化利用、产权保值增值、低成本全球度假的有效解决方案。

专栏 16　分权宝——解决度假开发与销售难题

分权宝是北京绿维文旅打造的旅游项目投资、建设、运营、销售、服务、交换一体化对接平台，是地产转型困局下的销售利器。

更多详情请扫描二维码

（四）俱乐部模式

俱乐部来源于英文“Club”的翻译，是由企业或个人牵头组织，将同品牌消费者、相同爱好者等具有相似特征的人群，以派对、运动、会务、赛事等形式聚集在一起的社群模式。在旅游项目开发运营的过程中，商业主体可以通过针对性的设计会员忠诚度计划、积分奖励计划、圈层聚会等活动，提升消费者的满意度、忠诚度与归属感，同时也能挖掘目的地潜在客群，扩大品牌影响力（见图 7–17）。

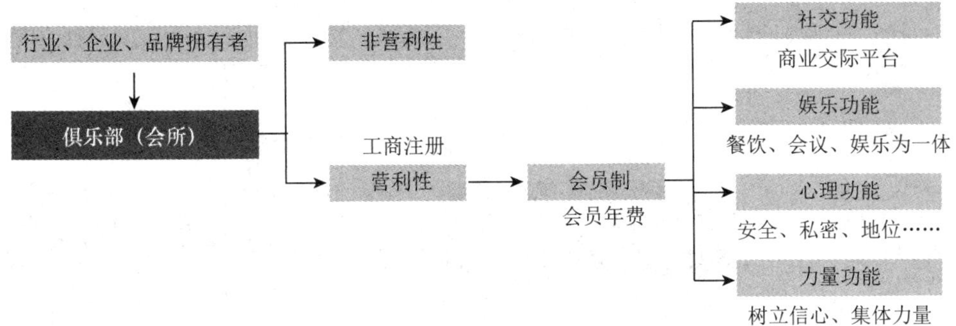

图 7–17　俱乐部商业模式结构

（五）卡式消费模式

卡式（会员制）消费是一种顾客管理模式，更是一种维系与客户长期交易关系的有效营销手段。无论是旅游景区、度假区、旅游小镇、主题公园的年卡，还是旅行社、OTA、酒店、航空企业的会员卡，其作用都是通过价格优惠、增值服务等手段刺激客户的重复性消费，通过良性记忆的加深提高顾客的忠诚度和满意度，也达到口碑营销的效果（见图 7–18）。

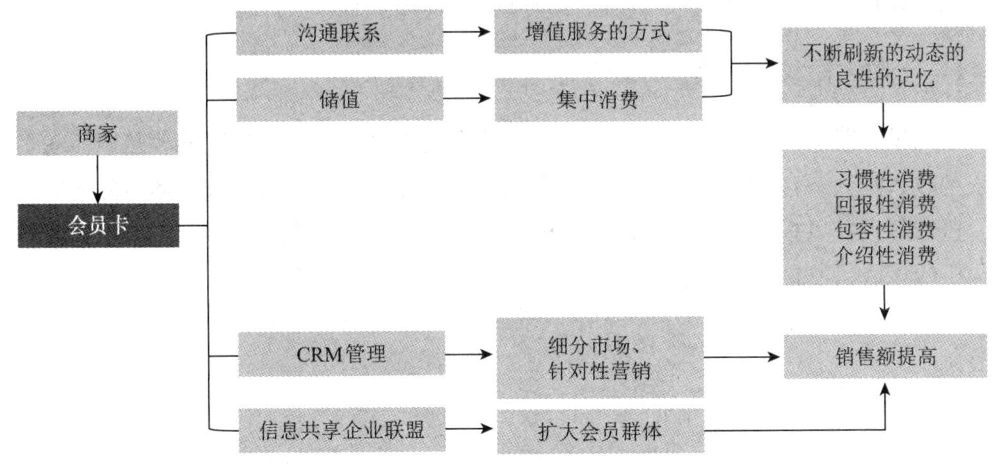

图 7–18　卡式（会员制）消费商业模型

（六）分期付费模式

在互联网技术日渐发达的背景下，消费者的信用数据变得可追踪、可考证，分期付费也成为旅游交易中的一种常见形式。这种商业模式为现金流紧张的群体提供了出游便利，也可以使旅游产品或服务的供应方获得相应的利息，分期免息、分期利息折扣等促销形式也能够在一定程度上扩大目的地旅游产品的消费规模（见图 7–19）。

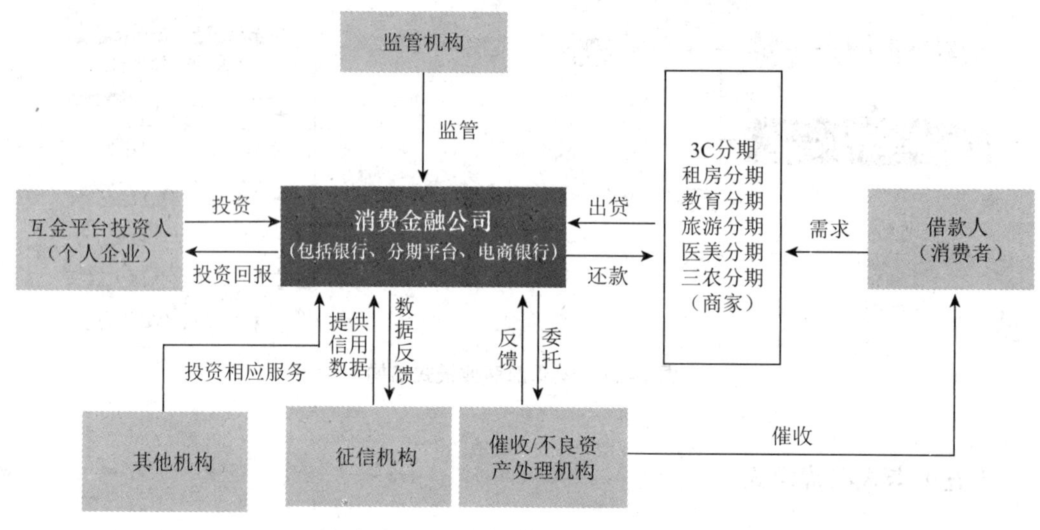

图 7-19 分期付费商业模式结构

四、旅游商业模式策划六要点

基于旅游市场的多元性，旅游商业模式需要从收入模式、投资分期、经营模式、管理模式、营销战略、融资模式六方面进行综合设计。

（一）收入模式多元化

收入模式是商业模式最重要的内容之一，它直接决定着商业模式的成败。旅游产业开发的收入模式，包括传统观赏旅游收入模式、体验式旅游收入模式、休闲旅游收入模式、区域开发收入模式、休闲度假收入模式以及房地产收入模式，涉及门票收入、休闲收入、娱乐收入、商业收入、场地租赁收入、餐饮收入、招商收入、度假地产收入等多元化收入。

（二）投资分期组合化

在对具体旅游产品进行投资分期规划时，需要根据产品功能划分不同投资项目类型，并以具体所要达到的目标为基础，做出投资时序表，进行投资组合，划分出近、中、远分期实施投资的旅游产品。

（三）经营模式简约化

绿维文旅从旅游产品经营的角度探讨经营模式，即采取“游憩体验创新”的泛旅游开发经营模式。“游憩体验创新”泛旅游开发经营模式包括游憩体验创新和旅游产品的泛旅游盈利结构两部分。前者包括交通游憩创新、虚拟展示游憩系统、白天黑夜游憩体系、旅游商品体验消费、虚拟视景体验、参与式情景展演、主题化特色体验、艺术品观光体验等内容；后者包括项目出让经费、土地使用费、项目合作经营收益、物业费用、观光门票收入、体验消费收入、旅游商品收入、旅游交通收入等内容。

（四）管理模式综合化

传统的垂直管理体系或属地管理体系均不能有效地平衡旅游资源保护和旅游发展的关系。结合应用垂直管理体系和属地管理体制，大型旅游项目的管理权采用综合化管理模式，有利于实现旅游发展目标和最佳经济效益。

（五）营销战略品牌化

旅游营销战略包括以时间为导向的纵向营销战略和以行为组合为导向的横向营销战略。纵向营销主要是指根据开发的不同阶段分期进行：第一阶段属于品牌营销，是蓄势与造势相结合的营销阶段；第二阶段是渠道营销，为集中造势营销阶段；第三阶段为网络营销，属于成势阶段的品牌营销；第四阶段是活动营销，为品牌延伸的营销阶段。

（六）融资模式多样化

基于旅游产业以市场为主导、产业融合性强等特征，产业发展的主要融资模式包括PPP 融资模式、BOT 融资模式、ABS 融资模式、TOT 融资模式及产业基金融资模式等。

PPP 融资模式是指政府、私人企业基于某个项目而形成的相互间合作关系的一种特许经营项目融资模式。旅游商业性项目和经营性项目将给社会资本充分的经营空间，充分发挥社会资本优秀的管理能力、高效的经营能力、开放的市场化运作能力，推动特色旅游项目蓬勃发展。

BOT 融资模式即建造—运营—移交模式，适用于大型旅游项目。通过 BOT 融资模式解决项目经济状况的弹性，减少资本金支出，实现“小投入做大项目”的目标，同时可以利用资产负债表外融资的特点，拓宽项目资金的来源，减轻债务负担。

ABS 融资模式是指将缺乏流动性但能产生可预见的、稳定现金流量的资产归集起来，通过一定安排和增信机制，使之成为在金融市场上可以出售和流通的证券的过程。

TOT 融资模式即“转让—运营—移交”模式。TOT 融资模式省去了建设环节，使项目经营者免去了建设阶段风险，使项目接手后就有收益，更适用于存量旅游项目。

产业基金融资模式作为产业投资基金的一个重要分支，其投资重点主要定位于旅游业，旨在通过市场化融资平台引导社会资金流向，筹集发展资金，促进旅游基础设施和旅游景区的开发建设，助推旅游产业的结构升级及挖掘和培育优质旅游上市资源等。

复习思考

1. 为什么策划要先于规划形成全案架构？旅游策划在开发运营中的作用有哪些？旅游策划主要包括哪些内容？

2. 新时代的旅游要素包括哪些？如何针对这些要素进行业态化创新？

3. 什么是“四季全时”？为什么要以“四季全时”为理念进行旅游项目的全案策划？

4. 旅游项目的商业模式设计需要解决哪些问题？商业模式策划的过程中有哪些要点？

第八章

旅游规划
——突破《旅游规划通则》，实现落地整合

学习目标

知识目标

1. 掌握旅游规划的基础体系；
2. 掌握全域旅游视角下的旅游目的地规划体系；
3. 掌握特色小城镇“多规合一”的规划思路；
4. 了解我国旅游规划的发展历程及有关规定。

能力目标

1. 理解《通则》的要求，识别《通则》的局限，构建旅游规划的全域视角和“多规合一”思路；

2. 熟悉 GIS、实景三维立体建模技术在旅游规划中的应用方法。

旅游规划，是一个区域内旅游系统的发展目标和实现方式的整体部署过程，是各类主体进行旅游项目开发建设的指导依据，在旅游产业发展中起着重要的统筹和引领作用。2003年，《旅游规划通则》（下称《通则》）的出台为旅游项目的规划和设计提供了很好的依据。但是，随着旅游规划弊端的出现、市场需求和产业发展要求的不断变化，旅游规划也应突破《通则》，形成更贴合大众旅游、自主旅游时代背景的战略指引体系。

本章包括六节内容：基于《通则》的旅游规划体系、超越《通则》的旅游规划新趋势、全域旅游视角下的目的地规划体系、特色小城镇视角下的"多规合一"规划方法、GIS在旅游规划中的创新应用、实景三维立体建模技术在旅游规划中的创新应用。通过本章的学习，读者能够熟悉《通则》的要求和局限，了解旅游规划的创新理念与方法。

第一节　基于《通则》的旅游规划体系

为加强旅游规划编制工作的技术规范与报批管理，2003年原国家旅游局颁布了《通则》（GB/T18971—2003）。《通则》从概念上进一步明确了旅游区、旅游资源、旅游客源市场、旅游产品及旅游容量的定义，划分了旅游规划的类型，在内容上规定了旅游规划编制的基本原则、程序、内容及成果要求，以及规划评审的方式，并对旅游规划编制人员和评审人员的组成和素质提出了要求，是编制各级旅游发展规划和各类旅游区规划的规范性文件，也是我国旅游规划设计行业较为系统的指导性法规。

一、中国旅游规划的发展历程

（一）初步萌芽阶段（1978—1988年）

旅游规划最早起源于20世纪30年代中期的英国、法国和爱尔兰等国家。中国的旅游规划是随着旅游业的发展而成长的。改革开放以来，我国旅游业迅速发展，旅游规划也在全国各地逐渐兴起。这一时期的旅游规划工作主要是资源导向型，规划项目大多资源禀赋高、开发条件佳、开发效益好。这类规划重在挖掘和开发自然、人文和社会风情中极具特色的资源，用以吸引更多游客。这一阶段，旅游资源分类、评价和开发利用成为旅游规划的主体内容。这种模式是卖方市场条件下旅游规划工作的基本特征。

（二）探索研究阶段（1989—1998年）

1989—1998年，中国旅游业在“政府主导型战略”中开始由事业型向产业型转变，政府加大了对旅游业的开发力度和重视程度。尤其是在东南亚金融危机期间，旅游业被很多城市和地区提升到国民经济主导产业的高度。中国的旅游规划随着旅游市场逐渐由卖方转化为买方，不再局限于资源导向，开始进入了以市场需求为导向的产业化规划阶段。这一时期的旅游规划开始注重对旅游客源市场、游客需求及旅游项目可行性等进行系统分析，地理学、经济学、历史学、市场营销学等更多相关学科开始全方位介入。20世纪90年代中期，在市场需求的带动下，人造吸引物、主题公园、度假区等出现了规划高潮，旅游开始被作为一个经济产业加以系统化地规划。

（三）整合发展阶段（1999—2016年）

亚洲金融风暴以后，亚洲发展中国家开始逐步深化改革，调整产业结构。旅游业的发展除了游客与收入“滞胀”外，还出现了人造旅游吸引物、主题公园、度假区等盲目克隆的负效应，人们对旅游业的投入持观望态度，学界对规划的失误开始反思，旅游规划界开始探索以旅游产品为中心的规划思想和方法，逐渐走向产品导向的新时代。

自进入 21 世纪起，我国宏观经济走势趋强，中国旅游规划进入了一个新的发展阶段，国内旅游业呈现出“大产业、大旅游、大市场”的格局。由此，地方性旅游规划和旅游目的地规划的需求激增，旅游规划的规范化趋向明显。1999 年 3 月 29 日，原国家旅游局颁布了《旅游发展规划管理暂行办法》，2000 年 11 月 22 日，颁布了《旅游规划设计单位资质认定暂行办法》，2003 年 2 月 24 日，又颁布了作为国家标准的《旅游规划通则》等，进一步规范旅游规划的发展方向。

（四）创新发展阶段（2017 年至今）

党的十九大报告指出，我国经济已由高速增长阶段转向高质量发展阶段，正处在转变发展方式、优化经济结构、转换增长动力的攻关期。旅游业也由高速发展时期进入优质发展阶段。新时代下，全域旅游的发展、特色小镇的建设、乡村振兴战略的推进，对旅游规划提出了更高的要求。旅游规划也逐渐突破了边界限制，全域空间的规划要求有全域发展的视角、“多规合一”的规划手段支撑。如何以创新的思维实现旅游产业的全面创新，形成系统、科学的发展体系与结构，成为旅游规划要探索和突破的关键课题。

二、旅游规划内容的有关规定

有关旅游规划的法律规定很多，既有凌驾于旅游规划之上的《中华人民共和国旅游法》《中华人民共和国城乡规划法》等上位法，也有分领域的法律规定，如旅游景区管理方面的规定、旅游资源方面的规定、旅游基础设施方面的规定等（见表 8–1）。

表 8–1　旅游规划及其相关的国家法律法规规范及标准一览（截至 2019 年 4 月）

类别	名称	施行时间
基本法	《中华人民共和国旅游法》	2013 年 10 月
旅游景区管理方面	《旅游区（点）质量等级的划分与评定》（GB/T 17775—2003）	2005 年 1 月
	《景区等级评定标准（评分细则）》	2005 年 1 月
	《旅游景区游客中心设置与服务规范》（GB/T 31383—2015）	2015 年 9 月
	《旅游景区质量等级管理办法》旅办发〔2012〕166 号	2012 年 4 月
	《国家生态旅游示范区管理规程》	2012 年 9 月
	《国家生态旅游示范区建设与运营规范》（GB/T 26362—2010）	2012 年 9 月
	《国家级风景名胜区规划编制审批办法》	2015 年 12 月

续表

类别	名称	施行时间
旅游规划方面	《森林公园总体设计规范》（LY/T 5132—95）	1996 年 1 月
	《风景名胜区总体规划标准》(GB/T 50298—2018)	2019 年 3 月
	《旅游发展规划管理办法》第 12 号令	2000 年 10 月
	《旅游规划通则》（GB/T 18971—2003）	2003 年 5 月
	《旅游规划设计单位资质等级认定管理办法》（第 24 号令）	2005 年 8 月
	《旅游扶贫试点村规划导则》	2015 年 10 月
旅游资源方面	《旅游资源分类、调查与评价》（GB/T 18972—2017）	2018 年 7 月
	《旅游资源保护暂行办法》	2007 年 9 月
	《自然资源现行标准目录》	2019 年 4 月
旅游基础设施方面	《标志用公共信息图形符号第 2 部分：旅游休闲符号》（GB/T 10001.2—2006）	2006 年 11 月
	《人员密集场所消防安全管理》（GA 654—2006）	2007 年 1 月
	《旅游购物场所服务质量要求》（GB/T 26356—2010）	2011 年 6 月
	《无障碍设计规范》(GB 50763—2012)	2012 年 7 月
	《公共信息图形符号 第 1 部分：通用符号》（GB/T 10001.1—2012）	2013 年 5 月
	《旅游景区公共信息导向系统设置规范》（GB/T 31384—2015）	2015 年 9 月
	《绿道旅游设施与服务规范》(LB/T 035—2014)	2015 年 4 月
	《旅游滑雪场质量等级划分及其评定》（LB/T 037—2014）	2015 年 4 月
	《旅游厕所质量等级的划分与评定》（GB/T 18973—2016）	2016 年 10 月
美丽乡村建设方面	《农家乐经营服务规范》（SB/T 10421—2007）	2007 年 7 月
	《民族民俗文化旅游示范区认定》（GB/T 26363—2010）	2011 年 6 月
	《美丽乡村建设指南》	2015 年 6 月
其他方面	《中华人民共和国城乡规划法》	1990 年 4 月
	《中华人民共和国土地管理法》（2004 年修订）	2004 年 8 月
	《历史文化名城保护规划规范》（GB/T50357—2018）	2019 年 4 月
	《中国旅游强县标准（试行）》	2007 年 6 月
其他方面	《中国优秀旅游城市检查标准》（2007 年修订）	2007 年 6 月
	《土地利用现状分类》（GB/T 21010—2017）	2017 年 11 月

资料来源：根据公开资料整理

三、旅游规划编制的基本要求与程序

（一）旅游规划编制的基本要求

旅游规划编制要以国家和地区社会经济发展战略为依据，以旅游业发展方针、政策及法规为基础，与城市总体规划、土地利用规划相适应，与其他相关规划相协调，并根据国民经济形势，对上述规划提出改进要求。

要坚持以旅游市场为导向，以旅游资源为基础，以旅游产品为主体，经济、社会和环境效益可持续发展的指导方针。

要突出地方特色，注重区域协同，强调空间一体化发展，避免近距离不合理重复建设，加强对旅游资源与环境的保护，减少对旅游资源的浪费。

鼓励采用先进方法和技术。编制过程中进行多方案比较，并征求各有关行政管理部门的意见，尤其是当地居民的意见。

旅游规划编制工作所采用的勘察、测量方法与图件、资料，要符合相关国家标准和技术规范。

旅游规划技术指标，应当适应旅游业发展的长远需要，具有适度超前性。

旅游规划编制人员应有比较广泛的专业构成，如旅游、经济、资源、环境、城市规划、建筑等方面。

（二）规划编制的基本程序

1. 任务确定阶段

委托方确定编制单位；制定项目计划书并签订旅游规划编制合同。

2. 前期准备阶段

政策法规研究；旅游资源调查；旅游客源市场分析；旅游发展竞争性分析。

3. 规划编制阶段

确定规划区主题；确立规划分期及分期目标；提出产品及设施开发思路和空间布局；确定重点旅游开发项目；提出旅游发展战略；提出规划实施措施、方案和步骤；撰写规划文本、说明和附件。

4. 征求意见阶段

广泛征求各方意见；对规划草案进行修改、完善。

四、旅游规划基础体系

（一）旅游发展规划的主要内容

1. 旅游发展规划的定义

旅游发展规划是根据旅游业的历史、现状和市场要素的变化所制定的目标体系，以及为实现目标体系在特定的发展条件下对旅游发展的要素所做的安排。按规划的范围和政府管理层次分为全国旅游业发展规划、区域旅游业发展规划和地方旅游业发展规划。地方旅游业发展规划又可分为省级旅游业发展规划、地市级旅游业发展规划和县级旅游业发展规划等。

2. 旅游发展规划的主要内容

明确旅游业在国民经济和社会发展中的地位与作用，全面分析规划区旅游业发展历史与现状、优势与制约因素及与相关规划的衔接；分析规划区的客源市场需求总量、地域结构、消费结构及其他结构，预测规划期内客源市场需求总量、地域结构、消费结构及其他结构；提出规划区的旅游主题形象和发展战略；提出旅游业发展目标及其依据；明确旅游产品开发的方向、特色与主要内容；提出旅游发展重点项目，并对其空间及时序做出安排；提出要素结构、空间布局及供给要素的原则和办法；提出合理的保护开发利用措施；估算规划实施的总体投资及综合产出；提出规划实施的保障措施，促进旅游业持续、健康、稳定发展。

3. 旅游发展规划的成果要求

旅游发展规划成果包括规划文本、规划图表及附件。规划图表包括区位分析图、旅游资源分析图、旅游客源市场分析图、旅游业发展目标图表、旅游产业发展规划图等，附件包括规划说明和基础资料等。

（二）旅游区规划的主要内容

旅游区规划是指为了保护、开发、利用和经营管理旅游区，使其发挥多种功能和作用而进行的各项旅游要素的统筹部署和具体安排。按规划层次，旅游区规划分总体规划、控制性详细规划、修建性详细规划等。

1. 旅游区总体规划

（1）旅游区总体规划的定义。

旅游区总体规划是从宏观远景层面对旅游区未来的各项旅游要素的统筹部署及安排，其任务是分析旅游区客源市场，确定旅游区的主题形象，划定旅游区的用地范围及空间布局，安排旅游区基础设施建设内容，提出开发措施。旅游区总体规划期限一般为10~20年，同时可根据需要对旅游区的远景发展做出轮廓性的规划安排。对于旅游区近期的发展布局和主要建设项目，亦应作出近期规划，期限一般为3~5年。

（2）旅游区总体规划的主要内容。

全面分析与预测旅游区客源市场的需求总量、地域结构和消费结构；界定旅游区范围，进行现状调查和分析，对旅游资源进行科学评价；确定旅游区的性质和主题形象；确定规划旅游区的功能分区和土地利用，提出规划期内的旅游容量；规划布局旅游区对外交通系统和主要交通设施的规模、位置，规划旅游区内部其他道路系统的走向、断面和交叉形式；规划旅游区的景观系统和绿地系统的总体布局；规划旅游区其他基础设施、服务设施和附属设施的总体布局；规划旅游区的防灾系统和安全系统的总体布局；研究并确定旅游区资源的保护范围和保护措施；规划旅游区的环境卫生系统布局，提出预防和治理污染的措施；提出旅游区近期建设规划，进行重点项目策划；提出总体规划的实施步骤、措施和方法，以及规划、建设、运营中的管理意见；对旅游区开发建设进行总体投资分析。

（3）旅游区总体规划的成果要求。

规划文本；图件，包括旅游区区位图、综合现状图、旅游市场分析图、旅游资源评价图、总图规划图、道路交通规划图、功能分区图等其他专业规划图、近期建设规划图等；附件，包括规划说明和其他基础资料等；图纸比例，可根据功能需要与可能确定。

2. 旅游区控制性详细规划

（1）旅游区控制性详细规划的定义。

在旅游区总体规划的指导下，为了近期建设的需要，可编制旅游区控制性详细规划。旅游区控制性详细规划的任务是，以总体规划为依据，详细规定区内建设用地的各项控制指标和其他规划管理要求，为区内一切开发建设活动提供指导。

（2）旅游区控制性详细规划的主要内容。

详细划定所规划范围内各类不同性质用地的界线。规定各类用地内适建、不适建或者有条件地允许建设的建筑类型；规划分地块，规定建筑高度、建筑密度、容积率、绿地率等控制指标，并根据各类用地的性质增加其他必要的控制指标；规定交通出入口方位、停车泊位、建筑后退红线、建筑间距等要求；提出对各地块的建筑体量、尺度、色彩、风格等要求；确定各级道路的红线位置、控制点坐标和标高。

（3）旅游区控制性详细规划的成果要求。

规划文本；图件，包括旅游区综合现状图，各地块的控制性详细规划图，各项工程管线规划图等；附件，包括规划说明书及基础资料；图纸比例，一般为1/2000~1/100。

3. 修建性详细规划

（1）旅游区修建性详细规划的定义。

对于旅游区当前要建设的地段，应编制修建性详细规划。旅游区修建性详细规划的任务是，在总体规划或控制性详细规划的基础上，进一步深化和细化，用以指导各项建筑和工程设施的设计和施工。

（2）旅游区修建性详细规划的主要内容。

综合现状与建设条件分析；用地布局；景观系统规划设计；道路交通系统规划设计；绿地系统规划设计；旅游服务设施及附属设施系统规划设计；工程管线系统规划设计；竖向规划设计；环境保护和环境卫生系统规划设计。

（3）旅游区修建性详细规划的成果要求。

规划设计说明书；图件，包括综合现状图、修建性详细规划总图、道路及绿地系统规划设计图、工程管网综合规划设计图、竖向规划设计图、鸟瞰或透视等效果图等；图纸比例，一般为 1/2000~1/500。

（三）功能性专项规划的主要内容

旅游区可根据实际需要，编制项目开发规划、旅游线路规划、旅游地建设规划、旅游投融资规划、旅游营销规划、旅游区保护规划、旅游服务设施规划等功能性专项规划。

1. 旅游项目开发规划

（1）旅游项目开发规划的定义。

旅游项目开发规划是针对旅游地或旅游区内某个具体项目的开发建设而开展的前期规划，目的是论证项目开发的可行性及合理性，保证项目开发建设顺利进行。

（2）旅游项目开发规划的主要内容要求。

旅游项目开发规划的编制可参照旅游区总体规划和控制性详细规划的基本要求，重点突出项目开发的可行性和必要性分析，加强客源市场的分析与预测，并根据旅游开发项目的建设需要适当强化规划图纸和规划深度。

2. 旅游线路规划

（1）旅游线路规划的定义。

旅游线路规划是综合考虑区内交通、景点、设施，以及游客需求而规划设计的旅游线路产品规划。

（2）旅游线路规划的主要内容要求。

旅游线路规划的编制，应在对所在地及周边区域的旅游业发展和景点建设情况进行研究分析的基础上，重点加强客源市场结构分析，并结合线路踩点踏勘，提出合理可行的旅游线路开拓策略。

3. 旅游地建设规划

（1）旅游地建设规划的定义。

旅游地建设规划是为保证旅游地开发建设科学有序地进行，针对旅游地建设开发的整体布局、统筹安排的规划。

（2）旅游地建设规划的主要内容要求。

旅游地建设规划的编制可参照旅游区控制性详细规划和修建性详细规划的基本要求，适当增加旅游区总体规划所要求的资源评价、客源市场分析及投资效益分析等部分内容，并根据旅游开发建设的实际需要强化规划图纸和规划深度。

4. **旅游投融资规划**

（1）旅游投融资规划的定义。

旅游投融资规划是立足项目地投资环境，对项目可行性及投资效益进行分析，进而提出旅游项目招商方案及措施的规划。

（2）旅游投融资规划的主要内容要求。

旅游投融资规划的编制，应在对项目所在地及其周边区域的投资环境进行比较分析的基础上，重点突出项目开发的可行性和必要性分析以及投资效益分析，适当加强客源市场分析与预测，最终提出投融资项目的招商方案和配套政策措施等内容。

5. **旅游营销规划**

（1）旅游营销规划的定义。

旅游营销规划是基于客源市场需求情况提出专门的市场营销策略和方案的专项规划，目的是提升旅游地或项目的知名度，塑造旅游品牌形象，吸引更多的游客前来。

（2）旅游营销规划的主要内容要求。

旅游营销规划的编制，应重点突出客源市场分析与预测，根据目标细分客源市场特征及发展潜力，提出针对性强的市场营销策略和具体营销方案。

6. **旅游区保护规划**

（1）旅游区保护规划的定义。

旅游区保护规划是为了更好地保护开发利用旅游区内的自然生态环境和资源以及历史人文古迹而制订的专项保护规划。

（2）旅游区保护规划的主要内容要求。

旅游区保护规划的编制，可参照旅游区总体规划的基本内容要求，重点加强对旅游资源开发利用现状分析和环境容量分析，划分重点保护范围和对象，提出切实可行的保护措施，同时，应加强区内旅游资源单体的保护。

7. **旅游服务设施规划**

（1）旅游服务设施规划的定义。

旅游服务设施规划是为了保证或提升当地的旅游接待水平，合理配置当地餐饮、住宿、购物、交通等旅游配套服务设施的规划。

（2）旅游服务设施规划的主要内容要求。

旅游服务设施规划的编制，应对本区域的宾馆饭店、旅游交通、旅游餐馆等旅游接待服务设施经营现状全面了解和分析的基础上，结合市场需求情况分析，合理确定旅游服务设施的总量、结构、布局及建设时序安排。

第二节　超越《通则》的旅游规划新趋势

在新形势下，旅游成为促进地方经济发展的重要产业，旅游规划的内容也随着社会发展不断地更新。绿维文旅在多年运用《通则》指导旅游规划实践的过程中，发现《通则》存在的诸多问题，基于此，提出了超越《通则》的旅游规划新趋势。

一、《通则》面临的问题

《通则》从2003年出台至今，为旅游策划规划和设计提供了很好的依据。但随着国家文化创意产业规划及城乡规划法的相继出台、旅游业的带动作用不断凸显，旅游已真正走向构建泛旅游产业集群的新时代，传统旅游规划通则下的规划方式，已不能适应这一市场需求。绿维文旅认为，只有超越《通则》的限制和前期旅游规划的思维定式，才有可能编制出符合当前产业使命的旅游发展规划，从而为旅游产业链条的有机联动提供动力机制。

（一）对旅游产业的研究不清晰

现行的《通则》是在以观光为主的传统旅游产业的架构下构建的，具有时代局限性。如今的旅游业已走向了休闲度假升级时代，在这一特征下很多新型市场脱颖而出，并成为发展的重点。另外，旅游业是国家战略性支柱产业，而战略性产业具有终端消费性强、引擎作用大、附加价值作用高、幸福指数需求强等特征。旅游规划需要通过多方整合及突破，与旅游业的特征匹配。

（二）未体现旅游与城市化之间的关联

城市是旅游的一种载体，旅游是城市的一种功能。我国的发展已经迈进了城市化阶段，从超大城市到中小城市、再到小城镇、进一步到村落及旅游综合体的旅游发展，都要考虑城市化的需求。而旅游作为最有活力、联动作用极强的产业之一，也必须纳入城市规划范围之内。但城市规划与旅游有什么关联，旅游小城镇及村庄规划怎么与城市化衔接，《通则》中完全没有体现。

（三）起不到应有的指导作用

按照现有规划通则编制的旅游规划，原则性的套话、空话多，往往不能对产业、产品、运营和管理做出具体的指导，因而常被一些人戏称为“鬼话”，只能在墙上挂挂。这似乎已经成为旅游规划难以逾越的通病。

二、绿维文旅对《通则》的“五个突破”

（一）理念突破——以生态保护、以人为本、文化复兴等理念为基础

旅游规划的基础理念之一是生态保护理念。以生态和谐为特点，形成绿色生态、环保节能效应，是旅游规划的基本要求。旅游规划过程中要注重生态技术的应用，包括生态环保材料的选用、低耗能技术的应用、绿色植物环境的营造等。

旅游体验的根本在于人的自我实现，因此，旅游规划需要遵循以人为本的理念，在规划设计中满足人的需求。以人为本强调实现人与人之间的和谐发展，既要尊重贫困群体的基本需求、合法权益和独立人格，也要尊重精英群体的能力和贡献。在旅游规划中，要通过合理的规划手段，既满足人与人通过旅游实现交流的心理需求，又要注意对他人隐私、心理距离的尊重。

文化是旅游目的地的灵魂，旅游规划中尤其要注重对当地文化的挖掘、传承与发展。因此，旅游规划需要践行文化复兴理念，将文化与当地产业升级、社会结构优化、生态环境提升等要素互为表里，实现文化体系重构，推动区域社会经济综合发展。

（二）产品突破——先策划后规划，旅游策划全面兴起

吸引核的打造是旅游的核心，但现有的旅游规划根本不可能按照项目运作的要求进行深度挖掘、创意与整合，无法构建出旅游的吸引核。而这些规划顾及不到的地方，就需要策划来解决。

绿维文旅提出“先策划后规划”的思路，通过策划设计出最有价值的游憩模式、商业模式、营销模式和运营模式，形成旅游产品和旅游吸引力，再将吸引力延伸到整个旅游产业的多元系统构架，最后体现到规划上。

（三）产业突破——提出泛旅游产业整合、产业聚集、产业集成三大概念

1. 突破单一旅游产业，形成泛旅游产业整合

泛旅游产业的核心，是通过游旅游相关产业和项目的布局，形成人流聚集和消费搬运，从而推动区域经济发展。因此，旅游规划必须超越以往单一旅游产业的范围，对泛旅游产业各项内容的关联度和联动性进行有效的梳理与研究，并能根据规划所在地的实际需求，提供切实可行的整合模式。这不仅要求规划从业人员深刻理解泛旅游产业及其整合模式，委托方、规划评审方甚至业主等也应对其产业驱动效果和关联关系有较全面的认识。

2. 突破旅游产业链式结构，构建产业集成立体模式

在初期的旅游规划中，受到旅游业发展阶段和对旅游要素认知的局限，旅游产业链条往往被限定为“食、住、行、游、购、娱”等要素的简单罗列，在产业的构建上缺少

深度思考和可操作性建议。

绿维文旅认为，旅游十八要素中任何一项都是独立的能够超越旅游产业、串联相关产业和支持产业的“小链条”。因此超越旅游产业链条编制旅游规划的首要条件就是，在编制和创建单一要素产业的基础上，设计整个系统的综合游憩模式，并通过观赏方式与观赏线路设计、游乐内容策划、故事编撰与情境化场景布置策划、体验模式策划、特色餐饮策划、特色住宿策划及特色纪念品策划，形成具体的重点项目深度策划和游程游线结构；落实旅游要素的互补镶嵌系统结构，形成以旅游产业为主导，穿插旅游相关产业和旅游支持产业的三大产业集成结构，从而构建立体综合的旅游产业集群。

（四）城市化突破——紧密衔接旅游与城市化，创新旅游城市体系新构架

《通则》实施时，《城市规划法》还未将边远乡村、山区等纳入城市规划体系，因此，旅游规划实施初期在某种程度上成为城市规划的弥补。随着2008年国家《城乡规划法》的实施，旅游规划融入城市规划体系的需求越来越强烈。之后，随着一系列文化旅游创意产业园区、新城区、度假区的建设逐步成熟，旅游产业被纳入初始构建体系的首要产业。此时的旅游规划编制，亟须通过规划休闲度假城市、旅游小城镇、旅游综合体、旅游导向的社会主义新农村等多种形式，实现旅游规划与城市化的“无缝对接”。

（五）落地指导突破——制定旅游运营计划，保障项目落地运营

为了使项目成功落地，旅游规划人员需要为项目配套编制一个3~5年的运营计划，告诉投资方什么是抓手，什么是亮点，怎样运营资产，运用什么样的投融资平台，建设哪些基础设施和公共服务设施，运用什么样的营销策略、管理模式、财政政策、奖励政策或其他政策来保障项目落地运营。

“创意经典·落地运营”是绿维文旅的主导理念，作为旅游发展新时代的旅游规划从业人员，要在熟练掌握原有“创意经典”的技术能力的基础上，对区域产业关系、关联产业整合以及产业策划和创建进行深化与学习。同时，作为一个涉及多种产业、关联度极广的产业规划编制者，必须有跳出旅游，学习其他关联产业知识的觉悟与胸襟，不断提高知识层面和技术能力，并且能够因地制宜地制定规划发展思路和实施路径。

第三节　全域旅游视角下的目的地规划体系

全域旅游是国家顶层政策的新要求，也是指导当代旅游发展的新思维和新理念。因此，在旅游目的地的规划中，要树立全域旅游的发展观，突破传统的旅游项目单点规划，以旅游形成的消费搬运为引擎，以带动区域经济、产业、社会文明发展为目标，形成旅游引导的区域综合发展规划和战略实践。

一、旅游目的地规划的全域思维

在全域概念下，旅游已经突破了景区、景点的限制，在全空间全时间范围内，依托城市、小镇、乡村等多种载体展开，形成各种主题化、细分化的游线结构和综合收益，各结构之间也呈现出融合发展的特征。因此，旅游规划也应打破单一景点或单一旅游产业的封闭自循环模式，用全域思维认识目的地的资源、市场和发展蓝图。

全域思维下资源的评价与开发，要在原有的旅游资源分类、调查与评价体系上增加产业维度、时间维度、空间维度、地理维度、生活维度、环境维度等资源观，挖掘气候环境、风景道、特色产业、特色乡村、城市社区、特殊生活方式等新资源的价值。

全域思维引领的客源市场定位，除了对市场总量、市场区域进行分析外，要更多地关注游客的旅游行为、消费偏好、游客满意度分析，以及基于大交通改善、互联网大数据、自主旅游时代背景下潜在的市场挖掘。

全域思维下目的地的发展蓝图，主要包括核心吸引物开发、旅游新要素、基础设施和公共服务设施、旅游新业态四大体系。其中，核心吸引物不是简单的景区景点概念，节庆活动、线路产品等都可以纳入这一体系。

二、全域旅游视角下的旅游目的地规划体系

经过十余年的旅游规划实践，绿维文旅形成了自身独特的目的地规划新视角，通过对全域旅游时空、产业、数据、投融资、管理体制等的创新，为全域旅游背景下的旅游目的地规划提出全新范本。基于旅游目的地规划的全域思维，旅游目的地规划体系主要包括以下五个方面。

（一）产品体系——构建吸引力

全域旅游时代下，人们不再局限于观光景点，无景点、全程体验化、全域旅游化的特征明显。因此，在产品体系构建上，需要全面整合新旧资源，结合城镇村发展，满足自主旅游、自驾游等新型市场需求，打造涵盖观光、休闲、体验、度假、研学等多种方式的产品架构。绿维文旅将其归纳为：景区旅游产品、度假旅游产品、城镇旅游产品、乡村旅游产品、自驾车旅游产品、线路旅游产品和四季旅游产品。

（二）产业体系——构建区域经济发展的支撑

推动旅游与文化、生态、体育、教育、农林、商贸、康体养生深度融合发展，深入挖掘地域性强、特色鲜明的文化元素，围绕旅游要素，整合资源，打造现代旅游新型业态。绿维文旅提出重点构建“旅游＋大文创”，发展文化创意旅游；构建“旅游＋大工业”，发展工业旅游；构建“旅游＋大生态”，构建生态旅游；构建“旅游＋大农业”，发展休闲农业与乡村旅游；构建“旅游＋大健康”，发展养生养老旅游；构建“旅游＋

大商业”，发展休闲商业与购物旅游；构建“旅游+大教育”，发展研学旅游；构建“旅游+大地产”，发展休闲度假居住；构建“旅游+大体育”，发展休闲运动与体育旅游；构建“旅游+大会展”，发展商务旅游。

（三）空间体系——构建三网覆盖、多点融合的架构体系

基于旅游资源空间格局，在全域化交通覆盖基础上，确定发展重点，构建“多核联动、线性整合、三网覆盖、多点融合”的全域旅游发展格局。多核联动即根据资源现状及市场需求，在全域空间内打造多个吸引核，形成联动发展结构；线性整合，即通过一条条风景道、自驾道、水上游线等线路串联结构，带动全域旅游下的项目建设、公共服务配套、产业融合；三网覆盖即实现交通集散网、公共服务网、智慧旅游网的全覆盖；多点融合，即在全域范围内形成多个特色旅游点、特色旅游村，形成强大的项目支撑结构。

（四）品牌营销体系——构建新媒体下的整合营销体系

第一，转变以往以核心景区品牌营销为主的模式，提炼旅游目的地的核心特色，形成旅游目的地品牌形象，统一构建营销体系；第二，突破传统媒体的局限，依托AI、互联网等技术，在大数据分析的基础上，构建多元化的新媒体营销渠道；第三，发挥政府的整合作用，创建DMS（目的地营销系统），为行业主管部门、旅游企业、旅游从业人员、媒体、旅游者等提供互动交流的平台，同时在以互联网为依托的网红时代，发挥意见领袖的作用，让他们成为目的地的品牌形象代言人。

（五）公共服务体系——构建全域覆盖、主客共享的服务体系

公共基础设施与公共服务设施的建设是全域旅游最有效的支撑，整个区域内需要多点式、分散化呈网状结构的布局，在实现与城市公共基础设施和服务设施高度融合发展的基础上，形成特色化、商业化、产品化、体验化发展模式，为游客全域化观光休闲提供保障。同时应注重智慧化的提升，实现线上、线下互动，为游客提供高效、便捷的服务。

专栏17　绿维文旅的全域旅游规划实践

更多详情请扫描二维码

全域旅游不仅是区域的全覆盖，还在于使旅游产业带动区域经济社会的全面发展。绿维文旅结合自主旅游时代的特征和要求，提出了全域旅游规划、开发、运营的新理念、新模式和新思路。

相关案例：厦门全域旅游专项规划、池州市全域旅游规划、兴化市全域旅游规划、云阳县全域旅游规划……

第四节 特色小城镇视角下的“多规合一”规划方法

近年来，“多规合一”成为规划界理论研究和实践的热点。2013 年，中央城镇化工作会议提出“建立统一的空间规划体系”“一张蓝图干到底”的要求，随后《国家新型城镇化规划 2014—2020》《关于开展市县“多规合一”试点工作的通知》《省级空间规划试点方案》等政策出台，使“多规合一”成为规划改革的热点和核心抓手。

学术界和规划界从问题分析、技术创新、制度创新和规划体系创新等角度做了大量的研究，对于“多规合一”工作的目标和路径也有了大量的探索，但“多规合一”的应用对象仍集中在县级以上的行政单位，镇级单位的研究基本空白。随着特色小（城）镇建设的迅速兴起，其规划方法的研究也成为规划界的前沿热点。本部分内容以“多规合一”为核心背景，讨论新形势下特色小城镇的规划问题。

一、特色小城镇“多规合一”工作背景

（一）政策背景：国家提出要一张蓝图干到底

2013 年 12 月，中央城镇化工作会议要求“城市规划要由扩张性规划逐步转向限定城市边界、优化空间结构的规划”。习近平总书记在会议讲话中指出，积极推进市、县规划体制改革，探索能够实现“多规合一”的方式方法，实现一个市县一本规划、一张蓝图，并以此为基础，把一张蓝图干到底。

至此，“多规合一”正式进入规划界的视野，随后《国家新型城镇化规划（2014—2020 年）》发布，强调应该加强城市规划与经济社会发展、主体功能区建设、国土资源利用、生态环境保护、基础设施建设等规划的相互衔接，推动有条件地区的经济社会发展总体规划、城市规划、土地利用规划等“多规合一”，成为“多规合一”的行动纲领，同时也标志着“多规合一”上升至国家政策。

为落实党中央、国务院印发的《国家新型城镇化规划 (2014—2020 年》，2014 年国家发展改革委等 11 部门印发《关于开展国家新型城镇化综合试点工作的通知》《国家新型城镇化综合试点方案》，分 3 批将 2 个省、246 个城市（镇）列为试点，试点级别也从省级、市级发展到县级，乡镇也必将成为未来“多规合一”的热点区域。

（二）现实背景：各类规划自成体系、缺乏衔接、各自为战

1. **规划名目繁多**

据中国城市规划设计研究院统计数据，我国经法律授权编制的规划至少有 83 种，在名称上一般叫作“规划”；而据发改委统计，“十一五”期间，国务院有关部门共编制了 156 个行业规划，省、地（市）、县三级政府编制的规划纲要、重点专业规划多达 7300 余项，各类规划名目繁多。

2. **规则体系各异**

城乡规划有《城市用地分类与规划建设用地标准》（GB 50137—2011）《镇规划标准》（GB 50188—2007）；土地利用规划有《全国土地分类（过渡期）》《土地利用现状分类》（GB/T 21010—2017），以及市、县、乡镇三级土地利用总体规划中相应的分类体系；旅游发展规划有《旅游规划通则》（GB/T 18971—2003），各类规划均自成体系，对接困难。

3. **多规合作存在技术障碍**

各类空间规划存在编制基础缺乏协调，基础资料、统计口径、用地分类标准等各类要素不统一，规划基期、规划期不同的技术障碍，使得“多规合一”存在衔接难度大，成本高的问题。

（三）自身要求：传统规划空间与产业布局的不统一

传统乡镇级别的规划以城乡总体规划为主，但该类规划是由城市规划体系演变而来，其核心出发点依然是用地的集约化和高效利用，缺乏对产业布局的思考；而社会经济发展规划、产业规划等更偏重于产业，由于缺乏对用地的影响力而难以达到规划的效果。

二、特色小城镇“多规合一”规划思考

（一）特色小城镇“多规合一”目标

特色小城镇的定义和“四特”本质（产业特、功能特、形态特、机制特）决定了其核心依然是产业，而空间作为产业的载体，两者的协调成为特色小城镇规划首先要解决的问题。区别于传统规划界提出的空间“多规合一”，特色小城镇在规划中除了各类空间规划自身的协调，更要重视产业和旅游的问题，通过“多规合一”实现空间、产业、设计、运营的协调统一。

（二）特色小城镇“多规合一”编制要求

三位一体：编制中要将产业、文化、旅游三者融合统一，实现特色小城镇四特本质

的核心——产业特。

三生融合：在空间和业态的组织中，以生态为基底，实现生产、生活的高效、有机组织。

三方落实：除空间和产业外，特色小城镇庞大的投资体量决定了规划编制必须考虑投资和运营问题，实现项目、资金、人才三方落实。

（三）特色小城镇“多规”界定

理论上的“多规”包括国民经济和社会发展规划、城乡总体规划、土地利用总体规划、环境保护规划、生态保护规划、林业规划、产业规划、交通规划、市政规划等各类规划。因此，“多规”应从特色小城镇规划的目标和要求出发，选取国民经济和社会发展规划、城乡总体规划、土地利用总体规划、生态环境保护规划、产业发展规划、城市设计、运营规划七个规划作为主体，形成特色小城镇“多规合一”体系。

（四）特色小城镇“多规合一”技术路线

通过与社会经济发展规划、产业发展规划内容协同，强化产业部分内容；通过 GIS 平台统一城乡总体规划、土地利用总体规划、环境保护规划等空间规划内容，强化用地的科学和可实施性；通过城市设计，强化核心区风貌控制；通过运营策划，强化项目的可实施性和落地性，形成以空间、产业为主，设计、运营辅助的四大组成板块，以规划总平面为核心的特色小城镇“多规合一”规划体系（见图 8–1）。

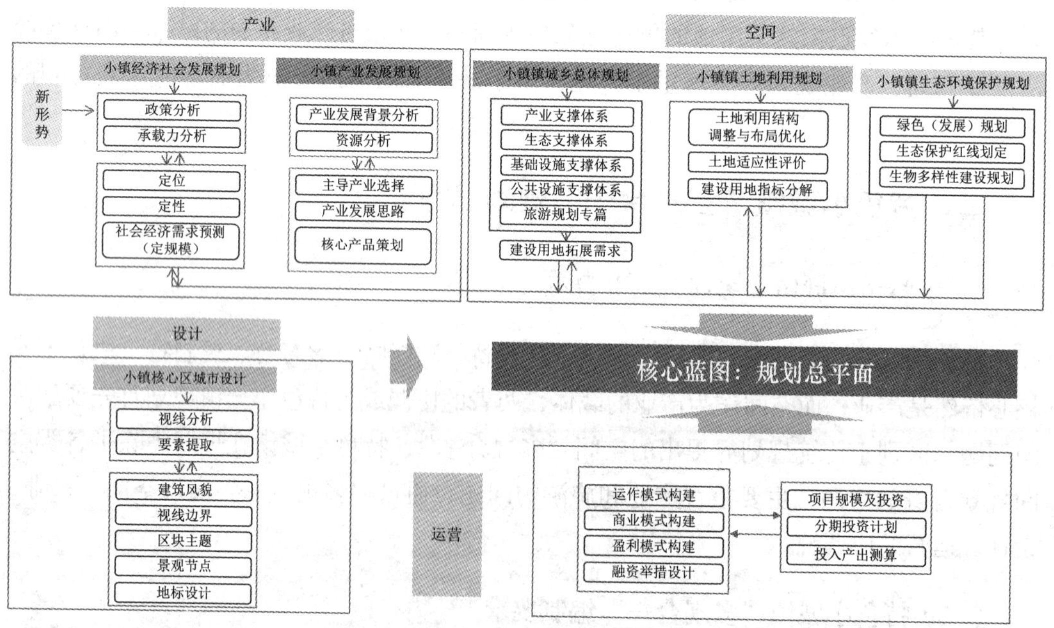

图 8–1　特色小城镇“多规合一”规划体系

三、特色小镇“多规合一”规划方法

本节的特色小城镇为建制镇，故规划范围即小镇镇域行政边界。建设范围即小镇核心区，一般在1平方公里左右。

（一）规划主要内容概述

1. 镇域

提出镇域的发展战略和发展目标，确定镇域产业发展空间布局；预测镇域人口规模；明确规划强制性内容，划定镇域空间管制分区，确定空间管制要求；确定核心区性质、职能及规模，明确核心区建设用地标准；确定镇村体系布局，统筹配置基础设施和公共服务设施；策划镇域范围内核心产业项目；确定项目用地落实方案；明确镇域范围内生态环境保护的分区、设施布局、保护内容。

2. 核心区

确定核心区的性质、定位、发展思路；策划核心区业态与产品；根据策划内容进行各类用地布局；确定规划区内道路网络；对规划区内的基础设施和公共服务设施进行规划安排；建立环境卫生系统和综合防灾减灾系统；确定规划区内生态环境保护与优化目标，提出污染控制与治理措施；划定五线控制范围；确定历史文化及地方传统特色保护与利用规划的内容及要求；编制核心区投资与运营计划；提出分期建设计划，重点提出近期建设计划。

（二）镇域部分规划实施

1. 多规融合思路

运用GIS平台，以城乡总体规划为基础搭建规划框架，通过与社会经济发展规划、产业发展规划、土地利用总体规划、城市设计、运营规划的融合，强化空间、产业、运营方面的内容，新增设计方面的内容，形成以空间、产业为主，以设计、运营为辅的四大板块规划实施内容。

2. 技术平台搭建

以GIS平台统一各类空间规划的坐标系、制图平台以及用地分类方式，通过智慧化管理平台的接入，导入重大项目的动态管理系统，形成多规合一信息处理平台（见图8–2）。

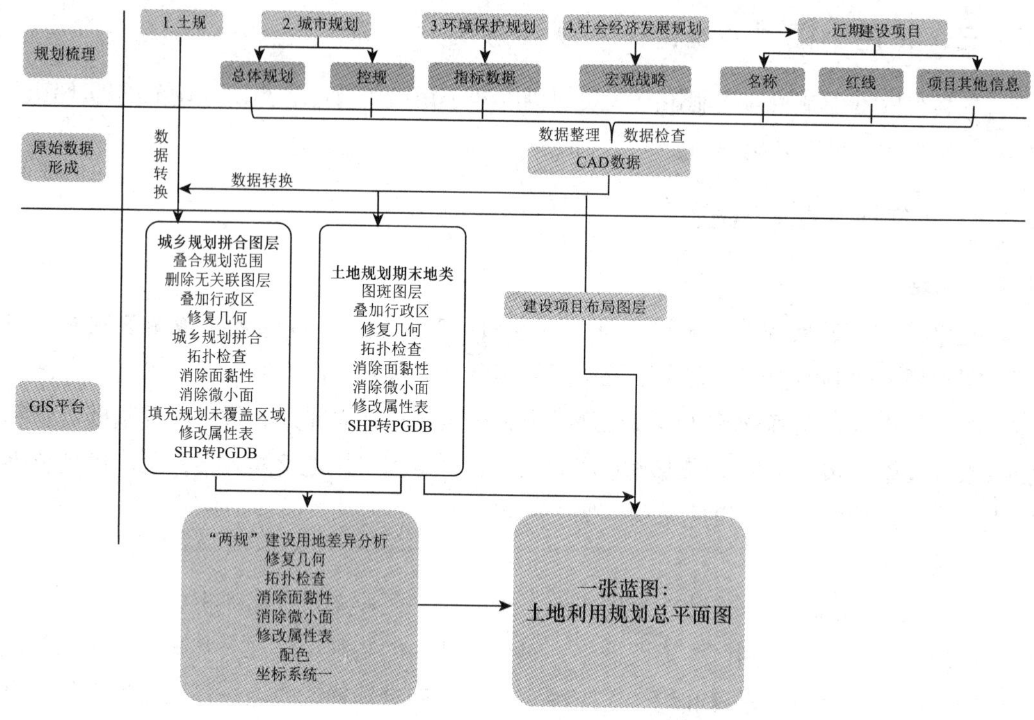

图 8-2　GIS 引导下的多规合一平台

3. 产业规划

（1）融合概述。在城市总体规划的产业规划基础上，融合偏政府政策的社会经济发展规划和偏策划的产业发展规划，形成产业规划板块。

（2）各类规划产业部分核心内容。社会经济发展规划的性质为政府政策，具有一定的法律效应，是政府的工作计划，其核心内容在于经济预测、经济和社会发展战略、重大产业政策、生产力布局、国土整治和重点建设，其落脚点在规划项目库；产业发展规划的编制主体丰富，并不具有法律效应，只是作为政府和企业决策的参考，其核心内容在于主导产业确定、产业体系构建、重点产业项目策划等内容；城乡总体规划的产业规划部分主要为镇域产业结构、空间功能分区、产业用地规模与分布等内容。

（3）小镇"多规合一"产业规划主要内容。在城乡总体规划的产业规划基础上，增加产业政策、重点产业项目策划及布局，强化产业定位、产业发展思路、产业布局等，形成以下主要内容。

镇域层面：资源分析、产业现状分析、产业定位、产业发展战略、重大项目策划、重大项目布局、产业服务设施规划。

核心区层面：核心区功能定位（产业层面）、业态规划、项目策划及布局。

4. 空间规划

（1）融合概述。在城市总体规划的空间规划基础上，融合国土部分的土地利用总体规划和环保部门的环境保护规划，形成空间规划板块，突出特色小城镇的“功能特色”。

（2）各类规划空间部分核心内容。城乡总体规划空间部分核心内容在于确定人口与用地规模，确定各类用地标准、土地利用规划、综合交通规划；土地利用规划空间部分核心内容在于自上而下的用地指标控制，是在指标确定的情况下对现有用地结构进行优化；环境保护规划空间部分内容主要为限制性规划，重点在与各类用地红线的控制。

（3）各类空间规划主要分歧。在规划思路上，城乡总体规划为发展型规划，其出发点在于未来城市发展的理想状态；土地利用总体规划和环境保护规划为限定型规划，其出发点分别为用地指标控制和生态红线控制。

在用地规模上，城乡总体规划通过人口的增长确定用地的增长，而土地利用总体规划的用地规模在于自上而下的用地指标划拨，通常城乡总体规划的用地规模大于土地利用总体规划。

在用地分类上，两者分别以国家规划部门和国家土地部门发布的用地分类标准为指导，相互交叉、自成体系，难以统一。

（4）空间差异处理。在建立统一的信息处理平台基础上，通过对目标、用地规模、空间结构、用地布局等内容进行对比，在统一城市发展目标基础上，通过重点发展空间、战略储备空间、用地布局优化等方式最大限度地消除用地差异化（见图 8–3）。

（5）用地标准差异处理。整合城乡用地分类标准和土地利用规划用地分类标准，建立小镇多规合一用地分类体系（见图 8–4）。

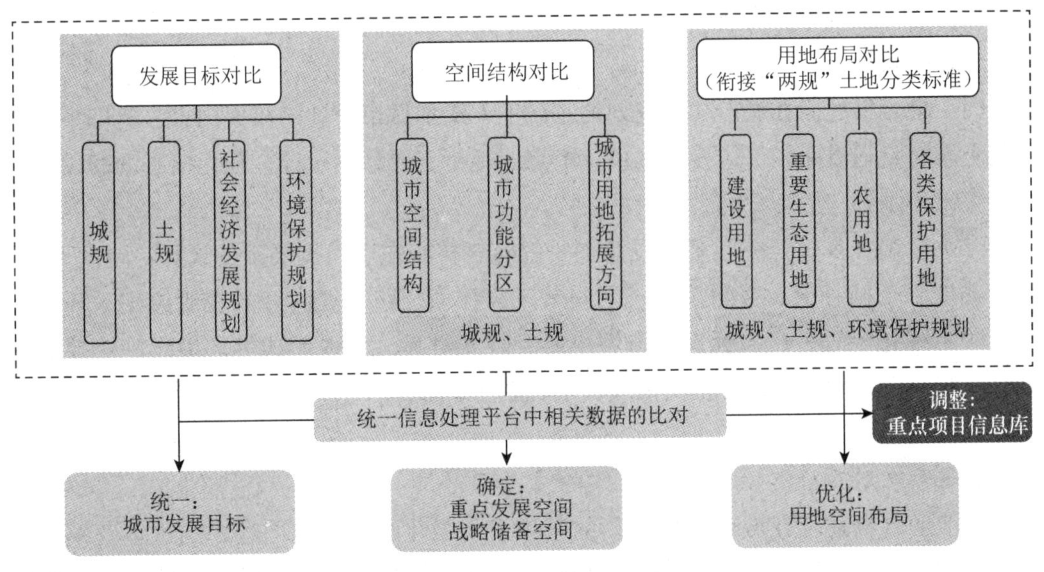

图 8–3 核心法定规划差异处理

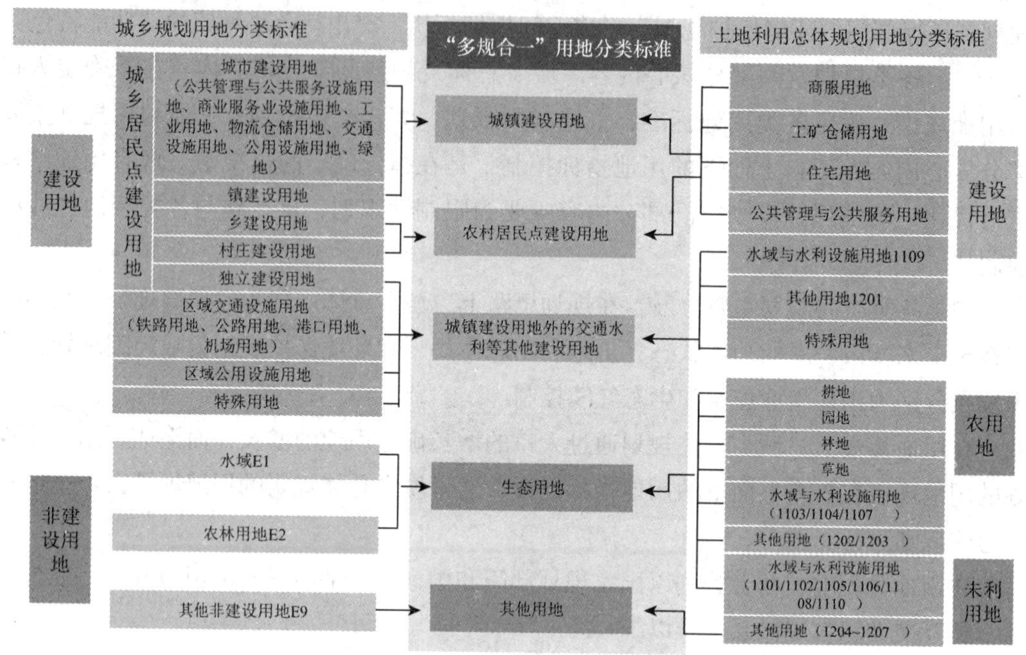

图 8-4 "多规合一"用地分类标准

（6）小镇"多规合一"空间规划主要内容。在环境保护规划确定的各种生态红线范围内，将城乡总体规划和土地利用总体规划的用地方案整合，形成小镇空间规划主要内容：镇域层面为镇域土地利用规划、镇域综合交通规划、镇域重大基础设施规划；核心区层面为总平面规划、交通规划、各类设施规划。

5. **城市设计**

（1）融合概述。在城市总体规划的基础上，增加城市设计的相关内容，提炼小镇文化特色素材，通过路径、边界、区域、节点、地标五要素的设计，强化核心区的风貌特色，突出小镇的"形态特色"。

（2）小镇"多规合一"城市设计主要内容。核心在于三类要素的设计：空间要素，确定高度、空间骨架、空间单元、空间节点、界面、路径等内容的控制原则；环境要素，确定绿化配置、广告标识、雕塑小品、灯光灯具、场地形式等环境设施的控制原则；建筑要素，确定建筑的主要轴线和景观朝向、形体、色彩、材料、照明等内容的控制原则。

6. **运营策划**

（1）融合概述。在城市总体规划的基础上，强化运营策划内容，通过运营模式的构建和投入产出测算，强化产业和用地规划的可实施性，突出特色小城镇的"机制特色"。

（2）小镇"多规合一"运营策划主要内容。核心内容在于运营模式的构建和投入产出测算：运营模式构建包括项目动态管理平台的构建以及各类项目运营模式、商业盈利模式、投融资方案的设计与安排。投入产出测算包括项目规模及投资测算，以及分期投资计划、各类收益计算、投资回报率计算。

专栏 18　绿维文旅的特色小镇规划实践

更多详情请扫描二维码

特色小镇是一个跨产业、跨区域、跨地产、跨社会的综合开发架构，是产城乡一体化发展的突破，绿维文旅形成了特色小镇全产业链全程解决方案。

相关案例：河北邯郸成语文化小镇、密云古北口特色小镇、江苏殷村职教小镇、康平辽金文体小镇、承德滦平兴洲特色小镇……

第五节　GIS在旅游规划中的创新应用

地理信息系统（Geo-Information System，GIS），具有强大的图形数据采集、空间数据可视化和空间分析功能，因其数据更新快捷方便、分析结果准确及时，目前已被广泛应用于土地管理、城市规划、环境监测、旅游规划等各个领域。在旅游规划中，GIS技术以其分析处理海量地理空间数据的优势，为旅游规划工作效率的提高和科学性的提升创造了良好的条件。

一、地理信息系统在旅游规划中的必要性

地理信息系统处理、管理的对象是多种地理空间实体数据及其关系，包括空间定位数据、遥感图像数据、属性数据等，用于分析和处理在一定地理区域内分布的各种现象和过程，解决复杂的分析、决策和管理问题。

旅游规划是一项复杂的系统工程，从旅游资源调研评价、旅游市场的分析预测、社会经济的发展判断、旅游空间布局到具体开发方案的设计，中间涉及对地形地貌、空间布局、土地利用、资源与环境保护、交通、经济等各个层次和方面定性定量的数据统计与分析，数据处理工作量巨大。

旅游规划的发展从传统的“拍脑袋式”的规划走向更加科学、更加精细的规划，规划处理的数据也从较简单的地形小数据到更加综合的大数据，越来越强调分析的合理性和数据的精确性，而这些恰好是地理信息系统的优势所在。

此外，旅游规划方法除了原来的空间规划方法之外，越来越强调对各种数据的全面分析，尤其是对旅游资源评价和生态保护方面的分析，这里面涉及大量的复杂数据和

特定的规划分析方法，如网络结构分析、空间分析、各种适宜性评价，而这是传统的以autocad为基础的绘图软件难以实现的，只能通过GIS对其进行分析研究。

综上所述，地理信息系统在旅游规划方面的应用也变得越来越广泛，越来越有必要。

二、GIS在旅游规划中的应用

GIS在旅游规划中的创新应用主要包括旅游基础分析和对旅游空间的规划决策指导。其中，GIS在旅游基础分析中的应用主要表现在旅游资源的开发价值分析、生态保护和开发分析、基地现状分析、景观和视域分析及其他分析。

（一）旅游基础分析

1. 旅游资源的开发价值分析

旅游资源的开发价值分析主要是为了了解资源特征，分析资源开发价值与方向，全面分析所在场地的山、水、林、田、草、动物、气候等资源特征。

（1）对于山体资源，GIS的应用主要体现在景源分析、开发价值区划、山体起伏度分析、山脊线分析。

（2）对于水体资源，GIS的应用主要体现在水文分析、岸线分析、开发价值评估、汇水径流分析、水质分析、洪水淹没线分析。

（3）对于林地资源，GIS的应用主要在于植被覆盖度分析和开发价值评估。

（4）对于农田资源，GIS的应用主要体现在土壤肥力分析和农田空间格局分析。

（5）对于草地资源，GIS的应用主要体现在资源开发价值评估。

（6）对于动物资源，GIS的应用主要体现在生物栖息地适宜性分析和生态廊道分析。

（7）对于气候资源，GIS的应用主要体现在旅游气候舒适度分析。

对上述单个资源进行分析之后然后对资源分析进行汇总，通过GIS可视化方法，将与项目相关的山、水、林、田、草、气候等资源，综合叠加到一张GIS图上，形成综合资源图；通过综合资源图，可清晰了解项目资源的类别、分布及相互之间的关系，从而得到旅游项目空间布局潜力草图。

2. 生态保护和开发分析

生态保护与开发分析主要是确定旅游规划项目的生态环境影响因子，然后通过GIS对各影响因子进行分析叠加，得出最后的生态敏感性格局或生态保护安全格局（见表8-2）。

表 8-2　生态保护影响因子分析

	影响因子		目标分析
生态敏感性分析	生态因子	高程、坡度、坡向、地貌……	分析生态敏感度，据此进行开发控制及生态修复
	植被因子	植被分布、植被多样性、植被覆盖度……	
	水因子	水体分布、水源地、水体缓冲、汇水与径流、水体污染……	
	刚性因子	生态廊道、温泉、一级生态保护区、二级生态保护区……	
	其他因子	空气质量、土壤、动物、土地利用、地质灾害……	
生态安全格局构建	综合水安全格局	河流水体、饮水水源	分析安全格局，进行开发控制及生态修复
	植被保护安全格局	林地、耕地	
	生物保护安全格局	高程、坡度、坡向	
	综合防灾安全格局	采矿沉降隔离、防洪排涝	
	生态保护安全格局	风景旅游、自然保留地	
生态环境质量综合评价	各种生态因子	将以上各种生态因子进行汇总	整体评价项目地的生态环境质量

3. 基地现状分析

该处的基地现状分析主要包括地形分析、土地适宜性评价、交通流量分析和现状设施覆盖半径分析。

（1）对于地形分析，GIS 的应用主要体现在坡度、坡向、高程、日照等方面。

（2）对于土地适宜性评价，GIS 的应用主要体现在对各种影响土地开发的因子，包括地形因子、开发条件和生态因子进行综合性的分析叠加评价。

（3）对于交通流量分析，GIS 的应用主要体现在交通调查数据的可视化与动态监测。

（4）对于现状设施覆盖半径分析，GIS 的应用主要体现在根据各类设施服务半径进行缓冲区分析，然后根据分析结果在规划中平衡整个规划区域的公共服务设施。

4. 景观分析和视域分析

该处的景观分析层次主要为整体景观结构分析、景观视域分析、视线建筑高度控制分析、景观视觉环境保护评价和景观保护格局分析。

（1）对于整体景观结构分析，GIS 的应用主要体现在景观视线分析和景观格局分析，目的是确定规划区内有明显特征的景观结构，保持和强化这一结构特色，构筑美好的轮廓线。

（2）对于景观视域分析，GIS 的应用主要体现在通视分析和视域分析，主要目标是从点、线、面三个维度寻找游客的视域范围，进行观景设施布点。

（3）对于视线建筑高度控制分析，GIS 的应用主要体现在天际线分析、TIN 模型的构建，形成建筑高度控制网，主要目标是最大限度地保留完整的山体轮廓线，形成优美的城市天际线。

（4）对于视觉环境保护评价，GIS 的应用主要体现在视域分析和叠加分析，对各个景点进行视域分析，然后叠加；把栅格按照能看到景点的个数进行分级，能看到景点个数越多的区域或能被各景点看到越多的区域视觉敏感性越大，人为活动的干扰也就越强，不适宜作为建设区域或者修建道路交通的区域，只适宜作为景观保护核心。

（5）对于景观保护格局分析或乡土景观格局分析，GIS 的应用主要体现在缓冲区分析和阻力分析，以现状地文景观和人文景观作为源，以土地覆盖作为阻力面进行阻力分析，找出阻力最小的区域，作为旅游游线或者景观带选择区域；以现状地文景观和人文景观作为源，以土地覆盖作为阻力面进行阻力分析，分析出景观阻力格局，阻力最小的区域作为景观资源或者文化遗产保护的核心，其他依次为缓冲区、建设协调区。

5. 其他分析

其他分析主要是运用 GIS 的统计功能和三维模拟功能，更好地对数据进行定量分析，对模型进行直观的展示模拟。

（二）GIS 分析对旅游空间规划的决策指导

GIS 分析对旅游规划的决策指导主要体现在对空间布局及功能分区的指导、对土地利用规划的指导、对产品开发方向的指导、对游客容量的预测、对旅游交通的指导、对旅游设施选址的指导、对旅游线路设计的指导及市政管网设计和管理的指导。

1. GIS 分析对空间布局和功能分区的指导

以资源条件与场地条件（GIS 分析）为基础，结合客群行为特征和偏好（大数据分析），可有效指导场地布局及功能分区的划分。

2. GIS 分析对土地利用规划的指导

以土地价值分析与用地适宜性研究为基础，将地块价值作为分解落实开发量的基本依据，同时引入片区综合承载力测算模型，开展涵盖交通承载力、公共设施承载力、环境承载力及市政基础设施承载力等内容的研究，对土地开发进行控制管理。

3. GIS 分析对产品开发方向的指导

以资源价值与游客偏好为基础，统筹考虑生态安全、资源安全、景观安全及土地承载等限制条件，综合对产品开发方向给予指导。

4. GIS 分析对游客容量的预测

生态承载分析将作为“游客容量”测算的一个重要指标。常用的评价指标有生态盈余、生态赤字、生态足迹指数（EFI）等。

5. GIS 分析对旅游交通的指导

利用 ArcGIS 构建网络数据集，将线状要素（道路、铁路、高架等）和点状要素（出入口、停靠点、交汇点）导入网络数据集；设置连通性、通行成本、转弯半径等交通属性，精确构建交通网络；模拟单行线、路口禁转、红灯等待、分时路况及地上和地下多层交通变换等路况，在此基础上计算最短行车路径，为旅游景区的道路交通规划及服务设施规划提供明确的指引。

6. GIS 分析对旅游设施选址的指导

根据现状设施覆盖半径结果提出问题，以问题为导向，通过 GIS 对用地、地质灾害等的分析提供科学指导。

7. GIS 分析对旅游线路设计的指导

按路程最短、串联景观点最多等不同标准，对旅游路径进行分析，可作为潜在旅游线路。

（1）将资源因子中的各个分析数据重分类到相同的等级范畴，等权重叠加得到最终的成本数据集。

（2）基于该成本数据集计算栅格中各个点到点之间的成本距离与方向数据集。

（3）两两执行最短路径函数即可提取出最佳路径：成本数据集 = 坡度坡向因子得分图 + 景点视域因子得分图 + 植被因子得分图。

8. GIS 分析对市政管网设计与管理的指导

（1）市政管网系统设计包括：①根据坡度、高程、土地利用现状图等，进行叠加，建立阻力面；②选择旅游市政管网起始点，进行最小阻力路径提取，即阻力最小的旅游管网布局。

（2）市政管网系统管理包括：①数据处理：主要完成市政管网信息的录入、分类和入库；②查询统计：系统可以展现整个市政管线全部信息，为各专业单位管网的规划设计提供全面、准确的基础资料，并在此基础上生成市政管网规划设计的数据文件；③管网分析：利用 GIS 技术辅助地下管线规划与管理，主要包括规划管线平面、剖面、空间与断面分析等功能；④信息输出：除完成各类报表的输出外，还可生成各种路网图和管线图，提供完善的图形整饰工具，向用户提供各种所需资料。

第六节　实景三维立体建模技术在旅游规划中的创新应用

在美丽乡村建设、景区提升、特色小镇、大型文旅项目等规划设计中，需要对已有的建筑、景观或旅游产品进行提升改造，而仅仅依靠呈现平面现状的 CAD 图件，难以获得建筑结构和外立面的精准资料数据，导致了众多项目的规划设计效率低下、概念方案难以落地、施工建设效果不佳。针对这一问题，绿维文旅将无人机拍摄、实景建模、规划设计和渲染效果展示等多方面技术进行了一体化融合，这一技术将带领规划设计方案进入一个科技引领的新时代。

一、无人机拍摄实景建模与规划设计一体化技术的概念

无人机拍摄实景建模与规划设计一体化技术（后简称“建模设计一体化技术”），是将近年国际测绘遥感领域发展起来的高新技术和旅游规划结合起来的一项创新技术。该技术的主要原理为通过在飞行平台上搭载一台或多台倾斜摄影相机，同时从垂直、倾斜等不同的角度采集影像，通过专业软件进行解析空中三角测量、几何校正、同名点匹配、区域网联合平差等处理，最后将平差后的数据（三个坐标信息及三个方向角信息）赋予每张倾斜影像，使得他们具有在虚拟三维空间中的位置和姿态数据，合成高精度三维模型。基于无人机拍摄实景建模与规划设计一体化技术，可对倾斜影像进行实时量测，每张斜片上的每个像素对应真实的地理坐标位置，能有效地辅助投标勘探、土方计算、进度汇报、辅助场景布置等工作。在实景建模完成后，根据建设方需求进行规划设计，并可以将设计方案与现状实景模型进行融合更新，其文件还可以在 3DMAX、Lumion、Arcgis 等软件中根据需求形成相关的规划设计文件和效果文件，最终形成未来理想的规划设计蓝图。

二、建模设计一体化的技术需求

在旅游规划的过程中，规划人员常常会面对项目地基础资料及数据资料欠缺问题。例如，现有的 CAD 文件资料无法精确呈现民居、古建、景区大门、关键地标等建筑的立面数据；目前的数据、图件资料也难以诠释地形地貌和周边环境的复杂特征；一些原有的建筑由于年代久远施工图已经丢失，甚至需要人工去测量尺寸标高等。现场考察不充分和现场勘测误差极易引起旅游规划人员对项目地基础信息的误判，进而导致了创意概念与项目地实际情况的脱节，规划方案难以落地。针对旅游规划中存在的问题，绿维文旅将无人机拍摄、实景建模、规划设计和渲染效果展示等多方面技术一体化融合，无人机拍摄实景建模与规划设计一体化技术在旅游规划实践中越发显现出了它的优势。

（一）旅游规划实践中出现的问题

1. 乡村改造建设类项目缺少基础资料

美丽乡村改造项目中的民居、古建类项目，一般只能提供平面布置的 CAD 地形图和建筑现状图。无法精确测量建筑外立面的尺寸，更无法获得现状外立面的 CAD 文件资料。在提升改造的规划设计中，甚至需要人工去测量尺寸标高，不仅耗费大量人力和时间，而且尺寸误差很大。

2. 景区提升改造类项目缺少数据资料

景区的大门或者关键地标建筑需要改造提升，但建于 20 世纪 90 年代甚至更早的建筑，没有施工图的 CAD 文件，在此基础上提升改造，立面的数据资料不足，影响规划设计的落地性。

3. 山岳型项目缺少地形资料

山岳型项目地形复杂，规划设计悬崖栈道或悬崖酒店等产品缺少地形资料。

4. 大型综合项目沙盘模型重复浪费

大型综合项目规划需要分期实施建设，但每次建设一期宣传介绍的沙盘模型就得重新制作，存在重复浪费的现象。

5. 设计方案与现状融合问题

大部分规划设计方案的效果展示环节，只强调突出新建区域的设计方案，周边现状存在弱化表现或与现状不符的情况。而且传统建模不仅耗时耗力，还存在巨大误差。

（二）建模设计一体化的技术优势

1. 场景真实，视角多维

全景扫描的 3D 模型是以现场拍摄的照片和视频作为模型生成的依据，所以模型是现场 100% 真实反映，可以实现缩放、旋转等多项功能，从各个角度进行实景展示。

2. 位置信息，数据准确

3D 实景模型中包含任一点的位置信息，其位置信息依据 GPS 生成，突破了传统的单点测量的局限。所需实际数据，如长度、面积、体积等可以直接在模型中进行测量，精度达到厘米级。

3. 效率突出，节省成本

实景拍摄扫描技术仅需要一套飞行拍摄设备和一个操控无人机的人员就可以开展工作。飞行拍摄设备可通过操作软件进行定线飞行，在线路较长的工程可以分段飞行，在后台处理时进行拼接。一般飞行 1 公里花费的时间在 1 小时左右，对基础、水务等项目的测量及工程量估算具有很好的应用价值。

4. 虚实结合，一劳永逸

通过无人机拍摄然后实时生成的实景模型，可以导入 3DMAX、Lumion 等软件中，将要规划的区域删除，放入未来规划设计好的模型，从而形成绝对精准的虚实结合的项目成果，并根据分期实施不断更新成果，一劳永逸避免重复多次建模。

三、建模设计一体化的应用范围

（一）城乡规划设计

建模设计一体化适用于城乡改造、乡村振兴、美丽乡村提升改造、景区提升改造和大型综合文旅类项目，能够使项目精准高效、切实落地。

（二）智慧景区、古文物、古建筑数字化存档

基于虚拟现实和地理信息技术建立景区、古文物、古建筑、世界遗产三维虚拟平

台，可以将有形或无形文化遗产及其文化内涵在可视化的虚拟现实环境呈现出来，同时获取基于位置集成的景区、景点、宾馆、酒店、购物、休闲、交通等旅游信息资源和地质地貌、植物生态、土壤剖面等自然资源信息。通过网络与虚拟现实技术及地理信息技术的结合，可以解决文化旅游发展中的突出问题，同时可提供快速、方便、直观的规划方案展示，让用户参与评估规划方案，有利于提高公众参与规划的积极性。

（三）棚户区改造建设和违章建筑查处与存证

随着城市的快速发展，城市道路交通设施、管道设施、公共基础设施等越来越复杂，城市地理信息数据也越来越冗繁，这给城市管理部门带来一定的管理难度。借助于倾斜摄影测量技术可以实现更加高效、自动化的三维城市建模需求，为城市管理部门提供强有力的技术支撑，极大地提高了城市管理工作的效率和精准度。

（四）工程管理、建筑施工协同管理

建模设计能够将工程项目在全生命周期中各个不同阶段的工程信息、过程和资源集成在一个模型中，方便被工程各参与方使用。通过三维数字技术模拟建筑物的真实信息，为工程设计和施工提供相互协调、内部一致的信息模型，使该模型达到设计施工的一体化，各专业协同工作，从而降低了工程生产成本，保障工程按时、按质完成。

四、建模设计一体化的应用流程

（一）踏勘航拍

在接到踏勘航拍任务后，项目组需要抵达现场，根据甲方提供的红线范围，进行拍摄方案的设计，提交空域申请，然后进行无人机实时航空拍摄。以湖北某景区为例，控制范围约 6800 亩，山岳型景区，现状村落 200 余户。在天气良好的状态下拍摄需 3~5 天时间，还要根据实际情况调试，并根据拍摄情况决定是否需要补拍。

（二）运算建模

在通过无人机航拍采集完数据之后，通过空三集群运算而生成项目现状实时原始模型，其地面影像误差在 5 厘米左右。建模时间为 7~10 个工作日。

（三）规划设计

规划设计团队按照常规项目制作，正常地进行规划设计成果制作。规划设计团队和运算建模团队可同时分别进行操作，两个步骤同时推进，故不影响正常的规划设计的工作推进。

（四）虚实结合

规划新建的区域由规划设计团队提供新建的建筑或景观设计的3DMAX/SU等模型，生成OBJ模型，再融合到现状三维模型中，形成新增模型和现有实景模型的合并。根据项目规划设计量的大小而定，一般需在7~10个工作日完成。

（五）多效合一

合并完成的模型可以运用于多种设计软件中，根据企业的需求形成不同的成果。

第一，Lumion RT模型格式FBX，形成真实场景模型（方便企业政府更能直观、有效地去浏览现实场景，同时提供不同季节、天气的效果变化）。

第二，提供的三维模型可以运用于3DMAX、Lumion文件中，可形成多角度的效果图和视频（为企业后期运营做宣传片提供数据支持）。

第三，全景采集，具有水平360°和垂直360°环视的效果，通过软件处理之后得到三维立体空间的360°全景图像，能带给人身临其境的体验，使游客足不出户就可以全方位、清晰地总览各地不同世界的美景。结合景区游览图导览，可以让观众自由穿梭于各景点之间，是旅游景区、旅游产品宣传推广的最佳创新手法。虚拟导览展示可以用来制作目的地的介绍光盘、名片光盘、旅游纪念品等。

第四，实体沙盘打印。采用实际地形与卫星影像相结合的技术，同时配备多路灯光控制器展示的项目分布展示沙盘。

复习思考

1.《通则》为旅游开发运营提供了哪些指导?

2.《通则》在当今旅游发展阶段的局限有哪些?

3. 在当今的旅游发展阶段，旅游规划应如何基于《通则》并超越《通则》，形成项目的战略体系?

4. “多规合一”在实际操作中有哪些困难? 应该如何更好地实现“多规合一”?

5. 还有哪些技术可以创新应用到旅游规划中，如何应用?

第九章

旅游设计——营造情景体验环境

学习目标

知识目标

1. 掌握旅游设计的基本内容、创新的“七化”手法；
2. 了解体验经济时代下旅游设计的创新理念。

能力目标

基于对旅游设计概念、理念的理解，构建游客服务中心、博物馆、旅游游乐设施、室内展陈等旅游产品设计的创新思路。

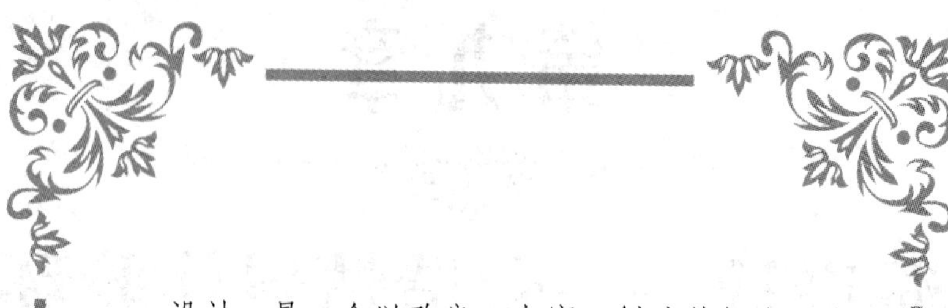

设计，是一个以改良、丰富、创造美好生活方式为目的，将理想概念落地为现实载体的过程，是随着社会发展不断解决甚至引导人们生活需求的一门学问。旅游设计，是以旅游目的地、旅游区为主要对象，针对道路系统、景观、标志性建筑、整体环境、休憩节点、体验项目、服务设施、游乐设备等游憩元素进行的设计，是对旅游理念及定位的细节落实。基于市场需求特征及目的地旅游发展需要而形成旅游设计的创新体系，对于塑造旅游形象、刺激旅游需求、丰富旅游内容、提升旅游体验具有重要的意义。

本章主要包括七节内容：体验经济时代下旅游设计的创新理念、旅游产品的特色化开发设计、游客服务中心的创新设计、博物馆设计新思路及七种落地模式、旅游游乐设施的设计思路、室内展陈设计、游线设计和街区规划设计。基于对旅游设计创新理念的解读，提出旅游相关专项设计的要点、模式及创新手段。

第一节　体验经济时代下旅游设计的创新理念

一、旅游设计的内容、结构及要素

（一）旅游设计的基本内容

旅游设计的核心任务是构建服务环境与消费环境。总体来看，旅游设计主要包括基础设施设计与景观景象设计两大部分，两者分别是服务环境与消费环境的核心构成要素。

基础设施是旅游活动得以开展、游客能够进入体验环节的基础条件，也关系到后期的管理运营和服务质量，要围绕可达性、连续性、多层次性的原则，对道路交通、游客中心、餐饮设施、服务驿站、标识引导、照明及电子设施等进行设计。景观景象是旅游设计的重心，是构建体验式消费环境的内核，关系到旅游目的地的品质与吸引力，内容包括自然景观、人文景观、人造旅游吸引物等。

在旅游设计的过程中，基础设施的选址、建设要与景观景象形成促进、有序、互为的关系，比如道路的选线要集合景观要素打造观光大道，酒店选址要选择有较好的景观视线的场地等，同时要注意在开发建设过程中尽量避免对生态环境的不良影响。对于旅游者来说，景观、标识系统、游乐项目等都是获取旅途人生特殊感受的要素，它们之间是相互关联、共同作用的，在设计时必须将其作为一个统一的整体来处理。

（二）体验式旅游设计的结构及要素

旅游设计中体验式环境的设计，主要分为两个结构及三个要素。两个结构是指圈层和游线。三个要素是指视觉、路径、节点三个评判体验式环境的标准要素。

圈层结构是以组织重构旅游区内资源为主要方式，包含生态基础—道路设施—景观景象—重要节点四个层级，层层聚焦、层层叠加构成设计；游线结构是以游客为视角验证和强化设计，划分为开启—转承—高潮—收尾四个节奏，主导验证游客情绪线路。

体验式环境的评判标准要素，要以旅游者的体验需求为出发点，形成视觉、路径和节点三个评判要素，其中视觉空间是指可视范围内的所有景观环境，是带入游客情绪的局域空间，是游客的初次映象，是旅游区的颜值担当；路径空间是引导游客行径的系统设计，是链接在景象之间的过渡空间、线性空间，是旅游区的骨架；节点空间是游客在旅游区中集中活动、产生互动的媒介，也是消费行为的承载空间。

二、体验经济时代下旅游设计创新的“七化”手法

体验经济是以信息技术的高速发展为背景，以健全成熟的服务经济为基础，在新型消费方式和需求下产生的经济模式，其最明显的特征就是消费的“个性化”，即消费群体更加尊重内心需求，愿意为个性化的体验支付更高的价格。在此时代中，旅游设计已不再限于对某一旅游场所的简单装饰，更要遵从人本主义原则，以满足游客多样化、情感化的出游需求为目的，运用创新的设计手法，凸显视觉美感与人文关怀，从而打造良好的服务环境与优美的消费环境，营造愉悦的旅途生活氛围。

绿维文旅根据多年的规划设计经验，提出了体验经济时代下的旅游设计“七化”创新手法。

（一）主题化

旅游设计必须服务于旅游项目的“主题”定位，在主题整合下，形成项目的独特吸引力，凸显“独特性卖点”，形成主题品牌。这种围绕主题展开旅游设计的方法和趋势，称为旅游设计主题化。旅游项目的所有景观，从山门、游乐项目、标志性建筑到接待设施、休闲项目、引导系统等，都应该围绕“主题”进行展开，才能达到整体景观的最佳效果。主题化的景观设计，可以有效地将主题通过景观实现充分表现，达到吸引力的创造。

（二）生态化

旅游设计要求有高标准的生态和审美环境，这使得不符合生态和谐性要求的设计无法得到认同。以生态和谐为特点，形成绿色生态、环保节能效应，是旅游设计的基本要求，而生态材质、本土化植物、低耗能技术等环保资源和技术的运用，是旅游生态化的重要手段。

（三）本土化

在旅游设计的过程中，要充分与当地传统文化、民族风俗和生活习惯相契合，通过本土化材料的运用、本土化植物配置、本土化建筑风貌打造等手法，还原当地的景观风格，展现地域特色文化魅力，为游客打造本土化的游览氛围。

（四）游乐化

旅游设计的“游乐化”，是运用文化、科技等元素，在景区中的功能型建筑和设施中融入趣味化体验，包括虚实结合的场景、时空穿越的游乐设施、亲近自然的食宿空间、主客互动的文创体验等，以满足游客追求新鲜感、个性化、差异化的出游需求，使得功能型建筑和景观具备更强的吸引力。

（五）情境化

旅游设计情境化，就是让景区环境变成制造情境的手段，让景观环境成为体验过程中的道具和工具。在旅游设计中，要求用“情境化”的手法进行设计，对旅游十八要素中的每个环节，都要围绕主题定位展开，形成“情境“氛围，达到游客在情境之中体验和感悟的效果。通过情境化设计，可以将自然与文化资源，转变为人性化的观赏过程，转变为具有吸引力、可使游客兴奋的产品。

（六）动感化

“动感”是一个现代时尚词汇，其强调的不是运动本身，而是以人的感官为主导的“运动的感觉”。以动感艺术为造景手段，例如，增设风车、水车、转盘等动态的元素，插入与景观主题相匹配的音乐、表演，运用全息投影手段打造运动的影像等，能够解决平面、静态的景观和展品诠释力、吸引力不足的问题，创造出引人入胜的立体空间效果。

（七）互动化

互动性是体验式环境的关键要素，在原本静态的场景中植入鲜活的、互动的感知元素，能够赋予旅游项目生命力和吸引力。旅游设计中要从人的感知系统出发，围绕视觉、听觉、嗅觉、味觉、触觉和知觉展开设计，可归纳为感知设计与共鸣设计。感知设计是针对前五项的设计，包含色彩、形态、气味、声音、机理等可感知物理特征的设计；共鸣设计则是一种文化设计，涉及符号、文字及内容等具有特定代表的文化要素，可同特定的游客产生情绪共鸣。在设计中要以共鸣为先导思路，分解共鸣文化的特征要素，继而引导感知设计，营造互动的游客体验氛围。

专栏 19　绿维文旅的旅游景观设计秘籍

景观设计是旅游目的地营造艺术环境的前提，随着大众旅游、自主旅游时代的到来，旅游产业对景观设计也提出了更加专业化、创新化的要求。绿维文旅基于多年的创意设计经验，汇总了旅游景观设计的核心要领。

相关案例：广西程阳八寨景观提升设计、新疆塔城沙湾县三道沟风貌提升、江苏常州·西太湖景观策划设计……

三、旅游创意建筑与创意景观设计理念

旅游建筑与景观设计，不仅要满足建筑的功能要求，还要达到以打造旅游吸引力为需求的独特艺术效果，其与一般建筑与景观设计的区别在于：一是服务功能的独特要

求；二是吸引力建筑与景观创造。

绿维文旅在多年的实践中，把创意建筑与创意景观设计理念应用到旅游领域，力求将创意策划最终落地到建筑与景观设计上，在这一领域找到更广泛的艺术化设计的规律和创意发挥的脉络，并将它们运用于休闲商业建筑、标志性建筑、工业遗址、创意文化产业、大型公共建筑等的设计中。经过多年来的探索与实践，绿维文旅将创意建筑与景观的设计总结为三要素、四领域。

（一）创意建筑与创意景观设计的三要素

创意建筑与景观设计，需要突破一般设计限制，从空间、材质和文化符号三方面充分开发休闲性、本地化、民俗文化的价值。

1. 创新空间设计

空间设计符合旅游功能。无论是游客中心、集散中心、度假酒店、观景亭台楼阁还是餐饮建筑，都涉及空间结构上如何满足建筑功能并符合旅游特点的问题。由于游客流量大，且集中在高峰时间，这就形成了对旅游建筑空间的特殊要求：层高高、空间大、人群容易集中和疏散。

空间设计的休闲性。空间更通透、更通风、光照更充足、与自然更融洽，能充分互动且实现最大包容性。在这种环境下，休憩座椅、摇摇椅、石桌石凳、遮阳伞，及一些遮阴树木的设置条件会更充分，从而与建筑之间形成互融互动的关系，实现建筑休闲性的提升。

空间设计的多样化。餐饮、购物街区、购物柜台、土特产品销售点等休闲空间，特别是厕所、洗手间等服务性建筑与环境的融合，对景区建设是特别重要的。它涉及容量大、需求量大、相对集中、环卫清洁等条件的提升，从而形成更符合景区和旅游要求的功能建筑空间特点及功能布局。

2. 材质本土化

材质本土化是设计所有旅游建筑的第一原则。本地化的优点：第一，价格优惠；第二，更能体现自然环境下自然材质的本土性和独特性；第三，更容易形成利用本地资源进行文化塑造的价值。

3. 文化符号体现

文化符号对旅游建筑具有特别重大的意义。旅游景区大多数是自然与文化相结合的，具有非常丰富的文化元素，比如历史文化、民俗文化、人物文化、专项文化、产业文化、民族文化等。所有这些元素都可以转化为旅游资源，我们称之为文化体验化、文化景观化。建筑就承载着把文化价值予以符号化的重任。

绿维文旅的做法是用大的文化理念构筑建筑物的创意和目标，通过文化符号化来实现细节，把文化融入建筑的空间结构、表皮肌理、建筑造型、互动结构的空间安排等各方面，从而形成文化建筑的特色。

（二）从四大应用领域看创意建筑

1. 创意建筑对旅游产品设计和旅游发展具有独特的价值

之所以提出创意建筑，很重要一条就在于要通过这种独特建筑来构筑旅游产品的核心吸引力，打造旅游项目的吸引核。实践证明，这种手法非常成功。最典型的例子就是淹城春秋乐园的落成与运营。整个春秋乐园以文化为依托，以游憩方式为指导形成了创意建筑体、构筑物体和游乐设施等旅游吸引核，并成了旅游休闲的标志。

2. 创意建筑对休闲商业具有重要的支撑价值

休闲商业超越传统购物商业的方面在于把休闲环境和休闲时段的持续滞留。休闲商业街区、休闲步行街区、大型商业综合体等在空间上和功能上都要形成休闲项目来支撑。创意建筑能够构筑大量的自然、文化相融合的休闲环境及休闲模式，从而形成休闲商业街区和休闲商业综合体的支撑架构。

3. 创意建筑与创意景观是创意产业发展的支撑

创意建筑与景观是支撑创意产业发展的空间载体。例如，在首钢工业遗产改造项目上，绿维文旅明确提出用创意产业的手法来打造整个首钢，形成创意休闲聚集区的理念。在这种理念下设计了一批超越旅游和商业，将创意产业、商业、旅游和休闲游乐集合在一起的创意建筑和创意型运作模式，形成了一种更大的综合结构。

4. 标志性建筑必须是创意建筑

大型标志性建筑及公共建筑的创意型外观，是城市的重要景观，也是城市吸引核及城市名片打造的重点。绿维文旅在南昌大剧院、南昌群艺馆、盘龙城博物馆等项目里都使用了文化意象的手法，即具象文化与抽象文化相结合。这种手法对大型公共建筑的打造具有重要意义。

专栏 20　绿维文旅的创意建筑设计思路

旅游建筑设计，既要满足功能要求，又达到独特的艺术效果，绿维文旅研究提炼了创意建筑设计的核心理念及要点，并在此基础上形成了云南瑞丽翡翠国际度假酒店设计、楼兰古城风貌再现等优秀案例。

四、绿维文旅新乡土主义设计理念

建筑与设计是时代的纪念碑，印刻着时代的背景和足印，也记录着人们对自身的认识、对未来的向往以及对艺术的追求。设计艺术走过了古希腊文化、古罗马文化、古埃及文化为代表的古典主义，走过了以宗教建筑为代表的中世纪风格，也走过文艺复兴时期、巴洛克时期、新古典主义时期、浪漫主义时期、现代主义时期、国际主义时期。时代的洪流行至今日，世界经济和技术的迅速发展，推动了不同地区科学、技术和文化的发展，现代科学、技术、文化的融合发展促使设计行业有了飞速的发展。后现代主义时期各种艺术设计思潮涌动，立体派、未来派、抽象派等都对现代艺术设计产生着影响。

旅游的设计，不仅要满足实用功能还要考虑艺术效果，不仅要考虑西方艺术，更要复兴中华文明：既要摒弃现代主义形式化的观念，也要摒弃立体派、抽象派的主观夸张表现。绿维文旅十几年的旅游设计经验表明，突破抽象表现主义“主观至上”模式的关键，就在于“乡土化”的自然呈现，乡土主义的设计理念思潮将成为引领未来旅游设计的新理念。

（一）新乡土主义的概念界定

新乡土主义是指基于特定地域的自然特征和文化精神，在生态意识指导下，运用现代审美观念，批判性地吸收外来文化和创新科技手段，对地域传统进行批判性的继承并进行再次创造。

新乡土主义来源于乡土主义，又不同于乡土主义：新乡土主义来源于自然主义，又区别于自然主义。乡土主义在对待本土传统文化时，往往是不加分辨的复刻，是对传统审美观念的完全继承，更像是脱离现代的浪漫幻想，幻想简单地重现过去。而现代自然主义在对待乡土环境时，关注的重点是建筑，思考的是如何让建筑融入当地环境。

与这二者不同的是，新乡土主义是站在现代浪潮中对过去的理性回望，它所关注的乡土，不仅仅是对自然环境的保护、对传统文化的传承，更是传承基础上的再创造，自然保护基础上的再升级，融合了更多现代审美理念和时代精神需求。新乡土主义是对西方艺术与东方艺术融合的再思考，是对人与自然关系的重新打量，是对传统工艺与现代科技的融合利用，是一种新的设计理念和新思潮。

（二）新乡土主义的设计原则

（1）坚持传统乡土文化的同时，不拒绝批判地继承外来文化的精髓。

（2）做到“见山还是山、见水还是水”，但是更加注重的是“山水”内涵精神的展现，而非完全地模仿。

（3）鼓励取之于自然，使用天然、地域化的原材料，又不拒绝现代科技带来的进步，允许科技的原生材料仿制替代。

（4）强调设计带给消费者价值，包括体验价值、生活价值、精神价值、物质价值。

（5）人与自然和谐共生。

（6）艺术风格上，主张多元化的统一。

（7）寻找乡土主义的转译方式，反对提取符号作为标签。

（8）关注视觉感受，更关注人的感受，如温度、湿度等。

（9）符合现代审美要求。

（10）强调地域特色，反对“普世文明”。

（三）新乡土主义的设计理念

1. 新乡土主义两条艺术脉络

新乡土主义来源于两条艺术脉络，一条是来源于西方的自然主义与新自然主义，一条来源于东方的“天人合一”“道法自然”的哲学思想。

（1）自然主义与新自然主义：西方艺术发展是从千年来的客观之“再现”走向了主观的“表现”，后来又出现了“抽象”的表现，出现越来越多的“观念主义”的呈现，自然主义一方面排斥浪漫主义，另一方面也批判现实主义，追求绝对的客观性，崇尚单纯的按照事物本来的样子进行设计。

（2）天人合一与道法自然：天人合一是中国的哲学思想体系，并由此构建了中华传统文化的主体，儒、道、释三家均有阐述，强调人与自然的和谐交融，强调对于生命的敬畏。“道法自然”揭示了整个宇宙的特性，强调宇宙天地间万事万物均效法或遵循“道”的“自然而然”的规律。

城市化的背景下，人们在不愿意放弃安逸舒适的生活的状态的同时，又越来越追求自然的艺术表达形式。新乡土主义正是来源于东西方的理念思潮，认为应该崇尚回归自然、回归生态、回归环境、回归原生，基于材质、自然生态、人与自然融合共生的理念，来进行艺术设计和创造，是对“天人合一”思想有效的利用，也是对自然主义与新自然主义发展的传承。

2. 新乡土主义两个层面

新乡土主义在设计的过程中要考虑两个层面的内容，既要考虑艺术层面的美学，又要考虑技术层面的实现。

（1）技术面：涉及材质、手法、理念、融合发展的结构。伴随现代化生活方式和高科技的发展，一方面，原始材料越来越难获取，成本越来越高；另一方面，由于科技的发展，仿制成为一种可能，利用科技模拟原始材料成为一种出于成本考量的必然选择。利用科技，仿真自然，采用科技与原生态材料相融合的手法，在保护生态的前提下，尽量遵循自然原则，让自然和创新巧妙地融合，成为新乡土主义的技术表达语言。

（2）艺术面：包括建筑艺术、景观艺术、装饰艺术、绘画艺术、音乐艺术、工业设计艺术。新乡土主义作为一种表达，通过建筑、景观、绘画、音乐来表达人对自然的渴望，在东西方哲学共同作用下，相互碰撞，在高科技的带动下，不断创新，是城市高速发展导致的艺术产物。

除此之外，还有科技与艺术的相互结合，基于现代主义思潮，追求运用科技化、集约化思维，实现土地节约、材料节约、能源节约和生态可持续发展，充分利用自然能源和绿色环境，实现简洁实用、以人为本的功能。

3. **新乡土主义两个结构**

新乡土主义旅游作品，重视旅游功能的体现，也强调人在环境中的体验。新乡土主义旅游作品要充分体现旅游十八大要素的功能性，新乡土主义与“食、住、行、游、购、娱、厕、导、智、商、养、学、文、体、农、福、情、奇”功能融合，注重旅游价值的体现，强调人在自然环境中的身心感受。

（1）作品本身：新旅游十八大要素如何与作品本身相呼应，如何与新乡土主义的艺术化、技术化呼应，构成了人与作品之间的关系。

（2）作品环境：作品的外在内在、环境和人的体验，构成了新乡土主义的肌理。

（四）新乡土主义理念下的旅游设计创新方向

新乡土主义，可以运用在建筑景观、环艺设计、工业设计、平面设计、旅游设施设计等多个领域。新乡土主义不仅仅是一种设计理念，更是一种新思潮，是城市化后人们对“乡土”的再思考和再诠释。在对新乡土主义的解读和实践中，需要的是保护自然而又思考社会，继承传统而又融合现代。技术所带来的不仅是现代化，更是传统的动态发展和人们需求的变化。这样的一种思潮是科技发展的需求，也是时代发展的需求，如何打破现代艺术的“迷思”，在现代生活中打造新的“乡土桃源”，才是新乡土主义旅游设计努力的方向。

1. **新乡土主义批判内容**

（1）反对“修旧如旧”的保护。文物建筑必须要“修旧如旧”，但是现代建筑，包括民居，要更多地考虑实用性，从人本的角度出发进行设计。

（2）反对为了外观效果的千篇一律。

（3）反对为了本地材质化而忽视实用性与科学性。

（4）反对过分夸张和放大文化元素，不尊重集约化建筑景观设计。

2. **新乡土主义弘扬内容**

（1）本土材质和自然相互融合。我们常说，一方水土，养一方人。一方水土，有其本土的岩石、沙土、泥土、树木等不同于别处的材质。这方水土的颜色、材料质感、使用方式、建造模式，都有其自身的特色。就地取材，凸显地貌、地势、地色、地质，可以形成创意建筑的独特性，完全区别于常规标准用材。同时，使用本地化材质也是与当地环境风貌相融洽的一种手法。有时，出于成本的考虑，也不反对利用科技手段模拟本土材质。

（2）空间设计的功能性、休闲性和多样性。无论是游客中心、集散中心、度假酒店、观景亭台楼阁还是餐饮建筑，都涉及在空间结构上如何满足建筑功能并符合旅游特点的问题。由于游客流量大，且集中在高峰时间，这就形成了对旅游建筑空间的特殊要求：层高高、空间大、人群容易集中和疏散。旅游具有休闲性，因此，与此相关的建筑也要凸显这一特性：空间更通透、更通风、光照更充足、与自然更融洽，能充分互动且实现最大包容。

（3）传承本土文化。以民俗为依托进行的建筑与景观特色打造，是最生动、最具有文化的。建筑外观的设计、景观意境的营造，如果能在材质、文化符号和空间形态方面与当地的文化、民俗、自然、环境融为一体，共同形成那方的人文气质，那么该建筑和景观的独特性一下就凸显出来了。

（4）以人为本。旅游作品既要满足现代人生活的功能，又要适用于现代社会经济发展的市场化功能基础。旅游作品与其他的东西不同，艺术性要以功能性为基础，任何脱离功能谈艺术的旅游建筑物都将被遗弃。旅游设计最终的目的是实现人与自然的和谐共处，基础是人类可以享受美好生活，所以，要提供各种市场功能，以适用于现代社会经济发展。

（5）营造人文乡愁、田园生活意境：新乡土主义，不只是建筑的灵感来源于过去，创新于现在，更表明了一种新的思想，即建筑设计或是景观设计是根植于“乡”，传承于“乡”的。乡是人们生活繁衍的土壤，而人是乡更迭延续的核心。新乡土主义思考的，不是建筑对环境的适应，也不是环境对建筑的改变，而是生活在这片乡土上的人们的需求。对乡土的认识，不仅仅包括民居，还包括其他类型的建筑；不仅仅是一人一户的考量，更多的是对聚落对生活方式的思考；不仅仅是对建造形式的延续与创新，更多的是对使用空间、使用功能的处理，继承道法自然、田园意境，追求诗画田园，与这方水土相呼应。

（6）道法自然，与自然相融的理念追求：与环境融洽，是建筑与景观的基本前提。融洽，不仅包括绿色背景、土地颜色、岩石颜色、社区建筑、天空、水环境，还包括小环境，比如地势、天然植被基础、水与地势利用等。当建筑和景观与环境融为一体时，我们感到创新的人工作品，好像是从地上长出来的一样，就是在那块土地，那么自然地形成了美丽而融合的建筑景观。

专栏 21　新乡土主义设计

更多详情请扫描二维码

新乡土主义是一种新的设计理念和新思潮，绿维文旅基于自身创意设计实践，提炼出了新乡土主义景观设计的十大手法、乡村文化复兴背景下的旅游开发策略、新乡土建筑的表达与分享等相关理论。

相关案例：新疆沙湾县大泉乡特色乡镇设计、甘肃金川野狐湾迷舍设计、重庆秀山三省风情小镇安置房设计……

第二节 旅游产品的特色化开发设计

旅游产品的开发和创新是一个区域提升旅游竞争力的关键。在旅游市场进一步细分和旅游需求不断升级的同时，旅游产品的个性化、定制化趋势越来越明显，旅游产品的形态和结构也已日臻丰富。本书以旅游产品开发设计的现存问题为出发点，基于理论研究和设计实践经验，探讨旅游产品的开发与设计应遵循的创新思路，为政府及旅游企业的产品开发提供兼具科学性、创新性和落地性的实操建议。

一、旅游产品的概念界定

旅游产品属于商品的大范畴，但又不同于一般意义上的商品。虽然纪念品、食品等旅游商品也是有形的实物，但它们对于旅游者的价值更多的是一种符号、记忆和情境，商品功能已被弱化。广义来说，旅游产品是旅游吸引物及其提供过程综合作用的复合体，包含实现一次全程旅游活动所需要的各种服务组合。也就是说，吸引旅游者从惯常生活地区前往一个旅游目的地开展旅游活动的旅游吸引物、旅游过程中游客所享受的服务以及提供服务的设备设施，乃至整个过程中的旅游经历，都属于旅游产品的范畴。

二、我国旅游产品设计的现状问题

目前我国的旅游产品设计主要存在市场思维薄弱、同质化严重、体验化不足三大问题。

（一）市场思维薄弱，过分依赖主观判断

市场调研是旅游产品开发的基础。只有对市场进行全面摸底，充分了解不同消费者的差异化需求，才能设计出适销对路的产品。目前，我国很多旅游产品设计者对市场调研的重视程度不够，多是靠主观判断或跟风去决定旅游产品的主题或内容。这种一厢情愿的设计思路，最终势必会面临市场的淘汰。

（二）同质化严重，缺乏地域文化特色

每个地区都具有区别于其他区域的文化特质，也能够基于此形成具有特色的产品。例如，我国台湾桃米村盛产青蛙、蝴蝶，政府便将旅游发展中的产品设计与当地丰富的动植物资源、社区文化等充分融合，以墙壁、餐厅、游乐园设施等为载体，展现活灵活现的动物造型，强化主题特色，将桃米村打造成为台湾首个以青蛙观光为特色的生态旅

游村。

而反观我国大陆的旅游产品，同质化问题显著、模仿抄袭盛行，相似的景点、酒店、餐厅比比皆是，照搬的水乐园、室内游乐场馆不胜枚举，旅游商品、纪念品更是缺乏地域文化特色，毫无吸引力可言。究其原因，是由于旅游开发运营主体在设计旅游产品的过程中，缺少对地方自然禀赋和文化底蕴的深度挖掘，未能将资源有效利用转化成为旅游吸引核。

（三）体验化不足，产品设计层次单一

随着国民的出游行为日益频繁、旅游经验日益丰富，传统、单一的观光旅游产品结构已经无法满足大众旅游时代日渐多元的旅游需求。目前，国际上众多旅游目的地已经开始在旅游产品体验设计上形成突破，例如，在世界最大规模的水族馆——日本大阪海洋馆，游客除了可以观赏传统的海洋生物、观看动物表演之外，还可以近距离观看水下喂食、为企鹅洗澡，零距离触摸海洋动物，丰富的体验活动带给游客独特的海洋文化享受。

反观我国，众多的旅游产品仍以“到此一游”的静态观赏模式出现，虽然我国多数地区已经形成了相对完善的旅游市场结构，但是从细节来看，设计水平相对粗放，旅游产品应具备的参与性、娱乐性、享受性未得到充分的重视与体现。

三、旅游产品设计的创新思路与实践

针对目前我国旅游产品设计中存在的问题，绿维文旅依托多年的策划、规划、设计经验，认为旅游产品设计创新的核心路径是，在深入挖掘地方旅游资源内涵、把握细分市场客群的特征与消费动机的基础上，综合运用文化、科技、游乐等设计元素，从而打造特色鲜明、形式多样、充满体验感的旅游产品。

（一）对接市场需求，丰富产品系列和层次

对各类旅游细分市场进行充分的梳理和提炼，是旅游产品设计形成吸引力、对接游客需求的必要保障。旅游者自身年龄、学识、身份等的差异及其所处的地理环境、文化、社会、心理及行为特征的区别，形成了其需求的多层次和多样化。旅游产品的开发与设计要充分顺应市场需求，根据对细分市场心理动机的细致研究，针对不同市场客群的差异化需求，提出旅游产品开发和设计的优化建议。

例如，针对亲子游市场，要根据儿童充满好奇心的特征，学习知识、探索奥秘、拥抱大自然、追求趣味性的要求，设计科普体验类、农业休闲类、自然科普类、主题娱乐类及爱国教育类旅游产品；针对冒险爱好者，要根据其“玩就不同”的心理需求，设计丛林穿越、密室探险、古堡探秘、极限运动等充满惊险、刺激的体验产品。旅游者在不同的身份和角色下，也会产生不同的旅游需求。例如，与家人出游往往更注重旅途的安全性、舒适性，商务人士同游则更注重高效性以及服务与身份的匹配度等。

（二）融合在地文化，形成特色品牌符号

要解决旅游产品同质化严重的问题，策划、规划、设计人员应充分挖掘当地特色文化，形成产品的地域品牌符号。

例如，在绿维文旅主持编撰的《江苏淹城旅游区策划规划及淹城春秋乐园设计》一案中，项目组首先对规划区域的在地文化进行深度的挖掘和解读，将春秋历史概括提炼为两大内涵：群雄争霸背景下战火纷飞的军事历史与大一统文化背景下百家争鸣的文化历史。设计师们紧紧围绕“小淹城，大春秋”的设计原则，以游乐化设计手法，从春秋时期的政治、军事、经济、文化等方面取材，将古老的春秋历史文化与现代高科技游乐设施巧妙对接，设计了大型观览设施“空中看淹城”、豪华双层旋转木马游乐设备“歌舞升平”、峡谷漂流游乐项目“伍子胥过昭关”等富有特色文化内涵又兼具娱乐趣味性的旅游产品，使游乐产品成为文化传播的载体，在地文化成为旅游产品的独特标签，是中国传统文化与西方现代主题乐园有机融合的典范。

（三）运用科技手段，提升旅游产品的体验效果

科技的发展为旅游产品设计的多样性提供了更多可能，运用虚拟现实、全息投影、声光电、人机互动等技术，结合暗室、轨道、高空栈道等先进游乐机械，从场景创新、体验方式创新的角度，突破静态旅游观赏产品的视觉局限，打造趣味性、奇幻性、沉浸感更强的全感官体验。

这种设计创新手段最常见于主题公园中的产品设计，迪士尼、环球影城、华侨城等都为业界提供了范例。此外，科技手段也可以运用于旅游商品和旅游纪念品的设计，如故宫借助 AR 技术推出的《2017 年宫廷佳致 · 故宫月历》，读者可以扫描月历中的图像获取动态画面，生动地再现了宫廷生活，此款产品在故宫天猫旗舰店一经开售就广泛受到用户的喜爱。

（四）基于竞合分析，设计差异化的产品

旅游产品设计的过程中，应基于对同地区、同类型旅游产品进行充分的竞合分析，在线路联动与资源优势互补的基础上，构建差异化的市场定位和产品的独特吸引力。

例如，绿维文旅在编撰《野三坡龙门天关景区策划与改造提升设计方案》的过程中，发现龙门天关景区作为野三坡景区的子景区之一，在享受其带来的优越交通、旅游区位的同时，也一定程度上受到了野三坡景区的屏蔽效应。因此，项目组在对规划区和野三坡其他景区进行多维度竞比分析之后，提炼出龙门天关最突出的特色——关隘文化。同时，规划还研究了龙门天关周边区域关隘景区旅游产品的开发现状，发现关隘景区普遍停留在观光层次，缺乏参与、体验型旅游项目。由此，项目组以关隘文化为主题，以“疆域咽喉”独有的“惊险”为设计元素，打造了“悬崖秋千”（全中国最高

悬崖的“天上秋千”）、“步步惊心”“飞天索桥”等一系列充满挑战性的游玩体验项目。惊险刺激的“网红”项目给游客带来全新体验。

第三节　游客服务中心的创新设计

游客服务中心作为游客与目的地联系的“第一印象区”，其设计不仅要满足基础的服务与办公功能，更需要从外在形象上建立起独特的文化识别特征，并且通过合理的功能配置与软件服务，帮助景区与游客之间建立起和谐而紧密的沟通关系，传递有价值的资讯和理念。

一、游客服务中心的设计内容

游客中心的设计，主要包括外观设计、规模容量和功能布局三个方面，要在满足基本功能要求的基础上，达到以塑造目的地吸引力为导向的艺术效果和特色服务效果。

（一）游客服务中心的外观设计

外观设计的成功与否，不在于景观元素的多少，而在于如何处理景观元素间相互联系的方式，以及在特定的环境中形成的气氛。设计思想强调对各景观要素之间关系和其整体构成方式的依赖，还有赖于设计者的场所意识、对人和环境因素的考虑。

活动空间的环境设计，应处理好建筑、道路、广场、院落绿地和建筑小品之间，及其与人的活动之间的相互关系。建筑空间必须以人的活动和建筑结构的逻辑为依据安排其空间次序，通过展现其合理的功能、逻辑的结构、宜人的比例、恰当的布局、独具匠心的构思以及准确的用材、用色等手段，实现与自然环境和谐共处。

（二）游客服务中心的规模容量

景区中的游客服务中心单体规模应考虑长远发展，游客服务中心的规模不应只满足现有的游客量，还应考虑环境容量。游客中心采用多级分散式布局要好于整体式布局，对环境的尊重是这类旅游接待建筑最重要的设计要素。这不仅要求其空间形体和建筑形式与环境紧密地结合，还要根据环境特点，对其规模进行严格控制。大中型游客中心建筑，其大面积的停车场地、大量的排污及大体量的建筑实体都会对原有环境的生态和视觉平衡造成不同程度的破坏。而小规模的建筑可减少对能源、设备的依赖，便于快速投入使用，也可节约材料，降低造价，加快建设与回收投资速度，适应我国当前经济水平。

（三）游客服务中心的功能布局

不同级别的游客服务中心的规模和功能不同。二级景区游客服务中心的规模较小，功能也比较简单，以此类推，级别越低，其规模也越小，功能越简单明确。因此，旅游区级游客中心的功能主要包括展示（展厅、多媒体展示、全景沙盘）、服务（问讯接待、导游服务、多功能厅、邮电通信、银行、购物、互联网服务）、管理办公（办公室、机房、控制、库房）；二级景区服务中心功能包括多媒体查询、问询接待、旅游购物、餐饮娱乐、紧急救援、茶饮、办公室、附属用房；景点级服务中心功能包括当地的特色旅游项目的培训、紧急救援、器械的租赁等。游客中心建筑功能配比见表 9–1。

表 9–1 游客中心建筑功能配比

功能	活动内容	房间	设施设备	面积占比（%）
游客活动	问询、导游服务	门厅	咨询台、宣传栏	5
	了解景区信息、路线	展览厅、展览廊、陈列室、多媒体厅（多功能厅）	地图、沙盘、橱窗、陈列柜、多媒体录像	30
	休息、茶水	免费/VIP 休闲厅，咖啡厅、茶室	座椅、沙发、饮水、洗涤设备、卫生间	15
	购买必需品、特产	商店（超市）	货架、柜台、收银台	10
	存包裹、邮寄服务、存取款、上网、医疗救急	小件寄存、邮局、银行、网吧、急救室	柜台、贮存间、柜台、ATM 取款机、电脑、医疗器械	12
	餐饮 娱乐	餐厅、厨房、娱乐区	餐桌椅、作业台、贮藏、冷冻、洗涤、更衣室、儿童娱乐设施、投影仪、触屏设备等	10（可选）
	住宿	旅游	床、桌椅、卫生间	
管理	行政管理	售票		3
		值班室、办公室、会议室	办公设备、卫生间	5
辅助	贮藏	仓库		2
	能源动力	配电室、空调机房	锅炉、水泵	8

二、游客服务中心的创新设计理念

游客服务中心的创新设计主要包括四个理念，即自然主义下的游客服务中心、民族特色下的游客服务中心、历史文化下的游客服务中心、新乡土主义下的游客服务中心。

（一）自然主义下的游客服务中心

新的建筑不能只注重自身的完善，还须与所处环境有机结合，互为补充，保持环境的完整特性。游客服务中心因地制宜地利用环境、创造环境，既为环境增色，又符合设计特点。游客中心的规划设计要以自然环境要素为源泉，进行模仿、提炼与重组，要求建筑是一种“环境建筑”，通过自觉的努力去适应客观环境的要求，把建筑的空间与形态融入、渗透于自然环境之中，而不与之冲突对立。做到积极造景、因势利导，尽量不动土方，不破石相，使建筑与自然有机匹配，和谐互依。

（二）民族特色下的游客服务中心

多民族发展背景下，各民族地域形成不同特色的民族建筑，丰富了当地别具特色的建筑形式，如福建土楼、西南边疆碉楼、新疆南部阿以旺、内蒙古毡包、傣族的竹楼、壮族的吊脚楼、哈尼族的蘑菇房、彝族的土掌房、瑶族的歇山顶茅屋等，无一不是中华民族建筑艺术瑰宝。

民族特色下的游客服务中心，在设计中应深度挖掘当地文化，将特色建筑与游客中心多元化功能相结合，使其既具有观赏性，又具有功能性。例如，扎龙沟游客服务中心，是青藏高原上藏式风格建筑的延续，游客中心依山而建，建筑整体为错开的体块搭接，以厚实的矩形体块为基调，界面略作几何处理，高低错落，赋予建筑层次感；建筑一、二层为游客接待及票务中心，局部三层为办公空间；建筑一层为石砌筑墙体，二、三层主墙面采用白色涂料，局部采用藏红色作为装饰；建筑门窗及屋顶装饰沿用藏式装饰“巴苏”（梯形挡雨棚），使建筑富有地域特色，如图 9-1 所示。

图 9-1　青海扎龙沟景区游客服务中心

（三）历史文化下的游客服务中心

这类游客服务中心反映历史文化和民俗传统，一般以具有时代特色和地域特色的建筑风格形式呈现。例如，春秋淹城乐园服务中心，建筑包含了游客中心和办公楼两个功能区，靠近广场部分为游客接待中心，东侧为办公部分，两者既有分隔又紧密联系。在建筑风格上，游客中心力求与周围的建筑风格一致，考虑设计区域所具有的浓重历史文化氛围，设计师运用了纹样、器物等春秋典型的符号，将其转化为外部装饰，同时用解构重组、象征等设计手法表现，具有强烈的文化艺术氛围。

图 9-2　春秋淹城游客服务中心

（四）新乡土主义下的游客服务中心

新乡土主义不再是局限于建筑界的一种设计理念，而是在对地方传统的继承和创新过程的普遍思考。它所关注的乡土，不仅仅是对自然环境的保护、对传统文化的传承，更多的是人们的现代需求。建筑不是重点，乡愁不是重点，切切实实生活在这片土地上的人，才是新乡土主义关心的重点。因此，新乡土主义下的游客服务中心是在现代浪潮中对过去的理性回望，是现代化和城镇化进程中对乡土情怀的理性回应。在设计中，不仅要注重当代设计与本土化材料相结合，当地文化的融入更要强调现代人的心理需求和实用需求。

第四节　博物馆设计新思路及七种落地模式

随着社会、经济的发展，人们的精神文化需求趋于多样化，博物馆逐渐成为人们日常学习和休闲游览的文化场所。同时，国家对文化强国建设的高度重视以及近年来博物馆免费参观政策的实施，也使得博物馆的公益性和社会性更加凸显，其记录历史、传承文明、弘扬文化的职能得以进一步发挥。

由于博物馆是以研究、收藏、保护、展示古代遗物为重点的文化机构，文物中蕴含大量历史学、考古学等专业知识，如果游览者对文物背景知识缺乏相应的了解，只是走马观花式的游览则难以汲取其中的历史文化信息，无法让参观者与文物背后的文化产生情感共鸣。因此，在博物馆设计建造中，要避免盲目建造，否则，大量的资金投入换来的将会是无“文气”、无“人气”、无“财气”的三无产品，以及文化内涵的缺失造就的种种“四不像”的情况，从而导致博物馆的品质不高和游览者的口碑下降。所以说如何让博物馆成为重要的吸引中心，如何规划博物馆间的游线，如何提升博物馆的展示手法，成为了博物馆打造的关键。

一、博物馆设计新思路和方法

博物馆设计要依托深厚的文化底蕴，并确定其文化特质，围绕博物馆展开符合休闲、体验、教育需求的多业态产品，形成文博产业的综合发展和服务。绿维文旅光影侠科技有限公司（以下简称“光影侠”）依据多年的博物馆建设施工一体化经验，总结出了“好看好玩好赚钱”的博物馆设计手法。

（一）好看——数千米外马上识别，激发游客微分享

旅游正在从观光走向休闲体验，但“观”依然是旅游的基础需求，因此，“好看”是博物馆设计中需要考虑的首要因素，主要体现在以下三个方面。

第一，需要有标志性，远远就能够看到并发现，让博物馆从周围建筑中跳脱出来。一个好的博物馆应做到建筑设计与展陈设计形成一个有机整体，建筑设计与展陈设计这二者是相辅相成、互利互惠的关系。

第二，能够激发游客的传播意识。从游览者的心理需求入手，通过提供优质旅游资源及服务，形成良好的口碑，并激发游览者满意度的“水波效应”，让游客自发性地向周围人群传播博物馆品牌。这样做既有利于博物馆品牌形象思维传播，也有利于品牌价值的有效延伸，吸引游客“走进来”。

第三，记得住，看得明白，可以传播得出去。由于博物馆蕴含的文化性极强，游客感兴趣却不一定能记得住。因此，在博物馆设计中应融入技巧性的表达，让博物馆的文化底蕴得以凸显，使游客记得住、看得明白，同时在传播中应注意传播媒介的选择，通过整合传播营销，让博物馆真正“走出去”。

（二）好玩——重在参与

传统的博物馆单调展陈以及内容枯燥的讲解说明，难免让人产生千馆一面的刻板印象，显然这种静态式的展陈已经难以吸引足够的游览者为之驻足。为突破这一瓶颈，现如今博物馆重在“游”，而不在“科研考古”，博物馆需要互动体验展示来与游览者进行互动，使其游览兴致得到极大提升，并通过彼此间的双向交流来建造一所高互动体验的博物馆。所以，如何实现游览者的参与性显得尤其重要。游客参与的方法有很多，包括人和时间互动，人和空间互动，人和人互动，人和机器互动等，目的是将被动的说教转化为主动的获取知识。

（三）好赚钱——先做运营策划，再着手落地设计

“好赚钱”指的商业化盈利模式，即建成后博物馆的运营问题。从内涵来看，博物

馆是征集、典藏、陈列和研究代表自然和人类文化遗产的实物的场所；从外延来看，无论是工坊、民居，或是博物馆小镇，自身文化传播的基本属性不会变，加上其他“功能性”业态和盈利能力，其开发运营会更好地落地。在博物馆设计的过程中，应根据项目地的资源现状和实际需要，结合旅游十八大要素布局酒店、客栈、茶馆、老街、文物商店等业态和产品，突破博物馆单一的文化展览功能，提升博物馆的增值服务。

二、博物馆七种落地模式

文化类景区的开发总是伴随着大量体验场所的利用，有传统留下来的，也有开发过程中新建的，针对景区常见的亭、台、楼、阁、洞等旧建筑的再利用，本书在此分享光影侠在设计施工实践中总结的七种落地模式。

（一）文物复原模式

作为历史和文化的实物见证，文物资源是优秀文化传承的重要载体，是一个民族的精神标识和一个国家的金色名片。对于此类博物馆的设计，要充分权衡文物保护与旅游开发间的矛盾。在这类文保单位中进行布展，要协调好文物修缮与布展装修之间的工作安排，严格按照《中华人民共和国文物保护法》中对不可移动文物的保护要求，在保证布展效果的同时，要充分考虑顶、梁、柱、檩、枋、墙、地面等承重及保护。

2013 年光影侠在《湖南娄底市曾国藩故居展陈施工设计方案》中面对全国重点文物保护单位富厚堂，首先聘请古建专家团队，对现场进行深度踏勘及研究，在文物修缮的基础上，以“本色曾国藩”的视角切入展陈，最大限度地保护文物本体，情景化还原曾国藩故居的真实形态（见图 9–3）。

图 9–3　富厚堂情景化设计前后对比

（二）情景演艺模式

文化演艺是将闲置空间活态化的另一种形式，通常是指将多种文化艺术表演形式以及现代化的声、光、电技术相融合，与文化展示、空间艺术结合，打造情景化的视觉享受空间。

案例一：在2017年光影侠承揽的湖南新华联铜官窑古镇项目中的铜官戏楼景点，就是采用歌舞伴餐的文化演艺模式，打造出铜官窑古镇最火爆的特色餐厅。铜官戏楼为木质明式建筑，原为旧时民居功能，通过文化包装，将湖南特色黄梅戏作为文化元素进行展示，同时引入歌舞伴餐，激活百年老屋。

将黄梅戏戏曲文化样式、人物形态、角色形态等装饰中心小品区，展示当地戏曲文化的多样（见图9–4）。

图9–4　中心小品区

"赏铜官文化、享湘曲喜事"，中间为露天戏台（见图9–5）。

图9–5　"赏铜官文化、享湘曲喜事"露天戏台

二楼廊道为休闲看台，展示戏曲文化小品的同时增强商业性（见图9–6）。

图 9-6 休闲看台

案例二：在 2017 年光影侠承揽的湖南新华联铜官窑古镇项目中，最吸引游客的景点就是镖局。镖局不同于其他古镇中的小景点，它的特色在于要让游客在游玩过程中快速了解镖局文化历史，通过购物、体验、纪念品、活动、演艺等方式让游客耳濡目染，身临其境地了解、体验铜官窑古镇的镖局文化。

镖局大厅的场景在设计过程中被原汁原味地还原，游客步入其中，仿佛还能看到总镖头和镖师们议事、讨论、生活的画面；两侧用以展陈镖师走镖时佩戴的兵器、器械等，营造环境，烘托氛围（见图 9-7）。

图 9-7 镖局大厅

镖师行走江湖，一半是仗着武艺，另一半则是满嘴的江湖黑话。此处选取经典江湖黑话，原声呈现，带领游客了解和体验别样的语言文化。游客走进翻牌互动区（见图 9-8），正面是镖局走镖时专用术语的卡通表现，当游客翻到另一面时候就变成对应卡通所示意的江湖术语名字，同时背景音乐对其名词进行解释。

图 9–8 翻牌互动区

（三）文艺工坊模式

工坊是一个汉语词语，本意为工作的场合，有小巧精致之意，富含文化意味。在博物馆建设中，工坊在销售产品的同时，更多强调游客的体验，在没有游客及销售的时候，会通过自身的生产能力稳固其主营业务。常用的两种组合手法如下。

1. ***老外表 + 老场景 + 体验***

在 2017 年光影侠承揽的湖南新华联铜官窑古镇项目中的醉风酒坊景点，在有 200 年历史的明式木建筑里，不仅要还原古风古韵，还要真正做到前店后坊的经营状态。

门厅以古建风格为主体，门厅两侧放置酒坛装饰，以及量酒器等器物，墙面装饰张仲景借酒为民除疾病、李芾以酒送忠魂（见图 9–9）。

图 9–9 门厅

正堂放置酿酒鼻祖杜康形象屏风，屏风后设置酒铺场景注入湖南行酒令特色文化（见图 9–10）。

图 9-10　正堂

真实还原酿酒工艺场景，外表为真实蒸馏木海，内含现代小型酿酒设备，可现场品尝也可出品“铜官老酒”（见图 9-11）。

图 9-11　酿酒工艺场景

醉酒屋体验区，用视觉错位和震动原理建成“无酒也能醉”体验区，游客走进醉酒屋，立刻就像喝醉了酒一般感觉天旋地转、东倒西歪、站立不住，体验酒不醉人人自醉（见图 9-12）。

图 9-12　醉酒屋体验区

2. **新外表 + 新场景 + 体验**

在 2017 年光影侠承揽的河南建业电影小镇项目中的陶器坊景点中，在复古的民国风建筑体内，做成陶瓷工坊，不仅要满足制作陶瓷的七十二道工序所需的空间，还要满足旅游景区中的文化科普与体验销售等功能。

规范化布局，对成品展示销售区与拉坯体验区进行单独划分，对泥料储存区、电窑烧制区、上釉及绘制区等专业区域进行空间控制，避免游客影响生产安全（见图 9–13）。

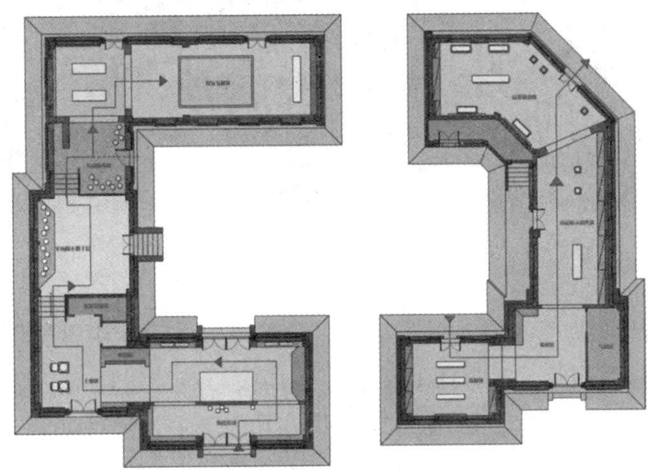

图 9–13　规范布局

考虑将现代陶艺以其纯粹的艺术品格和独特的装饰形式引入现代社会生活中，我们将陶坊主题拟定为“釉色 · 陶塑生活”。就装饰形式而言，我们将其构思为独特新颖的陶窑拱形结构，结合现代风格的陶制创意展示品，带领受众回归泥土与自然。墙面设置展板对陶瓷的历史、发展等内容进行阐释（见图 9–14）。

图 9–14　陶坊

图 9-15 为陶艺工坊，氛围幽静、风格恬静自然，传达陶艺观念。空间设置定制台，并有专业人员教授，游客可进行现场制作体验，以满足现代人对于泥土的实验性探索。在装饰技巧上，以砖墙、吊装植物、木质细节装饰品、陶制器皿等物件迎合主题。

图 9-15　陶艺工坊

图 9-16 为娱乐轰趴区，在空间的墙面、吊装等整体设计构思过程中，大量运用陶器变形元素，并与明信片、乐器等相结合，运用投影装置进行陶艺系列知识与工艺播放，采用电影海报布置左侧墙面。娱乐轰趴区在功能上主要针对 00 后和 10 后受众群体，受众在此可以观赏、品酒、休息、做游戏、开派对等。

图 9-16　娱乐轰趴区

图 9-17 为售卖区，主要采用随意、自然的设计构思，诸如器皿花草的吊装手法、瓷片肌理装饰墙、艺术品放置风格等，旨在营造出零距离售卖感与贴近生活的随意氛围。

图 9-17　售卖区

（四）修旧如旧模式

古村落保留了大量的历史遗址遗迹，其建筑环境、建筑风貌、村落选址在很长时期内没有大的变动，具有独特民俗民风。

光影侠承揽的贵州省毕节市赫章县海雀村生态博物馆中，通过主题凝练，以文朝荣精神为核心，以教育培训为功能，以海雀民族特色为表现形式，以生态化的设计手法，打造拉动海雀村持续发展的“全村域人文型党政教育生态博物馆”。

进村主路，将道路左侧运用当地石材铺展，增加展示功能，运用木雕刻展示当地民族文化，以树杈元素设计步道主路路灯（见图 9-18）。

图 9-18　进村主路（左图现状图、右图设计图）

土墙房复原区室外还原土墙房原貌，进入土墙房内部，光影侠将过去“人畜同居”的恶劣环境复原出来，使受众体验当时贫苦的状况（见图 9-19）。

图 9-19　土墙房复原区（左图现状图、右图设计图）

老房子复原旧貌，展示三大主题和四大核心理念，内部展示村民生活及农耕工具，从侧面体现海雀村“开发扶贫、生态建设”的变化成果（见图 9-20）。

图 9-20　老房子复原图（左图现状图、右图设计图）

海雀变迁陈列展示馆，此区域位于土坯房、改建房三角地带，详述海雀房屋变迁的历史，了解海雀人民生活日益美好的过程（见图 9-21）。

图 9-21　海雀变迁陈列展示馆（左图现状图、右图设计图）

（五）博物馆群落模式

景区的博物馆不再是传统意义上的收藏、陈列和科研，而是多元化、多功能的文化设施。目前，国内外对博物馆的转型发展有较多的研究，提出了“活态博物馆”“开放式博物馆”“数字虚拟博物馆”等一系列新概念，并加以实践和应用。在文化深厚的景区中，具有藏品拓展性、功能多元性、展示互动性、空间突破性、经营灵活性、科技应用性等特征的“博物馆集群”势必也将成为文化展示、品牌输出的有效途径。

博物馆本身就是个文化集合的载体，是展示景区气质、传承文脉的重要载体。博物馆小镇是要在多元博物馆载体整合的基础上，实现泛博物馆的文博产业、服务体系的运营，形成一个依托文博产业发展的特色小镇和文化旅游目的地（见图 9–22）。

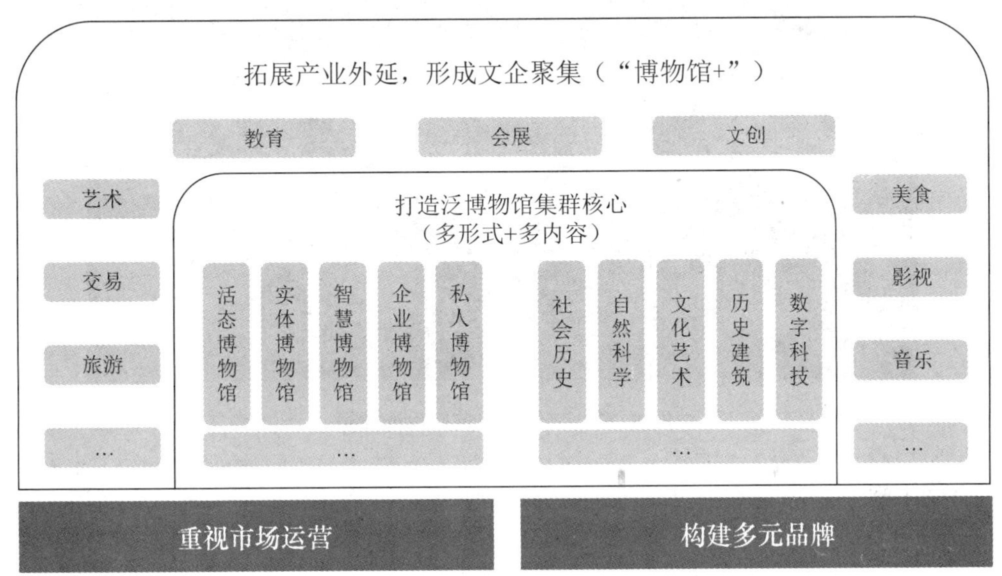

图 9–22 博物馆小镇的发展要点

博物馆小镇以特色且多元的泛博物馆体系为开发基础，通过保护、展示和向文化服务转型的方式实现产业延伸，利用文化竞争力构建品牌形象，并结合市场化运营机制为小镇提供可持续发展的内生动力。

（六）文旅综合体模式

文旅综合体模式，即在较大体量的旧建筑内进行改造，将其打造为具有游客服务、博物馆、休闲、娱乐、商业售卖等综合功能的集聚地。

随着时代发展，一些大体量建筑，如综合市场、大型便民市场等失去了其原有功能存在的意义；一些景区在建设初期盲目建造标志性大体量建筑，但事后由于缺乏规划，导致建筑闲置，那么这部分闲置旧建筑如何进行合理利用，是值得深思和亟待解决的问题。

光影侠于 2015 年进行规划设计的清城文化旅游交流中心，位于河北唐山清东陵景区（5A）内。经对现场的勘察，项目组发现其建筑具有体量大、空间大、挑空高三大优势；经对清东陵景区调研后，得知其缺失文化展示、文化体验、游客休闲、服务接待等配套设施。因此，决定将这一项目定位为旅游综合体，其中包含游客集散服务中心、清朝历史文化博物馆、清东陵康熙大帝历史博物馆、清东陵风水建筑博物馆、清朝名人历史博物馆、满族文化街区等。并结合其主题定位，对其外观风貌进行设计改造。

交流中心前厅采取独特的清城风水背景（“龙脉”壁雕）与皇室独有的 25 方玉玺造型（中间大玉玺雕刻满汉的“清城”字样），整体呈现庄重与震撼的空间氛围，同时，与清东陵形成统一与连贯，整体呈现风水学“天人合一”意境氛围（见图 9-23）。

图 9-23　交流中心前厅设计效果

游客接待中心以皇室礼仪文化元素为提取蓝本，将经典元素——黄罗伞运用于入口处咨询区域的设计中，寓意“以皇室至高礼仪，迎接八方来客”（见图 9-24）。

图 9-24　游客接待中心设计效果

清东陵康熙大帝博物馆序厅，作为整体展馆的引入部分至关重要。本案序厅高度还原故宫乾清宫室内样貌，以龙椅为场景核心，大殿装潢金碧辉煌，给人以视觉冲击感与历史情境带入之感（见图 9–25）。

图 9–25　清东陵康熙大帝博物馆序厅

展厅“文治武功”部分内容体量较大，是展厅的主体部分，展示了康熙在位期间的重大功绩，设计整体运用城墙烽火元素，烘托激昂的情绪（见图 9–26）。

图 9–26　展厅“文治武功”

展厅的最后部分展示的是康熙帝的功过评说以及盛世太平的繁荣景象，整体设计偏向概念氛围设计，使观览者产生内心共鸣及文化归属感（见图 9–27）。

图 9–27　康熙帝的功过评说以及盛世太平的繁荣景象

图 9–28 为展厅的中厅部分，由此开始将进入清东陵建筑文化展示区域。建筑文化以儒家礼制思想为统领，正前方的概念墙以青铜鼎纹饰为设计主体，突出王权的至尊地位，同时运用礼器纹饰将地面与屋顶相衔接，打造整体感，同时也为满族皇室后代提供祭祖之所。

图 9–28　展厅的中厅部分

无论成人还是小孩，来这里的首要目的是旅游，其次是感受历史和文化，通过 4D 影片给他们带来更直观的视觉体验和文化穿越（见图 9–29 和图 9–30）。

图 9-29　4D 影院外部设计

图 9-30　4D 影院内部设计

（七）文博类商街模式

传统时尚零售商场因为不断上涨的租金以及消费客流下降等多重限制因素的影响，面临着业绩下滑的困境，为突破这一瓶颈，全新的商业零售模式被激发，以此来拓展新市场，吸引年轻消费者。例如，K11 购物艺术中心，通过艺术化陈列方式突破传统购物的布局，打造创意空间突出文化氛围，将娱乐休闲与购物紧密结合，从而实现艺术、人文、自然的共融。

2017 年光影侠承揽的安徽马鞍山采石古镇项目中的特色商街打造，就是通过系统的文化梳理，将采石矶当地代表性遗址元素与符号融入室内设计灵感当中，以室内特色门头、景观小品、文化艺术品展示、地面铺装、多媒体互动等多样化形式，打造旅游形态与商业功能相辅相成，形式与内容相统一的旅游商业一体化综合体（见图 9-31）。

图 9-31　安徽马鞍山采石古镇效果图

专栏 22　光影侠——盈利型博物馆设计施工一体化服务商

光影侠是绿维文旅集团全资子公司，首创“盈利型博物馆”打造理念。涉及城市主题名片、工业旅游、古镇古街区、乡村民俗、游客服务中心、顶层设计、艺术空间、红色旅游、文创产品、名人故居、溶洞/楼阁、商业空间等领域。

相关案例：中国插花艺术博物馆、北京王府井古人类文化遗址博物馆、黑龙江抚远市鱼文化体验馆、湖南长沙新华联铜官窑国际文化旅游度假区、山东沂蒙山小调诞生地活态博物馆、湖南曾国藩故里富厚堂和白玉堂、贵州瓮安猴场会议纪念馆、贵州赫章县河镇乡海雀生态博物馆……

更多详情请扫描二维码

第五节　旅游游乐设施的设计思路

旅游的核心目的是体验不同于日常的生活，因此，旅游设计中要把旅游项目、景观环境、配套设施进行游乐化处理，营造一个不同于寻常的体验氛围。所谓游乐，游是前提，乐是目的，“游”的环境与设施是实现“乐”这一目的的有形载体。在旅游项目的设计中，前期要从本地旅游资源出发，深刻发掘游客的心理诉求，在项目设置中尽量满足游客追求新鲜环境、寻求生活角色转换等求异心理的需求，形成感官全新的体验与收获。

一、旅游游乐设施设计的重点

（一）基于游憩方式的游乐设施设计

从游憩方式上讲，游乐设施的设计主要强调体验感，注重游客的参与性，让这种参与感受成为旅游区的亮点，从而区别于其他旅游区，成为该旅游区独特的吸引力。

具体而言，基于游憩需求的游乐设施设计有以下几种表现：以自然资源为基础的旅游区，例如山水型景区，从单纯的观光发展到山水休闲，可以设计徒步探险、水上漂流等游乐设施，增强山间游乐的趣味性；以人文资源为基础的旅游区中，以民俗文化为代表的景区，也早已经跳出了民族舞蹈欣赏、服饰穿戴的层面，需要设计民俗风情深度体验，增加互动娱乐设施，满足游客的文化体验需求。

（二）功能性建筑与设施的游乐化设计

功能性建筑与设施的游乐化是将旅游区中的功能型消费景观建筑，融入游乐化的趣味项目和设计元素，使得功能型建筑具备更强的吸引力。

不同地域的旅游区可以根据本地特点来设计能够突出本地特色的住宿环境，如碟屋、木屋、茅屋、树屋、玻璃屋、雪屋等。以碟屋为例，碟屋的外形结构像一个碗碟。从功能来看，一半像屋子，一半像船。碟屋有 50 平方米的生活空间，可供 2~9 人居住和生活。有多个房间，如小客厅、酒吧、娱乐室、卫生间和小客舱卧室。有上下半层的复式结构，环境十分清洁、雅致和舒适，就像一幢住宅、旅馆或别墅。碟屋可以设立于陆地，也可以漂浮于水面。无论在海滨、湖泊、河流、山林、荒地、沙漠还是极地，碟屋随时可以移来作为临时的度假公寓或探险营地。碟屋带给游客的是温馨、安逸、舒适和浪漫，这种类型的住宿要比水泥的酒店更具吸引力。

二、旅游游乐设施设计的创新方法

单调的生活方式、紧张的生活节奏使现代都市人对所处的环境感到乏味和麻木，总是在繁忙的现实当中幻想着另一种生活，假期出游恰恰满足了人们这样的需求。所以在游乐设施的设计当中要满足人们这种出走和求异心理需求，可以从以下四点进行突破创新。

（一）满足游客的求新心理，主动变换场景

在旅游游乐设施的设计上，应该制造出不同的场景，使抽象的、无形的文化具象化，通过不同场景的变换演绎，把人文和自然资源巧妙地结合起来，使游客通过不同的场景获得不同的感受和体验。一个旅游区可以制造出很多的不同，在游乐设施的设计中必须要从这些不同的场景和不同的主题中找出整个旅游区的相通之处，然后融会贯通，构成整个旅游区旅游要素的完整配置。

（二）研究游客的求异心理，创造时空轮回

运用时空轮回的手段，将不同时空、不同跨度和不同时刻度的东西，整合融汇于一体。或者，将不同的场景分解到不同时空、不同跨度和不同时刻度的时空中，打造出

具有核心吸引力的旅游产品。如科创乐园、科技城等项目，都是以超大型的游乐设施，用现代高新技术进行造景设计，形成新、奇、特的科幻创意，使游客感受到高科技的力量。

（三）满足游客的体验需求，注入快乐元素

体验是旅游的核心，游程中的角色体验，人与自然互动体验，回归历史的时空体验，异域文化的体验等，都能够提高游乐质量，提高游客旅途的满足感。因此，在旅游游乐设施的设计上，应对各类资源进行体验式改造与设计，形成可参与的场景，将自然与文化资源，转化为参与对象，转变为具有吸引力、可使游客兴奋的产品。

（四）满足游客的审美需求，体现艺术性

设计源于对美的追求，旅游设计同样如此，体现的是人们对更美好事物、更美好生活方式的向往。旅游的早期产业形态，以景观观赏为核心主题。随着旅游业的不断发展，旅游者对旅游欣赏、旅游审美的要求越来越高，旅游活动也逐渐从观光娱乐型向休闲体验型转化，而旅游审美是对自然美、艺术美、社会美的综合性审美实践活动。所以从旅游资源审美和旅游者的需求出发，旅游游乐设施的设计必须体现艺术性。仅依靠资源本身的观赏独特性不能达到足够的吸引力，必须通过艺术化的手段，在资源观赏性特征的基础上，对游乐项目及设施进行艺术加工与再创造，这样才能增强旅游综合吸引力，才能满足游客的审美需求。

第六节　室内展陈设计

光影侠针对博物馆展陈空间设计特点，融入临场体验理论，总结出基于临场体验的室内展陈设计发展趋势。在特定主题定位下完成展陈策划，通过创意、科技、文化等方面的设计对展陈文物进行艺术化的表达，使其能够最大限度地精准地向游客传递相关知识与信息。

一、展陈设计理念产生的背景

（一）移动互联网时代下的知识服务

功能机时代的手机霸主诺基亚，只因其固守功能机阵营而被智能机时代所抛弃；在“得到”开课的北京大学教授薛兆丰凭借《经济学课》收费3000余万元，一夜爆红；约600岁的故宫充分拥抱互联网和文创，让正襟危坐的皇亲国戚集体卖萌，以破10亿元的销售收入总额，让业内看到了线上知识服务变现的巨大红利。

随着互联网时代、休闲时代的全面到来，线下知识传播的路径和方法面临全面革新，促使我们必须用新的思维从底层重新构建室内展陈的知识服务体系。以得到、知乎为代表的“线上知识服务商”对大数据时代下的知识信息进行了提纯、加工，使之更容易传播，更容易消化。而以博物馆为代表的以研究、收藏、保护、展示古代遗物为重点的文化机构，是城市的基础服务设施，也是“线下知识服务商”。如果不能顺应时代、求新求变，将被边缘化并很快老去。

传统文化谈的多是统治者的文化，而深入人心的却是世俗文化。在印刷术普及之前，知识是稀缺的，传统文化为了达到震慑和统治的目的，使用的语言必须拗口，有距离感。进入互联网时代以来，信息爆炸，知识不稀缺了，注意力反而稀缺，这就是传统文化表达和获得之间的鸿沟。

（二）室内展馆自身运营思维的转变

同样是知识服务，线上和线下并非割裂的存在，只是运用了不同的渠道、语言和方法。线上知识传播有其实时性、碎片性特征，线下有其休闲化、景区化特征。以博物馆为例，据国家文物局统计，截至2018年年底，全国共有5000余家博物馆。绝大部分博物馆依靠中央财政文物保护专项资金来支持运营，而这些补贴对涉及文物永久保护的单位来说毕竟是杯水车薪。在这种情况下，以博物馆为代表的展馆单位必须转变思维，用新工具盘活资源，实现自我造血机能。反观经营能力较强的博物馆，如故宫、黄鹤楼、苏州博物院等，都是汇集了新颖的表达手段，并以此形成食、住、行、游、购、娱的接待能力，显现出强烈的景区化特征。

二、室内展陈主题思路定位

在传统博物馆里逛一圈，单向式被动化地接收博物馆展陈所表达出的文化内涵，往往难以在游客脑海中留下深刻认知。因此，室内展陈设计必须精准把握自身展陈主题，运用线下知识传播技术将文化转化为旅游产品的系统能力，使游客产生兴趣和记忆，形成展陈主题设计的重要组成部分。具体操作主要包括以下四步。

第一步，通过市场竞合分析，明确展馆的定位，清晰所表达的纵深文化领域。由于游客出游景点选择的偏好以及出游时间的限制，面对众多可选择的旅游目的地和景点，室内展馆要想在激烈市场竞争中成功突围成为行程单上的“钉子户”，必须展示出其展陈的独特优势，形成核心吸引力。以第一次来北京旅游为例，天安门、故宫、长城是必去的景点，如果时间充裕，游客会面临第二梯队景点的选择，这时国家博物馆、首都博物馆就成了抢夺游客时间的竞争对手，谁的展品吸引力强，谁的展陈方式新颖独到，更对游客的胃口，谁就能够胜出。

第二步，规避雷同展陈方式，通过创新手法，确立自身优势定位。避开游线清单上的强势景点，尤其是已经充分体验过的文化内容，通过创新展陈方式与内容，找到差异化的表达形式，形成优势定位。例如，在重庆武隆白马山的爱情文化体验设计中，因为已经有“飞天之吻”大摇臂这个强体验，所以室内的体验另辟蹊径，选择了“相亲”“行礼”等不同的角度，避开了“吻”。

第三步，围绕展陈文化主题，遴选最有说服力的文字、图片、实物等材料。展陈文物因其真实性，是文化记录遗存的瑰宝，承载着历史本身的样貌。同时，文物本身是人类文化创造的结晶，是文化主题真实展现的有力佐证。因此，在展陈设计时需注意选取与主题相关的材料，通过对时间、空间两个维度的合理整合，构筑一个多层次、递进式的人文历史氛围，从而让展陈的主题文化以生动真实的诉说方式向游客娓娓道来。

第四步，用最正确的设计语言和得体的表达手段塑造空间，形成视觉锤子，激发口碑传播，营造景区型室内展馆。设计没有美丑，但是有正确和错误。解决问题的设计是正确的设计，要体现“定位 + 视觉 + 获得感”的一致性。

就 Logo 设计而言，一般的设计师做效果评估的时候会问受试者：“这几个方案你觉得哪个好看？你最喜欢哪个？”这种引导游客“看表面，观美丑”就是错误的开始。

例如，光影侠为重庆武隆白马山设计 Logo 的时候，问游客的问题是：“你看到这个图形想到了什么？”通过大量的答案迭代，尤其是和定位的比对，不断修正自己的设计偏差，更换不同的设计语言，争取让所有的“小白”游客一眼看穿，使定位、视觉和获得感三者一致。

白马山的特色是万亩茶田，Logo 整体脱胎自变形的篆体“马”字，开篇明义，让人一目了然。Logo 中绿色圈层的线条，取景自白马山一望无际的万亩茶田（见图 9–32）。

图 9–32　白马山 Logo

三、室内展陈设计技巧

经过十余年的实践，光影侠将室内体验设计的方法总结为五大工具，分别为文化挖掘三把刀、艺术造景换新天、玩转多媒体、制造话题快速传播、智慧化运营。这五大工具在一个核心定位的引领下，互相穿插配合，使室内展陈设计在一个体系内完成整个文化体验的设计和施工。这五个工具的应用技巧及案例实践如下：

（一）创意化展现——塑造核心吸引力

人类天性对“性、体育、秘密”具备本能的浓厚兴趣，每一届世锦赛、奥运会、世界杯的火爆，近几年盗墓、反腐、探秘、穿越题材的大行其道，都印证了这个道理。例如，光影侠在打造沂蒙小调诞生地博物馆时，设计施工“听墙根”，实际就是利用了游客“窥私”的心理。

一对夫妻私房夜话的剪影，声音隐约传来，游客走近了，趴紧了墙根才可听见（见图 9–33）。

图 9–33　听墙根

光影侠在乌兰夫纪念馆内表现百灵庙民族武装抗日的场景，以墙体裂缝为窥视口，寓意地下组织的秘密性（见图 9–34）。

图 9–34　乌兰夫纪念馆百灵庙民族武装抗日的场景

（二）深度化体验——峰值和终值

诺贝尔奖得主、心理学家丹尼尔·卡尼曼，经过深入研究发现对体验的记忆由两个因素决定：高峰（无论是正向的还是负向的）时与结束时的感觉，这就是峰终定律（Peak-End Rule）。这条定律基于潜意识总结体验的特点，即对一项事物的体验之后，最能够记住的多是在高潮和结尾时的感受，而在过程中好与不好的体验，以及好与不好体验时间的长短，很少能记得住。比如宜家的“峰”就是物有所值的产品、实用高效的布景、随意体验的家具，而“终”可能就是出口处那 1 元的冰淇淋；再比如全球所有迪士尼乐园每一个游乐体验的出口处一定是售卖区，也用到了这个原理。

（三）节点式设计——营造剧情起伏

节点式设计犹如“投进平静水面的那颗石头”，是制造波澜的幕后推手。室内展陈设计也是同理，展陈设计中既要保证文化记叙的完整性，又要避免表达方式的平淡直述。因此，需通过节点式设计让游客产生恐惧与愉悦并存的体验感，营造剧情上的起伏。

1. 如何营造恐惧

在文明社会，游客极少遇到恐惧的情况，所以制造“恐惧体验”显得尤为珍贵。例如，在展馆里模拟坐火车不是一个好的设计，模拟火车撞火车才是。如果预算足够，可以模拟火车撞飞机同时有龙卷风，这就是百年不遇的恐惧。恐惧让游客印象深刻。

秦皇岛海洋文化主题景区科普馆的镜子迷宫，营造“迷途恐惧”。镜子迷宫以三角形为一个单位，利用平面镜成像原理，形成数不清的光反射，导致大脑判断失误，形成了迷宫（见图 9–35）。

图 9–35　秦皇岛海洋文化主题景区科普馆的镜子迷宫

2. 如何营造愉悦

游客通过博物馆解除了自己的知识盲点，茅塞顿开，形成愉悦之感。博物馆内休憩节点设计合理，使游客缓解疲劳，就能产生愉悦。沂蒙小调诞生地博物馆在布展中设计的点石成金，满足的就是游客渴望“发财”的愉悦感。

第七节　游线设计和街区规划设计

一、旅游目的地游线设计

游线设计应根据目的地整体布局，考虑游客游览时间及在游览过程中的兴奋期和疲劳段，根据不同游客需求，设计不同主题及功能的游线。主游线设计需要整体考虑串联各种类型业态，如观光、购物、餐饮、演出、体验、住宿等，并将白天项目和夜间项目结合考虑。绿维文旅针对旅游目的地的特点，提出五大设计要点。

一是丰富游线节点布局。充实旅游目的地游线节点的设计和规划，增加吸引旅游者停留的节点，提升游览过程的兴奋度。

二是游线闭合，避免重复游线。游线设计注意避免旅游者走重复路线，所以在设计的过程中要注意游线的闭合性。

三是考虑游线游憩的节奏。在线路的组织和设置上，遵循旅游者在旅游休闲过程中的生理特点和心理需求，充分考虑游憩节奏。

四是游线串联多种交通工具。本着“旅速游缓”的原则，在旅游线路上要尽可能多的串联交通工具，比如索道、巴士、电瓶车等。

五是主体游线商业化布局。在主要的游览线路，节点少又难以布局交通工具的情况下，可以进行商业化布局，利用商业业态吸引游客驻足，减少游览过程中的乏味感。

二、休闲街区设计

休闲街区是组成旅游目的地的血管，每个休闲街区内部都是独立的系统，外部的城市道路不横穿街区，临街道路布置商业设施，街区中心是公共绿地及公共广场、邻里服务设施，每个街区有适宜的规模。

（一）休闲街区的分类

旅游目的地的街区是旅居混合的休闲街区，可以分为以下几类。

1. 综合商业服务街区

以综合性的商业服务为主，提供购物、餐饮、休闲、商务等综合的生活旅游服务功能以及酒店、宾馆、客栈等游客居住场所。

2. 商住混合街区

除了旅游商业服务之外，还提供目的地居民常住功能。

3. 休闲养生特色居住街区

街区居住对象为停留时间较长的游客，或是养生养老等特殊人群。商业服务配套针对中长期的游客设置，尤其是有养生、养老需求的游客。

4. 普通居住街区

居住对象为目的地居民，商业配套服务对象为小区居民。

（二）休闲街区设计理念

1. 人车分离的街区交通

街区首先要保证人的安全和活动的自由，使人们不受汽车、噪声和其他公害的干扰。要实现有效的人车分离，可以按照车辆管理方式的不同将街道分为完全步行街、半步行街和非步行街，对不同的街区实行不同的交通措施。

2. 独特的景观文化魅力

要对文化元素进行提炼、升华和再创造，通过各类景观要素的设计提升街区的可识别性。可以体现街区独特性的景观要素有铺地、标志性建筑、建筑立面、橱窗、店招广告、游乐设施、街道设施、街道小品、街道照明、植物配置等。

3. 旅居结合的设施配套

根据街区的不同类型，有不同的设施配套原则。综合商业服务型街区的设施配套要满足本地居民与游客的商业服务需求；商住混合型街区以居住功能为主，辅以旅游服务功能；休闲养生特色居住街区则提供游客的长期居住服务配套；普通居住街区与目的地其他居住区规划原则一致。

三、商业街区设计

商业街区是旅游目的地商业业态的集中区域，是延长游客停留时间、聚集人流、拉动消费的重要场所。

（一）商业街区的分类

商业街区主要分为紧凑型和舒展型两类。紧凑型商业街街道一般在 2~20 米，要尽量少种绿植，以免对商铺造成遮挡，要适当考虑休息设施，但不宜过多；舒展型商业街街道一般在 10~20 米，应配置高度在 3 米以内的小型雕塑（人物为主或情景雕塑），商铺如果有断点，可以配置活动性较强的绿植，另外，在节点处布局休憩设施，并加入景观小品。

（二）商业街区的设计理念

旅游目的地商业街区的设计理念主要包括以下四点：

第一，交通慢行，人车分离的街区交通。主要满足游客步行的需求，限制机动车穿行，满足消防通行功能。按照车辆管理方式的不同将街道分为完全步行街、版步行街和非步行街，对不同的街区实行不同的交通措施。

第二，尺度适当，建筑风格统一。控制街道尺寸，控制两侧建筑高度，街道高宽比保持在舒适的比例，形成适宜的步行尺度。要尽量采用当地风格的建筑风格，根据当地建筑风格调整建筑尺度，遵从景观好、展示类、大开间原则。

第三，商业配置合理，空间多变利用。商业街街道不宜过直，应结合当地的地势条件，做相应的空间变化。在户外商业空间上，也应该采用多种处理方式相结合的形式。例如，私密空间设计，多布置高端业态，吸引高消费群体；公共空间可以被各种休闲娱乐活动利用；半私密空间则给沿街商铺提供一定经营空间。多种广场的应用，如景观广场、休闲广场、活动广场等，不仅增加游客体验，也丰富游客视觉。拓展空间的梳理，对于景观资源较好的旅游目的地，可以通过下沉、延伸、挑台等多种处理方式，增加其游憩拓展空间，将景观价值最大化利用，同时增加游客承载量。

第四，景观细节精致，突出文化魅力。商业街区设计应主题突出、文化独特，商铺招牌、休息设施、地面铺装、水景绿化、夜间照明等方面应突出商业氛围。建筑风格材料要与当地文化及主题风格相符合，小品设计要精细化。要注重夜景系统的打造，着重体现建筑的轮廓线、水体和建筑的互动关系。夜景的氛围遵循点线面的景观原则，点上注意特定氛围的营造，线上主要建筑轮廓线、水岸及道路的氛围，提升旅游目的地独特的魅力。

四、街区的空间设计要点

休闲街区和商业街区都必须具有宜人的尺度、合理的步行路线、良好的路面条件和适合的长度，才能够合理布局各类功能，满足不同人群各种活动的需求。

（一）街区尺度设计

人们在街区中行走，随着时间的增加会产生一定的疲劳度。了解人们的疲劳曲线，进行有利的空间形态组织，可以起到事半功倍的效果。不同的年龄有不同的疲劳时间和疲劳程度曲线，如青年人步行的速度 60~70 米 / 分钟，一般在商店内选购 30 分钟左右有疲劳感，故第一个休息点可设置在街区入口后 400~500 米。而老年人步行速度为 40~50 米 / 分钟，一般出行 20 分钟左右需要小憩，故第一个休息点可在 200 米左右设置。因此在人们容易达到疲劳点的地方设置合理的休息空间，可让人们的体力得到恢复，激起下一轮的“步行行为”。

（二）休憩节点设计

在休息空间处，可根据不同人群的喜好，设置不同的休憩节点。如针对老年人设置茶室、座椅、绿地凉亭等休息设施；针对年轻人设置冷饮店、咖啡屋、甜品店等休息设施；同时，在每个休息点附近可布置小型儿童游戏场，以便家长休息时，儿童也有娱乐场所，这样可兼顾不同年龄层疲劳需求。当街区纵深过长时，可设置一些短小的横向街道与之交叉，使不同方向的人流更加容易进入，而且会增加更多的转角空间场所设计，给人们带来新奇感。

（三）空间拓展设计

步行街区街道不宜过直，应结合当地的地势条件，做相应的空间变化。在户外公共空间设计上，可运用景观广场、休闲广场、活动广场等布局手段，增加游客的体验，丰富游客的视觉效果。拓展空间的规划设计，可多种处理方式相结合，如通过下沉、延伸、挑台等手法，拓展游憩空间，实现景观价值最大化。

（四）街区建筑设计

旅游目的地大多设置有标志性建筑，如牌坊、码头、碉楼、钟楼等、雕塑、教堂等。街区设计应采用当地的建筑风格，设置符合主题的标志性建筑，形成独特的地标亮点和吸引力。

建筑层数：商业街区、特色客栈住宿街区建筑的层数一般应设置为 1~2 层，一层为商业、二层为客栈住宿。当二层也为商业时，为增加可达性，可采取自动扶梯、空中无障碍天桥等。而商业居住混合街区、养生养老街区的建筑则以 4~6 层为宜。纯居住街区则以不破坏天际线为准，合理设置层高。

建筑尺度：建筑尺度与业态密切相关。开间方面，景观好、展示类的建筑可以做 8.4~16.8 米的大开间，而景观一般、展示内容少的建筑可以做 6 米左右的开间，小型紧凑的建筑开间可以是 3~4.2 米；进深方面，大型酒店进深可达 16.8 米甚至更深，中等商铺或小型餐饮进深可做 9 米，而小型冷饮店进深也可做 3 米；在层高方面，小型餐饮类、作坊类层高 3.3~3.6 米之间比较恰当，大中型在 3.6~4.2 米之间比较好，其他大型商业建筑层高可在 4.2 米以上。

复习思考

1. 什么是旅游设计？旅游设计的基本内容有哪些？
2. 体验经济时代下，旅游设计应如何实现创新？
3. 基于新乡土主义理念，如何实现建筑与景观设计层面的创新？
4. 室内展陈设计创新突破的关键是什么？请以博物馆、文化馆等为例进行说明。
5. 游线设计和街区规划设计的设计理念和设计要点有哪些？

第十章

旅游工程建造——管理为主，实现落地运营

学习目标

知识目标

1. 掌握旅游工程建造的概念和创新理念；
2. 掌握旅游工程建造的体系；
3. 了解旅游工程建造的时代要求；
4. 了解现行主要旅游工程规范。

能力目标

掌握旅游工程项目管理的流程和七大模式。

旅游工程建造包括旅游基础设施、旅游公共服务设施以及旅游商业化消费设施等项目工程的承包和施工管理，是旅游规划与开发工作最终实施落地的关键环节。旅游工程建造在工程建造管理、工程施工要求、工程安全管理、智能化智慧化等方面也有基于产业属性的特殊要求。

本章包括两节内容：旅游工程建造的创新理念与时代要求、旅游工程建造体系及项目管理。通过本章的学习，读者能够熟悉旅游工程建造的规范要求，并能够了解旅游工程项目管理的创新模式及管理流程。

第一节　旅游工程建造的创新理念与时代要求

一、旅游工程建造的概念

在旅游开发过程中，旅游策划、规划、设计为旅游开发工作提供了蓝图和前期理论指导，旅游工程建造则具体推进了旅游开发与规划工作的落地实施。绿维文旅认为，旅游工程建造是指旅游开发过程中旅游基础设施、旅游公共服务设施以及旅游商业化消费设施等项目工程的承包和施工管理，是开发工作最终实施落地的关键环节。

如果说旅游工程是一个大系统，那么旅游基础设施是根本，为旅游公共服务设施和旅游商业化消费设施提供赖以存在的物质基础；旅游公共服务设施是外延支撑，为旅游商业化消费设施提供服务支撑；旅游商业化消费设施是核心，是整个系统良性运转的关键所在。

二、旅游工程建造的创新理念

旅游工程建造是工程建造的一部分，基于旅游的产业属性要求，对于旅游类工程建造也有“旅游化”的特殊性。区别于一般工程建造，旅游工程建造在工程建造管理、工程施工要求、工程安全管理、智能化智慧化等方面有更进一步的创新要求。

（一）建设模式趋向一体化

旅游系统性要求工程建造过程中要协调不同的管理部门和施工单位，对于工程建造管理提出了更高的要求。工程建设体制和管理模式分自行建设管理和委托建设管理，设计、采购、施工一体化的工程总承包模式是现在国际通行的做法。工程总承包模式即从事工程项目建设的单位受业主委托，按照合同约定对从决策、设计到试运行的建设项目发展周期实行全过程或若干阶段的承包。面对系统性很强的旅游项目，一体化建造施工既能节省投资、缩短工期、提高质量，又能推进建造企业技术创新、转型升级。

（二）建造施工强调服务性

旅游服务性是旅游工程建造的基础特征，决定了旅游工程建造的根本属性。除旅游工程建造设施的市政服务、便民惠民等基础使用功能外，旅游工程建造更强调其旅游服务功能，要充分考虑赋予设施本身的美学观赏、休闲体验、科普教育、康养怡情等旅游体验功能。因而，旅游工程建造的旅游服务导向，要求旅游工程建造最终呈现出的是具有旅游特色吸引力的作品。

（三）旅游工程建造强调精细化

特色吸引力的塑造，不仅要在旅游规划设计层面充分考虑地域特征、文化挖掘与游客喜好需求，更要在具体施工方面，充分考虑融合当地地域文化理念、景观美学特征、居民生活需求，以及旅游地或景区发展理念、游客便利等多种诉求的取材、施工手法，要求施工不仅仅停留在大的建筑架构，更要精细到每一个建筑施工、装饰装潢的细节。例如古建的构筑物、古建的壁画对于施工者就提出了更高的要求。对于特殊旅游建造，旅游建筑施工者不再是普通意义上的建筑工人，而是各个领域的大师级“工匠”。只有做到精细化设计、精细化施工、精细化安装，严格的质量回溯，才能真正打造满足游客多样化需求的精品。

（四）建造管理追求智能化

旅游工程建造设施，尤其是旅游商业化消费设施，如游乐设施、旅游饭店、宾馆、商店等商业服务设施，受旅游淡旺季的影响，会出现设施使用不充分、资源浪费等现象，旅游建造施工要充分考虑这些问题，利用智能化的建造施工手法，最大限度节约成本，同时，满足建筑对于美观性和结构性的多重功能要求。越来越多的技术运用到建造当中，比如，装配式建筑的导入，3D 建筑的导入，BIM 技术应用，AR 和 VR 建模的应用等都将助力旅游建筑行业走向智能化时代。

（五）建造安全更加标准化

自然类旅游目的地建造施工位置多位于山区、湿地、岩壁等特殊施工环境下，对质量安全标准化工作提出了更高的要求。在旅游建造安全管理过程中要制定质量标准化体系，大力规范、提升建筑实物和人的行为标准化。从建筑材料、结构配件和设备进场的质量控制，到施工工序控制，以及质量验收全过程的标准化入手，把握工程实体质量控制标准化，明确工作标准，加强标准化制度建设。在现场管理中，应该强化安全管理制度和操作规程，加强危险性较大的分部分项工程的监控，及时排查和治理安全隐患，使施工现场的人、机、物等始终处于安全状态。

三、旅游工程建造的时代要求

中国的建筑行业蓬勃发展，棚户区改造、地下综合管廊、绿色建筑、钢结构建筑、装配式建筑、智慧城市和海绵城市建设方兴未艾，给建造管理也提供了施展的空间。旅游工程建造面对旅游行业发展带来的新的发展机遇与新的挑战，应该把握“五要”理念。

（一）旅游工程建造要领悟“工匠精神”的本质

旅游工程建造是旅游工程的具体建设、制造、施工工作过程，是旅游策划、规划、设计的落地过程。绿维文旅认为，一个好的旅游工程建造必须而且应当突出“工匠精神”，并且要更加精细化、人性化。“工匠精神”不仅体现了对产品精心打造、精工制作、追求极致的理念和追求，更要不断吸收最前沿的新技术，创造出新成果。

在2016年的政府工作报告中，国务院总理李克强曾说“要鼓励企业开展个性化定制、柔性化生产，培养精益求精的工匠精神”。旅游业是一个追求极致体验的行业。因而，在旅游工程建造过程中，更要培养并坚持“工匠精神”。

旅游工匠精神的价值在于精益求精，对匠心、精品的坚持和追求。当今社会心浮气躁，一些旅游开发商及建造者一味追求“短、平、快”（周期短、投资少、见效快）的即时利益，在旅游工程建造中忽略了对旅游文化内涵及品质化旅游需求的把握，致使工程项目建造雷同、建设质量差、服务水平低，旅游整体体验性差。而注入“旅游工匠精神”的旅游建造者，依靠信念和信仰，对旅游地的每一条路、每一条管线、每一个建筑、每一片景观，甚至每一砖每一瓦、每一草每一木的细节都有很高的要求，追求完美和极致，不断雕琢、改善，过程虽烦琐漫长，但这些按照高标准要求建成的旅游地，会发展得更持久。

（二）旅游工程建造施工要树立绿色生态理念

发展绿色建筑是落实国家“十三五”发展规划的重要举措。旅游绿色施工是绿色建筑的重要组成部分，是建设节约型社会、发展循环经济的必然要求，是现代节能减排的重要环节。旅游业在工程设施施工过程中要积极响应国家绿色施工发展的政策及相关要求，严格遵循国家绿色施工标准，牢固树立“绿水青山就是金山银山”的理念，坚持保护优先，因地制宜，合理有序开发，防止破坏资源与环境，摒弃盲目无序开发，实现生态效益、社会效益、经济效益相互促进、共同发展。

2007年原建设部印发的《绿色施工导则》指出，绿色施工是指在工程建设中，在保证质量、安全等基本要求的前提下，通过科学管理和技术进步，最大限度地节约资源与减少对环境负面影响的施工活动，实现四节一环保（节能、节地、节水、节材和环境保护）。绿色施工应该对施工策划、材料采购、现场施工、工程验收等各阶段进行控制，加强对整个施工过程的管理和监督。旅游绿色施工，首先，应该以保护环境为目标，要注意扬尘控制、噪声与振动的控制、光污染的控制、水污染的控制和建筑垃圾的控制；其次，要注意材料资源的节约使用，尽量做到就地取材，减少材料的损耗与周转，做到临建设施可重复利用等；再次，应该制定节水、节电、节能、节地与施工用地保护措施；最后，应该自始至终进行绿色施工管理，包括组织管理、规划管理、实施管理、评价管理和人员安全与健康管理。

（三）旅游工程建造要突出文化融合与创新

文化创新是社会实践发展的必然要求，是文化自身发展的内在动力，是一个民族永葆生命力和富有凝聚力的重要保证。旅游工程建造中，要着眼于旅游目的地建筑文化的继承，取其精华，去其糟粕，推陈出新，革故鼎新。

具体而言，在旅游工程建造过程中，要紧密结合当地文化元素，紧抓地域文化主脉络，并根据实际需要迁移利用边沿文化。在建造取材上，以就地取材为主，并考虑材料的文化植入，如一个曾经煤矿业发达的山村在做旅游设施建造时，取材上除选材于适合当地生态环境的石、木，还应当考虑可突出当地煤产业文化的煤矸石、煤精等材料。在施工方式上，在材料的分割、拼接、组合、布局等方面融入文化元素，如生态休闲区的地面铺装和墙面设计上，除该区主体文化元素外，还可融入花、鸟、虫、鱼等元素。

（四）旅游工程建造要坚持标准化与特色化并存

建筑施工工业化是我国建筑业发展的趋势，其基本特征是建筑设计标准化、构件部品生产工厂化、建造施工装配化和生产经营信息化。旅游工程建造中，一方面强调工程建造的标准化，另一方面也强调工程建造的特色化，标准化和特色化并存将是对于旅游工程建造的一贯要求。

旅游工程建造标准化是指建筑生产采用工业化生产的方式，建立包含技术标准、经济标准和管理标准的标准体系，从而提升工程品质和安全水平、提高劳动生产率、节约资源和能源消耗、减少环境污染、减少建筑业对日益紧张的劳动力资源依赖。

旅游建筑是旅游目的地的文化展示载体，代表着旅游目的地的形象，坚持施工过程标准化的同时，要坚持一定的特色化。一方面，要注意突出建筑外观的艺术性，外观艺术性是旅游工程建造区别于一般工程建造的外观表象特征，是增加旅游特色吸引力的“视觉”感官要素要求，也是旅游工程设计施工的基本要求之一；另一方面，基于旅游建造设施的旅游服务性和使用对象的特殊性，旅游工程建造在设备的选择及安装上，除工程项目的基础使用功能外，还要充分考虑设备及安装方式所呈现出的旅游观赏性、生态性、文化性、休闲性、体验性等方面要求，如旅游生态厕所的洁具选择除满足基础使用要求以外，在水龙头设计、洗手台取材上还可以考虑创意融入景区文化元素，就地取材，突出生态性和文化性。

（五）旅游工程建造施工要走向科技化、智能化

科技的发展为工程建造提供了无限的可能性，新技术的导入既可以使旅游工程建造实现“新奇特”，又可以提升建造管理的效益，同时还可以达到成本控制、质量精细化控制等目标。

1. 基于 BIM 技术建筑全流程管理

根据美国国家 BIM 标准对 BIM（Building Information Modeling，建筑信息模型）

的定义：BIM是一个设施（建设项目）物理和功能特性的数字表达；是一个共享的知识资源，是一个分享有关设施的信息，为该设施从概念到拆除的全生命周期中的所有决策提供可靠依据的过程；在设施的不同阶段，不同利益相关方通过在BIM中插入、提取、更新和修改信息，以支持和反映其各自职责的协同作业。

该技术最早由Autodesk公司在2002年提出，目前已经在全球范围内得到业界的广泛认可。建造行业设计团队、施工单位、设施运营部门和业主等各方人员基于BIM技术，可以实现从建筑的设计、施工、运行直至建筑全寿命周期的终结过程中信息（空间信息、进度信息、成本信息等）的共享和传递，从而有效提高工作效率、节省资源、降低成本、以实现可持续发展。基于此项技术可以实现建筑施工智能化和建筑工地智慧化，真正做到从人员管理、物料管理、质量管理、安全管理、成本管理、施工过程监控到施工管理的全流程管理。

2. 基于信息技术寻求建造产业突破

信息技术和移动终端已经成了整行业突破的利器，旅游建造行业的多行业串联性，要求旅游建造过程中打通多个环节，通过“互联网+”对旅游建造项目的设计、采购、施工、管理、运维等全生命周期价值链的环节进行智能化、数字化和信息化的革新，可以实现跨越空间、时间的限制，在全社会范围提高资源获取、配置能力和使用效率。

同时，通过互联网可以打通全产业链上下游的各个环节，实现旅游建筑行业上下游企业生产、销售、采购流程、组织结构实现在线化、数据化进程，从而提高运行的效率，实现建造行业的突破发展。

3. 导入装配式建筑加快行业整合优化

装配式建筑，又称为模块化建筑，是指房子由单独箱形模块装配组装在一起形成一个整体，而模块化部分是在标准化的工业化工厂生产制作形成。伴随着技术的进度，装配式建筑不仅性价比高，而且能够满足美观、安全、防风、透气等多个功能。装配式建筑随着科技的发展，不仅仅是土建能够实现装配，现在装配的领域也延伸到内装装配、建筑构配件装配，为旅游特色化建造创造了无限的可能。集成化技术的逐渐提高，管道装配化、幕墙与外墙结合的装配化、内墙与装饰材料整合的装配化，光伏与玻璃与幕墙整合的装配化都将直接提升建造的速度，降低建造的成本，加快行业的整合与优化。

4. 导入智能化施工工艺与设备提高效率

适当地导入智能化施工工艺与设备将会进一步提高施工效率、减少对建筑工人的依赖、降低建造成本。现实中，不同的建材具有不同的特性，要运用不同的施工设备与施工工艺，就需要不同工种的熟练工人参与。通过软件支持以及数据交互、云端交互等技术的应用，可穿戴设备将会给建筑施工带来很多便利。智能机器人应用在生产、安装、运输管理的各个阶段，能够减少建筑过程中的人工成本，更能保证质量的精细化控制以及效率的提升。

四、旅游工程建造要避免误入的“坑”

结合绿维文旅多年来的旅游工程建造理论研究与实践，本书整理了以下几个旅游工程建造容易踩的“坑”。

（一）“没有底子的面子工程，撑不了多长台面”

为迎合或应付上级的考察考评，粗制滥造旅游工程项目，妄想以次充好、以假乱真。须知，这种“金玉其外、败絮其中”的面子工程是经不住时间考验的。

（二）“众口难调也要调”

旅游工程建造项目过分考虑游客需求，夸大设计游客使用功能，但忽视了当地居民的实际生活需求，如休闲农业旅游区夜间照明的设计施工应充分考虑农业生产的实际需求，在农业生产区或动物养殖区应少设或不设过多照明设施，以免影响正常的农业生产。

（三）“好大喜功，功成不能名就”

旅游工程建造一味追求“高、大、尚”（高度够高、体量够大、风格够潮），博眼球，引关注，不注重建造过程中的成本核算，投资过分乐观，忽视地域文化特征和市场局域性，最终建造要么半途而废，要么曲高和寡，成为旅游目的地发展的鸡肋，逐渐湮灭在时代的浪潮中。

第二节　旅游工程建造体系及项目管理

一、旅游工程建造体系

（一）旅游工程建造的体系构建

旅游工程建造泛指旅游开发建设过程中所涉及的所有工程项目的建设。按照不同的标准，旅游工程建造有不同的分类体系。按各项工程的功能属性及其与旅游的关联性，旅游工程建造分为旅游基础设施建造、旅游公共服务设施建造和旅游商业化消费设施建造三大体系；按使用主体的感知印象，旅游工程建造分为服务性设施建造、游览性设施建造、体验性设施建造和形象性设施建造；按具体施工项目的属性，旅游工程建造可分为建筑工程建造、结构工程建造、给排水工程建造、暖通类工程建造、电气类工程建造和园林景观类工程建造六大体系。本节将针对第一种分类详细阐述。

旅游基础设施建造是指为旅游者提供保证旅游活动正常进行的基础性服务的物质工程的建造，具有功能复合性、设施景观化、服务多群体、承载弹性化的特征，包括旅游交通、给排水、能源供给、邮电通信、环保环卫、防卫防灾等设施的建造。

旅游公共服务设施建造是指由政府和其他社会组织、经济组织为满足游客与当地居民的共同需求，所提供的不以营利为目的，具有明显公共性、基础性的旅游产品与服务设施的统称，是提供社会性结构的设施建造。它以增强游客体验感、满足游客公共需求为核心，以整合资源、配置产业要素平衡、突破薄弱环节为导向，以旅游产业发展及旅游目的地的快速打造以及全域旅游的夯实发展为目标。旅游公共服务设施建造包括公共信息服务设施、交通服务设施、医疗保障设施和国民旅游休闲设施的建造。

旅游商业化消费设施建造是指为满足游客观光、文化、游乐等体验性需求而提供的以营利为目的的旅游吸引物（如标志性景观、地标建筑），以及为旅游主体吸引物提供配套服务设施的建设。它具有营利性、观赏性、深度体验性，是旅游区建设运营及发展的关键所在。

旅游基础设施、旅游公共服务设施与旅游商业化消费设施三者相互影响、相互作用，共同构成旅游工程建造体系。其中，旅游基础设施建造是基础、根本，支撑着旅游公共服务设施和旅游商业化消费设施的建设发展；旅游公共服务设施是延伸、补充，一方面弥补了旅游基础设施的不足，另一方面为旅游商业化消费设施提供服务支撑；旅游商业化消费设施是核心、灵魂，是整个旅游工程建造的重点，也是未来旅游发展的关键（见图10–1）。

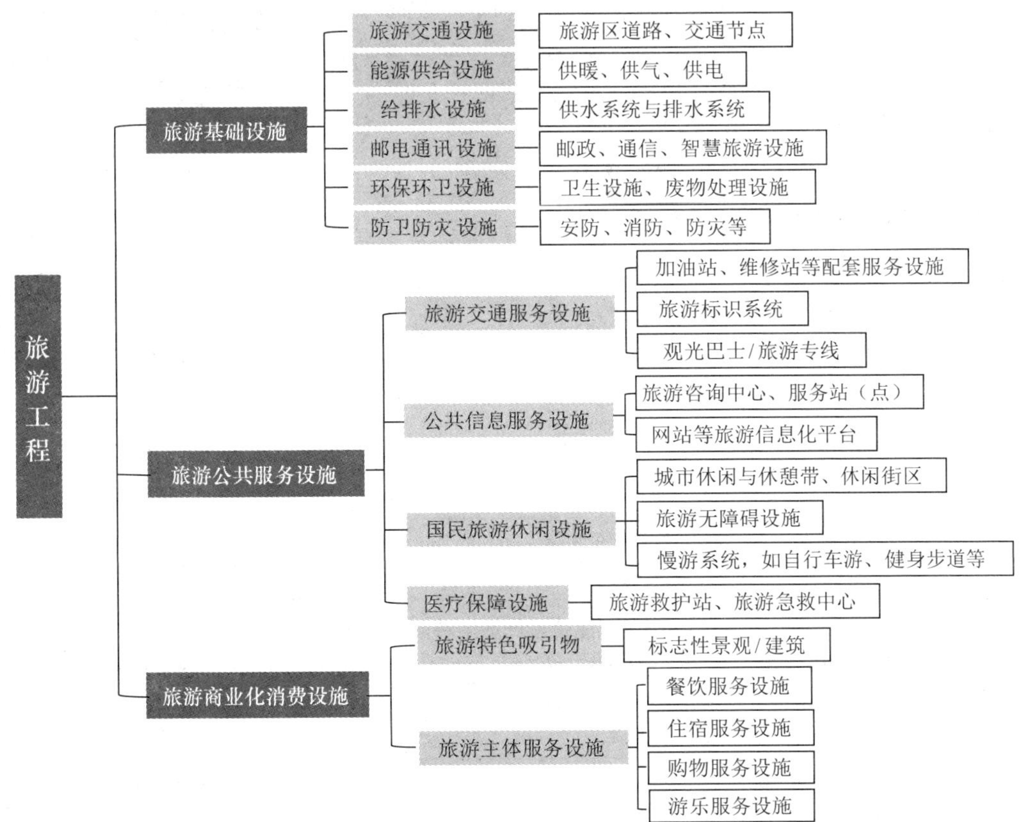

图 10–1　旅游工程体系框架

（二）现行主要旅游工程规范

旅游工程建造是否科学、合理、规范，直接评判标准在于旅游建筑是否符合建筑设计及施工规范内容和体例，旅游交通是否符合道路设计施工技术规范，景观设计是否符合景区设计方面的规范内容和体例。近年来，随着建筑与景观设计活动的发展和深化，建筑与景观方面的设计施工规范也在不断修订和更新。

表 10–1~ 表 10–4 为现行最新的国家及地方规范标准、规程。

表 10–1　建筑设计类工程设计规范

	规范名称	编号
	国标规范	GB
1	《民用建筑设计通则》	GB 50352—2005
2	《建筑设计防火规范》	GB 50016—2014（2018 年版）
3	《公共建筑节能（绿色建筑）设计标准》	GB 50189—2015
4	《建筑内部装修设计防火规范》	GB 50222—2017
5	《建筑抗震设计规范》	GB 50011—2010（2016 年版）
6	《民用建筑隔声设计规范》	GB 50118—2010
7	《无障碍设计规范》	GB 50763—2012
8	《绿色建筑评价标准》	GB/T 50378—2014
9	《美丽乡村建设指南》	GB/T 32000—2015
	国标规范、规程	JGJ
1	《商店建筑设计规范》	JGJ 48—2014
2	《旅馆建筑设计规范》	JGJ 62—2014
3	《饮食建筑设计标准》	JGJ 64—2017
4	《博物馆建筑设计规范》	JGJ 66—2015
5	《建筑玻璃应用技术规范》	JGJ 113—2015
6	《玻璃幕墙工程技术规范》（现行 2003 版，2013 版为报批稿）	JGJ 102—2013
	其他	
1	《建筑工程设计文件编制深度规定（2016 年）》	

表 10–2　建筑设计类工程施工规范

1. 地基与基础		
	国标规范	GB
1	《工程测量规范》	GB 50026—2007
2	《建筑地基基础设计规范》	GB 50007—2011

续表

3	《岩石锚杆与喷射混凝土支护工程技术规范》	GB 50086—2015
4	《地下工程防水技术规范》	GB 50108—2008
5	《建筑边坡工程技术规范》	GB 50330—2013
6	《复合土钉墙基坑支护技术规范》	GB 50739—2011
	国标规范、规程	**JGJ**
1	《高层建筑箱形与筏形基础技术规范》	JGJ 6—2011
2	《建筑地基处理技术规范》	JGJ 79—2012
3	《建筑桩基技术规范》	JGJ 94—2008
4	《建筑基坑支护技术规程》	JGJ 120—2012
5	《建筑施工临时支撑结构技术规范》	JGJ 300—2013
6	《型钢水泥土搅拌桩技术规程》	JGJ/T 199—2010
2. 主体结构		
	国标规范	**GB**
1	《屋面工程技术规范》	GB 50345—2012
2	《大体积混凝土施工规范》	GB 50496—2009
3	《钢结构工程施工规范》	GB 50755—2012
4	《混凝土结构工程施工规范》	GB 50666—2011
5	《建筑结构荷载规范》	GB 50009—2012
6	《砌体结构设计规范》	GB 50003—2011
7	《钢结构设计标准》	GB 50017—2017
8	《混凝土结构设计规范》	GB 50010—2010（2015 年版）
9	《木结构设计规范》	GB 50005—2017
10	《混凝土结构耐久性设计规范》	GB/T 50476—2008
	国标规范、规程	**JGJ**
1	《多孔砖砌体结构技术规范（2002 年版）》	JGJ 137—2001
2	《混凝土异形柱结构技术规程》	JGJ 149—2017
3. 建筑装饰装修		
	国标规范	**GB**
1	《建筑内部装修防火施工及验收规范》	GB 50354—2005
2	《民用建筑工程室内环境污染控制规范》	GB 50325—2010
3	《住宅装饰装修工程施工规范》	GB 50327—2001
4	《墙体材料应用统一技术规范》	GB 50574—2010
	国标规范、规程	**JGJ**
1	《玻璃幕墙工程技术规范》	JGJ 102—2003

续表

2	《塑料门窗工程技术规程》	JGJ 103—2008
3	《金属与石材幕墙工程技术规范》	JGJ 133—2001
4	《外墙外保温工程技术规程》	JGJ 144—2008
5	《铝合金门窗工程技术规范》	JGJ 214—2010
6	《建筑外墙外保温隔离带技术规程》	JGJ 289—2012
7	《建筑涂饰工程施工及验收规程》	JGJ /T29—2015
4. 专业工程设计及施工规范		
4.1 给排水工程		
	国标规范	**GB**
1	《建筑给水排水设计规范》	GB 50015—2003（2009 年版）
2	《泵站设计规范》	GB 50265—2010
3	《民用建筑节水设计标准》	GB 50555—2010
4	《消防给水及消防栓系统技术规程》	GB 50974—2014
5	《建筑防烟排烟系统技术标准（新增）》	GB 50251—2017
6	《气体灭火系统设计规范》	GB 5-370—2017
7	《二次供水设施卫生规范》	GB 17051—1997
8	《室外给水设计规范》	GB 50013—2006
9	《生活饮用水卫生标准》	GB 5749—2006
10	《室外排水设计规范》	GB 50014—2006（2014 年版）
11	《建筑灭火器配置设计规范》	GB 50140—2005
12	《水喷雾灭火系统技术规范》	GB 50219—2014
13	《自动喷水灭火系统设计规范》	GB 50084—2017
14	《建筑中水设计规范》	GB 50336—2002
15	《建筑与小区雨水控制及利用工程技术规范》	GB 50400—2016
16	《污水综合排放标准（主要针对工业）》	GB 8978—1996
17	《城镇污水处理厂污染物排放标准》	GB 18918—2002
	城建	**CJ**
1	《游泳池给水排水工程技术规程》	CJJ 122—2017
2	《节水型生活用水器具》	CJJ/T164—2014
4.2 暖通类工程		
	国标规范	**GB**
1	《民用建筑供暖通风与空气调节设计规范》	GB 50736—2012

续表

2	《建筑机电工程抗震设计规范》	GB 50981—2014
3	《公共建筑节能设计标准》	GB 50189—2015
4	《城镇燃气技术规范》	GB 50494—2009
5	《民用建筑热工设计规范》	GB 50176—2016
	国标规范、规程	**JGJ**
1	《供热计量技术规程》	JGJ 173—2009
2	《辐射供暖供冷技术规程》	JGJ 142—2012
	城建规程	**CJJ**
1	《城镇供热系统节能技术规范》	CJJ/T185—2012
2	《城镇供热管网设计规范》	CJJ34—2010
	其他	
1	《全国民用建筑工程设计技术措施——暖通空调·动力》	2009 年版
4.3 电气类工程		
	国标规范	**GB**
1	《供配电系统设计规范》	GB 50052—2009
2	《低压配电设计规范》	GB 50054—2011
3	《建筑物防雷设计规范》	GB 50057—2010
4	《建筑照明设计规范》	GB 50034—2013
5	《通用用电设备配电设计规范》	GB 50055—2011
6	《火灾自动报警系统设计规范》	GB 50116—2013
7	《电力设施抗震设计规范》	GB 50260—2013
8	《电气装置安装工程 电缆线路施工及验收规范》	GB 50168—2006
	国标规范、规程	**JGJ**
1	《民用建筑电气设计规范》	JGJ 16—2008
4.4 其他类专业工程		
	国标规范	**GB**
1	《火灾自动报警系统施工及验收规范》	GB 50166—2007
2	《民用闭路监视电视系统工程技术规范》	GB 50198—2011
3	《有线电视系统工程技术规范》	GB 50200—1994
	国标规范、规程	**JGJ**
1	《混凝土小型空心砌块建筑技术规程》	JGJ /T14—2011
2	《地下工程渗漏治理技术规程》	JGJ /T212—2010
3	《建筑外墙防水工程技术规程》	JGJ /T235—2011

续表

5. 施工技术		
	国标规范	GB
1	《滑动模板工程技术规范》	GB 50113—2005
2	《钢结构焊接规范》	GB 50661—2011
	国标规范、规程	JGJ
1	《钢筋焊接及验收规程》	JGJ 18—2012
2	《钢筋机械连接通用技术规程》	JGJ 107—2016
3	《空间网格结构技术规程》	JGJ 7—2010
4	《钢筋焊接网混凝土结构技术规程》	JGJ 114—2014
5	《冷轧带肋钢筋混凝土结构技术规程》	JGJ 95—2011
6	《建筑工程大模板技术标准》	JGJ /T74—2017
7	《混凝土泵送施工技术规程》	JGJ /T10—2011
8	《钢结构高强度螺栓连接技术规程》	JGJ 82—2011
9	《建筑工程冬期施工规程》	JGJ 104—2011
6. 材料及应用		
	国标规范	GB
1	《混凝土外加剂应用技术规范》	GB 50119—2013
	国标规范、规程	JGJ
1	《普通混凝土配合比设计规程》	JGJ 55—2011
2	《混凝土用水标准》	JGJ 63—2006
3	《砌筑砂浆配合比设计规程》	JGJ 98—2010
7. 检测技术		
	国标规范	GB
1	《混凝土质量控制标准》	GB 50164—2011
2	《生活饮用水卫生标准》	GB 5749—2006
3	《建筑结构可靠度统一标准》	GB 50068—2001
4	《建筑工程抗震设防分类标准》	GB 50223—2008
5	《建筑外门窗气密、水密、抗风压性能分级及检测方法》	GB/T 7106—2008
6	《建筑基坑工程监测技术规范》	GB 50497—2009
7	《砌体工程现场检测技术标准》	GB/T 50315—2011
	国标规范、规程	JGJ
1	《建筑变形测量规范》	JGJ 8—2016
2	《普通混凝土用砂、石质量及检验方法标准》	JGJ 52—2006
3	《建筑桩基监测技术规范》	JGJ 106—2014
4	《建筑工程饰面砖黏结强度检验标准》	JGJ /T110—2017

续表

5	《钢筋焊接接头试验方法标准》	JGJ /T27—2014
6	《玻璃幕墙工程质量检验标准》	JGJ /T139—2001
8. 质量验收		
	国标规范	**GB**
1	《建筑工程施工质量验收统一标准》	GB 50300—2013
2	《土方与爆破工程施工及验收规范》	GB 50206—2012
3	《地下防水工程质量验收规范》	GB 50208—2011
4	《人民防空工程施工及验收规范》	GB 50134—2004
5	《建筑地基基础工程施工质量验收标准》	GB 50202—2018
6	《砌体工程施工质量验收规范》	GB 50203—2011
7	《混凝土结构工程施工质量验收规范》	GB 50204—2015
8	《钢结构工程施工质量验收规范》	GB 50205—2001
9	《木结构工程施工质量验收规范》	GB 50206—2012
10	《屋面工程质量验收规范》	GB 50207—2012
11	《建筑地面工程施工质量验收规范》	GB 50209—2010
12	《建筑装饰装修工程质量验收标准》	GB 50210—2018
13	《建筑防腐蚀工程施工及验收规范》	GB 50212—2014
14	《建筑给水排水及采暖工程施工质量验收规范》	GB 50242—2002
15	《给水排水管道工程施工及验收规范》	GB 50268—2008
16	《建筑电气工程施工质量验收规范》	GB 50303—2015
17	《通风与空调工程施工质量验收规范》	GB 50243—2016
18	《电梯工程施工质量验收规范》	GB 50310—2002
19	《智能建筑工程质量验收规范》	GB 50339—2013
20	《综合布线系统工程验收规范》	GB/T 50312—2016
21	《建筑节能工程施工质量验收规范》	GB 50411—2007
22	《自动喷水灭火系统施工及验收规范》	GB 50261—2017
23	《建筑结构加固工程施工质量验收规范》	GB 50550—2010
	国标规范、规程	**JGJ**
1	《外墙饰面砖工程施工及验收规程》	JGJ 126—2015
9. 施工组织与管理		
	国标规范	**GB**
1	《建设工程监理规范》	GB 50319—2013
2	《建设工程项目管理规范》	GB/T 50326—2017
3	《建设工程文件归档规范》	GB/T 50328—2014
4	《建设项目工程总承包管理规范》	GB/T 50358—2017

续表

5	《工程建设施工企业质量管理规范》	GB/T 50430—2017
6	《建筑施工组织设计规范》	GB/T 50502—2009
	国标规范、规程	**JGJ**
1	《建筑工程资料管理规程》	JGJ /T185—2009
2	《施工现场临时建筑物技术规范》	JGJ /T188—2009

表 10–3　景观设计类工程设计及施工规范

	国标规范	**GB**
1	《公园设计规范》	GB 51192—2016
2	《风景名胜区总体规划标准》	GB/T 50298—2018
3	《城市绿地设计规范》	GB 50420—2007
	国标规范、规程	**JGJ**
1	《城市道路和建筑物无障碍设计规范》	JGJ 50—2016
	城建	**CJJ**
1	《城市道路绿化规划与设计规范》	CJJ 75—97
2	《城市用地竖向规划规范》	CJJ 83—99
3	《城市绿地分类标准》	CJJ/T 85—2017
4	《园林绿化工程施工及验收规范》	CJJA 382—2012
	其他	
1	《建筑场地园林景观设计深度及图样》	06SJ805
2	《森林公园总体设计规范》	LY/T 5132—95
3	《居住区环境景观设计导则》	2006 正式版
4	《城市湿地公园规划设计导则》	建城〔2005〕97 号
5	《城市绿化条例（2017 年修订版）》	国务院令第 100 号
6	《城市绿化和园林绿地用植物材料（新版处在征集稿阶段）》	CJJ/T 24—1999

表 10–4　图集

	国标建筑图集	**J**
1	框架结构填充小型空心砌块墙体建筑构造	02J102—2
2	混凝土小型空心砌块墙体建筑构造	05J102—1
3	地下建筑防水构造	10J301
4	楼地面建筑构造	12SJ304

续表

	国标结构图集	G
1	混凝土结构施工图平面整体表示方法制图规则和构造详图（现浇混凝土框架、剪力墙、梁、板）	16G101—1
2	混凝土结构施工图平面整体表示方法制图规则和构造详图（现浇混凝土板式楼梯）	16G101—2
3	混凝土结构施工图平面整体表示方法制图规则和构造详图（独立、条形、筏形等基础及桩基承台）	16G101—3
4	建筑物抗震构造详图（多层与高层钢筋混凝土房屋）	11G329—1
5	建筑物抗震构造详图（多层砌体房屋与底部框架砌体房屋）	11G329—2
6	预应力混凝土管桩	10G409
7	钢管混凝土结构构造（圆钢管、矩形钢管）	06SG524
8	建筑结构消能减震设计	09SG610—2
9	砌体填充墙结构构造	12G614—1
10	砌体填充墙构造详图（二）	10SG614—2
11	钢筋混凝土灌注桩	10SG813
12	建筑基坑支护结构构造	11SG814
13	混凝土结构施工钢筋排布规则与构造详图（现浇混凝土框架、剪力墙、梁、板）	12G901—1
14	混凝土结构施工钢筋排布规则与构造详图（现浇混凝土板式楼梯）	12G901—2
15	混凝土结构施工钢筋排布规则与构造详图（独立基础、条形基础、筏形基础、桩基承台）	12G901—3
16	型钢混凝土结构施工钢筋排布规则与构造详图	12SG904—1

二、旅游工程项目管理

（一）旅游工程项目管理的内容及目标

1. 旅游工程项目管理内容

旅游工程项目管理是指从事旅游工程项目管理的企业受业主委托，按照合同规定，代表业主对旅游工程项目的组织实施进行全过程或若干阶段的管理和服务。广义的旅游工程项目管理是指旅游工程项目生命周期内所有活动的管理问题。它包括旅游工程项目建设前期的投资意向确定、项目立项、工程可行性研究及决策问题，实施阶段的工程材料采购、招投标管理、设计管理、施工控制与管理、工程验收管理及缺陷责任期的管理，以及项目营运阶段的日常维护管理、项目评估等问题。狭义的旅游工程项目管理，主要指旅游工程实施阶段的管理，主要包括设计管理和施工管理。

旅游工程项目管理主要内容如表 10-5 所示。

表 10-5 旅游工程项目管理主要内容

旅游工程项目管理阶段	阶段工程项目管理内容
工程项目决策阶段	旅游工程项目规划咨询； 旅游工程项目策划； 旅游项目建设融资； 编制项目建议书； 编制可行性研究报告等
工程项目准备阶段	编制旅游工程招标文件； 编制和审查标底； 对投标单位资格进行预审； 起草合同文本； 协助业主与中标单位签订合同等
工程项目实施阶段	旅游工程设计； 物料采购管理； 施工现场管理； 初步设计和概预算审查等
工程项目竣工阶段	财务决算审核； 旅游工程质量鉴定； 旅游工程试运行； 竣工验收和后评价等

2. **旅游工程管理目标**

旅游工程管理的目的是解决如何工作（施工计划）、如何调派人员（人力管理）、如何使人员安全工作（安全管理）、如何保证质量（品质管理）、如何按时完工（进度管理）、如何做到成本适当（成本管理）、如何调度材料（资材管理），以及如何做好技术及行政工作（作业管理）。概括起来就是有效利用有限的人力、财力、物力资源，在有限的时间内，安全、优质地完成旅游工程项目建设工作，并使其实现预定的功能目标。

旅游工程项目管理，主要有以下四大目标：

（1）工程质量控制。旅游工程质量的控制指根据对各项目工作提出的质量要求，对项目设计、施工、材料和设备进行质量监督、验收，把控项目工程质量。

（2）工期进度控制。工期进度控制包括编制项目设计与施工进度计划、材料及设备供应计划，以及其他各种相关项目进度计划，检查施工方案的制订与实施情况，协调设计、施工、总分包等各方面计划，并就计划进度与实际进度进行比较，及时调整计划、纠正偏差，最终使项目工程能够按计划完成。

（3）成本控制及财务管理。通过编制项目概预算与项目施工费用计划，确定设计费和工程价款，预测预控项目成本，核算项目建造成本，处理工程决算等，合理控制项目工程成本。

（4）安全管理与文明施工。安全管理主要是对人的不安全行为与物的不安全状态的控制。文明施工是指保持施工场地整洁、有序、卫生，组织科学、程序合理的施工活动。通过规范和控制施工环境，完善并落实安全管理及场地管理相关规定，强化安全教育与安全培训，文明施工培训教育，提高现场人员的安全意识与文明素质，消除和减少不安全因素，使人、物、环境构成的施工生产体系达到安全、整洁的状态，最终实现安全与文明目标。

（二）旅游工程项目管理流程

旅游工程项目管理流程包括施工前的签署委托项目管理合同、项目管理公司提交项目策划、委任项目经理、组建项目部，收集资料实施项目管理工作，工程项目实施阶段的施工现场管理，以及工程项目竣工时期的验收、试运行、总结、归档等。其中，工程项目管理中的招标工作、监理工作、质量控制、工期控制、成本控制、重要材料控制、设计变更、隐蔽工程验收、竣工验收、合同管理，以及信息、资料管理都有一套相应的管理规程（见图 10–2）。

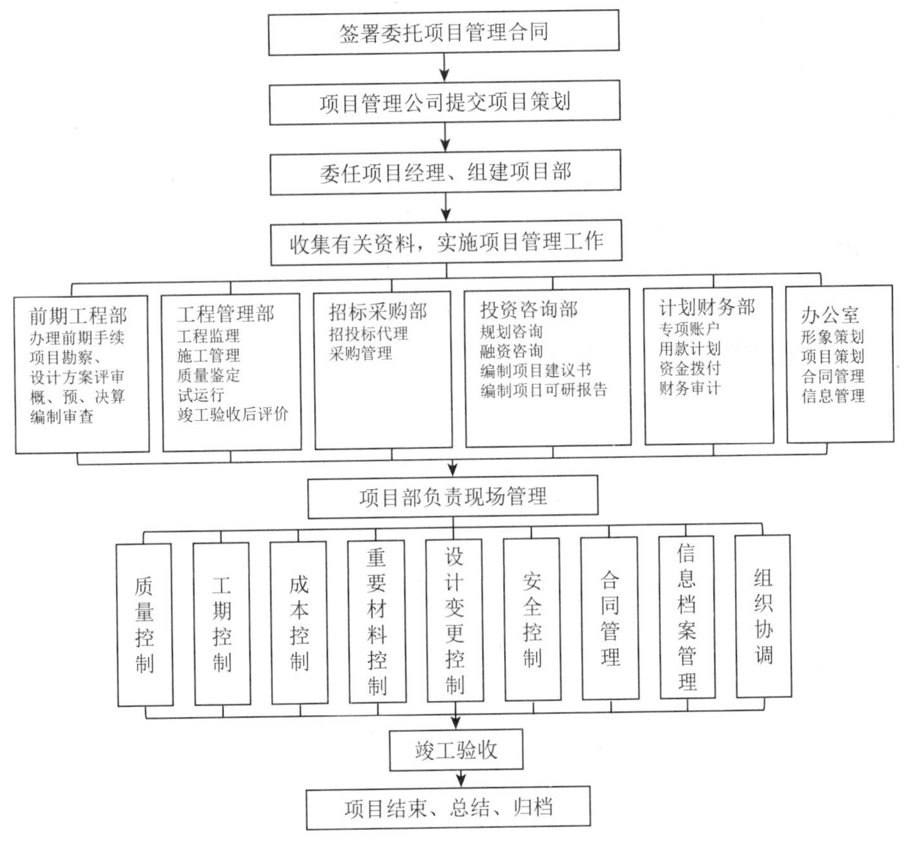

图 10–2　旅游工程项目管理流程

（三）旅游工程项目管理七大模式

1. DBB 模式

即设计—招标—建造（Design–Bid–Build）模式，是一种国际上通用的、比较传统的项目管理模式。该模式强调工程项目的实施必须按照“设计—招标—建造”的顺序方式进行，一个阶段结束后才可以开始另一个阶段。

从业主[①]视角，该模式具有以下优点：通用性强，管理方法成熟，各方对有关程序熟悉，易于操作；业主可自由选择旅游设计、咨询、监理方，可控制旅游设计要求，施工阶段提出设计变更较容易；采用各方熟悉的标准合同文本，利于合同管理和风险管理。

不足之处：旅游项目设计—招标—建造的周期较长，监理工程师对旅游项目的工期不易控制；旅游工程管理和协调工作复杂，业主管理费较高，前期投入较高；不易控制旅游工程总投资，特别是在旅游设计中对“可施工性”考虑不足时，后期容易产生变更，引起较多索赔；出现质量事故时，旅游设计和施工双方容易互相推诿。

2. DB 模式

即设计—建造（Design and Build）模式，也称施工总承包模式，国际上称交钥匙模式（Turn Key Operate）。在该模式下，业主只需要选定一家公司负责旅游项目的设计和施工，在业主合作下，设计—建造总承包商负责完成旅游项目的规划、设计、成本控制、进度安排，甚至旅游项目融资等工作。该模式避免了旅游设计和施工的矛盾，可以显著减少项目成本和缩短工期，保证旅游工程项目质量。

该模式的主要优点：业主和承包商密切合作，完成旅游项目规划直至验收的工作，减少了协调时间和费用；承包商可在初期就将使用材料、施工方法、工程结构、价格和市场等知识和相关经验融入旅游设计中，有利于控制成本，降低造价；有利于旅游工程进度控制，缩短工期；旅游项目建设的合同关系是业主和承包商之间的关系，责任单一。

该模式的缺点：业主对旅游项目最终设计和细节控制能力较低；承包商的旅游设计对工程经济性有很大影响，承包商承担了更大的风险；旅游项目质量控制主要取决于业主招标功能描述书的质量，具有片面性；时间较短，特定的法律、法规约束少，没有专门险种；方式操作复杂，竞争性较小。

3. CM 模式

即建设—管理（Construction Management）模式，又称阶段发包方式，是在采用快速路径法进行施工时，从开始阶段就雇用具有旅游项目施工经验的 CM 单位（或经理）参与到旅游工程实施过程中，以便为旅游设计人员提供施工方面的建议及负责随后的施工过程管理。这种模式采取分阶段发包，由业主、CM 单位或经理、设计单位组成一个

① 旅游工程项目业主，有国家、地方政府、村镇集体、企业，也有个人。

联合小组来共同负责组织和管理旅游工程的规划、设计和施工工作。CM 单位或经理负责工程的监督、协调及管理，在施工阶段定期与承包商会晤，对旅游项目工程成本、质量和进度进行监督，并预测和监控成本及进度变化。

该模式的最大优点是可以极大地缩短旅游工程项目的建设周期，尤其是对那些设计变更可能性大、项目组成复杂、建设周期长、时间要求特别紧的旅游建设工程，采用该模式可以缩短建设周期，节约工程建设投资，减少财务成本和投资风险。

该模式的缺点是：旅游工程的设计不能随意更改，否则前期工程就要返工或者更改，由此造成资源浪费，业主投资会遭受严重损失；要求各方要能及时、准确、有效地沟通，否则会影响到旅游工程的进度、质量、投资，给业主造成极大损失。

4. BOT **模式**

即建造—运营—移交（Build-Operate-Transfer）模式。该模式是政府将一个基础设施建设项目（如道路、给排水、电力电信、环卫等旅游基础设施建设项目）的特许权授予承包商来融资、建造的项目管理方式，是一种基础设施国有项目民营化的方式。在 BOT 模式下，政府开放基础设施建设和运营市场，吸收外部资金，授权项目公司负责项目设计、融资和建设，建成后负责运营及偿还债务，协议期满后，将项目所有权无偿移交政府。在实际运作过程中，BOT 产生了 BOO（建设—拥有—运营）、BOOT（建设—拥有—运营—移交）、BTO（建设—转让—经营），BOOS（建设—拥有—运营—出售），BT（建设—转让）、OT（运营—转让）、BLT/BRT（建设—出租—移交）等多种变体。

BOT 方式可在不增加国家外债负担的前提下，解决旅游基础设施不足和建设资金缺乏的问题。但该模式要求项目发起人必须具备很强的经济实力，同时资格预审及招投标程序比较复杂。

5. PMC **模式**

即项目管理承包（Project Management Contractor）模式。在该模式下，业主聘请专业的项目管理公司对旅游工程项目的组织实施进行全过程或若干阶段的管理与服务。PMC 在应用上有很大的灵活性，根据 PMC 承包商在旅游项目设计、采购、施工、调试等阶段的参与程度和职责范围不同，分为以下三种模式：①业主选择旅游设计单位、供货商和施工承包商，并签订设计合同、供货合同和施工合同，然后委托 PMC 承包商管理旅游工程项目实施过程；②业主与 PMC 承包商签订旅游项目管理合同，由 PMC 承包商自主选择旅游项目施工承包商和供货商并签订施工合同和供货合同，但不负责设计工作；③业主与 PMC 承包商签订旅游项目管理合同，PMC 承包商与由业主指定的设计单位、供货商、施工承包商等分别签订设计合同、供货合同和施工合同。

6. EPC **模式**

即设计—采购—建造（Engineering-Procurement-Construction）模式，又称为“总承包”模式。在该模式下，业主与 EPC 承包商签订合同后，只需说明自己的投资意图和要求，然后由 EPC 承包单位完成整个旅游建设工程的设计、策划、采购、施工、试运行服务等工作，并全面负责工程的质量、安全、工期、成本等。采用该模式，业主参与旅游工程管理工作很少，由 EPC 承包商承担设计风险、自然力风险、不可预见困难等，业主重点组织竣工验收。EPC 模式一般适用于那些规模较大、工期较长，且具有一定技术复杂性的旅游工程，多数旅游区、度假区均可采用。

7. Partnering 模式

即合伙（Partnering）模式，是在充分考虑旅游建设各方利益的基础上确定旅游建设工程共同目标的一种管理模式。它要求旅游工程参建各方在相互信任、资源共享的基础上达成一种短期或长期的旅游建设或开发协议，通过建立旅游工作小组相互合作、及时沟通，避免产生争议和诉讼，共同解决旅游建设工程实施过程中出现的各种问题，分担旅游工程风险和有关费用，以保证参与各方目标和利益的实现。

旅游合伙协议，不仅仅是旅游开发主导方与施工单位双方之间的协议，还需要所有参与旅游建设工程的政府、景区、承包商、分包商、咨询单位、设计单位、材料供应商、设备供应商等单位共同签署。合伙协议不是严格法律意义上的合同，一般是围绕旅游建设工程的目标、旅游工程变更管理、争议和索赔管理、信息沟通和管理、旅游安全管理、公共关系等问题做出相应的规定。

旅游合伙模式具有参与各方自愿、高层管理参与、信息开放的特点，这决定了它特别适用于业主长期有投资活动的建设工程、不宜采用分开招标或邀请招标的建设工程、不确定因素较多的复杂建设工程等。

复习思考

1. 什么是旅游工程建造？旅游工程建造的时代要求有哪些？
2. 如何进行旅游工程的项目管理？管理的内容有哪些？
3. 旅游工程建造如何创新？

第十一章

旅游目的地运营管理

学习目标

知识目标

1. 理解旅游目的地运营基本理念、运营要点及相关利益者需求，掌握目的地五级台阶运营模式和目的地运营管理系统；

2. 掌握泛旅游城镇化中特色小镇和旅游小镇的运营，掌握自然、人文和人造旅游景区的运营管理；

3. 掌握休闲商业招商与运营、酒店运营管理、土地开发与运营，以及旅游房地产的分类及运营管理；

4. 了解温泉、农庄、演艺、滑雪场四类休闲项目的运营。

能力目标

形成系统化的旅游目的地运营管理认知体系，具备旅游目的地综合体、旅游景区及项目的运营管理能力。

旅游目的地运营管理是政府和投资商非常关注的一项系统工程。旅游目的地运营管理，涉及旅游目的地的品牌塑造与市场营销、业态布局及产业链管理，以及生态环境建设、旅游目的地战略规划管理、旅游目的地开发管理、旅游目的地组织管理、投资管理、业务管理，旅游项目、景区、景点管理，环境保护管理、游客管理等内容。良好的运营管理体制及运营模式，可以有效提升旅游目的地的开发运营水平及管理效率、节约运营管理成本、提高参与人员的积极性，促进地区居民与目的地建设共融发展，推进旅游目的地健康、可持续发展。

本章介绍了旅游目的地运营管理的基本理念、产业运营要点、“资源—项目—企业”五级台阶运营模式、相关利益者需求，以及以商业、旅游、服务为内容的运营管理体系，并从旅游目的地区域范畴维度，分别探讨了泛旅游城镇化运营、三类旅游景区运营管理、休闲项目运营、休闲商业招商及运营、酒店运营管理、房地产运营管理及土地开发运营，以期为旅游目的地系统运营管理提供指导。

第一节　旅游目的地运营管理理念

一、旅游目的地运营基本理念

旅游目的地及旅游产业涉及的内容众多，从前期开发到后期开业运作，都需要运营管理。这样的运营管理不能完全靠市场的力量进行，而是需要整合行政管理、公共工程、土地与资源、税费优惠、营销促进、招商引资等多个方面，以商业化的理念，即按照经济规律，结合长远发展目标，围绕综合效益最大化实施综合经营。

（一）杠杆运作理念

针对旅游项目高投入与慢回报之间的矛盾，绿维文旅提出了旅游开发运营的“五重杠杆”运作理念，包括政策杠杆、规划杠杆、营销杠杆、土地杠杆和融资杠杆，合理运用杠杆模式，可以使旅游项目投资达到低投入高回报的效果。

规划杠杆：通过旅游总体规划、修建性详细规划等的编制，明确项目在国际、全国、区域的定位，通过协调高规格评审会议，提升项目的影响力，为后期的融资、招商、旅游营销、土地升值提供巨大支持。

政策杠杆：一个成功运营的旅游项目，能够为政府践行绿色GDP政绩观、优化城乡产业结构、促进生态文明建设起到良好的推进作用。因此，在旅游项目运营过程中，要充分考虑政府的政绩规划，形成与其顶层设计理念相匹配、与未来发展目标相融合的策划方案，从而获得政府在旅游开发运营过程中能够给予的最大优惠条件，如低价资产收购、税费减免、扶持资金等。

营销杠杆：旅游是信息依赖型产业，而营销是旅游目的地扩大知名度、吸引人气、促进收入增长的重要流程，以此塑造的良好品牌形象也是撬动融资和招商的重要依据。

土地杠杆：以低价获取的周边土地为核心资产，通过以上三重杠杆的运作，实现土地的大幅升值，以商业地产、旅游房产等开发，实现最大的资产收益。

融资杠杆：融资和招商引资是项目运作中重要的杠杆。该杠杆的关键是前期依托收购兼并、政府优惠低价获取资产，以前三重杠杆为手段，产生现金流增长、资产大幅升值的市场评价，支持对融资及招商引资项目的包装，从而实现大规模融资、高价出让资产的目的。

（二）产业链整合理念

以泛旅游产业为依托，进行产业链的延伸和整合运作，是旅游项目运作的重要理念。绿维文旅将泛旅游产业作为一种“出游型消费经济”，将出游过程中所有的消费经济相互融合，构成了巨大的消费经济构架，具有极大的区域聚集和经济带动作用，因此以“旅游 +”为核心思路，探索旅游与餐饮、运输、商业、工业、农业等产业的最佳融合途径，是符合旅游业综合性、带动性特征的重要运营理念。

二、“资源—项目—企业”的五级台阶运营模式

（一）直接出让资源，获取资源差价

将合同转让或者将重新成立的专项开发公司股权转让，这相当于土地二级市场转让。如果资源本身的价值很高，圈定资源时有较高的预见性和特殊的渠道，那么实现成功转让的概率就大。最优的时机是利用初级资源炒卖，可以实现“投资 1，卖出获取 2”的效果。

（二）进行资源包装和前期设计，再出让项目

把资源的价值全部体现出来、把市场的可能性挖掘深透，最重要的是规划设计图彰显个性和特色，能够博得眼球，获取议价筹码。如果包装效果好，策划特别有创意，就可以给资源加分，实现“1 卖到 4”，换句话说，策划、规划、设计的提升，具备将价格翻两番的能力。

（三）实施基础开发，进行子项目的招商引资

第三级台阶，是规划设计之后的落地实施和运营。开发商可以包揽整体项目，从基础设施这个熟悉的领域落地实施，其他经营性项目全部招商引资。这相当于区域开发商进行整体经营，吸引专业化的投资商进场开发运营子项目，投资商获取土地、经营权、房产、股权、门票等分拆利润。这一台阶考验的是投资商对整体市场的推广能力。大部分企业都能做好基础设施建设，如果能够同时做好整体运营、市场运营，子项目招商能拿回全部投资，未来能够持续盈利。如果转让公司，换算过来，资源可以“1 卖到 5”。

（四）开展一期开发，再进行招商引资

第四级台阶是以自我开发为引导，以一期开发的成功，提升资源价值，目的是获得更大的转让收益。这样的开发必须突破市场，形成一期开发的现金流量最大化。绿维文旅给大多数投资商设计项目开发流程的时候，一般会把一期开发现金流最大化作为原则，把最有收益能力的项目放在一期，可以达到最大的升值效果。成功开发一期之后，可以卖掉项目，也可以招商引资进行二期开发。如果转让公司，换算过来，资源可以“1 卖到 7”。

（五）组建队伍，进行独立开发

对于很多从事其他产业的投资商来说，下定决心进入旅游产业经营并不容易。一旦决定自己开发经营，就必须以建立队伍、形成核心竞争能力为中心，把项目做好、做大。在必要的时候扩大经营，获取更多更好的旅游资源，建立旅游产业链的横向纵向扩展，也可以对旗下资源进行整合，实现资产运营及资本运营。这是最高的台阶，也是要求企业按照产业长期发展进行开发运营的台阶。在进入这一状态之后，资源已经转变成为项目，项目转变成为企业，企业形成了旅游业的可持续开发经营能力。这时卖掉企业，换算下来，资源可以“1 卖到 10”。如果将企业纳入资本市场，企业的升值还会更加显著。

在以上五级台阶中，前四级都把招商引资作为第一位的前提，以资源的高价出让为核心。最后一种方案，则是以进入旅游产业为前提，追求可持续的发展目标。

投资商投资旅游项目，是以盈利最大化为目的的。具体实践时，投资商要结合自身的投资能力和项目实际情况，以第五级台阶的心态进行项目开发，但是受限于投资能力等多种因素的影响，实际操作中要对前四级台阶进行运作，只有如此，才能实现投资的盈利最大化。投资商追求盈利最大化的同时，也应平衡旅游资源价值最大化，只有真正做到对旅游资源的持续化的开发、建设和运营，才能真正实现旅游资源价值的最大化，以及由资源价值最大化带来的持续盈利能力。

三、满足五方利益需求

旅游目的地运营涉及的关系方诸多，需要综合考虑政府、运营商、游客、商户、居民多方利益。在运营过程中，要做到政府运营引导，运营商参与市场化综合运作，做好商户管理，满足游客需求，协调与当地居民的关系，最大程度地满足各方利益要求。

（一）政府运营引导

首先，旅游目的地的建设涉及林、农、牧、渔、水、林、文物等国有资源，因此，其运作不能完全靠市场的力量，需要政府引导与宏观管控，以确保旅游开发是在旅游资源保护的前提下进行的。

其次，旅游目的地涉及的基础设施建设和公共服务设施建设需要借力政府支持。在政府支持的基础上，导入服务要素的商业化创新模式，从而形成目的地旅游的全域发展体系。

最后，围绕目的地的发展综合效益最大化原则，政府部门需要整合行政管理、公共工程、土地与资源、税费优惠、营销促进、招商引资、制度保障、户籍改革等政策，以商业化的理念，按照经济发展规律，开展经营运作，形成有效推进旅游发展和区域综合发展的运作架构。

（二）运营商运营

旅游目的地的建设需要依靠政府引导，但只靠政府不能实现旅游目的地的产业构建和经济发展。因此，还应寻求一些有能力的投资商、开发商深入参与到旅游目的地的开发运营中，目前主要有全面运营和专项运营两种模式。

全面运营指的是一些大型的综合投资商，站在区域发展的高度，将旅游目的地范围内的区域建设、农民搬迁、区域发展与旅游产业全面结合起来，形成产业发展、景区发展、城市发展相结合的区域产城一体化模式，构建企业投资、运作与项目开发的架构。在这一过程中，企业扮演着区域运营商的角色。

专项运营是更常见的形式，是投资商选择旅游目的地的特定项目进行运营，主要集中在特色旅游项目与旅游地产两个方面。特色旅游项目包括旅游小镇、主题公园、观光景区、文化体验区、特色街区、民俗演艺等，是旅游目的地集聚人气、形成消费、实现旅游收益的基础。旅游地产是基于旅游目的地发展的新型地产模式，包括度假酒店、度假别墅、养生养老地产、度假庄园、产权酒店、分时度假酒店等。

（三）商户运营管理

酒店、餐饮、零售等业态的管理水平，以及产品供给和服务质量能够影响旅游目的地的形象，因此，旅游目的地要不断优化营商环境，加快构建开放型经济新体制，为旅游相关商业运营提供良好的发展空间。

营商环境是招商引资的根本竞争力，是旅游目的地运营的一项长期战略任务。营商环境是一项涉及经济社会改革和对外开放众多领域的系统工程，包括优化政务环境、市场环境、国际化环境、法治环境、企业发展环境和社会环境等。良好的营商环境有利于发挥市场的积极作用，实现旅游目的地商业的良好运转，同时维护商户的根本权益。

（四）满足游客需求

旅游目的地的运营要以游客的需求为导向，通过满足游客的多样化需求实现消费搬运。运营过程中可以围绕“市场化思维、产品化思维、供给侧改革思维、全域化思维、主客共享思维”五大思维导向，以“交通设施建设从功能型向产品型延伸、旅游厕所建设、与新型业态相关的旅游设施建设、旅游信息化设施建设”四大热点为方向，完善并提升旅游设施功能及服务水平，从而增强旅游目的地的观赏性以及游览过程的互动性、体验性、娱乐性。

（五）协调居民需求

旅游目的地的旅游开发，在为当地居民带来就业发展机遇的同时，也为他们的社会生活及当地的生态环境带来了挑战，要正确认识居民在旅游业发展中的地位和作用，充分考虑当地居民的利益。

旅游目的地的运营主体可以为当地居民参与旅游业的经营提供资金和技术上的支持及政策上的优惠；可以对当地居民进行培训，让其掌握旅游企业工作的技能，获得更多的工作机会；可以在当地居民中展开一定的宣传教育，让居民自觉保护当地的生态环境和风貌环境，遵守目的地的管理规定；对于居住在目的地经营范围内需要搬迁的居民，要形成良好的补偿机制和管理机制，以保障旅游目的地的可持续发展。

第二节　旅游目的地运营管理系统

旅游目的地运营无论是政府主导还是企业主导，都必须基于市场化机制运作。从运营的内容来看，旅游目的地运营体系包括商业运营、旅游运营、游客服务三大体系，以及三大体系下的十四大运营重点（见图 11–1）。

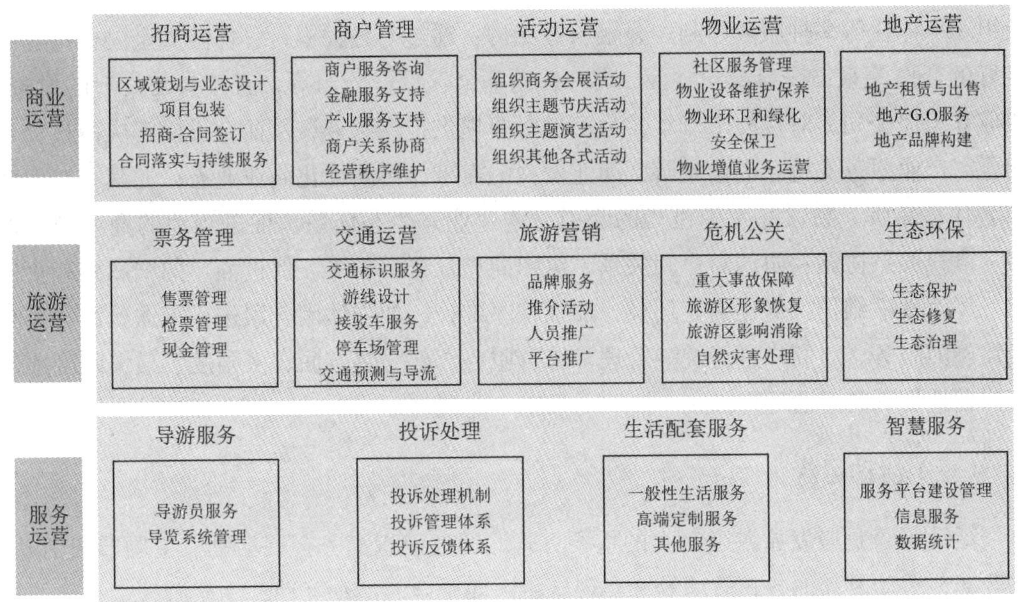

图 11–1　旅游目的地运营管理体系

一、商业运营管理体系

商业运营是旅游运营的关键，旅游目的地的商业运营主要是指由食、住、行、游、购、娱等多业态构成的休闲商业体系。旅游目的地的商业运营主要包括六个方面：招商运营、商户管理、活动运营、物业运营、地产运营、休闲商业运营。

（一）招商运营

招商运营，即在招商之前就要做好吸引力要素的规划及主题提炼，在业态规划的基础上完成招商工作。投资商投资项目时，会凭着灵敏的商业嗅觉判断资源中潜在的商业价值，在选择项目时会对项目的区位、交通、地块、市场、竞争等进行综合分析研究。但是投资商在面对多种不可预测风险的情况下，如果缺少能透析旅游运营并具有很强投融资理念的规划设计机构的支持，就很难进行决策并签订协议。因此，投资商只有在基本确定投资风险和收益的前提下，才会决策协议的签署。

（二）商户管理

商户管理是商业运营体系的重要环节，主要包括商户服务咨询、金融服务支持、产业服务支持、商户关系协调和经营秩序维护等内容。商户服务咨询：帮助商户进行注册登记、各项审批、营业执照年检、纳税申报等，以及帮助企业向政府争取政策等，建立证照辅助办理机制、商户档案管理机制、星级商户评选办法、商户培训、商业活动参与及组织一体化等多种服务体制。金融服务支持：通过与各大银行、保险等金融机构建立良好的合作关系，或自身建立 VC 类 /PE 类基金、投资公司等，直接参与商户的投资，或成立担保公司，对接外来资本，为商户融资提供担保服务，从而全方面解决商户资金问题。产业服务支持：根据旅游区商业发展的需求，不断优化商业业态，尤其是加大对知名住宿品牌、餐饮品牌等机构的吸引，构建业态生态体系，促进当地的商业健康发展。商户关系协调：协调商户间关系，组织商户社群活动等，促进商户的归属感和责任感。经营秩序维护：优化商业环境，加强秩序维护，加强休闲、娱乐、餐饮、商务等配套设施的服务，对商户进行统一管理和综合服务，建立多方面、多角度、最大限度地为商户营造便利的经营环境。

（三）活动运营

活动运营是激发旅游区活力的主要方式，通过组织商务会展活动、主题节庆活动、主题演艺活动及其他各式活动等来实现旅游区四季全时活动互动，为旅游区带来除了门票之外的附加收益，成为短时吸引客流、增强旅游区吸引力的重要手段。活动运营可以直接引入有影响力的 IP 造势，以一个大型 IP 活动带动整个区域的活动运营，也可以通过各种资源整合实现活动品牌的培育，逐渐培养品牌。

活动在实际运营中应该注意：第一，针对旅游目的地的市场现状，做好目的地市场分析，针对市场的变化，随时调整活动运营方案。第二，丰富活动内容，保证活动的质量，按照时间序列和节点安排形成常态化的活动，最终形成常态、节点和极核的立体化活动结构。第三，细化活动环节，做好活动执行工作。筹备期要明确活动方案、时间安排、场地安排、做好招商及嘉宾的邀请；执行期要做好宣传文案、明确活动流程、收集活动物料、落实推广渠道；活动现场要做好场地的清洁、设备的调试、人员的安排；活动后要做好跟踪回访和复盘，总结经验计算成本。第四，活动要配合营销宣传，推广活动品牌，特别要结合互联网营销，做好线上营销策划方案，线上线下联动推广活动，为活动造势，逐渐把活动打造成为地方品牌活动。

（四）物业运营

物业运营是指旅游运营商对旅游区内所有建筑物共有部分及建筑区划内共有建筑物、场所、设施的共同管理，或者委托物业服务企业、其他管理人对业主共有的建筑物、设施、设备、场所、场地进行管理的活动。旅游区物业管理主要包括社区服务管理、物业设备维护保养、物业环卫和绿化、安全保卫、物业增值业务运营等内容。

（五）地产运营

地产运营是旅游区主要经济收入之一。旅游房地产主要有候鸟式居住地产、分权度假地产、酒店地产等多种房地产类型。地产运营之前分为土地取得、规划设计、项目建设三个阶段，运营商可以根据自身的资金实力和度假项目的资源禀赋、发展潜力等决定是否介入土地开发阶段，即土地一级开发和二级开发。地产运营的过程实际是区域运营的过程，要做好地产品牌构建、地产租赁与出售和地产 G.O 服务。

（六）休闲商业运营

休闲商业是经济新常态背景下因消费需求及行为变化催生的一种业态模式，其运营的关键是要在传统商业的基础上，利用现代科技、文化创意、活动植入等手段，满足消费者购物、餐饮、通行等活动过程中的休闲娱乐需求，是提升服务竞争力的关键要点，也是成功招商、保持商业活力的有效引擎。

二、旅游运营管理体系

旅游运营一般由市场化的运营机构负责，与特色产业运营是两套体系。以杭州的梦想小镇为例，杭州未来科技城（海创园）管委会是杭州梦想小镇产业的管理和运营单位，杭州梦想小镇旅游文化发展有限公司是杭州梦想小镇的景区管理和运营单位。目的地的旅游运营主要围绕游览业态配套的票务管理、交通运营、旅游营销、危机公关、生态环保等环节展开。

（一）票务管理

旅游游览区的核心收入之一是门票收入，票务管理无疑就成为旅游区的重要内容。票务管理包括售票管理、检票管理和现金管理。随着计算机技术应用的普及和管理水平的提高，旅游景点、博物馆、公园所等场所的出入口也正在逐步实现门票的计算机管理，门票电子化管理已成为大趋势。

（二）交通运营

交通是决定旅游区可进入性的重要因素。第一，旅游目的地应该建设交通标识系统，有明确的指示标志和标识服务。第二，要有合理的游线设计，对游览的时间、空间和要点进行设计，能够串联商业业态，对于客群进行划分和导流。第三，接驳车服务，保证淡旺季接驳车运力，发挥好疏解人群的作用，同时保证接驳车安全，做到安全运输。第四，停车场管理，充分利用停车场空间，指挥车辆停泊，保证交通顺畅。第五，利用智慧化管理系统，做好交通预测与导流。

（三）旅游营销

旅游营销是旅游区引流的重要内容。旅游目的地营销，应该首先做好品牌管理，塑造区域特色旅游品牌。然后，通过有针对性的推介活动、人员推广、平台推广等旅游营销方式与有效的节点活动营销，让旅游系统与商业系统形成良好的结合，实现游线带动商业的联动态势，最终建立整个旅游目的地品牌。

（四）危机公关

旅游区日常管理不善、同行恶意破坏、外界特殊事件、自然灾害等都会给旅游区带来危机，因此必须建立危机公关系统，其主要内容包括重大事故保障、旅游区形象恢复、旅游区影响消除、自然灾害处理。一旦危机事件发生，要成立危机公关小组，把影响降到最低，甚至转危为机，寻求更好的发展。

（五）生态环保

旅游目的地的生态环境既是旅游活动发生的外部环境依托，也是构成旅游吸引力的重要组成部分。旅游区，尤其是以自然资源为主的旅游区，要承担生态环保的责任，要在日常运营中注重生态保护、生态修复和生态治理。

三、服务运营管理体系

服务运营体系是保障旅游区内所有人生活、旅游需求的主要配套服务体系。按服务对象，服务运营体系包括游客服务运营和社区生活服务运营。按服务内容，服务运营管理体系分为导游服务、投诉处理、安全保障、生活配套服务、智慧服务管理五部分。

（一）导游服务

导游服务既包括以导游员为主的人对人服务，也包括以设备设施为主的导览服务系统。导游员服务管理前期要对导游员进行培训、制定良好的接待服务规范和考核机制，保证后期管理有法可依。导览服务可引入无线导游导览讲解系统、VR/AR 智能导览系统等智能化、信息化导览设备，以更好地满足游客多样化、个性化需求，增强游客游览的体验感。

（二）投诉处理

投诉处理是旅游服务的重要环节。旅游区要建立良好的投诉处理机制、投诉管理体系、投诉反馈体系，把握旅游投诉的技巧和原则，给予游客良好的旅游感受。旅游区可以在游客中心设置投诉信箱和意见箱，标明投诉电话，在网络渠道设置投诉窗口，指定专人处理有关投诉的事项。对于投诉应该及时处理和上报，处理投诉应该了解情况，妥善解决，处理好投诉后，应该做好统计工作，分析原因、总结经验。

（三）安全保障

旅游区安全管理要本着“预防为主、综合治理”的指导方针，努力消除存在的各种安全隐患，积极防范意外事故的发生。建立健全适合旅游区的安全管理制度，做到意外事件发生后，能够迅速启动响应机制，并做好善后处理。

（四）生活配套服务

生活配套服务：一是生活服务，包括为目的地居民提供医疗、教育、休闲、娱乐、商业、餐饮等生活基础服务；二是高端定制服务，如根据常住人口及旅居度假、离家医养群体的特征，提供高端医疗、俱乐部等定制服务；三是为产业落户人口及其配偶子女提供职工子女入学、户口迁移、租赁房屋等服务。

（五）智慧服务管理

智慧服务管理是一种基于大数据、云计算、物联网、通信网络、高性能信息处理等技术在旅游体验与管理领域的应用创新。智慧旅游服务管理平台的构建，一方面可为游客提供行程预订、在线购票、分享推送、智能导航、景区导览等一站式游客服务，增强游客体验；另一方面，可以通过建立客流监控系统、停车管理系统、环境监测系统、安全监控系统、统计分析系统、呼叫调度系统、物联网平台等，实现对目的地的高效率监管。

第三节　泛旅游城镇化运营

一、特色小镇运营

特色小镇的运营不管是政府主导还是企业主导，一定要基于市场化运作机制。我国目前缺少专业化的特色小镇运营机构，都是通过政府下派的管委会来统一管理，如浙江的梦想小镇、云栖小镇等。但是政府在这一过程中，实现了充分的放权，以“服务者”自居，充分调动企业的积极性，不干涉市场行为。

（一）特色小镇的三级运营结构

1. 政府

在特色小镇的培育过程中，政府的职能定位应适度转型和调整观念，更好地处理管理与服务间的关系。其主要有两点：一是要制定好规则，根据市场规律，明确政府与市场的关系；二是要维护好规则，根据合约上的内容，通过法律的方式来运行。政府不是单单的土地供应，而是要在后期持续地为小镇投入各种资源。首先，地方政府根据当地形势，通过政策疏解，下放权力，切实为企业做好服务，而不是仅仅提出硬性要求。其次，政府要为小镇作好宣传，为企业做好背书。最后，政府要有一定的宽容度，允许实践和探索。

2. 管委会

管委会这类机构的存在，主要是因为目前的行政机制和市场机制没有办法完全接轨。小镇管委会隶属于区县一级的政府，所以便能调配县层面的行政资源，提高其所管辖地区的行政服务效率。管委会并没有任何行政审批权限，其主要的职责有两点：一是落实政策，二是提供服务。

3. 平台公司

特色小镇要选择合适的企业担任平台公司的角色，若由一个企业来主导，则最好为某一行业内具有实力的龙头核心企业或终端品牌企业，一般要具备整条产业链的撬动能力。尤其要抓住产业价值链“微笑曲线”的两端高利润环节，即研发设计和品牌营销服务，进行重点配置和服务对接。此外，平台公司通过互联网形成各类服务平台（需求信息、融资服务、政府资源、专家服务、成果信息等），充分聚集和优化配置平台资源，能促进域内企业升级转型，能推动政府的高效治理，能帮助小镇对接外部资源，形成互补的业务关联。

（二）特色小镇的三大运营内容

从运营内容上来看，特色小镇的运营包括特色产业运营、旅游运营及生活服务运营三大体系（见图 11–2）。

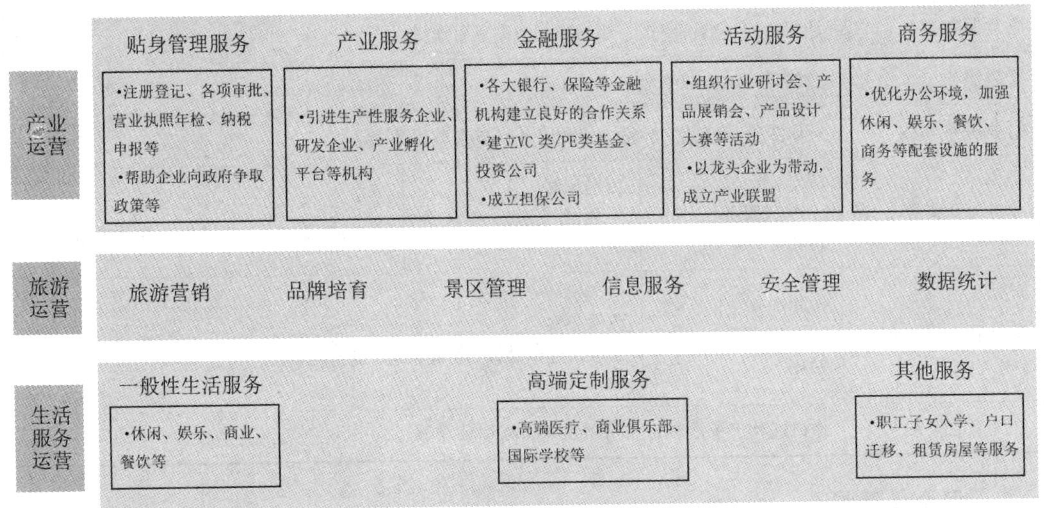

图 11–2　特色小镇的三大运营体系

（三）特色小镇的五大运营收益

企业建设特色小镇最关注的就是如何实现盈利。特色小镇的盈利来源主要有两部分：地产增值和产业增值。其中，地产增值是指依附在土地溢价基础上的一种盈利模式，通过建设生产仓储、办公研发、商业居住等房地产物业并以出租、出售方式供入驻企业与镇内人口使用，同时提供物业服务。产业增值是在开展运营服务和享受关联政策基础上实现的产业运营服务收益、配套经营收益、政府补贴、税收奖励和产业投资五个方面。

1. 产业运营服务收益

小镇整合产业资源，引进各类中介服务机构，向入驻企业提供工商注册、融资信贷、法律咨询、人才外包、资质认证、技术中介、管理咨询、知识产权服务、网络通信服务等全套的产业服务，或通过建立公共服务平台为企业提供有针对性的技术服务、市场营销服务、金融信贷服务、管理咨询服务等，并适度收取服务佣金，作为平台服务还可以通过 BPO（商务流程外包）等形式获取长期、稳定的收益（见表 11–1）。

表 11-1　产业运营服务体系

服务体系	服务内容			
投资进驻服务	工商登记、环保 / 消防审批、项目备案、建设手续、房屋确权等			
常规服务	证照年检、纳税申报、部门协调、车辆月票等			
金融服务	股权融资（VC/PE 服务、IPO 服务）	债券融资（银行贷款、担保服务）		
行业服务	资质服务、公共实验室、检测服务、成果转化等			
业务流程服务	研发 / 生产（专利服务、技术转移）	市场拓展（营销支持、会议会展）	人力（派遣、猎头、培训）	物流（第三方导入）
选址服务	市政配套（九通一平、园林绿化）	载体服务（厂房建造装修、物业管理、设备租赁）	招商政策（优惠、奖励、补贴、挂牌）	
职工生活服务	户口迁移、子女教育、房屋租赁、高端医疗等			

2. **配套经营收益**

围绕产业配套餐饮娱乐、酒店住宿、教育医疗、咖啡书吧、会议商务、会展博览、互动体验等生产、生活服务项目，以招商或自持等方式，形成稳定的运营收益。

3. **政府补贴**

特色小镇通常要建设若干公共服务平台及配套服务设施，以营造良好的园区环境和产业氛围。为了鼓励园区改善创业环境和提高服务能力，所在区域政府应适当拿出财政资金，按照“专项资金、专款专用”的原则，以项目补贴、贷款贴息等形式给予资金扶持。

4. **税收奖励**

企业通过与政府“一事一议”的谈判，确定各项优惠条件。这在发达地区都有很多创新探索，如企业享受税收增值部分的让度，政府分阶段分比例按照最终实施效果进行返还；或企业享受周边地价增值的分成。

5. **产业投资**

如果小镇的产业基础非常突出，作为企业可以围绕其做股权投资。在小镇建立或控股专业性的产业投资机构，如天使、VC 或 PE 等，以此开展项目投资，或者利用小镇内部孵化器对进驻的潜力型企业开展多种形式的股权投资，实现企业成长并获取长期收益。

各地特色小镇的开发运营各有侧重，收入来源比重各有不同，总之，特色小镇正在由地产收益向综合收益发生改变。在新形势下，多条运营线的展开，已经使特色小镇的收益除来自土地一级、二级开发外，还包括产业项目运营收益、二级房产的运营收益及城市服务的运营收益等。特色小镇的运营机构要不断寻找新的盈利方式，探索出更多新的路径。

二、旅游小镇运营

旅游小镇的开发运营是一个系统工程，是在旅游小镇“顶层设计”的基础上，以市场化的运作，实现旅游城镇综合资源的优化配置，最终实现旅游小镇资产增值的经营行为。旅游小镇开发运营有四项基本内容：旅游小镇市场化运作、旅游小镇生活方式升级、旅游小镇全方位升值、旅游小镇品牌的创建。

（一）旅游小镇市场化运作

市场化运作，即在政府主导下，从规划开始就由开发商全过程参与小城镇或新农村的规划设计、产业布局、项目建设等各个方面。这是从源头开始的市场化，全过程的市场化和全方位的市场化。这样做可以将政府的意向、农民的意愿、市场的需求与开发商的专业知识、管理经验有机结合起来，有利于提高城镇品位、全面整合资源、降低和节约成本、提高建设的效率和效益。伴随着时代的发展，企业家展现出更多的大智慧，创新发展的模式层出不穷。例如，余杭梦想小镇的“民营服务运营商＋民营孵化器＋民营创投”模式、吴兴美妆小镇的“民营产业基金＋股权合作式招商”模式、嘉善巧克力小镇的“大企业＋全产业链”模式等。政府应充分做好引导和服务的功能，做好旅游小镇发展的顶层设计，做好制度建设，对于企业执行监督考核的职能，规范企业严格执行各项土地规划、城市规划、旅游规划等，实现当地的可持续发展。

市场化运作可以实现两个基本转变：一是政府主导的惯性思维的转变，政府可以处理好与市场的关系，让特色产业能在市场竞争中不断地发展和成长。二是企业通过市场化的操作，打造产城融合的新平台，真正形成旅游业与产业的深度融合，带动泛旅游产业的发展。

（二）旅游小镇生活方式升级

旅游小镇开发的最终目的是要在当地创建全新的生活方式，实现生活方式的升级。旅游小镇运营要以人为本，协调政府、小镇居民、投资人和旅游者等多方面的关系，通过基础设施建设的升级带来生活便利性的升级，通过旅游产业和泛旅游产业的发展带来业态的升级和就业结构的升级，整合旅游、文化、体育、健康、养老五大幸福产业与商业，最终实现旅游小镇整体生活环境的升级。

在旅游小镇运营的过程中，积累、形成新的文化特质或亮色，增强当地人的文化认同感和心灵归属感，同时教育、养老等各种功能完备，做到学有优教、病有良医、劳有厚得、住有宜居、老有颐养。

（三）旅游小镇全方位升值

旅游小镇通过旅游产业的发展，首先带来人口的聚集，人口的聚集带来的人气升级将带动房产的升值，而房产的升值将带来地产的升值，也将反过来反哺旅游业，促进旅游全产业链的构建，最终形成当地产业的升值。

旅游小镇在运营的过程中，要充分发挥旅游主导产业的带动作用，带动泛旅游产业的发展，形成良好的经济发展生态环境，提升区域发展能力。将土地、能源、建筑设施、生态环境等有形资产进行市场化经营，通过对土地的储备、有形资产的整合和租售，让有形资产产生递增效应。同时，提供优质的公共环境、社会管理秩序、社会人文风气等无形资产，为旅游小镇创造附加的经济效益与社会效益。这样，旅游小镇可以随着时间的发展不断提升内涵，小镇的价值也会得到全方位升值。

（四）旅游小镇品牌的创建

旅游小镇从创建之初就要形成独特的吸引核，运营者要以吸引核为核心，创建旅游小镇的品牌。通过品牌的创建，产生真正的核心竞争力和排他性的发展，而特色文化无疑是品牌创建的基础。旅游小镇不仅要注重资源的特色化，更要注重文化的特色化，不同的建筑、不同的风俗民情、文化特色都可以给予游客内心强烈的震撼，旅游资源吸引游客，而旅游文化可以让游客爱上一片土地。

品牌创建要立足于科学的定位，在品牌建立之初，运营者首先要做的是注意城镇形象的个性化。产品和服务的个性化，最终都能形成旅游小镇自身特有的竞争优势，也将成为品牌创建的基础。旅游运营要有大局观，把品牌创建工作贯穿在整个小镇的开发建设运营之中。

第四节　旅游景区运营管理

景区类型或属性不同，其经营主体、管理体制及运营模式也不同。按景区开放所依托的旅游资源属性，可将景区分为自然景区、人文景区和人造景区三大类。

一、自然景区的运营管理

自然景区主要是指依托山、水、林、木等独特的自然环境及资源而开发成的景区，包括国家自然保护区、森林公园、地质公园、水利风景区等。其中，自然保护区可以分为科研保护区、国家公园（即风景名胜区）、管理区和资源管理保护区四类。需要注意的是有些自然保护区同时是森林公园，如湖南张家界森林公园。

（一）自然保护区的管理

现阶段我国自然保护区实行环保部部门综合管理和分部门管理相结合的管理体制，即统一监督管理与分类主管并存。国家环保部门（包括国家环保部、省环保厅、地方环保局、环保所、环境监测站、环保研究所等）负责全国自然保护区的综合管理协调；林业、农业、国土、水利、海洋、建设等有关行政主管部门在各自职责范围内主管有关的自然保护区。但在实际操作过程中，环保部的综合协调权限不明确，没有达到实质性的中央垂直管理，以分部门管理为主的自然保护区存在多职能部门交错管理、政务重复烦琐、工作效率低等问题。《中华人民共和国自然保护区条例》第二十一条规定，国家级自然保护区由所在地的省、自治区、直辖市人民政府有关自然保护区行政主管部门或者国务院有关自然保护区行政主管部门管理，地方级自然保护区由其所在地的县级以上地方人民政府有关自然保护区行政主管部门管理。但在实际操作中，无论是国家级还是地方级的自然保护区，基本上都是由地方政府负责保护区的日常管理工作，通常是成立专门的管理委员会或管理局。但地方政府多从地区利益及发展出发，无法从国家层面全面统筹规划自然保护区工作，加之基层管理机构设置不规范、资金缺乏，使得我国大多保护区管理薄弱、相关法律机制缺失、基础建设薄弱、信息监测和收集缺乏、监督核查机制缺乏。在我国以政府为主导进行保护区管理的背景下，现阶段主要有以下几种自然保护区管理模式。

1. 行政主管部门管理

我国大多数的自然保护区都拥有多种自然资源，其均由保护区所辖资源的对口部门进行管理，如保护区中陆生野生动物归林业部门管理，水生野生动物归渔政部门管理，保护区中的水域、水体及水工程归水利部门管理，水道和航道归水运部门管理等。此外，还有国家中央直接管理模式，如陕西佛坪保护区、四川卧龙保护区、甘肃白水江保护区等是由国家林业局直接投资建设和管理的自然保护区。

2. 行政与事业合一管理

卧龙自然保护区是目前全国唯一的“行政和事业管理功能”合一的自然保护区。该模式是在保护区内专门成立特别行政区，与国家林业局自然保护区管理局实行“两块牌子、一套班子、合署办公”的管理体制，并接受国家林业局和省政府的领导，省政府和国家林业局均委托省林业厅代管。

3. 多事业单位合一管理

有些自然保护区同时是风景名胜区，如黑龙江五大连池、四川九寨沟；有些自然保护区既是风景名胜区也是森林公园，如湖南张家界、黑龙江镜泊湖。相应地，这些保护区往往会涉及多个事业单位管理主体，如九寨沟景区有国家级自然保护区管理局和风景名胜区管理局，张家界景区有自然保护区管理局和国家森林公园管理处。景区的多头管理会导致管理混乱、无序及低效率，因而多管理主体合一成为必然趋势。如九寨沟国家级自然保护区管理局和九寨沟风景名胜区管理局合并成立了九寨沟管理局，形成了“两块牌子、一套人马、统一管理”的管理体制，九寨沟管理局成为经费全额自收自支的事业单位。

4. 学校、科研院所和地方政府共管

如广东鼎湖山自然保护区、湖南省乌云界自然保护区、八大公山国家级自然保护区等。充分结合高校、科研院所的研究特点及科研需求，联合各级政府共同出资建设管理保护区，可减轻国家财政压力，推进产学研合作共赢。一方面，保护区为学校、研究院所提供了天然场地和资源库供其研究；另一方面，有关自然资源的研究成果或经验，可帮助保护区维护自然资源和生态环境，促进其可持续发展。但在实际操作中，难免存在管理体制不清晰、机构重叠设置、管理沟通效率低的现象。

政府管理自然保护区仍然是当下各国自然保护区管理的主要模式，但政府直接管制的成本相对较高，且管理效率较低。随着社会各界生态环保意识的提高、民间环保力量的壮大，自然保护区可以探索和示范一些新的管理模式，如采取“保护区＋社区”共管模式，充分发动当地社区居民力量，塑造其“绿水青山就是金山银山”的环保意识，让当地居民主动参与到保护区管理中，以实现保护区与社区共融发展；采取“合约托管＋政府监督”的模式，充分发挥NGO、中华环保联合会、公益基金会等社会环保组织的资金力量、专业力量及擅长社区沟通等优点，将保护区部分管理委托给这些社会团体，政府发挥监督和提供政策支持的作用。

（二）森林公园的管理

对森林公园的合理开发与科学管理，极大地促进了地区旅游业的发展，也创造了一定的社会效益、生态效益和经济效益。但由于我国森林公园建设起步晚，其发展体制尚不完善，多是依据原有的政府参与运营的林场管理模式，其运营主体未能完全参与到市场竞争中。加上受行政管理体制束缚及传统管理理念影响，我国大部分国家森林公园无法实现自主经营，经费上主要依赖政府补助。而且有些参与森林公园管理的行政人员不懂森林公园管理与经营，不了解森林公园的实际情况，导致大多数森林公园的管理混乱。我国森林公园要想实现良性运营及发展，必须突破这种事业单位管理机制及传统管理模式，实行现代企业化运营管理模式，明确其产权、所有权的拥有者，主张所有权与经营权分离，运用现代化的管理手段，实现对森林公园的科学、系统化管理。

（三）地质公园的管理

我国对地质公园的管理主要是借鉴美国的垂直综合管理模式[①]，少量是“地方管理模式”。对于大型、重要、著名、典型的地质公园主要通过国家来管理，由国土资源部来负责对地质遗迹资源的保护、管理与运营情况的监督。对于具有区域、国内和国际意

① 美国国家地质公园的“中央集权制”，即以“国家公园管理局—地方办公室—基层管理局”为线的垂直管理体系。

义上的地质遗迹分别建立的县级、省级和国家级地质公园，分别由相应的各级国土资源主管部门管理，并对上级国土资源主管部门负责，同时归同级人民政府领导。经费主要来源于政府财政支持。这种模式对公园的整体管理、调度、协调有很好的执行力，能够很好地保护资源，但很大程度上依赖于政府经济支持，势必会加重政府财政负担。

在经营模式上，近年来一直争议的是经营权与所有权是否分离的问题。坚持管理与经营分离的一方，是基于解决政府财政负担，调动人员积极性的考虑；而坚持管理与经营不分离的人员则认为遗产是一种特殊的资源，完全采用市场化运用不利于遗产资源保护。鉴于此，有学者提出了不同的地质公园管理模式，如孟耀等人以广西罗成国家地质公园为例提出了开放式管理模式，孟彩萍等人集合终南山地质公园提出了“1+5+1”的创新管理模式。[①]

1. 开放式管理模式

开放式的管理模式体现了政府“以人为本”“还景于民，造福于民”的管理理念，极大地满足了游客和当地居民的需求，带动了整个景区及当地旅游业的发展，但同时也给景区运营管理带来了压力。孟耀等人提出针对开放式地质公园建设要进行科学规划与管理，加强地质遗迹保护、安全及服务设施、科普解说系统等的建设[②]。

2.“1+5+1”管理模式

第一个“1”，即建立终南山公园管理委员会统筹管理公园运营，监督并管理高层次管理、战略决策的政府人员及提供专业指导的专家。“5”，即五个园区经营主体，各园区要相互协调开展以资源开发、旅游规划及项目设计、宣传营销、日常经营等为内容的经营活动。第二个“1”，即下游的旅游交通运营公司，负责整个景区的联运和专线运营。

二、人文景区的运营管理

人文景区是依托历史古迹、古物等人文旅游资源而开发建设而成的满足旅游者旅游需求或承担一定的文化教育和经济发展使命的景区，主要包括文化遗产景区、历史文化名城、古镇、历史街区、古村落、古遗址、古墓葬群等景区类型。因人文景区依托于人类不同历史时期的文化遗产资源，这决定了其管理具有公共物品性、文化多元性、不可再生性和经营垄断性的特征[③]。

（一）分级属地化管理体制

在管理体制上，目前我国人文景区主要依托博物馆和文物保护单位来负责管理运

① 孟彩萍，延军平，吴成基 . 超大型地质公园旅游管理运作模式研究——以秦岭终南山世界地质公园为例 [C]// 中国地质学会旅游地学与地质公园研究分会 . 第 27 届年会暨张掖丹霞国家地质公园建设与旅游发展研讨会论文集 . 北京：中国林业出版社，2013.

② 孟耀，李鑫，白利，卢传亮 . 地质公园开放式管理模式的构想——以广西罗城国家地质公园剑江园区为例 [J]. 国土与自然资源研究，2017：71-75.

③ 邹统钎 . 旅游景区管理 [M]. 天津：南开大学出版社 ,2013.

营。《中华人民共和国文物保护法》第五条规定，中华人民共和国境内地下、内水和领海中遗存的一切文物，属于国家所有。国有不可移动文物的所有权不因其所依附的土地所有权或者使用权的改变而改变。这说明大多数不可移动文物的所有权属于国家，显然该类景区管理的所有权也属于国家。

在管理权上，我国人文景区实行分级属地化管理。各级地方政府把各类文化遗产交由文物、文化、宗教、建设、旅游、档案等部门管理，其中文物部门全面负责执法和业务指导，其他部门负责日常管理。但不管哪个部门都从属于地方政府领导，并受其上级管理部门的业务指导，从而形成人文景区管理的分层级属地化管理。但不可避免的是，这类管理体制存在多头管理、管理混乱的现象，如景区的实际运营主体同时受到上级主管部门和地方政府相关部门的控制，各方利益相互掣肘，导致景区经营效率低下。

（二）三类运营管理模式

在对人文景区的运营模式上，目前出现的有政府主导型、企业主导型、政府与企业混合型三类。

1. 政府主导型运营管理模式

该模式是我国人文景区使用最早的一种方式。在这种模式中，景区实行事业单位编制，运营管理景区的主体是隶属于当地文物部门的文管所。在该模式中，景区的所有权、管理权和经营权相统一。景区的管理机构——文物管理所，代表政府履行景区所有权职能，同时是景区的管理主体和经营主体，肩负着景区的资源开发、产品经营、文物保护及日常管理的职能。由国家财政承担人文景区的开发、管理和保护经费，景区旅游项目及门票由国家定价，且所有收入上缴国家。该模式下的景区普遍存在事业单位在编人员数量不足的情况，需要聘请合同制人员从事保安、保洁、讲解、展厅看管等辅助性工作。

目前，我国大多数人文类景区采用的是这一运营管理模式，如故宫、颐和园、晋祠、三孔景区等众多国家文物保护单位。在市场机制不完善的情况下，政府主导型模式可有效保护文化遗产，同时在资源整合、文化传播及社会公益体现等方面的优势突出。对于故宫、颐和园、晋祠等热门景区来说，其庞大的游客量保证了景区社会效益和经济效益的双丰收，但对于一些中小人文景区而言，该模式存在着明显的缺陷。一方面，中小景区本身收入不高，而政府财政补贴少，文物维护成本高，使得景区实际运作资金严重缺乏；另一方面，由于景区经营管理者没有自主经营权，也不需要自负盈亏，因而景区经营管理者的积极性普遍不高，经营效率低下，导致景区文化资源得不到充分的开发与利用。

2. 企业主导型运营管理模式

企业主导型运营管理模式是将所有权、管理权和经营权分离的一种模式，其中所有权归国家，由景区文物管理所代为行使，而企业拥有管理权和经营权，负责景区的实际运营管理。这种由企业作为景区运营管理主体垄断经营管理权的运营管理模式，将政企职能分开、产权明晰划分，可有效调动企业作为市场主体的积极性，促使其主动参与市场竞争，充分开发景区资源，提高景区经营的经济效率。但同时也要认识到，一方面，以企业为主导的运营管理模式，往往过度强调经济效益，而忽略社会效益和生态效率的考虑，这显然与旅游可持续发展和景区推进社会效益、生态效益和经济效益的综合效益的理念不符；另一方面，文物管理经营权的转移与我国现行的文物法律法规相悖，触碰到了文物管理的“高压线”，加之相关各方的利益与权益无法平衡，使得这一模式的使用更加谨慎。例如，2000 年轰动一时的“水洗三孔”事件对“三孔”文物造成巨大破坏，引起国家文物局出面干预，被委托管理方深圳华侨城集团被迫退出；1999 年，陕旅集团发起设立了秦兵马俑旅游股份有限公司并筹备上市，但由于文物旅游景区门票收入不能纳入公司经营利润，中国证监会取消了兵马俑旅游股份有限公司上市资格。

3.**“政府管理 + 企业经营”混合式管理模式**

该模式是在景区内实行事业化和企业化并行的运营管理。景区所有权属于国家；景区成立国有性质企业，或吸收社会资本加入成立国有资本控股的混合制企业，由该企业来负责景区的开发建设及日常经营；景区管理权则归事业性质的文物管理所。该模式实现了景区所有权、经营权和管理权的“三权”分离，避免了政府主导下的消极经营、效率低下，以及企业主导文物旅游景区运营管理的风险，既有利于景区文物资源保护，也有利于人文景区的市场化开发运营，实现景区文化效益、社会效益、经济效益和生态效益的统一。例如，中国证监会取消了兵马俑旅游股份有限公司上市资格后，加之各种经营管理问题的出现，2007 年陕西省人民政府调整了景点管理体制，由陕西省文物局委托秦始皇兵马俑博物馆与陕西旅游集团公司共同组建秦始皇陵旅游有限责任公司，从事秦始皇兵马俑博物馆和秦始皇陵遗址公园的开发建设及运营，管理权则重新交由省文物局。

三、人造景区的运营管理

人造景区是指有别于人文景区的现代人工刻意建造的景区，包括主题公园、博物馆、历史文化街区等。人造景区的经营主体以非国有为主，景区建设投入成本高，经营内容可引领消费时尚与潮流且无明显的季节性。

（一）主题公园的运营管理

主题公园是为了满足旅游者多样化休闲娱乐需求和选择而建造的一种具有特定主题和创意性体验方式的，集诸多娱乐活动、休闲要素和服务配套设施于一体的现代旅游目的地。按照功能和用途主题公园可分为五大类，即微缩景观类（如北京“世界公园”、深圳“锦绣中华”等）、影视城类（如无锡“三国城”“水浒城”等）、艺术表演类（如北京“中华民族园”、深圳华侨城“中华民俗文化村”和“世界之窗”等）、活动参与类（如深圳华侨城“欢乐谷”、苏州乐园等）和科幻探险类（如江苏常州“中华恐龙园”等）。按照旅游体验方式，主题公园可分为观光类、游乐类、情景体验类、4D类、主题风情体验类等。

目前国内主题公园运作较为成熟的代表模式是“珠江模式”和“长江模式”。其中，“珠江模式”主要采用文化移植方式，在一地针对不同的目标市场集中布局功能互补的主题公园群，如包含锦绣中华、中华民俗村、世界之窗、欢乐谷在内的深圳华侨城主题公园群，该模式运营成功的关键是选址，注重对公园拟选地的区位条件和市场情况的评估分析。“长江模式”主要是通过深度挖掘地方文化进行文化复制、文化陈列来营造市场竞争优势，典型的如苏州乐园、吴文化园，无锡唐城、三国城、水浒城，以及常州恐龙园等主题公园。该模式运营成功的关键是通过对饮食、歌舞、建筑、水利等地方文化的深度挖掘，形成特色化的旅游产品来吸引游客。无论采用何种运用模式，选址、主题定位、产品创新、品牌营销等一直是主题公园类景区运营管理的关键。

纵观国内外，现阶段主题公园运营比较成功的经营主体有迪士尼公司、默林娱乐集团、环球影城娱乐集团、六旗集团和中国华侨城集团。以下以迪士尼和华侨城为例探讨主题公园的经营管理模式。

1. 迪士尼的产业链管理策略

1935年，制作了彩色“米老鼠”影片。1937年，华特·迪士尼拍成了动画片《白雪公主》，之后又有《大象斑波》《小鹿斑比》和《木偶奇遇记》等。1955年7月，第一家迪士尼乐园在美国洛杉矶落成，立刻成为世界上最具知名度和人气的主题公园。至2016年年底，迪士尼公司已在全世界开设6个度假区，包括美国加州洛杉矶迪士尼乐园、佛罗里达州奥兰多迪士尼世界两家本土主题公园和东京迪士尼乐园、巴黎迪士尼乐园、香港迪士尼乐园和上海迪士尼乐园4家通过特许权授予开设的主题公园。根据华特迪士尼公司财报显示，公司2018年总营收594亿美元，较上年增长7.8%，净利润126亿美元，较上年上升40.3%。

（1）多元化的业务经营。

公司主营业务有主题公园和度假村（迪士尼乐园是迪士尼度假区的一个部分。除乐园外，迪士尼度假区一般还包括主题酒店、迪士尼小镇和一系列休闲娱乐设施等）、媒体网络（包括ABC电视网络、ABC广播网络、有线电视网络、迪士尼公司网站等）、音像娱乐、消费产品等。华特·迪士尼公司财报显示，2018年迪士尼媒体网络业务、主题公园业务、影视娱乐业务、消费品和互动媒体业务分别占营收的41%、34%、17%和8%。

（2）产业链化的产品价值管理。

结合数字科技和视觉图画开发新产品；以电影引领消费时尚；以主题公园强化产品形象；将舞台表演式的娱乐活动植入园区，丰富园区产品，强化各主题；将娱乐与购物结合，以卡通形象带动商品销售；从目标群众的不满中发现兴奋点，并不断改进创新。

（3）人本主义的人力资源管理。

员工招聘强调本土化，注重文化传承；对员工进行自我素养和创新理念培训，提高员工综合素质；管理注重细节，如详细的作业手册，强调游客和员工共同营造迪士尼乐园的欢乐氛围；采用岗位交叉互补与现场走访方式不断完善服务系统；实行行动准则的“SCSE”策略，即安全（Safety）、礼貌（Courtesy）、表演（Show）、效率（Efficiency）。

（4）多渠道合作的娱乐文化销售管理。

以销售娱乐文化为策略，采用多样化销售渠道、全方位占领市场；联合运通、可口可乐、菲利普公司等世界知名大企业共同投资开发迪士尼乐园，参与其中部分业务的经营；运用品牌授权提升商品附加值和影响力；拥有自己的旅行社，还和各大旅行社合作，使游客可以在任何一家合作旅行社买到含公园门票的迪士尼全包价旅游。

2. 深圳华侨城集团的成长战略

华侨城集团是1985年经国务院批准成立的，直接归国务院国资委管理的一家大型国有企业集团，控股华侨城A、康佳集团、华侨城亚洲、云南旅游、天视文化等多家上市公司，拥有锦绣中华、中国民俗文化村、世界之窗、欢乐谷等多家主体公园，是中国拥有主题公园最多、规模最大、效益最好的公司。自2010年以来连续8年获得国务院国资委年度业绩考核A级评价，资产规模已突破3000亿元。连续6年雄踞全球主题公园集团四强，累计接待游客近4亿人次，稳居亚洲第一。欢乐谷荣获国内主题公园行业唯一中国驰名商标，已在全国7座城市建成开放，组建成立的欢乐谷集团目前已在全国托管及顾问管理优质景区共计28家。

（1）拓展业务，多元发展。

多年来，华侨城集团培育了旅游及相关文化产业经营、房地产及酒店开发经营、电子及配套包装产品制造等主营业务，其中康佳、欢乐谷连锁主题公园、锦绣中华·民俗文化村、世界之窗、东部华侨城、欢乐海岸、麦鲁小城、波托菲诺小镇、纯水岸、OCT LOFT华侨城创意文化园、OCAT华侨城当代艺术中心、华侨城大酒店、威尼斯睿途酒店等均为行业领先品牌。

（2）紧跟国家政策，大胆创新经营模式。

华侨城集团紧跟国家新型城镇化战略，以“创新、协调、绿色、开放、共享”五大发展理念为指导，创造性地提出“文化+旅游+城镇化”和“旅游+互联网+金融”的创新发展模式，积极推进城镇化战略突破落地。华侨城在深圳、北京、天津、南京、武汉、郑州、成都等地打造多个大型文旅综合项目；全力布局云南、海南全域旅游，加快全国自然文化景区轻资产拓展；紧扣“一带一路”国家战略，以战略优势打造大西安文化旅游新高地等。

（3）五大产业布局，助力集团发展升级。

2017年，华侨城集团确定了中长期战略目标，以“中国文化产业领跑者、中国新型城镇化引领者、中国全域旅游示范者”承接国家战略，并通过搭建“文化产业体系、旅游产业体系、新型城镇化、金融投资、电子产业体系”的五大产业格局（见图 11-3），形成产融双擎的发展局面，真正实现集团发展模式、产业组合、盈利模式的创新升级。其中，旅游产业是华侨城的核心优势产业。

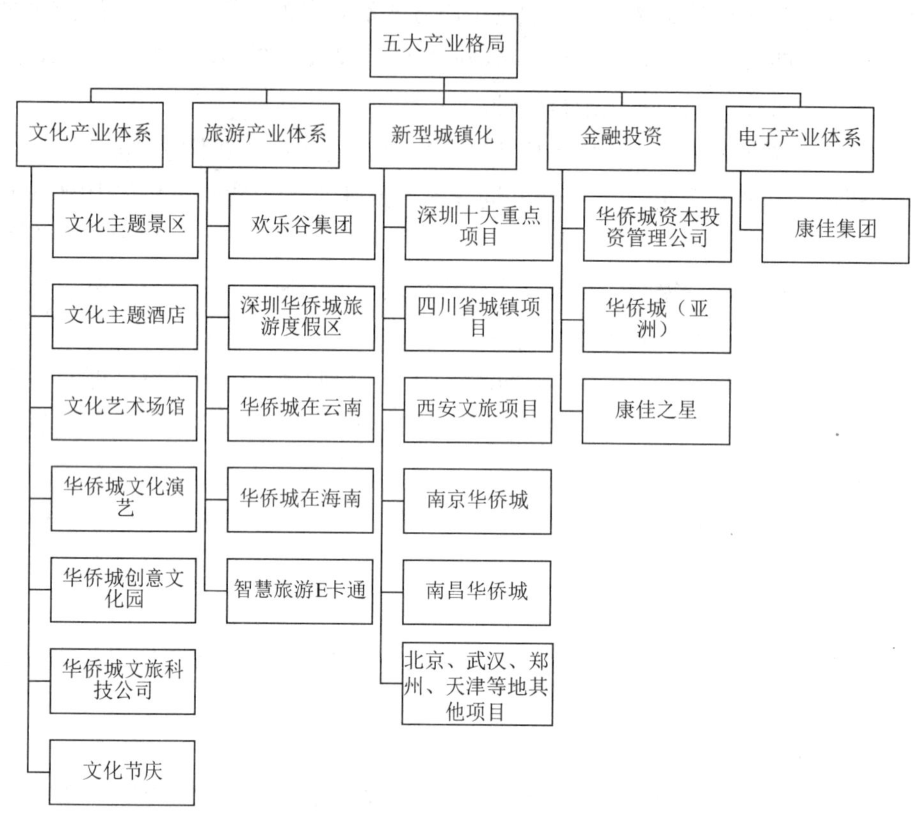

图 11-3　深圳华侨城集团五大产业格局

专栏 23　绿维文旅的主题公园开发运营创新

主题公园是当下休闲消费与亲子旅游度假的主要对象之一，需要以创意理念进行开发经营。绿维文旅为主题乐园开发运营主体提供全程服务，包括专业策划、规划、设计、施工建设、投资运营和管理顾问等。

相关案例：襄樊隆中旅游新区三国主题乐园、南昌茵梦湖主题公园、常州春秋淹城乐园、湖南昭山城市海景水上乐园……

（二）博物馆的运营管理

博物馆是征集、保存、陈列、研究最能代表自然现象和人类生活的实物或资料，并使其能够为公众提供知识、教育及观赏的文化教育机构。西方的博物馆一般划分为科学博物馆（如英国自然历史博物馆、巴黎发现宫等）、艺术博物馆（如法国卢浮宫博物馆、美国纽约大都会博物馆等）、历史博物馆（如人类学博物馆、人类考古学博物馆等）和特殊博物馆（如乡土博物馆、儿童博物馆等）。中国博物馆事业的主管部门和专家们认为，中国博物馆的划分可参照国际一般分类法并结合中国实际情况，将其划分为历史类（如中国历史博物馆、中国革命博物馆、西安半坡遗址博物馆、秦始皇兵马俑博物馆等）、艺术类（如故宫博物院、南阳汉画馆北京大钟寺古钟博物馆、天津戏剧博物馆等）、自然与科学类（如中国地质博物馆、北京自然博物馆、自贡恐龙博物馆、台湾昆虫科学博物馆等）、综合类（如山东省博物馆、湖南省博物馆、内蒙古自治区博物馆、甘肃省博物馆等）四种类型。

1. 我国博物馆管理模式

受长期计划经济管理的影响，我国的博物馆系统形成了以中央和地方文物、文化主管部门为核心的中央集权计划管理体制，在管理模式上形成了分系统与分级别管理相结合的方法。这种管理体制有利于藏品保护和博物馆社会价值体现，但不利于博物馆形成良性的长效运营机制。单纯依靠政府财政拨款使得部分公益性博物馆运营举步维艰，尤其是地方性博物馆，政府重建设、轻运营，对博物馆后期运营管理的拨款少之又少，日常维护尚不足，更谈不上长期发展。因此，我国博物馆应该转变发展思路，学习借鉴国外博物馆成功经营管理经验，探索适合我国国情和博物馆长期良性发展的管理体制和运营模式。

2. 国外博物馆管理模式

以世界三大博物馆法国卢浮宫、纽约大都会和大英博物馆，以及日本国立民族学博物馆、世界上第一座社区博物馆安那考斯提亚社区博物馆为例，通过分析可以看出，国外博物馆受政府体制管理束缚小，运营经费主要来源于民间资本与场馆运营收入，灵活采用了商业化运营、“私人董事会”“公司＋理事会”“政府主导＋社会参与”及“社区参与共建”等运营管理模式（见表 11–2）。

表 11–2　部分国外博物馆管理模式

名称	经费来源	管理体制	管理模式
法国卢浮宫	门票及其他运营收入	卢浮宫自主运营管理	商业化运营模式：导入商业管理，实行时段票价、私营商场等方式
纽约大都会	民间资本	由私人董事会管理	“私人董事会”管理模式
大英博物馆	英国政府；运营收入	大英博物馆理事会管理，同时受英国文化、传媒和体育部的领导	“公司＋理事会”管理模式：兴办公司开展日常经营工作；理事会定期开会指导和把控博物馆事务
日本国立民族学博物馆	日本政府	文部省	“政府主导＋社会参与”模式：组织社会力量办馆，组建“评议员会议”和“运营协议会议”，负责馆务管理
安那考斯提亚社区博物馆	史密森机构	史密森机构主要管理，咨询委员会辅助决策	“社区参与”管理模式：当地社区居民参与决策及活动策划

（1）法国卢浮宫：以各分馆为单位，实行保管、研究、展示一体的管理模式。2004年1月，法国政府对博物馆推出了一系列改革措施，规定卢浮宫可以自行处置所有的门票收入，而此前必须上交给政府45%的门票收入。但同时，政府将不负责卢浮宫的预算和日常展出计划，这意味卢浮宫必须自主经营、自负盈亏。此后，卢浮宫开始尝试导入商业管理方法，通过实行时段票价、私营商场等措施，逐渐走出了一条独特的博物馆自主经营之路。

（2）纽约大都会：由一群商人、律师、艺术家以及几位纽约市政官员于1870年组织筹建的私人非营利性组织，是美国首批艺术博物馆。参照企业董事会模式，设立由私人董事会管理并由私人投资的博物馆运营机制，民间资本是支撑和推动大都会博物馆发展的主导力量，地方政府通过提供土地和场地等方法给予支持，这种模式后来被美国绝大多数博物馆采用，并沿用至今。

（3）大英博物馆：建于1753年，是世界上首家国立公共博物馆，是世界上历史最悠久、规模最宏伟的综合性博物馆。大英博物馆直接受英国文化、传媒和体育部的行政领导，运行资金大部分来自英国政府。博物馆通过兴办公司的运营收入弥补经费不足。1963年，英国国会通过了女王签署的《大英博物馆法》，规定大英博物馆理事会为大英博物馆的法人团体，拥有管理和控制大英博物馆的权利。理事会的任务不是日常管理博物馆，理事会成员都是社会名流，承担的是无报酬工作，理事会定期开会指导和处理博物馆事务。

（4）日本国立民族学博物馆：于1977年正式建成开馆，是日本最大的民族学研究中心，也是供各国立大学共同利用的独立的学术研究机构。博物馆由文部省直接领导，其主要经验是组织社会力量办馆，由国立大学校长、学术界权威人士等18人组成决定事业规划等重要馆务的“评议员会议”，聘请馆内外著名学者21人组成“运营协议会议”，作为馆长的学术研究支持机构。

（5）安那考斯提亚社区博物馆：于1967年在美国华盛顿特区黑人聚居区成立，是世界上第一座社区博物馆。它是史密森学会与安那考斯提亚社区之间的中介，以满足呈现社区问题作为展览活动的主要诉求。虽然在博物馆建设之初，史密森机构给予了一定的财力支持，但是社区成员在参与决策方面一直扮演着相当重要的角色。除此，博物馆还专门为年轻人成立了咨询委员会，帮助展览活动的策划组织。社区博物馆的建设不仅解决了社区民众的社会和文化需求，还重塑了社区民众的自尊心和自信心。

（三）历史文化街区的运营管理

狭义的历史文化街区即历史遗存型街区，是指经国务院、省、自治区、直辖市人民政府核定公布的保存文物特别丰富、历史建筑集中成片、能够较完整和真实地体现传统格局和历史风貌，且具有一定规模的区域[①]。但目前，对历史文化街区的改造利用大多是依据街区的历史文化遗存及文化背景，通过拆迁改造而修旧如旧的街区，即拆迁改造的街区，或者是通过外形改造而新建的街区，即仿古新建的街区。

在我国旧城改造、新型城镇化建设及休闲旅游盛行的时代背景下，对历史文化街区的改造再利用逐渐成为城市文化休闲空间培育、社区环境改善及城市功能提升的重点。但要实现历史文化街区的健康可持续发展，无论是历史遗存型街区、拆迁改造型街区，还是仿古新建型的街区，都需要相适应的运营管理模式。

1. 以保护为前提的运营管理模式

历史遗存型街区涉及大量的文物、历史建筑，以及能够较完整和真实地体现传统格局和历史风貌，具有一定的历史、文化、科学和艺术价值，是国家文化、文物部门重点保护的对象。因而，同人文古迹类景区的管理体制，历史遗存型街区在行政上由文物、文化、旅游、宗教、建设等部门管理，同时从属于地方政府领导，并受上级管理部门的业务指导。在运营管理过程中，保护街区原有历史风貌和文物建筑不受破坏是该类街区运营管理的关键。

2. “政府主导＋企业参与”的运营管理模式

拆迁改造型街区一般是由政府来主导街区规划和具体拆迁。政府制定相关招商引资政策吸纳房地产商参与街区改造建设，并通过协议委托（常见的有 PPP 模式）、国资公司入股等方式请专业运营管理机构负责街区的运营管理工作。在该模式中，政府承担街区规划、管理和监督的职能，企业负责街区建设及运营管理。

拆迁改造型街区运营管理的关键是尊重历史、改善环境、完善配套。强调街区风貌、历史建筑、小品等要坚持修旧如旧原则，体现历史文化痕迹；要充分挖掘街区历史文化，注重街区文化与区域历史文化、民族民俗等文化的融合，注重将历史、文化与街区购物、餐饮、娱乐、休闲等商业服务项目相结合，以形成区域文化消费聚集和产业聚集，实现街区文化价值、经济价值和旅游价值。

3. 纯商业化的运营管理模式

仿古新建型街区完全是“人造”的历史文化街区，其建设受文物保护、规划审批等的羁绊较少，完全靠开发商与经营商自主经营管理，其运营管理的终极目标是通过休闲业态运营最大化获取经济效益，因而可以说仿古新建型街区是带历史文化气息的商业街区。但如何在众多新建的古镇、古村、古街中脱颖而出，是街区开发商和经营商要重点考虑的问题。先规划后建设、先招商后经营，是商业街区开发运营的一般流程。在这一过程中，充分把握市场需求及消费特征，整合利用区域文化要素，营造独特的街区氛围，打造令人愉悦的消费体验，才是仿古新建型街区运营管理的关键。

---

① 历史文化名城名镇名村保护条例 [Z]. 中华人民共和国国务院公报 ,2008(15):33

专栏 24　古镇古村落开发运营

更多详情请扫描二维码

近年来，古镇旅游在旅游市场上表现出了强大的吸引力，凸显了较高的旅游价值和经济价值。绿维文旅在对古城、古镇、古村落的开发运营中，以深厚文化底蕴为基础，深入挖掘创新点，业务范围涵盖旅游策划、总体规划、控制型详细规划、民居改造设计、商业策划等，形成了大量优秀案例。

四、景区运营管理的六大核心要素

景区运营，强调要“跳出景区看景区”，全面推进景区内部科学管理体制的构建和景区外部综合化开发运营，内外联动，相互补充，最终形成以景区为驱动的区域旅游综合开发运营升级结构。旅游景区的运营管理体系的构建主要包括六大核心要素：人力资源管理、营销管理、安全管理、游客管理、危机管理和财务管理。

（一）景区人力资源管理

旅游景区为游客提供的不仅仅是观光产品，更重要的还有服务，而服务的质量需要高素质的工作人员来体现。旅游景区人才供给不足，创新能力匮乏，与大众日益增长的优质化旅游需求相矛盾；景区管理部门结构臃肿、工作人员的财权与事权不匹配，是导致景区运营成本不受控制、相关服务难以提升的重要原因之一。因此，景区运营需构建科学的人力资源管理体制，以实现景区管理能力和服务能力的提升。

景区人力资源管理主要包括人力管理和人才培养两个方面。人力管理方面，应建立规范的监督、考核和激励制度，以岗位需求核准人员编制，明确各岗位工作人员的职责和权利，以改善工作人员闲置、工作积极性不高等问题，使在岗人员都能够投身于景区发展事业中去；人才培养方面，应通过引进高级专业人才，制定良好的培训机制，以提升景区从业人员的专业技能、服务意识和创新能动性，带动景区向优质化供给方向发展。

（二）景区营销管理

随着旅游活动的日趋频繁和旅游产品种类的日渐多元，景区的品牌形象和知名度在市场竞争中的需求日益凸显，营销管理也成为景区运营管理中的重要工作之一。营销信息的有效性、内容的吸引力、对象的精准性、手段的多元化都直接关系着景区的进一步经营发展。

旅游景区的营销管理主要包括市场识别、价格控制、渠道管理和手段创新四个方面。市场识别方面，景区运营主体应善于分析宏观市场形势，识别市场机会，并选择最有价值的细分市场进行重点营销推广；价格控制方面，景区要在遵守政府相关定价政策的基础上，结合季节、市场需求推出相关的价格促销活动，这一过程中要注重各销售渠道的价格统一管理；渠道管理方面，要根据自身实际需求和成本预算情况，选择合适的旅行社、OTA、媒体公司等媒介进行辅助推广；手段创新方面，运营管理主体要积极运用新媒体、科技、文创、节庆、演艺等多元化的营销手段，使景区的对外品牌形象立体、饱满并做到精准推送。

（三）景区安全管理

旅游者期待旅途的过程中享受优美的风景、优质的服务和深度化的体验，这一切旅游活动的顺利进行都要以安全保障为前提。在景区运营管理过程中，如果安全管理出现漏洞，将会导致难以补救的经济损失、长时间内游客的恐慌和景区品牌形象的坍塌。针对高发的旅游景区安全事故类型，景区安全管理应包括生态安全、游览设施安全、治安管理、防火防爆管理四个部分。

生态安全管理主要针对台风、洪水、冰雹、地震、泥石流等自然灾害的预防，自然灾害的破坏力极强且难以恢复，景区运营相关主体首先应加强生态保护管理机制，避免因超负荷承载游客和人为原因导致的生态系统破坏，从源头上减少自然灾害发生的可能性；同时，应与气象、地质等部门的有效合作，建立完备的灾难分析预警系统，并规划建设避灾避难场所，最大限度地减少自然灾害造成的毁灭性影响。游览设施安全管理主要针对路面损毁、护栏折损、索道失控、游船游艇损坏等由于游览设施老化、质量不合格、检修迟滞等因素造成的安全事故防控，游览设施建造之时，应在功能性、实用性、耐用性的基础上再追求美观效果，不能本末倒置，同时要严格把控设施的承载能力，避免超员、超载运行而产生不可挽回的损失。治安管理是针对景区违法、犯罪行为的防控，要加大法律法规的宣传力度，并做到全景区范围内无监控死角，与当地公安部门合作建立快速报警系统，避免诈骗、暴力抢劫、盗窃等犯罪行为在景区造成游客的人身和财产损失。防火防爆管理主要针对森林火灾、易燃易爆品的管控，景区的火灾爆炸事故会造成人员伤亡、基础设施破坏、建筑坍塌等严重后果，相关运营管理主体要高度重视防火防爆管理工作，严格履行禁烟、禁明火、游客安检等管理程序。

（四）景区游客管理

游客是旅游活动的主体，其行为、素质都能够直接或间接地影响景区的环境和体验质量。景区游客管理，主要目的是提升旅游者的文明旅游意识，避免插队、吵闹、乱写乱画、随地吐痰、乱丢垃圾、不尊重当地习俗等缺少社会公德、违反道德规范的行为的产生。

实施景区游客管理，要从规章制度和服务设施两个方向出发。规章制度方面，要明确各类不文明行为的管理和处罚条例，并配置专职人员进行文明旅游的宣传和景区内部的巡查。服务设施方面，要完善垃圾桶、卫生间、排队走廊、服务驿站等配套设施建设，不断提升景区的卫生条件和文明氛围，并健全游客投诉及反馈流程，及时处理游客投诉等事宜，学会从游客的不满中发现创新点，不断完善旅游产品与服务，提供令游客更加满意的产品。

（五）景区危机管理

旅游景区危机，是指直接或间接扰乱景区继续正常经营的非预期性事件，常见的类型包括环境危机、财务危机、经营危机、品牌危机等，具有突发性、紧迫性和危害性的特征。环境危机，是指由于气候变化、地质灾害等不可抗力因素，或盲目开发、游客接待量超载、游客素质欠缺等人为原因导致的景区环境破坏。财务危机是指由于投资计划失败、经营不善导致景区丧失偿还到期债务、持续投资经营的能力。经营危机是指景区由于外部环境的突变或内部运营战略的失误，导致景区人气下降，产品或服务的销售陷入窘困的状态。品牌危机是指由于游客对景区环境、产品、服务、秩序等要素的满意度不足，导致景区处于高知名度、低美誉度的状态。

景区危机事件往往是内部管理不善和外部环境影响同时作用的结果。内部管理不善，会使危机发生的可能性不断积累，相关部门的重视程度不足、责权分配不清、管理体制不健全等因素能够造成景区的重大损失和较长时间的负面影响；外部环境的突然变化，能够成为危机爆发的导火索，国家政策导向、宏观经济状况、社会文化变革、科技发展带来的市场竞争，都可能造成景区的不稳定状态。因此，实施危机管理，在减少危机事件发生的同时，提升危机事件的应对处理能力，对景区健康可持续发展具有重要的意义。

要构建景区危机管理体系，首先，运营管理主体应树立充足的危机意识，建立完善的安全监测、环境监测、游客量监测、信息监测系统，从源头上减少危机发生的概率；其次，应由景区高层管理者组成日常的危机管理机构，聘任法律、公关、营销方面的顾问，并确保危机管理人员拥有足够的决策权力，制订有效的危机管理计划，以增加对危机的精准识别和快速反应能力；最后，景区运营主体应增强危机发生后的市场激活能力，借助新闻、自媒体等工具，让外界了解危机发生和积极处理的实情，有效控制不良事件的扩散性影响，重新塑造景区的良好形象。

（六）景区财务管理

旅游景区涵盖了门票、购物、餐饮、住宿、交通、娱乐等多种类型业务，其中涉及的盈利模式、运营成本控制、投资收益、财务预算用途都关系着景区的长远发展，因此，景区运营需要细致的财务管理制度，以实现景区经济效益的最大化和持续性经营。

实施景区财务管理，首先，要健全财务管理制度，通过构建规范的管理流程，使收支情况公开透明，杜绝非正规发票入账，同时要建立完善的固定资产、物品登记、报销费用等财务台账，抓好财务收支审计，防止收入或资产流失。其次，要及时评估财务风险，充分分析资金使用情况和外部环境变化对景区经营条件的影响，做好投资的可行性研究，制定科学的资金使用模型和财务风险预警系统，合理规划财务收支和资源配置，降低财务危机到来的可能性。最后，要提高财务管理人员的综合素质，通过组织会计、法规、电算化等财务相关知识和业务的培训，提升财务管理的专业能力。

第五节　休闲项目运营管理

休闲项目多为人工开发的体验型、参与型、消费型项目，包括主题乐园、温泉水疗、农庄、演艺等。打造核心吸引力、运用业态创新形成项目可持续发展，是未来休闲项目发展的重点。

在休闲项目的商业化运营中，要形成以服务管理为核心的消费过程管理体系。在开业阶段，要结合项目地的实际情况，搭建平台、导入契合的 IP 资源，找热点、抓爆点，进行招商开业引爆。在营业后，要对招商项目进行持续的培育和管理，并结合市场反馈及业态项目的优胜劣汰情况，进行二次招商。如此反复，经过多次招商、培育，才能使项目逐渐成熟，最终达到良性运营的发展目标。

一、温泉运营管理

我国温泉已经从单一的康复疗养功能转向集度假休闲、会议商务、旅游观光等多种功能于一体的综合开发项目。由于开发门槛较低，温泉项目产品开发存在同质、产品质量参差不齐、行业管理无序等一系列问题。优质的温泉项目需要在运营上投入大量的资源和资本，主要涵盖品牌建设、营销管理、资本运作三方面的内容。

（一）品牌建设

温泉品牌建设包括品牌文化打造和品牌输出。品牌文化打造方面，首先要注重温泉运营前期的规划，结合地理位置、资源条件和市场消费情况，确立温泉的开发定位。其次，注重温泉与康养、商务、旅游等其他产业的融合发展，在配置多元化服务的基础上，树立融合发展的品牌文化。最后，注重温泉运营口碑宣传，确立温泉品牌形象，规范服务流程，以此获得消费者对品牌文化的认同。

品牌输出方面，通过规范运营和经典案例推广，形成一定品牌知名度后，实行连锁化运营管理，合作方以品牌加盟的方式参与到温泉项目的开发中。这种方式能够利用前期积累的口碑快速引爆市场，占据较大的市场份额，产生规模效应，同时也可以减少温泉项目的投资风险。

（二）营销管理

在温泉项目林立的背景下，需要创新营销模式，才能在市场上占据一席之地。第一，注重品质营销，市场上的温泉产品良莠不齐，若想脱颖而出，需要让消费者对温泉品质有一定程度的了解，如公开温泉的矿物质含量、药浴的疗效、优质的配套服务等。第二，注重文化营销，温泉文化是吸引客源的重要因素，需要在宣传中传播温泉中的保健、休闲、疗养等文化内涵。第三，注重活动营销，温泉是季节性较强的度假休闲产品，以节庆、促销、主题游乐等手段实现活动营销，能够让温泉项目淡季不淡、旺季更旺。第四，注重服务营销，温泉产业作为服务业，对员工的素质具有较高的要求，通过个性化、优质化的服务积攒口碑，提升消费者满意度，是营销管理的重要方面。

（三）资本运作

温泉产业与康体疗养、度假休闲等多元化产业的融合，可产生大规模的市场聚集效应，创造更大的商业价值，使得温泉投资成为当下热门的投资领域。温泉企业的投融资主要有 IPO、新三板、私募股权等多种融资方式。企业需要根据自身资源情况和发展阶段，选择适合的投融资渠道。在温泉企业的资本运作中，需要厘清企业的运作流程、价值体现、发展愿景等一系列问题，选择专业的资本金融操盘团队，开展与资本市场的紧密对接，最终实现企业价值。

二、农庄运营管理

在农村供给侧结构性改革的背景下，休闲农庄、共享农庄、市民农庄、家庭农场等形式各异的农庄层出不穷，农庄已经不再仅仅承担粮食生产功能，而是乡村度假发展的重要载体。

（一）搭建农庄交易平台

如今的农庄承载着休闲度假、观光旅游、农事体验、特色餐饮等多种功能，农庄交易平台就是基于互联网、物联网技术以及 VR 新技术，将农产品、度假资源（特色民宿、餐厅等）、当地特产、民俗活动等一系列乡村资源放在线上展示，直接对接消费者，实现资源需求的最大化配对。

农庄交易平台最大化挖掘和利用了在地资源，将资源产品化用农庄的核心产品进行推广营销，一方面能够让消费者对农庄产品一目了然，增加农庄吸引力，另一方面可以避免同质化竞争，降低了开发运营难度。

（二）鼓励多方参与运营

农庄开发运营单靠企业或者政府的力量难以成功，还需要联合村集体、农民、消费者，实现全员参与运营。企业在开发运营中，要对原有经济模式进行创新，在资源共享、技术创新、运营模式改革方面探索新的发展方向。政府主导解决“三农”问题，提供良好的政策环境，鼓励农业产业结构的升级优化。村集体和农民在运营中起辅助作用，通过营造良好的消费环境，提供优质的农业产品和休闲度假服务，提升农庄的吸引力。消费者是农庄口碑的传播者，在运营中，鼓励消费者通过互联网将农庄风景、产品、活动分享至社交平台，实现在线推广。

（三）创新融资模式

农庄投融资的关键是盘活农村以土地为核心的可利用资产，这需要大量的开发建设资金，需要政府、金融机构、社会团体群策群力，建立多元化的创新金融支持体系。不同性质的农庄拥有不同的投融资模式，以市民农庄为例，在建设期，设立农村产业融合发展投资基金，发挥中央预算内投资的杠杆作用，引导社会资本进行乡村产业投资。金融机构则可以研究建立集体建设用地抵押贷款的金融产品，创新乡村建设的贷款模式。在运营期，金融机构可研究租赁权益质押方式，创新推出市民农庄消费贷款产品。在成熟期，市民农庄可通过资产证券化的方式实现公司上市，运用社会资本提升农民与村集体的财产权益价值。

三、演艺运营管理

演艺活动是指依托著名的旅游目的地，表现地域文化背景、注重体验性和参与性的形式多样的主题商业表演活动，其本质是市场经济条件下的商业行为。旅游演艺项目除了依托旅游目的地吸引客源，其自身的运营管理也是延长演艺产品生命力的重要支撑。

（一）打造演艺品牌

演艺品牌是演艺产品可持续发展的重要保障。打造演艺品牌，第一，要明确产品定位，对演艺节目的定位、包装、价格策略选择要适应目标市场的消费习惯，突出不同的品牌个性和形象，并传递给顾客。第二，注重突出产品特性，对演艺节目自身的特色进行提炼，设计差异化的名称和符号。第三，打造配套的演艺环境，对演艺活动的现场环境、周围环境的打造要突出主题文化。第四，提升品牌服务力，提高工作人员素质，为消费者提供舒适的观赏服务。第五，建设演艺产品的品牌宣传渠道、沟通渠道，提升演艺产品的品牌影响力。

（二）探索低风险投资模式

演艺产品投资较大、成本回收期长，若产品在不够成熟的时候投放市场、与景区黏合度不够，会给投资带来很大风险。因此，演艺项目需要在对接市场需求的前提下，探索低风险投资模式。例如，轻资产投资模式，即资本方不参与项目前期投资，而是依靠品牌、创意、管理等服务获取运营收入。这种模式能够依靠品牌影响力迅速打开市场，降低前期成本投入也给项目盈利创造了良好的条件。轻资产模式对运营团队具有较高的要求，需要项目团队在各个阶段实时跟进，强调品牌价值和管理价值输出，且不能只关注经济效益，需要衡量演艺项目的综合效益。

（三）拓宽营销渠道

我国旅游演艺产品过多地依赖旅行社营销渠道，与旅游产品捆绑打包出售。随着互联网技术的普及，旅游演艺的营销渠道应该更加多元，如与 OTA 开展合作，借助微信、微博进行事件营销，举办各类宣传推广活动等。基于演艺产品的特殊性，营销团队应该注重演出推广，尤其是首演推广，通过对产品内容、主创团队、剧情、服饰、灯光的再包装，开演前通过知名媒体发稿预热，制造话题热度，吸引消费者的注意力。

四、滑雪场运营管理

随着冬奥会申办成功，滑雪逐渐成为吸引不同年龄段客群的大众休闲运动。近年来，大大小小的滑雪场纷纷开业经营，如何实现滑雪场的综合发展，是滑雪场运营需要破解的难题之一。

（一）优化信息化服务管理

滑雪场运营成功的关键之一在于便捷的信息服务，包括交通信息、雪道信息、教学信息、雪具信息、人流信息、娱乐项目信息等。通过建立线上信息服务平台，运用大数据分析等技术手段，将这些信息准确地推送给潜在客户，并提供线上预订通道，推动消费转化。利用线上服务将消费者引导至滑雪场后，还要提供便捷的门票兑换、雪道引导、雪具租赁购买等雪场线下服务，管理团队需要制定一套标准的服务流程，提升消费者的滑雪体验。

（二）配置多元化业态产品设施

单一的滑雪场项目受到季节性限制，开放时间仅限于冬季，而综合性的四季滑雪度假村是未来主流的发展模式。因此，在开发运营中，需要探索适宜春、夏、秋季的雪道经营方式（如滑草、骑射等），并完善度假休闲、大众娱乐、野外拓展、房车露营等一系列多元化业态产品配套。这种综合度假的开发运营模式，使滑雪场的消费群体不再局限于滑雪爱好者，并突破季节局限，实现全年运营。

（三）建立复合型管理人才团队

滑雪场的管理工作涉及教学、引导、营销等多个领域，拥有一支复合型管理人才团队对滑雪场的运营至关重要。在人才招募方面，应选择具有专业背景并了解运营发展的人才参与开发管理；在人才培训方面，应定期组织培训拓展，让员工了解滑雪行业动态，获取最新的行业信息；在人才激励方面，应树立以人为本的理念，一切从用户体验角度出发，以用户满意度评价作为奖惩标准之一。

第六节　休闲商业运营管理

一、休闲商业的概念及特征

（一）休闲商业的概念

休闲商业是由消费者的消费需求及消费行为变化催生的一种新型商业形态。在这一形态下，休闲娱乐不再是购物的点缀，反而成为消费的主要对象；购物也不再是人们消费的第一目标，消磨时光、商务接待、与家人朋友聚餐等各种休闲需求超越了购物，成了消费动力。

（二）休闲商业与传统商业的比较

休闲商业与传统商业在区位、消费人群、商业理念、业态组合、消费模式、商业空间等方面都存在不同之处（见表 11–3）。

表 11–3　休闲商业与传统商业比较

比较内容	传统商业	休闲商业
区位	城市中心区 / 传统商业区	城市次中心区 / 大型居住社区 / 都市旅游区 / 景区商业
消费人群	目的型消费人群	即兴型消费人群
商业理念	购物方式	生活方式（娱乐方式、休闲方式）
业态组合	以零售业为主，餐饮、娱乐、休闲为辅	以餐饮、休闲、娱乐业为主，零售为辅
消费模式	目的化、生活必需化	休闲化、体验化、高端化
商业空间	提供消费空间	空间成为商品被消费
空间特性	功能性、舒适性	主观性、体验性
空间形态	点状、团状；空间形态相对封闭	带状、街区状；空间形态相对开放，设置灵活

（三）休闲商业的特征

在业态配比上，以休闲娱乐为主，以购物功能为辅；在商业理念上，强调顾客的心理体验、情感诉求及在购物过程中的立体感受，满足顾客对主体性、体验性、情趣化、主题化、文化的要求；在购物环境上，凸显娱乐性、互动性、文化性、情景性和个性化等特点，多位于开放式空间，强调人与自然景观及建筑的一种协调关系；目标客户以即兴消费人群为主流，消费者逗留时间延长，远高于传统商业。

个性化服务和独特的文化内涵是休闲商业可持续发展的必要因素。硬件永远有被超越的可能，只有服务品质才能恒久流传。休闲商业要被消费者承认和接受，必须要有某些让消费者兴奋、无法忘却、印象极深的主题或文化。

二、休闲商业运营管理

休闲商业是用来消费与体验的，因此绿维文旅认为，其运营的关键是要通过活动引爆，借助现代科技，融入时代创意元素，凸显商业行为的休闲娱乐化。在这一过程中，娱乐元素广泛地渗透到诸如购物、餐饮、养生、交通等消费活动中，成为产品与服务竞争的关键，使休闲娱乐也从一种无意的设置转变为有计划的建设。

（一）商业体系运营

1. 招商运营

成功的休闲商业，依托商业打造模式，可形成“招商—选商—活商—养商”的商业运营体系，按权重也可简单分为招商和活商两大分支，即所谓“招得进来，活得下去”。

（1）项目凸显，待凤来栖。要想成功招商引资，旅游项目的开发运营主体就必须立足资源禀赋和旅游市场需求，凸显项目优势，形成对项目的全面包装，培养投资商与商业经营主体的兴趣与信心。

（2）自我认知，准确对接。旅游开发运营主体需要明确自己的项目定位，包括总体定位、市场定位、形象定位和目标定位，以此为指导依据，在吸引和选择投资商时，综合考虑其投资目标、回报要求和资产能力能否与自身的发展蓝图相匹配。在确认了目标投资商之后，要充分展现出项目的投资回报前景、能够享受的政策红利等优势，从而实现项目与资本的精准对接。

（3）多方撒网，重点推进。地方政府应充分发挥市场调节机制，放宽市场准入条件，根据旅游发展的不同阶段、旅游目的地的定位体系和发展蓝图，提供相应的旅游投资优惠政策，不断优化投资机制，营造良好营商环境，多方建立招商关系，形成对外开放的招商平台，构建区域招商新体制，以此对开发商、投资商形成强大的吸引力。

需要注意到的是，旅游招商融资工作是一项系统性的工作，包括成立旅游招商领导小组，实行专人负责制，制定专业的招商工作实施计划和工作报批流程，确定基础工作对目标达成的精准度，长期持续性的招商包装、宣传、交流与商洽工作。

2. 商户运营

成功的招商，把商户吸引到旅游区域中来，还需要通过运营盘活区域休闲商业经济，特别是在非优势地段打造的休闲商业项目，其商业运营带来的能动力是决定性的。可以通过“降低门槛、多种服务、重点扶持、以点带面”的运营方针来实现“活商”“养商”的目标。

第一，通过优惠政策降低门槛，充分发挥商户主观能动性，并确保差异性。进驻商户大都具有鲜明的文化特色，且多以亲人、朋友为主体的经营方式，可采取“低租金、免租期”等降低运营成本的优惠政策，同时鼓励通过软装饰突出特色，确保差异凸显。

第二，建立同业组织统一管理商户，提供多种服务营造便利经营环境。通过协会组织对商户进行统一管理和综合服务，建立证照辅助办理机制、商户档案管理机制、分区分会服务机制、星级商户评选办法、商户培训、商业活动参与及组织一体化等多种服务体制，多方面、多角度、最大限度地为商户营造便利的经营环境。

第三，重点扶持优秀商家，以点带面促提升。重点扶持经营状况较好、经营理念符合标准、独特性突出的商家，建立主力店、主力商户和明星商家，从而以点带面，促使区域商业品质环比提升。

（二）旅游体系运营

旅游体系运营包括旅游市场拓展和旅游运营管理，主要是通过有效整合区域休闲商业资源，建立旅游营销系统，运用各种营销渠道，实现通过旅游带动休闲商业发展的格局。

第一，有效整合区域休闲商业资源。通过建立行业协会、商会、区域销售平台组织等有效整合区域休闲商业资源，形成销售合力。

第二，建立旅游营销系统。注意研究旅游市场营销策略，切实针对市场发展变化趋势，制定适合本公司的中、长期规划。与旅行社、OTA 等建立良好的合作关系，利用各种营销渠道，吸引客源，形成区域良性发展。根据旅游者消费心理，深入挖掘潜力，不断推出一系列有新鲜创意、有经济效益的营销策略，开掘新渠道，增加区域休闲商业的收益。

第三，维护形象，树立区域休闲商业品牌。商业品牌的人文营销是休闲商业运营的重要手段，可以让休闲商业的品牌富有长久的生命力与吸引力。要认真挖掘区域商业品牌的文化价值，根据市场需求来设计具有鲜明特色和吸引力的休闲商业形象，并运用有效的营销手段传播给目标受众。

第四，运用科技手段，提升营销效率。运用科技化的手法，通过电商、平台等多种渠道，实现休闲商业的多元化营销，提升营销的效率，实现线上线下一体化销售。

（三）休闲商业地产运营

第一，以专业化管理为手段。休闲商业地产项目与普通的住宅不同，需要专业匹配的管理团队，管理的方式可以是公司直接管理或者委托公司进行管理。休闲商业地产要求管理的专业化，要包括物业管理、安保管理、人员管理等多个环节，其中酒店、民宿类地产还需要专业的酒店服务管理。

第二，以精细化运营为支撑。住宅地产以销售为主，但是休闲商业地产以服务运营为主，只有精细化的运营，才能使地产价值不断地升值。休闲商业地产的运营，包括业态聚集、品牌运营、活动运营等内容，通过旅游运营聚集客流，实现真正的消费聚集。

三、休闲商业的载体——城市休闲商业综合体

休闲商业的最佳载体，是休闲商业综合体。综合体涉及衣、食、住、行、玩、学等多个方面，各种功能互相渗透，营造出一种立体化、多形态、复合化的休闲商业模式，满足消费者充分选择、休闲生活和个性消费多种要求，打造一站式消费体验。

城市休闲商业综合体，是购物中心，也是休闲中心，同时还是社交中心。其突出表现为四大功能：综合购物功能、特色餐饮功能、文化休闲功能、游憩娱乐功能。在具体建设中，城市休闲商业综合体以建设目标为指向，重点包括五大类具体建设形态（见表 11–4）。

表 11–4　城市休闲商业综合体的五大形态

具体形态	简称	内涵
都市休闲聚落	LSC（Lifestyle Shopping Center）	位于密度较高的住宅区域，迎合所在地商圈中消费顾客对零售的需求及对休闲方式的追求，是具有露天开放及良好环境的休闲消费场所
文化娱乐休闲区	CRD（Culture&Recreation District）	集文化创意、高新技术、商务服务、现代金融、旅游休闲等功能为一体的文化娱乐休闲区，石景山区首次提出并实践
中央商务区	CBD（Central Business District）	是城市的核心板块之一，集中城市的经济、科技和文化力量，具备金融、贸易、服务、展览、咨询等多种功能，并配以完善的市政交通与通信条件
中央休闲购物区	CSD（Central Shopping District）	非中心城市的人气聚集区，位于城市交通枢纽上，以主题公园、旅游胜地、超大规模商业中心、博彩业等业态为主要形态，是聚集商贸、信息、文化、会展、酒店、餐饮、休闲及办公为一体的城际中心
休闲（旅游）商务区	RBD（Recreational Business District）	将休闲娱乐、主题旅游、精品购物等各类项目加以整合，并与商务相结合，是城市休闲商业空间的重要组成部分

专栏 25　休闲商业的升级手段

更多详情请扫描二维码

休闲商业开发是提升吸引力、聚集人气、拉动消费的有效手段。绿维文旅可提供休闲商业项目的市场调研与分析、商业模式设计、商业体量估算、商业业态规划布局、户型商业功能性建议、招商代理、运营托管等全程服务。

第七节　酒店运营管理

酒店业是旅游业的重要组成部分，是我国改革开放以来国际化程度发展最高的产业之一。酒店管理作为旅游管理专业的重要分支，学科体系完善，近年来为我国输送了大量的酒店管理专业人才。酒店业的迅猛发展，给旅游目的地的政治、经济、文化等方面的发展带来非常重要的影响，已成为衡量一个地区整体发展水平的重要标志。

酒店运营管理，指在区域发展的背景下，对酒店所拥有的资源进行有效的计划、组织、领导、控制以便达到既定的企业目标的过程，主要包括酒店战略管理、酒店组织管理、酒店餐饮管理、酒店前厅与客房管理、酒店营销管理、酒店人力资源管理、酒店财务管理、酒店服务管理等多个方面。从区域整合开发运营的角度来看，酒店运营管理要达到突破发展，要做好以下几个方面。

一、明确酒店发展战略

酒店战略管理主要包括酒店战略方向、战略目标、战略方针及战略措施的制定与实施。酒店管理者要充分了解国内外酒店行业发展情况，把握酒店产业发展趋势，综合分析区域发展战略规划中酒店的地位，对酒店关联产业及同行的规划、策略进行分析，明晰酒店面临的机遇与挑战。在此基础上，酒店战略管理者要明确酒店的发展方向，按照酒店发展的总体目标做出发展规划，制定出酒店发展的战略措施。

二、创新酒店体制机制

酒店需要根据酒店战略、环境、技术、规模与企业所处的发展阶段，不断进行体制机制的改革创新，推进酒店产权改革、完善法人治理建设、推行职业经理人制度、建立科学的激励分配体系、建立酒店品牌体系和营销体系、加强酒店业务拓展、优化组织机构和人力资源配置、加强企业文化建设等路径和措施，促使酒店转变经济发展方式，增强企业的核心竞争力，实现全面、协调、可持续发展。

酒店制度创新可以从制度安排和企业文化两个层面展开。酒店的制度安排是指约束酒店经营管理人员行为的一系列规则。严格的等级森严的科层管理制度越来越难以适应日益个性化的消费市场；现代酒店的管理必然是一种灵活的全方位的过程管理。酒店企业文化创新是酒店企业为适应内外部发展环境，根据自身性质和特点而形成的体现企业共同价值观的酒店企业文化，并不断创新发展的过程。它一方面要根据时代发展赋予酒店更加生动丰富的企业文化内涵，另一方面要加强酒店管理文化的建设，从思想认识、理念认识角度培养酒店从业成员的企业精神，从而形成意识形态领域的创新。

制度安排和文化创新两者相辅相成。制度安排为企业及其员工在具体的工作环境中的行为提供统一的规则、标准、规范和原则，有利于体现企业共同价值观的酒店文化形成；而文化创新从人的思想、理念层达成的共同认识则有助于酒店制度安排的贯彻实施。

三、控制酒店服务质量

服务质量是酒店的生命之源，是现代酒店企业赢得顾客、取得企业持久竞争优势的保证。在互联网时代深度挖掘客户大数据了解客户需求，是快速响应客户的需求，增强客户满意度的重要手段之一。

服务最终还要落到人员的执行上。对酒店服务特性进行研究，解析酒店服务质量构成要素，正确界定酒店服务质量标准，有助于现代企业把握控制服务质量，实现服务质量量化。但是，统一化、规范化、标准化的服务决不可能满足瞬息万变的市场要求，酒店经营者必须深入细致地研究和挖掘顾客需求，不断创新服务内容、赋予人性化服务以新的内涵，甚至于适当的超前性，以满足顾客的多元化需求。

四、做好酒店收益管理

效益是酒店发展的根本，现代酒店开展经营管理活动的主要目的就是取得良好的经营业绩。收益管理作为实现酒店收益最大化的一门理论学科，近年来已受到业界的普遍关注并加以推广运用。收益管理的含义是把合适的产品或服务，在合适的时间，以合适的价格，通过合适的销售渠道，出售给合适的顾客，最终实现酒店收益最大化目标。

真正做到良好的收益管理需要进行需求预测、细分市场、敏感度分析和财务报告分析。需求预测是指掌握和了解潜在的市场需求，未即来一段时间每个细分市场的订房量和酒店的价格走势等，从而使酒店能够通过价格的杠杆来调节市场的供需平衡，并针对不同的细分市场来实行动态定价和差别定价。细分市场是指通过对客户的消费行为进行分析，为酒店准确预测订房量和实行差别定价提供依据，从而实现对同一种酒店产品按不同的细分市场制定不同价格和对应服务的行为和方法，实现产品与顾客的准确对接。敏感度分析是对基于对顾客消费行为的综合分析，找出影响收益的重要因素，从而优化价格，最大限度地挖掘市场潜在的收入。酒店管理者可通过敏感度分析方法找到酒店不同市场周期每个细分市场的最佳可售房价，通过预订控制手段为顾客预留或保留客房，并根据时间节点和预订的实际数据来调整价格服务组合及预订取消规则，这样较好地解决了房间因过早被折扣顾客预订而遭受损失的难题。财务报告分析是现代酒店企业绩效评价的基础与前提。通过对偿债能力、营运能力、获利能力和财务比率综合分析，可确定酒店企业的偿债能力和经营业绩；同时也为经营者了解经营现状，分析经营中产生的问题、原因，以及改进经营绩效的决策活动，提供了有益的帮助。

专栏 26　绿维文旅的度假酒店研究及实践

更多详情请扫描二维码

日益壮大的旅游产业规模需要酒店业不断的调整内部结构，形成多元化产品体系。绿维文旅基于理论研究和项目实践，总结了度假酒店设计、投资、建设、经营的要点。

相关案例：安徽齐云山度假酒店、河北赤城国际温泉度假酒店……

第八节　旅游房地产运营管理

一、旅游房地产产品分类

根据旅游房产不同的经营用途，绿维文旅将旅游房产产品归纳为五大类：休闲商业房地产、民宿、度假商务房地产、旅游住宅房地产、文化创意房地产。

（一）休闲商业房地产

休闲商业地产是旅游房地产中的重要类型，是旅游体验的重要空间载体，可以优化城市商业格局、充实城市休闲娱乐、形成新的城市功能区、提升城市形象、增强城市吸引力及提升城市土地开发价值。休闲商业地产可以分为面向游客的旅游休闲商业地产及面向居民的社区休闲商业地产。

旅游休闲商业地产具有一定的文化特色与主题特色，可以有效地实现旅游产业要素的聚集，同时对各类游客有着强烈的吸引力，是旅游房地产发展实现突破的抓手。其开发类型主要为商业街区，包括旅游商品购物街区、民俗特色休闲街区、滨水休闲街区、酒吧休闲街区、餐饮休闲街区等多种形态。这类商业在开发中，应以文化的特色打造为着力点，以景区化为打造手段，以休闲化为活力激发的催化剂，实现“特色化、体验化、休闲化、生活化、精致化、娱乐化、生态化”打造。

社区休闲商业一般业态齐全、交通便利。开发形态包括商业街区、大型超市、公共服务设施。一般聚集了各式快餐店、小吃店、电影院、儿童乐园、健身中心、社交空间、文化馆、图书馆等各种休闲娱乐设施。

（二）民宿

随着全民休闲度假时代的来临，人们对度假居住的需求越来越个性化。目前的民宿主要有两种类型，一种是由传统民居改造，在保持民居原汁原味乡土风情的基础上，进行内部提升，包括设施的提升和风格的提升，主要目的是让游客既能感受到原乡风情，又能享受到现代化的居住设施，其投入成本相对较低，主要在于软环境的营造。另一种是以花间堂为代表的将高端精品酒店与特色民宿合二为一的精致化民宿，这一类民宿将高端精品酒店的服务理念与地方民居、民俗等人文特色高度融合，并且通过书店、酒吧、艺术空间等多元化休闲业态的植入，本身就是一个吸引核或是度假目的地。以花间堂为例，除配备茴香小酒馆、书烩小厨等餐饮业态外，还拥有复合型创新业态，如多多的面包树社交业态、草木一村 SPA 美体业态、花间市集等商业零售业态及各种美学课堂。

专栏 27　绿维文旅的民宿开发运营

民宿客栈是自主旅游时代的新型住宿体验方式，也是解决农村土地闲置、促进经济发展的有效途径。绿维文旅拥有专业的团队能够为政府、企业和个人开发主体提供民宿从创意到落地的全程解决方案。

更多详情请扫描二维码

（三）度假商务房地产

度假酒店是为休闲度假游客提供住宿、餐饮、娱乐与游乐等多种服务功能的酒店。酒店作为旅游房地产产品，是一种销售与经营结合的产品。在房地产调控政策实施之后，售后回租型酒店产品，已经成为旅游房地产市场的宠儿。度假酒店单元、度假公寓、度假会所，是该类酒店产品的三种主要类型。

度假酒店单元，其销售回租模式的运用，保证了业主持有产权，可以每年消费一定时段，同时享受经营收益。

度假公寓，可以回租，也可以不回租。但享受酒店式管理，个人可以进行出租。因此具备经营性质，也是比较受欢迎的产品。

度假会所，是以机构为销售对象的度假商业地产产品。会所比一般别墅大，处于酒店管理之内，对于中国极其庞大的国有、股份、私营机构而言，是一种商业物业，又是机构进行商务接待和会议公务的场所。最大的优点在于，会所可以由酒店托管经营。机构既可以享用会所，又可以获取经营收益，还能够资产保值增值，并可用于资产抵押或运作。会所地产正在成为中国旅游房地产中最有吸引力的产品。

（四）旅游住宅房地产

旅游住宅地产是旅游房地产开发的重要产品类型之一，是以居住地产产品为载体，结合医疗、康复、休闲等养老服务的居住场所。其基本存在形式有旅游社区、旅游公寓、旅游住宅等类型。

一个成功的旅游居住地产项目，除了满足基本的居住功能，即提供公寓、套房等产品外，还需要包括生活服务功能、文化娱乐功能、医疗护理功能、商业功能等，向老年人提供公园、健身区、棋牌室、医疗室、紧急呼叫、日常护理、超市、洗衣、理发等服务配套产品。一般来说，居住用地与服务配套用地的比例约为 1 ： 2。

（五）文化创意房地产

文化创意地产是指以文化为主题，具有文化创意产业价值链的地产模式。文化与旅游产业都是高效益、无污染、发展可持续、能对周边经济发展形成强大辐射力的高效产业，它们的融合发展能够对地方经济产生强大的带动作用。文化创意地产主要有文化创意产业园区、艺术集聚区、影视城（基地）、文化主题园四种类型。

文化创意产业园是一系列与文化关联的产业集聚后形成的特定地理区域，是具有鲜明文化形象，并对外界产生一定吸引力的集文创生产、服务、商贸、居住为一体的多功能园区。

艺术集聚区是一个创意产业聚集地，聚集的是一批优秀的创意人才及产业。它在区域社会发展中，不仅仅表现为经济的带动核，更是现代生活理念、城市文化的传播中心，如北京的 798、上海苏州河畔的莫干山路艺术集中地等。

影视城（基地）是以影视相关事物为核心吸引物，集影视拍摄、制作、观光、休闲、度假、文化体验等功能于一体的旅游房地产开发模式，是文旅融合的重要载体，也是“到此一游”向深度体验转型过程中备受市场青睐的旅游产品。如浙江横店影视城、北京怀柔影视城、宁夏西部影视城，都是运转较为良好的影视基地。

文化主题园是以某种地方文化元素、某段历史典故或神话传说为主题，集文化宣传、旅游观光、文创体验、旅游演艺、研学教育等功能于一体的旅游地产开发模式，其核心是通过对文化的深度挖掘，形成特色化、品牌化的旅游吸引物，通过旅游形成的人流聚集促进消费和文化传播，从而推动区域经济和社会文明的全方位发展。

二、旅游房地产运营模式

旅游房地产因为开发模式不同，也形成了不同的运营模式。

（一）开发持有模式

开发持有运营模式，是指项目发展商长期持有旅游地产中长期经营性物业，通过稳定经营保证项目健康发展，提升项目的地块客户群对项目的项目认知度、忠诚度、美誉度。而项目不再完全依赖物业销售带来的现金流，持有型物业能够为企业带来长久的投资收益。

（二）开发持有自营和开发持有他营模式

开发持有自营和开发持有他营模式适用于休闲商业地产。休闲商业地产在运营中应该保证物业持有达到一定的比例，对项目业态、业种调整升级握有主动权，保证项目的品质。在产权保证的基础上可采用分卖、分租、自营与商家连营等灵活多变的经营策略。实际运作过程中，租金杠杆起到非常重要的作用，可以通过租金的变动和优惠政策来培育商业环境、吸引特色商户、调整项目业态、营造项目主体特色。

（三）开发销售度假权益模式

开发销售度假权益模式是指开发商先期通过对项目整体的商业计划，完成项目开发建设，分割产权或权益，进行销售回笼项目建设投资，通过第三方交换系统交换平台，为客户提供灵活的物业与时间组合。基于交换系统平台，客户可以实现分时分权度假，同时还可以通过平台预订其他形式的旅游服务项目，包括飞机、游艇、酒店住宿和汽车租赁等。

（四）开发销售产权模式

区域旅游项目开发建设将会带动旅游客流的聚集，从而形成区域综合发展模式，不仅带来第二居所的养老度假等需求，还会产生第一居所的住宿需求，最终引导地价升级带来房价的升级。所以，开发销售产权模式是指以房产产权为交易对象，通过开发后销售实现项目收益的模式。此种模式，需在项目产品在规划设计时摸清目标客群消费喜好及旅游地特殊区位属性，产品品质、产品定位、项目配套是此类项目开发及运营的关键。

第九节　土地开发与运营

一、土地开发

旅游开发，特别是旅游地产的开发，一般是区域综合开发，包括一级土地开发启动、二级房产开发、旅游各种业态产品经营开发等。其中，一级土地开发，是旅游开发盈利的关键与核心之一，也是旅游综合开发的长期化资产增值的基础。不同的土地权属类型，也对应不同的使用方式和用途范围（见表 11–5）。

表 11-5　土地的开发方式及适用项目类型

土地权属	使用方式	土地用途	适用类型
国有土地	出让、租赁、作价入股等	各类用途土地皆适用，但根据土地用途不同，在协议、招标或拍卖等环节有所差别	各类目的地
	划拨	城市基础设施用地（供水、燃气、供热等）	公益性项目、项目中具有非营利性、公益性、市政设施、公共服务类用地
		非营利性邮政设施用地	
		非营利性教育设施用地	
		非营利性体育设施用地	
		非营利性公共文化设施用地	
		非营利性医疗卫生设施用地	
		非营利性社会福利设施用地	
		保障性安居工程	
		公益性科研机构用地	
		国家重点扶持的能源、交通、水利等基础设施用地（石油、煤炭、电力、水力、铁力、公路）	
	PPP 模式	各类用途土地皆适用	各类目的地
集体土地	土地承包经营	农民集体所有的土地由集体经济组织的成员承包经营，从事种植业、林业、畜牧业、渔业生产	旅游类、农业型、体育类
	出让、租赁、作价出资、入股	农村集体经营性建设用地用于市场营业活动等	各类目的地
	PPP 模式	公益性用地	公益性

二、土地经营

土地经营是以土地为基本生产资料，以获取土地产品或以土地承载力为开发利用目的的经济活动。可分为农业土地经营、矿业土地经营和城市土地经营等。农业土地经营以土地为劳动手段和劳动对象，通过开发和利用土地肥力来获取生物产品，是土地经营的基本内容。矿业土地经营是以地下矿藏为劳动对象和劳动手段，把矿产品从土地的原始联系中分离出来，转化为能够用于生产或消费的物质财富的经营活动。城市土地经营是以城市土地为对象，以城市土地的开发和利用为内容，以获得一定经济利益为目的的经济活动。土地运营主要内容包括耕地占补平衡、土地复垦、增减挂钩和市级土地整理的投资、经营；依法承揽土地前期开发（含土地平整）、配套设施建设和城市基础设施建设；承揽土地整理涉及的勘测、可研、规划设计、施工；房地产项目的投资、开发和经营等。

三、土地整治运作模式

土地整治包括土地开发、整理、复垦，土地整理是指采用工程、生物等措施，对田、水、路、林、村进行综合整治，增加有效耕地面积，提高土地质量和利用效率，改善生产、生活条件和生态环境的活动；土地复垦是指采用工程、生物等措施，对在生产建设过程中因挖损、塌陷、压占造成破坏、废弃的土地和自然灾害造成破坏、废弃的土地进行整治，恢复利用的活动；土地开发是指在保护和改善生态环境、防止水土流失和土地荒漠化的前提下，采用工程、生物等措施，将未利用土地资源开发利用的活动。土地整治在实际运作过程中，有多种运作模式，最常见的主要有以下五种模式。

（一）政府财政资金投资模式

从土地整治所需资金的供给渠道来看，目前主要以土地整治为平台，以新增建设用地土地有偿使用费、用于农业土地开发的土地出让金收入、耕地开垦费和土地复垦费等资金为主体。除了直接使用政府财政资金，政府还可以通过设立公益性基金方式用于土地整治项目的建设。可建立国家统一管理的基金公司，在各地设立分支机构，并通过分级机构进行日常的运营管理，其资金来源于政府投入、政策性贷款、补充耕地指标收入等相关土地收益，辅以发行债券和吸引社会资金参与。同时在使用上述土地整治资金时，严格执行项目法人制、招投标制、合同制、工程监理制、公告和审计制等制度。

（二）新型经营农业主体投资模式

党的十八大报告明确提出，要培育新型经营主体，发展多种形式规模经营，构建集约化、专业化、组织化、社会化相结合的新型农业经营体系。2017 年，《全国土地整治规划（2016—2020 年）》又进一步鼓励新型经营农业主体投资农用地整理，并已在各地实践中初见成效。同时，也鼓励群众自主开展土地整治，支持农村集体经济组织或农民群众自主开展土地整治，包括开展“小块并大块”农用地整理，提高土地利用效率；开展农田基础设施建设，改善农业生产条件等。新型经营农业主体投资模式主要有：“村民自建”筹资投劳融资模式和实施主体“先建后补”融资模式。

“村民自建”筹资投劳融资模式可归纳为“筹资投劳＋财政投入＋政策性融资支持”的组合，具体表现为：项目投入以财政奖补资金为主，农民、农村集体经济组织按照政府规定的管理程序和出资限额，自主筹资酬劳开展土地整治和高标准农田建设。工程建设所需财政投入，由项目所在地财政、国土资源部门根据工程进度，按照国库集中支付要求拨付资金。

“先建后补”融资模式可归纳为“主体垫资＋政策性融资支持＋财政补助”的组合。即由实施主体先行垫付不低于项目总投资一定比例的建设资金，缺额部分可向指定的金融机构申请中长期信贷支持，贷款利率按同期人民银行基准利率执行，国家给予全额全程贴息，贷款的信用结构与村民自建模式相同。项目建成验收并对完成工程量进行严格审核后，财政部门再按预先规定比例对实施主体垫付的直接工程成本给予补助。该模式是“自定、自筹、自建、自管”和“先建后补、以补促建”相结合，适用于法人结构较为完善、土地权属明确的国有农场或是农业龙头企业、专业合作社等新型农业经营主体。

（三）政府和社会资本合作（PPP）模式

PPP 模式通过双方共同设计开发，共同承担项目风险而建立的一种全过程合作关系。2008 年，国土资源部颁布《关于进一步加强土地整理复垦开发工作的通知》，要求积极探索市场化运作模式，引导公司、企业等社会资本参与土地整理复垦项目。2016 年，《全国土地整治规划（2016—2020 年）》明确提出，按照“政府主动引导、社会积极参与、政策加以保障”的原则，鼓励政府和社会资本合作（PPP）模式参与土地整治；鼓励农民合作社、家庭农场、专业大户、农业企业等新型经营农业主体投资农用地整理；鼓励和引导社会资本投资城乡建设用地整理和土地复垦等，拓宽土地整治投资渠道，加快土地整治工作。

一般采取外包合作方式（设计—建造—维护），即政府或相关部门通过政府采购形式，与中标的企业（社会资本方）签订合作协议，在合理确定工程建设利润率，约定农村土地综合整治产生指标最低收购价格的前提下，委托企业承担项目工程建设、设施维护等职能，并由受托企业成立项目基金公司，通过资本市场筹集农村安置社区建设、废弃宅基地复垦等所需资金，工程竣工验收后政府再按照约定，以获取的建设用地指标收益进行付费，实质是以政策性融资为质保开展的市场性融资行为。

（四）“农村土地资产证券化”融资模式

资产证券化是资产所有者通过让渡部分未来权益提前兑现资产现金流的行为。农村土地资产证券化是在现有农村土地制度和法律法规框架下，一种非负债的融资方式创新，可进一步降低政府在土地综合整治中的融资风险。具体而言，就是以农村闲置土地、集体建设土地使用权或相关收益作为担保，通过发行证券获得资金进行农业或非农建设与生产，适用于具备一定广度和深度资本市场的地区，以农村土地综合整治或是以单纯造地为目标的项目。该融资模式是以土地整治产生的新增耕地指标交易、建设用地指标置换形成的收益作为担保债权，经特定机构对土地资产中的风险与收益进行分离与重组之后，通过资本市场向社会发行土地债券以融通资金，用于开展项目工程建设和支付投资者的债券利息。指标交易取得收入，在给付债券投资者一定收益并冲抵建设成本后，即为项目实施者所得利润。

（五）BOT（建设—经营—转让）土地整治融资模式

土地整治 BOT 融资模式借助资本市场手段融资，由企业负责项目建设和后续土地经营，能够减少政府在历史遗留废弃地复垦项目中的投入，使此类土地整治在满足条件地区具备大面积开展的可能。该模式成功的关键在于签订作为项目市场化融资对价条件的特许经营协议，主要是明确委托方、社会资本方在项目运作中的权利和义务，包括约定整治或复垦后土地有偿使用权的获得方式，明确项目所需资金及融资方式，必要时还需约定政府为项目实施提供的融资信用支持条款。此外就是约定特许经营期，并对到期后项目公司获得的土地使用权及其他权益的转让方式进行明确。

复习思考

1. 旅游目的地运营管理的重点和难点是什么？如何克服？

2. 现阶段，我国目的地运营管理的创新模式有哪些？

3. 总结国外较为成功的旅游目的地的运营管理模式经验，并指出其对我国旅游目的地运营管理有何指导意义。

第十二章

旅游开发运营平台——泛旅游生态圈打造

学习目标

知识目标

1. 掌握泛旅游综合开发运营的“66833”模型；
2. 掌握旅游平台化运营系统的构建要素；
3. 掌握泛旅游生态圈的构建内容；
4. 了解旅游项目全程孵化的概念和八大服务。

能力目标

构建旅游开发的平台化运营思维。

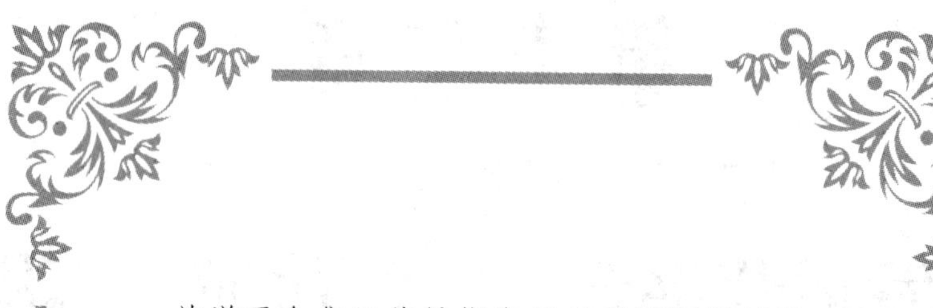

旅游平台化运营是指应用互联网逻辑思维，聚集泛旅游产业投资商、开发商、运营商、建造商、供应商、旅行商、服务商、综合开发运营商等主体，构建多主体价值共享、价值提升、价值传递生态圈的商业运营模式。在旅游开发的过程中引入平台运营的理念，应突破传统规划模式，以市场为导向，创新思路，以产业链整合为途径，有效利用各种资源，突破原有的项目推进和开发时序，将后期运营要素导入前期，在进行策划规划设计的同时，将优秀成功的IP、品牌企业、成熟的运营机构、管理团队，以及投资、建造机构等资源，以专家、投资商、服务商身份，导入进来，形成全产业链的总体合理化方案。

本章内容包括泛旅游综合开发运营特征、旅游开发运营平台、绿维文旅旅游综合开发平台实践三部分。从泛旅游综合开发运营的“66833”模型出发，结合绿维文旅的创新实践案例，解读旅游平台化运营的思维和泛旅游生态圈的构建体系。

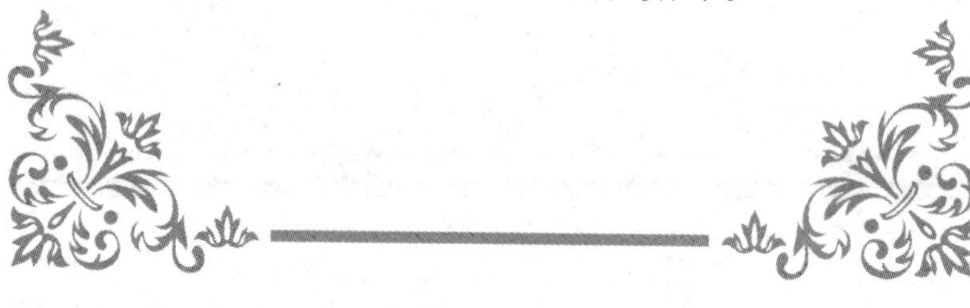

第一节　泛旅游综合开发运营特征——“66833”模型

绿维文旅认为，泛旅游综合开发运营的核心是旅游产品供给的有效性与结构升级，并将泛旅游综合开发运营特征归纳总结为“旅游 +”66833 投资模型，即六类项目、六类管理、八大角色、三大综合、三大平台。详见图 12-1。

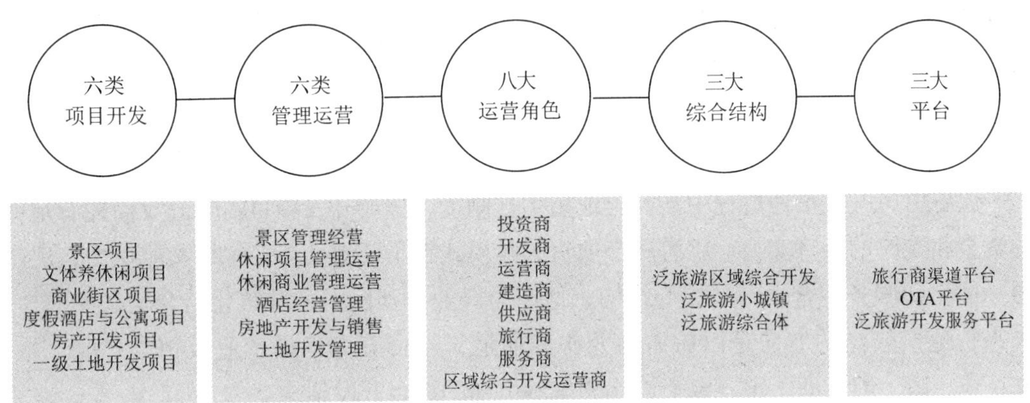

图 12-1　泛旅游综合开发运营的 66833 模型

一、旅游投资六类项目

（一）景区项目

景区项目的投资，是以自然、文化资源为投资主要标的物，首先要注意景区内旅游特色资源的权属问题，了解景区经营权所有者的情况，了解景区内道路的所有权问题等；其次要了解景区的大区域旅游环境、产品组合、周边交通情况等问题。

（二）文体养休闲项目

文体养休闲项目多为人工开发项目，是体验型、参与型、消费型项目，包括书城、体育营地、乐园、漂流、温泉水疗、按摩、农庄、演艺、真人 CS、茶馆、餐厅、酒吧等。这类项目需要动用大量人力，协调各方资源，因此，前期规划和后期运营引爆项目都需要大量资金投入。

（三）商业街区项目

商业街区是以休闲消费为主业态的商业地产，它的兴盛来源于旅游业与商业的融合发展，商街项目包括古街、文化街、餐饮街、文创街、仿古街区、民俗街区等。投资商街首先要关注商街区位条件；其次要注重定位准确，设计合理的商业模式，导入有吸引力的商业业态；最后，要有富有经验的运营团队专业运作。

（四）度假酒店与公寓项目

酒店、公寓是以可租赁经营的住宅产品为主体，以度假生活为核心的度假物业结构，具有经营性、共享性特征。度假酒店与公寓项目包括民宿、客栈、精品酒店、度假村、会议酒店、酒店群、酒店公寓区、公寓、养生养老社区。酒店与公寓的投资，要注意除了实体部分外，服务也是其能否经营成功的关键因素，而且投资一般成本回收时间长，这些都是投资者必须考虑的因素。

（五）房产开发项目

旅游房产开发拿地过程中涉及土地招拍挂制度，房产开发项目需要开发商拥有足够的资金和雄厚的经济实力。旅游房产项目收益模式在不断地变革，绿维文旅认为，房产融一体化和服务整合平台是核心结构，地产与产业、互联网、城镇化结合是必要前提，未来房地产转型的方向是以旅游为龙头和通道，整合五大幸福产业及相关产业，旅、文、体、康、养、商、学、金一体化的旅游引导的综合开发架构。

（六）一级土地开发项目

土地开发，一般是区域综合开发，从一级土地开发启动，结合二级房产、旅游各种业态产品经营开发等。一级土地开发，是旅游开发盈利的关键与核心之一，也是旅游综合开发的长期化资产增值的基础。

二、旅游投资六类管理

针对以上项目，分别形成了不同的运营手段和管理结构。

（一）景区营销与管理经营

基于景区的项目管理、服务管理、营销渠道、成本控制等经验，实现持续经营与回报。

（二）休闲营销与管理经营

基于休闲消费项目，以服务管理为核心的消费过程管理。

（三）休闲商业招商与管理经营

基于商业空间的招商、营销、人气、物业等管理经营经验，实现快速招商，聚集人气，持续运营管理的过程。

（四）酒店经营管理

酒店管理具有专门运营结构，内容涉及客房管理、餐饮管理、娱乐设施管理、营销管理、物料采供、财务管理、设备管理、信息管理等。

（五）房地产开发与销售

基于房地产产销关系，以房地产产品开发建设与营销为基础的管理经营。

（六）土地开发管理

旅游业的发展必须依托于土地资源，旅游建设项目的大量增加势必占用大量土地。土地开发管理以对尚未利用的土地开垦和利用，以及对已利用土地进行整理为主要管理内容，以扩大土地的利用率和集约经营为主要目的。

三、旅游开发运营八大角色

从旅游开发到最后的运营管理，涉及的角色共有八大类：投资商、开发商、运营商、建造商、供应商、旅行商、服务商、区域综合开发运营商。

投资商：项目资金提供方，投资整个项目或项目的某部分。

开发商：项目开发建设方，完善项目基础设施配套等。

运营商：对已开发的旅游项目、景区或经营性物业进行运营管理。

建造商：对已规划设计的旅游景观、园林建筑等项目进行建造及建造管理。

供应商：向旅游企业提供生产经营活动所需各种资源的企业。

旅行商：又称旅游代理商，指接受旅游供应商或旅游经营商（服务商）的委托，向旅游消费者提供现成的旅游产品及旅行服务的机构。

服务商：为旅游消费者在旅游过程中提供旅游服务，如旅行社、OTA 在线旅游网站等。

区域综合开发运营商：整合区域旅游资源，集旅游开发、运营、服务为一体。

四、三大综合结构

旅游综合开发集食、住、玩、游等多种功能为一体，既有集聚核，又有延伸发展体系，是完整的综合结构，深受地产商青睐，现实情况中主要有以下三类。

（一）泛旅游区域综合开发（10~1000 平方公里）

区域内包括景区、旅游小城镇、民俗特色村、旅游综合体等多种类型的综合开发。

（二）泛旅游小城镇（1500~15000 亩）

包括休闲小镇、古村古镇古城、民俗旅游特色镇、旅游城市、旅游目的地城市。

（三）泛旅游综合体（100~1500 亩）

包括景区综合体、温泉综合体、乐园综合体、休闲商业综合体。

五、三大渠道与平台

（一）旅行商渠道平台

旅行商是旅行的组织者、销售的主要渠道、旅行产品的经营主体，是包含批发商、零售商、代理商等的大型一体化平台。

（二）OTA 平台（Online Travel Agency）

OTA 平台是景区、休闲项目、线路产品、酒店、机票等所有环节的共享交易平台。OTA 平台利用互联网的实效性和大数据的收集优势，开发便捷的预订系统，成为现阶段的核心平台。

（三）泛旅游开发服务平台

泛旅游开发服务平台，并非由一个企业组成，而是由平台数百家企业组成的联合服务的结构，通过“全程服务、全产业链服务、联合服务和孵化服务”四大创新服务手法，为投资商、政府、文旅项目开发商提供综合服务。

第二节　旅游开发运营平台——泛旅游生态圈

绿维文旅在平台化开发运营实践中，创新整合旅游开发运营全产业链，打造旅游开发服务平台，通过“顶层规划设计—投融资规划设计—全要素招商大会—建设规划设计—旅游 EPC 建造—开业引爆经营—托管辅导经营—成功业绩移交”全程孵化模式，以及“合伙、合资、战略合作”三大业务合作方式，汇聚数百家金融、投资、开发、运营及服务机构，成功打造旅游全产业链全程联合孵化服务平台 1.0 版本。随着开发运营模式的复杂性和综合性的加剧，旅游开发运营产业面临前所未有的机遇与挑战。为跟随时代步伐，适应时代的新需求，绿维文旅创新性地提出泛旅游生态圈的构建，使旅游开发运营产业相关方都可以在相互合作中实现“共创、共享、共赢”。绿维文旅构建的旅游开发运营生态圈，不仅是一种服务结构的构建，更是一种全新的商业模式的探索。

一、旅游平台化运营管理体系

（一）旅游运营平台化思维

平台的概念源自互联网思维，是指具有包容性、开放性、延展性、承载性的无形商业平台，平台本身不生产产品，而是促进合作、实现交易。旅游平台化运营则是一种商业运营管理的手段，是指采用互联网逻辑思维，聚集旅游产业链上下游供应商、服务商等，构建多主体共享的旅游商业生态体系，并实现多主体价值实现、价值提升、价值传递的运营模式。

旅游业因为综合性的特征，对于资本、旅游资源、人才资源、信息资源、技术资源等要素拥有高度整合连接性，是较早运用平台经济理念的行业。旅游发展过程中，目的地招商难、商户市场营销难、产品研发成本高且易复制、业态陈旧等多种问题的出现，运用平台经济理念指导现代旅游业成为时代发展的必然选择。平台化运营也有助于旅游目的地减少信息的不对称、聚集资源要素、提升交易效率、促进交流创新、丰富游客体验、加快信息传播、提升品牌价值，从而进一步提升旅游目的地的竞争力和可持续发展的能力。

在开发的过程中，引入平台运营的理念，有利于从落地的角度考虑旅游目的地发展的问题，更好地聚集旅游要素资源，完成业态的规划，从而破解规划建设与经营管理脱节的问题，也破解开发商缺资源、运营商难盘活运营的问题，更好地协调利益相关者的利益。

（二）旅游平台运营系统的构建

旅游开发运营需要资金、人才、管理、营销、企业等各类资源的共同发力，是一个系统性的工程，需要实施主体创新商业模式，结合互联网思维，搭建综合开发服务运营平台、企业运营管理平台、政府运营管理平台，从而实现全产业链资源整合。

1. 开发服务运营平台

旅游开发运营平台的构建以旅游开发要素的聚集和运营服务管理为主，应该包括旅游规划设计平台、开发建设平台、投融资平台、孵化器平台、人才平台、旅游行程服务平台。

（1）旅游规划设计平台。旅游涉及的领域越来越广泛，需要的规划设计越来越细致、深入，旅游规划设计平台聚集各类型旅游规划设计机构，集策划、规划、设计为一体，为旅游开发运营做规划设计服务支持。

（2）开发建设平台。从规划设计到落地运营之间还有建设建造的环节，建筑物、构筑物及基础设施的建设决定着前期规划的落地和后期效果的实现。在建设建造、规划策划、平台搭建、人力支持等方面进行布局，以建造为核心，全方位支持旅游项目的建设。

（3）投融资平台。投融资平台可以整合旅游投融资专题研究、区域旅游投融资规划、区域投融资合作等内容，给予项目招商包装服务（包括项目融资商业计划书、可研、投资价值分析以及项目招商路演等相关文件）、项目融资顾问支持（包括前期招商包装准备、解析项目价值、推介投资商、接洽、考察、路演、谈判、跟踪等）、项目投融资规划、招商活动策划执行等支持。

（4）文创孵化平台。大众创业万众创新的时代要求下，旅游还需要更多的创新型企业和人才参与。文创孵化平台聚集有能力的个人和小微企业，形成文创产业孵化器，进行文创企业培育、IP 导入等，为创业创新提供发展的平台。

（5）旅行社服务平台。旅游需求的多样化和个性化逐渐改变着旅游行业的商业模式，行业内涌现出诸多解决旅游痛点、专注于打造差异化产品和提供特色服务的企业。随着互联网发展，诞生了各种类型的虚拟网络交易平台，有以 OTA 为主的运营平台、定制类旅游平台、社交类旅游平台、行程规划类平台等。

（6）人才服务平台。人才培训是旅游发展的基础。人才服务平台提供一站式人力资源综合解决方案及定向专业人才输送服务，为“旅游 +”行业精英人才提供专业的知识共享、技能提升、人脉积累等服务。

2. 企业运营管理平台

旅游企业在发展的同时不断尝试旅游平台的建设。一方面，景区、星级酒店、商户等发起建设自有的平台，如景区智慧管理平台、星级酒店管理平台等，还通过战略合作等形式发起联盟、组织等平台，如酒店联盟、景区合作组织等。另一方面，旅游目的地逐渐形成了一部分以实体为载体的平台系统，如旅游园区、特色小镇、旅游综合体、共享农庄等。实体平台化发展强调规划、建设、运营的一体化，政府部门是运营的引导者，担负着指导、规范运营行为的职责，运营商作为实体的主要运营者，负责构建主题鲜明、设施完善、服务配套、业态配置合理的优质旅游平台，吸引更多的创客和游客，促进旅游目的地产业要素聚集，通过人流带动消费，从而实现区域经济的发展。

3. 政府旅游运营管理平台

伴随新一代信息技术和新兴市场的发展，政府部门通过各种形式开始平台化运营的尝试。

第一，建设智慧旅游平台。智慧平台包括旅游应急指挥、旅游产业运行监测、旅游团队管理、旅游数据中心等不同职能的平台系统。

第二，成立政府旅游投资集团。政府旅游投资集团是区域旅游综合开发的重要主体，承载着区域旅游资源整合、旅游产业发展、旅游项目开发及旅游基础设施与公共服务设施建设等功能。

（三）旅游开发运营资源导入

旅游开发运营过程中，不同阶段要导入不同的资源，以确保开发运营过程顺畅和后期目的地盘活。具体包括 IP 导入、运营服务资源导入、运营业态资源导入、项目运营团队与专家资源导入（见图 12-2）。

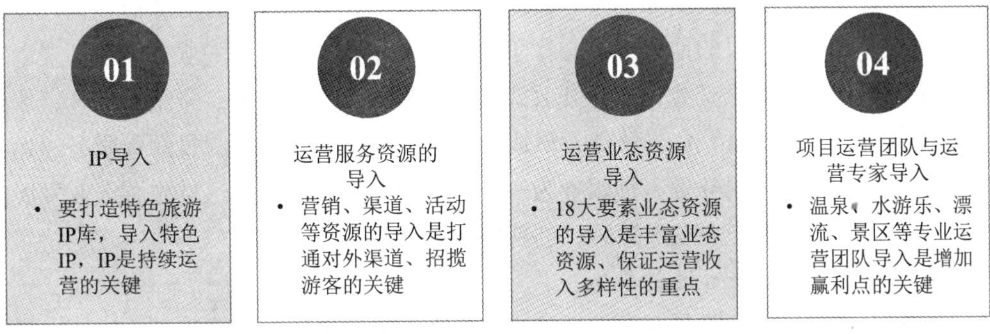

图 12-2　旅游开发资源导入

（四）旅游运营平台的三大功能

1. 投融资对接

无论是宏大的发展战略还是具体旅游项目的开发，都需要大量资金的投入，筹集资金是旅游开发的前提。在旅游发展及市场化运作理念下，旅游平台应在充分运用政府支持资金及银行融资特别是开发性金融支持的基础上，发挥市场的能动作用，形成以 3P 结构下的杠杆融资、基金融资、上市融资及债券融资为主导的多种直接融资模式，并发挥自身优势，结合全要素招商引资，构建一个相互支撑、相互渗透的投融资平台结构（见图 12-3）。

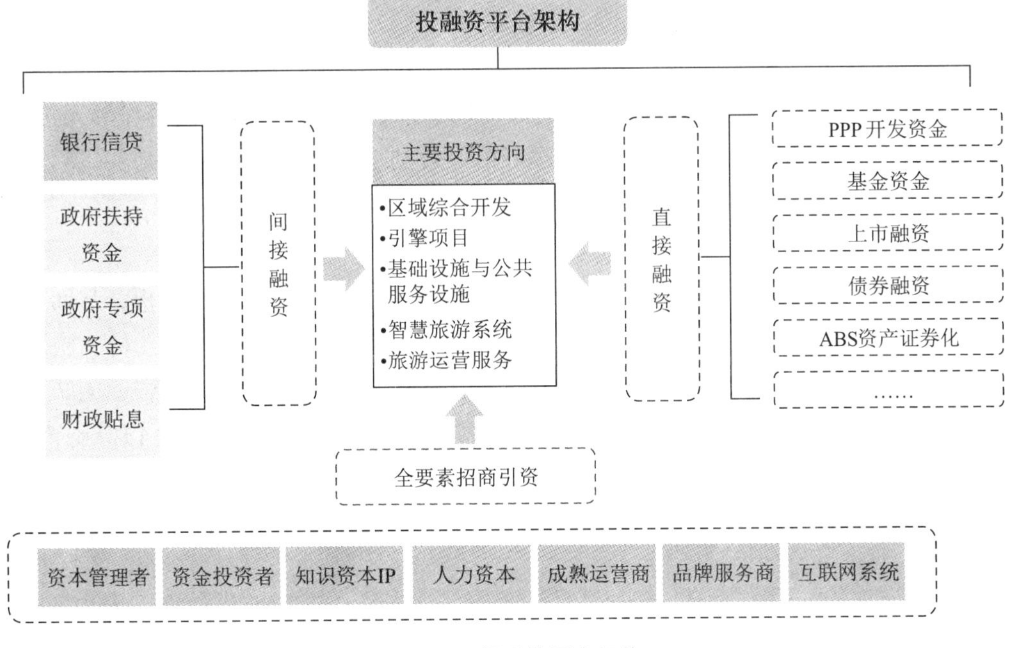

图 12-3　投融资平台架构

2. 全产业链平台服务支持

区域旅游发展不仅仅要依靠资本和资产形成重投资，整合多样化服务商、构建全产业链软性服务体系更是目的地未来核心竞争力塑造的重要方向。这一服务体系需要以智库为依托，强化"外脑"支撑，构建开放式结构，寻找资本管理者、资金投资者、成熟IP、运营商、品牌服务商等合作伙伴，形成集专家咨询、规划设计、投融资服务、运营服务、营销服务、双创服务等多种服务为一体的平台体系，从而为区域旅游产业发展提供持续动能，突破旅游产业发展瓶颈，创新旅游发展模式。

3. 目的地智慧旅游平台运营系统

线上技术平台与线下服务融合发展是当今旅游发展的主流与趋势之一。旅游产品的供应商与服务商，可充分运用云计算、互联网、移动互联网、物联网等高新技术，整合区域各项旅游资源，构建一站式的目的地智慧旅游平台。

在智慧旅游平台系统的构建中，一方面要以开放的格局全面对接各类OTA企业、在线旅游第三方平台等线上企业，扩大营销渠道，另一方面也要构建自身的本地化运营服务机构、运营团队和营销服务网络，并大力开展线下渠道，实现全网、全民营销。同时运用互联网技术，通过海量的用户行为和行业数据收集，从产品和服务上进行深度创新，把游客的旅行体验服务做到极致，以此构建一个可持续发展的智慧旅游生态圈。

二、旅游项目全程孵化八大服务

在旅游项目开发的过程中，应突破传统规划模式，以市场为导向，创新思路，以产业链整合为途径，有效利用各种资源，突破原有的项目推进和开发时序，将后期运营要素导入前期，在进行策划规划设计的同时，将优秀成功的IP、品牌企业、成熟的运营机构、管理团队，以及投资、建造机构等资源，以专家、投资商、服务商身份导入进来，形成全产业链的总体合理化方案，使得策划规划过程成为一个推动项目落地的过程。

（一）"旅游项目全程孵化"的概念

旅游项目开发全程孵化是在政策研究的基础上，对项目进行可行性分析，从而提出立项决策服务，以合理的顶层规划设计为先导，以落地项目层面（美丽乡村、旅游景区、旅游综合体、旅游小镇、旅游小城）的规划设计、运营管理、招商引资、团队培育为培育主体，以项目孵化、企业孵化、IP孵化等多层次孵化结构为支撑，以品牌推广、创建辅导、系统培训等持续运营管理服务为保障，推动旅游体系全面发展的孵化模式。绿维文旅将这一模式概括为"顶层规划设计＋项目资源要素导入＋多维度孵化＋持续运营"。详见图12–4。

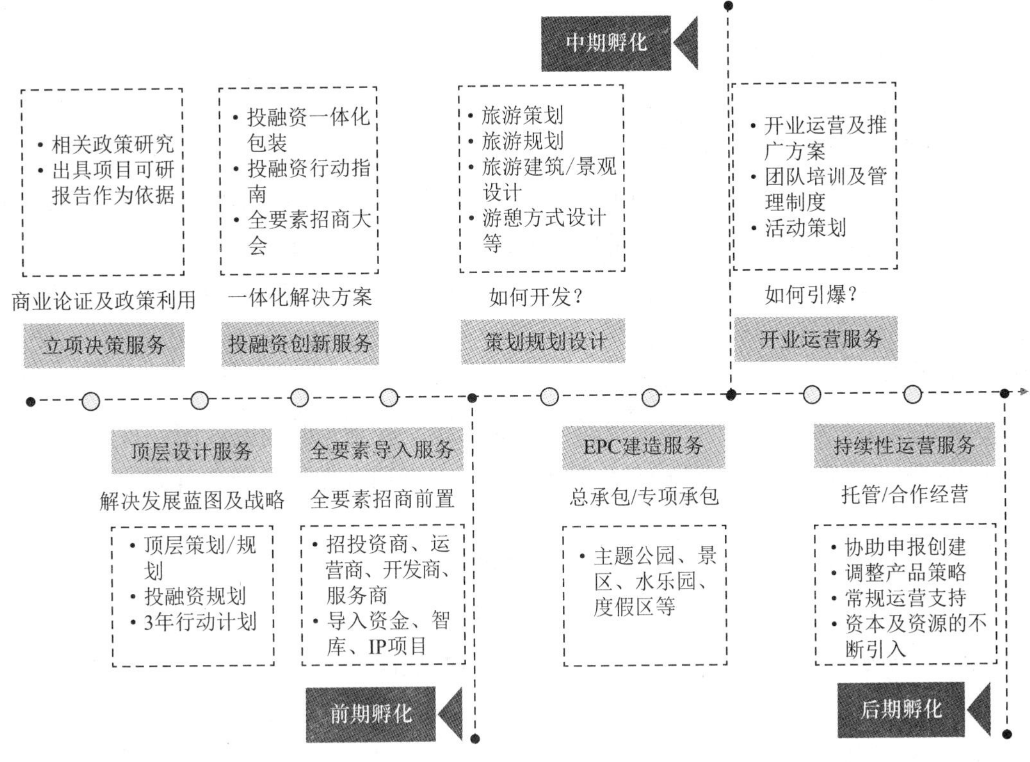

图 12-4 旅游项目全程孵化模式

（二）"旅游项目开发全程旅游孵化"八大服务

绿维文旅将"旅游项目开发全程旅游孵化"的服务内容概括为八大部分，主要包含立项决策服务、顶层规划设计服务、全要素导入服务、投融资创新服务、开发支持服务、EPC 建造服务、开业引爆运营服务、创建辅导与持续性服务。

1. 立项决策服务

立项决策服务是帮助政府和企业在项目确定之前进行项目研判、明确需求、梳理项目整体定位和运营要求，给出项目收益预测，帮助项目通过批准，开展对外工作。立项决策服务包括项目投资研判、项目考察、项目设计、项目立项报告和可行性研究报告、项目跟踪等阶段。

项目投资研判包括出具项目可研报告作为投资决策初步意见，并筛选项目。

项目考察阶段包括对项目的全方位考察，与业主方进行沟通，进行广泛的市场调研，了解市场客群特征，进行项目的市场定位。

项目设计期包括邀请业内专家、项目相关利益方与项目组对于项目定位、项目方案、运营方案等进行讨论，最后确定项目初步建设方向和定位。

项目汇报准备期主要是项目申报资料的准备，特别是大中型项目，需要编制可行项目研究报告和项目立项报告。

2. **顶层规划设计服务**

目前，绿维文旅提供的旅游规划包括《旅游产业发展规划》《旅游投融资规划》《全域旅游规划》和《旅游三年行动计划》。

《旅游产业发展规划》的编制中，绿维文旅在编制过程、成果体系方面都有一定创新，从区域综合发展角度，将顶层设计与产业规划及落地运营相结合。

《旅游投融资规划》是将旅游开发中的投融资环节重点深化，主要是在现状分析、投资项目梳理上，重新评估土地价值、设计开发模式、建立投融资规划模型和提出管理实施层面的建议。

《旅游三年行动计划》主要是针对旅游的落地发展制定时间路线图，核心内容包括创建思路、行动目标、主要任务与重点工作、保障措施、推进落实计划、近期工作安排。

3. **投融资创新服务**

绿维文旅通过山东投融资大会、池州投融资大会、河北省旅游投融资大会的实践，形成了区域旅游投融资推进工作的整套方案，其中以投融资大会为核心点，在投融资规划的基础上，以项目一体化包装、投融资白皮书、客商邀请对接、线上线下推广服务为支撑，实现对旅游投融资服务的一体化解决方案。

（1）旅游投融资一体化包装。

通过对项目区域的全面市场调查，培训各市县的文化和旅游厅厅长，编制项目信息表，形成旅游项目数据库，掌握最详尽的项目信息情况。项目包装以 3~5 个月的投融资规划为基础，各项工作环节交叉相容，最终输出投融资工作的结构与方法。简而言之，形成投融资规划、项目包装及投融资对接一体化解决方案。输出的成果包括《重点项目招商册》《主体招商宣传片》《投融资白皮书（报告）》，这是绿维文旅着力打造的核心竞争力。

（2）旅游投融资行动指南——《投融资白皮书（报告）》。

《投融资白皮书（报告）》是对整个区域投资价值、投资机遇的深入挖掘，并以此为基础，构建区域旅游投资政策支持和保障体系。让更广泛的旅游投资商、开发商、运营商和服务商关注、了解、理解地方政府在旅游投融资方面的政策以及下一步的行动计划。

4. **全要素招商大会服务**

绿维文旅以全要素招商大会或旅游投融资大会为推动，邀请旅游行业的广大客商，将重点包装项目精准推送，实现资本与项目的有效对接。绿维文旅稳定而专业的技术团队和较强的产品输出能力，能够长期而密切地维护客商渠道。

旅游在招商方面，应突破“政府投资、招商引资”的传统做法，实现投资、开发、运营、服务全产业链的招商模式，保证旅游项目的落地实施。绿维文旅提出了以全要素招商大会为推动，实现多个相关机构整合的模式。全要素招商即“四招、五引入”：招投资商、招开发商、招运营商、招服务商；引入资金资本、引入智库平台、引入品牌企业、引入人才团队、引入 IP 项目。

资源的导入是推动旅游开发建设及落地运营的重要抓手，也是支撑其健康持续发展的关键因素。其中资金资本是最直接的推动因素，包括各类政府资金、政策性资金、开发性金融、商业金融、社会资本等；智库平台是重要的支撑力量，包括绿维文旅城乡规划设计院、网上设计院、绿维文旅专家智库等；品牌企业起示范带动作用，包括各领域里有行业影响力的企业；人才团队是最坚实的运营保障，包括旅游经营人才（中高端人才）、职业技术人才、旅游人才库、人才培训和教育体系等；IP 项目是项目活化的关键因子，范围极广，囊括了产业 IP、服务 IP、运营 IP 等各类可复制、可连锁的项目。

5. 策划规划设计

这一阶段需要在绿维文旅提出的新型策划规划设计方法论基础上，充分发挥导入的服务方、运营方、建造方、投资方的优势，并结合其需求，为项目提供具有落地性、操作性的规划设计方案，具体服务内容包括修详规、旅游建筑 / 景观设计、设施设备包装设计、游憩方式设计、标识系统设计、商业模式与开发流程设计等内容。

6. 旅游 EPC 建造

针对旅游项目个性化、专业化强的特点，在建造上，绿维文旅采取 EPC 合同模式下承包商对设计、采购和施工进行总承包的模式，在项目初期和设计时就考虑到采购和施工的影响，避免设计和采购、施工的矛盾，减少由于设计错误、疏忽引起的变更，从而减少项目成本，缩短工期。服务内容主要包括工程项目的设计、采购、施工、试运行服务等（见图 12-5）。

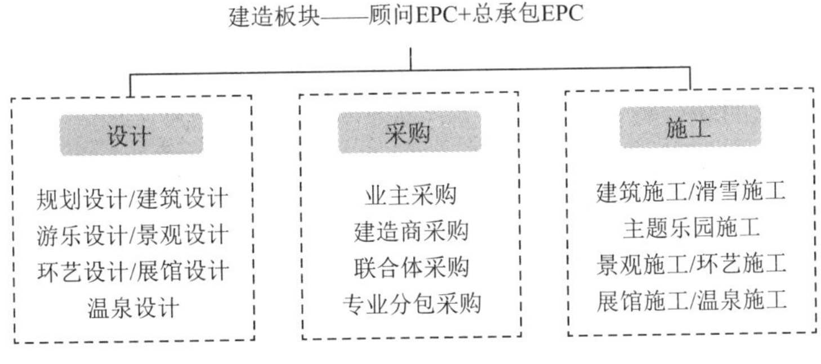

图 12-5　建造板块——顾问 EPC+ 总承包 EPC

7. 开业引爆经营、辅导经营

建造完成并不代表项目的结束，而是旅游项目最重要的阶段 ——运营的开始。绿维文旅将为落地建设的旅游项目提供 1~3 年的保姆式创建辅导服务及运营支持服务，实现项目开业引爆、有效运营以及实时产品调整与资源导入（见图 12-6）。

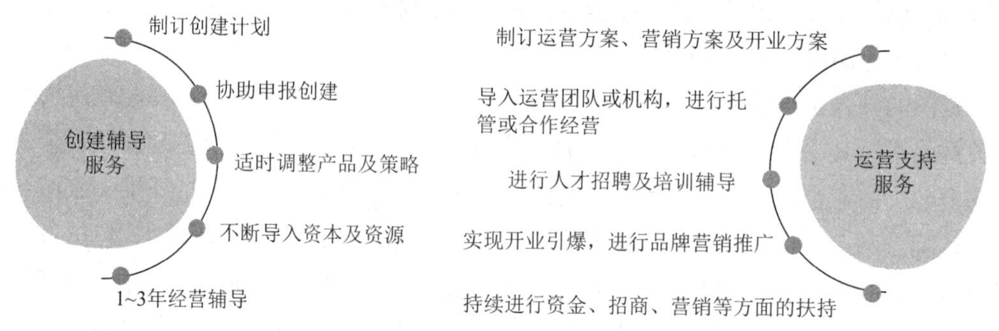

图 12-6　开业引爆经营、辅导经营

8. 创建辅导与持续性服务

通过 1~3 年运营辅导，实现整个运营班子的本地化、比较好的人流基础和收益现金流基础后，整体团队撤出，从而完成交钥匙、交团队、交现金流的全程孵化架构。

在旅游创建服务中，绿维文旅依托十余年项目实操经验及专业影响力，为地方政府提供创建辅导及培训服务、项目研讨及跨界交流合作等智力支持事务，并通过持续性服务和每一个步骤的有序落地，从而实现创建的有效性。池州是绿维文旅在“全域旅游孵化器”模式下服务的第一个项目，会在顶层规划设计基础上从创建推动到保障措施的制定等方面持续服务 3 年。

三、泛旅游生态圈建立

打造高效的生态圈是建立在对泛旅游综合开发运营熟悉的基础上实现的，需要建立资本主导的模式，以资本为核心，整合全产业链多要素多技术，构建人脉生态圈、业务生态圈、流程生态圈，更好的服务目的地政府企业需求方，助力旅游产业真正实现自由的相互对接和共赢的联合孵化。

（一）泛旅游的角色多样化——人脉链

基于旅游综合开发，由观光景区、休闲娱乐项目、商业街区、住宿产品、房产产品到土地开发，形成了多种产业模式。基于泛旅游角色的多样化，泛旅游生态圈需要构建人脉链，串联投资商、开发商、运营商、建造商、供应商、旅行商、服务商、综合开发运营商等多个人脉圈。

（二）多维的生态链接关系——业务链

旅游具有综合性特征，泛旅游生态圈囊括了多种需求，只有逐个击破各业务环节，从供需、到合作，从产品到产业，从投融资到运营营销，到建立旅游开发运营的业务链条，建立多维的生态链接关系，才能实现真正的合作共赢（见图 12–7）。

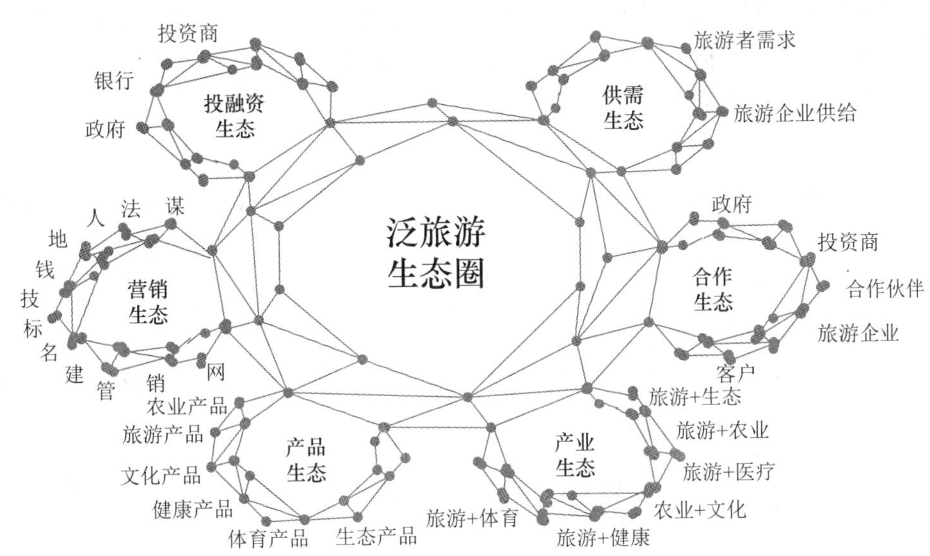

图 12–7 泛旅游生态圈业务链

（三）持续又交叉的流程关系——流程链

旅游开发运营面对的是持续且交叉的流程关系，涉及从前期策划、规划、设计、咨询到投融资，从开发的报规、报建、征地、拆迁、安置到建设中的招投标、建造，从开业的招聘、培训、开业到运营的营销、运维管理再到升级改造、品牌创建，还涉及资产与资本的运营。只有建立流程链才能让开发运营的各个环节无缝对接，既节约资源，又能真正实现高效地落地运营。

把多维复杂结构与持续交叉流程结构联通起来，可以在全产业链全过程服务过程中，将从顶层设计导入合作机制，在策划规划阶段，将平台成熟 IP、运营机构、管理团队、建造机构、投资机构等，以专家身份、投资商、服务商身份，导入进来，形成合作机制。

第三节 绿维文旅的旅游综合开发平台实践

一、旅游开发平台建设的机遇

（一）旅游开发需要综合服务平台

基于旅游综合开发的复杂系统，依托信息化搭建旅游开发服务平台很有必要。旅游开发服务平台通过聚集开发商、投资商、建造商、运营商、服务商五大主体，建立泛旅游开发数据库（项目库、资本库、供应商库、专家库、知识库、人才库、人脉库），形成“线上＋线下”“标准化＋个性化”的商机服务体系，突破旅游产业开发运营过程中资源不集中、信息不对称等难题。

1. **促进旅游开发产业资源要素流动**

旅游开发服务平台能够推动旅游开发领域商业数据库的建立，增强旅游开发资源和数据的共建共享能力，实现市场对资源的基础性配置作用，更好地提升旅游开发运营解决方案供给能力，推动旅游开发运营水平。

2. **提高旅游综合开发运营效率**

基于信息化的综合型服务平台建设，既是适应信息化时代的必然选择，也是全域旅游发展下的客观要求。旅游信息化开发运营平台具有覆盖面广、渗透性强、带动作用明显的优势，将创新旅游开发理念，变革旅游开发模式，转变旅游开发路径，促进旅游开发运营管理效率的提升和旅游行业的现代化发展。

（二）信息平台的产生背景

世界已全面进入信息化时代，“旅游业＋互联网”的模式成为必然趋势。对于传统旅游业来讲，积极运用互联网能推动旅游业发展变革和服务效能，促进旅游业的转型升级，必将给我国旅游产业带来前所未来的全新发展。绿维文旅旗下的旅发网正是基于行业发展和信息化大趋势下诞生的。

专栏 28　旅发网——让旅游开发运营更简单

更多详情请扫描二维码

旅发网能够为业内人士提供人脉拓展、专家咨询、旅游资讯、会展信息、项目对接、投融资服务、IP 导入、共享空间等一站式服务，是国内首屈一指的泛旅游开发运营综合服务平台，能够实现资源与资本、需求与服务的高效、精准对接。

二、绿维文旅旅发网平台服务模式解读

“旅发网”依托绿维文旅在旅游行业十余年的运营经验和资源沉淀，基于旅游信息化平台发展背景，围绕着泛旅游产业中的幸福产业、特色小镇、乡村振兴等领域，整合规划设计、开发、建造、投融资、运营、策划营销一体化的全要素资源，以行业人脉为基础，搭建了泛旅游开发运营同业聚合平台。

“旅发网”将泛旅游产业链的行业专家、服务商、招商信息、招投标信息等供需商机信息，行业新闻资讯等资源整合至平台，形成为泛旅游产业提供全程全链全要素对接

的高效市场，快速对接泛旅游产业中的资源与服务需求，让开发运营更简单。“旅发网”形象 Logo 见图 12-8。

图 12-8　绿维文旅“旅发网”形象 Logo

（一）形成四大平台创新价值

作为全国首家旅游产业链、全要素资源聚合平台，“旅发网”以建立旅游产业商业数据库（项目库、供应商库、需求库、专家库、知识库、会员精英库）为基础，整合全产业链各个环节，从模式上塑造了四个创新。

创新 1：首创旅游产业链人脉拓展“三同主义”，即“同学校、同公司、同项目”，实现多维度人脉透视，将人际网络扩大化、多样化，促进圈子中强联系和弱联系的结合，高效、科学、精准挖掘潜在客户。

创新 2：全国首家从前期规划到落地运营的旅游全产业链、全要素聚合平台，具备开放、全面、完善的开发运营商业数据库，通过系统化数据资源管理，实现数据资源的充分共享。

创新 3：信息流供需精准匹配设备商，智能算法推送高品质服务商，竞价模式智能排序，达成旅游产业信息与资源的完美对接，解决旅游开发供需错配的行业痛点。

创新 4：基于全面完善的旅游开发行业数据库的 AI 智能评测系统，对项目进行 360 度全方位诊断，并提供专业的信用评级、分析报告、交易托管、积分与等级评测等有效的项目助推与协调服务。

（二）提供六大特色平台服务

旅发网平台提供旅游产业全链全要素资源整合、招标信息订阅与商机精准对接、精英人脉搭链、专家定制咨询、线上线下整合营销推广、文旅技术支持与展会 6 大核心服务，为我国旅游产业的开发提供新平台和服务模式。

1. 旅游产业全链全要素资源整合服务

通过对旅游产业全链全要素资源的不断整合和筛选，目前平台已会集 1000 多位旅游策划、规划设计、投融资、建造、运营等方面专家，10000 多位高校、科研院所、企业中的旅游精英人才，整合 1000 多家旅游开发优质供应商和服务商，100 多个旅游开发落地项目案例，形成强大的旅游开发资源支持，推进供求双方的优质合作和共赢，实现资源的高度共享和高效精准对接。

旅发网平台通过整合旅游资本市场、项目资源、服务企业、专家团队，建立强大的供求资源数据库，汇集全国海量旅游开发供求信息，推出基于互联网的旅游开发需求对接服务，帮助政府、企业解决旅游开发运营过程中资源信息不对称难题。

2. 招标信息订阅与商机精准对接服务

旅发网聚合政府招标采购平台、规模企业集采招标平台、建设项目招标采购跟踪平台三大平台信息资源，同步中国政府采购网、各省政府采购中心网站、部分省公共资源交易中心网站、部分地市政府采购招标网站、央企 / 民企自有采购平台、行业公共招标平台等招采网站，获取最新的招采、项目、资本、咨询等供求信息，为旅游产业广大供应商提供免费订阅查询、实时精准推送服务的同时，为广大项目业主方提供招标代理与采购托管服务，全方位解决商机对接难题。

3. 精英人脉搭链服务

为解决人才供求失衡的问题，旅发网汇聚旅游业海量的开发运营、投融资、营销推广等旅游精英人才和专家团队，面向旅游全产业链行业提供一站式人力资源综合解决方案和专家咨询服务，并全力打造旅游开发领域高端人脉与合作互助人脉圈——“旅游精英会”，实现人脉搭链互助与商务合作对接的优质广泛社交圈，确保不受时间地域限制，通过网络技术随时随地为旅游全产业链输出专业人才和专家对接服务，实现企业与个人的价值最大化，成为专业的知识共享、技能提升、人脉对接的综合交流服务平台。

4. 专家定制咨询服务

基于庞大的旅游行业专家库，旅发网以资讯查阅、在线专业问答、内容分享下载数据为基础，一方面为供需双方实现自由“精准匹配”，一方面有针对性地对用户推荐专业知识资源和相关信息，在旅游开发领域的长期深入研究经验上，结合不同旅游项目的发展特性，为客户提供研究框架定制服务。另外实现线上专家的在线答疑、趋势预测和技术指导，专业解决客户在旅游开发过程中遇到的痛点难点，高效地实现资源对接与综合咨询服务，间接驱动旅游开发成效。

5. 线上、线下整合营销推广

旅发网充分利用平台流量庞大、信息整合与共享度高、数据分析能力强等优势，为供应商提供品牌宣传、产品销售、业务拓展、资源置换等服务，通过线上门户推介，线下行业交流会、主题展会等形式，为旅游开发领域企业提供高效营销推广服务。

6. 文旅技术支持与展会服务

旅发网平台通过中国旅游开发平台合作大典、旅游开发投融资招商会、全域旅游全要素招商会、省级旅游发展大会、主题沙龙、服务洽谈会等形式，促进行业资源融合与企业交流，推动旅游开发产业高效发展。

旅发网平台本着最开放的分享精神、最全面的资源数据库、最专业独到的服务视角、最专业严谨的态度，提供高效、安全的分享对接平台，以资源整合力量，最终形成中国旅游开发运营综合服务发展体系，撬动中国旅游产业升级。

复习思考

1. 旅游开发的过程中为何需要导入平台化运营思维?
2. 如何运用平台化运营思维，构建泛旅游生态圈?

第十三章

政府旅游开发运营

学习目标

知识目标

1. 掌握政府旅游开发的四大职能；

2. 掌握政府旅游开发运营手段及步骤；

3. 掌握旅游综合开发的政府运作模式；

4. 掌握全域旅游示范区创建中的政府运营职责；

5. 了解政府旅游开发运营理念和目的地运营战略；

6. 了解全域旅游示范区创建的国家政策、总体要求、创建方向、创建程序及评估管理等相关规定。

能力目标

1. 识别旅游发展中的政府角色；

2. 形成旅游引导区域综合开发的产业视角；

3. 形成全域旅游开发中的旅游设施建设、现代化治理体系、项目管理体系构建思路。

旅游开发运营是一个庞大的综合系统，单靠一个主体很难推动整体性的工作。在这期间，从国家文化旅游部，到省、市、区（县）级的文化旅游厅（局）、旅游发展委员会，都要充分发挥主导和统筹作用，全局部署、整合资源、强化部门联动、构建现代化管理机制，形成旅游引导的区域综合发展格局的核心力量。

本章包括六部分内容：旅游产业运作中的政府职能体系、旅游市场化经营发展中政府角色的重构、政府旅游运营理念、旅游综合开发的政府运作模式、全域旅游开发的政府运营、政府旅游投资的平台化运营，重点解读了旅游开发运营全程过程中政府的角色和其应发挥的作用。

第一节　旅游产业运作中的政府职能体系

旅游业的可持续、优质化发展，需要完善的管理体系作为保障和主要推动力。政府作为旅游产业运作的主导力量，需要不断进行机构设置、管理制度、职权划分、政策法规、信息管理、顶层规划设计等相关工作的改革创新，构建完善、科学的运营管理体系，以确保旅游管理体制、发展理念、战略部署和任务执行方式都能够与旅游业的实际发展需求相契合。

一、旅游产业运作中的政府职能

旅游作为促进区域发展的综合性产业，其开发运营需要国家、省、市、地区各级政府充分发挥组织和领导作用，明确相关部门或者机构应履行的职责，促进各部门之间的有效沟通合作，避免政出多门、分割管理，对各行政区域的旅游业发展形成上下联动的统筹管理体系。各级政府的所辖区域不同，但在旅游产业运作中承担的职能大致相同，均是以国家文化和旅游部的机构框架为基础，因地制宜地构建适应本区域的政府职能体系，以为居民出行提供方便、满足现阶段旅游者和经营者的权利、推动旅游业的开发和建设为目标，具体包括立法、规划、研究、监督、协调、管理、对外交流、投资开发等方面。

（一）政策法规拟订

拟订旅游发展的方针政策，组织起草旅游有关法律法规、规章草案，牵头重大课题调查和研究。组织拟订旅游发展规划并组织实施。承担旅游领域体制机制改革工作。开展法律法规宣传教育，形成以《旅游法》为基础、国家政策法规和地方管理条例为支撑的法律政策体系，使旅游产业发展有法可依、有章可循。

（二）旅游产业规划

拟定旅游产业政策和发展规划并组织实施。指导、促进旅游产业优化升级及新型业态培育。推动产业投融资体系建设，牵头组织产业项目推介。促进旅游与相关产业的融合发展。

（三）组织实施旅游公共服务

承担国家和地方的旅游公共服务指导、协调和推动工作，拟定旅游公共服务标准并监督实施，指导基层旅游公共服务设施和旅游重点惠民项目建设。

（四）市场管理监督

对旅游市场经营行为进行行业监管，加快构建旅游行业信用体系，拟定旅游市场经营场所、设施、服务、产品等标准并监督实施。监管旅游市场服务质量并指导服务质量提升。监测旅游经济运行状况，对假日旅游市场、旅游安全进行综合协调和监督管理。

（五）旅游巡查执法

依据相关法律、法规，规范涉旅企业、景区管理机构等主体的经营活动，对不合规的投资、开发、经营行为进行有效整治，切实维护旅游者的权益，保障旅游业的健康有序发展。

（六）旅游数据统计与分析

国家和地方各级政府相应建立旅游数据中心，负责旅游行业统计和经济核算工作，目标是成为国家级旅游统计工作平台、旅游数据分析平台、涉旅决策支持平台、相关产业引导平台和国际交流合作平台。从根本上结束中国旅游业统计体系缺失、改变旅游统计严重滞后于国家旅游发展战略的格局，从根本上结束我国旅游统计数据无法与国际接轨的历史。

（七）旅游出入境管理

国务院、公安部、文化和旅游部等相关国家部委根据实际需要修订并完善《中华人民共和国外国人入境出境管理办法》《中华人民共和国公民出境入境管理办法》《中国公民出国旅游管理办法》《中华人民共和国入境边防检查条例》等法规及管理条例，地方政府相关机构按章落实，规范旅行社组织的经营活动及中国公民出国、外国公民入境的旅游活动，保障出入境旅游者和经营者的合法权益。

（八）对外合作交流

国家部委负责拟定旅游对外及对港澳台交流合作政策，指导、管理文化和旅游对外及对港澳台交流、合作及宣传推广工作，承担外国政府在华、港澳台在内地（大陆）文化和旅游机构的管理工作，承担政府、民间及国际组织在旅游领域交流合作相关事务，组织大型文化和旅游对外及对港澳台交流推广活动。地方政府按规定权限申报或审批对外及对港澳台文化和旅游交流、合作事项，参与组织大型文化和旅游产业对外及对港澳台宣传推广活动。

（九）旅游投资开发管理

指导旅游重大项目建设，承担旅游资源普查、规划、保护和利用工作。指导协调旅游项目立项、规划、设计，负责或参与旅游设施、线路专项规划和项目落地建设工作。

二、文旅融合发展中的政府职责演进

（一）相关机构的改组优化

2018 年 3 月，根据国务院机构改革方案，组建文化和旅游部，不再保留文化部、国家旅游局。这意味着文化和旅游在国家行政层面正式融合。自国家文化和旅游部正式挂牌以来，各省市政府纷纷合并文化和旅游单位，截至 2018 年年底，全国已有 26 个省份挂牌成立文化和旅游厅，4 个直辖市挂牌成立文化旅游局，海南省整合旅游、文化、广电、体育机构成立省旅游和文化广电体育厅，西藏自治区在整体保留文化厅的基础上平行设立旅游发展厅，市、地级相关机构也以此为纲领进行了文化旅游相关部门的整合优化。

（二）相关职责的优化升级

文化产业与旅游产业在发展中是相互渗透、相互依存、相互促进的，从国家文化和旅游部的组建成立，到各省市相继挂牌成立文化和旅游厅（局、委），都是顺应时代需求，提升旅游内涵和质量，发挥文化旅游 1+1>2 效用的重要举措。过去的文旅融合一般属于市场经济下的自发性融合，缺乏系统和科学的理论指导，业界和学界对文旅产业融合的思路、方式、结构等方法论体系没有进行深入分析。文旅融合发展新阶段，各级政府要站在旅游促进区域综合发展的高度，综合协调各部门的职能，对产业发展进行战略方向的部署，对市场行为进行全域思维的引导，对项目开发运营进行规划、招商、开发、建设、运营的全程统筹管控。

第二节　旅游市场化经营发展中政府角色的重构

政出多门、相关部门分割管理的运营体制，不符合旅游作为综合性产业的特征和需求，因此，在旅游开发运营的过程中，政府应当充分发挥组织和领导作用，明确相关部门或者机构应履行的职责，促进各部门之间的有效沟通合作，对行政区域的旅游业发展和监督管理进行统筹协调。

一、旅游市场化发展中的运营理念转变

旅游运营理念的转变源于城市发展理念及开发建设主体的转变。旅游发展初期，政府对于旅游目的地建设而言，既是所有者，又是经营者，还是管理者和监督者。随着市场逐渐成为资源配置中的决定力量，旅游目的地运营必须在理念上发生转变，运营主

体、运营客体以及收益模式都要适应旅游市场化发展的新要求。

（一）核心运营主体的转变——从政府主导转变为政府与市场主体并存

在旅游市场化发展的新阶段，旅游运营应突破政府全权负责的单一模式，要根据地方财力、人力、物力等基础条件，因地制宜地选择旅游业的核心运营主体。

1. 政府全权主导

政府全权负责投资、建设、运营，或者政府负责投资，委托或利用财政资金成立专门的运营商建设运营，这一模式适合财政力量雄厚，运营能力、把控能力强大的政府。优势是政府的统筹角色能够得到完全发挥，有助于项目进度快速推进；劣势是政府财政、人力、物力等各项压力大，同时面临着前期建设和后期运营的大量投入。

2. 政府与企业联动发展

政府负责旅游目的地的定位、规划和项目审批服务，并通过市场化方式，引进社会资本投资建设，许诺投资方在一定时间段内拥有经营权，到期后再归还政府。这一模式适合于一定时期内财政相对有困难的政府，优势是缓解了政府的财政压力，劣势是所有权与经营权的分离，容易导致参与企业的短视行为，对后期回收经营权后的政府来说是一个较大的包袱。

3. 以企业为主导

由某一企业或多家企业联合完成投资、建设、运营，通过政府购买或用户付费获取收益，受政府的管理和监督。这一模式适合于资金实力雄厚、运营能力强大的企业。这类企业目前也要伴随旅游市场化运营的需求，由以前单纯的地产开发商转型为集资源整合、金融投资、运营管理、产业支撑等创新业务为一体的新型城市运营商。由企业为主导的优势是减轻政府财政压力，激发市场活跃度，充分利用各类企业的专业化经营能力；劣势是缺少政府的前期支持和推进，需要有持续的盈利模式。

4. 以非营利的社会组织为主体

国外旅游发展经常采取这种模式，比如由市民组建一个管理委员会进行经营和管理。这也是我国以后旅游运营可借鉴的一个模式。

（二）运营客体的转变——从土地为重转变为产业为重

长期以来，土地一直是城市运营中的主要对象，也是政府财政收入的主要来源。但这一模式为城市发展所带来的弊端逐渐凸显。随着国家对地产行业政策的收紧，越来越多的地产商都瞄准了向城市运营商、产业运营商转型，他们不仅要开发土地，还要开发配套服务设施、旅游项目、产业项目，要进行房产开发，最后进行产业整合和运营整合。因此，新形式下的旅游运营客体可以概括为，以旅游产业为主导，以土地为基础，以旅游项目和房产项目为重点的全方位体系。

（三）收益模式的转变——从土地收益转变为综合收益

以土地为经营客体的模式决定了政府以土地出让为主要来源的收益模式。而新形势下，多条运营线的展开，已经使得旅游目的地的收益除了来自土地一级、二级开发之外，还包括产业项目的运营收益、二级房产的运营收益及城市服务的运营收益等。这一收益模式已经不再依赖于土地财政，而是一种可自我供血、可长期持续的合理架构。

二、旅游市场化发展的特征及政府开发运营的职能

旅游已经成为区域经济发展的支柱型产业，需要政府对旅游行业的发展进行一定的引导。对于旅游目的地而言，政府应该承担规划统筹职能、资源保护管理职能、公共工程投资职能、市场管理与营销职能，成为旅游目的地开发的引导者、协调者和监督者。

（一）旅游的区域系统性与政府的规划统筹职能

旅游是游客出行构成的一种经济社会活动，包括了十八要素的综合结构。旅游目的地不可能单靠一个或几个景点支撑，而需要有一批旅游产品，通过合理的游程配置形成游线结构，需要多家机构和多种职能配合形成综合服务结构。对于区域而言，旅游产业是一个区域内旅游产品、旅游环境、旅游接待能力、旅游服务配套的总和。这一特点称为旅游的区域系统性，即区域旅游产业系统各个要素互相配合，各个环节相互衔接，互相影响，任何一个方面的缺失或障碍，都会影响游客的流量和旅游产业发展的质量。基于这一特点，区域旅游系统中各要素之间的关系如果仅仅由市场这只看不见的手来调节，就会出现难以协调的问题，如不平衡发展、重大投资失误、对旅游资源的破坏等。

因此，政府要编制区域旅游发展规划，要解决旅游资源开发、旅游产品结构、要素配置、旅游整体布局、旅游交通规划、区域市场定位、跨区域合作、游线组织、总体营销、资源保护、人力资源开发等长期性、全局性、系统配套性的问题。

政府要发挥统筹职能，对目的地开发中旅游资源管理、旅游交通建设、土地使用、规划审批、交通组织、工商管理、区域合作、跨区域营销等方面进行有效的沟通与协调，包括政府间的协调、政府与企业的协调、企业及市场的协调三类。

（二）旅游资源属性与政府的资源保护管理职能

风景名胜区、文物保护区、自然保护区、国家森林公园、国家地质公园等旅游资源，基本上都是国有资产。从资源管理的角度上说，地方政府拥有对资源的经营运作管理权。

旅游景观资源、生态环境、历史文化古迹及文物等都是不可再生的资源，应该高度重视其保护问题。由于开发与保护之间存在天然的冲突，如何在保护的基础上进行开

发，必须进行专业的论证与规划，并在开发实施中，保证对资源的保护。基于此，政府应对资源进行管理，包括资源保护的监督与管理、资源开发的管理、资源开发及经营权的管理。

（三）旅游开发的外部性与政府公共工程投资职能

旅游开发不仅仅是旅游区内的建设，必须具备可进入性，并且有区域的要素配套。这一特性为旅游开发的外部性，即旅游开发的成败不是由旅游区内部开发或由投资商自己决定的，它在很大程度上会受到周边因素和外部因素的影响。旅游开发的外部性决定了旅游发展不能由单一投资商独自解决，其中，可进入性、基础设施、配套规划等必须有政府的投资和规划引导。

（四）游客的跨区域流动性与政府的市场管理及营销职能

一般的商业消费是将产品运输到消费市场，由消费者购买消费。旅游则与此相反，是将顾客搬运到旅游地，在旅游地进行即时消费，这称为游客的跨区域流动性特征。

跨区域的游客流动，涉及安全、交通安排、服务环节衔接、突发事件处理等众多问题，这就决定了政府必须对旅游市场进行监督管理，以保证市场秩序，保障游客安全。同时，区域游客流动以区域旅游接待能力、区域旅游形象为依托，政府作为区域管理机构，是整体营销不可缺少的角色。

第三节　旅游目的地的政府运营

政府的旅游产业运作和目的地运作，是区域经济运营的一部分。这样的运作不能完全靠市场的力量进行，需要政府以商业化的理念，按照经济发展规律，结合长远发展目标，围绕综合效益最大化，整合行政管理、公共工程、土地与资源、税费优惠、营销促进、招商引资等环节，实施综合运营。

一、旅游目的地的运营理念

（一）目的地系统整合

旅游目的地的建设是一个庞大的系统工程。一个区域要成为旅游目的地，仅仅有独特的景区资源是不够的。政府应围绕市场需求，整合区域内的土地、资金、人才、生态、文化等各类资源，引导各类游憩要素配置与接待服务设施建设，从而形成系统的旅游目的地功能构架。

（二）目的地运作战略

战略是目的地运作的纲领。好的战略既能够保证运作的方向，又能够提供现实运作的路径选择。运作战略的内容包括目标定位、主题定位、市场定位、重点选择、路径选择、顺序选择以及配套构架。在运作中，必须找到一种“动力机制”和“带动机制”，通过“龙头突破”“薄弱突破”“联动互动”等方法，形成整合运作的动力链，从而实现整体目标。

（三）目的地运营原则

政府要结合旅游目的地的实际进行工作制度创新，在运营的过程中要把握三大原则：提高经济收益原则、满足美好生活原则和可持续发展的原则。政府层面要不断打造优质营商环境，实现旅游目的地的可持续发展。

提高经济收益的核心是降低运营成本和提高单位游客的消费贡献率。降低运营成本要从科学的业态和产品体系入手，改革现有的收入机制，打造项目良好的运营氛围，严控营销等各类费用，剥离不合理的支出。因为旅游目的地承载力有限，不能无限制地增加游客的数量，提高单位游客的贡献率就成为了保增长迫在眉睫的问题，可以通过旅游目的地产品的创新、业态的创新、服务管理的创新等来实现游客消费的升级和贡献率上升。

满足人民美好生活，一方面要充分重视旅游目的地内居民生产、生活的需求，另一方面还要重视旅游者的旅游需求。业态布局要让人民可以在当地安居乐业，让旅游者可以实现休闲度假需求，真正做到满足人民美好生活的需求。

可持续发展原则，应在生态、产业、社会、空间等方面进行可持续开发的探索。针对盲目审批、粗放生产、低效竞争、监管缺位等运营环节出现的问题，必须同时依靠政府与市场“两只手”的作用。充分发挥政府“有形的手”的调控作用，加强对旅游目的地范围内企业的市场监管和社会管理，开展生态建设和环境保护，引导目的地内景区建设，推动企业发展走上科学化、规范化、生态化的道路，积极做好规划、运营、招商和管理的各个环节工作。在业态管控方面，融入“三生融合”理念，合理布局生产、生活、生态空间，以人为核心，区分各种工作性质与工作氛围，践行绿色发展理念，树立旅游目的地形象品牌。

二、旅游目的地开发的政府运营手段

（一）财政手段运用

财政来源于税费收入、政府借贷、上级专项资金和一般转移支付。改革开放以来，地方政府运用财政资金开展经济建设的条件发生了变化，拥有了多种促进经济的财政手段。一是减免税费，包括后来的财政补偿（贴）；二是直接投资，形成投资环境与条件；三是资金扶持，给予一定的无偿或有偿支持；四是剥离消化负债与人员，为企业减负。

（二）公共工程建设

公共工程建设看似无法直接实现盈利，但实则对区域整体发展至关重要。

道路建设是最大的公共工程投资项目，特别是非收费性的城市公路，对于土地价值的提升具有特别重要的作用。城市公共配套设施包括供水、供气、供热、排污、医院、学校、商业等，政府在城市扩展中的规划及配套工程建设速度，直接影响房地产商的投资收益率及回收时间。对于旅游产业而言，旅游资源可进入性是资源开发价值的最大影响元素。政府对旅游道路和基础配套设施的投资，是社会投资商介入旅游项目的主要评价前提。

政府可以投资的公共工程范围很大，种类很多，并不局限于纯公益性项目，也可以包括大量对于区域经济发展有利的低收益或长期收益项目、风险收益项目。

（三）土地运营

土地运营是政府资金最好的增量来源之一。土地一级市场利润丰厚，公共工程带动效应显著，形成了良性滚动结构，增长空间巨大。因此，新区开发、开发区开发、旧城改造等都成为巨大的商业机会。政府通过土地运营带来城市面貌的巨大改变，是政绩的显性标志。

（四）国有资产运营

国有存量资产是政府可以运营的重要资源。国资退出竞争性领域，为政府运营经济提供了一个巨大的政策空间。但是，企业国资退出后，良性运营大多依托于土地价值，以资产增值和房地产开发获得成功的比例较大。宾馆、餐厅、景区民营化已经成为主流运营方式，社会投资介入后，效益明显改善。

三、目的地旅游产业运营的四大步骤

区域旅游产业是一个有机的整体，要加快该地区的旅游产业发展，必须从更大的区域环境、旅游发展状况、旅游目的地分布以及本区域能否成为旅游目的地等方面进行系统研究。区域旅游运营是地方政府发展旅游产业的总体理念。政府从全面启动与加快区域旅游经济发展的角度，需要找到实际的运作抓手。

就运营旅游产业而言，一方面必须编制产业发展规划，或者遵循已有的规划；另一方面，应该做出 3~5 年的具体行动计划，落实运营的战略与步骤。

（一）目标制定

区域旅游发展的3~5年目标确定是非常重要的前提，区域旅游目标需要落实到具体的旅游产品结构上，其目标体系应该由五个方面构成，即游客流量具体指标、横向比较目标指标、区域影响水平指标、纵向增长指标、产品建设目标指标。

（二）战略与计划制定

旅游发展战略及运营计划的制定是保证目标实现的前提。但是，这里的战略是三年战略及三年计划，属于操作性内容。

由于区域旅游经济是一个互相衔接的有机整体，因此，必须按照有机系统的整体模式进行战略与计划制订。在这一步骤中，要选择合适的项目及对应的市场目标，并以产品及市场为基础，配置完整的要素支撑，确定政府需要投入并解决的问题，确定社会资金及居民群众参与的程度与方式。其中，项目的选择，要以资源基础及其可进入性为前提。市场目标则需要考虑交通、时间、区位、竞争关系等。

按照实现目标的路径，可以把战略区分为三种类型：

一是政府投资主导型战略，以政府投入为基础，形成核心景区，建立旅游发展的吸引核。

二是招商引资主导型战略，以资源出让为前提，招商引资为手段，筑巢引凤，推动旅游经济发展。

三是营销主导型综合运营战略，政府以营销为首务，同时建设基础实施和投资环境，推动已有景区发展，形成良性发展格局。

（三）突破点确立

突破点的确立是区域旅游发展计划中的关键环节，能够对重点项目实现实质性的推动。

突破点可以分为三类：第一类是政府重点投资的景区建设；第二类是政府重点建设的旅游道路，形成资源开发的全新条件，达到招商引资的目的；第三类是重点突破的市场，通过政府的运营，实现核心市场的突破，带动整体运营的升级。

（四）“管理、投资、引资、营销”四大运营

旅游产业运营管理不同于普通的旅游行业管理，必须由政府一把手挂帅，否则无法保证资金、政策的落实。政府在运营管理的过程中要充分利用财政手段、公共工程建设手段、土地运营、国有资产运营等多种手段，在融资、税费优惠、土地出让、公共工程等方面形成较大的推动运作力。

政府层面的旅游投资一方面靠自有财政，另一方面靠各类直接的扶持资金，如开发

银行贷款、红色旅游资金、农业资金、生态建设资金、水利资金等。

招商引资工作的背后是政府的选择判断、投资商的投资能力和运营能力、市场时机等所有条件的齐备。投资商的运营能力，对招商引资成功极为重要。要吸引和选择合适的投资商、运用规划权，对资源进行统一规划控制，避免投资商过分以自身利益为导向，避免短视开发行为。

旅游产业及目的地的推广，必须站在整合营销传播的高度，才能达到最佳的运作效果。因此，政府应积极通过口号征集、吉祥物设计征集等手段，推进目的地形象塑造与推广工作，从而加大知名度，形成人流及消费的吸引和聚集。

第四节　旅游综合开发的政府运作模式

一、站在政府的立场看旅游综合开发

近年来，越来越多的成功实例证明，旅游引导的区域综合开发模式，即以旅游休闲为引擎，实现区域产业聚集、区域土地升值与休闲地产开发，最终带动区域综合开发的发展模式已经成为带动区域经济社会综合升级的有效模式。对于各地政府来说，在旅游综合开发成为旅游投资主流的今天，正确认识、接受并运用这一模式于区域开发，将是科学发展观与休闲时代背景下实现区域综合发展率先突破的重要战略选择。

二、旅游综合开发的政府运作模式

首先，要弄清楚在旅游综合开发的过程中，政府的角色定位问题。在市场运作非常成熟的大环境下，政府应当是旅游综合开发的引导者、控制者和监管者。

由于具体的开发将通过市场力量，由一家富有社会责任感并具有强大综合实力的企业来操盘，因此，政府作为引导者和监管者，需要通过规划、政策、公共工程、区域营销、招商、监管等工作的运作来推动区域开发。

由此，政府运作旅游综合开发项目，关键要点如下：

（一）以规划方案的把控为前提

任何旅游综合开发项目，政府对于规划方案的把控是前提。政府从区域科学与持续发展的角度出发，着重从两个方面对规划进行把控：其一是通过规划对区域生态环境、资源提出明确的保护要求；其二是通过规划对旅游综合开发项目的旅游休闲、特色产业、休闲地产的科学配比、开发强度与协调发展提出战略层面的明确方向。在规划层面来确保旅游综合开发项目真正发挥区域引擎的作用，带动区域形象与吸引力提升，有效促进区域泛旅游产业的发展升级，并在保护与优化区域生态及耕地等资源的前提下推进

区域城乡融合步伐，最终实现区域经济社会的突破发展。

（二）以相关政策的支持为重点

要充分认识到旅游项目对于区域经济社会综合发展的重大带动作用，认识到政策支持是旅游综合开发获得成功必不可少的一环。相关支持主要包括以下两个方面：

其一，是要从资源整合、土地流转、新农村建设、税收优惠及专项产业基金扶持等方面对旅游综合开发项目给予大力支持；

其二，是要针对项目成立由主管领导挂帅，土地、规划、建设、发改、财政、旅游、交通、农业、林业、水利等相关部门负责人组成的领导小组，协调项目的相关工作。

（三）以公共工程的建设为核心

对于旅游综合开发项目，特别是旅游引导的区域综合开发，政府一个重要的工作核心就是利用政府财政或城市建设资金，通过城投公司运作，进行公共工程的建设。

公共工程的建设不是与开发企业争夺营利性项目，而是通过非营利性公共工程投资，创造企业投资盈利的条件，形成区域旅游综合开发的基础，完善要素配置，突破薄弱环节，达到整体快速发展的效果。政府公共工程主要包括基础设施建设工程，标识、信息咨询与游客中心等游客服务系统建设工程，公共景观与环境建设工程，社区教育与开发扶持工程等。

（四）以区域营销的推进为辅助

要吸引那些真正具备区域综合运营实力的开发企业，必须强化区域营销工作的推进。主要的工作包括：

第一，通过区域发展战略规划或区域营销规划的编制，梳理出区域的核心竞争力，形成凸显区域特色的品牌、形象口号及相关的产业支撑体系。

第二，通过创新营销渠道与活动开发，实现区域营销的突破，提升区域的知名度与吸引力。

（五）以招商引资的落实为突破

招商引资的落实是政府运作旅游综合开发项目的关键环节，具体要点如下：

第一，强调项目包装。要通过编制项目概念性规划方案与招商材料，形成对项目的包装，吸引真正具备综合实力的投资商。

第二，创新招商方式。要通过对其他已经建成的旅游综合开发项目的考察去了解相关的企业，特别是在旅游综合开发领域已经具备成功经验的企业，要主动出击和接触，实现具体的对接落实。

第三，甄别意向企业。对于意向开发企业既要开具优惠条件，更要提出旅游综合开发的明确要求，避免招来以旅游之名行地产之实的企业，导致无法真正推动区域综合发展的升级。

（六）以后续监管的持续为保障

旅游综合开发项目从建设伊始到成熟经营到真正发挥对区域旅游、特色产业、城镇化发展的综合带动作用有一个长期的过程。那么，在这个过程中，政府必须有持续的监管保障。

第一，真正按照既定规划与战略方向进行投资，不改变方向。

第二，真正进行旅游为引擎的区域综合开发，而不是单一开发。

第三，真正从可持续发展的角度去考虑旅游经营、产业发展和城乡融合的推进。

专栏 29　绿维文旅支招旅游项目申报与创建

绿维文旅能够为旅游开发运营主体提供景区创 A 升 A、特色小镇、全域旅游示范区、农村一二三产业融合发展先导区、旅游度假区等项目申报创建的全程服务。

更多详情请扫描二维码

第五节　全域旅游开发的政府运营

自主旅游时代，需要通过发展全域旅游来促进旅游业的转型升级，以供给侧结构性改革为主线，建立先导性的旅游综合治理机制，促进旅游要素的业态化创新，通过“旅游 +”推进现代旅游产业向深度和广度空间发展，从而优化旅游环境和旅游全过程。

在全域旅游发展的架构中，各级政府要充分发挥主导和统筹作用，统筹部署、整合资源、强化部门联动，形成旅游创新发展新合力。其中，旅游行业管理体制的改革是政府部门顺应全域旅游发展要求的关键举措，对形成大产业的协同促进机制、大市场的联合执法机制、多部门的联动管理机制、跨行业的资源综合保护机制和旅游形象的统筹推广机制将起到关键性作用。此外，顶层设计（规划、策划、计划等）、资源运用（旅游资源、土地等）、公共工程（基础设施、公共景观、游客中心等）、管理体制创新（整体、行业、景区）、招商引资（项目设计、政策、计划）、营销与促进（品牌、形象口号、政策、渠道、活动等）也都是全域旅游开发中政府运营的重要内容。

一、全域旅游示范区创建的政府运营

创建全域旅游示范区，是树立国家级全域旅游发展标杆、探索全域旅游发展路径和创新模式的重要抓手。全域旅游示范区的创建是一个庞大的系统工程，当中涉及治理体制改革、顶层设计规划、旅游设施建设、旅游服务提升、旅游产品创新、旅游形象凸显、旅游监管保障、城乡环境优化等多方面任务的部署实施。在这一过程中，国家、省、市、县（区）各级政府要形成上下贯通、四位一体的联动工作体系，充分发挥相关政府部门的统筹、引领、协调、管控、监督的职能，构建旅游治理规范化、旅游发展全域化、旅游供给品质化、旅游效应最大化、旅游参与全民化的现代化发展格局。

（一）全域旅游示范区创建的国家政策支持

2015 年 9 月，为进一步发挥旅游业在转方式、调结构、惠民生中的作用，实现旅游业与其他行业的深度融合，原国家旅游局发布了《关于开展“国家全域旅游示范区”创建工作的通知》，将全域旅游概念清晰地呈现在大众面前，并于 2016 年先后公布了 500 家全域旅游示范区创建单位，随后出台了诸多政策来保障这一工作的推进（见表 13–1）。其中，原国家旅游局于 2017 年 6 月发布了《全域旅游示范区创建工作导则》，明确了创建工作要始终坚持“三大方针”“六项原则”，最终为了“五大目标”，具体落实好“八方面任务”，为全域旅游示范区的创建工作提供了有效的依据和行动指南。2018 年 3 月，创建全域旅游示范区作为扩大消费、促进投资、优化经济结构的有效抓手，被写入国务院政府工作报告，同期国务院发布《关于促进全域旅游发展的指导意见》，强调了全域旅游示范区创建工作对于全域旅游发展创新的示范作用。2019 年 3 月，文化和旅游部制定了《国家全域旅游示范区验收、认定和管理实施办法（试行）》和《国家全域旅游示范区验收标准（试行）》，决定开展首批国家全域旅游示范区验收认定工作，标志着全域旅游示范区进入“创建 + 验收”的新周期。

表 13–1　全域旅游示范区的政策推进历程

时　间	政　策
2015.9	《关于开展“国家全域旅游示范区”创建工作的通知》（旅发〔2015〕182 号）
2016.2	《关于公布首批创建“国家全域旅游示范区”名单（262 家）的通知》（旅发〔2016〕13 号）
2016.8	《关于新增百家国家全域旅游示范区创建单位的通知》（旅发〔2016〕103 号）
2016.9	《关于公布第二批国家全域旅游示范区创建单位名单的通知》（旅发〔2016〕141 号）
2016.9	《国家全域旅游示范区创建工作导则》（试行）
2016.9	国家全域旅游示范区认定标准（征求意见稿）
2017.6	《全域旅游示范区创建工作导则》（旅发〔2017〕79 号）

续表

时　间	政　策
2018.3	《2018 国务院政府工作报告》提出创建全域旅游示范区；国务院《关于促进全域旅游发展的指导意见》强调开展全域旅游示范区创建工作，会同有关部门对全域旅游发展情况进行监督检查和跟踪评估
2019.3	文化和旅游部《关于开展首批国家全域旅游示范区验收认定工作的通知》《国家全域旅游示范区验收、认定和管理实施办法（试行）》《国家全域旅游示范区验收标准（试行）》

截至 2019 年 4 月，国家全域旅游示范区仍停留在创建阶段，相关国家部委尚未公布出已通过验收、获得正式命名的全域旅游示范区。可以看出，全域旅游示范区的创建不能一蹴而就，需要在国家政策的指引和市场需求的导向下，形成政府统筹引领、社会共同参与的工作机制，结合在地现状实际和未来的发展要求，探索出因地制宜的发展模式和循序渐进的提升路径。下文将结合对近年来国家相关政策的解读，提炼出全域旅游示范区创建的方针及原则、目标及任务和创建过程中的政府运营职责。

（二）全域旅游示范区创建的总体要求——“三大方针”和“六项原则”

坚持“三大方针”、突出“六项原则”是创建全域旅游示范区的总体要求，是深入贯彻党中央、国务院关于“五位一体”（政治、经济、文化、社会、生态文明建设一体）和“四个全面”（全面建成小康社会、全面深化改革、全面依法治国、全面从严治党）战略思想的实际体现。作为全域旅游发展的标杆和重要抓手，全域旅游示范区要带头落实国家关于发展全域旅游的各项决策部署，从区域综合发展的角度，推动旅游业现代化治理体系和优质化发展格局的形成，最大限度地满足人民日益增长的美好生活需求。

“三大方针”包括注重实效、突出示范，宽进严选、统一认定，有进有出、动态管理。全域旅游示范区的创建要经过科学、严格的认定，成熟一批、命名一批，通过建立相应的管理、评估和进入退出机制，鼓励并督促创建单位经过循序渐进的探索实践和改革创新以达到各类指标，使全域旅游示范区名副其实，形成具有推广价值的经验和典型发展模式。

在此基础上，全域旅游示范区的建设要突出六项原则，具体而言，包括“改革创新、党政统筹、融合共享、创建特色、绿色发展、示范导向”六个方面。

第一，改革创新是全域旅游发展的内生动力。要以旅游业的战略目标、市场需求和发展中存在的问题为导向，通过机构改革、资源整合、业态及产品创新等手段，形成适应全域旅游发展的体制机制、政策措施、投融资体系和产业体系，努力破除制约旅游发展的瓶颈与障碍。

第二，党政统筹是全域旅游发展的首要保障。要发挥地方党委、政府的领导作用，将旅游业提升到促进区域综合发展的战略高度，通过顶层规划、政策部署、行动统筹、机构协调、资本资源整合对接，形成推动全域旅游发展新合力，并以旅游业的转型升级为引擎，形成区域经济、环境、社会文明全面优化的新局面。

第三，融合共享是全域旅游发展的核心要点。通过“旅游 +”和“+ 旅游”的产业布局方式，探索旅游与文化、科技、地产、体育、教育、工业、商业、社区、城乡建设等区域综合发展元素的有效组合方式，从深度和广度上全面增强旅游业的功能，加大旅游发展成果的惠及力度，实现游客与居民的共享、旅游业与非旅产业的共生、旅游部门与非旅部门的共同发展。

第四，创建特色是全域旅游发展的必由路径。我国幅员辽阔，全域旅游示范区的创建要防止千城一面、千村一面、千景一面，要在坚持国家基本政策要求的前提下，通过对当地资源禀赋、历史文化、社会风俗、发展现状、客源市场、发展潜力等现实情况的深入考察和解读，确立符合地区层级和实际的发展规划、主打产品、主题形象和特色化、差异化的发展模式。

第五，绿色发展是全域旅游开发的基本底线。要树立并践行“绿水青山就是金山银山”的理念，在保护资源环境的前提下进行旅游项目的合理有序开发，杜绝竭泽而渔、运动式盲目开发，促进整个旅游系统的绿色化构建，并通过全域旅游的开发推动生态技术的应用、绿色健康产品的推广和环境管理制度的完善，形成开发与保护相互促进的良性生态圈，达到经济、社会、生态效益共同提升的旅游发展新境界。

第六，突出示范导向是全域旅游示范区创建的意义所在。打造省、市、县全域旅游示范典型，能够为全国各级单位提供可借鉴的经验和发展方式，使其在全域旅游开发相关的城乡建设、产业融合发展、基础设施与公共服务建设、区域品牌打造及整体营销等工作推进过程中都获得实践性的参考指南。

（三）全域旅游示范区的创建方向——“五化目标”及“八大任务”

1. 创建全域旅游示范区的“五化目标”

全域旅游示范区的创建目标，是要实现旅游发展的“五化”引领，分别是实现旅游治理规范化、旅游发展全域化、旅游供给品质化、旅游参与全民化、旅游效应最大化。这其中既有对旅游业发展的要求，也有对参与主体的要求，描绘了全域旅游的发展蓝图，明确了全域旅游示范区的建设方向：要形成包括旅游体制机制改革创新，目的地建设，满足大众旅游需求，全民参与共建共享，惠民生、稳增长、调结构、促协调、扩开放在内的“五大典范”（见图 13–1）。

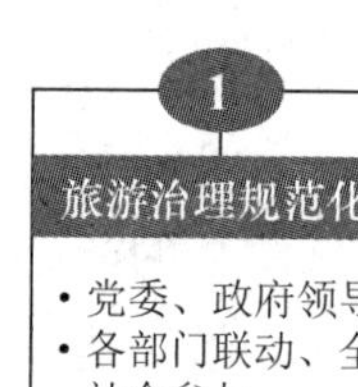

图 13-1　全域旅游示范区创建的五化目标

2. 全域旅游示范区创建的“八大任务”

以“五化目标”为导向，全域旅游示范区的创建要具体完成“八大任务”，主要包含丰富旅游产品、加强旅游服务、加强旅游设施建设、优化城乡环境、实施整体营销、科学统筹规划、强化政策支持与监管八方面，按照现代化、集约化、品质化、国际化的要求发展旅游业，加快旅游供给侧结构性改革，以期满足大众旅游、自主旅游时代的产业发展要求和人民群众的消费需求，形成全域旅游发展的国家级典范。

（1）推进融合发展，丰富旅游产品供给。要加深当地旅游发展与城镇化、工业化、商贸、农业、林业、水利、科技、教育、文化、卫生、体育、交通、环保、土地等方面的融合力度，积极探索“旅游 +”的有效组合方式、商业模式和发展路径。在这一过程中，要注意在地自然资源、产业资源、设施资源、文化资源的深入挖掘和有效利用，推进工业旅游、休闲农业、历史文化旅游、运动休闲旅游、生态旅游、研学旅游、山地旅游、滨水旅游、自驾旅游等多样化旅游方式的发展和创意化项目打造，以“四季全时”为理念推动旅游要素的业态化创新，鼓励旅游景区、旅游综合体、度假区、旅游小镇等旅游载体的提质升级，大力支持旅游服务平台、人才交流平台的建设，龙头旅游企业的引进，小微创业企业的培育，壮大旅游发展主业。全域旅游示范区的建设，要构建起以旅游业为引擎优化区域产业结构，以区域产业为根基增强旅游产品的有效供给能力的发展格局，形成共生共赢的协调发展局面。

（2）提升服务品质，提升游客满意指数。服务品质是我国旅游业高速增长阶段的主要欠债之一，作为旅游软环境的核心要素，高效、精准的人性化旅游服务可以弥补资源的不足、缓解拥堵的压力，甚至可以自成独特吸引物，是使全域旅游示范区名副其实、发挥卓越引领作用的工作落实重点。在全域旅游示范区创建的过程中，要完善旅游服务标准体系，建立相应的监察体制，发挥旅游服务标准的规范效应，提高旅游从业人员的服务意识及能力。同时，要针对旅游者的个性化需求，推动定制旅游、智能导览、志愿者服务等服务体系的建立，形成覆盖行前、行中、行后旅游全流程的线上线下一体化服务系统，积极听取并采纳游客评价，加大旅游投诉举报的处理力度，从而不断提升游客的满意指数，塑造良好的目的地形象。

（3）加强旅游基础设施与公共服务设施建设。全域旅游示范区的创建理念，最终要实地落实到旅游基础设施与公共服务设施的规划和建设。要通过推进厕所革命、构建便捷的内外交通网络、完善集散咨询服务体系、规范旅游引导标识系统、科学建设停车场、合理布局旅游服务驿站等举措，着力解决目前影响旅游质量的“如厕难、购票难、上网难、认路难、停车难”等问题，全面创造和谐的旅游环境，提升旅游过程体验。同时，全域旅游示范区创建的过程中，要在保证旅游设施的服务功能基础上，合理扩大各类设施的经营收益功能，各级政府与各类市场主体应积极探索有效的合作模式，妥善协调旅游设施无偿服务与有偿消费之间的平衡关系。

（4）优化城乡环境，推进共建共享。全域旅游相比于传统的景点旅游，其中一个重要的突破就是以旅游为引擎促进整个区域的综合发展，因此，城乡环境的优化也应被纳入到示范区的任务当中，并将其细化为加强资源环境生态保护、推进全域环境整治、强化旅游安全保障、大力促进旅游创业就业、大力推进旅游扶贫和旅游富民、营造旅游发展良好社会环境等具体方面。这一任务重点体现了全域旅游的综合效益理念，有利于调动一切社会力量共促旅游发展。

（5）实施系统营销，塑造品牌形象。全域旅游示范区创建单位应制定整体营销规划和方案，打造全域旅游整体品牌。营销内容方面，在做好景点景区、饭店宾馆等传统产品推介的同时，应进一步挖掘和展示地区特色，凸显区域旅游品牌形象，建立多层次、全产业链的品牌体系；营销机制方面，建立政府部门、行业、企业、媒体、公众等参与的营销机制，上下结合、横向联动、多方参与；营销方式方面，要适应移动互联网时代自媒体的发展，借助新兴媒体，有效运用高层营销、公众营销、内部营销、网络营销、互动营销、事件营销、节庆营销、反季营销等多种营销手段，提高全域旅游宣传营销的精准度、现代感和亲和力。

（6）加强规划工作，科学顶层设计。在全域旅游发展中，规划工作扮演着重要角色，有助于明确示范区未来发展蓝图和具体举措，统一各界认识，协调好部门利益，落实好责任关系，形成发展合力，合理配置资源，有效指导实践，保障示范区可持续发展。在全域旅游示范区创建工作中，相关部门和机构要将旅游发展作为重要内容纳入经济社会发展、城乡建设、土地利用、基础设施建设和生态环境保护等相关顶层设计中，完善旅游规划体系，加强旅游规划的落地实施管理。

（7）创新体制机制，构建现代旅游治理体系。在旅游业由景区景点旅游转变为全域旅游的过程中，旅游资源泛化，导致旅游业管理主体的多元化。构建现代旅游治理体系，是要使各类社会主体发挥其作用，强调部门间的联动作用和综合治理机制，符合全域旅游的综合发展和法制化社会的建设要求，是实现共享共建的重要保障。因此，全域旅游创建单位要建立党政主要领导挂帅的全域旅游组织领导机制，探索建立与全域旅游发展相适应的旅游综合管理机构，积极推动公安、工商、司法等部门构建管理内容覆盖旅游领域的新机制，出台支持全域旅游发展的综合性政策文件，从全域资源整合、全域规划统筹、全域产业促进、全域监督管理、全域综合执法、全域营销推广、全域旅游专项资金管理、全域旅游综合考核与管理条例等角度出发，构建现代化的旅游治理体系。

（8）加强旅游监管，保障游客权益。全域旅游示范区创建单位要从旅游执法、投诉受理、监管和旅游文明四个方面对旅游行业监管和游客文明行为进行较为系统的设计，特别是在联合执法、数字化执法平台构建、旅游领域社会信用体系建设、事中事后监管、旅游红黑榜、执法专业化等方面的要求，要构建一个全过程、全要素的立体化综合监管体系，形成全社会广泛参与的旅游监管模式。

（四）全域旅游示范区创建中的政府运营职责

政府是全域旅游示范区创建中的牵头者、指引者、推动者、评估者和管理者，要形成国家设计、省级统筹、市县（区）合力落实、各部门配合、各界参与的一体化工作机制，细化其中的责任分工，并制定投融资、用地用海、人才培训、监督考核等一系列政策措施，是全域旅游示范区创建工作得以顺利并持续进行的基本保障。

1. 构建全域旅游组织体系

全面形成政府主导、部门配合、群众参与的工作机制，将推进全域旅游发展作为重要战略工程，加强各级党委政府的统筹领导，主要领导组织推动，并将创建工作纳入考核体系，明确责任分工，协同推进。各级旅游部门要切实加强对创建工作的统筹协调和督促指导，负责开展全域旅游的调查研究、分类指导和评估考核工作，及时了解发现创建过程中的重大问题，督促检查规划和有关政策的实施，主动联合相关部门务实推进创建工作。

2. 完善全域旅游投融资体系

推动成立全域旅游发展基金，鼓励国有企业、知名旅游企业、社会资本参与旅游项目建设，促进投资主体多元化，扩大旅游产业发展投融资渠道，引导更多社会资本投入全域旅游建设。鼓励运用政府和社会资本合作（PPP）模式投资、建设、运营旅游项目，改善旅游公共服务供给。

建立目录导引、项目公示、资金共享机制，统筹整合财政资金，国家、省级政府每年公布一批优选全域旅游项目，推动发改、建设、林业、水利、农业等部门予以重点扶持。支持旅游企业或项目业主单位积极申请中央财政旅游发展等专项资金。市、县（区）级政府针对国家和省级投资重点，加快编制储备项目，积极争取国家和省级财政资金支持。

3. 做好用地用海保障

将旅游发展所需用地纳入土地利用总体规划、城乡规划统筹安排，年度土地利用计划适当向旅游领域倾斜，适度扩大旅游产业用地供给，优先保障旅游重点项目和乡村旅游扶贫项目用地。鼓励通过开展城乡建设用地增减挂钩和工矿废弃地复垦利用试点的方式建设旅游项目。农村集体经济组织可依法使用建设用地自办或以土地使用权入股、联营等方式开办旅游企业。在不改变用地主体、规划条件的前提下，允许市场主体利用旧厂房、仓库提供符合全域旅游发展需要的旅游休闲服务的，可执行在 5 年内继续按原用途和土地权利类型使用土地的过渡期政策。在符合管控要求的前提下，合理有序安排全域旅游产业的用海需求。

4. 重视人才培训

完善旅游、会展、酒店、服务、互联网等专项人才培养政策，精准引进高层次人才，落实高端人才奖励政策。加强涉旅行业从业人员培训，重点加强国际化旅游人才和复合型旅游人才的培训。鼓励企业引进国际化或与国际接轨的管理团队。加强导游队伍建设与权益保护。建设一支数量充足、结构优化、素质优良、充满活力、满足区域旅游业发展需求的旅游人才队伍。

5. 强化监督考核

第一，创新旅游数据征集、分析体系。探索建立适应全域旅游特点的旅游服务质量评价体系、产业发展评价体系、综合效益评价体系，充分利用大数据，与旅游电商企业合作，建立现代旅游的科学评价机制，引进第三方评估。第二，加强社会对全域旅游的监督。充分发挥媒体的监督作用，通过对游客满意度调查、居民满意度调查等方式，增强社会监督。第三，加强政府监督考核落实。建立全域旅游发展的目标责任制，将全域旅游示范区创建工作纳入市区各部门效能目标考核体系，纳入对下一级政府以及相关部门的考核体系，完善创建工作的奖惩激励机制，加强工作督查，狠抓工作落实。

二、全域旅游设施建设中的政府运营

基础设施与公共服务的建设已经成为当前旅游发展，乃至区域综合发展重要的基础性工作，尤其是全域旅游的发展，要求旅游交通网、智慧旅游网、公共服务体系网三网合一，构建全域覆盖、全面发展、具有目的地结构体系的全面性服务架构。《“十三五”旅游业发展规划》《“十三五”全国旅游公共服务规划》《全域旅游示范区创建工作导则》，以及 2018 年的政府工作报告、全国旅游工作会议、国务院《关于促进全域旅游发展的指导意见》等相关政策性文件的不断出台，也将旅游基础设施与公共服务设施的建设的要求提升到了国家战略的高度，未来一段时期，旅游设施的开放、完善和便捷化的提升，将成为各级政府支撑全域旅游发展的工作重点。

（一）旅游基础设施及公共服务设施的概念

旅游基础设施是指为旅游者提供公共服务的物质工程设施，是用于保证旅游活动正常进行的公共服务系统，具有功能复合性、设施景观化、服务多群体、承载弹性化四大特征，包括能源供应系统、供水排水系统、交通运输系统、邮电通信系统、环保环卫系统、防卫防灾安全系统六大系统。

旅游公共服务是指由政府和其他社会组织、经济组织为满足游客的共同需求，而提供的不以盈利为目的，具有明显公共性、基础性的旅游产品与服务的统称，旅游公共服务设施的体系架构包括硬件服务设施（公共服务中心、交通服务设施、医疗保障设施等）与软件服务（公共信息服务、安全服务、行政管理）两大类（见图 13-2）。

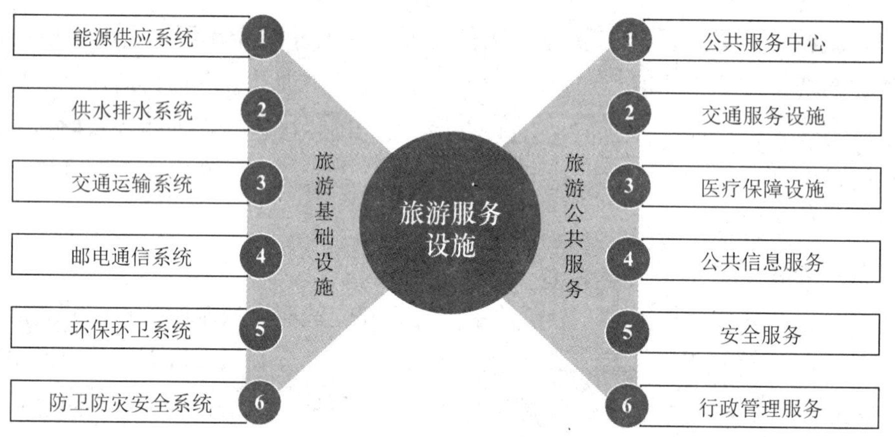

图 13-2　全域旅游服务设施体系

旅游的本质是消费的搬运，而旅游消费业态的支撑需要大规模的旅游基础设施与公共服务设施体系。因此，基础设施与公共服务设施建设需要增加投入、深化结构，形成与商业服务的良性互动。

（二）全域旅游基础设施及公共服务设施的建设要点

1. 新形势下提出的高要求

在“景点旅游”向“全域旅游”转变、大众旅游时代的到来、自助游和自驾游旅游方式的兴起、观光旅游向休闲和度假旅游的转变、旅游业态创新的层出不穷五大发展趋势下，市场对旅游设施也相应的出现了更高的要求：第一，全域旅游的发展架构下，需要打破各景区以及地域之间各自为营的设施服务，并搭建全域公共服务平台体系；第二，大众旅游时代下游客出游频率大增，对基础设施的使用频率提升，要求其提供更完善的服务支撑；第三，自助游和自驾游旅游方式的兴起导致游客对目的地的交通、标识等自助识别服务要有更大依赖；第四，在休闲度假下公共服务产品的供给成为重要吸引因素；第五，旅游业态不断创新下，公共服务体系也要随之迭代发展。

2. **全域旅游设施建设的五大思维导向**

基于新发展形势下的要求，绿维文旅认为旅游基础设施与公共服务设施的建设要以五大思维为导向：第一，供给侧改革思维，以满足市场需求为基准，优化服务供给，第二，全域化思维，突破区域障碍，实现设施建设的全域覆盖，第三，主客共享思维，兼顾游客与当地居民的需求，实现城市设施与旅游设施的统筹发展，第四，产品化思维，用产品化思路，提升设施的休闲和体验功能，第五，市场化思维，导入社会的参与，实现政企合作（见图 13–3）。

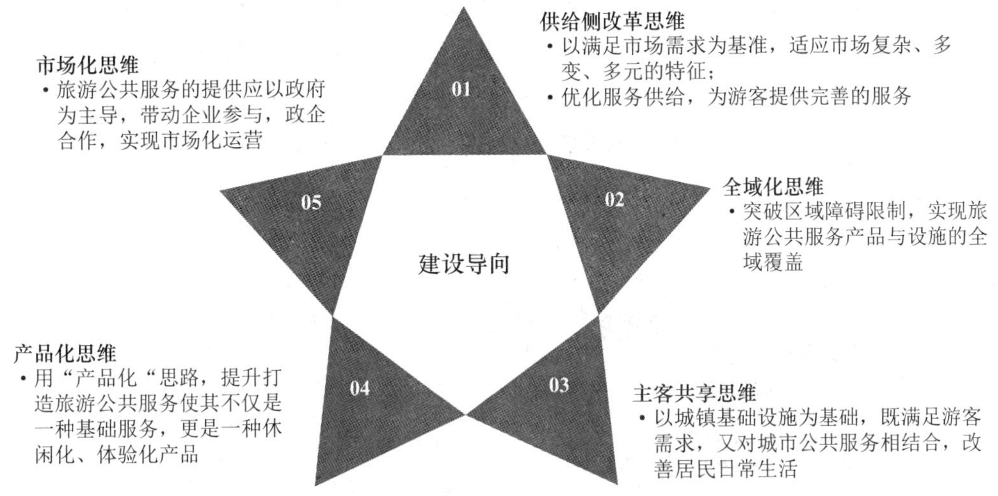

图 13–3　旅游基础设施与公共服务设施建设五大思维导向

（三）旅游设施的建设提升路径

1. **旅游交通设施——构成“道路＋节点”的服务结构**

旅游交通体系有“大交通”与“小交通”之分。“大交通”指“铁路、公路、轮船、飞机”等连接旅游目的地与外部空间的交通。而“小交通”是旅游目的地内部各景区、旅游区之间的交通，以及各景区、旅游区内部的交通。这里重点讨论的是小交通。

在全域旅游的发展架构下，旅游交通网络是空间整合非常重要的一环，是政府推进全域旅游的重要抓手。旅游道路包括风景道、自驾道、运动道、休闲道、文化道、赛道等，其核心结构为“大尺度的景观节点＋服务节点＋休闲度假点＋软性活动”。

大尺度的景观节点，是指沿路形成的大面积、大尺度的景观结构，是构成全域旅游的重要内容；服务节点，包括从游客集散中心到多样化服务平台构建的道路服务体系；休闲度假点，包括依托于交通的休闲营地、民俗村落等特色服务内容；软性活动组织是定期举办的休闲赛事、节庆活动等。旅游交通网络建设应在服务理念创新的前提下，遵循“道路是硬件，节点是重点”的原则，针对市场进行节点与服务模式的产品化设计，形成度假村、营地、服务站点、驿站、餐饮，户外活动区等多样化的产品，构成收益回报结构，最终构建“道路＋节点”的旅游服务体系。

2. **旅游环境卫生设施——创新商业模式**

旅游卫生设施覆盖范围广，经济投入较高，基于生态化和科技化的有效利用，形成市场化的连锁经营结构是卫生设施最重要的提升方向。

目前政府主导、多部门协作的投资运营模式存在着后期运营不积极的弊端，很多城市和旅游目的地开始尝试 PPP 或纯社会资本投资模式，并通过后期市场化运营实现盈利。市场化运营主要通过广告价值、附加服务和配套商业三大途径实现。广告价值是抓住卫生设施服务点的高人流量，吸引旅游企业及其他企业与之合作。附加服务基于提升厕所服务档次的目的，在基础服务基础上提供擦鞋、按摩等有偿服务。配套商业的途径也称为“以商养厕”模式，是在生态厕所建设的基础上，形成公共服务空间或驿站空间，提供休闲商业服务。旅游卫生设施的商业化目前主要通过建设阶段的文化融入、技术应用、商业合作和运营阶段的功能符合来实现（见图 13–4）。

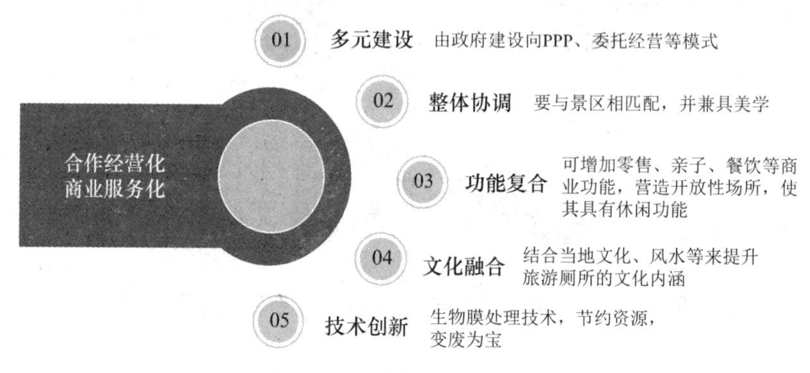

图 13–4 厕所卫生设施的提升策略

3. **信息化设施——智慧化应用和管理**

信息技术的飞速发展与广泛应用加速了旅游设施的信息化元素渗透，信息化设施对旅游业而言逐渐也成为核心支撑和重要组成部分。加快旅游信息化的建设，既是适应信息化时代的必然选择，也是满足大众旅游时代游客需求的内在要求，更是全域旅游发展的客观要求。

需要注意的是，信息化设施的建设不仅仅是硬件，最重要的是要依托硬件形成智慧化监测、监控，实现数据应用和智慧管理，形成面向游客的智慧化旅游服务和面向运营商的智慧化管理。这才是旅游信息化设施建设的意义。

4. **旅游公共服务中心——提升综合功能**

传统的企事业单位管理的旅游集散中心正逐渐向市场化运营的旅游公共服务中心转变，既要满足游客的多样需求，又要兼顾旅游集散中心盈利。不仅要满足游客集散、目的地宣传、导游服务、公共管理等功能，还要满足游客体验、商业服务等综合功能。各类服务中心的选址及主要功能详见表 13–2。

表 13-2　各类型服务中心选址及主要功能

服务中心类型	主要选址	主要功能
综合型服务中心	机场、火车站、客运站、客运码头等集散中心	信息咨询、形象展示、旅游集散、医疗卫生、旅游预订、旅游投诉
二级服务中心	交通干线出入口及城市集散广场	信息咨询、形象展示、旅游集散、医疗卫生
旅游咨询体验馆	综合型服务中心其中的一个单元部分；城市集散广场、休闲步行街、景区等游客集中地	形象展示、信息咨询、旅游预订
服务站 / 服务点	城市集散广场、休闲商街、景区等游客集中地	信息咨询、导游服务、旅游预订、旅游投诉

（四）PPP 经营推动旅游基础设施与公共服务设施的建设

旅游基础设施与公共服务设施的投融资模式一般是政府投资，以特许经营的方式，形成三种情况：一是完全无收益的旅游公共产品，其费用由政府全额承担，如旅游公共交通；二是有一定收益，但存在巨大资金缺口的公共产品，通过政府弥补缺口的方式，进行特许经营；三是完全能够自主经营并实现回报的公共产品，通过特许经营，衍生出旅游产业链，从而实现盈利，形成可持续经营结构。前两种情况，存在“周期长、投入大、持续维护、回报收回难”等建设难点，而 PPP 投融资模式将有助于解决这一困局。基础设施建设由政府主导，由社会资本运营，一方面汇聚社会资本的投资力量，为区域旅游项目及周边基础设施建设融资；另一方面通过提升区域旅游服务质量，全面提升运营管理水平，可发挥政府政策支持和企业市场化运作的双重优势。

PPP 模式下，政府下属机构或公司与投资主体、金融机构或其他投资人通过组建 SPV（特殊目的实体），投资相关项目，形成“土地整理、基础设施建设、公共设施建设、物业项目开发、特许经营服务、产业发展服务、其他综合服务”的项目结构。以自行车道建设为例，投资者可以垄断道路上所有的自行车出租点、服务点、餐饮点、休息点等公共服务点，即通过特许经营权垄断商业开发权。在此前提下，设施维护资金可以通过经营资金补缺，形成可持续建设。

三、全域旅游开发中的现代化治理体系

全域旅游的开发是一个庞大复杂的过程，随着人力、资源、资本、技术等生产要素的不断涌入和出行方式、旅游消费结构的不断变化，旅游部门的职能也在逐渐扩大，新时代对于旅游政府部门的业务能力也提出了更高的要求。政府部门必须顺应全域旅游促进供给侧结构性改革和区域综合发展的理念，构建现代化的旅游治理体系，出台关于政府、市场和社会的科学化管理制度及管控程序，形成大产业的协同促进机制、大市场的联合执法机制、多部门的联动管理机制、跨行业的资源综合保护机制和旅游形象的统筹推广机制，这将对全域旅游的开发成果和泛旅游产业的发展起到关键性作用。

（一）旅游政府部门的治理体制创新

在全域旅游发展的架构下，旅游政府部门面临职能的扩大和体制的转型，要顺应时代发展和国家相关战略的要求，突出政府运营的综合性、融合性、服务性、参与性与开放性的特征，构建现代化的旅游治理体系。治理主体方面，既要保证政府的统筹地位，也要构建市场参与、公众参与的多元化主体结构；治理机制方面，各部门、各单位要从各自为政的状态向协同治理的一体化工作结构转变，避免政出多门、管理无序的现象发生；治理手段方面，要充分利用现代化信息技术的发展成果，构建行业数据库，搭建综合化服务管理平台，实现全域范围的旅游精细化、智慧化管理体系。

（二）旅游政府部门的管理任务创新

以市场逻辑为核心，以政府逻辑为有效补充，在全域旅游发展背景下，各级旅游政府部门应该：首先把握顶层系统的规划，明确未来发展蓝图和具体举措，形成统一认识，协调好部门利益，落实好责任关系。其次从创建推动上要实现全域项目的有效包装、招商引资及政府资金的有效申请对接，并突破龙头项目，最终实现点线面的全面展开（见图 13–5）。

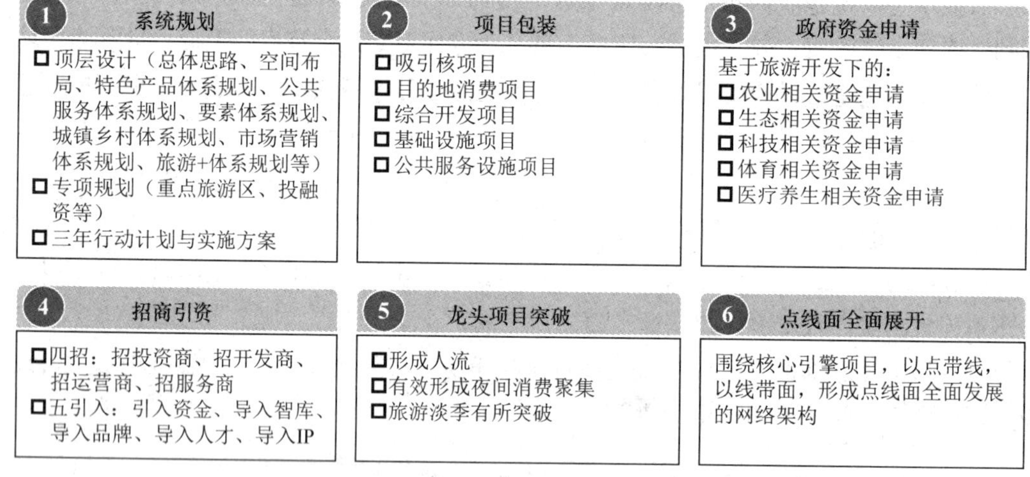

图 13–5　旅游政府部门的六大任务创新

（三）全域旅游的支持保障创新

全域旅游发展下，还要在政策创新、用地改革、重大旅游项目领导联席制度、旅游投融资机制及旅游规划五个方面进行创新。

1. 出台政策支持创新

政策创新包括支持全域旅游发展的综合性政策文件、具体的创建全域旅游示范省、市、县的实施方案和年度工作计划、财政支持计划、新的旅游工作机制。

2. 探索旅游用地改革

绿维文旅认为，旅游用地改革涉及的最重要问题是农业用地改革，包括集体建设用地问题、四荒地使用问题、如何用临时建设的方式、设施设备使用占地的方式、农业产业用地的方式、旅游产业用地的方式实现集体建设用地转型，以及国家建设用地指标的有效使用和整合，整个用地系统非常复杂，需要有相关政策的创新突破，从改革到创新，优先明确用地结构。

3. 建立重大旅游项目领导联席制度

绿维文旅认为，每一项达到一定规模的在建旅游大项目都必须有专人跟进。在全域旅游开发中，如何把大项目与区域点线面结合是关键问题。旅游目的地每年应引进一批新的旅游项目，如何引进，如何导入，如何跟踪，需要建立旅游项目领导联席制度来进行推进。

4. 创新旅游投融资机制

当地政府需要明确建立投融资平台的意义和职责，要有效导入旅游项目的财政支持结构，有效地引导金融扶持关系。要在项目包装基础上形成机制支持体系，最终实现旅游开发的大规模、有序、高效推进。

5. 提升旅游规划的战略地位

建议将旅游规划作为重要内容纳入经济发展城乡规划、土地利用基础设施建设和生态环境保护等相关规则中，实施多规合一。

绿维文旅认为，城乡基础设施、公共服务设施和城乡发展中的重大建设项目，在立项规划、设计和竣工验收的环节，就旅游设施及相应旅游配备应征求旅游部门的意见。

加强旅游规划实施管理，全域旅游发展总体规划及重点旅游专项规划由地方政府审批发布，提升规划实施的法律效力，并建立旅游规划评估与实施督导机制。

四、全域旅游开发中的项目管理体系

政府是全域旅游的发起者、决策者，最终要成为全域旅游各类项目落地的组织者、推动者和支持者。从旅游资源调查到将旅游资源包装为旅游产品，从旅游单项项目到综合开发项目，从项目谋划到项目招商引资，从开发建设落地到项目持续经营，需要一套管理流程与模式设计。具体包括旅游项目的识别、筛选、包装、立项入库、招商引资、报规报建、开发建设、验收开业、持续经营、政策扶持、有序管控等工作的管理。

在这一过程中，各级政府要优化政策环境，深化旅游供给侧结构性改革，推进旅游投融资平台建设与全要素招商引资，推动“旅游+”产业融合格局的构建，引入新业态新技术新模式，进而实现旅游引导的区域经济综合发展。

（一）全域旅游项目开发中的管理架构

旅游项目管理，从资源普查开始，到谋划、策划、招商、规划、设计、征地、拆迁、建造、验收、开业、经营等，是一个促进项目落地的发展过程。旅游项目的开发，必须基于市场需求、基于开发商的实际、基于供给侧提升的效率环境建设。旅游政府部门如何开展旅游项目的开发管理与持续经营管理，是全域旅游发展工作的创新课题和重要抓手。

全域旅游主要涉及六大类旅游开发项目，分别是旅游基础设施建设项目、旅游公共服务设施项目、传统观光接待类旅游项目、其他产业“+旅游”的产业融合项目、旅游城镇化项目、旅游新业态与新IP导入项目。基于这六大项目类型的开发，政府要以项目数据库作为基础系统，形成项目入库、规划推进、建设落实、验收开业的旅游产业发展全面管理结构，建立相应的项目管理系统，形成旅游产业促进工作。

1. 全域旅游项目管理体系的搭建前提

首先，管理体系的建设要以党的十九大、国务院政府工作报告和习近平总书记系列重要讲话精神为指导，坚持全域旅游发展理念，贯彻落实“旅游+”思想，提升地方旅游资源价值，推动和促进地方旅游产业发展和项目落地。

其次，管理体系的建设要坚持以市场需求为导向，深挖资源的市场价值；坚持站在投资商的角度，提升项目的商业价值；坚持把“旅游+”的产业融合理念落实在旅游项目当中，加速产业转型。

2. 全域旅游项目管理的“3223”架构搭建

项目管理要以项目系统作为中心系统，形成规划推进、建设推进、项目落地的旅游产业发展全面管理结构，建立相应的项目管理系统，形成旅游产业促进工作。以产业促进的工作为核心，有效地实施旅游产业整合，从而实现以旅游消费为主导的带动区域发展的价值和功能。绿维文旅基于多年全域旅游开发运营服务的相关实践，提出了全域旅游项目管理体系，由“三大工作体系、两大管理结构、两大数据库平台和三个标准化”构成（见图13–6）。

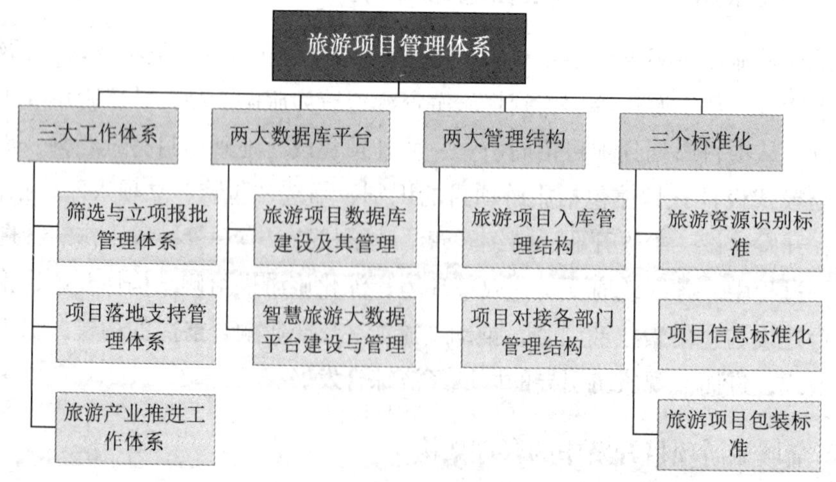

图13–6 “旅游项目管理”服务体系架构

（二）“旅游项目管理”体系建设四部曲

项目的开发管理是旅游产业发展中最重要的工作，为了解决地方开展旅游产业开发建设管理的问题，绿维文旅从项目识别与包装到项目数据库建设，从项目筛选与立项报批到项目持续推进工作，形成了一体化项目管理体系的建设思路，为地方旅游发展提供重要的管理支撑（见图 13–7）。

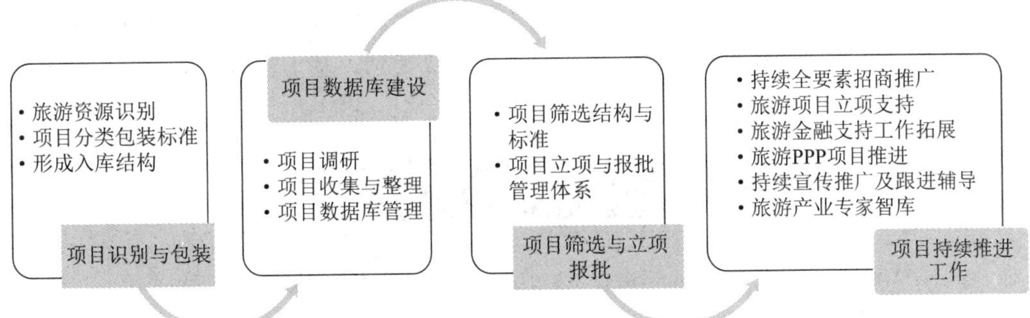

图 13–7　“旅游项目管理”体系建设四部曲

该管理体系可用于深度挖掘旅游资源价值，将地方旅游项目形成系统化管理，形成可开发、易融资、多业态融合的旅游项目体系，建立旅游项目库，形成立项管理体系，加速引进战略投资者，实现地方旅游业的深入改革和发展，打造地方旅游产业投资开发项目群。

1. **项目识别与包装**

（1）旅游资源识别。属于以下各类资源的，均可作为旅游项目开发的资源基础：

①地文景观：独具特色的地形、地貌、自然变动遗迹。

②水域风光：具有观赏、游乐价值的河流、湖泊、池沼、湿地、瀑布、温泉与冷泉、冰雪地。

③生物景观：具有一定规模的树木、草原、草地、花卉地、野生动物栖息地。

④天象与气候景观：天气现象与气候观察地，如日食、月食、海市蜃楼、云雾、避暑地、避寒地、极端与特殊气候显示地、物候景观。

⑤历史文物古迹：具有一定历史价值或学术价值的人类活动、历史事件、文物的遗址遗迹。

⑥人造场馆或设施：具有一定核心竞争力或可开发潜力的科技展馆、教学科研实验场所、康体游乐休闲度假地、宗教与祭祀活动场所、园林游憩区域、文化活动场所、建设工程与生产地、社会与商贸活动场所、动物与植物展示地、军事观光地、边境口岸、景物观赏点、聚会接待厅堂（室）、祭拜场馆、展示演示场馆、体育健身馆场、歌舞游乐场馆等。

⑦交通建筑：具有历史、人文价值或游乐价值的桥、车站、渡口、码头、航空港、栈道。

⑧民俗文化：具有丰富内涵与特色的地方风俗与民间礼仪、传奇故事、宗教活动、民俗节庆。

⑨城乡风貌：历史文化名城、特色都市风光，田园风光、古镇村落等。

⑩特色饮食购物：地方特色饮食、特产名品、购物街、市场、名店等。

（2）旅游项目分类。根据项目投资规模、用地规模及区域重要性将项目分为单体项目、旅游综合开发项目和重大旅游专项项目三个一级类别，基于资源识别形成二级类别（见图 13–8）。

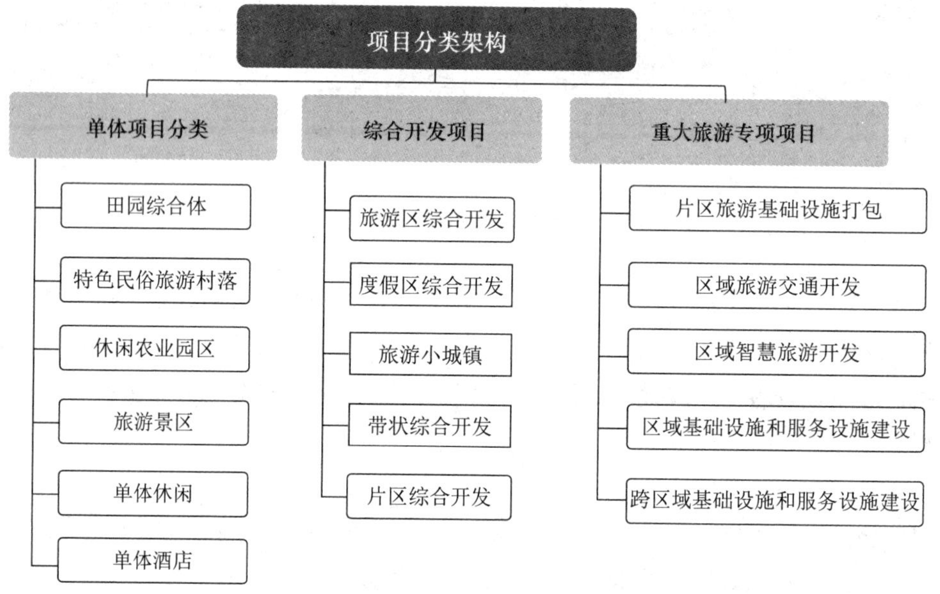

图 13–8　旅游项目分类架构

①单体项目：县级项目投资规模 1 亿元以上的，纳入单体项目。

②旅游综合开发项目：旅游综合开发项目由若干相互关联的单体项目构成，拥有两类以上单体项目，同时项目建设用地 300 亩以上。

③重大旅游专项项目：部分对带动区域旅游发展有重大意义的单体项目，多为基础设施项目、环境整治项目、特色风貌提升与旅游服务工程等，如区域性的旅游基础设施打包项目、旅游景区公厕打包项目等。

（3）旅游项目包装。在汇总各地的项目申报和依据分类架构上，对省、市、县三级项目进行项目包装，包括项目投资价值分析、建立项目分类结构、项目投资估算、地域分布图等内容，将各市县项目群形成具有结构性的、可持续推进的、高投资价值的、具有战略发展架构的旅游项目体系，以项目招商为目的，实现项目投资价值的提升。

2. 项目数据库建设

基于筛选立项的省、市、县三级旅游项目信息和项目包装结构，搭建线上数据库，将项目入库梳理，形成标准式数据资源，让项目有图、文、数据、视频等多重表现形式，实现旅游项目的可统计、可分析、可动态化管理，并通过线上管理实现旅游项目按类查询、数据分析、投融资分析功能，最终实现旅游项目的数据化、智能化管理。

3. 项目筛选与立项报批

全域旅游项目落地需要三层结构支撑。第一，项目落地支持政策的梳理。通过梳理国家及省、市、县三级政府支持旅游产业的政策，发改、财政、国土、交通、文化、体育、金融等部门的相关支持政策，泛旅游产业及“旅游+”的各类扶持政策，旅游招商引资优惠政策等，找准项目申请方向。第二，建立项目筛选标准。根据各项支持政策，从中提取重点，建立项目筛选标准，使真正优质的项目可以得到政策支持。第三，建立动态管理政策支持体系。新政策、新标准及时整理入库，更新项目筛选标准，定期从项目库选出符合政策支持的项目，及时推动符合标准的项目申请立项，达到可持续发展的目标。

项目筛选的过程中应该建立项目入库筛选结构和立项报批体系架构。项目入库筛选结构：省级重点项目，可以优先获得和文化旅游局、旅发委签订协议的银行等机构的支持；国家旅游产业相关政策和扶持结构下的项目，可获得相关政策扶持；“旅游+”等能提升项目价值的体系，可获相应支持；暂无支持的一般项目信息入库备案。立项报批体系架构：确定项目立项报告要素；对各类项目监理独立的立项与报批管理流程与方法；部分项目后续对接发改委系统的立项管理、政府规划部门的规划管理、财税系统的财税政策和资金的相关管理、政府投融资平台的投融资支持等；推动项目获取各部门的支持，完成项目落地。

4. 项目持续推进工作

旅游项目推进工作，以落实项目开发为目标，形成长期的战略跟进，主要包括以下六个方面。

（1）持续全要素招商推广。各省、市、区（县）级旅游政府机构要积极运用各大旅游运营网、旅游投融资网、新媒体平台、传统媒体、项目推介大会、投融资大会等宣传手段，对全域旅游开发项目进行持续推广，为资源与资本的嫁接提供平台化的服务。

（2）旅游项目立项支持。对于符合立项要求的项目，及时推进项目的后续立项包装，项目规划方案、项目建议书、项目可研报告、项目申请报告、资金申请报告、项目实施方案的撰写与上报。

（3）旅游金融支持工作拓展。旅游项目的推进工作中，要重视与金融资本的对接，因此要完成（省市县三级）投融资平台建设，打造多元化项目融资渠道体系；召开旅游投融资对接会，通过邀请旅游行业的广大客商，实现投融资的有效对接。

①建设投融资平台。由政府授权，通过存量资产划转、授权、专项资金注入和资产

运作等方式，新设省市县三级旅游投融资平台公司，充分发挥政府专业化旅游产业投融资主体和国有资本运营主体的引领带动作用，以产权为纽带、以资源整合为手段，全力促进旅游项目落地，带动区域旅游产业发展。

②打造多元化项目融资渠道体系。多元化项目融资渠道体系包括加强银旅合作的深度与广度、鼓励互联网金融参与旅游项目开发建设、实现重点领域项目收益权资产证券化、鼓励社保资金和保险资金参与旅游项目等内容。

（4）旅游 PPP 项目推进。PPP 项目从项目识别、项目准备到项目采购可能只需几个月的时间，但是项目执行通常却需要几年，甚至几十年的时间，所以持续运作才是 PPP 项目成功的关键。在这一过程中要关注项目公司的设立、融资管理、绩效监测与支付，给予资本等资源支持，并制定定期评估机制，每 3~5 年进行一次中期评估。

（5）持续宣传推广及跟进辅导。区域旅游项目持续推广、新增重点旅游招商项目推广及辅导、项目与资本对接的持续辅导。

（6）旅游产业专家智库。由旅游政府部门牵头组建旅游产业专家智库，构建开放式决策平台，强化“外脑”支撑，为区域旅游产业发展提供持续动能，及时解决旅游产业发展遇到的问题，突破旅游产业发展瓶颈，创新旅游发展模式。通过举办旅游创新与发展论坛，邀请行业专家、投资商、金融机构以及媒体参加，讨论区域旅游的创新方式、突破点、投融资趋势及方式等，为区域旅游业发展方法、理念注入新鲜血液，为旅游业投资商与政府实现需求对接，达到共商共赢的目的。

（三）“旅游项目管理”的服务支持

旅游项目面向市场的开发是个动态的过程，从项目的包装管理到项目的招商引资对接，从项目的规划设计到项目的建造，从项目的开发完成到项目的持续经营，整个过程实际上是一个不断提升、不断调整、不断深化、不断进化的过程，而基于市场需求和当地实际，借力智库平台，对地方旅游开发项目实施有效的管理和支持，也是地方政府实现供给侧深化改革发展的重要过程和手段。

绿维文旅通过研究和搭建项目开发管理数据库，可以协助旅游政府部门实现旅游项目和产品的识别、筛选、包装、立项入库、招商引资、持续管理等工作，并通过“旅发网”平台推进项目对接落地，为地方旅发委项目开发管理体系建设提供全面服务。

在充分了解地方旅游资源价值、旅游发展整体规划及项目管理现状的基础上，可以为地方旅发委建立科学的、系统的项目管理体系方案，同时为地方各县市进行项目管理体系建设的技术支持与辅导培训，提升地方旅游项目策划和招商意识、深度挖掘地方旅游资源价值，策划包装具备投资价值的重点旅游招商项目。可以形成《省旅游项目管理体系建设方案》、省旅游项目库、旅游项目管理数据库授权使用版、《省重点旅游投资招商项目手册》、《省旅游投融资白皮书》、《省重点旅游投资招商项目》视频宣传片等多项成果。

第六节 政府旅游投资集团的平台化运营

在旅游业投资规模不断突破和社会资本跨界投资高涨的市场环境下，地方越来越重视旅游投融资平台的搭建或转型。在政府和市场的推动下，地方旅游投资集团逐步成为旅游资源重新配置和国有资产重组的主体，将成为区域旅游产业发展中的重要角色和主要推手，扛起我国旅游发展的大旗。本节在对各地旅游投资集团的基本情况进行不完全统计的基础上，对其创新发展思路及功能构建进行了解读。

一、各地方旅游投资集团发展现状

据不完全统计，从 20 世纪 90 年代以来，截至 2018 年年底，各地已形成了 27 个省级旅游投资集团（统计标准及集团基本情况详见文末附表），其中国有独资的有 19 家，混合所有制的有 8 家（国有控股的 6 家，国有参股的 2 家，其中西藏旅游股份有限公司已整体完成上市）。数据显示，27 家省级旅游投资集团注册资本总计达到约 488 亿元，全资子公司、控股公司和参股子公司数量近 600 个，若对各市级、县级旅游投资平台公司的总资产一同进行加总，规模已有近万亿元，成了我国旅游产业发展中的中坚力量。

各地方旅游投资集团的发展早晚不一、纷繁复杂、业务多样，并没有统一的模式。他们既承担市场化功能，诸如旅游项目开发、旅行社服务、会议会展服务等，又承担政府的功能，比如基础设施与公共服务设施的建设等。由于发展路径不同，各旅游投资集团呈现出不同的主导模式，有的以旅行社服务为主导，有的酒店和餐饮管理为主，有的以旅游交通投资为带动。鉴于各地旅游发展对资金的大规模需求，各旅游投资集团开始探索产业 / 专项基金、短期融资券、中期票据、PPP 融资及上市融资等多元化融资方式。

二、政府旅游投资集团的平台化思维

在全域旅游背景下，政府旅游投资集团成为区域旅游综合开发的重要主体，承载着区域旅游资源整合、旅游产业发展、旅游项目开发及旅游基础设施与公共服务设施建设等功能。这些集团拥有强大的政府背景，在对接政府资金、政策以及进行区域内外各方优势力量联合方面有着天然的优势。

由于起步较晚，政府旅游投资集团真正的优势不在于掌控的旅游资源，而在于各方力量的联合。绿维文旅认为，跳出传统思维，转重资产经营为轻资产服务，转项目开发为项目服务，从做项目变成做平台，才是旅游投资集团突破的核心方向。

三、政府旅游投资集团的六大功能

（一）投融资平台的承载功能

无论是宏大的发展战略还是旅游项目的开发，都需要大量资金的投入，筹集资金才是旅游投资集团的本质功能。在全域旅游发展及市场化运作理念下，旅游集团应在充分运用政府支持资金及银行融资特别是开发性金融支持的基础上，发挥市场的能动作用，形成以“3P 结构下的杠杆融资、基金融资、上市融资及债券融资”为主导的多种直接融资模式，并发挥自身优势，结合全要素招商引资，构建一个相互支撑、相互渗透的投融资平台结构（见图 13–9）。

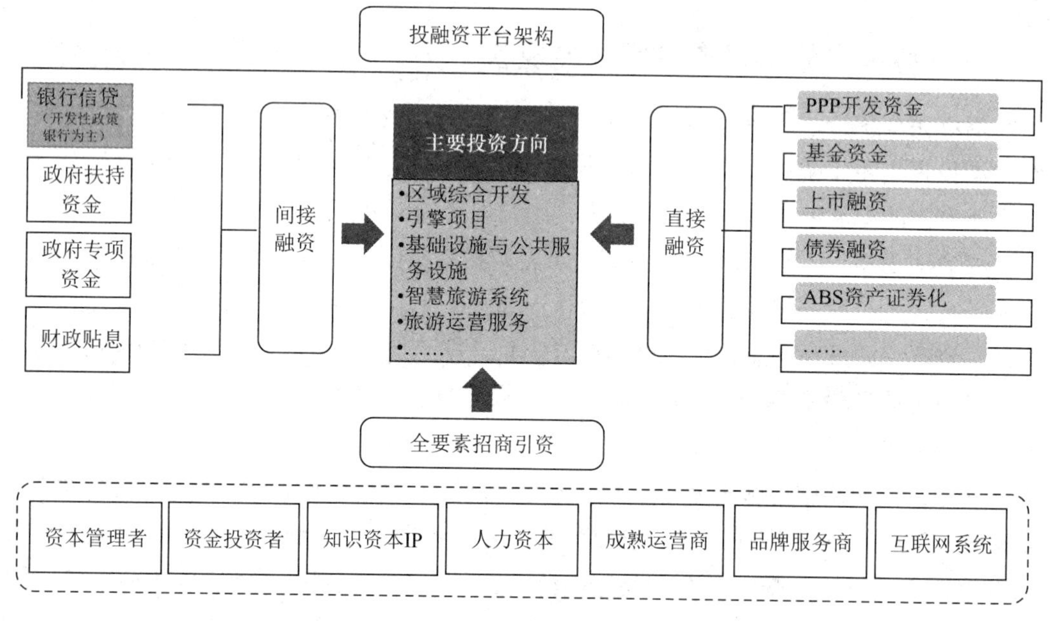

图 13–9　投融资平台架构

（二）全产业链平台服务支持

区域旅游发展不仅仅要依靠资本和资产形成重投资，整合多样化服务商、构建全产业链软性服务体系，更是集团未来核心竞争力塑造的重要方向。这一服务体系需要以智库为依托，强化“外脑”支撑，构建开放式结构，寻找资本管理者、资金投资者、成熟IP、运营商、品牌服务商等合作伙伴，形成集专家咨询、规划设计、投融资服务、运营服务、营销服务、双创服务等多种服务为一体的平台体系，从而为区域旅游产业发展提供持续动能，突破旅游产业发展瓶颈，创新旅游发展模式。

（三）旅游基础设施与公共服务设施开发

作为区域旅游开发运营的平台，旅游投资集团需要站在区域整合发展的高度，结合项目投资与 PPP 项目推进，以开放式思维，打破各景点分散、各自为营的状态，构建全域协同发展的格局；以旅游化为思路，以旅游体验为导向，创新游憩产品和服务；通过主导旅游基础设施和公共服务设施建设，构建完善的旅游目的地系统。

（四）区域旅游综合开发

综合开发项目多由若干相互关联的单体项目构成，一般呈带状综合开发或片区综合开发，项目建设用地大多在 300 亩以上。包括旅游区综合开发、度假区综合开发、旅游小城镇开发、旅游综合体开发。这一类项目往往是当地旅游发展的重要抓手，是土地综合开发、产业综合发展、功能综合配置、目标综合打造的复合，并呈现出投资规模大、带动作用强、综合效益好的特征，需要具有强大资源整合能力及资金能力的旅游投资集团来完成。

（五）引擎性项目开发

引擎性项目即能够产生大量人流的吸引核项目。可以是以风貌为吸引核的观光型景区项目，以休闲游乐为吸引核的主题公园型项目、演艺项目，也可以是以休闲业态为吸引核的特色街区、特色休闲旅游区等项目，以度假为吸引核的度假区、养生度假、温泉度假等项目。在区域发展战略里，每一个片区都要形成一个或多个吸引核项目，只有这样才能盘活区域旅游发展。

在引擎项目的开发中，旅游投资集团应善于整合成熟、热门的 IP 资源，既可以在短时间内凭借其自身的强大粉丝经济吸引游客，又可以面向市场快速化、规模化植入推广。

（六）目的地智慧旅游平台运营系统

旅游投资集团作为旅游产品的供应商与服务商，可充分运用云计算、互联网、移动互联网、物联网等高新技术，整合区域各项资源，构建旅游目的地智慧旅游平台。一方面以开放的格局全面对接各类 OTA 企业、在线旅游第三方平台等线上企业，扩大营销渠道；另一方面构建自身的本地化运营服务机构、运营团队和营销服务网络，并大力开展线下渠道，实现全网、全民营销。同时，运用互联网技术，从产品和服务上进行深度创新，把游客的旅行体验服务做到极致。另外，在游客游览过程中，借助移动互联网，提供配套二次消费和增值服务，最终完成精准用户和行业消费数据收集，进一步反哺景区的服务与营销，以此，构建一个可持续发展的智慧旅游生态圈。

四、政府旅游投资集团的三大运营结构

基于以上业务及功能，旅游投资集团应在集团控股的架构下，形成三大运营体系。一是金融机构体系：包括投资管理公司、基金管理公司（GP）、资产管理公司以及延伸出来的信托公司、财务公司等金融企业，支撑集团的投融资平台功能；二是两个整体运营公司：包括以智库为依托的轻资产平台服务运营公司，以及以智慧旅游依托的目的地互联网运营公司，形成集团强大的运营、服务、管理能力；三是项目投资公司体系，一般以投资项目为主体，往往包含若干个，承接相关的综合开发项目、引擎项目及基础设施与服务设施的投资开发（见图 13–10）。

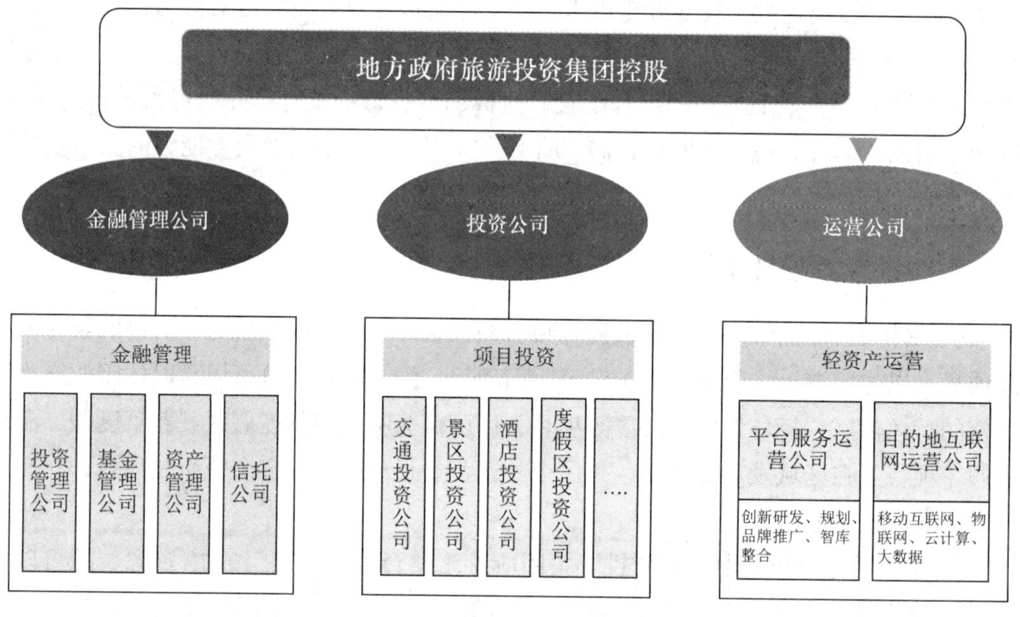

图 13–10　投资集团的运营结构

附件：我国地方政府旅游投资集团基础信息统计表

	各省	集团名称	成立时间（年、月）	集团类型	注册资本（万元）	发起 / 参与基金
1	北京	北京首都旅游集团有限责任公司	1998.01	国有独资	442523	
2	天津	天津市旅游（控股）集团有限公司	2002.05	国有控股	46021	
3	上海	锦江国际（集团）有限公司	1991.04	国有独资	200000	
4	重庆	重庆旅游投资集团有限公司	2010.12	国有独资	100000	
5	黑龙江	黑龙江旅游集团有限公司	2001.01	国有独资	14688	

续表

	各省	集团名称	成立时间（年、月）	集团类型	注册资本（万元）	发起 / 参与基金
6	吉林	吉林省旅游控股集团有限责任公司	2016.08	国有独资	300000	
7	辽宁	辽宁省旅游投资集团有限公司	2018.07	国有独资	300000	
8	河北	河北旅游投资集团股份有限公司	2012.12	国有控股	111000	河北旅游产业引导股权投资基金（有限合伙）（2015年）
9	山西	山西省文化旅游投资控股集团有限公司	2017.08	国有独资	500000	
10	浙江	浙江省旅游集团有限责任公司	1999.12	国有独资	150000	浙江省旅游产业股权投资基金(有限合伙)(2018年)
11	安徽	安徽省旅游集团有限责任公司	1995.12	国有独资	62500	
12	福建	福建省旅游发展集团有限责任公司	2015.12	国有独资	200000	
13	江西	江西省旅游集团有限责任公司	2014.11	社会资本控股、国有参股	189492	江西养老服务产业基金（2015年）、江西文旅产业发展基金（2017年）
14	湖南	湖南旅游发展有限责任公司	2001.01	国有独资	12393	
15	湖北	湖北省文化旅游投资集团有限公司	2009.04	国有控股	365935	湖北省文化旅游产业发展基金(有限合伙)(2015年)
16	西藏	西藏旅游股份有限公司	1996	上市（国有参股）	22697	
17	云南	云南省旅游投资有限公司	2005.01	国有独资	50000	
18	贵州	贵州旅游投资控股(集团)有限责任公司	2012.11	国有独资	300000	
19	四川	四川省旅游投资集团有限责任公司	2017.04	国有控股	642500	
20	海南	海南省旅游投资控股集团有限公司	2009.05	国有独资	35103	
21	广东	广东省旅游控股集团有限公司	2014.01	国有独资	100000	广东省旅游产业投资基金（2018年）
22	广西	广西旅游发展集团有限公司	2014.03	国有独资	300000	广西全域旅游产业发展基金（2017年）
23	甘肃	甘肃省旅游投资管理有限公司	2011.06	国有控股	156962	
24	青海	青海省旅游投资集团股份有限公司	2016.03	国有控股	100000	青海省旅游产业促进基金（2017年）

续表

	各省	集团名称	成立时间（年、月）	集团类型	注册资本（万元）	发起 / 参与基金
25	宁夏	宁夏旅游投资集团有限公司	2016.11	国有独资	150000	
26	陕西	陕西旅游集团有限公司	1998.12	国有独资	30000	
27	新疆	新疆旅游（集团）有限责任公司	1999.03	国有独资	3477	

统计范围：本文所统计的旅游投资集团仅限省级别政府的投资集团，不包含市 / 县级政府投资集团、重大项目投融资平台、港中旅等全国性投资集团等其他国有投资集团，也不包含完全由社会资本所有的旅游投资集团，如河南旅游集团有限公司。

资料来源：国家企业信用信息公示系统、中国证券投资基金业协会、各集团官网

注释：由于资料来源受限，本文中所列集团可能存在缺失，数据为不完全统计，欢迎各地旅游投资发展集团继续反馈最新信息，以不断完善后续统计。

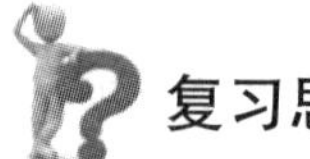

复习思考

1. 在旅游综合开发的过程中，政府的角色是什么？具体的运作模式有哪些？
2. 在全域旅游开发的过程中，政府有哪些职责？
3. 政府应如何构建全域旅游开发中的现代化治理体系？

第十四章

旅游投融资

学习目标

知识目标

1. 掌握旅游投资“三链”坐标分析法；
2. 掌握旅游项目建设的 PPP 开发模式；
3. 掌握旅游招商引资的重点；
4. 了解旅游全要素招商的服务模式；
5. 了解旅游投融资的新趋势。

能力目标

形成旅游投资、旅游招商引资、旅游项目建设运作的创新思维。

旅游业因其良好的发展前景备受各类投资主体青睐，在旅游业转型升级的重要关口，投融资创新是推动项目落地的重要抓手。在旅游开发运营的过程中，如何锁定风景及土地资源、如何确定项目的商业模式、如何招商引资、如何盈利等问题都需要反复思索。

本章的主要内容包括旅游投融资的新趋势、旅游投资的“三链”坐标分析法、旅游招商引资模式创新、旅游项目建设的PPP运作模式研究四个部分，并结合河北省旅游投融资大会的实践案例，解读“1+4”投融资创新服务模式。

第一节　旅游投融资的新趋势

中国旅游业处于转型、升级的重要关口，供给侧改革为旅游投资提供了重要的机遇，旅游投资和消费的新动向直指发展主脉络，由此延伸出来的以旅游投行思维的变革、旅游投资模式、旅游投资热点、金融创新方案为引导的区域旅游发展，将是形成突破的抓手之一。

一、旅游产业投资新环境

（一）旅游投融资支持政策多样

1. 顶层规划政策

近年来国务院专门印发了针对旅游业发展、旅游投资和消费、促进全域旅游发展的专项意见，从提升基础设施、改善消费环境、促进旅游投资等多方面形成合力，并以改革创新作为激发旅游投资和消费增长的内生动力，以期为旅游业的健康发展创造良好的政策环境，进一步增强相关企业做大做强旅游产业的信心（见表 14–1）。

表 14–1　近年旅游相关规划政策

时间	相关政策	重点内容
2009.12	《国务院关于加快发展旅游业的意见》	放宽旅游市场准入，打破行业、地区壁垒，简化审批手续，鼓励社会资本公平参与旅游业发展，鼓励各种所有制企业依法投资旅游产业。推进国有旅游企业改组改制，支持民营和中小旅游企业发展，支持各类企业跨行业、跨地区、跨所有制兼并重组，培育一批具有竞争力的大型旅游企业集团。积极引进外资旅游企业。在试点的基础上，逐步对外商投资旅行社开放经营中国公民出境旅游业务。支持有条件的旅游企业“走出去”。
2015.08	《国务院办公厅关于进一步促进旅游投资和消费的若干意见》	实施旅游投资促进计划，新辟旅游消费市场。鼓励社会资本大力开发温泉、滑雪、滨海、海岛、山地、养生等休闲度假旅游产品。 设立中国旅游产业促进基金，鼓励有条件的地方政府设立旅游产业促进基金。支持企业通过政府和社会资本合作（PPP）模式投资、建设、运营旅游项目。 拓展旅游企业融资渠道，支持符合条件的旅游企业上市，鼓励金融机构按照风险可控、商业可持续原则加大对旅游企业的信贷支持。积极发展旅游投资项目资产证券化产品，推进旅游项目产权与经营权交易平台建设。
2018.03	《国务院办公厅关于促进全域旅游发展的指导意见》	加大财政金融支持力度。创新旅游投融资机制，鼓励有条件的地方设立旅游产业促进基金并实行市场化运作，充分依托已有平台促进旅游资源资产交易，促进旅游资源市场化配置，加强监管、防范风险，积极引导私募股权、创业投资基金等投资各类旅游项目。 强化旅游用地用海保障。优先保障旅游重点项目和乡村旅游扶贫项目用地。鼓励通过开展城乡建设用地增减挂钩和工矿废弃地复垦利用试点的方式建设旅游项目。

续表

时间	相关政策	重点内容
2018.10	国家发改委等十三部门《促进乡村旅游发展提质升级行动方案（2018—2020 年）》	补齐乡村旅游道路和停车设施建设短板；推进垃圾和污水治理等农村人居环境整治；建立健全住宿餐饮等乡村旅游产品和服务标准；鼓励引导社会资本参与乡村旅游发展建设；加大对乡村旅游发展的配套政策支持。
2018.12	文化和旅游部等十七部门《关于促进乡村旅游可持续发展的指导意见》	到 2022 年，旅游基础设施和公共服务设施进一步完善，乡村旅游服务质量和水平全面提升，富农惠农作用更加凸显，基本形成布局合理、类型多样、功能完善、特色突出的乡村旅游发展格局。

2. 财税土地政策优惠

基于国家和各地方对旅游产业在区域经济发展中的引擎作用和带动作用，中央政府与地方政府出台了财税政策、土地政策、金融政策等一系列扶持政策，使得旅游投融资的效益获得了较大程度的放大，投融资规模大幅提升。例如，财政对用于旅游重点建设项目、旅游基础设施建设等数额较大的贷款，给予一定的贷款贴息补助；支持使用未利用地、废弃地、边远海岛等土地建设旅游项目；依法实行旅游业用地分类管理制度；多方式供应建设用地；加大旅游厕所用地保障力度；明确旅游新业态用地政策（见表 14–2）。

表 14–2　近年旅游相关财税、土地政策

时间	相关政策	重点内容
2014.12	《国务院关于促进旅游业改革发展的若干意见》	加大财政金融扶持。国家支持服务业、中小企业、新农村建设、扶贫开发、节能减排等专项资金，要将符合条件的旅游企业和项目纳入支持范围。政府引导，推动设立旅游产业基金。支持符合条件的旅游企业上市，通过企业债、公司债、中小企业私募债、短期融资券、中期票据、中小企业集合票据等债务融资工具，加强债券市场对旅游企业的支持力度，发展旅游项目资产证券化产品。加大对小型微型旅游企业和乡村旅游的信贷支持。
2015.06	《国务院关于大力推进大众创业万众创新若干政策措施的意见》	各级财政要根据创业创新需要，统筹安排各类支持小微企业和创业创新的资金，加大对创业创新支持力度，强化资金预算执行和监管，加强资金使用绩效评价。 完善普惠性税收措施，落实扶持小微企业发展的各项税收优惠政策。修订完善高新技术企业认定办法，完善创业投资企业享受 70% 应纳税所得额税收抵免政策。
2015.08	《国务院办公厅关于进一步促进旅游投资和消费的若干意见》	优化土地利用政策。改革完善旅游用地管理制度，推动土地差别化管理与引导旅游供给结构调整相结合。年度土地供应要适当增加旅游业发展用地。进一步细化利用荒地、荒坡、荒滩、垃圾场、废弃矿山、边远海岛和石漠化土地开发旅游项目的支持措施。 在符合规划和用途管制的前提下，鼓励农村集体经济组织依法以集体经营性建设用地使用权入股、联营等形式与其他单位、个人共同开办旅游企业，修建旅游设施涉及改变土地用途的，依法办理用地审批手续。

续表

时间	相关政策	重点内容
2015.11	国土资源部、住房和城乡建设部、原国家旅游局《关于支持旅游业发展用地政策的意见》	支持使用未利用地、废弃地、边远海岛等土地建设旅游项目。在符合生态环境保护要求和相关规划的前提下，对使用荒山、荒地、荒滩及石漠化、边远海岛土地建设的旅游项目，优先安排新增建设用地计划指标，出让底价可按不低于土地取得成本、土地前期开发成本和按规定应收取相关费用之和的原则确定。 对复垦利用垃圾场、废弃矿山等历史遗留损毁土地建设的旅游项目，各地可按照“谁投资、谁受益”的原则，制定支持政策，吸引社会投资，鼓励土地权利人自行复垦。 允许使用集体建设用地发展乡村旅游，鼓励多方式供应旅游建设用地，通过长期租赁、先租后让、租让结合方式供应用地，拓展旅游用地供给空间。
2017.05	农业部办公厅《关于推动落实休闲农业和乡村旅游发展政策的通知》	在用地政策上，争取将休闲农业和乡村旅游项目建设用地纳入土地利用总体规划和年度计划合理安排。要支持有条件的地方发展休闲农业和乡村旅游。 在财政政策上，要鼓励各地整合财政资金，将中央有关乡村建设资金向休闲农业集聚区倾斜。 在金融政策上，要创新担保方式，搭建银企对接平台，鼓励担保机构加大对休闲农业和乡村旅游的支持力度，帮助经营主体解决融资难题。
2018.09	国务院《关于完善促进消费体制机制 进一步激发居民消费潜力的若干意见》	完善财税金融土地配套政策，健全消费政策体系，进一步研究制定鼓励和引导居民消费的政策。落实好健康、养老、家政等生活性服务业的税收优惠政策。进一步提升金融对促进消费的支持作用，鼓励消费金融创新，规范发展消费信贷，把握好保持居民合理杠杆水平与消费信贷合理增长的关系。鼓励保险公司在风险可控的前提下，为消费信贷提供融资增信支持。加大文化、旅游、体育、健康、养老、家政等领域用地政策落实力度。
2018.12	农业农村部、国家发展改革委、财政部等六部门《关于开展土地经营权入股发展农业产业化经营试点的指导意见》	各级农业农村部门要与发改、财政、人行、税务、市场监管、银保监等部门沟通协调，进一步支持土地经营权入股发展农业产业化经营。将符合条件的土地经营权入股的公司、作价出资的农民专业合作社纳入相关财政支农政策、农业信贷担保体系支持范围。
2019.02	自然资源部《落实国务院大督查土地利用计划指标奖励实施办法》	对落实有关重大政策措施真抓实干、取得明显成效的地方实行土地利用计划指标奖励。按照每个市（地、州、盟）奖励用地计划指标 5000 亩，或每个县（市、区、旗）奖励 2500 亩的标准。奖励的用地计划要优先用于基础设施、社会民生和新兴产业等建设，支持稳增长、调结构、惠民生、补短板项目建设。

3. 金融创新政策

全域旅游正成为旅游供给侧改革的重要突破口，从中央到地方出台多项扶持政策，旅游产业投融资创新机制基本成型。其中，旅游产业投资基金（包括国家成立的相关旅游基金、文化和旅游部支持推动的基金、各省政府的引导型基金）以及各种民间机构发起设立的基金大量形成，旅游创新型 IP 投资在创投领域层出不穷，旅游 PE 投资的内容和模式也不断地创新，以景区门票和其他旅游收益方式推动的旅游 ABS 融资模式不断发展。

互联网支持下的共享旅游房地产、分时度假、分权度假和旅游众筹，正在促进共享经济的进一步发展。大量旅游交易中心纷纷筹建和成立，在促进旅游的资本化要素交易和市场资本化的提升方面发挥了巨大作用（见表 14–3）。

表 14–3 近年旅游相关金融创新政策

时间	相关政策	重点内容
2009.12	《国务院关于加快发展旅游业的的意见》	拓展旅游企业融资渠道。支持符合条件的旅游企业上市，鼓励金融机构按照风险可控、商业可持续原则加大对旅游企业的信贷支持。积极发展旅游投资项目资产证券化产品，推进旅游项目产权与经营权交易平台建设。积极引导预期收益好、品牌认可度高的旅游企业探索通过相关收费权、经营权抵（质）押等方式融资筹资。鼓励旅游装备出口，加大对大型旅游装备出口的信贷支持。
2012.02	中国人民银行、发展改革委、银监局、证监局、保监局《关于金融支持旅游业加快发展的若干意见》	进一步加大金融支持实体经济力度，改进和提升金融对旅游业的服务水平，支持和促进旅游业加快发展。 鼓励金融机构在依法合规、风险可控和符合国家产业政策的基础上，探索开展旅游景区经营权质押和门票收入权质押业务，积极开展旅游企业建设用地使用权抵押、林权抵押等抵质押贷款业务。加快完善各项资产和权益的抵质押登记和评估工作。针对旅游企业财务特点，积极为旅游企业提供固定资产贷款、项目融资贷款、流动资金贷款、融资租赁、票据贴现、资金结算、现金管理等综合金融服务。
2012.07	原国家旅游局《关于鼓励和引导民间资本投资旅游业的实施意见》	加大对民间旅游投资的金融支持力度。对符合信贷原则的民营旅游企业和民间投资旅游项目，要加大多种形式的融资授信支持，合理确定贷款期限和贷款利率。符合条件的民营旅游企业可享受中小企业贷款优惠政策。 进一步完善旅游企业融资担保等信用体系，加大各类信用担保机构对旅游企业和旅游项目的担保力度。拓宽民营旅游企业融资渠道，金融机构对商业性开发景区可以开办依托景区经营权和门票收入等质押贷款业务。鼓励中小旅游企业和乡村旅游经营户以互助联保方式实现小额融资。支持符合条件的旅游企业发行短期融资券、企业债券和中期票据，积极鼓励符合条件的旅游企业上市融资。
2014.08	《国务院关于促进旅游业改革发展的若干意见》	加大财政金融扶持。国家支持服务业、中小企业、新农村建设、扶贫开发、节能减排等专项资金，要将符合条件的旅游企业和项目纳入支持范围。政府引导，推动设立旅游产业基金。支持符合条件的旅游企业上市，通过企业债、公司债、中小企业私募债、短期融资券、中期票据、中小企业集合票据等债务融资工具，加强债券市场对旅游企业的支持力度，发展旅游项目资产证券化产品。加大对小型微型旅游企业和乡村旅游的信贷支持。
2015.08	《国务院办公厅关于进一步促进旅游投资和消费的若干意见》	支持有条件的旅游企业进行互联网金融探索，打造在线旅游企业第三方支付平台，拓宽移动支付在旅游业的普及应用，推动境外消费退税便捷化。加强与互联网公司、金融企业合作，发行实名制国民旅游卡，落实法定优惠政策，实行特惠商户折扣。放宽在线度假租赁、旅游网络购物、在线旅游租车平台等新业态的准入许可和经营许可制度。
2016.12	国务院《“十三五”旅游业发展规划》	积极推进权属明确、能够产生可预期现金流的旅游相关资产证券化。支持旅游资源丰富、管理体制清晰、符合国家旅游发展战略和发行上市条件的大型旅游企业上市融资。加大债券市场对旅游企业的支持力度。支持和改进旅游消费信贷，探索开发满足旅游消费需要的金融产品。
2017.05	原国家旅游局《2016 中国旅游投资报告》	推动中国旅游集团牵头设立总规模 500 亿元的中国旅游产业基金，鼓励各省市设立旅游产业投资基金。与国家开发银行等 12 家金融机构签订战略合作协议，“十三五”期间将为旅游产业发展提供 2.1 万亿元信贷支持。与 12 家金融机构联合推出 1397 个全国优选旅游项目，总投资 1.6 万亿元，落地优选项目总批贷金额 1040 亿元。
2018.04	文化和旅游部、财政部《关于在旅游领域推广政府和社会资本合作模式的指导意见》	在旅游景区、全域旅游、乡村旅游等领域推广 PPP 模式。

续表

时间	相关政策	重点内容
2018.09	国务院《关于完善促进消费体制机制 进一步激发居民消费潜力的若干意见》	进一步提升金融对促进消费的支持作用，鼓励消费金融创新，规范发展消费信贷，把握好保持居民合理杠杆水平与消费信贷合理增长的关系。鼓励保险公司在风险可控的前提下，为消费信贷提供融资增信支持。
2018.10	国务院办公厅《完善促进消费体制机制实施方案（2018—2020年）》	一是进一步放宽服务消费领域市场准入，二是完善促进实物消费结构升级的政策体系，三是加快推进重点领域产品和服务标准建设，四是建立健全消费领域信用体系，五是优化促进居民消费的配套保障，六是加强消费宣传推介和信息引导。

4. **旅游扶贫政策**

经过近几年的努力，脱贫攻坚取得决定性进展：根据国家统计局全国农村贫困监测数据显示，全国现行标准下的农村贫困人口由2012年年底的9899万，减少到2018年底的1660万人，减贫幅度达到80%以上。在脱贫攻坚战中，旅游成为带动贫困地区脱贫致富的重要工具。通过旅游扶贫，形成了产业支持、资金支持、投资支持，构成了对整个旅游行业发展的重要投资支持结构。

扶贫政策的关注重点，主要涉及两方面：一是加大金融扶贫；二是支持旅游扶贫（见表14–4）。

表14–4　近年旅游扶贫方面的重点政策

时间	相关政策	重点内容
2015.1	《国务院关于促进旅游业改革发展的若干意见》	加强乡村旅游精准扶贫，扎实推进乡村旅游富民工程，鼓励社会各界人才驻村帮扶。
2015.8	《国务院关于进一步促进旅游投资和消费的若干意见》	加大对乡村旅游扶贫重点村的指导宣传，组织开展乡村旅游规划扶贫公益活动，对建档立卡贫困村实施整村扶持。
2016.2	中共中央办公厅、国务院办公厅《关于加大脱贫攻坚力度支持革命老区开发建设的指导意见》	深入实施精准扶贫，加快推进贫困人口脱贫。继续实施以工代赈、整村推进、产业扶贫等专项扶贫工程，加大对建档立卡贫困村、贫困户的扶持力度。统筹使用涉农资金，开展扶贫小额信贷，支持贫困户发展特色产业，促进有劳动能力的贫困户增收致富。积极实施光伏扶贫工程，支持老区探索资产收益扶贫。加快实施乡村旅游富民工程，积极推进老区贫困村旅游扶贫试点。
2016.3	中国人民银行、发改委、财政部、银监会、证监会、保监会《关于金融助推脱贫攻坚的实施意见》	各金融机构要立足贫困地区资源禀赋、产业特色，积极支持能吸收贫困人口就业、带动贫困人口增收的绿色生态种养业、经济林产业、林下经济、森林草原旅游、休闲农业、传统手工业、乡村旅游、农村电商等特色产业发展。
2016.9	《乡村旅游扶贫工程行动方案》	确定了乡村旅游扶贫工程的五大任务和提出了将实施乡村旅游扶贫八大行动。
2016.12	国务院印发的《“十三五”脱贫攻坚规划》	在产业发展脱贫的规划中，提出了旅游扶贫的详细措施：因地制宜发展乡村旅游，大力发展休闲农业，积极发展特色文化旅游。

续表

时间	相关政策	重点内容
2017.1	2017 年中央一号文件	深入推进重大扶贫工程，强化脱贫攻坚支撑保障体系，统筹安排使用扶贫资源，注重提高脱贫质量。
2017.6	《关于政策性金融支持农村一二三产业融合发展的通知》	加大力度支持贫困地区农业绿色生态功能开发，发挥生态扶贫在产业融合中的促进作用。
2018.1	原国家旅游局、国务院扶贫办印发《关于支持深度贫困地区旅游扶贫行动方案》	通过组织实施旅游扶贫规划攻坚工程、旅游基础设施提升工程、旅游扶贫精品开发工程、旅游扶贫宣传推广工程、旅游扶贫人才培训工程、旅游扶贫示范创建工程等具体措施，全力推进旅游扶贫各项工作落地生根。
2018.3	国务院办公厅《关于促进全域旅游发展的指导意见》	大力实施乡村旅游扶贫富民工程，通过资源整合积极发展旅游产业，健全完善“景区带村、能人带户”的旅游扶贫模式。通过民宿改造提升、安排就业、定点采购、输送客源、培训指导以及建立农副土特产品销售区、乡村旅游后备箱基地等方式，增加贫困村集体收入和建档立卡贫困人口人均收入。加强对深度贫困地区旅游资源普查，完善旅游扶贫规划，指导和帮助深度贫困地区设计、推广跨区域自驾游等精品旅游线路，提高旅游扶贫的精准性，真正让贫困地区、贫困人口受益。
2018.3	《关于做好 2018 年贫困县涉农资金整合试点工作的通知》	各地要按照通知要求，进一步规范整合试点的范围和标准、细化实化年度实施方案、加强资金和项目管理、落实“省负总责”的要求。
2018.6	《中共中央 国务院关于打赢脱贫攻坚战三年行动的指导意见》	坚持精准扶贫、精准脱贫基本方略，强化到村、到户、到人精准帮扶举措。坚持把提高脱贫质量放在首位。强化财政投入保障;加大金融扶贫支持力度;加强土地政策支持；实施人才和科技扶贫计划。深入实施贫困地区特色产业提升工程，因地制宜加快发展对贫困户增收带动作用明显的种植养殖业、林草业、农产品加工业、特色手工业、休闲农业和乡村旅游。
2019.01	国务院办公厅《关于深入开展消费扶贫助力打赢脱贫攻坚战的指导意见》	动员旅游规划设计单位开展扶贫公益行动，为贫困地区编制休闲农业和乡村旅游规划，对在贫困地区从事休闲农业、乡村旅游的企业，在金融、土地等方面给予政策倾斜，对有突出贡献的企业、社会组织和个人给予奖励激励。

（二）旅游投资主体趋向多元

1. 旅游投资成为热点，民企成为主角

旅游产业吸引了政府投融资平台、民营企业、非旅企业跨界投资等多主体介入，投资主体也出现合资、合作等多种模式，旅游业已成为社会投资热点和综合性开发的引擎性产业。据《2018 年全国旅游工作报告》，截至 2017 年年底，全国已有 144 支旅游产业投资基金，总规模超过 8000 亿元。2017 年全国旅游投资达 1.5 万亿元，同比增长 16%，其中民间资本投资占 60%，形成了民营为主、国有企业和政府投资共同参与的多元主体投资格局。

2. 政府搭建旅游投融资平台，旅游综合开发升级

旅游综合开发的理念，在政府中基本确立了共识。由旅游带动区域多产业及城镇化发展，需要搭建专门的投融资平台。搭建政府投融资平台，促进旅游综合开发成为旅游投融资的重大发展方向和趋势，县市省旅游投资集团大量涌现，形成旅游投融资的专项融资结构，包括整合旅游投融资集团，提升旅游投资平台的信用等级，建立政府引导基金、民间专项基金，创新金融租赁等多种融资方式。

3. 鼓励旅游 PPP 发展，改善旅游服务供给

2016 年，政府发布文件中明确要加大 PPP 模式推广应用力度，积极引导社会资本参与建设。同时，国家优先鼓励符合国家发展战略的 PPP 项目开展资产证券化。实际上，旅游 PPP 是基于旅游开发对基础设施与公共服务设施大量依赖的属性，基于旅游综合开发中所涉及的建设项目，以政府大力扶持的一部分产业为基础，而构建起来的开发建设模式。打造旅游 PPP 项目，通过 PPP 的方式来进行旅游项目的开发与建设，成为旅游投资的重大突破与发展方向。受从严监管政策的影响，相比于 2014—2017 年，2018 年 PPP 项目成交数量和规模均呈现下降趋势。2018 年财政部口径共成交 2185 个项目，总投资规模为 2.73 万亿元；全口径共成交 2513 个项目，总投资规模为 3.16 万亿元。

2018 年 4 月，文化和旅游部、财政部联合印发了《关于在旅游领域推广政府和社会资本合作模式的指导意见》(以下简称《意见》)，调动更多社会资源参与旅游业发展，探索推广旅游 PPP 实施路径、发展模式及长效机制，提高旅游投资有效性和公共资源使用效益。《意见》明确支持旅游景区、全域旅游、乡村旅游、自驾车旅居车营地、旅游厕所、旅游城镇、交通旅游、智慧旅游和健康旅游等新业态领域的项目发展。其中，特别强调探索创新旅游公共服务领域资金投入机制，进一步改进和加强资金使用管理，发挥财政资金引导撬动作用，推动金融和社会资本更多投向旅游领域，提高投资有效性和公共资金使用效益。充分发挥中国政企合作支持基金和中国旅游产业基金的股权投资引导作用，鼓励各地设立 PPP 项目担保基金，带动更多金融机构加大对旅游 PPP 项目的投融资支持。鼓励金融机构在符合当前监管政策的前提下创新 PPP 金融服务，可纳入开发性、政策性金融支持范畴，优化信贷流程，鼓励能够产生可预期现金流的旅游 PPP 项目通过发行债券和资产证券化等市场化方式进行融资。

（三）旅游投融资指向综合发展

近年来，随着“一带一路”战略、城镇化战略、美丽乡村建设、旅游扶贫、乡村振兴战略等政策的相继实施，为旅游投资发展营造了良好的外部环境，各类资本纷纷加速投资旅游业，旅游投融资开始走向综合发展的道路。

1.“旅游 +”大幅推进产业融合，多产业资金导入旅游

一系列旅游与其他产业融合发展的支持政策，带动了一批批“旅游 +”方面的投融资活动。这种政策导向和投资方向的调整，是对旅游产业战略定位的重新认识。特别是在全域旅游的架构下，旅游产业不是一个单一的产业，而是一个产业融合发展的引擎，区域综合发展的引擎，带动落后地区发展的引擎和带动城镇化发展的引擎。

近年来，我国围绕旅游、文化、体育、健康、养老、教育等重点领域，发布一系列文件，大力推广"旅游+""体育+""健康+""生态+"等发展模式，推进旅游、农业、OTA、大数据、文化、体育、度假、康养、研学、新型装备制造业等产业深度融合，引导社会资本加大投入力度，丰富产业业态，促进服务业发展和经济转型升级，培育经济发展新动能。

2. 旅游城镇化效应明显，特色小镇是重点

发展美丽特色小（城）镇是深入推进新型城镇化的重要抓手，有利于推动经济转型升级，有利于促进大中小城市和小城镇协调发展。在全国特色小镇的实际推动中，无论是哪一个产业为主导的特色小镇，基本上把发展旅游作为重要突破口，如浙江所有的特色小镇都要求打造成为3A级以上景区。因此，以特色小镇为主导的政策支持体系、投融资支持体系，实际上大部分都是对旅游产业的直接支持（见表14–5）。

表14–5 近年特色小镇方面的重点政策

时间	相关政策	重点内容
2016.02	国务院《关于深入推进新型城镇化建设的若干意见》	发展具有特色优势的休闲旅游、商贸物流、信息产业、先进制造、民俗文化传承、科技教育等魅力小镇，带动农业现代化和农民就近城镇化。提升边境口岸城镇功能，在人员往来、加工物流、旅游等方面实行差别化政策，提高投资贸易便利化水平和人流物流便利化程度。
2016.10	国家发展改革委《关于加快美丽特色小（城）镇建设的指导意见》	有机协调城镇内外绿地、河湖、林地、耕地，推动生态保护与旅游发展互促共融、新型城镇化与旅游业有机结合，打造宜居宜业宜游的优美环境。鼓励有条件的小城镇按照不低于3A级景区的标准规划建设特色旅游景区，将美丽资源转化为"美丽经济"。
2016.10	住建部、中国农业发展银行《关于推进政策性金融支持小城镇建设的通知》	各地要充分认识培育特色小镇和推动小城镇建设工作的重要意义，发挥政策性信贷资金对小城镇建设发展的重要作用，做好中长期政策性贷款的申请和使用，不断加大小城镇建设的信贷支持力度，切实利用政策性金融支持，全面推动小城镇建设发展。
2016.12	《关于实施"千企千镇工程"推进美丽特色小（城）镇建设的通知》（发改规划[2016]2604号）	国家开发银行、中国光大银行将通过多元化金融产品及模式对典型地区和企业给予融资支持，鼓励引导其他金融机构积极参与。
2017.12	国家发展改革委、国土资源部、环境保护部、住房城乡建设部《关于规范推进特色小镇和特色小城镇建设的若干意见》	各地区要注重引入央企、国企和大中型民企等作为特色小镇主要投资运营商，尽可能避免政府举债建设进而加重债务包袱。
2018.08	国家发展和改革委员会印发《国家发展改革委办公厅关于建立特色小镇和特色小城镇高质量发展机制的通知》	引导金融机构逐年为符合高质量发展要求的特色小镇和特色小城镇，在债务风险可控前提下提供长周期低成本融资服务，支持产业发展及基础设施、公共服务设施、智慧化设施等建设。

3. 旅游成美丽乡村建设龙头，乡村振兴项目大热

对美丽乡村的支持已经成为国家的战略和政策方向，在美丽乡村建设中，旅游已成为促进产业融合、带动区域产业发展最有价值的引擎。因此，在美丽乡村的支持结构中，相关政策对乡村旅游、休闲农业均提供了扶持。在乡村振兴战略下政府给予旅游投资巨大支持，形成了在乡村发展中旅游产业投资上的巨大突破和升级（见表 14–6）。

表 14–6　近年美丽乡村相关政策及指导意见

时间	相关政策	重点内容
2013.05	农业部《“美丽乡村”创建目标体系》	按照生产、生活、生态和谐发展的要求，坚持“科学规划、目标引导、试点先行、注重实效”的原则，构建与资源环境相协调的农村生产生活方式，打造“生态宜居、生产高效、生活美好、人文和谐”的示范典型，形成各具特色的“美丽乡村”发展模式，进一步丰富和提升新农村建设内涵，全面推进现代农业发展、生态文明建设和农村社会管理。
2014.05	国务院办公厅《关于改善农村人居环境的指导意见》	到 2020 年，全国农村居民住房、饮水和出行等基本条件明显改善，人居环境基本实现干净、整洁、便捷，建成一批各具特色的美丽宜居村庄。
2017.06	国务院办公厅《关于印发兴边富民行动“十三五”规划的通知》	着力开展农村人居环境综合整治行动，结合美丽乡村和新农村建设加快农村污水治理。加强排污管（沟）、污水处理设施、垃圾无害化处理设施等建设。把发展庭院经济与村寨绿化亮化美化结合起来，建设绿色村庄，充分挖掘和弘扬人与自然和谐相处的传统文化，完善村规民约，健全各项管理制度，把沿边村寨建设成为卫生整洁、生态优良、留得住乡愁的美丽村寨。
2018.09	国务院《乡村振兴战略规划（2018—2022 年）》	紧密结合特色小镇、美丽乡村建设，深入挖掘乡村特色文化符号，盘活地方和民族特色文化资源，走特色化、差异化发展之路。 强化龙头企业、合作组织联农带农激励机制，探索将新型农业经营主体带动农户数量和成效作为安排财政支持资金的重要参考依据。以土地、林权为基础的各种形式合作，凡是享受财政投入或政策支持的承包经营者均应成为股东方。鼓励将符合条件的财政资金特别是扶贫资金量化到农村集体经济组织和农户后，以自愿入股方式投入新型农业经营主体，对农户土地经营权入股部分采取特殊保护，探索实行农民负盈不负亏的分配机制。

4. *旅游基础设施与公共服务设施成为旅游重要抓手*

在《“十三五”旅游业发展规划》与《“十三五”全国旅游公共服务规划》两个规划的总指导下，专项性的旅游设施相关政策主要集中在交通运输设施、新型旅游设施、卫生设施、旅游信息化设施、旅游设施投融资、设施用地六个方面，这些政策将旅游基础设施建设提到了新的高度。

为推动相关基础设施和公共服务的发展，国家出台了旅游交通、旅游公共服务设施等一系列政策文件和规划。通过规划和立项等方式，全面地梳理和整合了全域旅游下的旅游基础设施、公共服务设施一大批项目，从而形成了旅游投融资基于政府基础设施、公共服务设施建设方面的支持结构（见表 14–7）。

表 14–7　近年全域旅游开发相关政策及指导意见

时间	相关政策	重点内容
2016.03	原国家旅游局《关于公布首批创建“国家全域旅游示范区”名单的通知》	公布首批创建“国家全域旅游示范区”名单，全国 262 个市县入选。凡列入国家全域旅游示范区名录的，将优先纳入中央和地方预算内投资支持对象。

续表

时间	相关政策	重点内容
2016.12	国务院《关于印发"十三五"旅游业发展规划的通知》	要求向区域资源整合、产业融合、共建共享的全域旅游发展模式加速转变，旅游业与农业、林业、水利、工业、科技、文化、体育、健康医疗等产业深度融合，努力建成全面小康型旅游大国。
2017.03	原国家旅游局《关于印发"十三五"全国旅游公共服务规划的通知》	加快推进由景区景点旅游发展模式向全域旅游发展模式转变，将成为"十三五"期间的旅游业发展主线。全域旅游需要全域统筹规划，全域资源整合，全要素综合调动，全社会共治共管、共建共享，需要全面提升旅游公共服务体系，实现空间、时间、内容、功能、人群等领域的旅游公共服务全域全覆盖。
2018.07	《"三区三州"等深度贫困地区旅游基础设施改造升级行动计划（2018—2020年）》	加强西藏自治区、四省藏区、新疆维吾尔自治区南疆四地州、四川凉山州、云南怒江州、甘肃临夏州等深度贫困地区的旅游基础设施和公共服务设施建设，推进旅游业发展，促进民族交往交流交融和脱贫致富。

（四）政府旅游投融资加强监管

地方政府融资平台是中国经济发展特定阶段的产物，是指地方政府及其部门、机构通过财政拨款或注入土地、股权等资产，承担政府投资项目融资功能，并拥有独立法人资格的经济实体。地方政府融资平台的基本功能是：以政府信用为支撑，以实施政府政策为目标，直接或间接地有偿筹集资金，将资金投向亟须发展的领域、行业和项目。

金融企业在服务地方发展、支持地方基础设施和公共服务领域建设中，仍然存在过于依靠政府信用背书、捆绑地方政府和国有企业、堆积地方债务风险等问题；此外，地方政府违法违规举债融资问题也仍时有发生，部分金融机构对融资平台公司等国有企业提供融资时仍要求地方政府提供担保承诺，部分政府和社会资本合作（PPP）项目、政府投资基金等存在不规范现象。这些行为违反了现行法律法规和制度规定，扰乱了市场秩序，积聚了财政金融风险。

国务院金融稳定发展委员会成立、银监会和保监会整合为银保监会，"一委一行两会"的新金融监管体系正式形成，这意味着新一轮的金融监管周期已经开启。过去几年，金融监管政策的出台，地方各级政府在化解财政金融风险取得了阶段性成效，新一轮的金融监管周期，金融严监管是大势所趋。防范化解重大风险是重大攻坚战之一，政府通过财政、金融两个重要的手段来落实防范地方债风险（见表 14–8）。

表 14–8　投融资监管相关政策

时间	相关政策	重点内容
2016.12	《政府出资产业投资基金管理暂行办法》	政府出资由各级财政预算安排，重点支持创新创业、中小企业发展等，控制数量、不得重复设立；引入"负面清单"管理，不得投资二级市场股票、期货、房地产、证券投资基金等；推动财政资金由补转投，有效撬动社会资本，尽快形成投资、发挥效益等。

续表

时间	相关政策	重点内容
2017.04	《关于进一步规范地方政府举债融资行为的通知》(财预〔2017〕50号)	切实加强融资平台公司融资管理，规范政府与社会资本方的合作行为，进一步健全规范的地方政府举债融资机制，建立跨部门联合监测和防控机制，大力推进信息公开。
2017.11	《关于规范金融机构资产管理业务的指导意见（征求意见稿）》	主要内容共30条，核心包括打破刚性兑付，限定杠杆倍数，消除多层嵌套，强化资本约束和风险准备金计提要求等。
2018.04	《关于规范金融企业对地方政府和国有企业投融资行为有关问题的通知》	对金融企业投融资行为提出17条规范要求，其中重申国有金融企业应严格落实《预算法》以及国务院相关文件的要求，除购买地方政府债券外，不得直接或通过地方国有企事业单位等间接渠道为地方政府及其部门提供任何形式的融资，不得违规新增地方政府融资平台公司贷款。不得要求地方政府违法违规提供担保或承担偿债责任等。

二、旅游产业的投资特性

旅游项目投资，与其他产业相比有较大的差异性，这是由旅游产业及旅游产品的特殊性决定的。旅游产业及旅游产品投资的特殊性概括为九方面：

（一）旅游产业投资的资源限制

风景名胜区、自然保护区、国家森林公园、国家地质公园及文物保护单位等具备独特性的自然资源与历史文化资源，几乎全部纳入了国家的法律保护范围，资产归国家所有。更为重要的是，在法律上，风景名胜资源和文物保护单位的经营权，是不可转让的。因此，旅游资源中最重要的资源，不能进入市场流通，称为旅游产业投资的资源限制。

（二）资源保护与旅游开发的矛盾

生态保护与文化文物保护，是对不可再生资源的保护，是旅游行业可持续发展的基础。因此，旅游开发不能破坏生态与文物的红线，这是不可动摇的基点。

社会投资参与旅游开发面对的主要问题并不是是否保护生态与文物，而是在保护基础上的开发，因为受到体制、部门利益、保守理念的制约，容易借用“保护”之名抗拒合理的开发利用。

（三）旅游目的地的区域性与旅游项目的区域依赖性

目的地是区域复合系统，包括了多行业的要素组合、多环节的企业互动，其市场机理与整体战略构架推进，需要政府的有效引领和社会资本的大力支持。

旅游项目，无论是景区、度假区还是其他类型，都是目的地系统中的一部分，投资主体不可能超越目的地去开展运作，只能在目的地系统内部进行资源挖掘、产品创新和市场合作，借助目的地整体营销，开拓项目的市场。

（四）跨行业的综合复杂性

旅游业的综合性特征导致了旅游投资的复杂性。需要根据财力、物力、人力选择投资的方向，整合游憩、接待、营销、交通、生态、商业、智业等行业相关资源，探索旅游业与农业、制造业等产业的融合路径与模式，理清投资时间、投资方式和各阶段的资产退出机制。

（五）多环节配合的服务消费特性

出游过程需要旅行社、运输、住宿、餐饮、景区、商业、娱乐多个环节系统紧密配合，形成全游程消费的服务整合，是一个多环节服务链。投资开发商需要对旅游目的地服务系统中的各个要素进行充分的分析评估，根据实际需求和战略规划采取单独投资或联合投资的方式，确保旅游服务链的完整性，避免后期因服务不善引起的游客负面评价而导致经营的失败。

（六）资源的独特性不等于产品的独特性

旅游资源越独特，其开发价值越大。但是资源不等于产品，资源如何转化为产品，形成独特的吸引核，是旅游开发运营成功的关键。

很多投资商，以为只要有好的吸引物资源，修好路、建一个宾馆，就可以达到经营目标。这是一种片面的认识，作为旅游产品，既要充分展现资源本身的独特吸引力，还必须形成全面满足游程时间内旅游生活的综合需求，满足游憩过程的审美与快乐过程延伸与组合的需要。

（七）市场需求具有多样性和动态性

游客出游的目的和需求是多样化的，旅游投资商要紧跟时代特征，制定相应的开发经营战略，在产品的游憩方式及市场定位上，不断调整提升。

（八）可进入性门槛与可持续性发展要求越来越高

随着旅游业的发展，容易开发的旅游目的地，基本上已经完成了初步的旅游开发，留下的旅游项目常常需要面对资源禀赋普通、可进入性差、配套设施不完善等问题，需要更敏锐的眼光、更专业的综合开发、更大规模的投资和更精准的市场运营决策，这就是旅游投资的可进入门槛要求提升。

自然资源类旅游目的地，随着游客的进入，生态维护的成本逐年增高。游乐类旅游目的地，由于竞争加剧，游客可选择的项目多，如果不更“新”（新产品、新业态、新营销、新商业模式等），就会被市场摈弃。因此，任何一个旅游目的地可持续经营的压力都很大，要求不断创新增收模式，寻找新的赢利点。

第二节　旅游投资的“三链”坐标分析法

投资商最关心的，就是如何获取利润。然而，旅游产业的综合性很强，交叉联动行业多、开发运作环节复杂，因此盈利方式很难用简单的算数进行计算。不搞明白盈利方式中的盈利时序、盈利大小、盈利结构，很难决定是否投资。如果此时盲目投资进入运作，往往会形成“摸着石头过河”的局面，走一步看一步，结果一般都是效率低下、大走弯路。因此，借助专业机构的经验与技术，进行投融资分析与规划，能够使投资者透过错综复杂的表象，看清具体项目的关键问题、风险和利润所在，是投资决策过程中一个有效的“借智”环节。

绿维文旅依托多年的投融资方法论研究和项目实践经验，形成了一套针对旅游投资的专用分析工具——三链坐标分析法。三链坐标，是旅游业价值链、旅游开发运作链、旅游产业联动链三个角度构成的坐标系，大多数旅游业相关的项目可以从中发现盈利增长点和扩展应用的盈利新模式。

一、三链坐标的构成

产业价值链勾勒出产业各环节中价值分布状况。投资和整合是应该放在原始资源获取，还是在销售渠道；客户环节中哪部分客户的价值大，是观光游客还是度假游客；哪种产品的价值含量高等问题，在产业价值链中都能够得到解答。旅游资源的开发需要知识、制度、资本的介入，哪个要素的供给越少，价值就越大，需要付出的成本就越多。

旅游开发运作链为投资者预演了整个开发运作过程中必须面对的环节，包括资源评价、游憩模式设计、收入模式设计、盈利模式设计、投资模式设计、融资模式设计、营销模式设计、管理模式设计等，不同项目的现状条件和所处环境在每个环节都会对应不同的运作模式。

产业联动链综合了与旅游各要素相关联的产业，为投资者提供可能的综合交叉开发模式。项目应该和住宅房地产结合，还是与商业房地产结合；应该单独做游憩区还是应该与小城镇建设结合；应该与农业结合，还是与体育运动结合等，产业联动链为投资商和开发商提供了开发可能性的想象空间。

二、三链坐标分析法的作用

三链坐标分析法适用于大多数旅游项目，其主要作用有以下四个方面。

第一，为旅游投资者提供开发项目和整体的运作方案。该坐标系较全面地演绎了旅游投资项目中的问题和可能的解决方向，具体项目面对的政策环境、资源条件、开发主体背景实力等因素决定了最终的开发运营模式。更为重要的是，该坐标系为投资者梳理了整个开发运作过程中可能的风险和收益，以营利为基本要求，其他政策成本、社会成本等隐性成本都充分考虑，使得投资的运作方案经得起论证，具有很强的实操性和市场性。

第二，为现有旅游企业的经营、扩张提供诊断，寻找新的提升改造方案。该坐标系为旅游企业提供了整个产业在不同阶段可能的发展模式，旅游企业可以诊断企业和产品所处的类型和阶段，制订正确的提升和扩展战略。

第三，为新的行业进入者就可扩张、可复制的资本运作模式进行论证。该坐标系为资本运作者论证进入和退出的时间和方式，分析目前的资本运作模式是否可行、有哪些缺陷，从而帮助新的行业进入者做出正确的投资决策。

第四，为产业政策、法律制度制定者提供支持。该坐标系揭示的旅游投资的问题和障碍能够反映出整个产业中需要的法律和制度供给。如何面对实际投资操作中可能面临的问题，让保护与开发协调发展，如何优化营商环境，使整个旅游产业健康发展，该坐标系为政策法规制定者提供了分析的角度（见图 14–1）。

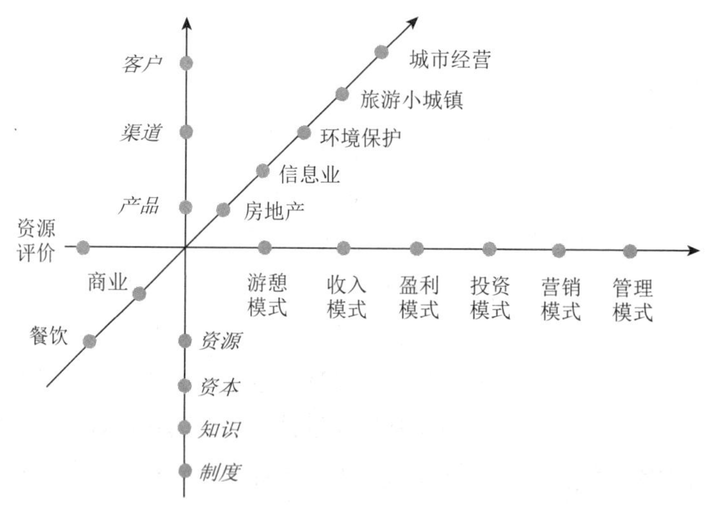

图 14–1　三链坐标

三、三链坐标分析法的具体操作环节

（一）第一维：基于旅游业的价值链分析

旅游业价值链勾勒出了产业链中价值流、知识流是怎样逐步增值的。价值链中的各环节也不一定是永远固定的，随着条件环境变化，可以出现很多的变体。基于旅游业价值链的分析，在对资源、产品、渠道、客户市场充分解读的基础上，探索各个环节价值提升的模式（见图 14–2）。

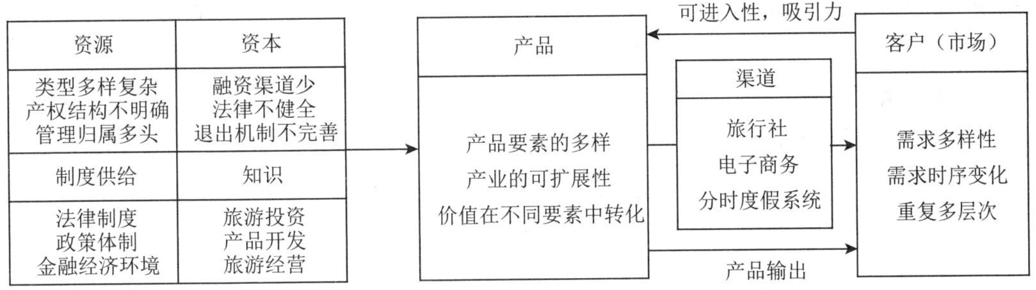

图 14–2　旅游业价值链

从资源到客户（市场）再回到资源，每经过一个环节的打造，价值链的价值增加。由客户（市场）实现其最终价值，由于销售增加，人气增加，使得渠道、产品、资本等加大投入，价值链的价值进一步增加。

从资源到客户（市场）知识流中的知识也在不断的增加。旅游资源的复杂多样，使得开发主体面对的问题具有很强的个性，对专业知识要求很高的深度和广度；资本市场的融资包装、资源的定价和保护、法律、政策、金融经济环境知识、产品打造知识、渠道供应的知识、旅游产品的营销知识、游客市场的知识等，不断地让整个产业知识聚集提升，促使新的商业模式出现和创新。

不同时期和条件下，各个环节内部价值在转移，如果某一要素在某一时期供给缺乏，将形成整个环节的桎梏，此时这一要素的投资价值较大，捕捉到高利润位置的开发主体如能创新和拷贝相适应的商业模式，将获得丰厚利润。比如，旅游资源资本化中相应的法律制度供给，拥有旅游开发运营的知识的主体，新产品的打造，渠道的创新，新的客户模式等转移了价值链中的价值。

（二）第二维：基于旅游开发运作链的分析

旅游开发运作链的环节有：资源市场评价、游憩模式、收入模式、盈利模式、投资模式、融资模式、营销模式、管理模式。由于旅游业的专业性，每个环节对知识及人力的水平要求都很高，其中某一环节的创新突破都能使得旅游业的发展达到一个新的水平。需要注意的是开发运作链上的各个环节都彼此关联制约，必须通盘考虑前后论证合理，否则旅游目的地的打造很难成功。

1. 资源市场评价

资源开发价值评价标准是旅游投资开发中尤为关键的工具。有的地区资源很丰富，但一旦用如何转化为可盈利的旅游产品的评价标准来看，产品的打造难度很大，投资价值较低。如何将转化难度极大的资源开发为可盈利的产品，对产品打造主题的创意策划能力要求极高。用经济标准划分，资源的区位和品位很大程度决定了产品的市场范围和类型，可以将项目分为近郊型项目、远郊型项目、区域型项目、全国型项目、国际型项目等几个类别。不同类型的项目定位针对的市场不同，导致其产品内容不同、营销的模式不同。

2. 游憩模式设计

游憩模式设计是旅游开发的产品打造环节。游憩方式决定了旅游目的地中游客的体验路线设计、消费类型安排、停留时滞处理等各项专业评判要素内容。游憩模式设计形成了具体产品设计内容，可以进行相应的投资估算。

3. 收入模式设计

收入模式需解决的问题是收哪些费用、怎么收、收多少，即确定收入点、收入方式、价格水平。合理的收入模式设计能起到引导消费流的作用，充分挖掘游客的多样需求，诱导游客消费，使得整个旅游目的地收入最大化。

收入模式的设计要考虑不同类型的游客、旅行社、目的地内经营者等多方利益需求；收入模式可以灵活多样，根据经营实际、客流变化和营销需要进行调整。应对设计好的收入模式做现金流路径分析，根据合理性评价进行模式的调整设计。

4. 盈利模式

盈利模式体现为整个项目的利润构成。盈利有的体现为经营收入，有的体现为项目整体转让收入，有的体现为盈利机会出让收入，有的体现为周边土地升值收入，有的体现为品牌价值，有的体现为衍生产业升值。价值逐渐从有形资产向无形资产过渡，但都发端于旅游目的地吸引力的成功打造。

盈利模式的设计勾勒出了投资者盈利的路径，好的盈利模式能够规避目前旅游投资的风险，充分挖掘各种盈利的可能性，综合运用盈利手法，做到收益的长短搭配。

盈利模式设计中另一项应该重点考虑的要素是盈利周期，由于各种盈利手法的时间序列不同，各期的融资、投资、产品开发应怎样配合需专门设计，应充分考虑盈利点的联动时序。

5. 投资模式

设计投资模式，应首先把握旅游业投资特点。随着各期开发的主流产品类型不同而不同，幼稚期投资以品位高、可进入性好的产品开发为主流，投资特点体现为低投入、低风险、高收益；成长期投资以可进入性较差但品位较高、品位一般且可进入性一般或资源禀赋好但开发难度大的项目为主流，投资特点体现为高投入、高风险、持续回报。在具体操作中应针对项目具体开发条件把握其投资特点，对如何退出做好设计。

对旅游开发投资中的隐性成本和收益应加以周全考虑，如环境保护、安全、消防、地质、气候、文物保护、社会适宜性、投资环境、政府政策等都可能会导致开发成本的激增，使得整个投资不具效益。但如果处理和利用得当，有可能形成额外投资收益，因此，对隐性成本和收益的评价实际应纳入整个投资模式设计当中。

不同的投资模式存在不同的风险和收益，投资模式的设计能够使投资者把握投资中可能出现的变数和问题，并形成相应的解决方案。投资模式设计的要素包括项目的投资总额、投资结构、投资分期、投资方式、投资形式五个方面。

第一，投资总额与整个项目的收益是否匹配。每个项目的投资额与其收益之间的匹配程度，根据分析调整投资额或决定项目的取舍。如有的项目建设成高档投资需 1000 万元，但根据市场分析游客在此项目消费的比例很少，贡献的收益不足以支撑投资回收，就要考虑该项目的取舍和调整。

第二，投资结构是各子项目投资在项目总投资中所占的比例构成。一是取决于项目整体打造需要投入的比例；二是取决于项目收益所要求投入的比例。如果整个景区游客量很大，为游客提供的食、住等比例较大，娱乐和购物的比例却很少，有必要增加在后者上的投资；如果根据对游客细分的调查结果，高消费的游客占整个项目收益的较大比重，就有必要考虑针对高消费的游客需求投资一些项目。

第三，整个投资期和经营期的现金流如何分布。投资应如何分期，每期对后续的项目现金流能起到什么作用，投资分期的设计在一定程度上决定了项目的打造顺序安排。如有的项目结构中包括了索道、滑雪场、会议中心、度假酒店、别墅区等项目，可能从带动人气的角度，一期投资中首先考虑投资索道、滑雪场和度假酒店，由一期运动休闲带旺人气的基础上，投资会议中心和别墅区，向吸引休闲度假游客进一步延伸。在项目商业模式的设计中，投资分期是很重要的环节之一。

第四，投资方式不同会影响项目的现金流状况和分布。土地是租还是买？游乐设施是租赁还是一次性购买？设施投入是以股权的形式还是租金的形式出现？是合作的形式还是合资的形式？这些问题的解决取决于投资者对项目或项目公司的收益预期和风险预期。例如，嘉年华的大部分游乐设备就可以采用租赁的形式投资，因为游客的不断变化的游乐需求可能导致游乐设施实际的生命周期很短，如果一次性购买会加大投资压力，而且盈利年限短；租赁的方式不仅可以缓解投资压力，且投资商更容易根据经营的状况适时调整游乐设施的内容和布局。

第五，投资形式包括现金、土地、智力成果、道路、游乐设施、景点、旅游经营权、股份等，不同的投资形式代表了不同类型资源的配置。不同的项目需要搭建不同性质的平台，关键的资源要素不同。如有的项目建设内容多，要求投入资金量较大，融资平台的搭建就非常重要，要求有融资渠道广泛的主体携资源介入；如果项目的资源很平淡，可进入性一般，如果搭建特殊的营销平台，可能出奇制胜，就要求有特殊营销运作能力的主体携资源介入。

6. 融资模式

理论上旅游项目的融资途径包括银行信贷、私募资本融资、整体项目融资、政策支持性融资、商业信用融资、租赁融资、产权融资、信托融资、国内上市融资、海外融资、招商引资等。

基于相关法律制度和具体项目投资的特点，形成了目前以银行融资为主的融资模式。其他融资途径中，目前政策支持性融资和产权融资比较适宜，剩下的融资途径有待于法律和经济环境的成熟。

设计融资模式时须考虑融资平台的打造，要综合考虑嫁接公共资源的题材、配合融资的资产、配置整合现金流、各期融资计划制定、资本构架的搭建、融资主体层级的设计等，这些都需要专门的投融资人才进行设计和运作。

7. 营销模式

营销贯穿整个旅游开发经营过程，从资源开发到产品销售、招商等都应该有一套营销计划。通过市场营销运作手段，迅速打造品牌，带动该地的投资和销售。

营销模式设计包括针对营销战略、营销渠道、品牌与形象识别传播体系、进入方式、成本、时耗、舒适度等的营销对策，以及细分市场战术运用、竞合关系、促销与活动、公共关系、营销组织管理等要素。

8. 管理模式

旅游管理模式的要素主要包括组织模式、人力资源模式和流程设计三部分。

组织模式由投资主体资本构成，由投资方式评价、所有权、经营收益权及法律基础、投资主体的开放性及退出机制、决策机制、经营管理模式等要素决定。组织模式可以按产品要素进行设置、也可按地域范围设置；在信息层级上可以采用金字塔模式，也可采用网络模式。

人力资源模式设计须考虑人力资源需求、人力资源开发战略、管理团队、人力成本、培训计划等要点，应随不同时期的发展需要做适当调整。

流程设计在于将组织与人力资源用规范的形式结合在一起。每个成功的目的地都应有详细标准的流程手册，有效保障员工素质达标。

旅游管理模式设计过程中不能直接套用某种管理体制，要根据项目的特点制定。不管哪种旅游管理模式都需要在实践中不断地摸索和调整。管理模式设计者需要有专业知识和管理经验，需要长期积累和培养。

（三）第三维：基于旅游产业联动链的分析

游客的移动为旅游目的地的各行业带来了多层次的消费挖掘点，这使得旅游业有很强的渗透性和关联性，产业中各产品要素一旦放大就能与产业联动链上的各产业产生趋同，即产业之间的界限模糊，产业融合的趋势日渐明显，新的业态和产品不断产生。

产业的联动性体现在开发运作的不同环节上。通常旅游中游憩娱乐类的主题产品能解决吸引客流、现金回流的难题；而自然生态、社会人文的环境打造能解决让游客驻留的问题，同时具有很强的溢出效应，为其他产业带来良好的投资基础，吸引其他投资进入，投入不断增加将使得土地的价值增加，使得旅游目的地的价值增加；大量的客流为投资者提供了很好的盈利机会，便于招商引资；产业的繁荣为其他产业带来买单者，刺激其发展，带来更多的就业机会，容易得到政府政策的支持，为融资带来便利。

第三节　旅游招商引资模式创新——全要素招商引资

随着旅游业的经济地位提升，各地政府的招商引资活动也日益频繁。各地政府的招商材料层出不穷，但是大多千篇一律，更多地停留在资源认知阶段，并没有全面、细致的研究区域实际旅游产业发展现状，形成准确到位的自我认知，通过不同资源和环境来匹配不同类型的投资商、开发商、运营商和服务商。

地方政府在旅游招商的过程中要明确旅游招商重点，导入全要素招商服务模式实现地方全要素的招商引资。

一、旅游招商引资

招商引资是旅游产业与旅游目的地运营过程中的一项重要环节。绿维文旅的专家团队基于十数年的策划、规划、设计、投融资咨询及项目投资经验，总结出了招商引资成功的关键逻辑。

（一）旅游招商引资的影响因素

绿维文旅认为，旅游招商引资的成功与否主要受三个因素影响：政府的主导作用、项目的市场引爆能力和投资商的运营能力。

政府的主导作用方面，首先，政府要具备吸引投资商和开发商的能力；其次，政府要针对不同的项目类型挑选适宜的投资开发商，选择的过程中要充分调查其资信实力与地缘条件，综合考虑其运营实力、资金实力、渠道资源等要素；第三，政府要对区域资源进行统一的规划和控制，避免投资商过分以自身利益为导向，而出现破坏资源环境、盲目投资扩张、损害当地居民利益等短视的开发行为；第四，政府须明确自己有所为、有所不为的界限，根据自身条件及地方实际现状投资相应的旅游公共工程，从而减少投资商的风险疑虑，增加整个投资环境吸引力；第五，政府和投资商签订的协议应有相对应的制约和互利条款，充分考虑资本进入与退出的机制，以及各种经营状况下的应对举措。

项目的市场引爆能力，能够很大程度地影响投资主体对目的地现状条件的评估和其对目的地未来发展的信心，是决定投资商是否进入目的地参与旅游建设的重要因素。引爆市场非一日之功，多数旅游项目在成功吸引大规模客源市场之前，都需要拟定多套策划规划方案，甚至在运营的过程中也会经历几次试错。旅游运营主体应基于对当今旅游市场和本地资源禀赋的充分解读，明确目的地和各专项旅游项目的市场定位和形象定位，结合科学精准的营销策略，通过一个或几个项目的市场引爆效果，形成目的地的“赚钱示范效应”，从而实现投融资的顺利进行和规模扩大。

投资商的运营能力是影响招商引资效果的重要因素。旅游产业运营对人力资源的专业性要求较高，这就要求旅游投资商具备优秀的人力资源配置、管理架构设计和流程管理能力。前期的策划、规划、设计对投资商而言是一张旅游运营方略的地图，而在具体运营的过程中，运营管理团队对扑面而来的细节必须能做到恰当的统筹和处理，即按照图上的战略方向和示意，创造性地解决每个真实的问题。从前期的投资论证，到策划、规划、设计、合同签订、报批、拆迁、产品、招商、营销、建设、融资、管理等各个环节，都需要有专业经验的人员把控。

（二）旅游招商运作步骤

旅游招商引资要想真正成功，需要政府和投资商从市场运营的角度，以商业运作的理念去看待市场、资源、产品，由专业机构设计项目的游憩模式、收入模式、管理模式、营销模式、投融资模式和商业经营模式。投资商在此方向指导的基础上，通过合理的人力资源配置来运营旅游项目，在政府的支持下真正实现招商成功。在具体实践中可以分为以下九个步骤。

第一，区域策划规划与项目设计。这是蓝图制定的阶段，关键是把资源的优势、市场的优势转化为产品项目的独特性吸引力，转化为商业上有利可图的投资项目。

第二，投资项目包装。按照国际上通行的《商业计划书》的模式进行项目包装，尽量使用各种平面、三维、动画、示意图、照片、视频、模型等图像资料，展现商业模式可行、盈利前景可判断的效果。

第三，招商政策制定。招商引资需要政策优惠，主要体现在资源使用权益的大小与时间、现有资产的处置、道路建设、土地资源的使用、农民及其他居民的安置、税费减免、贷款资金协助等方面。

第四，招商资料制作。资料的结构和内容应该符合投资决策的要求，突出投资吸引力，系统全面、论据充足。

第五，招商发布。信息投递的有效性直接影响招商效果，要积极开发服务于旅游招商引资的网站，如绿维文旅开发运营的旅发网，可以为地方政府及开发商提供系统的招商引资信息发布服务，达到专业包装、有效投放的最佳效果。

第六，招商考察与谈判。第一应该选择合适的企业，第二应该把握核心的政策尺度。特别是资源使用权、土地、政府公共设施辅助投资等政策支持性优惠，必须与企业投资进度、规划要求等目标相互衔接。

第七，合同签订。旅游开发协议是一个比较复杂的法律文件，应该由主体合同与若干附件共同构成。前期合同如果不够详细，容易在后续开发运营中产生纠纷，造成项目开发的停滞。因此，合同签订的过程中要详细规范各方责任与权利，形成友好协商、互惠互利的合作机制。

第八，合同落实与协作推进。合同的签订并不意味着招商的完成，各方主体要协作推进相关事项，落实具体的责任，分层次、按步骤地完成规划、设计、公共设施建设等工作。

第九，持续服务。对投资商的持续跟进服务，是塑造良好政府或企业形象、促进招商成功、推进项目运营工作的重要支持。

（三）招商引资的运行要点

1. 运用专业的旅游资源评估体系对项目进行甄选

在投融资领域，匮乏的不是资金，而是有好的投资回报的旅游项目。因此，在项目的甄选上，需要采用专业的旅游资源评估体系对目标项目进行评估，聘请旅游专家和营销策划专家对目标项目进行论证。评估内容除了针对目标项目现有的有形资源价值，还要考虑到项目可挖掘的潜在价值。评估结果必须由资深的旅游专家和评估机构提供，这是降低旅游投资项目风险的最为关键一步。

2. 设计科学的投资模式

不同的投资模式会有不同的投资回报，要按市场需求确定投资项目，丰富投资项目的内容，设计投资各个子项目的时间序列安排，采取“滚动式”投资经营策略，边经营、边扩建，针对不同阶段设计不同的收益项目，计划清晰投资的回报周期与资本的进入退出模式。

3. 紧密结合营销策划活动

透视众多成功的旅游投资项目，都是通过一系列不同阶段的营销策划与投融资配合。一方面挖掘项目资源的潜在价值，包括各类无形资产（如传统文化、生活方式等）和有形资源（如景区、历史遗迹等），从而聚集人气、增加投资回报率；另一方面通过给投资商塑造出良好的项目前景预期，降低投融资过程的资金筹集的风险和资金到位的难度。

4. 设计良好的投资环境

良好的投资环境，一方面要有优惠政策，一方面要考虑到项目运营者与投资者双方的利益。应该主要降低投资者在关键环节的风险，同时针对项目的资源禀赋、发展基础和开发阶段，分时分序给予相应的优惠政策。同时，在各项资源的产权保护和相关的法律法规上，要为投资商提供利益的保护，坚持规范的市场化运作，这是良好投资环境建立的保障。

5. 从降低风险的角度设计融资结构

在项目的融资结构设计上，本着保证资金筹集到位和资金成本最小化的原则，从降低项目风险的角度，从多个融资市场上进行融资，通过转让、抵押、拍卖项目经营权、项目收费权等各种形式引入资本，确定各个融资方式的比例和序列，配合项目的投资模式达到最好的现金流模式。

6. 采用标准流程包装融资方案

在项目融资方案的设计上，要聘请专业的团队对项目进行包装。改变传统招商引资的做法，采用公开融资的流程进行操作，制作规范的商业计划书，组织有资质的会计师事务所、律师事务所、评估事务所等专业中介机构在尽职调查的基础上，提供相应的履行诚信义务的财务报告、评估报告、法律意见书、投资分析报告等文件。利用这些具有可信度的资料包装，可以在最小化项目风险的同时，最大化地展现项目的投资与运营价值，从而减少或消除各界投资主体和商业主体对风险的疑虑。

7. **多种方式结合推介融资方案**

采用媒体推介、活动推介等多种方式对项目的融资方案进行推介。媒体推介商可利用报刊、互联网、电视、新媒体等媒介发布项目信息，也可以建立自己的网站、发行自己的刊物形成项目的专项推介。活动推介包括项目路演、招商大会、投融资大会等活动方式。通过这些形式，一方面可以推介项目，让不同背景、有意向的投资商了解项目，另一方面可以扩大项目的影响力，借势提升项目周边的土地价值。

8. **打造招商引资的项目平台**

旅游行业包含了人们的吃、住、行、玩等各个方面的需求，每个旅游项目下会有多个子项目。由于各个行业的投资商所拥有的资本资源、信息资源不同，其投资战略和对投资回报的要求也不同，同一个项目对于不同的投资商就会有不同的投资回报。所以招商引资的前提是根据旅游项目的评估系统，创建一个详尽、规范的项目库，为投资商提供有意向项目的投资评估资料，也为项目供应者提供合适的投资商资料。这个平台的建设能够实现投资商和项目提供者的有效对接，降低了整个项目的风险。

9. **打造招商引资的专业服务平台**

由于旅游行业良好的发展前景，众多的资本商都对旅游项目拥有浓厚的投资兴趣，但是存在对投资风险的疑虑。因此，建立一个聚集旅游行业专家的招商引资服务平台，能够为不同的资本找到一个最适合、风险最小的项目介入点，同时为资本的进入和退出提供了通道，为投资商不同时段的投资要求提供了多种选择。

10. **整合招商引资的流程**

以投融资市场化操作为理念，以最大化项目价值、最大程度降低项目风险为原则，整合招商引资的流程，使项目能在合适的时机引入适量的资本，为投资者带来最优的收益，为项目所在地带来可观的社会经济效益。

二、全要素招商服务模式

绿维文旅投融资事业部在多年研究和实践过程中，形成了整套区域全要素招商服务模式。以项目为中心，从项目专项包装，到优质项目打造，再到精品旅游线路规划，最终塑造区域旅游品牌。以区域投融资市场为对象，分析市场投资状况和机遇；以全要素招商大会为平台，建立项目与资本的高效对接机制；以创新推广活动为推手，进一步对区域旅游形象进行宣传。从项目包装到区域旅游品牌推广，形成链条式全要素招商推进结构，为区域政府进行招商、产业整合、促进产业发展形成有效的推动作用。具体而言，全要素招商主要包括以下四项服务。

（一）区域旅游投融资分析报告、规划

1. 区域旅游投融资现状

梳理区域内各项旅游资源、旅游投资规模、投资项目结构、项目区域分布等情况，摸清地区旅游投融资情况。

2. 区域投资价值 / 机遇分析

通过对区域内旅游投资价值、机遇的分析，为当地旅游开发投资参与者提供指引。

3. 政府支持政策、保障措施

政府支持政策和保障措施是吸引投资人的重要条件，通过历年旅游投融资政策的梳理、保障措施的制定，为项目与资本对接提供有利保障。

4. 区域旅游投融资规划

以区域资源为基础，政府政策为支撑，挖掘区域项目投资优势，因地制宜对区域旅游制定投融资规划，确定投融资目标，明确融资渠道和范围，设定融资方式，设计精巧的商业模式和良好的股东结构，预测投融资实施效果等。

（二）区域旅游项目品牌打造

1. 重点项目专项包装

以资本偏好的视角，梳理单个项目的商业运作模式、盈利方式及资源升值空间，对项目投资价值进行分析、建立项目分类结构、项目投资估算、地域分布图等，将区域重点项目群有效整合，形成具有可持续推进、高投资价值、战略发展意义的旅游项目体系，做到重点项目专项包装，并将其与适合资金进行资本匹配。

2. 谋划精品旅游线路

打造区域精品景区和精品旅游线路工程，形成一批资源禀赋好、游客赞誉高、市场潜力大的示范景区和示范旅游线路，同时打造定制化、个性化、独享化的旅游产品。通过以线带面的方式，带动区域旅游项目影响力，提供客商考察专属旅游线路。

3. 塑造区域旅游项目品牌

设计区域旅游品牌文化内涵、整合优质资源、创建示范景区、甄选重点项目、谋划精品旅游路线，通过线上平台、线下路演活动、媒体专访等推广渠道的叠加，形成全方位、高频次的品牌宣传活动，由此引爆市场热点和话题，提升区域旅游品牌的知名度和影响力。

（三）旅游投资全要素招商大会

旅游全要素招商大会是进行项目推介、路演、资本对接的重要手段。通过招商大会形成高端合作对接、整合媒体传播、发布区域投融资分析报告和重点招商项目册、分享

业内经验等，进行旅游资源和形象推广，吸引更多投资人和旅游消费者。

1. **全要素招商大会方案策划**

根据大会主题和实际情况策划大会方案，设置如重要嘉宾演讲、重大项目发布、招商签约、论坛讨论、精彩演绎等会议环节，确保大会的对接和宣传效果。

2. **大会技术支持**

为大会提供技术服务，包含大会主视觉设计、宣传视频设计、会务文本印刷等。

3. **嘉宾及客商邀请**

协助邀请全国旅游产业龙头企业、上市公司、金融机构、大型央企、房地产龙头企业等，包括旅游开发商、旅游投资商、旅游运营商、旅游服务商、产业链上顶级机构嘉宾，同时邀请国内主流新闻媒体跟踪报道。

（四）创新推广活动

1. **线上推广**

对区域旅游招商项目进行系统分类、筛选，以 H5、微信小程序等热点传播形式，制作省级旅游项目招商系列手册、宣传创意视频。通过官方网站、微信、微博公众号、直播活动等线上及新媒体平台进行招商推介。

2. **线下推广**

加强与各种商会、办事处等机构联系，宣传招商信息，实现招商信息精准投递。

3. **公众活动**

通过举办公益活动、旅游高峰论坛、标识设计大赛、旅游优惠周、摄影摄像大赛等大型公众活动，制造热点话题，进一步扩大区域旅游影响力。

第四节　旅游项目建设的PPP运作模式研究

旅游项目的落地需要大量的投资支持，如何解决建设资金是摆在众多地方政府面前的一大难题。PPP 模式正是通过各级政府的主导和统筹，高效配置各类市场资源，发挥企业投资、经营和服务的优势，为企业海量资金寻找出口，从而破解地方政府建设资金困局的投融资模式。再加上中央政府和政策性银行的有力支持，为 PPP 项目授信放贷，提供了政策保障、化解了资金与利息风险。

社会资本介入地方项目，盈利需求是第一位的，地方政府通过 PPP 项目输出特许经营权，通过对 PPP 项目运作模式进行细分，影响回报方式。回报机制方面，公益性项目以政府购买和使用者付费相结合。完全商业性项目以使用者付费为主，既凸显了政府改善民生的职责，又使出资的社会资本方有利可图，实现政府和社会资本的双赢。

一、PPP 运作在旅游目的地开发中的优势

旅游目的地是靠资源、业态、产品、基础设施和公共服务设施支撑起来的综合开发体系，需要海量的资金支持。旅游产业的美好前景吸引着社会资本，同时又亟需突破传统的融资瓶颈。PPP 模式的运用，不仅有助于解决长期以来制约旅游行业发展的融资建设问题与经营管理问题，而且将成为推动旅游产业升级的动力性抓手。PPP 模式既是融资概念，更是旅游项目运营管理概念。

采用 PPP 模式，可以汇聚社会资本的投资力量，为区域旅游项目建设及周边基础设施建设融资，并且通过提升区域旅游服务质量等软件服务，全面提升运营管理水平，提高目的地旅游服务的水平。通过规划、投资、开发、运营等一系列的整合，PPP 模式将推动区域旅游产业的转型升级。

二、PPP 的模式分类

PPP 运作的常见模式有 BOT 模式、BOOT 模式、BOO 模式、TOT 模式和 ROT 模式，不同的模式反映了私有化的不同程度（见表 14–9）。

表 14–9　PPP 的模式分类

一级分类	二级分类
项目式外包	服务分包
	管理分包
整体式外包	设计—建设（DB）
	设计—建设—主要维护（DBMM）
	运营和维护（O&M）
	设计—建设—运营（DBO）
特许经营	移交—运营—移交（TOT）
	建设—运营—移交（BOT）
	设计—建造—融资—经营—移交（DBFOT）
完全私有化	建设—拥有—运营（BOO）
	购买—更新—运营（PUO）
部分私有化	股权转让
	其他

（一）BOT 模式（建设—经营—移交）

政府给予项目公司特许经营权，让其在特许权期限内通过资金募集，投资建设项

目，并对其运营维护以收回成本并盈利。在特许权期限时间之后，无偿转让给政府。

特点：投资者自负盈亏；投资者或项目公司拥有经营权，无所有权；一般适用于高速公路、机场、铁路、停车场等基础服务设施项目。

（二）BOOT 模式（建设—拥有—经营—移交）

社会资本参与建设基础产业项目，项目建成后，在规定的期限内拥有所有权并进行经营，期满后将项目移交给政府。BOOT 代表了比 BOT 更高一级的私有化程度，在一定时间内享受了所有权。

（三）BOO 模式（建设—拥有—经营）

由政府或所属机构对基础设施项目的建设和经营提供特许权协议作为项目融资的基础，由社会资本方作为项目的投资者和经营者，安排融资、承担风险、开发建设并经营，但并不将项目移交给相应的政府或所属机构。

（四）TOT 模式（移交—经营—移交）

政府把正在运营过程中的公共基础设施项目的经营权，在一定期限内有偿移交给社会投资者，社会资本获得项目经营权，期限内项目经营收益归属社会投资者，经营期满后，公共基础设施项目移交回政府。

（五）ROT 模式（改建—经营—移交）

获得政府特许授予专营权的基础上，对陈旧项目设施和设备进行改造，经营 20~30 年后转让给政府。

（六）DBFOT 模式（设计—建造—融资—经营—移交）

从项目的设计开始就特许给某一机构进行，直到项目经营期收回投资和取得投资效益，然后移交回政府。

三、旅游 PPP 的开发模式

SPV（特殊目的公司）是 PPP 项目的具体实施者，由政府和社会资本联合组成，主要负责项目融资（融资金额、目标、结构）、建设、运营及维护、财务管理等全过程运作。

政府部门（或政府指定机构）通常是主要发起人，通过给予某些特许经营权或一些政策扶持措施来吸引社会资本并促进项目顺利进行。在 PPP 模式中的职能主要体现在：招投标、特许经营权授予、部分政府付费、政府补贴、融资支持基金（股权、债权、担保等形式的支持）、质量监管、价格监督等方面。

社会资本也是主要发起人之一，同政府指定机构合作成立 PPP 项目公司，投入的股本形成公司的权益资本。社会资本可以是一家企业，也可以是多家企业组成的联合体，主要包括私营企业、国有控股企业、参股企业、混合所有制企业。

金融机构在 PPP 模式中主要提供资金支持和信用担保，也可作为社会资本参与投资。由于区域综合开发旅游项目的投资规模大，在 PPP 项目的资金中，来自社会资本和政府的直接投资所占比例通常较小，大部分资金来自于金融机构。向 PPP 模式提供贷款的金融机构主要是国际金融机构、商业银行、信托投资机构。

（一）成立 SPV 公司作为旅游开发主体

PPP 模式下，政府下属机构或公司、投资主体、金融机构或其他投资人通过组建 SPV（特殊目的实体），投资和运营相关项目；政府负责政策规划制定和实施，是项目整体调节和监督者（调节项目进入资本的盈利空间，各方利益关系）；社会资本参与者通过谋取企业合理利润，提高更专业的项目设计和后期运营管理服务，以及获取部分项目运营权，实现综合效益；对金融机构来讲，如果只是提供资金（为项目公司融资）的间接参与，则收益来源主要是贷款利息。如果作为社会资本的直接参与，则可与政府、社会资本签订三方合作协议，最终享受项目运营收益分成或政府偿付费用（见图 14–3）。

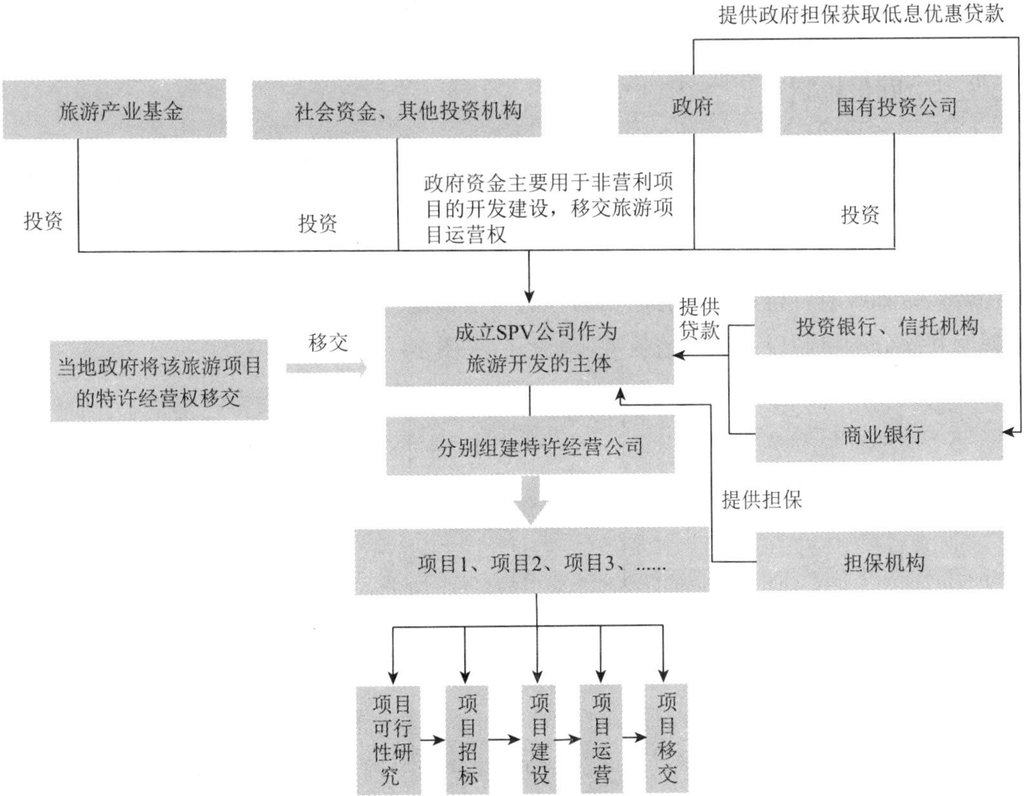

图 14–3　成立 PPP 公司作为全域旅游开发主体

（二）以 PPP 引导基金推动旅游产业升级

未来，旅游设施项目通过 PPP 模式包装，政府的基础设施投入和民营的商业化投入相结合是大势所趋。一般来说，这一投入将遵从二八定律，即 20% 由政府和国有企业投资，引导 80% 的民营资本投资，并通过融资杠杆，推动区域旅游产业升级开发。这将成为旅游得以发展的基础（见图 14–4）。

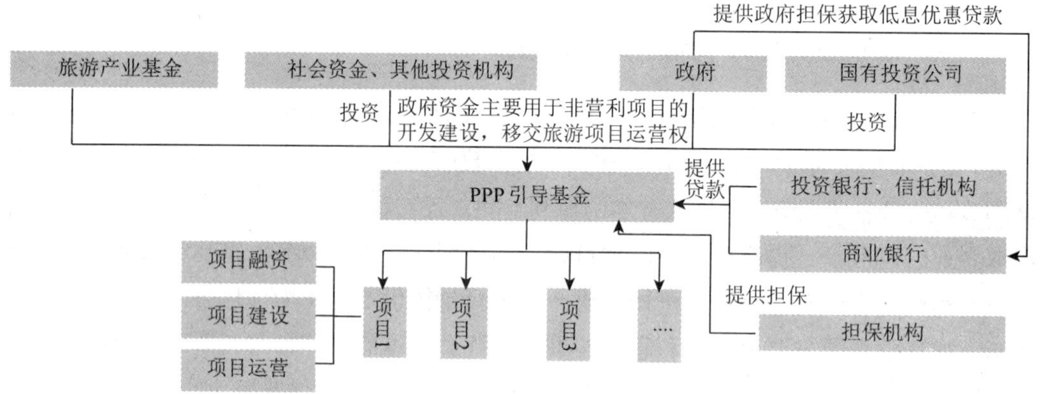

图 14–4　以 PPP 引导基金推动旅游产业升级

（三）回报机制

采用 PPP 模式的旅游项目内容侧重于环境提升、基础设施改造等，通过提供公共产品及服务，使用者付费来回收投资及获取基本收益，还将非经营性和经营性项目整体打包，满足社会资本的收益平衡、减少政府负债，提升当地人民收入水平。同时，通过使用者付费和政府可行性缺口补贴相结合的回报机制，减轻项目整体风险。可设置合理的超额利润分配机制以及运营绩效考核机制（见图 14–5）。

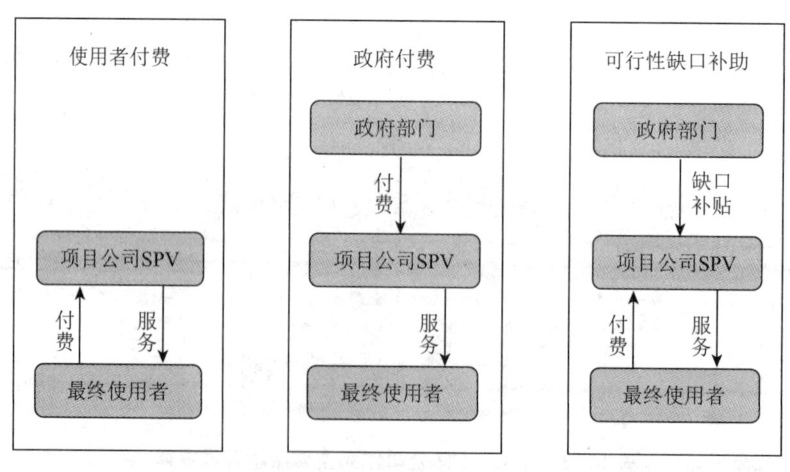

图 14–5　PPP 的回报机制

四、旅游 PPP 项目开发类型

旅游 PPP 项目分为四种类型：专项基础建设项目、区域综合开发项目、单项重点项目、特色村镇项目。

（一）旅游专项基础建设 PPP 项目

专项基础建设项目开发聚焦旅游基础设施建设，为景区及目的地提供良好的交通、公共服务设施等，还包括符合当前消费形态的更具吸引力的项目，如低空飞行、自驾营地等。专项开发具有跨区域、较离散、公益性等特点。基础设施建设和公共服务体系建设，是 PPP 应用的首选，特别适合解决基础设施投资缺口大、政府财力不足的困境，为社会资本找到合理出口，充分发挥政府和社会资本的互补优势。

此类项目均采取 PPP 运作模式，投资商负责项目内所有建设内容，回报机制为政府付费、使用者付费以及其他协议性回报（见图 14-6）。

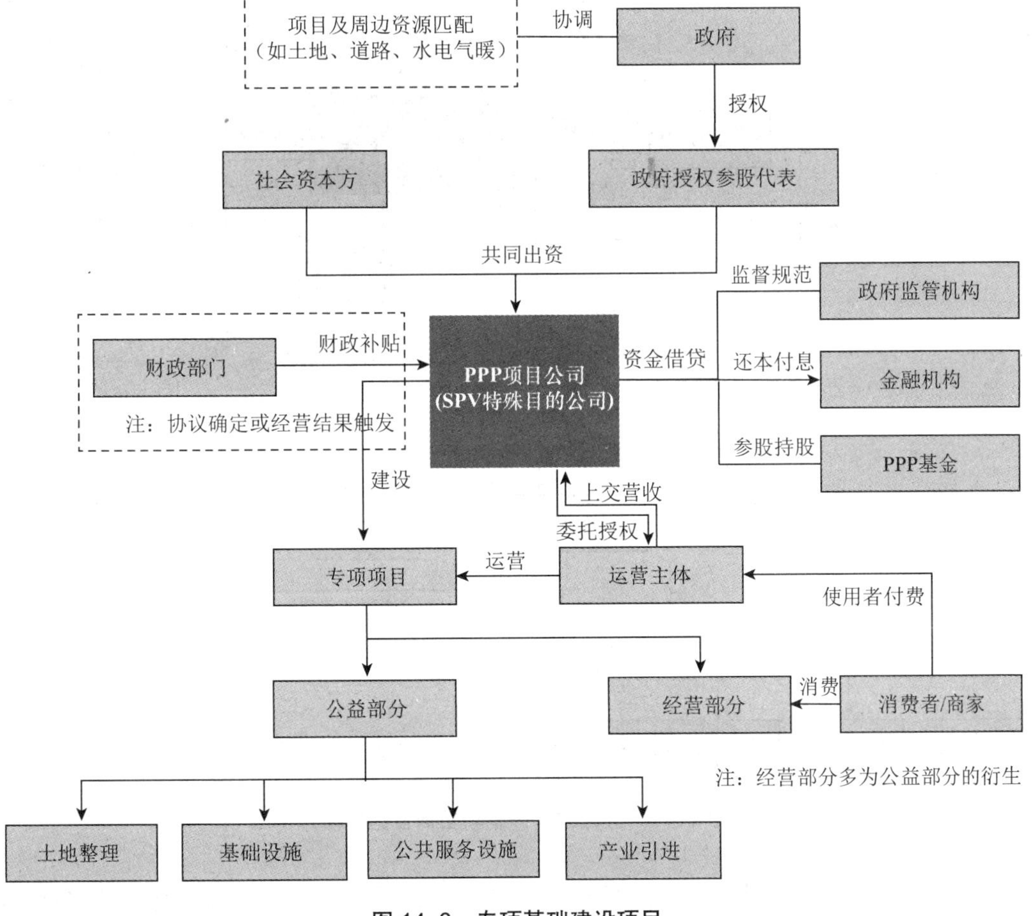

图 14-6 专项基础建设项目

（二）旅游区域综合开发 PPP 项目

区域综合开发项目是全域旅游开发的核心体，汇集数个旅游项目优势，形成特色区域开发板块，整体打造，便于更好地规划目的地，形成系统的旅游文化体系，满足游客多种体验需求。

区域内部多种旅游资源密集分布，极易形成综合优势。区域开发的最终目标是要达到区域经济、社会、文化结构与功能转变。区域开发因其投资规模大和运作复杂而特别适合采用 PPP 方式进行运作（见图 14–7）。

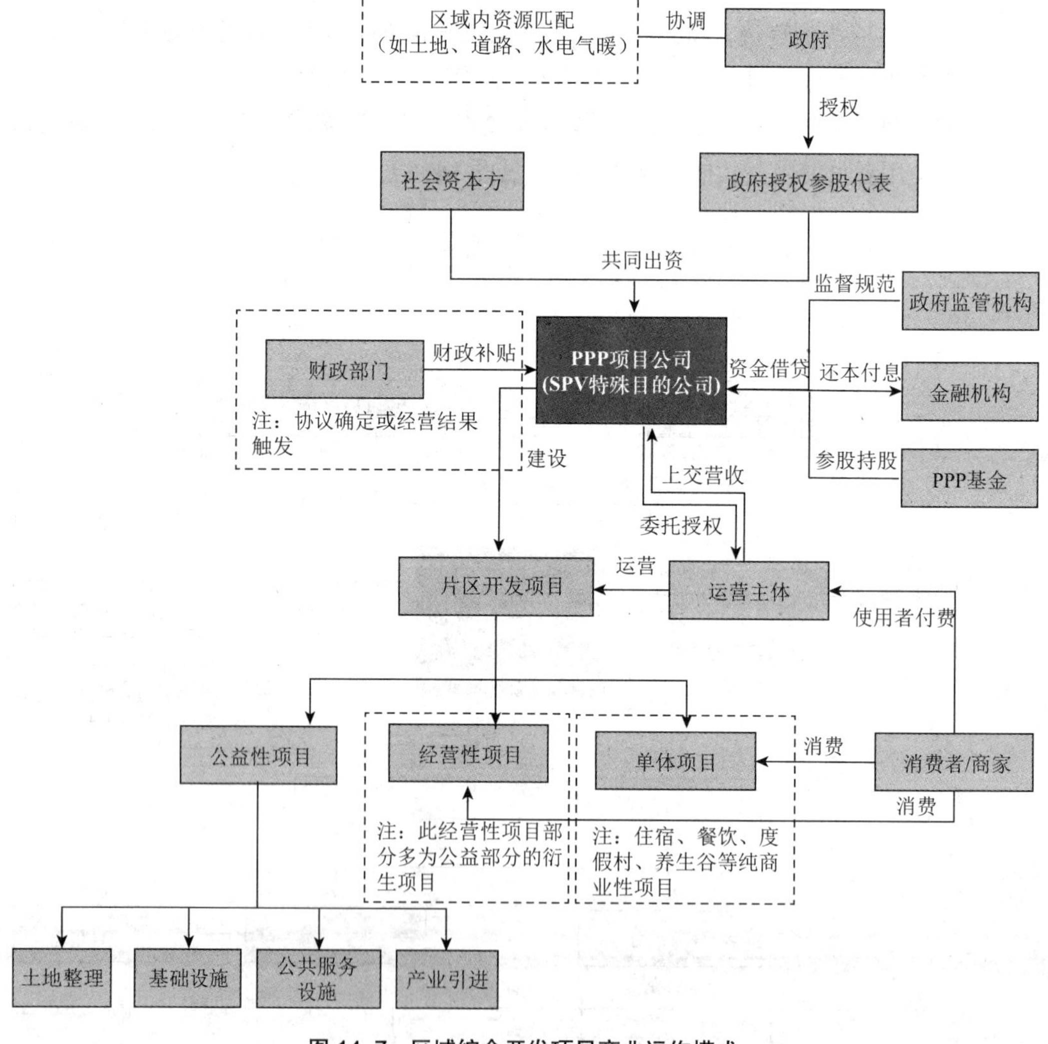

图 14–7　区域综合开发项目商业运作模式

区域旅游示范区包括大量的一级土地开发、商业街区建设、公益性公共服务设施建设等，也包含景区度假区开发、商业街修建以及区域内子项目招商引资和产业服务等。

项目收入有建设利润收入、招商引资提成收入等现金流入，适合以特许经营、政府补贴、政府购买服务等形式包装成 PPP 项目。

（三）旅游单项重点 PPP 项目

单项重点项目包括景区、度假村、文化园和森林公园等建设，侧重个性化与经营性，属于优质资源，操作内容含少量基础设施建设，主流是纯商业项目建设运营，项目中有需要完善项目区域内的景区公共设施建设等公益性工程的亦可采用 PPP 模式，纯商业性质开发的采取商业开发模式（见图 14–8）。

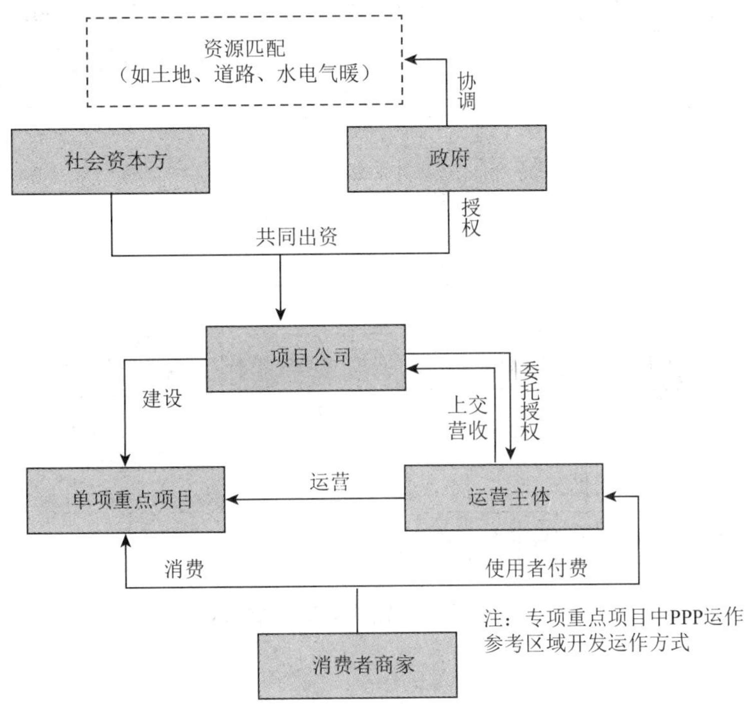

图 14–8　单项重点项目商业运作模式

（四）旅游特色村镇 PPP 项目

特色村镇在城镇化发展中占据着重要的地位，有重点、有特色地发展是指导小城镇建设的重要原则。特色村镇建设推动“产、城、人、文”的融合。特色村镇由于整体开发过程中涉及大量的小镇基础设施和公共设施建设和完善，具有大量的公益性质工程，均采取 PPP 的模式运作（见图 14–9）。

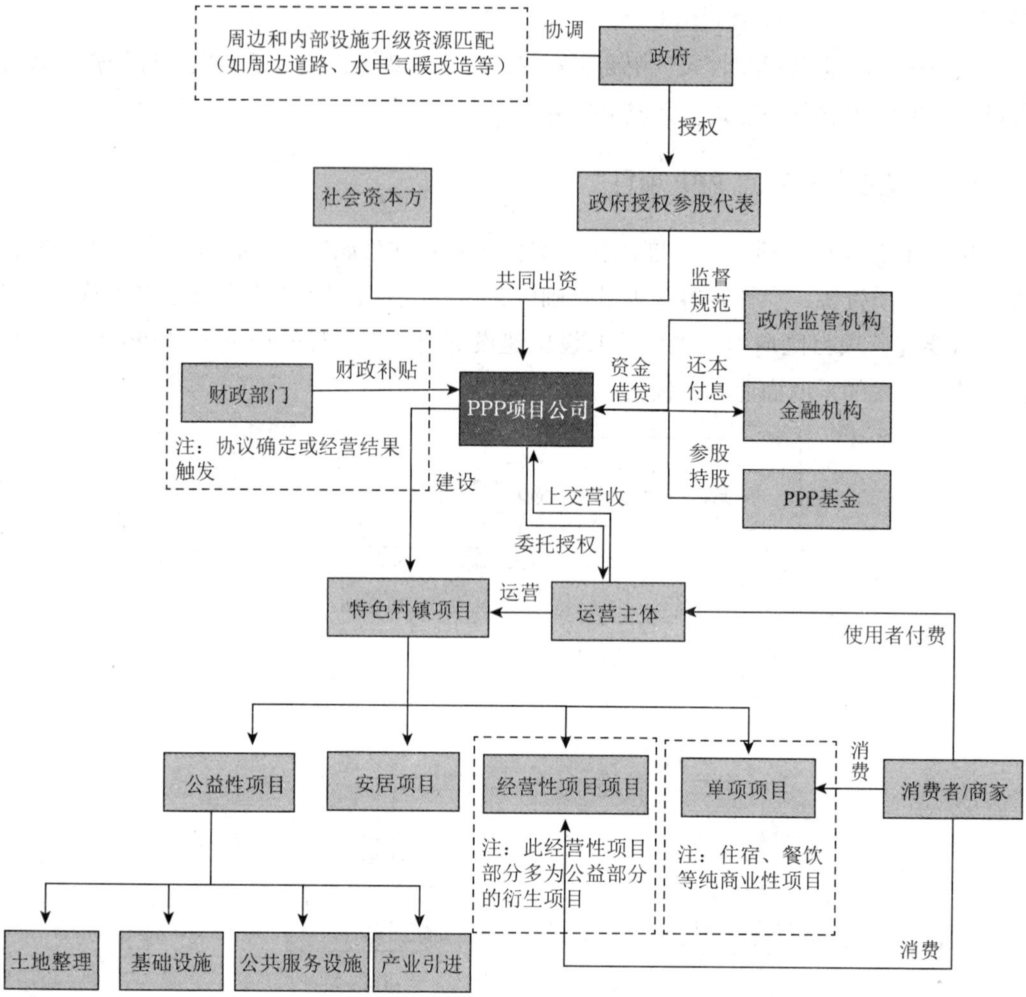

图 14-9　特色村镇项目商业运作模式

案例

"1+4 投融资服务模式"——河北省旅游投融资大会

旅游投融资是全域旅游落地发展的重要环节，绿维文旅集团依托"旅游与特色小镇开发运营平台"和"旅游开发运营网"，助力河北旅游投融资大会成功展开，在全域旅游投融资理念创新与实践总结中，形成了"1+4"投融资服务模式，为全域旅游发展和区域旅游招商引资提供系统解决方案。

一、打造平台，创新投融资服务模式

绿维文旅以"平台化运作 产业链经营"为宗旨，打造"旅游开发运营平台"，形成了全产业链全程联合服务模式（见图 14–10）。通过绿维文旅“旅游开发运营平台”，能够实现在宏观经济政策、全局发展情况、可利用资源及资金等基本情况盘整的基础上，对区域发展模式进行设计，对土地价值、其他可利用资源进行价值评估，并以此为依据，设计投融资规划模型，提出开发时序，得到实施管理建议。在此基础上，落实投融资规划、旅游投融资平台建设、旅游 PPP 模式促进计划、项目招商包装，并落实招商引入服务。

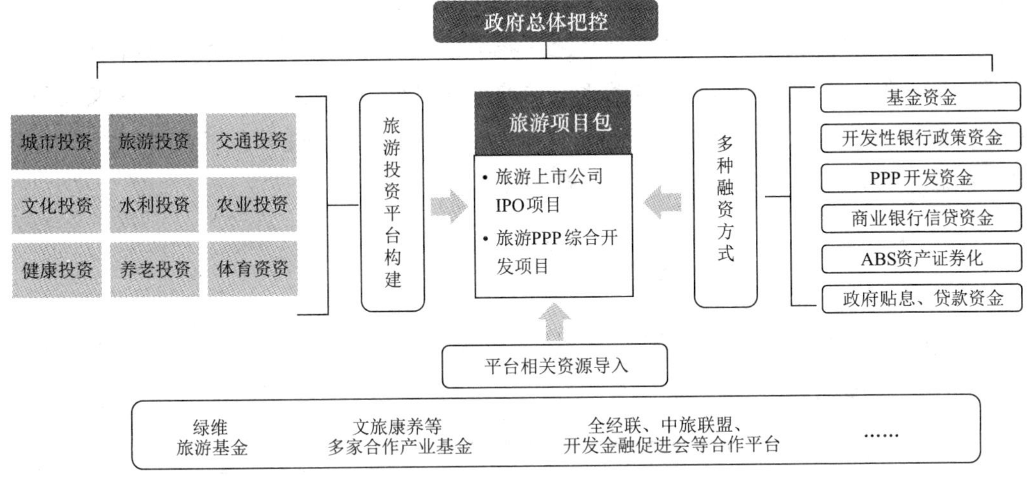

图 14–10 全产业链全程联合服务模式

绿维文旅通过搭建平台、从后端导入前端的服务，在规划设计阶段，就引入投资商、开发商、运营商、服务商来共同参与，是有效解决规划设计落地的好方法，通过这种全产业链全程联合服务模式能够实现“四招五引入”（招投资商、招开发商、招运营商、招服务商；引入资金资本、智库平台、品牌企业、人才团队、IP 项目）为旅游的落地运营提供支撑。

二、全面深度服务河北省旅游投融资大会

绿维文旅作为河北省旅游委的战略合作伙伴，共同承办河北省旅游投融资大会，按照“四招商五引入”的方式，提供全面深度服务，包括 400 多个旅游项目的筛选与包装，200 家旅游相关金融机构、开发商、投资商、运营商资源的导入，《河北省旅游投融资白皮书》编制、《河北省重点旅游项目招商册》编制以及河北省旅游宣传片的制作等。

绿维文旅派出了 5 个工作组，几十个专业人员，到各个地市调研、挖掘、整理、包装，把河北旅游发展所需要的全域旅游架构下的产品、基础设施、服务结构、重点产品结构和综合开发结构有效落实下去，为此编制了《河北省重点旅游项目招商册》。同时，对政策进行了全面梳理，专门编制了推进全省旅游投融资开展的政策与行动指南《河北旅游投融资白皮书》，并在大会上首次发布，实现了旅游投融资模式创新的大突破。

绿维文旅“中国旅游开发O2O平台”推出旅游运营网，为河北省旅游投融资大会提供线上招商服务，将400多个重点旅游项目在线展示，直接为大会旅游项目与投融资方提供对接服务。

绿维文旅依托“旅游开发运营平台”，打造永不落幕的旅游投融资交易会！

三、全域旅游投融资创新服务模式——“1+4”

绿维文旅以投融资大会为核心点，以白皮书＋项目包装＋客商邀请＋宣传视频制作四个方面的技术服务为支撑，实现绿维文旅对省市级全域旅游重点项目策划、设计、包装、宣传及资本对接等方面工作的落地。挖掘策划规划业务资源、挖掘各市县旅游局资源、维护各地区旅游系统的渠道关系、持续跟进对接项目策划、规划、包装及投融资工作。逐步完善绿维文旅业务链，真正形成绿维文旅在顶层设计、开发建设、运营管理、投融资等方面的全链解决（服务）能力（见图14-11）。

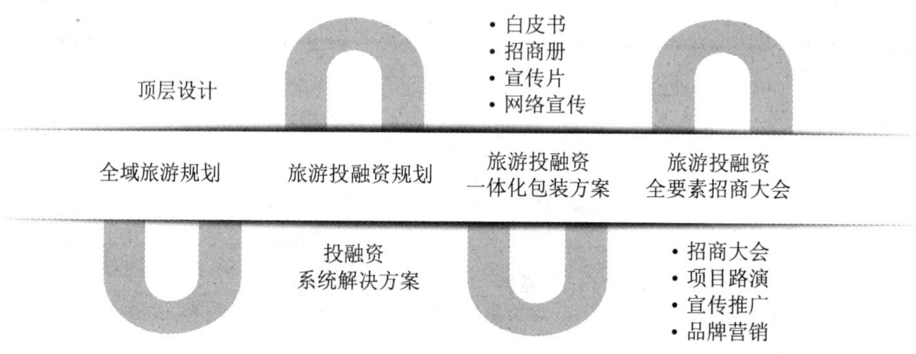

图14-11　全域旅游系统业务链

复习思考

1. 旅游投资的过程中，如何分析一个旅游项目的投资价值？
2. 对于旅游开发运营主体而言，如何招商引资，盘活项目？

第十五章

旅游目的地营销

学习目标

知识目标

1. 掌握旅游目的地营销的诉求和创新方向；
2. 掌握新媒体营销的内涵、特征及创新途径；
3. 了解旅游目的地营销的创新开发方式。

能力目标

1. 形成旅游目的地营销创新体系的构建思路；
2. 初步掌握旅游目的地营销的创新技巧。

营销作为招徕客户、增加收益而采取的品牌形象推广活动，是旅游目的地系统建设中不可缺少的环节。大众旅游、自主旅游时代，旅游目的地营销要注重内容的吸引力、形式的多元、渠道的精准和手段的创新。

本章内容包括旅游目的地营销概述、旅游目的地营销体系、新媒体——自主旅游时代的目的地营销重点、旅游节庆营销的创新开发、绿维文旅的营销创新实践五个部分，从旅游营销的新诉求出发，提出旅游目的地营销的创新方向和创新路径，构建旅游目的地品牌形象传播的逻辑体系。

第一节　旅游目的地营销概述

一、旅游目的地营销新诉求

随着旅游业的深入发展和旅游市场竞争的日益激烈，旅游目的地营销受到了越来越多的关注，许多旅游目的地不仅在思想上认识到了营销的必要性，而且将营销新诉求融入其目的地营销创新中，从而树立起旅游目的地的品牌形象。

（一）来自需求端的诉求

1. 旅游信息的有效性

在信息爆炸的时代，各种信息充斥在旅游消费者周围。旅游消费者既希望不要受到垃圾信息的骚扰，同时又能快速便捷地获取有效的旅游信息。

2. 信息内容的多元性

随着游客需求个性化趋势加强，单调乏味的内容展示已无法吸引他们的注意力。因此，旅游营销信息从获取途径、表现手法、表现形式、展现位置等方面都需要更加多元化。

3. 旅游消费的保障性

很多旅游企业尚未建立完善的消费保障服务体系，对游客在游览过程中遇到的问题不能做出及时、快速的反馈，导致游客满意度降低。旅游是体验型消费，保障服务的缺失严重阻碍了旅游行业的可持续发展。

（二）来自供给端的诉求

1. 完善的营销战略规划

从供给端看，旅游目的地需要制订符合市场趋势的营销计划，从而实现长远发展目标。许多旅游企业在经营中过多地追求短期销售目标，缺少对长远营销的战略规划，无法把握旅游产品策略、旅游价格策略、旅游销售渠道策略、旅游产品促销策略之间微妙而又复杂的关系，从而不能根据消费者需求制定适合的推广对策。此外，企业的旅游市场营销战略与营销计划大多停留在初级阶段，缺乏对市场营销计划控制、成本利润控制、信誉控制和战略控制。因此，旅游目的地和企业在发展中亟须完善营销战略规划。

2. 提升旅游营销的精准性

旅游业是信息依赖型产业，旅游信息的传播和流通成为沟通旅游者、旅游批发商和旅游代理商的重要方式。旅游者在旅游目的地选择、旅游食宿预订、游玩活动等各个方面，均依赖对旅游目的地信息的获取。而旅游营销是推送旅游信息的重要方式，如何精准有效地将目的地信息推送给有出游需求的消费者，是营销需要解决的首要问题。

3. **降低旅游营销成本**

在信息技术的推动下，旅游产品更新换代速度不断加快，无论是互联网还是线下，旅游企业获取有效客户的难度也越来越大，获取成本也越来越高。在新的市场环境下，线上营销面临高额的点击付费推广，线下营销需要更多元的推广活动和高昂的地推费用。如何降低营销成本，获取精准客户资源，是旅游企业面临的普遍问题。

4. **多样化的营销手段**

互联网时代下，旅游目的地不仅要注重以资源展示、产品销售和体验为主的多元品牌营销，还要应针对不同的节事活动形成多元的营销主题，并利用娱乐营销、新媒体营销等多种营销手段让旅游者从多角度了解旅游目的地的品牌理念，使旅游目的地的营销走向多元化。

二、旅游目的地营销创新方向

（一）品牌创新

旅游目的地品牌创新与线下社交空间功能定位一致，以线下社交空间为品牌内涵属性，不断利用最新的理念和科技塑造旅游目的地自身品牌。同时，旅游目的地品牌创新注重游客体验升级，通过融入互动体验项目，实现品牌与游客之间的互动，让游客的休闲之旅充满乐趣与情谊，并通过提升品牌的顾客关联度和忠诚度，提高旅游目的地重游率和游客的消费水平。

（二）观念创新

互联网 O2O 线上线下互动思维传递的是增加与消费者接触机会，精确把握消费者需求，提高消费者感受体验，实现消费者品牌忠诚的观念。在互联网大数据时代下，旅游目的地营销具备了实现上述观念的基本硬件，即大数据信息。立足大数据库，旅游目的地可准确掌握游客需求爱好的个体信息，从而基于游客信息开展客户行为分析，面向不同群体客户制订不同营销计划，开展精准营销，于细微处增强不同客群在意的细节体验，增加游客的品牌黏性。

（三）渠道创新

旅游目的地要改变单一线下销售模式，建设线上销售平台，建立“线上 + 线下”并行的销售渠道系统。旅游目的地线上销售渠道主要包括两大方面：一是建立线上官方平台，包括官网、官微（微博、微信），注重线上推广和销售到线上服务执行体系建设的投入；二是建立与第三方平台机构的合作，借助影响力大、覆盖面广的第三方平台实现集中销售和品牌合作的延展机会。在完善系统建设过程中，注重线上订购服务与线下享受服务的无缝对接，实现从线上到线下的O2O互动。

（四）组织创新

旅游目的地营销需要政府、行业协会、企业和当地居民共同参与。其中，政府需要协调各方利益关系，为目的地提供官方平台，拓展旅游目的地的营销推广，推动区域社会经济发展；行业协会作为非营利性组织，联合各利益相关者之间的资源，为旅游企业提供交流平台，使目的地实现集体营销并分享成果；企业是旅游目的地对外营销的主力，通过商业化的营销推广和优质产品的组合，为旅游目的地吸引更多的旅游者；当地居民是利益共同体中不容忽视的一环，通过培养主人翁意识，使其对旅游目的地的发展产生责任感，在旅游发展中让旅游者感受到当地良好的环境和文化氛围，提升游客的体验感和满意度。

第二节　旅游目的地营销体系

随着市场竞争日益激烈，旅游目的地建设进行的如火如荼。过去的几十年中，国内旅游目的地建设经历了从盲目发展到科学规划的过程，旅游目的地为了谋求生存与发展，需要根据旅游市场需求及最新动向确立目标市场，并设计出相应的旅游产品、服务、项目。旅游目的地营销和推广是旅游目的地进入经营阶段后重要的工作内容和环节，直接关系到旅游目的地的经济效益和社会效益。

一、品牌整合营销体系建设

品牌在现代营销理念中被誉为“营销的核心和灵魂”，它作为吸引消费者购买的其中一个重要因素，承担着向消费者传递本身所代表的独特形象和旅游产品吸引力的重任。同时，品牌像某种标志、符号，既是连接产品、服务与消费者的纽带，又是消费者消费某种产品的体验和感受。每个品牌的背后都蕴含了支撑其产品、服务的形象和理念，但同时品牌又必须超越其产品或服务，而相对独立存在。

绿维文旅在多年的旅游策划实战和理论研究的基础上，提出了旅游品牌整合营销传播系统的理论框架，将旅游品牌整合营销传播系统划分为品牌塑造、品牌包装、品牌传播、品牌管理四个步骤（见图15-1）。

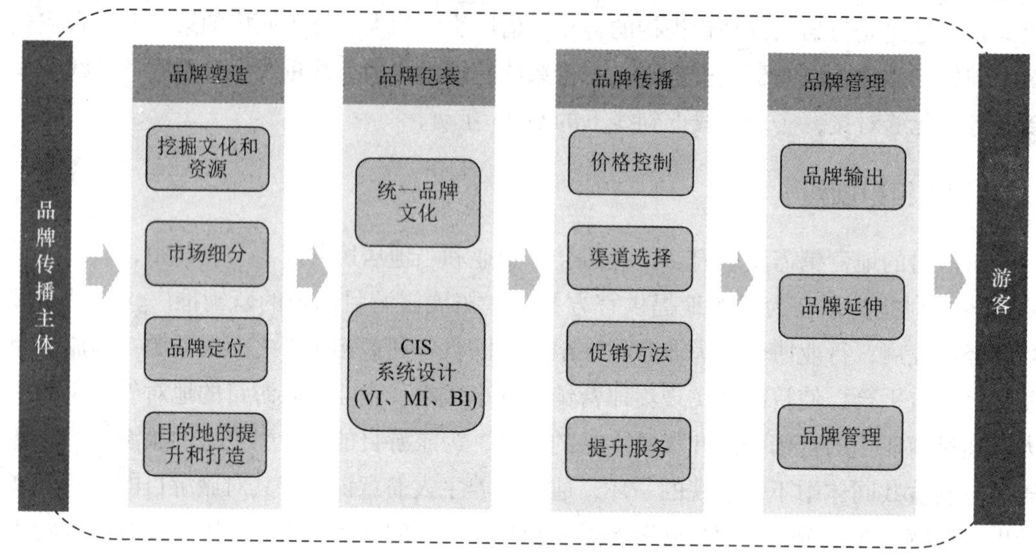

图 15-1　旅游品牌整合营销传播系统

（一）旅游目的地品牌塑造

旅游是一种预卖产品，需要通过提前营销，将吸引力转化为各种购买力。在购买环节中，旅游产品的品牌对消费者购买决策的影响意义重大。在当今激烈的旅游市场竞争中，形象塑造已成为旅游目的地占领市场制高点的关键。旅游产品的不可转移性，决定了旅游产品需依靠形象传播，使其为潜在旅游消费群体所认知，从而激发消费群体旅游动机，并最终决定前往旅游目的地。国内外旅游研究表明，品牌是吸引旅游者最关键的因素之一，品牌使旅游者产生一种追求感，进而促使旅游者前往。因此，如何塑造旅游目的地品牌和形象并向消费者充分有效地传播，成为目前旅游企业亟待解决的问题之一。

1. **挖掘文化和资源**

旅游目的地往往依托一个区域进行发展，地域范围内的地理环境、风俗特产和历史人文等都是旅游目的地可以提炼成为品牌核心价值的要素。旅游目的地要优先挖掘出其关键文化要素及核心资源在区域范围中的价值，抢占所在区域的地域品牌价值。如四川稻城县利用当地特产藏香猪，走出了一条“扶贫 + 客栈化度假小镇 + 藏香猪养殖 + 景区”的特色化旅游目的地之路。稻城县在旅游目的地的建设中，深度挖掘最有价值的藏香猪资源，延伸藏香猪的产业链条，申请其为稻城藏香猪地理标志产品，并形成了藏香猪养殖基地建设—藏香猪猪肉加工处理—藏香猪餐饮业态—藏香猪养殖培训等产业链体系，打响稻城藏香猪品牌。

2. **市场细分**

市场分析是旅游品牌定位和品牌塑造的前提，要在充分认识旅游目的地资源及文化内涵的前提下，全面把握旅游客源市场发展现状及趋势，深入分析区域和同类竞合市场状况，为品牌定位做准备。为提升品牌定位的准确性和营销的针对性，需要根据购买者对产品或营销组合的不同需要，将市场分为若干不同的顾客群体，即市场细分。

3. 品牌定位

品牌定位是塑造品牌的关键和难点，在市场分析的基础上通过使用定位方法提炼出特定旅游目的地的主题定位。在定位的过程中，要注意旅游目的地与周边资源的区别，最好可以抢占独特的品类，争取在众多的旅游目的地中脱颖而出。

4. 目的地的提升和打造

旅游目的地在明确定位的基础上要进行旅游目的地的提升和打造，提升打造主要围绕以下几个方面：一是旅游目的地主题的提升；二是旅游目的地产品的提升；三是旅游目的地空间结构的提升；四是旅游目的地风貌景观的提升；五是旅游目的地游憩方式的提升；六是旅游目的地管理服务的提升。

（二）旅游目的地品牌包装

1. 统一品牌文化

对于旅游目的地而言，品牌建设的第一步就是要推出一个强大而统一的品牌文化。当今社交媒体和病毒式营销成为主流，目的地在宣传用语等方面要保持鲜明特色且统一的语调。

2. CIS 系统设计

CIS，即 Corporate Indentification System，企业形象识别系统，是企业品牌培育的重要支撑。企业识别系统作为助力品牌培育的重要武器，对于旅游目的地而言也是发展的利器，同时也是旅游目的地统一品牌文化的行动纲领。

CIS 主要包括企业理念识别（Mind Identity，MI）、行为识别（Behavior Identity，BI）、视觉识别（Visual Identity，VI）三个部分。其中，理念识别（MI）助力旅游目的地统一文化和战略；行为识别（BI）助力规范经营者形象和员工形象等；视觉识别（VI）则从品牌标志、标准字、标准色、目的地造型、目的地象征图案、目的地宣传标语、口号、吉祥物等进行视觉的统一，如表 15–1 所示。

表 15–1　旅游目的地 CIS 打造

类别	理念识别（MI）	行为识别（BI）	视觉识别（VI）
内容	企业使命、经营宗旨、精神、信条、座右铭、文化性格、道德伦理	对内：服务识别、管理模式（组织系统、规章制度、检查反馈） 对外：公害对策、市场调查、产品开发、公关政策、财务政策、公益性和文化性活动	组织名称、品牌标志、标准字、标准色、象征图案、吉祥物、口号

续表

类别	理念识别（MI）	行为识别（BI）	视觉识别（VI）
媒体	经营战略、经营策略、企业风格、店歌、员工的价值观	对内：服务识别——待客态度、礼貌用语、仪表仪容、个性化服务；服务规程管理模式——组织机构、员工守则、员工培训、生产福利制度内部活动 对外：形象广告、CI统摄下的旅游公关	建筑物外观、办公器具设备、招牌、标识牌、名称和标志、职工制服、宣传品、展览和展示、广告、其他
活动	新闻信息传播、公关主题活动、经营场所的布置、	内部：服务竞赛、评选先进、征店歌、奖励、联欢活动、聚餐、生日会、郊游、参观观摩 外部：刊登公益性广告、礼仪性广告、企业事件广告；提高新闻展露度，保持公众注目率；有意识地制造新闻；积极参与和赞助公益和文化活动	有奖征集设计方案

（三）旅游目的地品牌传播

由于在品牌塑造阶段已经对产品进行了提升和打造，品牌的销售过程控制将主要对营销要素当中的另外4个要素，即价格、渠道、促销、服务进行整合。

1. 价格控制

完整、统一的价格系统是旅游品牌内涵的重要支撑。旅游目的地作为营销的激励者，既要对景区、旅行社、服务商等影响价格因素的主体进行整合，又要遵守政府相关定价政策的规定，做出合理定价，从而避免因价格体系混乱而影响目的地整体品牌形象局面的出现。在此过程中，政府部门应充分发挥作为行业管理者的主导作用。

2. 渠道选择

旅游营销渠道是旅游目的地与游客之间的各个中间环节连接形成的通道，是关系到旅游目的地发展的重大问题。它的起点是各类旅游目的地，终点是旅游消费者，中间环节包括旅游服务商、批发商、代理商、零售商等各类中间商组织或个人。由于旅游产品的特殊属性，旅游产品生产与消费者需求之间存在一定的时空差异，而旅游营销渠道就是有效连接两端的中间环节。良好畅通的营销渠道是促使游客前来并提高游客满意度的有效抓手。此外，营销渠道系统还可以加强各个旅游目的地之间、旅游目的地与各旅游企业之间的合作，提高其竞争力。随着旅游业向休闲度假旅游和自主旅游方式的转变，旅游营销的渠道和方式也在不断变化。如以自媒体营销、社区营销、电商营销为内容的互联网营销，正在成为渠道选择的主流。

3. 促销方法

旅游目的地常用的旅游促销手段通常包括价格促销、捆绑优惠销售等。促销活动同时又可以与品牌传播活动结合，在有组织、有计划的前提下，特别是在旅游淡季进行活动促销和价格促销，能够实现品牌促销效益最大化。

4. 提升服务

旅游目的地要通过良好的服务，使游客在旅游过程中建立对品牌的信赖感和满意度，从而建立良好的品牌服务形象，进而形成良好的品牌口碑宣传。旅游消费过程从游客出发就开始了，以旅行团为例，设计以品牌宣传片为主题的有奖竞答活动，既活跃了游客在旅途过程中的气氛，又以游客参与互动的形式潜移默化地宣传了旅游品牌，同时又提升了游客对服务的满意度。总之，消费过程的控制就是服务质量和游客对品牌满意度的控制，其核心任务就是通过培训员工，使之充分认识到每个人都代表旅游品牌，倡导人人争“品牌代言人”的服务意识。

（四）旅游目的地品牌管理

1. 品牌输出

当旅游目的地品牌经过长时间的推广和宣传，拥有一定知名度和美誉度后，旅游目的地将拥有稳定的客流量，旅游者对于目的地品牌有充分的信任。这一阶段，旅游目的地最重要的事情就是要做好品牌的维护和管理，培养旅游者的忠诚度，形成口口相传的口碑效应。品牌传播按照目标受众可以分为对内传播、对外传播两种。针对旅游目的地当地居民进行的传播活动称为对内传播，目标主要是增强居民的认同感，提升其自豪感和参与感，促使居民与政府共同为建设目的地品牌做出贡献。针对潜在市场和游客的传播活动称为对外传播，目标是使旅游者产生一种追求感和购买欲望，进而驱动旅游者前往旅游目的地。

2. 品牌延伸

旅游目的地形成良好的品牌，也意味着旅游目的地成为品牌目的地。一个品牌目的地的价值主张、发展远景等要更具有高度、延伸性和包容性。在长期品牌塑造过程中要注意服务质量和旅游者参与感受，注重对目的地整体环境营造的不断提升，并且要不断地保持强势的营销活动和文化体验活动。

3. 品牌管理

品牌主体在市场研究的基础上塑造品牌、包装品牌、传播品牌，反过来游客对品牌的反馈信息又促使品牌主体对品牌的再塑造、再包装和再传播，形成良性互动系统。游客在完成旅游过程后，往往会形成一些改进意见或问题投诉，这其实反映的是游客与品牌主体之间的互动关系。因此旅游目的地应建立专门的品牌管理机制，针对游客、市场对品牌产品、服务的改进要求，完善和修订品牌的整合营销传播过程。

二、旅游目的地营销创新体系

自主旅游时代旅游目的地的营销要注重内容、形式、渠道的精准和创新，通过总结提炼，绿维文旅认为应当注重八方面的创新。

（一）文创 IP 营销

文创 IP 是以旅游目的地以文化为灵魂，以旅游商品为载体进行的创意性设计。它作为旅游目的地的形象代表，通过展览展示、产品化及销售等一体化推进，可以增加旅游收入，同时更是目的地形象获得有力推广的重要渠道。2015 年，国务院办公厅出台的《关于加快发展生活性服务业促进消费结构升级的指导意见》中提出，要积极发展具有民族特色和地方特色的传统文化艺术、加强旅游纪念品在体现民俗、历史、区位等文化内涵方面的创意设计，推动中国旅游商品品牌建设，体现了我国对旅游文化创意产业和旅游商品品牌建设的重视。目前有很多景区在做文化 IP 推广的尝试，并取得了较好的成绩。例如，绍兴的兰亭景区，依托《兰亭集序》这一文化 IP，推出了 100 多种文化创意产品，包括笔记本、摆件、玩偶、T 恤等。旅游文创产品的开发与销售，不仅丰富了兰亭景区业态，使得景区收入倍增，也大大提升了景区的知名度。

（二）“客创”营销

“客创”营销，即通过游客对旅游目的地的创新，激发市场对目的地旅游的关注，从而达到宣传推广的目的。在自主旅游时代，游客的自主选择性更强，这种以游客为中心的创新方式能够更好地激发旅游主体的积极性，主要途径有旅游公约、旅游口号征集活动、最喜欢的旅游目的地投票活动、旅游调查问卷填写等。

例如，2016 年 5 月，河北省推出“河北旅游口号，你来定！”的旅游主题口号及标识全球有奖征集活动。在征集过程中，通过举办旅游达人体验活动、全媒介推广、专家对话等策略进行持续宣传，共收到公众投稿作品 4 万多条（件），最终评选、确定“京畿福地，乐享河北”为河北省旅游形象口号。这次征集活动，把征集的全过程通过创意策划打造成一场与世界游客共谋共享、同策同力的创意营销，对河北旅游资源和形象的传播产生了积极的带动作用。

（三）大数据精准营销

自主旅游时代，游客的旅游需求更加个性化，如何能够更准确地定位旅游客源地、如何能够挖掘游客的旅游消费偏好、如何升级旅游产品、如何为游客提供更加满意的旅游服务实现旅游目的地的良性发展，都是旅游市场精准营销的重要功课。如今，随着互联网科技的发展，大数据已经成为实现市场精准营销的有效手段。首先，旅游目的地可以通过游客手机信号及 MAC 地址精准定位客源地，从而对旅游客源市场实现更加精准的分析。其次，在搜索引擎、社交网络中，涵盖着用户的个人信息、产品使用体验、商品浏览记录、个人移动轨迹等海量信息。在旅游目的地营销中，这些数据的作用主要表现在两个方面：一是通过获取数据充分了解市场信息，掌握竞争者的商情和动态，知晓产品在竞争群中所处的市场地位；二是通过积累和挖掘旅游行业消费者档案数据，分析顾客的消费行为和价值取向，从而更好地为消费者提供服务。

（四）虚拟现实体验营销

旅游产品具有无形性，导致传统的文字图片营销无法充分展现旅游目的地魅力。

AR/VR 技术使旅游产品呈现形式独特，打破了时间与空间的限制，为用户带来了极强的全景沉浸感，让人们不仅能够在线上了解与目的地相关的文字、图片或者视频，而且能够在三维立体环境中提前获得虚拟的游览体验。结合 VR/AR 技术的在线预住、360 度全景景区预游览等体验式营销手段正在成为市场的热门。

（五）自媒体营销

随着信息技术的不断发展，通过圈子、论坛等的分享信息、结伴出游已成为自主旅游的重要方式。旅游目的地可通过微信、微博、网络直播等自媒体形式开展旅游信息、旅游活动的发布、旅游危机公关等。例如，橘子洲景区在被撤销 5A 级景区资质后，其微信公众号发布《我是橘子洲，今已 1700 岁，想跟大家说几句心里话》，以图文的形式梳理橘子洲的人文历史、介绍橘子洲的体验项目、反思橘子洲景区的管理服务问题，完成了一次危机营销。

（六）直播营销

在旅游领域，“直播 + 旅游”不仅为旅游带来了流量变现的新商业模式，同时也带动了行业消费的升级，其中，借助网红的直播营销方式受到目的地追捧。例如，2017 年 4 月，世界经典《龙船调》在湖北省恩施大峡谷景区公演，来自主流直播平台的 10 名旅游类主播，用手机全程直播了整台演出，并在线给粉丝们充当解说。直播间最高峰涌进的观看人气近 70 万，全程观看及播放总量突破 300 万，对旅游目的地起到了极大的宣传推广作用。

（七）综艺营销

综艺营销是通过与娱乐媒体的跨界合作，借助娱乐的元素或形式，利用其较高的收视率，将目的地与客户建立感情联系，从而打造培育品牌效果的营销方式。这种营销方式以真人秀节目的形式为主，重点在于特色产品的包装和后期的品牌延续。例如，大型亲子互动节目《爸爸去哪儿》的热播带动了一系列的景区景点线路走俏；方特主题乐园强势合作《奔跑吧兄弟》《极限挑战》，成为两大现象级户外真人秀节目唯一指定主题乐园，利用“旅游 + 娱乐”的跨界式户外综艺来进行娱乐营销。

（八）圈层营销

自主旅游的口碑传播效应非常明显，而圈层的构建正是口碑传播的天然渠道。旅游者形成圈层，除了财富、身份和社会地位的区隔之外，很多圈层都是通过兴趣爱好相连，如红酒、高尔夫、艺术展、美容、养生等兴趣团体。旅游圈层营销最基础的做法就是举办主题各异的圈层活动，以此带动一个个圈子里的活跃人士来购买旅游产品。

第三节　新媒体——自主旅游时代的目的地营销重点

在信息科技不发达的时代，旅游目的地需要游客亲身体验后，通过报刊、广播、电视等传统媒介来完成信息传播。而在新媒体时代，每个游客都是目的地的发声者，游客通过微博、微信、QQ、Facebook、Twitter、Youtube 等移动新媒体进行实时分享，新媒体的开放性与旅游的分享性，在一定程度上不谋而合。及时便利的新媒体不仅丰富了旅游营销的传播渠道、聚合了精准受众、推动了交互体验转化，还打破了传统媒体信息传播的垄断特权，让消费者成为信息传递的共谋者和分享者，为旅游目的地营销提供了广阔的创意空间和价值转化的可能性，新媒体营销也成为旅游宣传传播的主阵地。

一、新媒体营销特征

（一）新媒体营销内涵及特征

1. 新媒体

新媒体的提出最早出现在 1967 年美国哥伦比亚广播电视网（CBS）研究所所长 P 歌德马克（P Goldmark）的一份商业开发计划中，随后在 1969 年传播政策总统特别委员会主席 E 罗斯托（E Rostow）向美国总统尼克松提交的报告书中多次提及“New Media”，使得“新媒体”流传开并成为 20 世纪 80 年代西方发达国家各界热议的话题之一。

目前学界普遍认同的新媒体，多指以数字技术为基础、网络传播为主要手段，用以传播各类数字化信息的媒介，即相对于传统媒体而言的“第四媒体”（以网络为媒介）和“第五媒体”（以移动网络为媒介）。本文所言新媒体便是采用这一概念，即新媒体既包括数字电视、移动电视、数字广播、数字报刊等传统媒体的数字化形式，又包括网站、网络社交媒体、网络搜索引擎、电子邮箱、手机短信、手机 APP 应用等新型网络信息媒介。

2. 新媒体营销

从旅游目的地营销的角度来说，新媒体营销是相对于传统媒体营销提出的，既属于营销学的理论范畴，又是整体营销的有机组成部分。它主要指依托现代信息技术，运用新媒体传播渠道，传递所要传达的营销信息，进而实现营销目标的一种旅游目的地营销创新途径。

3. 新媒体营销的特征

新媒体的“新”是相对广播、电视、报刊、户外这四大传统媒体而言的。新媒体在信息传播上可以打破时空限制实现信息间的交互。借此优势，旅游目的地新媒体营销在与传统媒体营销的对比中，展现出了充分优势及新的特征（见表 15–2）。

表 15–2　传统媒体与新媒体对比

内容	传统媒体	新媒体
传播形式	纸质化、真实化	无纸化、虚拟化
传播内容	信息量小、权威性强	信息量大、随意性强
传播形式	公开式、一点扩散	匿名式、多点扩散
到达率	部分人群	多数人群
主导类型	主导受众型	受众主导型
监管方式	严格	宽松

（1）即时交互性强。传统媒体通过公开式、一点扩散化的传播形式，使信息接收方接受信息。而新媒体则是通过匿名式、多点扩散的传播形式，使信息发布方发布信息，信息接收方可以反馈信息甚至创造新的信息，双方实现信息间的双向互动，同时由于网络传播速度快、范围广，打破了时间和空间的束缚，因此可以实时传播信息并实现互动。

（2）信息海量共享。在新媒体时代，“共享”成了信息传播传递的一个关键词，游客利用网络媒介，在各类新媒体中找出自己所需要的旅游目的地信息，全部依赖于大数据时代信息的海量共享。新媒体相对于传统媒体而言，在信息的获取上有着显著优势，通过新媒体，信息从四面八方汇涌而来，但与此同时，由于渠道的多元化，信息发布的随意性较强，信息的真实度和可信度受到了极大的挑战，用户需要提高对信息的基本辨析能力。

（3）社群效应显著。社群的建立往往基于用户对社群的高度认同，且在有氛围的社群环境中，用户会更容易同其他社员一样做同样的事情，并将社群理念深入人心。它是增强用户黏性的强力胶，有利于延伸旅游目的地品牌效应，使其旅游产品获得粉丝青睐，通过口碑效应，奠定客源基础，乃至实现社群裂变。在旅游目的地营销体系中，通过新媒体构建网络社区，既可以维护已有的稳定受众群体，又可以树立口碑，扩大品牌影响力，最终提升旅游目的地的经济收益。

（4）低成本投入。在传统媒体时代，旅游目的地营销要花巨资进行推广，而在新媒体时代，互联网提供了更多免费的开放平台，并具有资源共享性。只要营销内容有创意，网民觉得有趣或有价值，就会自发性的免费传播。由于新媒体的便捷性，在保持高效传播推广速度的同时，不仅使旅游目的地营销方式多元化，也更好地降低了营销成本。

（二）新媒体营销分类

近年来，伴随着各种新媒体技术的更新迭代，旅游组织者更强烈地意识到新媒体营销对于旅游的必要性，纷纷开始在社交网站、微博、微信、论坛等新媒体营销渠道上做文章，以期利用新媒体扩大旅游目的地营销途径，吸引粉丝游客的眼球，树立营销旅游目的地品牌形象。

基于新媒体媒介传播路径的不同，将旅游新媒体营销常见的平台大体分为三类，即数据资源类、社交网络类、平台互动类（见图 15–2）。

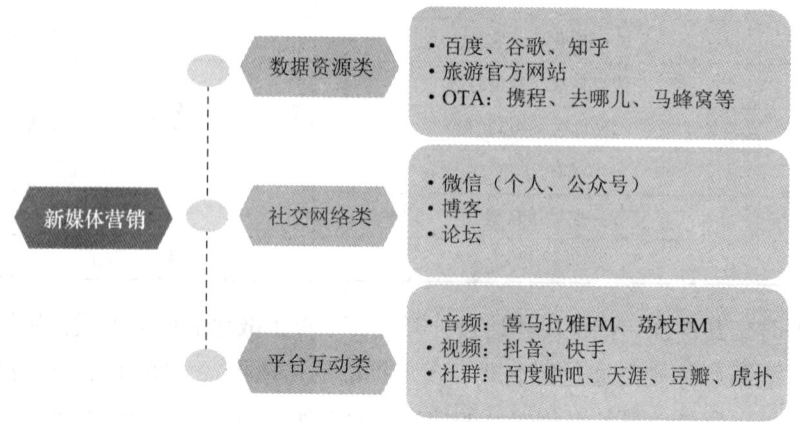

图 15–2　新媒体营销分类

1. **数据资源类**

数据资源类通常以旅游相关数据库资源为背景支撑，将相关资源进行整合后，推广到用户面前，包含了常作为搜索引擎使用的百度、谷歌、知乎等，旅游目的地为宣传目的地旅游信息建立的旅游官方网站，以及旅游者出行攻略和线上预订使用的 OTA 网站。

2. **社交网站类**

社交网站类结合旅游的分享性和人们的社交需求，借助微信、博客、论坛等当下最流行、受众最多的社交平台，利用用户自发的宣传或官方公众号推送，使游客成为旅游目的地的发声者，并吸引更多旅游者的关注。

3. **平台互动类**

平台互动类更多地强调旅游目的地与用户之间的双向互动性，突破了传统媒体的一点扩散式推广，利用旅游目的地与游客间的交流互动，赋予旅游目的地生机与活力，让游客在交流的过程中，减少对于旅游目的地的陌生感，培养用户黏性，从而吸引游客前往旅游目的地。

二、新媒体营销创新途径

（一）数据资源类营销

1. 整合优质平台资源，向游客精准推送旅游产品

利用旅游目的地官方网站、百度、谷歌、去哪儿、携程等优质推广平台，将旅游大数据进行汇总，实现旅游资源的优化提升，形成多种旅游产品，满足游客的线上线下同

步体验需求。例如，成都营销推广整合政府资源，采用创意网站、网络搜索（内容联盟+关键字+视频广告）、线下活动相结合的方式进行整合营销，并且总结了“全球化视野，新媒体手段，数据化分析，精准化投放”二十句字言。成都首先把将成都国际形象定位成“熊猫的故乡，中国的中国”，然后成立“熊猫之家”成都旅游网站，面向成都的主要客源国家，进行有针对性的热点关键词投放，并在各国发放熊猫卡，最终取得良好的宣传效果。

2. 将游客需求放首位，多种定价策略并行

互联网时代信息传递快捷，使得旅游产品的市场价格信息能够很快被消费者所觉察，市场价格的变动使得旅游消费者变得更加敏感。因此，旅游行业的价格策略显得尤为重要，如何使旅游产品在激烈的行业竞争中脱颖而出，吸引更多的游客，增加企业的经济效益，成为众多旅游业人士关注的重点。合理的定价策略可分为两种，一是采用灵活多变的定价策略，通过多种档次的定价划分，满足不同需求的消费人群，从而加大消费者对旅游的需求；二是实行多种定价策略并行的模式，充分满足消费者不同的消费需求，将消费者放在首要地位，让游客自由选择旅游产品组合。

3. 运用体验式营销方式，增强游客对产品的感知

由于旅游生产与消费的同时性，旅游产品具有不可触性，无法让消费者直接感知。因此，借助新媒体技术，在营销过程中，要注重营销形式的创新和内容的创新，通过内容的创新紧抓游客眼球，实行体验式营销方法，适当为消费者提供免费体验活动，让消费者感受到旅游的服务以及目的地的魅力，增强对产品质量的感知力，以便更好地了解旅游产品。

（二）社交网络类营销

1. 借助热门话题造势，扩大旅游目的地知名度

旅游目的地选择合适的主题和传播渠道进行官方社交账户的推广，能起到增加点击量、聚集人气、提升形象的目的。例如，在玛雅预言的世界末日到来时刻，作为较早进入这一时间点的澳大利亚，遇到洪水般的询问：“澳大利亚是否安然无恙”，澳大利亚旅游官网通过博客幽默地回复：“Yes，we are alive.”随后，该消息短时间内被1.63万人转发，当日粉丝突破400万，一日间成为全球最受欢迎的旅游目的地官方博客账户。

需要注意的是，官方社交类营销是一个系统的工程，目的地话题的选择、制造、传播、反馈，网络谣言的及时回复，大数据的分析使用等，需要专人长时间运营和投入，才能取得良好的效果。

2. 社交+团购，打造“散客拼团游”

拼团作为一种社交营销策略，通过朋友圈、微博等社交通道，对拼团的营销产品在网络上进行多次裂变式覆盖，以低价格手段获得产品流量。同时，拼团具备了散客游的基本特点，即经济性、广泛的参与性与较高的自主性。参加拼团的散客既能节约费用支出，又可以享受自由行带来的自主性。例如，驴妈妈拼团活动借鉴拼团游模式为特色旅游产品引流，当团长发出的团拼团成功后，驴妈妈会以奖金形式将团长购买门票的金额以 100% 或 50% 的比例返现进团长的 APP 账户。这种创新玩法以激发团长的活跃性为目的，并带给人们更多的新鲜感和体验感。

（三）互动平台类营销

1. 通过创新互动，扩展体验深度

互动式营销需要与用户进行思想和情感上的交流，因此须站在旅游者的角度，了解其兴趣爱好及关注点，由此展开旅游营销。在与用户交流互动中，要表现出良好的说服力，明确表达效益诉求，以达到品牌推广、产品营销的目的。内容质量上遵循实用、情感、互动式的创作原则，并基于功能需求开放的原则，让企业和用户双方获利；互动方式上尽量简单、有趣、真实，并持续对互动方式进行改进。例如，中青旅山水酒店通过官方抖音账号发布趣味视频，充分利用平台优势，直接与消费者对话，通过发布酒店浴巾的创意折叠法、酒店全景 VR 展示等，不仅为消费者揭开了酒店行业的面纱，还能使品牌形象立体化，无形中增强了品牌美誉度和辨识度。

2. 通过话题制造和传播，形成网络热点

创意短视频软件是目前比较火爆的互联网社交工具，这款软件使很多景区瞬间走红，如西安“摔碗酒”的小视频，促使西安城墙东部中山门内永兴坊内商铺一天卖出上千碗酒。短视频营销目前更多的是被动营销成功案例，网友上传视频带动了目的地的火爆，而并非目的地运营者自发上传视频。真正要实现互动平台类营销的成功，有关企业和部门需要主动制造话题，利用强曝光、高互动、达人效应、跨平台联动等策略，实现人气引流，提升旅游目的地的知名度。

第四节　旅游节庆营销的创新开发

随着旅游业的快速发展，旅游吸引物的数量和种类也日益增多，旅游节庆活动作为一种旅游营销产品，以其巨大的形象传播聚集效应、经济收益峰聚效应、关联产业带动效应受到旅游企业及旅游目的地的高度关注。一个成功的节庆活动的举办，既可以提升旅游目的地的形象、传播旅游目的地文化，又能刺激游客消费，形成良好的经济效益和社会影响力。1983 年河南省洛阳市创办了中国最早的旅游节庆——牡丹花会，之后全国各地以政府为主导，纷纷举办各种各样的旅游节庆活动；进入 20 世纪 90 年代，中国旅游节庆更紧密地与当地特色经济结合起来，产业类节庆和产品类节庆悄然兴起；到 21 世纪，旅游节庆在思路、内容、形式、运作方式和组织机构方面都有了进一步的调整，目前全国每年举办上千个旅游节庆活动，吸引着海内外的广大旅游者。

绿维文旅通过系统研究我国现有的旅游节庆，总结其一般的开发模式，并结合相关案例，提出区域旅游节庆开发的关键思路，以期指导国内旅游节庆开发。

一、旅游节庆四大开发模式

（一）经典回归型——“老壶装陈酒”

经典回归型就是在保持地方传统节庆形式和内容不变的基础上，以体现地方风俗节庆的原真性为主，向旅游者展示其原有风貌。此模式主要是针对偏远地区的少数民族节日或待开发旅游区特有的节庆活动，它们多是“养在深闺人未知”的潜力品牌项目，有着独特的个性魅力和异域风情。在当地历史悠久、特色鲜明、群众基础广泛，对外来的旅游者保持着神秘的吸引色彩。例如，大理白族的三月街，古代又称观音市或观音会，是一个有着 1000 多年历史的大理各民族物资文化交流的传统盛会，也是大理州各族人民一年一度的民间文艺体育大交流的盛大节日。

在此开发模式下，节庆策划者并不需要对节庆的形式和内容进行改变，主要是保持传统节庆的“原汁原味”，通过对当地民俗节庆活动系统全面的调研，借助各种宣传策划活动，以传统活动的神秘感和个性化来吸引旅游者。绿维文旅在金仓湖策划项目中，还原传统“七月七夕日，牛女会佳期”的七夕佳节，打造传统节庆——乞巧节，发扬民间文化传统、体验百姓家中习俗，凸显千年流传的爱情故事在太仓的历史渊源，形成特色旅游项目。

（二）传统提升型——“老壶装新酒”

这里的“老壶”就是指各种各样的传统节庆旅游资源，“新酒”是指在传统节庆的基础上开发的活动内容、创新的节庆理念等。“老壶装新酒”是对传统节庆活动的一种改装和提升，是利用传统民俗节庆的外壳，策划开发出满足旅游者需求的现代旅游节庆。这种开发模式在保护传统民俗节庆资源的基础上，结合社会发展和时代特征，为传统节庆增添新的旅游内容，增强了节庆活动的参与性、趣味性和时尚性，使之更加符合现代旅游发展的需要。

传统提升型是采取向传统节日庆典“借壳”的方式开发新型节事，它要求策划者注重“老壶”与“新酒”间的匹配程度，既要有创新，又不能串味，既要保持传统风格，又要有内容创新。例如，绿维文旅在融安旅游项目中采用传统提升型的开发模式，将融安现有的龙舟赛事升级为中国融安国际龙舟风情节，风情节以龙舟赛为热点，辅以相关的游园会、乡村民俗文化节（文场、彩调）、美食节、商帮文化节、狂欢节等活动，形成大节套小节、节奏紧凑、产品丰富的大型节庆活动。

（三）提炼整合型——“新壶装陈酒”

此开发模式是对区域内各种现实和潜在的旅游资源进行整合分析，通过挖掘当地的传统文化、民俗风情等资源，将其中具有代表性或垄断性的东西提炼出来，再选择适当的节庆载体加以包装，通过赋予其特殊的节庆含义并采取一定的节庆组织开展，使之产生旅游吸引力的一种节庆开发模式。

前两种开发模式都是对已有的传统节庆活动进行开发，或是“原真性”的回归，或是“传统性”的提升，而提炼整合型是在没有经典传统节庆依托的前提下，通过对旅游资源的整合开发打造出旅游节庆活动，是现代节庆策划中较常用的一种模式。在金仓湖项目中，绿维文旅正是利用了这一开发模式，以太仓是全国著名的自行车生产基地为创意突破点，策划了融运动赛事、旅游休闲、文化展示、自行车商贸等多功能为一体的大型主题节庆活动——自行车文化节。

提炼整合型的开发也要求“壶”与“酒”的吻合度要高，对“陈酒”的鉴赏要准要精，对“新壶”的开发利用合情合理，要求旅游节庆的形式、主题和内容与举办地的文脉特征要高度一致。例如，吴桥国际杂技节、山东曲阜孔子文化节、陕西皇陵祭祖等旅游节庆的开发都与当地的历史文化发展有着高度关联性，如果将这些节庆名称放到其他举办地，则会“东施效颦”、笑话连篇。

（四）无中生有型——“新壶装新酒”

前两种开发模式是在原有的节庆活动基础上进行内容创新或形式创新，形成更具吸引力的旅游节庆，第三种开发模式是对原有元素的挖掘开发、整合策划形成的旅游节庆产品，这三种开发模式正是应了那句俗话“靠山吃山，靠水吃水”。那么如果一个地方既没有特色的传统节俗，又没有浓厚的文化民俗，如何开发旅游节庆？无中生有型开发模式就是一种解决之道。它利用地方的典型环境、特色饮食、工艺物产及流行元素等现代特色资源，选择适当的节庆主题和包装方式，通过现代的旅游节庆形式向旅游者展示现代节庆活动内容。这里的“无”并不是真的没有，而是已经存在但尚未系统化、没有形成节庆表现形式的旅游资源，这里的“有”是指经过提炼、包装、赋义、展示等系列化策划工作而形成的完整的旅游节庆活动。

无中生有型也是目前节庆策划者使用较多的一种开发模式，如青岛国际啤酒节、潍坊风筝节、大连国际服装节、哈尔滨冰雪节、洛阳牡丹花会等都是此类开发模式中的经典品牌项目。绿维文旅在金仓湖项目中的 Cosplay 狂欢节正是这一开发模式的体现，它利用时尚流行的娱乐新元素，挖掘老街的历史底蕴，探寻江南水乡的文化内涵，通过 Cosplay 狂欢节的形式，打造一个 Cosplay 发烧友狂欢的舞台。

二、旅游节庆营销的六大开发要点

绿维文旅认为，在进行旅游节庆开发时，既要实现区域内的资源整合又要让各个节庆活动和谐共存，因此提出了关于旅游目的地节庆开发的六大要点。

（一）节庆活动主题化

举办旅游节庆活动必须要有明确的主题，并使其拥有独特性，这样节庆活动的开发才会目的明确、层次清楚，同时要从不同方面突出、加深主题，给游客留下强烈的印象。节庆主题会随着举办时间和环境而有所不同，例如，青岛啤酒节举办初期是以“市民狂欢节”为主题定位的，随着其影响的不断增强，节庆的主题定位也逐渐从国内转向国际，提出了“青岛与世界干杯”等主题口号。在规划实践中，同处汨罗江畔的汨罗市和平江县都拥有丰富的屈原文化资源，两地都争相举办端午节，然而平江同汨罗相比，在地域名称上略输一棋，如何突出特色赢得市场成为策划的难点？绿维文旅通过对两地旅游资源和旅游市场的综合分析，最终确定了以“湘西最美夜景”为主题突破的“平江端午喜乐汇”，以夜间特色活动来突出平江特色。

（二）旅游节庆品牌化

旅游节庆的开发不能凭一时兴起，更不能东打一枪西打一炮，而是要以品牌化开发为原则，以长时间的品牌塑造为目标。节庆品牌化有利于游客及时了解旅游节庆信息、缩短选择时间，能够增加节庆旅游产品的附加值。品牌化的节庆作为一种无形资产，能吸引游客再次参与旅游节庆活动，延长旅游节庆的市场生命周期，并对当地旅游品牌或形象的树立产生积极的推动作用。青岛的啤酒节已经成为青岛的一个城市符号；哈尔滨的冰雪节如今已经走向了世界，同日本札幌雪节、挪威奥斯陆滑雪节、加拿大魁北克冬令节一起荣获“世界四大冰雪节”之殊荣。绿维文旅在五排河项目中明确提出了“品牌节庆战略”，通过旅游节庆的发展，打造中国大众河流旅游的第一品牌。

（三）时间安排序列化

由于旅游资源自身的季节性，在节庆开发上可通过分时序的方式将其分散于各个季节，从而避免内部恶性竞争带来的损失。时间安排序列化主要体现在以下三个方面。

一是区域内各旅游节庆的开发按季节或时间进行分布，避免节庆聚群现象。如西安曲江新区按一年 12 个月进行节庆策划，每个月都策划出主题各异的节庆活动来吸引游客。

二是区域内各旅游节庆的开发时序化，按照实际情况，分阶段对节庆活动进行开发和推广。绿维文旅在平江项目中充分考虑到节庆活动的时间序列问题，从“春之恋”“夏之漂”“秋之语”“冬之韵”四季来策划不同的旅游节庆，并按照平江的旅游发展现状和经济发展情况，提出旅游节庆开发的四个阶段。

三是旅游节庆活动本身的安排要有时间概念，每个主题节庆下一般都会设有若干的活动项目，策划方案要提前将这些活动顺序进行安排，避免由于不当操作带来的混乱场面。

（四）空间分布协同化

空间分布协同化主要体现在两个方面：一方面在同一区域内，旅游节庆的策划要注重对区域内各“点”旅游资源的挖掘开发，并最终按照某一思路将他们组合起来，实现在这一区域的共同有序发展；另一方面在不同区域间，具有相关性文化的节庆举办地可以进行整合策划，加强各地之间的相互配合。

（五）节庆内容体验化

举办节庆的目的不仅仅是吸引游客“到此一游”，更重要的是为了让游客“有所游、有所感、有所想、有所思、有所乐”，从而对旅游目的地产生良好的品牌认同感。旅游节庆的开发不仅应从形式上、内容上加以丰富，更要从活动体验上加以重视，要设计丰富、生动的体验活动，让游客从视觉、听觉、嗅觉、触觉、味觉等方面与旅游产品进行相互交流，满足个性化旅游需求，提高旅游节庆对游客的吸引力。体验的精髓在于使游客身临其境，游客参与程度越高，体验效果越好，越能给游客留下难忘的记忆。如此一来，节庆的效果不仅吸引了游客，更留下了游客，而且通过口口相传的营销模式让更多的人来体验。

（六）节庆事件协同化

节事是节庆和事件活动的综合体，节事的策划不仅包括节庆的策划，还包括大型事件或活动的策划。在节庆策划上，我们常说“大节造势、小节造市”，就是要通过举办一个或两个较大规模的经典节庆在旅游市场上形成强大的宣传声势，使主题节庆快速地向大规模、大影响发展，并保持良好的品牌上升发展势头。同时，在小节的策划过程中，要充分运用多种营销手段，紧密结合当地的各种旅游资源，寻求节庆本土化，并在本土化的基础上增强主题节庆的影响力，迅速扩大市场。

而在节庆活动期间，通过策划一个或三五个具有标志性的大型特殊事件，可以加深旅游者对举办地的印象，迅速提高举办地的影响力。绿维文旅在桂林五排河河流部落旅游区项目中，不仅设计出具有国际影响力的中国（五排河）大众河流节等旅游节庆，更是根据五排河当地的旅游资源设计了“五排漂流许愿瓶，奥运祈福放河灯”“漂泊人生几许载，浪打心头方释怀”“爱在浪尖还恨浅，情到漂时方知浓”等造势事件，进一步强化了中国（五排河）大众河流节节庆氛围，扩大了节庆影响力。

第五节　绿维文旅的营销创新实践

一、绿维云销——三孔景区创新推广

自主旅游时代的营销强调的是产品营销一体化，导入的是知识化产品，通过新媒体、新营销、新零售手段与旅游有效组合，形成自主旅游时代的营销新思维。绿维云销是自主旅游时代绿维文旅打造的创新 IP，是互联网支持下有效应对消费侧与供给侧升级的创新营销模式。绿维云销助力景区“零成本 + 零风险”做增量营销，通过数据检测扬长补短，根据现状制定方案，提供 MCN 网红和知识网红增量营销等服务，解决产品同质化、渠道同质化、营销同质化的难题，并在三孔景区（山东曲阜的孔府、孔庙、孔林）营销推广中初见成效。

（一）绿维云销路径

本着围绕三孔景区国学文化及研学内容进行增量营销的宗旨，制定相应的营销设计方案。通过微信销售矩阵打造、微博 MCN、淘宝 MCN 及微淘、淘宝头条、微店、景区夜播室、景区电视台（研学）、景区小课堂等方式，扩大景区知名度，打造“三孔国学文化第一基地”的概念，并精准吸引对综合国学感兴趣的群体，上架国学文化课程，完成门票、知识付费、衍生纪念品、研学课程、土特产、门票以及衍生纪念品的后期售卖。

1. 新媒体营销

通过微信、微博、微淘、淘宝头条，编辑和发布有研学基因的销售文（国学文化、研学课程）进行景区推广和营销。

营销手段包括四种：一是推广有研学基因的销售文（如国学探秘、国学文赏、研学课程等）；二是与景区进行内容互推；三是利用营销工具，发起活动进行裂变分发；四是嵌入图文短视频，丰富传播内容。

2. 直播营销

通过景区夜播室、景区专卖店、景区电视台等形式，对三孔景区进行直播内容推广和营销。

景区夜播室实现手段包括海报、媒体、LED 推荐，可以通过四种形式展现：一是成立国学文化知识读书会，全年签约 20 人；二是“一直播”知识频道及微博 MCN 每晚 1~2 小时直播综合国学、亲子、婚恋等相关内容；三是读书讨论会，以促进三孔综合国学文化传播、促进游客复购以及周边游客购票；四是直播平台给予最优流量倾斜及扶持。

景区专卖店是通过 YY、淘宝直播、一直播等渠道，成立景区直播销售团队。YY、一直播的第一阶段是进行直播间独立售卖，第二阶段成立购物栏目。淘宝是售卖第三阶段，每天持续时间 5~8 小时。实现手段包括景区提供商品及商品详情介绍、图片或视频。

景区电视台保证每天 4 小时直播，传播转化三孔国学文化及研学。实现手段包括三方面：一是景区介绍 2~3 个人，由绿维云销集团承担工资费用；二是提供 Wi-Fi 网络、场地、服装；三是提供综合国学、研学、相关内容输出。

3. MCN 营销

通过淘宝 MCN、微博 MCN 等形式，对三孔景区进行直播推广宣传和营销，成立专项直播小组，全年签约主播 20 人（储备主播 10 人）。

（1）淘宝 MCN 直播。

MCN 机构内建立知识节目，每天以 2 小时为单位（5~8 小时），引导用户关注三孔及其衍生产品，为产品使用场景做指导，帮助用户决策购买，帮助景区提高知名度。以长期固定内容浮现的方式，巩固老客户好感率，从而提高产品复购率转换。以直播方式提高三孔景区品牌影响力，提高潜在用户群体对三孔的认知力。

实现手段：预热期宣传（配合淘宝站内店铺微淘内容），外部直播平台矩阵交互式矩阵，刺激消费进一步提高，三孔景区 LED 广告屏等公域推荐（涉及详细合作标准由双方协定）为三孔相关产品做站外引流。

（2）微博 MCN 机构。

三孔景区相关研学、综合国学小课堂，分享三孔景区相关知识点，以短视频、直播为载体，进行景区大型活动的实况转播及景区研学课程介绍，促进三孔综合国学文化传播，围绕景区让内容成为流量入口吸引粉丝，完成淘宝站内门票、知识付费、衍生纪念品、研学课程、土特产产品的销售目标；成立微博专项运作小组，负责三孔项目微博 MCN 子账号微博渠道内容运作。

实现手段：景区提供相关图文资料作为微博 MCN 机构子账号内容输出素材；景区配合微博 MCN 推广提供所需视频素材，将微博平台流量分流到三孔景区相关的夜读、直播平台及淘宝店铺，利用矩阵覆盖率，利用微博 MCN 子账号协助推广三孔景区品牌商品和衍生周边产品，帮助潜在用户进行购物决策，使内容创作和店铺商品实现无缝连接。

（3）淘宝 MCN 机构。

淘宝 MCN 营销工作包括直播间品牌宣传、三孔项目相关主播微淘、短视频宣传预热、三孔相关品牌培训、直播效果跟踪，以及复盘、细节调整、跟踪反馈等内容。

实现手段：景区现场直播（三孔专场），景区提供商品及商品详情介绍、品牌背书、图文相关资料及视频，主播在景区以 4 小时为单位，以三孔国学文化及研学为主宣传介绍景区。需要景区配合：景区推荐具有相关专业的主播，提供直播无线网络，场地及与主题相关的服装道具，提供三孔综合国学、研学等相关内容资料。

4. 电商、微商营销

通过淘宝电商、微商等形式，对三孔景区进行内容推广宣传和营销。一是限时限量秒杀；二是套餐搭配；三是淘宝官方活动；四是电商节日的活动；五是平台直播；六是微信公众号、微博 MCN、微淘、淘宝 MCN、淘宝头条；七是直通车、钻石展位做推广引流，打造三孔的爆款产品。

实现手段：一是景区应提供相应文化背景资料，以及主要推广内容，商品及商品详情介绍、图片或视频；二是产品的卖点以及相关产品的知识点培训，方便后期写客服话术用；三是与景区互推，景区运营方案关联、微博、微信公众号等。

5. 景区小课堂

通过景区小课堂（综合国学）等形式，对三孔景区进行渠道推广宣传和营销。

（1）具体流程。

①素材收集：根据合作景区背景文化及代表思想制定知识付费课程大纲，并以此为依据做前期的素材收集；

②大纲运营：以三孔为例，课程策划包括综合国学文化系列课程、养生课程、家庭教育课程等；

③ KOL 运营：寻找行业专家、大 V 等人进行深度合作，推出高档景区小课堂知识付费产品；

④包装运营：进行深度包装及设计，包括内容编辑、封面图编辑、焦点图编辑等，并与多家高档平台进行合作，如喜马拉雅 FM、蜻蜓 FM 等；

⑤渠道运营：合作平台给予大力支持，如首页位、推荐位等；

⑥推广运营：公司与景区也要充分利用现有资源对景区小课堂进行推广，景区的海报、LED 等。

（2）实现手段。

①景区推荐相关负责人提供相应文化背景资料，综合国学、研学以及主要推广内容，如图片或视频；

②知识付费课程定位，多名人员共同商讨，撰写大纲，寻找亮点，探讨可行性；

③寻找可合作行业，大 V 及专家，要求能讲出干货，表达能力极强，普通话标准；

④寻找录音棚进行录制；

⑤知识付费产品包装（视频、音频、图片设计），有需求时可寻找专业设计人员；

⑥产品即将上线时应大力做好宣传推广，寻找可合作推广平台；景区相关负责人也要利用现有资源积极配合。

（3）推广渠道。

①国内知名平台，喜马拉雅 FM、蜻蜓 FM、得到、知乎 live、网易课堂等多渠道

分发，进行非独家签约，要求给予推荐位，若平台给予资源及流量，进行大幅度推广，可进行独家签约（与平台相关负责人对接进行沟通）；

②微博、微信公众号宣传推广，寻找具有一定量的粉丝博主、大V进行转发，景区相关负责人同时进行微博、微信公众号推广及转发，头条文章应结合热点新闻、实时事件借势宣传；

③线下推广，景区相关负责人需制作海报、图文广告、LED等进行推广，吸引游客眼球。

（二）绿维云销三类活动

1. 景区直播活动——成绩斐然

为了打造“孔府过大年”品牌、增加景区门票以外的经济收入，同时为了给春晚曲阜分会场提前预热造势，三孔景区于2018年2月7日、8日（小年）举办了“我到孔府过大年”系列活动，向广大游客全面展现孔府春节期间的文化生活，营造祥和浓厚的节日氛围。

2018年三孔景区在宣传推广方面，借助了绿维云销同步直播景区活动的创新模式，通过绿维云销“景区夜播室”活动，将景区游客作为基础量，引流到夜播室平台，延长景区游客夜间停留时间，刺激消费，实现了新的突破。“网红”围绕景区文化以及吃喝玩乐等体验，进行直播交友模式传播，形成生动的景区实用指南，引导游客在景区消费或产生复购。

绿维云销作为此次活动供应链，通过在线直播互动，助力三孔景区传统文化、国学文化升温，人气热度攀升，为春晚曲阜分会场提前造势、烘托节日氛围。数据显示，现场活动直播峰值人数达31.7万，观看总人数为265万。景区夜播室试播期间，总观看人数161.6万，峰值同时在线人数达到11.6万。通过这一系列的现场直播，扩大了景区“孔府过大年”活动的市场影响力。据了解，2018年春节黄金周期间，三孔景区共接待中外游客38.9万人次，同比增长47.3%，其中孔庙16.1万人，文化旅游实现开门红，三孔景区也成了曲阜春节旅游新“网红”。

2. 景区专卖店——景区网红土特产

目前，绿维云销正在与三孔景区进行电商合作，景区淘宝专卖店里独家售卖孔府印章，独特的设计、巧夺天工的作品和丰富的寓意，深受各年龄层人的喜爱。景区专卖店还以淘宝直播、微博直播、YY直播为平台，售卖三孔景区门票、土特产、文创纪念品，还参与和土特产、文创纪念品的设计开发工作。

3. 绿维研学——为解决问题而出现

绿维云销目前与曲阜三孔景区研学基地、曲阜全域研学营地、枣庄台儿庄研学、全国公检法研学机构、青岛海洋潜水研学机构、北京军营研学机构、北京温泉养生文化研学机构、少林寺佛学研学机构、龙虎山道家研学机构、蒙顶山茶学研学机构等基地、营地合作。

绿维四大研学基地范围主要包含曲阜、枣庄、青岛、少林寺等地。通过在这四个有代表性的国学、红学、科学、佛学基地进行研学旅游活动，不但能够培养孩子的生活技能和研学的相关知识，培养孩子正确的价值观、吃苦耐劳的精神，还能扩展孩子及家长的朋友圈，进而促进教育与旅游产业的融合发展。

二、以“仙境海岸”品牌整合发展山东滨海度假城市群

2013 年 8 月，山东省政府出台《关于提升旅游业综合竞争力加快建成旅游强省的意见》，提出依托海岸带和滩、湾、岛、礁等资源，规划贯通沿海景观大道和海上观光游览通道，以太阳文化城日照、拥有海山仙山以及太清宫的青岛崂山、自秦始皇就有求仙祈福历史的威海好望角、有着“人间仙境”美誉和“八仙过海”美丽传说的烟台蓬莱为“4 个支撑点”，联手打造“仙境海岸”滨海休闲度假品牌。绿维文旅参加了“美丽中国・好客山东・仙境生活海岸”高端论坛，提出了以“仙境海岸”品牌为核心，通过创新整合山东滨海度假城市群的观点。

山东沿海开发存在两大问题：第一，房地产与旅游分离。由于地产升值快，开发商更聚焦“卖房”，忽略了相关的服务配套、休闲度假配套、产业配套、环境美化等，供需不平衡造成大量“鬼城”出现。第二，旅游地产与城镇化分离。旅游休闲盛行使第二家园、第三居所等需求旺盛，但如果没有相应的城市配套、一系列的公共服务系统如医院、学校等基础设施的完善，城镇化进程就非常困难。这两个分离也是当前中国旅游地产普遍存在的重大问题。

“仙境海岸”是山东半岛从资源整合角度提出的开发战略，既是打造“东方度假天堂”品牌的创新，也是中国海洋旅游与休闲度假旅游发展的一个里程碑。如何把这样一个品牌进行整合并实现既定目标，就需要从山东滨海度假城市群创新发展出发，形成区域大品牌，构造区域发展模式。

（一）关于中国海岸品牌概念的思考

世界上有很多海岸，从自身资源、文化、功能、地域特色等角度，进行品牌整合与打造，形成了鲜明的特色，如蓝色海岸、黄金海岸、日光海岸、浪漫海岸、风情海岸、运动海岸等，这种极具特色的打造手法可以简单地概括为主题化。中国沿海特定区段也都有自己的特点，比如说工业海岸辽东湾、唐山一带的钢铁海岸、盐城一代的生态海岸、舟山岛屿的佛海岸等。这些海岸，通过特色主题定位、生活方式打造、旅游产品与接待设施的统筹、区域的整合，形成一个区域大品牌。

山东提出的“仙境海岸”，则是依托其丰富的仙道文化，以中国仙文化为灵魂，推出的中国人自己的文化海岸。这既符合国际上海岸发展的一般规律，又形成了鲜明的品牌特色。

（二）以仙道文化打造"仙境生活方式"

从上古时期到先秦的祖先与图腾崇拜，从秦始皇求仙到两汉的天神崇拜，仙文化随着历史发展穿过民俗文化与道文化融合在一起，在山东半岛留下了丰富而独特的仙道历史文化遗存。山东半岛上的青岛、日照、威海、烟台四大滨海城市无处不是仙踪神话、道教圣观、求仙遗迹。山东半岛悠久的仙道文化传统与丰富的仙道文化遗存是一笔宝贵的财富，要打造山东半岛蓝色经济区，就必须挖掘并梳理这些文化及其内涵，将其打造成为旅游产品，从而转化为山东半岛的文化名片和中国东方度假天堂的世界名片。

仙境海岸是一个完整概念，包含了仙文化意境、仙文化生活环境、仙文化生活方式，是一种以仙文化为核心，以沿海休闲为特色，以海岸区域为载体，对仙境般意境的度假生活方式打造。其核心在"生活方式"上，且这种生活方式不仅仅是阳光、沙滩、养生，还富有很多文化意境。仙境生活方式和品牌形成思路如图 15–3 和图 15–4 所示。

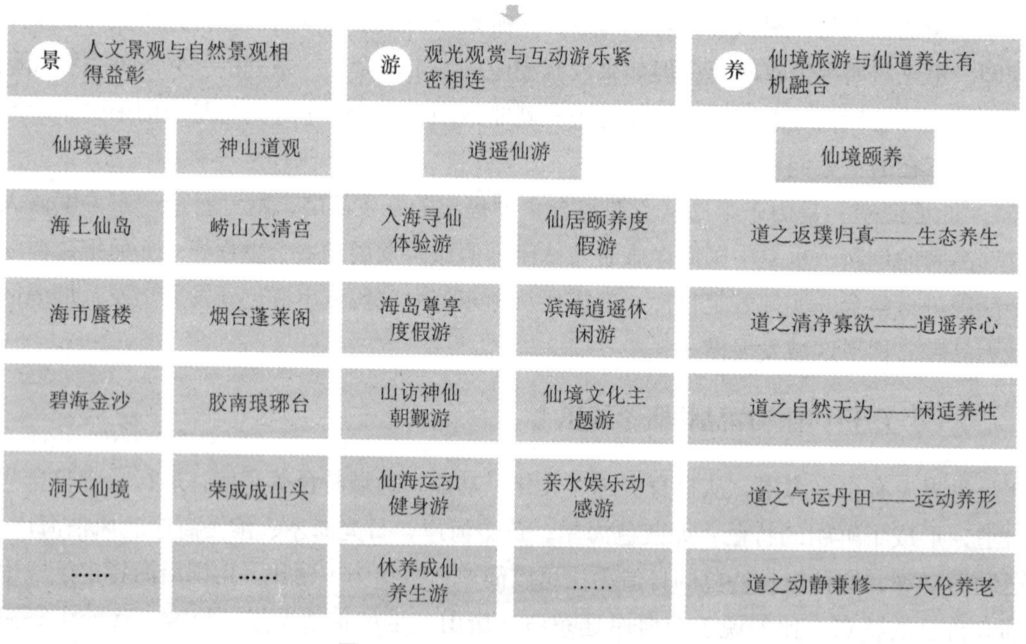

图 15–3 仙境生活方式形成思路

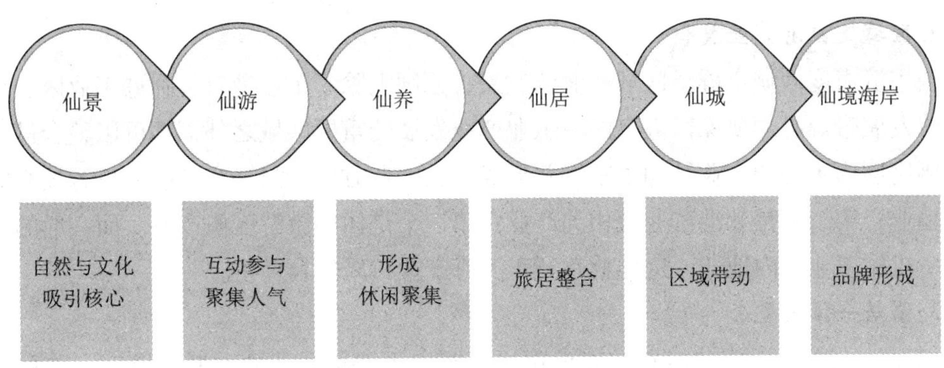

图 15-4　仙境海岸品牌形成

（三）产城一体化整合

以文化为魂，以滨海城市群为依托，以旅游度假休闲为核心，整合山东半岛各类旅游资源，形成以旅游为引擎带动下的新型城市群发展架构。主要包括以下四种整合手段。

1. **文旅整合**

文旅整合是第一位，即以仙文化为导向进行旅游休闲度假开发，通过文化的软实力提升与软品牌创造，将文化从小范围到大范围具体化到可感知、可观赏、可触摸、可参与、可体验的产品，将仙境文化与生活化的旅游方式融合，构建文旅产城一体化城区结构（见图 15-5）。

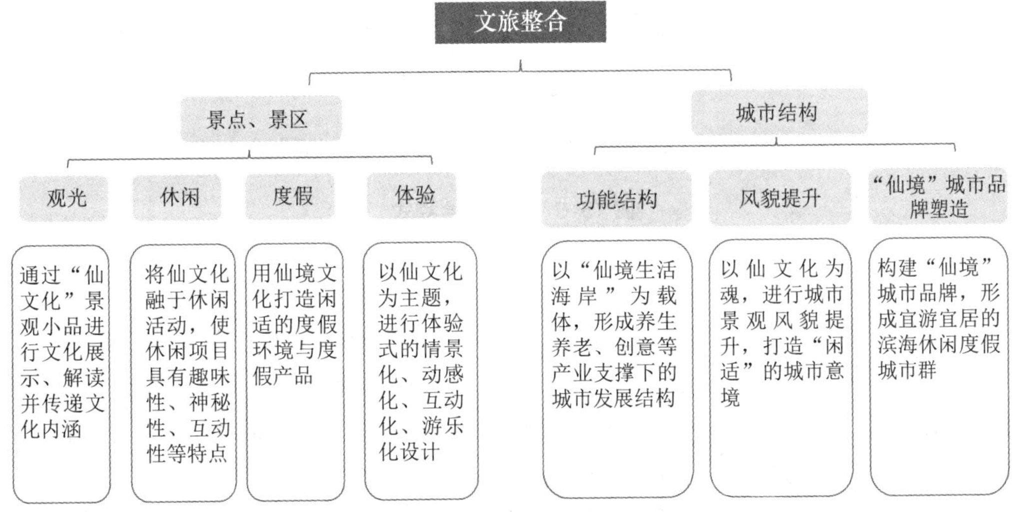

图 15-5　文旅整合结构

2. 区域泛旅游产业整合

山东滨海度假城市群泛区域产业的发展，原则上除了工业港口、临港工业区、临港的产业发展带等必须要保留港口区域工业产业发展的重要区域之外，都可以整合进以旅游休闲度假为主导的产业结构中来，并形成三大产业方向：第一个是以港口为核心的交通运输业；第二个是邻港产业及相关产业；第三个是休闲旅游度假产业。而一般的生产工业、机械工业往内地迁，这样就有利于滨海产业布局的合理化。

3. 旅居一体化整合

如今，人们对于旅游消费的需求正逐步倾向于“景区环境 + 城市设施”并存的模式，向往一种“旅游在景区，生活在社区”一体化的全新生活方式。因此，以舒适放松的生态环境为基础，注重旅游休闲度假功能的构建、居住设施的设计及教育、医疗、购物等生活功能场所配置的旅居生活方式应运而生，这也是目前解决大量“鬼城”现象的最佳方法之一（见图 15–6）。

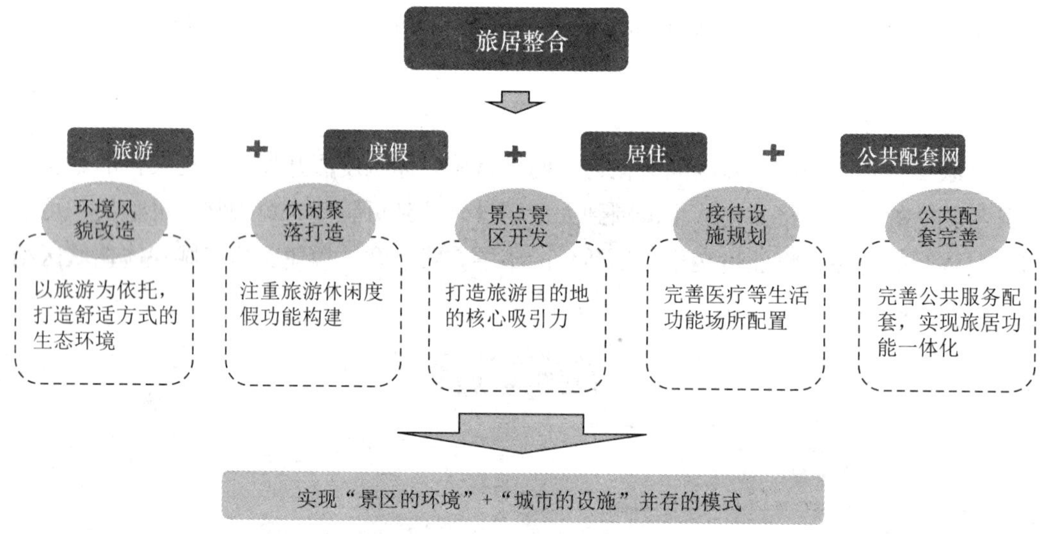

图 15–6　旅居整合模式

4. 城乡整合战略

城镇化不是简单的城市人口比例增加和面积扩张，而是要在产业支撑、人居环境、社会保障、生活方式等方面实现由“乡村”到“城市”的转变。这需要从城乡融合发展的视角出发，打破城乡壁垒，逐步实现城乡经济和社会生活紧密结合与协调发展，逐步缩小城乡差距，使城市和乡村融为一体。

基于山东滨海度假城市群的旅游与房产脱节，房产与城市脱节的现象，绿维文旅提出，通过产城一体化建设旅游引导的新型城镇化体系，包括旅游中心城市、旅游小城镇、旅游综合体、旅游新农村社区等。

（四）多维发展结构

绿维文旅认为，在山东滨海度假城市群的发展中，应以泛旅游发展为手段，形成"文、海、岛、滩、岸、山、地、水、村、镇、城、域"十二维的发展结构，辐射带动、重构海洋旅游发展体系（见图 15–7）。

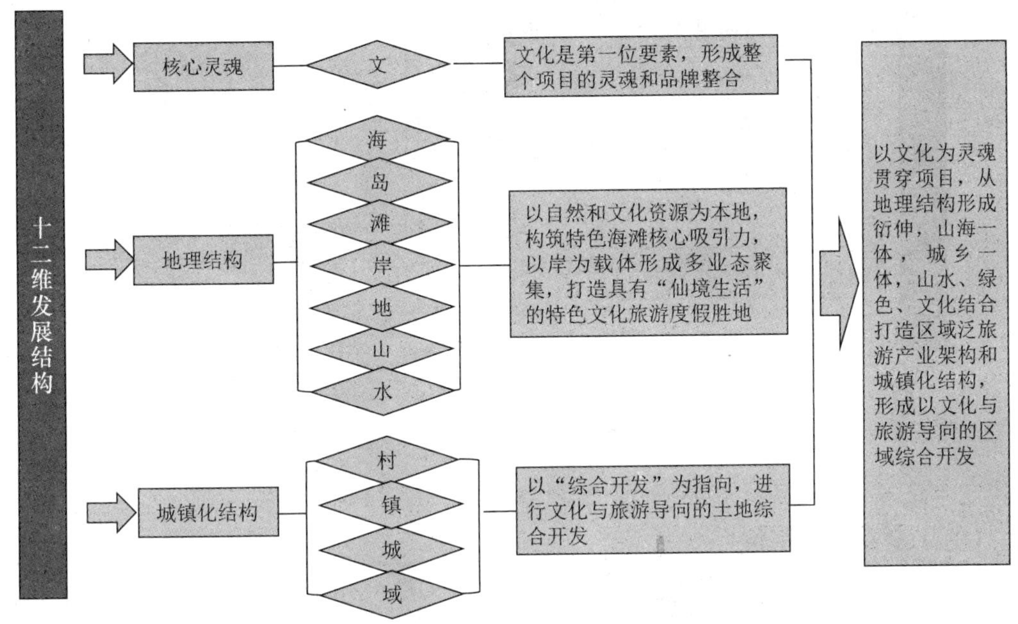

图 15–7　十二维的发展结构

第一个是文。因为文化是魂，没有文化无法形成品牌整合。第二个是海、岛、滩、岸、地、山、水。这个地理关系，从海上到岛屿，再到海滩，海滩打造是第一吸引核；进一步到岸，岸不应该仅仅是一线海景房和宾馆，还应该有更丰富的业态作为岸的概念，岸成为旅居一体化的旅游休闲的场所。第三是城镇化结构中村、镇、城、域四级。作为大型国家级海岸，从海上到城市之间应该是一个区域性海岸结构，应该分层次和结构，并进行控制。

在这一发展架构下，拥有日照太阳文化城、青岛崂山神宫、威海好运角、烟台蓬莱昆仑山这四大旅游高地作为核心吸引力的山东半岛的旅游产品体系，同时也应包括能够满足旅游度假人群所需要的食住行游购娱、能够形成休闲聚集中心、聚集人群、带动消费的休闲商业配套产品和仙境海岸度假产品（见图 15–8）。

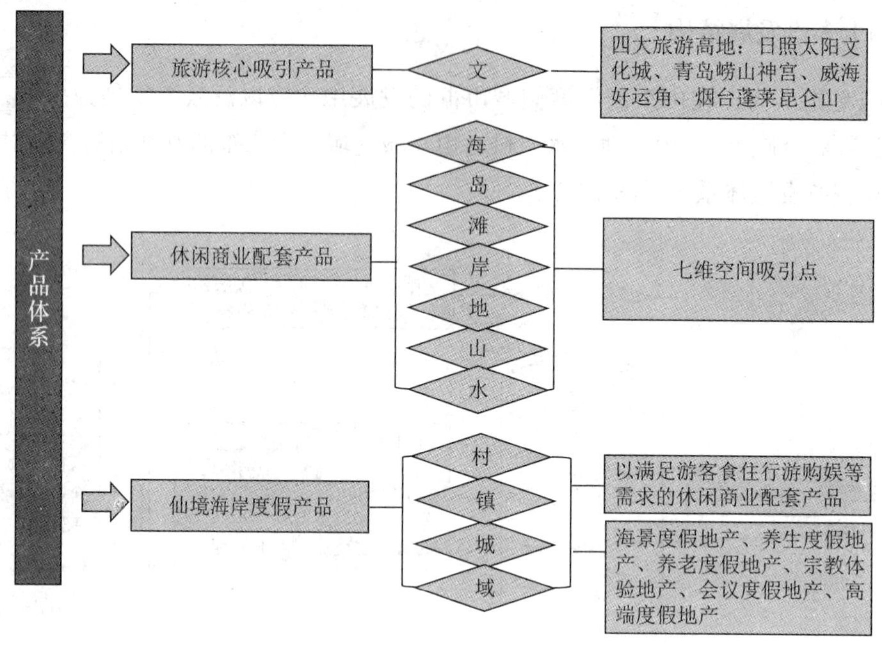

图 15-8　产品体系

（五）全新形象定位

全新的发展结构及模式需要全新的形象定位，来带动区域品牌发展。绿维文旅提出以“仙境生活海岸·逍遥自在天下”的区域品牌形象，全新定位好客山东，并把品牌整合延伸到产品整合、区域发展模式整合、新型城镇化的立体结构，以中国传统的仙道意境为灵魂，以山东半岛优良的温带海洋资源为基底，以连接各市滨海公路为纽带，以海、山、湾、礁、滩、岛和高尔夫、温泉、海上垂钓、滑雪、自行车、帆船、游艇、葡萄酒庄等旅游资源和项目为基础，以滨海县（市、区）和重点旅游镇为主体，形成若干个滨海度假休闲单元，连成中国文化与自然资源相得益彰的海岸线城市群。这样，“仙境海岸”就不仅是中国海洋旅游的里程碑，还会成为以品牌带动区域经济系统全面发展的一个里程碑。

复习思考

1. 旅游目的地营销的诉求有哪些？营销的意义是什么？
2. 如何进行旅游目的地的营销创新？创新的途径有哪些？

第十六章

旅游智慧化与科技化

学习目标

知识目标

1. 认识和理解旅游智慧化与科技化的概念体系；
2. 掌握旅游科技化的概念，了解旅游发展中的科技应用类型；
3. 了解旅游创新中的科技需求。

能力目标

1. 构建智慧旅游目的地建设的思维逻辑；
2. 形成以科技为手段推动旅游全程全要素创新的思路。

科技创新是现代化发展的第一生产力，以新一代信息技术为代表，结合虚拟实境、新能源、新材料等技术的突破与交叉应用，正在对旅游业的发展格局和趋势起着广泛而深刻的影响作用。智慧化与科技化是旅游现代化发展过程中的必由之路，其核心是依靠科技的最新发展，改革旅游管理方式、优化旅游服务流程、创新旅游产品供给、提高旅游营销的影响力和购买转换率，从而促进旅游产业结构升级和优质旅游的发展。

本章主要包括旅游智慧化精细管理和旅游科技化趋势两节内容。旅游智慧化精细管理从智慧旅游的内涵及建设基础切入，从指挥服务、智慧营销、智慧管理三个角度解读智慧旅游目的地的体系架构及建设思路。旅游科技化趋势从现代科技在旅游服务、旅游展陈及互动体验、旅游专项市场中的应用现状出发，分析旅游产品创新及市场延伸中的科技需求。

第一节 旅游智慧化精细管理

近年来，与智慧旅游相关的高速通信网络、物联网、位置服务、智能交通、数据挖掘处理、智能管理平台等领域，频获以百度、阿里、腾讯、京东为代表的互联网巨头企业和社会资本的青睐，各省市也纷纷对现代科技应用做出了新的尝试，开展了景区、餐饮、交通、酒店、商品、娱乐等旅游相关要素的智慧化建设。旅游智慧化，是基于新一代信息技术的整合应用，使旅游物理资源和信息资源得到高度系统化整合和深度开发激活，并服务于公众、企业、政府的面向未来的全新旅游趋势，主要表现在旅游服务的智慧化、营销的智慧化和管理的智慧化三个方面。

一、智慧旅游的内涵及建设基础

（一）智慧旅游的内涵

“智慧旅游”是在智慧城市的基础上发展而来的，是智慧城市在旅游城市和城市旅游两大领域的推广应用。智慧城市的概念来源于2008年美国IBM公司首次提出的“智慧地球”（Smart Planet）的战略构想，其核心就是以一种更智慧的方法，通过利用新一代信息技术改变政府、公司和人们交互的方式，以便提高交互的明确性、效率、灵活性和响应速度。随着地球体系智能化的不断发展，智慧的电力、智慧的交通、智慧的医疗、智慧的食品、智慧的银行、智慧的石油等相继成为各行业发展的目标，智慧化成为人类社会继工业化、电气化、信息化之后的又一次深刻变革，也推数字旅游进入高级阶段——智慧旅游阶段。

智慧旅游是智慧体系建设的重要组成部分，是物联网、云计算、通信网络、高性能信息处理、智能数据挖掘等技术在旅游体验、产业发展、行政管理等方面的应用，使旅游吸引资源和信息资源得到高度系统化整合和深度开发激活，并服务于公众、企业、政府的全新旅游形态。从1996年原国家旅游局成立信息中心，到2006年科技部启动的“数字旅游项目计划”，到2014年原国家旅游局明确提出的“智慧旅游年”，再到2015年的《全国旅游工作会议工作报告》中提出建设国家智慧旅游公共服务平台，国家不断提供政策支持，信息技术也取得突破性发展，旅游企业的经营活动开始全面信息化，各省、市、地区纷纷开展智慧旅游试点，地方多点开花，资本多方试水，智慧旅游建设的步伐不断加快。

在智慧旅游建设的过程中，现代科技手段、装备与旅游设施得到有机整合，为旅游开发运营主体提供了共享资源，建立了利益联结的纽带，为旅游行政管理部门改进工作方法和提升效率提供了基础，使旅游业不断突破现有发展架构，成为信息化水平超前、知识密集型现代服务业的典范。

（二）智慧旅游的技术依托

信息技术是智慧旅游体系构建的基础。互联网及其相关的 4G、5G、移动 WiFi、LBS、二维码、指纹识别、3S 等技术和设备在旅游服务、旅游管理和旅游营销的广泛应用，为智慧旅游体系的建设奠定了良好的基础。从数据的收集，到信息的感知和传输，再到相关需求的智能化处理，信息技术的参与和支持以整合、互融的方式出现。

近年来，随着以物联网和大数据为代表的新一代信息技术的不断突破，与智慧旅游相关的领域，如游客数据分析、智能导览系统、精准信息推送、客流量监测、环境及资源监控、企业管理平台等，都有了实质性的进展。借助大数据技术相关的数据采集、存储、处理、分析、可视化和系统运维技术，旅游需求趋势得到有效的预测，从而使服务信息的推广更精准，旅游购买转化率不断提高。物联网与相关传感器、射频识别、全球定位、集成电路、嵌入式系统等技术和设备在旅游业中的整合应用，使得旅游相关的物品、设备之间互联互通，从而帮助旅游服务商和运营管理者提升智能化服务和管理水平。

（三）旅游智慧化发展的支持体系

信息技术是智慧旅游体系构建的基础，而政策环境、运行机制、资金投入、规范标准、人才培养等支持要素是旅游智慧化发展的必要条件。

地方政府及相关管理部门应响应原国家旅游局关于“坚持走科技创新发展之路”的号召，因地制宜地制定关于智慧旅游开发建设的专项政策，鼓励旅游服务、管理、营销等多方面的智慧化创新。在政策保障的前提下，政府部门应与相关的服务机构、技术企业通力合作，形成科学化的研发、调试、日常运行、管理维护机制。同时，政府应给予一定的财政补贴支持，吸引企业投资和社会融资，打通旅游智慧化建设的资金流通链条。此外，政府及旅游领军企业应根据国家顶层政策，制定适用于地方的智慧旅游可行性报告、总体规划、数据标准、建设标准等行业文件，为旅游智慧化建设提供方向性的指导。专业技术人才的引进与培养，也是旅游智慧化发展的重要组成部分，不仅要通过政策利好吸引专业的技术人才投身旅游行业，更要鼓励科技龙头企业在全国范围内的景点、景区和旅游目的地开展专业的技术培训、论坛和行业交流活动，形成旅游智慧化发展的良性生态圈。

二、智慧旅游目的地的体系架构及建设思路

移动化、互联化是未来旅游目的地发展的必然趋势，融合新科技的创新是旅游发展过程中的必然发展路径。绿维文旅致力于建设融合游客需求、目的地需求、企业供给、政府支持的一站式旅游平台，打造旅游目的地新智慧体系。在智慧旅游体系搭建过程中，技术提供方是保障者，应基于快速通信、物联网、大数据、3S（卫星定位系统 GPS、遥感 RS、

地理信息系统 GIS）等技术的创新研发和应用，完成旅游目的地管理、服务和营销平台的建立和全域分布式布局；政府部门是倡导者和支持者，应提供旅游智慧化建设过程中的政策支持及资金支持，打通企业与目的地的沟通渠道，构建旅游目的地的智慧化良性发展路径；旅游规划单位作为旅游发展的未来创建者，需要把智慧旅游建设纳入规划之中，与技术部门、目的地、政府通力合作，从而实现智慧化引领的旅游目的地建设和发展。

（一）智慧旅游目的地的架构

智慧旅游管理体系旨在建立面向游客和企业的智慧目的地一站式旅游体验平台，以及面向管理机构的目的地监管系统（见图 16-1）。

图 16-1　旅游目的地新智慧体系架构

1. 一站式旅游服务平台架构

基于游客在行前、行中、行后不同的需求，旅游目的地需要与技术类企业合作，建立 PC 端和移动端的一站式旅游服务体系。智慧目的地一站式旅游服务平台包括基于移动互联技术和 AR 技术建立线票务系统、电子地图系统、内容发布系统、旅游社交平台、导游导览系统、AR 游戏系统、创客管理系统、共享交易平台、GPS 定位系统、AR 导航系统等。

在这个架构中，旅游目的地应理顺投融资渠道，寻找合适的技术提供方和搭建方，增加节点建设，加大服务人员投入，实现商家串联，在全域范围内形成智慧化体系。技术提供方应充分理解游客的多元化需求，针对不同旅游目的地的区位、自然资源、文化特征，研发出因地制宜的技术工具，完成旅游目的地票务系统、智能导览系统、大数据系统的建立和后台服务的优化，建立起属于当地、服务当地、服务游客的一站式旅游服务平台（见图 16-2）。

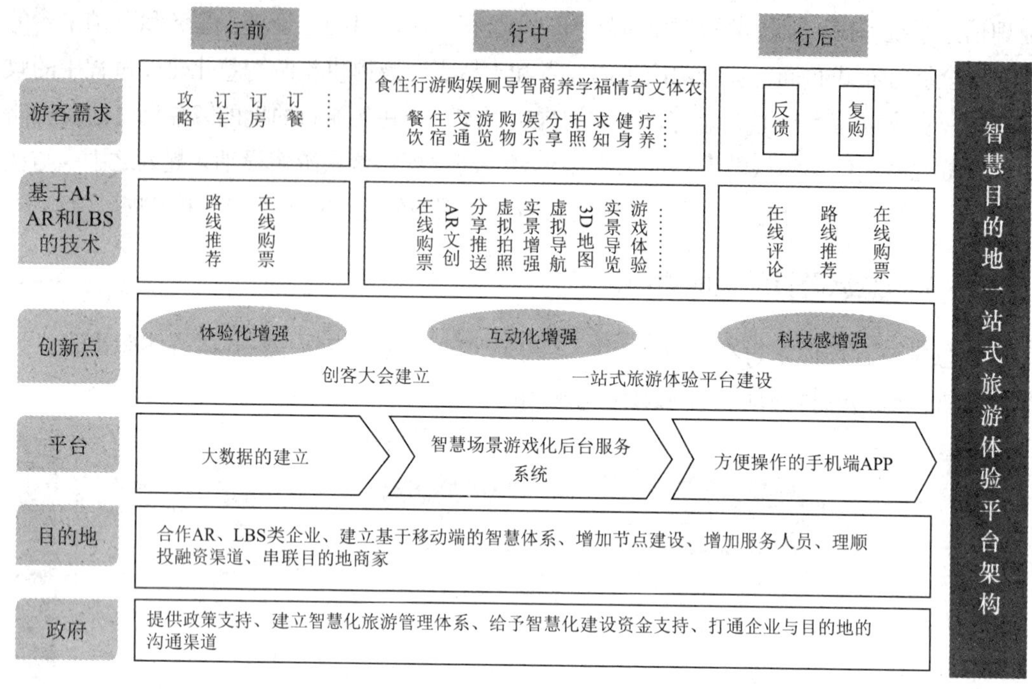

图 16-2　一站式旅游服务平台

2. **目的地监管系统**

目的地监管系统是基于 GIS、LBS 等技术实现监控、门禁、网络、LED、车辆识别、车辆调度、操作控制、信息发布、统计分析、呼叫接警中心等监管工作，包括营销推广系统、客流监控系统、大数据挖掘系统、停车管理系统、环境监测系统、安全监控系统、统计分析系统、呼叫调度系统、物联网平台、权限管理系统等。

为了实现智慧旅游体系的构建，旅游目的地要实现 WiFi 的全覆盖，在客流集中区、环境敏感区、旅游危险设施区设立视频监控、人流监控、位置监控、环境监测，并建立基于互联网门户、WAP 门户和手机客户端的智慧系统和大数据中心，最终形成旅游新智慧体系。

（二）智慧旅游目的地的建设思路

智慧旅游的创新服务于旅游产业的参与主体，即消费主体（游客）、市场主体（目的地企业）和政府主体（政府），包括智慧服务创新、智慧营销创新和智慧管理创新。

1. **智慧服务创新思路**

游客是目的地旅游发展的核心参与群体与推动力量，智慧服务创新的目标在于为游客提供快捷、便利的一站式旅游服务，使游客能够随时随地了解旅游信息，从而提升决策效率、简化出行流程、完善途中服务，实现“一机在手，说走就走，说游就游”（见图 16-3）。

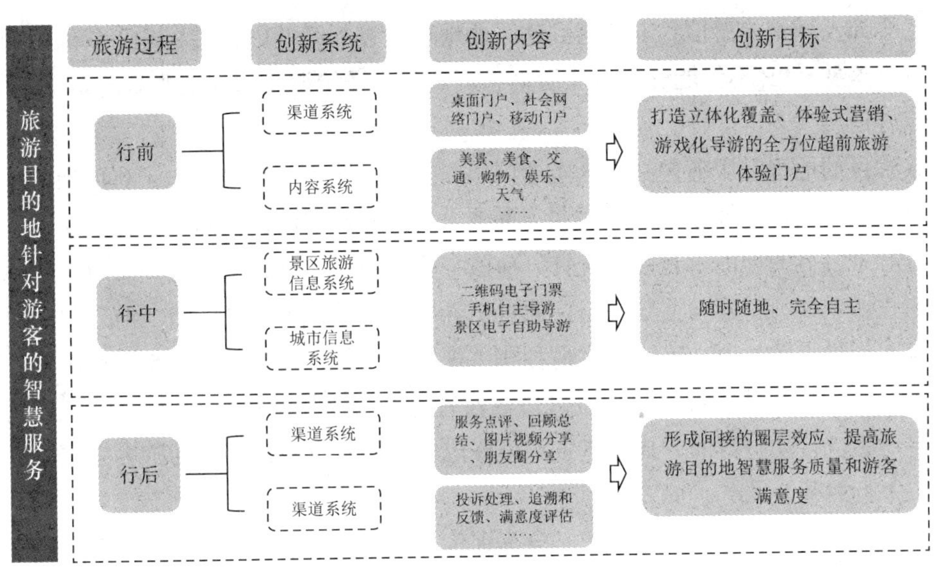

图 16-3　目的地智慧服务创新路径

（1）行前智慧服务。

在游客出行之前，智慧服务创新的层面包括旅游目的地选择和旅游目的地信息两方面。游客通过旅游门户网站、官方微博、移动 APP、电话咨询、官方微信等渠道选择旅游目的地，并获得美景、美食、交通、购物、娱乐、天气等目的地信息，进而通过在线渠道实现票务、酒店等的预订与支付。

创新智慧服务选择渠道的目标是打造立体化覆盖、体验式营销、游戏化导游的全方位超前旅游体验，包含桌面门户（旅游官网）、社会网络门户和移动门户（手机 APP）。桌面门户由旅游官方媒体与旅游服务商构成，用以目的地宣传展示与旅游推介、目的地线路定制与服务预订、目的地内容分享与评价反馈。社会网络门户是旅游目的地面向游客互动传播的有利门户，目的地旅游形象大使和意见领袖（KOL）通过微信、微博、QQ、直播、短视频等形式，分享目的地旅游动态、介绍目的地历史和文化、分享游客旅游体验；目的地公关团队收集网络建议意见、了解游客消费动向和趋势，与游客进行有效的互动。移动门户是基于时间和位置的私人导游，涉及游戏化导游导览与体验分享、实用信息指南与周边搜索导航、即时消费推荐与移动预订支付、一键应答的智能呼叫等内容。

创新服务要求景区能够做到信息实时发布、客户信息实时反馈，游客在未到达景区之前就可以通过网络实时看到景区的景色、天气和人流情况，通过手持终端可以观看景区的视频介绍甚至是 VR 全景画面，其宣传效果对用户的冲击力远胜于静态的文字，避免了出行的信息不对称。

（2）行中智慧服务。

旅游的实质是一种异地生活方式。游客到达目的地后，不仅需要了解景区旅游信息，还会涉及城市旅游信息。游客到达目的地后通过下载城市旅游 APP，获取精准的商业信息。这些 APP 不仅能够整合旅游信息资源并推送给游客，还能收集游客反馈信息，构建旅游信息生态链。

旅游目的地智慧服务包括景区电子门票、智能导览导游和景区电子自助导游。使用二维码电子门票，能够有效杜绝假票、漏票，堵塞管理漏洞，消除人工售票误差，还能实时进行旅游目的地的游客数量统计、应收分析和财税统计，从而提高旅游目的地门票链条的整体效率。智能导览导游是指通过语音导览、二维码导览、AR 导览等多种方式，使游客看到景点图片、文字、游客量和相关视频信息等，实现导览甚至游戏游览、导购的效果。旅游目的地还可以在游览区域内设置电子自助导游机、一键式地图导览系统，通过自动感应自动讲解的方式，将景点串联成一定的旅游线路，帮助游客完成游览。

（3）行后智慧服务。

旅行结束后，游客会抒怀感想、分享评价。一方面是通过打分点评来总结分享，主要方式有服务点评、回顾总结、图片视频分享和朋友圈分享，形成间接的圈层效应。另一方面是遗留问题的处理，如投诉处理和满意度评估。智慧服务的创新可以根据游客的反馈，提升目的地的整体服务质量。

2. 智慧营销创新思路

目的地智慧营销的创新基于电子商务系统、诚信商家联盟和消费大数据三个层面，通过搭建平台和精准营销来促进智慧旅游产业升级（见图 16–4）。

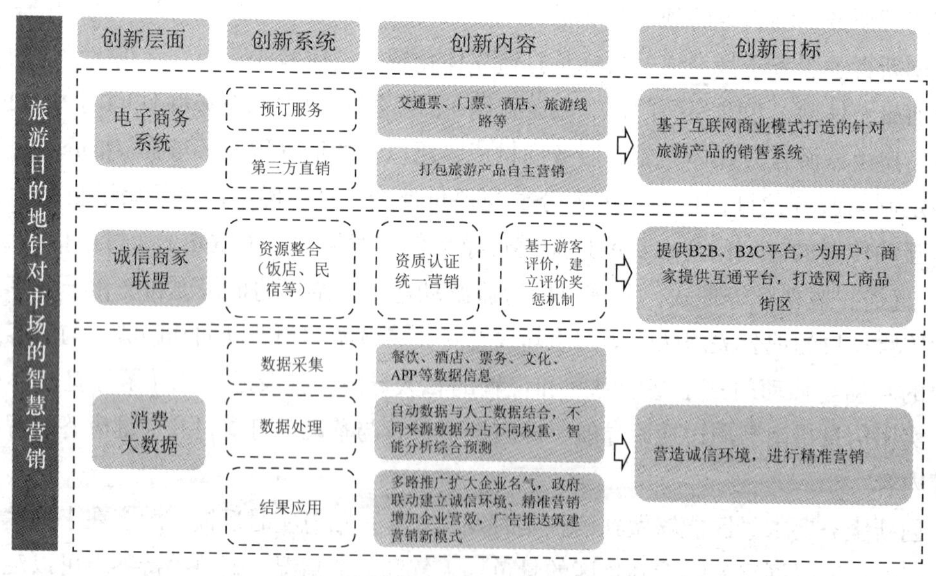

图 16–4　目的地智慧营销创新路径

（1）旅游电子商务系统。

旅游电子商务系统是基于互联网商业模式的产品销售系统，为游客提供旅游预订服务，包括门票、交通、酒店、旅游线路等产品的在线预订。该系统支持各个景区、酒店、旅行社等，乃至第三方的商户将自己的门票、房间、旅行路线和旅游打包产品放到网站上进行自主营销。旅游电子商务系统的入驻企业通过网站、APP、微信等渠道进行在线直销，实现信息到利益的转化。

（2）组建商家联盟。

组建诚信商家联盟，提供B2B、B2C平台，为用户、商家提供互通平台，打造网上商品街区。在诚信机制上，以商家信息为基础，建立准入、审核、年检、退出机制，并与电商点评、优惠券、积分系统等结合，规范商家行为。诚信联盟的具体运作需要做到以下三点：一是整合各类酒店、民宿、饭店等资源，统一营销；二是加载认证，标准化各个实体的服务，提升游客服务水平；三是建立评价奖惩机制，打造良性健康的商业服务模式。

（3）基于大数据的精准营销。

消费大数据是营造诚信环境、进行精准营销的关键。通过采集餐饮、酒店、票务、文化等数据信息，实现多路径推广扩大企业名气，通过精准营销增加企业营收。其中，数据处理需要注意三点：一是自动数据与人工数据相结合；二是不同来源数据分占不同权重；三是智能分析综合预测。

3. 智慧管理创新思路

目的地智慧管理创新的目标是实现高效管理、科学决策，其创新路径的载体主要有智慧旅游管理中心、旅游联票（年票）系统、旅游大数据、旅游行业市场四种。

（1）智慧旅游管理中心。

智慧旅游管理中心依托于智慧旅游云平台，涉及的应用有交通监控、景区监控、游客数量统计、客流监控预警、游客行为数据、应急调度、信息发布等。通过管理统计分析、智能监控、应急指挥、部门协作，实现实时监控协作联动；通过数据获取、云计算、大数据分析、管理决策、决策应用等，实现科学管理、有效决策。

（2）旅游联票（年票）系统。

旅游联票（年票）系统服务于城市主要客源、本地市民，通过整合区域内景区、酒店、旅游特产、餐饮、娱乐等旅游资源，提供一定的优惠折扣，引导游客持卡消费。对于本地市民主要提供多景区年卡，惠民的同时促进居民消费；对于外地游客，提供多景区单次卡，扩大游客旅游范围，延长游客滞留时间，提高产业收入。一般来说，旅游管理部门是在进行旅游行为采集及智能分析、旅游资源整合、景区人流数据采集等的基础上，发行联票，通过旅行社代售、酒店代售、网络销售、咨询中心发售等途径进行打折促销，吸引游客，刺激消费。旅游联票系统在为游客提供多重便利和优惠的同时，也大大提高了目的地旅游管理效率和游客满意度。联票系统的实现路径如图 16–5 所示。

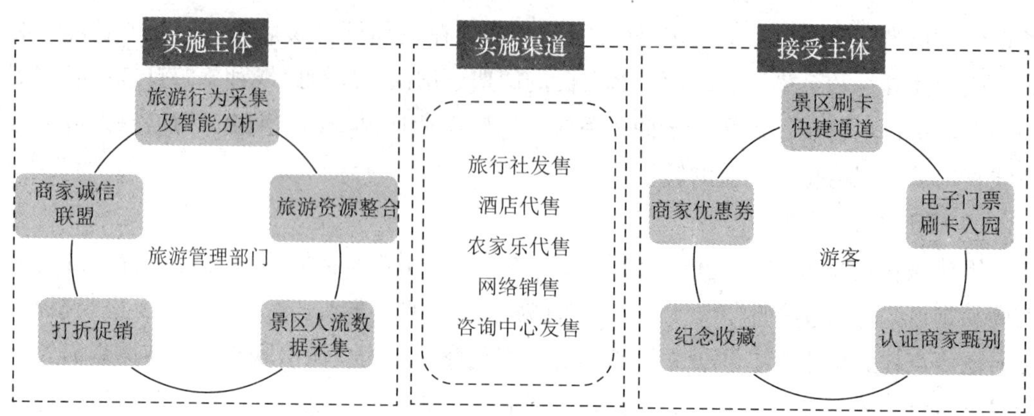

图 16-5　联票系统的实现路径

（3）目的地旅游大数据系统。

大数据可广泛运用于旅游资源规划、宏观调控和精准促销等领域。大数据基本分析功能包括各个旅游景区实时入园总数统计、实时在园人数统计、实时旅游用户总数推算，各个景区热度排名，各个省市旅游热度排名，旅游线路归类、旅游线路比较等。大数据增强分析功能包括各个景区流量预判分析、旅游用户餐饮与住宿偏好分析、旅游景区交通流量分析。大数据增强服务功能包括景区流量实时监控提醒、景区 LED 流量引导系统、景区视频监控、景区 GIS 系统集成、景区传感数据采集及监控。大数据挖掘的亮点在于可以改变事后统计用户量的情况，提升实时反应能力，进而加强服务和管控能力（见图 16-6）。

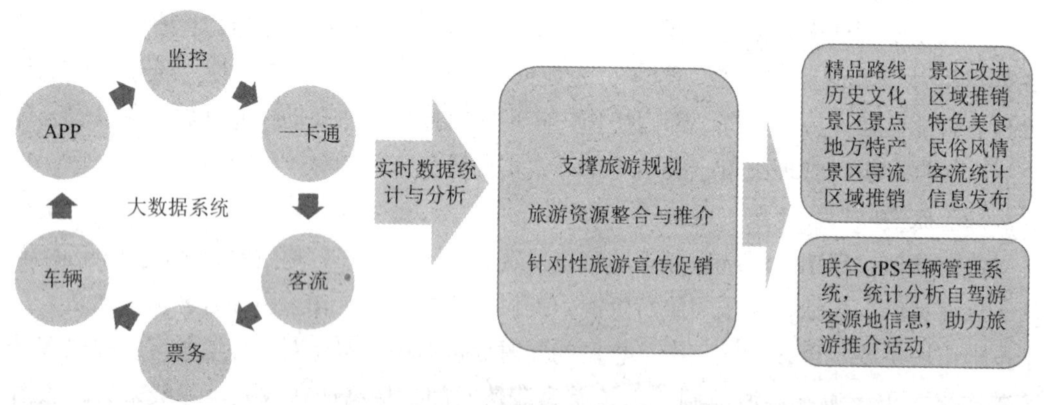

图 16-6　大数据系统挖掘实现路径

（4）规范旅游行业市场。

智慧管理创新能够规范旅游行业市场，打造良好的旅游品牌形象，包括建立完善的游客投诉处理系统和反馈追溯机制；通过旅游数据库平台加强审核机制以确保旅行社的规范运作；建立商家信誉情况发布系统，向游客推介更好的旅游路线和购物点；建立

GPS 车辆管理系统。

专栏 30　绿维文旅的智慧旅游解决方案

更多详情请扫描二维码

"互联网 +"是建立智慧旅游平台、促进旅游业转型升级的重要途径。绿维文旅多角度解读"互联网 + 旅游"模式，并基于旅游大数据挖掘，为旅游运营者提供智慧营销、智慧管理方案和企业创新运营模式。

（三）绿维文旅的智慧旅游实践："全境通"目的地智慧运营平台

目前，我国智慧旅游产业的发展仍存在信息孤岛、技术滞后、数据缺失、产品体验度不可控、合作端口众多导致流程繁复的问题。基于这些痛点，绿维文旅以"全链整合、共创共赢"为理念，以"目的地平台化运作 + 产业链经营"为模式，创新性地提出了"全境通"目的地 O2O 运营平台解决方案，通过平台的建设将政府、目的地、服务商、游客链接为有机的整体，旨在实现资源、产品、要素在全域空间内的充分流动与优化配置，拉动目的地综合消费潜力（见图 16–7）。

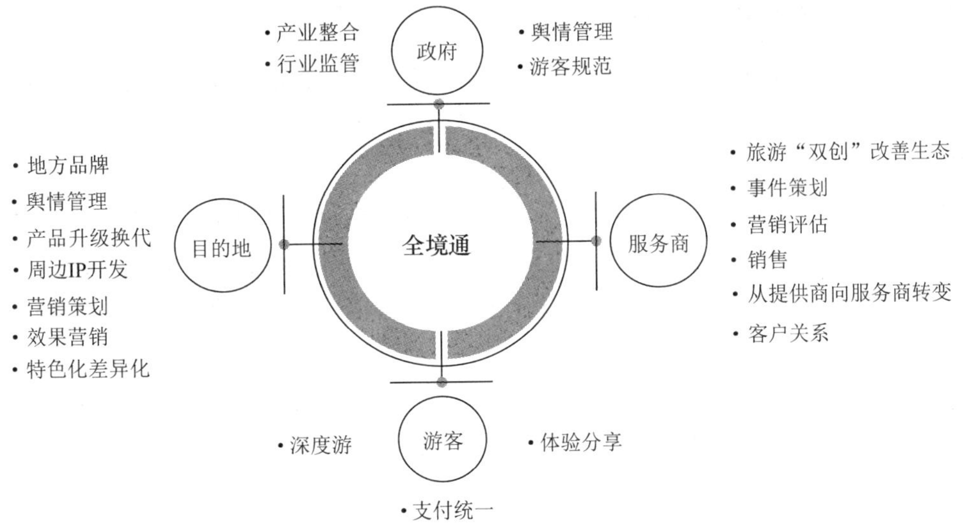

图 16–7　"全境通"解决方案

"全境通"综合应用大数据、云计算技术，构建了标准统一的旅游数据共享交换平台，实现了信息共享，消除了信息孤岛；通过完善数据接口，实现了智慧城市的互联互通，提升智慧旅游建设的深度和广度，并可纵向贯通国家、省、县各级数据内容，为目的地旅游管理、服务、运营、体验及产业融合提供全方位的数据支撑。通过形成信息齐全、现实性强、覆盖全域的旅游资源数据库，“全境通”有效链接了大众旅游和智慧旅游，辅助政府实现高效精准的目的地和旅游行业管理，为景区、创客、涉旅企业提供全方位的数据支撑和运营管理服务，为游客提供特色化的自主旅游服务，是智慧旅游开发运营的创新突破。

第二节　旅游科技化趋势

旅游科技化，是基于旅游产业结构升级和质量效益提升的需要，结合新时代的旅游消费需求，将科学技术融入、参与、应用到旅游开发运营的全过程，从而产生新产品、新服务、新体验、新秩序和新市场的旅游创新体系。当代先进科技的快速发展，使旅游业面临目的地建设、产业开发模式、旅游体验方式、经营渠道、营销方式、产品体系及业态打造等多方面的战略调整。只有依靠现代科技创新旅游产品、转变服务模式、提升旅游质量，才能满足游客日益增长的个性化需求。

一、旅游科技化的时代背景和发展现状

（一）旅游科技化的时代背景

科技创新是旅游业产业结构调整和升级的重要基础。目前，我国已成为全球第二大研发投入大国和第二大知识产出大国，科技创新对经济社会发展的支撑引领作用显著增强。

《“十三五”旅游业发展规划》提出，要大力推动旅游科技创新，打造旅游发展科技引擎。在2018年的全国旅游工作会议上，原国家旅游局局长李金早提出，要坚持走科技创新发展之路，实现旅游服务、旅游管理、旅游营销、旅游体验、景区流量调控智能化；通过高新技术产业与现代旅游业的耦合，有效延长和增容旅游产业价值链，开发兼具文化内涵、科技含量的旅游新产品，不断提升旅游的吸引力、体验性和互动性。可以预见，当代科技的发展与我国旅游相关产业的繁荣必然在未来产生深度结合和碰撞，旅游产业与高新技术的融合将成为贯穿旅游现代化发展的主要线索。

（二）旅游科技化的技术应用现状

随着国民经济不断发展，人们对于旅游过程中的个性化服务和深度化体验的需求不断升级，传统的旅行社团体出行和“到此一游”的观光形式逐渐被“一机在手，说走就走”和“想玩就玩，玩就不同”的旅游群体特征取代。从供给侧改革的视角来看，以移动互联网、大数据、物联网、区块链、人工智能为代表的现代信息技术，和以虚拟现

实、全息投影、声光电、多媒体等为代表的旅游展陈及互动技术，与新材料、新装备、新能源等制造技术的融合发展和集成应用，都为旅游的产品供给、体验内容、服务质量、商业模式和营销手段创新提供了新动能，增强了旅游供给适应和满足新时代市场需求的能力。

1. 现代信息技术在旅游业中的应用现状

（1）移动互联网——自主旅游时代的技术根基。

自 20 世纪末期互联网潮流席卷全球以来，人们的生产方式、生活方式和社会观念就始终处于不断变革和升级的过程之中。4G、移动 WiFi、LBS、二维码、指纹识别等技术和移动终端设备的迅速兴起，催生了在线旅行社（OTA）、行程预订网站、酒店管理预订系统、目的地智能导览系统、旅游在线社区等多种新型企业，也减少了人们对外出旅游信息不对称的困扰。

移动互联网系统对旅游产品在全球范围内的管理、营销推广和销售都发挥着重要的作用，其应用能够使旅游服务商突破词条化、标准化、模块化的商业模式，满足游客碎片化、个性化、多元化旅游需求，从而提升旅游产品的市场占有率。同时，移动互联网使信息共享更加便捷、有效，加速了旅游要素之间、旅游产业与其他产业之间的融合，从而提升了旅游目的地的综合经济效益。

（2）大数据——旅游趋势预测和精准营销的技术手段。

旅游大数据，是旅游活动中形成的位置信息、消费记录、预订行为、点评行为等海量、多样化数据资源的集合。旅游业中的大数据技术应用，是通过先进的数据采集、存储、处理、分析、可视化和系统运维技术，将数据资源转化为更强的洞察力、决策力和流程优化能力，从而为旅游需求预测和营销推广效果提供有效的技术支持。

例如，国内领先的自由行服务平台马蜂窝基于对注册用户的行程规划、机票酒店预订、参与旅游问答、社群分享、点评等海量行为数据的挖掘，将消费者的喜好倾向与 OTA、航空服务提供商的库存对接，开启了以需求为导向的“反向定制”产品供给模式，为旅游企业带来更精准的客流和订单。

但是，大数据技术在旅游业的普及尚存在制约因素：一方面，数据的有效性和科学性管理仍是技术需要突破的难题；另一方面，信息管理的安全要求客观地造成了大数据的“孤岛效应”，即大部分涉及游客消费和行为信息的数据资源被封闭在大数据的生产机构。未来一段时期，大数据仍将是旅游企业特别是在线旅游企业的关键竞争领域之一，如何积累用户、商户和产品的海量数据，并对海量数据进行有效筛选和精细化分析，从而实现旅游资源和游客需求及购买力的无缝对接，是众多旅游企业和服务商未来提高市场占有率、提升经济效益的决胜关键。

（3）物联网——旅游管理及服务智能化的关键技术。

物联网，即“物物相连的互联网”，是通过互联网技术与通信感知技术的结合，实现客观实体之间的实时共享以及智能化的识别、监控、管理和执行。互联网与传感器、射频识别、全球定位、集成电路、嵌入式系统等通信感知相关技术在旅游业中的整合应用，能够通过旅游相关的物品、设备之间的及时信息交换和通信，提高旅游管理与旅游服务的智能化水平（见图 16–8）。

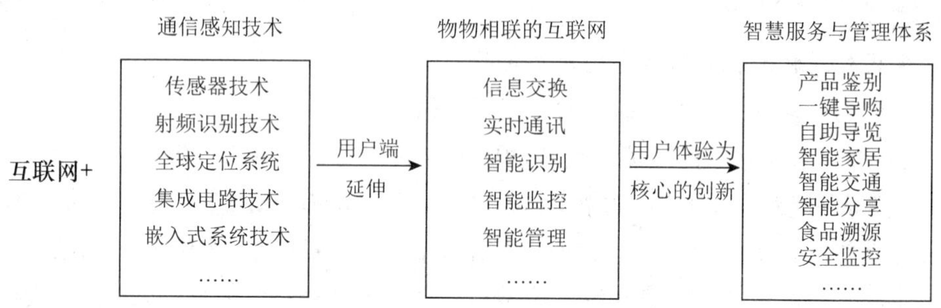

图 16–8　物联网技术的工作原理

智能化管理方面，物联网的应用能够通过相关设备的全面监控和信息的实时共享，减少人为预测和处理的失误，提升主动发现和解决问题的能力。目前，航空领域走在了物联网应用智能化管理前列。例如，维珍航空（Virgin Atlantic）通过物联网设备，将其的波音 787 机队的飞机部件、货运设备等设施连接起来，通过运行信息的实时共享，维珍航空可以主动地发现和解决相关的机械故障和油耗问题，使得飞行安全系数和准时比例大幅提升。旅游景区和旅游目的地也正在做出物联网应用的尝试，如随时定位的景观车、智能调光的路灯、随时传递信息的环境监测和人流监测设备等，植入物联网系统的设备设施能够将景区的游客信息和事物信息准确地传递给管理人员，在节省人力的同时，故障和危险隐患也能被更及时、更透彻地发现。

智能化服务方面，物联网的应用能够通过相关设备自动化地收集客户的需求，减少流程性服务的多余人工介入，从而提高旅游过程中的服务精准度。例如，荷兰航空联手代尔夫特大学应用物联网技术，推出了改良版的智能座位，这款座位通过收集乘客的心率、疲劳值、水分和体温数据，使得服务人员能够实时了解乘客的需要。此外，坐落在日本福冈中洲地区的 &AND Hostel 民宿，也对尖端的物联网装置做出了创新的尝试。登记入住时，客人得到的不是钥匙或门卡，而是可以操作房间 10 种物联网装置的智能手机。通过手机可以完成开门关门、使用机器人录音联络、控制光源、AR 眼镜、获取旅游资讯、播放伴眠音乐、开启储物柜、开启家电、观看美景视频等操作。

可以看出，物联网技术是旅游业管理智能化和服务智能化的关键技术。其相关系统及设备的应用能够实现对潜在风险的有效提示，通过事物之间更广泛的信息互联，提高旅游管理和运营的效率。同时，通过消费者与物品之间智能化的互联互通，简化人工服务流程，更精确地满足消费者的个性化服务需求。

（4）区块链——旅游安全认证与支付结算体系的新探索。

区块链技术，是一种去中心化、公开透明、数据可靠、多点参与的互联网数据库技术，其技术核心是把加密数据（区块）按照时间顺序进行叠加（链）生成的永久、不可逆向修改的记录，被全球最具权威的 IT 研究与顾问咨询公司 Gartner 列为 2018 年十大技术发展趋势之一。旅游业相关的航空运输、住宿预订等领域也在近年来纷纷与区块链创业企业合作，探索基于区块链技术的旅游安全认证与支付结算效率提升的途径。

例如，全球航空运输业领先的 IT 商务解决方案和通信服务提供商国际航空电讯集团（SITA）正与区块链初创企业 ShoCard 合作，研究在移动和可穿戴设备上为旅客提供安全单一、可代替多个旅行证件的安全标识，任一旅行相关机构只要扫描游客的脸部或设备，就能够确定是否为授权旅客，进而降低旅行中证件检查的复杂性、成本及不利因素。

再如，区块链创业公司 Loyyal 与迪拜未来基金会合作推出多品牌通用的“迪拜积分”，以推动迪拜旅游业整体发展。乘客可以用航空公司积分支付酒店预订，也可以用租车积分购买咖啡，如游客去迪拜积分项目推荐的景点或体验项目游玩，在旅行完成之后，他们就能获得积分奖励，之后还可以兑换相应的奖品。

区块链基于智能合约的技术理念，和去中心化辅以不可篡改的技术运行手段，能够有效避免支付欺诈、评论造假等问题，同时能够节省旅游企业交付渠道商、分销商的佣金费用，提高交易和结算的效率。但是，区块链的技术供应方多为初创公司，旅游企业在这项新兴技术的储备和研发水平上尚有差距，目前区块链广泛应用的以太坊底层技术，每秒智能处理 7~15 笔交易，对于现今高频、大用户数量的旅游交易而言，极易造成网络拥堵。因此不难看出，目前区块链技术的性能尚未达到商业化推广的标准，其应用场景、服务模式和商业逻辑仍处在概念规划和实践尝试阶段。

（5）人工智能——未来旅游服务系统的新风向。

人工智能是研发用于模拟、延伸和扩展人思维和行为的智能的理论、方法、技术及应用系统的技术科学，其相关的机器学习、超级计算、自然语言识别和计算机视觉技术催生了聊天机器人、服务机器人、无人驾驶汽车、AI 导游系统等创新产品的问世。减少重复性、流程性行为的人工介入，释放人力承担更多创意性工作，成为未来旅游服务系统的新风向。

例如，科大讯飞小译智能翻译机，采用国际领先的语音识别、语音合成、神经网络、深度学习等人工智能技术，支持多种口音识别，实现多种语言流畅自然的即说即译。讯飞翻译机可自动进行不同语种的语音翻译，能识别不同场景与用户习惯，准确识别并翻译出最符合语境的结果，实现出境旅游的无障碍沟通。

此外，加利福尼亚的库比蒂诺市的雅乐轩酒店引入的机器人 A.L.O.、希尔顿酒店的礼宾机器人 Connie、杜塞尔多夫机场的停车机器人 Ray、日内瓦机场的行李机器人 Leo、迪拜无人驾驶出租车“自动豆荚”、阿联酋航空旗下度假预订网站的聊天机器人等不断涌现的基于人工智能技术发展的旅游服务产品，正在逐渐改变旅游服务的供给形式和旅游者的出行方式。

现阶段，机器的自然语言识别、运动行为控制等功能尚处于不断研发探索阶段，未来随着技术瓶颈的突破，人工智能技术将在旅游业的便捷化、个性化、精准化和互动化服务中注入新一轮潜力，打造旅游业的创新服务系统，提升旅游业的服务品质。

2. 科技引领的旅游展陈及互动体验创新

随着经济的发展和国民文化素质的提升，旅游群体的深度化、趣味化、创意化旅游需求与日俱增，传统观光旅游的互动体验感缺失、景观或展品的诠释力不足、旅游内容的单一乏味，成为自主旅游时代众多旅游景点、景区及目的地的开发痛点。虚拟 / 增强现实（VR/AR）、3D 全息投影、人机交互技术、声光电技术、多媒体技术，新材料和先进设施设备制造技术的研发、整合应用，成为打破时间、空间限制和终端设备束缚的突破口，这些技术将为游客提供更多维、更有趣、更深度的沉浸式旅游体验。

（1）历史重现——科技引领的文化深度体验。

历史遗迹不可再生，并且会随着时间的推移日渐失去原本的样貌，静态的导览词也难以言尽古迹背后的历史文化。针对这一问题，部分历史遗迹类景区开始借力 VR、AR 技术，依据科考、史书资料构建文化古迹、消逝景象的数字模型，并将残缺部分的原貌重构通过立体显示技术以虚拟现实、增强现实的方式提供给参观者，使游客能够通过虚拟旅游体验直观、全面、真实地感受历史文化。

案例

圆明园 26 个景区的虚拟再现

圆明园被焚毁了一个多世纪以后，园林建筑只留下石基，盛世风貌已荡然无存。为了更立体、直观地展现“万园之园”的景观，圆明园景区管理处与科技研发团队合作，借助 AR、VR、三维仿真等多种技术手段将当年圆明园的历史、故事、文化用计算机合成，再通过光学显示把这些数字模型叠加到现存的废墟上，生动地再现了圆明园的历史变迁。游客只要关注公众号，就能够通过“二维码 +AR”的导览系统“穿越时空”，与当年圆明园的皇帝一起“合影”，打印出来的照片与真实合影相差无几，改变了只靠文字或语音的介绍方法，填补了游客无法接触文物的遗憾。

（2）超越现实——科技引领的奇幻体验。

主题乐园类景区通常是基于深入人心的电影、动画、传说类 IP 建造，高新科技及游乐设施是这类景区打造核心引爆项目、深化升华主题 IP 的助推力量。VR、3D 全息投影、声光电、人机互动技术与先进的运动机械、暗室、立体起伏轨道、乘骑战车、仿生机器人等游乐设备相结合，能够突破时间、季节的限制和空间、地点的局限，将虚拟世界中探险、灾难、时空穿越等奇幻场景逼真地呈献给游客，打造集文化、科技、娱乐于一体、超越现实环境和认知的全感官体验。

案例

上海迪士尼乐园的“黑暗”奇幻体验

位于上海迪士尼“明日世界”主题园区的“创极速光轮”室内过山车，是迪士尼主题乐园历史上速度最快的过山车项目。该项目是根据迪士尼电影《创：战纪》改编而来。游客乘坐“光轮”摩托飞驰在壮丽穹顶下的隧道上，极速进入由蓝色激光、虚拟影像和战斗音效营造出的梦幻空间，在暗室的虚拟环境中体验加速、下沉、俯冲、竞技的快感，身临其境、多感官地体验“创：战纪”的未来世界。此外，位于上海迪士尼“宝藏湾”主题园区的“加勒比海盗——沉落宝藏之战”是室内乘船漂流探险项目的鸿篇巨制。在该项目中，迪士尼采用裸眼立体电影、仿生机器人、虚拟动画、全息投影和新一代的声光电技术，在较为黑暗的环境中逼真地还原海盗之战的环境，使游客穿行在紧张刺激的开火对战剧情场景中，特别是战舰从海底浮出海面时，令人颇有“死里逃生”的感觉。在游乐相关的高新科技研发和应用上，迪士尼展示了目前主题公园界的最高水平。

（3）互动娱乐——科技引领的趣味性体验。

旅游内容单一是众多旅游景区和目的地需要突破的创新难点。借助 VR、AR、人机交互技术，将寻宝、射击、逃生、探秘、冒险、闯关、竞速等游戏元素融入旅游景点或导览系统中，使游客的旅游过程由被动接收信息转为主动参与体验，在增强旅游线路趣味性的同时，提升景观、展品、剧情的诠释力和吸引力。互动游戏这种旅游创新手段，目前主要应用于文化类景区、博物馆和旅游剧场中。

文化类景区和博物馆的每一个建筑、每一件展品背后都包含着丰富的历史、文化、艺术背景，但静态的陈列和说明文字难以激发参观者深度探索的兴趣，互动游戏是弥补这一不足、吸引更多年轻游客的有效手段。

案例

博物馆中的 AR 互动游戏

大英博物馆三星数码探索中心设计了一个 AR 冒险游戏“献给雅典娜的礼物”，参与者通过使用移动设备上的 AR 功能扫描特定的展品，收集道具来打开通往下一个故事的锁，解开一个一个小谜团，在游戏的过程中一点点学习关于展品的知识。

特色剧场是近年来众多旅游景区丰富文化内涵、促进二次消费的重要创新业态之一。环幕、球幕、特效座椅/平台（喷气、震动、摇摆、升降）与虚拟现实、多媒体、人机交互、声光电等技术的综合应用，成为旅游剧场提升观众参与度、打造更逼真的剧情场景的有效手段。

飓风要塞——边观影边竞技的互动体验

位于深圳欢乐谷飓风湾主题乐园的“飓风要塞”是国内罕有的7D互动剧场。多维互动大片《绝地战神》由顶级4D投影仪放映，观众们坐在特制的移动座椅上，随着剧情进入被僵尸占领的未来世界，并可使用手中的激光枪与超大弧形屏幕激情互动，并有电脑根据当场竞技分数进行即时排名，互动游戏与先进影院设施的结合，使游客在享受趣味的同时深度融入剧情情节中。

（4）全景视角——科技引领的旅游营销创新。

旅游产品的空间约束性，是传统旅游营销所面临的局限。旅游结合AR/VR技术后呈现形式独特，打破了空间方面的限制，为用户带来了极强的全景沉浸感，这恰好与体验式营销理念不谋而合，也弥补了游客无法先体验后消费的缺憾。

案例

上海旅游形象全景宣传片《我们的上海》

上海城市旅游形象宣传MV《我们的上海》采用VR格式和4K高清格式的双版本，首创中国VR旅游形象宣传片，以“360度全景画面+3D立体”的形式呈现，由胡歌担当上海旅游形象大使，带领观众从建筑、人文、艺术等视角全面领略上海的魅力，成为国内屈指可数的旅游新媒体营销经典案例，代表了科技引领的旅游营销形式的创新。

（三）科技催生的专项旅游市场

1. 科技旅游

2017年3月28日，原国家旅游局、中国科学院综合科技内容、旅游资源、环境容量、基础设施、市场潜力等方面的评估，遴选出贵州黔南500米口径球面射电望远镜、中国科学院西双版纳热带植物园、湖北宜昌三峡水利枢纽工程、中国科学院南京紫金山天文台、中国科学院青岛海洋科考船、中国科学技术馆、甘肃酒泉卫星发射基地、中国科学院安徽合肥董铺科学岛、中国科学院西安国家授时中心、中国科学院遥感卫星接收站三亚站“十大科技旅游基地”。首批“中国十大科技旅游基地”的推出，是旅游与科研成果深度融合，寓科普研学于沉浸式的旅游体验的风向标，科技馆、科技园区、科创小镇、智能制造小镇等以科技研发、智能生产为基础，以科普教育、科技体验为核心吸引力的旅游景点或目的地成为新兴的旅游开发热点。

2. 医疗（康养）旅游

日本的基因筛查体检、美国的肿瘤治疗、韩国的美容、瑞士的疗养……发达国家依托其强大的预防医学和医学生物技术，在早期就已成为热门的医疗旅游目的地。大健康时代下，人们对健康的需求呈现以“治疗”为主体、以“修复”为配合、以“康养”为生活方式的特征。随着国民经济的发展、生活节奏的加快、健康意识的提升，传统的住家医养方式逐渐向离家医养方式转变，与医疗、康体和健康生活方式相关的科技成果成为新一轮的细分旅游市场主题。

二、未来旅游产业发展对科技的需求趋势

旅游是创意型产业，更是需求引导型产业。移动互联网在旅游服务中的广泛应用，高新科技与旅游产品及目的地的探索融合，都极大地拓展了旅游者的出游半径和体验内容，增加了旅游景区及目的地的吸引力，提高了旅游服务的效率、质量和精细化程度，拉动了旅游消费需求的新一轮增长。未来，随着人工智能、虚拟现实、智能制造等技术的深度研发和突破，面对旅游群体对便捷、舒适、高质、创新的需求不断升级，吃、住、行、游、购、娱相关的旅游要素服务和产品的研发供给都将迎来新一轮的机遇和挑战。基于旅游业自身的综合属性，与之相关的服务、产品、活动对科技的需求也呈现出整合应用式的特征。依靠科技的力量，“快进慢游”的旅游趋势将会日益明显，穿越时空、挑战极限等突破时间和物理障碍的小众旅游内容也有望演变成为大众化消费的热点。

（一）旅游要素服务创新中的科技需求

移动互联网及终端设备的普及，各类旅行类 APP 的出现与发展，线上、线下消费服务的联动发展，使旅游人群行前通过手机 APP 就可以解决线路选择和在线预订，行中可以随时随地进行在线购票、分享推送、虚拟拍照、实景增强、虚拟导航、游戏体验等活动，行后可以实现在线评论、线路推荐、在线分享等互动，这大大地提升了旅游人群“自主性需求”被满足的可能性。以此为基础，食、住、行、游、购、娱相关的旅游要素功能将伴随人工智能、物联网、大数据等新一代信息技术的进一步提升，形成更智能、更高质量的服务体系。

1.“食”——科技引领的用餐服务创新

从旅游六要素到十二要素，再到如今的十八要素，餐饮始终位列旅游业的要素之首。在旅行成为一种大众化生活方式的今天，“吃得好、吃得省心”也成为优质旅行的重要环节。目前，餐饮业也在科技应用中做出了初步的尝试，如世界上最昂贵的餐厅西班牙 Sublimotion，就餐客人会使用三星 Gear VR 虚拟眼镜看菜单，餐厅中的背景、音

乐、温度、湿度、气味随着每道菜的特点实时调整，食物也是变幻多彩的；再如杭州首家 3D 全息投影餐厅“三么地”，用餐的时候，各类鱼群甩着尾巴在四周游动、海水的波纹在餐桌上随意流泻，餐厅环境光影交错、梦幻多姿。

未来的一段时期，智能化的用餐服务将是餐饮供应方主要的突破方向。基于大数据分析，餐厅的营销和推荐将会更加精准；借助人脸识别、语音识别技术，点餐的过程将会更加快捷；借助 VR、裸眼 3D 技术，菜品的介绍能够变得更加鲜活；触屏桌面游戏、餐前秀等项目的开发将增加用餐等待时间的趣味性；机器人、传送机械将逐渐代替人工传菜，降低出错率；物联网的布局可以实现对客流量、食品消耗程度和服务人员工作状态的实时监测，使用户需求与管理中心无缝对接。科技的应用和整合创新，将减少餐饮服务中流程性工作的人工介入，给游客更多自主的点餐、用餐空间，最大限度地满足游客的自主用餐需求（见图 16-9）。

餐前服务	餐厅导航	智能点餐	体验化的菜品介绍	趣味化的等待时间
技术支撑	基于大数据分析、LBS的餐厅推荐；AR实景导航	人脸识别技术——针对性地推荐餐饮种类；语音识别技术——菜品名称翻译、语音点菜系统	VR、裸眼3D技术使菜品的介绍更加鲜活（需要VR眼镜、3D投影机、智能餐桌、裸眼3D显示器等设备支持）	借助裸眼3D、VR技术打造的触屏桌面游戏，增加用餐等待时间的趣味性
餐中/后服务	自动传菜	用餐中的智能服务	用餐客户数据存储	
技术支撑	机器人、传送机械、物联网技术提高传菜效率、降低出错率	用餐中的智能服务：应用物联网技术实时监测客流量、食品消耗程度和服务人员工作状态，实现客户需求与管理中心的无缝对接	大数据、云计算技术存储用餐客户的消费数据，便于下一次用餐时精准推荐	

图 16-9　餐饮服务中的科技需求

2.“住”——科技引领的高质量住宿体验

科技创新引领建筑设计的创新、建筑材料的创新、厨卫技术的创新等，带来了住宿从建造到装修装饰等多个领域翻天覆地的变化，也让房屋本身安全性能更强、保暖性能更强、便捷性更高。装配式建筑、生态建筑等多种建筑类型应运而生，满足了游客在旅游目的地的多样化的住宿需求。

游客除了能够享受高品质的住宿条件的同时，因为科技的使用，也将享受高品质住宿服务。预订服务方面，在线平台需要大数据、VR、人工智能技术作为支持，为游客打造精准推荐、未住先知、对话界面式的一站式预订服务平台。入住办理服务方面，人工智能及其相关的机器人、生物识别技术的进一步应用，能够减少人工成本投入并使游客以最快的时间入住。客房服务方面，人工智能技术能够使客房 AI 助理满足游客的咨询、呼叫服务，同时依靠物联网技术，房间设备（智能门锁等）、自动化控制系统（环境控制、灯光控制、保安控制、家电控制）用户的移动设备与酒店的管理中心能够实时互联，提升服务效率和准确性，提升住宿的安全性，减少不必要的人为打扰。此外，酒店、民宿等业态作为游客夜间休息、休整的场所，应密切关注医疗、养生领域的科研成果，将助眠设备、助眠系统作为客房的增值服务，为游客提供更优质的健康睡眠服务。离店之时，住宿供应商应利用移动互联网的最新技术发展，简化游客离店流程，同时依靠大数据、云计算技术储存、分析用户的消费需求和偏好，以便于服务的后续改进和升级。

住宿行业与旅行社、OTA 等旅游企业如何利用新一代信息技术实现更好地联动，酒店、民宿等住宿场所自身如何提供更多的客房增值服务以满足游客在旅途中的高质量需求，是未来住宿产业的主要突破方向（见图 16–10）。

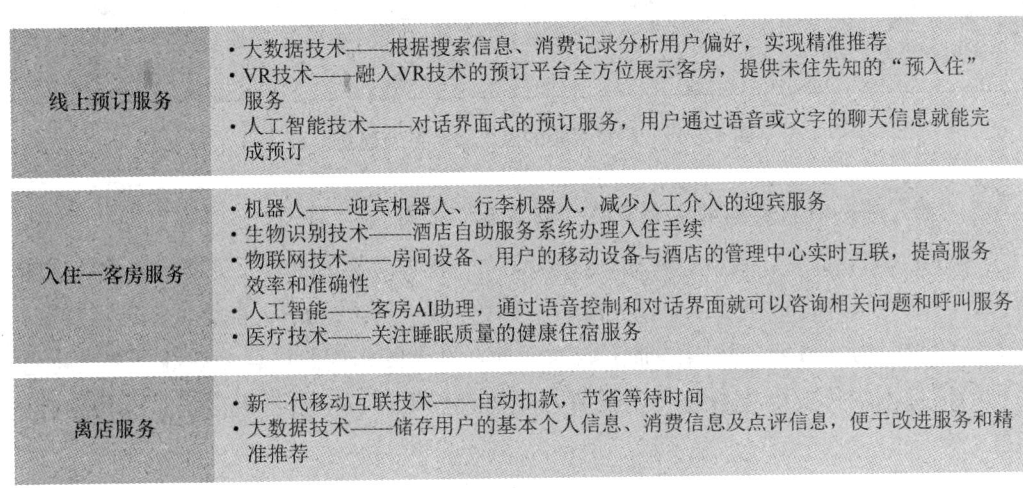

图 16–10　住宿服务中的科技支持体系

3.“行”——科技引领的快速、安全、舒适的交通体系

快速、安全、舒适的交通服务体系，是所有旅游活动能够成行的首要保障。应用物联网、移动互联技术，建立事故前道路监控预警、事故中定位施救、事故后善后疏散的全过程系统，减少交通事故的发生频率和不良影响；利用人工智能及相关的服务机器人、生物识别技术，简化游客出行手续办理流程；利用物联网及相关的传感技术使行程中服务高效、精准；计算机视觉、物联网、传感技术、自动控制、超声速、磁悬浮、材料技术等技术融合打造超级高铁、无人机飞船、飞行汽车、水陆两栖汽车等未来交通工具，都是满足“快进、快出、慢游”的自主旅游时代需求的必要发展路径。

4.“游”——科技引领的智能化旅游服务体系

移动互联网的普及和不断发展，正在极大地影响着旅游人群的预订、出游方式。随着“旅游由我做主”的需求不断提升，减少重复性、流程性服务的人工介入也就成为未来旅游服务系统创新的必然方向。从出行前的自助预订、行程规划，到游玩中的目的地智能导览和随时解决问题的AI伴游系统，科技的创新和整合应用是旅游服务升级的最重要的基础和助推力。人工智能及其相关的互联网、大数据、云计算、自然语言处理、生物识别技术，以及物联网、LBS、增强现实等新一代信息技术的融合，能够迅速、精准地分析出游客的个性化需求（见图16-11）。

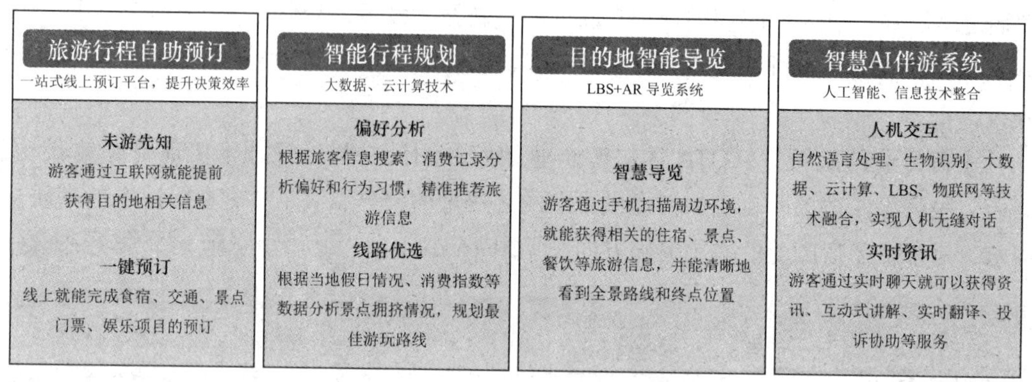

图16-11　科技引领的旅游服务系统创新升级

5.“购”——科技引领的文创商品“新零售”创新

“购物”是继景点、餐饮、交通、住宿的又一推动旅游目的地经济增收的重要动能。精美、创意的旅游商品和纪念品，免税店、特色商场等购物场所，能够大幅度增加旅游目的地的吸引力。目前，我国的旅游购物尚处在发展的初期阶段，旅游商品缺乏特色、购物的信息不对称、衍生品与文化脱节、购物流程烦琐、定价不规范仍是有待突破的问题。

依托3D打印技术、包装技术、加工工艺、AR等技术，可创新旅游商品设计制造、商品包装，减少商品的成本，增加商品的观赏性和趣味性。“新零售”创新需要新一代互联网技术、展陈技术结合VR/AR、人工智能、物联网等高新科技的应用，创新旅游商品销售方式、打造线上线下一体的自助化“新零售”方式。旅游目的地“新零售”除了主力商铺的打造，还要做到行前为游客提供“未购先知”的服务；旅行中，将与景点或展品的购物信息融合到导览系统中，使游客可以直接手机下单，在线购买，送货上门或到店铺自提；购物的过程中，购物场所借助人工智能及其相关的生物识别、传感技术等，实现从进店选购、商品提取到付款的全程自助化，打造“边玩边购、全程自助”的购物服务模式。

6.“娱”——科技引领的个性化、情感化娱乐服务

黑暗乘骑、飞翔影院、灾难仿生、密室闯关、未来世界、全息演艺、互动剧场……高新科技和游乐设施设备打造的惊险、刺激、沉浸式的娱乐体验已经成为众多景区，特别是主题公园类景区不可或缺的引爆项目。在此基础上，个性化、情感化成为娱乐服务的升级方向。应用生物识别技术，参与者的面部表情、手势、肢体动作、体温、心率

等游乐状态能够被实时捕捉，由此得出的恐惧、紧张、兴奋等情绪分析结果，并通过物联网及传感装备反馈给智能的控制中心，使得场景元素、体验内容、战车行驶轨迹、座椅升降速度等能够得到即时的调整，使游客能够在身体、心理的舒适区域中享受超越现实、充满乐趣的娱乐体验（见图 16–12）。

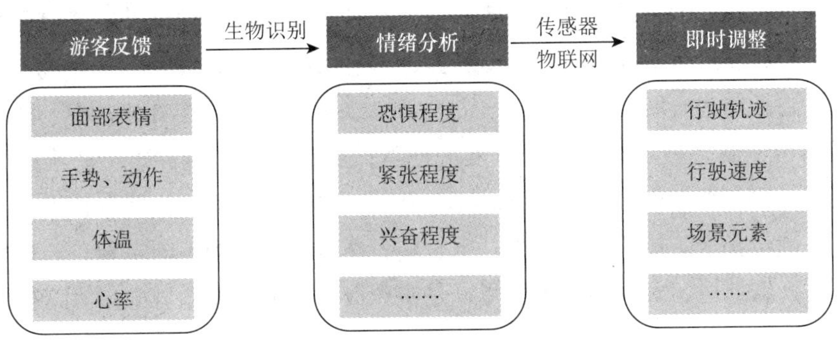

图 16–12　娱乐服务升级的科技概念

（二）旅游产品体验创新中的科技需求

优质的自然人文资源奠定了旅游业的根基，而依靠创意和科技形成的新产品、新场景、新体验方式，是满足不断变化、求新求异的旅游市场需求的内生动力。

1. 新型娱乐技术与演艺技术带动的视觉体验创新

目前，以迪士尼、环球影城为代表的主题乐园已经开始应用虚拟现实、增强现实、人机交互、全息投影等技术，结合新材料、新制造科技，开拓了创新的旅游娱乐科技、影视系统、游乐设施设备和娱乐方式，超越现实世界的虚拟体验越来越成为被大众欢迎的猎奇方式。未来，随着科技的新一轮发展和应用，更多充满时空穿越感的体验项目将不断涌现，以满足旅游群体日益增长的探奇需求。

在众多旅游景区和目的地中，实景演出和旅游剧场是突破淡季旅游和夜间旅游的核心吸引力、创造二次消费的主流手段。例如，拉斯维加斯的室内秀场已经成为该城市除赌场外的另一经久不衰的必玩项目，位于 Mirage 酒店门前的火山喷发和位于 Bellagio 门前的音乐喷泉两大免费实景表演，借助火光和烟雾营造的“火海”以及借助水幕和灯光打造的“水上芭蕾”，也是为游客提供的“冰火两重天”体验的免费福利。未来，水幕、雾幕、特效（焰火、烟雾、冰雪等）设备、全息投影、声光电与舞美技术的进一步融合发展，将形成突破性的幻影成像和旅游演艺技术，为游客带来虚实结合、视觉效果震撼的夜间旅游新体验。

2. 新材料技术与信息技术引领的场景体验创新

“玩就不同”的探奇需求，使深水、高山、天空成为越来越多旅游者向往的地点，水上与水底的自由穿行、高海拔与深洞穴的探秘、拥抱天空的自由翱翔，都是突破现有空间局限和物理障碍的未来新玩法。

但是，目前水、陆、空的深度探奇体验，多以极限运动为主，且安全事故的频发让众多旅游者望而却步。机器视觉、信息技术、传感技术与材料、机械等技术的融合，是促进极限运动装备和安全救援系统创新，实现自然场景最大化应用的必要手段。

冲浪、水肺装备的改进结合水下定位、水下传感技术能够保障及时通信和救援，使水陆自由穿梭和深海自由呼吸成为可能；AR 导航系统、实时定位系统、救援呼叫系统、智能升降控制系统融入服装、升降器、安全带、头盔、头灯等探奇装备中，使游客可以自主探索高山、洞穴、丛林等未经开发的地点；材料技术（抗冲击、防水、防风、浮力、抗压力）、机械技术的发展，融合机器视觉、物联网等新一代信息技术，能够突破飞行户外装备与安全防护的技术壁垒。水、陆、空运动装备的不断革新，与信息技术的融合发展，突破舒适、安全的技术保障，是实现极限运动由小众冒险向大众体验方式转变的先决条件。

3. 旅游市场延伸中的科技需求

随着“旅游 +”的发展，旅游产业与其他产业融合，形成了很多专项旅游市场，其中，研学旅游、大健康旅游、体育旅游是三大与科技发展最密不可分的专项旅游市场。

未来随着卫星、交通、航天等技术的发展，极地、深海、沙漠甚至星际都能够成为新型旅游资源，而多种具有唯一性、专利性的科研成果与信息技术、虚拟现实技术的新一轮融合，将开拓科普、研学旅游的多元化新市场。

随着生物技术、医疗技术的进一步突破，将使“离家医养”成为更多旅游人群的选择，而现有的热门景区及目的地，也应实时关注医养科技的进步，导入避寒、避暑、避霾的技术和设备，开拓以大健康为主题的旅游新市场。

随着通航技术的发展，热气球、滑翔伞、滑翔翼、动力伞等技术逐渐成熟，并进入大众旅游市场，低空旅游进入发展期。此外，借助 VR 等技术形成的虚拟驾驶、对战游戏、飞机滑道等飞行模拟体验也走进旅游市场。

在当前旅游产业加快升级及旅游个性化需求趋势背景下，旅游市场要紧抓技术发展的脉络，以“旅游 +”技术为发展思路，积极引入更多的新兴业态，让旅游产业跟随时代的步伐，实现换代升级。

复习思考

1. 旅游现代化发展中的科技需求有哪些？
2. 未来随着科技的不断发展，旅游业将呈现怎样的发展趋势？

第十七章

绿维文旅经典案例

知识目标

了解旅游开发运营的经典实践案例。

能力目标

通过经典案例的研读，形成针对不同类型项目的开发运营的清晰思路。

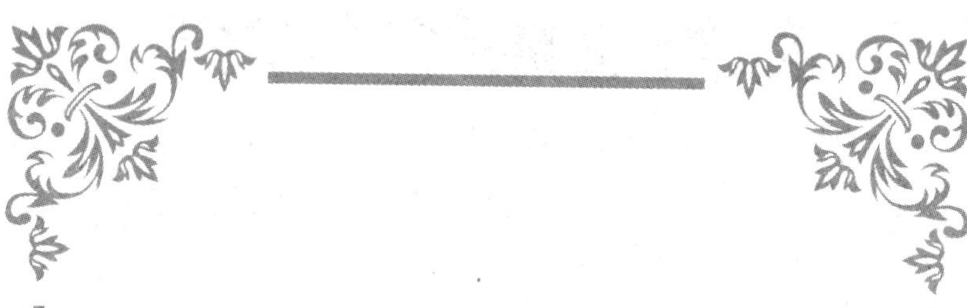

根据旅游开发运营的方法论架构，本章从绿维文旅十余年的实践经验中甄选出了部分经典案例，涵盖全域旅游、田园综合体、特色小镇、风景名胜区、度假区、历史街区、红色旅游区、文化旅游区等在内的多种项目类型，以及策划、规划、设计、运营在内的多种开发运营过程。通过本章的学习，读者能够对本书的理论知识形成具象化的理解，为旅游开发运营实践带来清晰的思路和参考典范。

第一节 厦门全域旅游——“多规合一”的区域规划新典范

2018年10月24日，由绿维文旅编制的《厦门市全域旅游专项规划（2017—2035）》顺利通过评审，获得了魏小安教授和专家组的高度好评，评审团认为本规划基础工作扎实，资料丰富翔实，成果体系完整，符合文化和旅游部相关规划的技术规范要求。

绿维文旅董事长林峰博士表示，本次规划的突出亮点是全域旅游专项规划与城市总体规划的结合，真正做到了“多规合一”的“一张蓝图”，形成了全域旅游的专项图层，这是区域旅游规划的一个新典范。结合国土空间规划，在国土全覆盖上，给全域旅游画出一个独立的图层。原厦门市旅游委杨琪主任表示，这是她多年主持编制的几十个规划中最好的规划、是一个创新性的规划。此规划的创新性在全国称得上是一个示范性样板规划。同时要求绿维文旅继续深入项目之中，持续辅导，深入设计。

一、规划背景分析

（一）时代背景

随着“一带一路”、自贸区建设、两岸融合、厦漳泉一体化、“双高之城”等与厦门发展有关的关键词不断涌现，立足台海战略、21世纪海上丝绸之路战略，发展全域旅游是厦门全面深化改革、转变发展方式、建设国家中心城市的重要选择，是打造国际滨海花园名城的重要路径，是推动厦门旅游供给侧改革的重要手段。

全域旅游的发展，将大力助推厦门的城市建设、城乡发展、交通拓展、产业创新、配套升级，有效协助厦门由区域中心城市向国家中心城市的转型，建设更加宜业宜居的城市环境、更均衡发展的城乡结构、更通达开放的交通格局、更活力创新的产业体系、更高标完善的旅游配套。

（二）项目概况

1. 规划任务与目标

本次规划对象为厦门市行政辖区全市域范围，规划范围为1912平方公里，其中陆域面积为1603.5平方公里，海域面积308.5平方公里。规划期限为2017—2035年，近期至2020年，远期至2035年。本次规划是全域空间规划体系中的专项规划，在城市经济社会发展总体目标下，在全市统一的空间战略规划指引下，确立旅游业在厦门城市总体发展中的角色，明确旅游业在国民经济和社会发展中的地位，提出旅游业发展目标，优化旅游发展要素结构和空间布局，安排旅游业发展优先项目。

2. 资源情况

厦门市的旅游资源非常丰富，共有 446 个旅游资源单体。对照原国家旅游局提出的旅游资源分类表，厦门市的旅游资源包括了地文景观、水域景观等 8 个主类，覆盖了分类表中的全部主类。旅游资源可以分为自然旅游资源和人文旅游资源两大类，厦门市旅游资源以人文旅游资源为主，其中华侨文化、音乐文化、建筑文化、对台文化等极具特色与优势。

3. 旅游市场分析

从厦门自身旅游发展总体态势上来看，厦门旅游市场发展势头良好，旅游收入及旅游人次连年增长，但区域发展极不均衡，呈现思明区“一区独大”的现象。国内旅游市场仍是厦门旅游市场的主力，但与青岛、杭州、三亚、成都等国内知名旅游城市相比，人均消费水平还有一定的差距。此外，省内市场占主力，过夜比率走低，产品结构需要调整，以满足游客停留体验需求。国际旅游市场方面，入境游客数量较高，东南亚市场占主力，但仍未达到国际旅游城市水准，国际客源需求尚未被满足。

由此可见，厦门旅游未来的发展要求，一是释放存量，积极调动厦门市民及泉州、漳州等周边区域居民的旅游消费需求；二是扩大增量，留住过境短暂停留的客源市场；三是丰富客群，重点扩展康养度假、运动休闲、教育研学、商务会展等客群市场；四是瞄准核心，重点发展中高端休闲度假产品，提升厦门旅游的品质化、国际化、个性化。

二、项目难点

（一）发展条件限制

通过数据分析和实地调研，绿维文旅分析厦门发展全域旅游具有以下几个条件限制。

第一，拓展空间有限。陆域面积中，现状建成区约 414 平方公里，规划至 2035 年，划定城镇开发边界 670 平方公里，相对于远期的城市建设拓展空间较局促，内陆腹地相对狭小。

第二，空间管制严格。厦门市于 2014 年划定完成生态控制线，共 981 平方公里，并制定了相应配套文件。厦门市空间管理精细化已达到较高水平，管控模式较为严格，管控范围已覆盖全市域，管控手段较为先进，管控制度配套完善。

第三，城市扩张对旅游的压力。城市建设规模的拓展将使乡村资源受到一定程度的压缩，造成全市资源类型的开发更多转向城市旅游，旅游的层次性受到影响。

（二）发展问题分析

通过对厦门全域旅游发展的旅游核心吸引物、旅游要素、旅游公共服务设施、旅游新业态、旅游机制、旅游主体六方面的现状诊断，绿维文旅分析出厦门全域旅游发展需要突破的几大问题。

一是空间分布不均衡，主要体现在产品供给、区域发展、游客分布、游憩结构、要素分布这几方面。

二是游客结构不均衡，包括国内与国际游客比例不均衡、高端游客与大众游客比例不均衡、日游客与过夜游客比例不均衡。

三是旅游产业不完善，产业链条短，旅游业的带动作用、催化作用发挥不够；产业融合度低，旅游与研学、康养等产业融合还需进一步深化、拓展。

四是产品结构不丰富，表现在老景区发展乏力、新景区动力不足；特色类品质项目不足；夜间活动需求与产品供给不匹配；新型业态产业的匮乏；国际滨海性旅游产品缺失等方面。

五是旅游与城市待融合，优质城市环境和服务未转化为旅游产品，对社区旅游、街巷旅游开发不足，无法充分体现厦门城市休闲生活特色，城市建设快于旅游产品开发。

六是体制机制显薄弱，旅游资源隶属不同部门管理，协调难度大，管理体制复杂，管理效率待提高。

三、规划策略

（一）总体思路

1. 发展定位

总体定位上，依托厦门的国际门户枢纽地位、滨海花园式城市特征、全球化进程中充分融合的城市文化现象，紧跟大众旅游时代背景下国际化、品质化、体验化的市场需求，以国际滨海花园名城为目标，以全域旅游为抓手，推动厦门旅游供给侧改革，助力厦门全面深化改革、转变发展方式及建设国家中心城市，将厦门建设成为集文化体验、城市度假、会展旅游等多重功能于一体的国际滨海花园旅游名城及世界一流的休闲度假城市。

产业定位上，将旅游产业定位为城市国际化的形象和动力产业、城市经济社会发展的支柱产业、居民和游客共享生活的幸福产业及闽南文化传承创新的窗口产业。

2. 发展战略

（1）区域整合：架构“中心枢纽”地位。

厦门依托其特殊的地理区位、城市文化特色、城市发展历史及旅游经济发展趋势等因素，形成了国际旅游目的地与旅游集散地的双重属性，基于全域旅游的发展突破，两者属性缺一不可，需要同时强化及升级。

（2）空间扩展：寻找“上山下海”空间。

基于厦门旅游发展的空间局限现状，依托其山地资源及空间发展优势，修复其滨海城市缺少滨海旅游产品的发展问题，构建“环岛、环湾、环山”的突破发展格局，丰富厦门游览产品，拓展旅游空间。

（3）城市气质：营造“厦门生活”品牌。

基于近 85% 的高城镇化率与厦门独特的生活文化特质，要发挥城市休闲与文化度假的优势，营造“厦门生活”品牌，构建集传统厦门生活与发展中新厦门生活于一体的城市度假体验系统，助力厦门成为国际文化旅游名城。

（4）产业融合：驱动“旅游 +”融合。

旅游会展作为厦门千亿元产业链工程中已达标产业，需要充分发挥其对社会经济的带动作用，实现旅游十二要素的国际化及品质化提档升级，增加传统产业的经济附加值，形成泛旅游产业发展格局。

（5）城市风貌：提升“海上花园”引力。

充分完善厦门城市形象塑造及全面提升厦门世界影响力级别，全面推进厦门全域实现“国际花园”城市的构建。

（二）空间布局

1. 空间结构

基于厦门市旅游资源空间格局，依托山地、乡村、海湾、海岛、城市等多元化空间，绿维文旅构建出厦门“一核、两极、两带、四区、四廊”的全域旅游空间格局。其中，“一核”是鼓浪屿国际旅游吸引核；“两极”为集美国际文创旅游吸引极和同安主题娱乐旅游吸引极；“两带”是南部海湾旅游发展带和北部山区旅游发展带；“四区”为本岛城市度假区、海湾新城休闲区、都市近郊游憩区、北部山乡旅游区；“四廊”为天竺山—马銮湾山海旅游发展通廊、莲花山—杏林湾山海旅游发展通廊、云顶山—同安湾山海旅游发展通廊、大帽山—下潭尾山海旅游发展通廊（见图 17-1）。

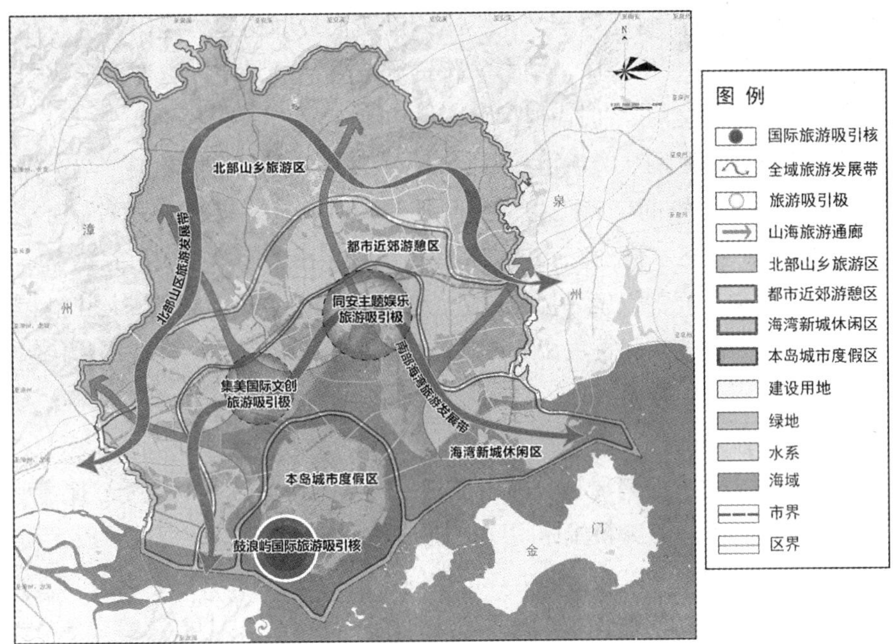

图 17–1　厦门全域旅游空间结构

2. **规划措施**

（1）本岛城市度假区。

以空间布局和发展目标为基础，运用“旅游即城市，城市即旅游”的规划理念，绿维文旅以全岛景区化、产品丰富化、旅游品质化的规划措施对本岛城市度假区进行布局（见图 17–2）。

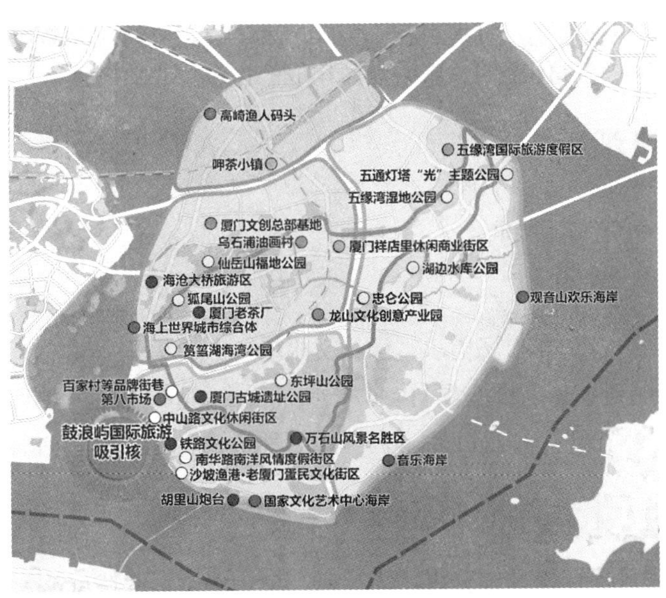

图 17–2　厦门本岛全岛景区构建体系

一是全岛景区化，挖掘资源与文化特质，以四大片区构建“厦门生活”品牌。挖掘厦门本岛的本土生活文化特质，结合文化资源与生活场景空间分布，形成“史话厦门”“文艺厦门”“慢活厦门”“时尚厦门”四大功能分区。

二是产品丰富化，利用八类城市旅游空间，实现“主客共享”旅游格局。借助“厦门生活”品牌，将旅游空间向特色生活空间延伸，形成旅游景区、品牌街巷、产业园区、明星海岸、度假湾区、商业综合体、特色市场、城市公园八类城市旅游空间。

三是旅游品质化，完善设施，优化服务，构建小而美、小而精的“海上花园”。主要通过构建立体化游憩方式和特色交通方式、串联生态绿地空间、建设国际化旅游配套设施、优化管理与服务等方面实现。

（2）海湾新城休闲区。

挖掘厦门海洋文化、海湾风情、城市性格，构建集海湾休闲、娱乐、康养、文创、度假等功能于一体的国际海湾新城休闲区。加强湾区与本岛互动、海陆发展互动，协调生态保护与海湾发展利用，以旅游助力环湾空间价值提升，使湾区成为厦门本岛旅游外延的第一增长极，构建主客共享的“魅力海湾”。

（3）都市近郊游憩区。

依托该圈层独特的生态、乡镇、特色产业、农业田园资源，差异化整合打造，形成以生态绿地为基底的游憩空间、以特色小镇为载体的休闲空间、以传统文化为主题的体验空间。

（4）北部山乡旅游区。

依托此片区优越的山地生态环境、丰富的地热温泉资源及众多具有传统特色的乡村、民居，引入以汀溪温泉养生产品为依托的大健康服务产业、以四大森林公园产品为依托的大生态绿色康体产业，打造由天竺山运动度假区、莲花山乡村游乐区、北辰山康养度假区、大帽山农业休闲区四大旅游片区构成的山乡生态旅游区。

四、专项规划

（一）特色产品体系规划

1. 旅游产品策划

根据厦门的资源优势和市场需求，绿维文旅以“产业集群、龙头引领”的理念，在旅游产品策划中规划了 3 个核心项目、6 个重点项目和 69 个支撑项目。其中，3 个核心项目分别为鼓浪屿国际历史社区、集美国际研学旅行中心和环东海域国家级旅游度假区。

2. 核心旅游产品体系规划

绿维文旅以发展厦门旅游细分市场为导向，综合旅游资源特点及开发潜力，对现有旅游区（点）及支撑资源进行系统归类，形成具有针对性的旅游产品体系构架，指导旅游项目开发规划。全面构建由旅游景区、旅游度假区、自驾车营地与风景道、美丽乡村及特色小镇、旅游节庆与赛事活动五大类旅游产品构成的核心旅游产品体系（见图17–3）。

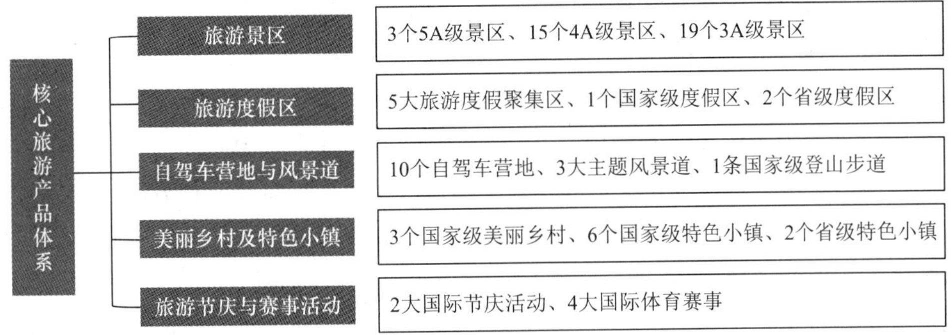

图 17–3　核心旅游产品体系构成

3. 特色旅游产品体系规划

结合厦门旅游资源，绿维文旅构建了以融合型山乡旅游产品和多元化海洋旅游产品相结合的特色旅游产品体系。通过山地风景道串联，山地与乡村空间充分融合，达成农业与休闲、乡俗与文创、山地与运动、温泉与康养、山水与观光等多种功能融合型的山乡旅游产品体系。以滨海风景道串联，延伸海域旅游空间，依托海湾、海岸、海岛、海洋等空间形成邮轮游、海钓游、帆船游、游艇游、亲海游、环湾游、观岛游等多元化海洋旅游产品（见图 17–4）。

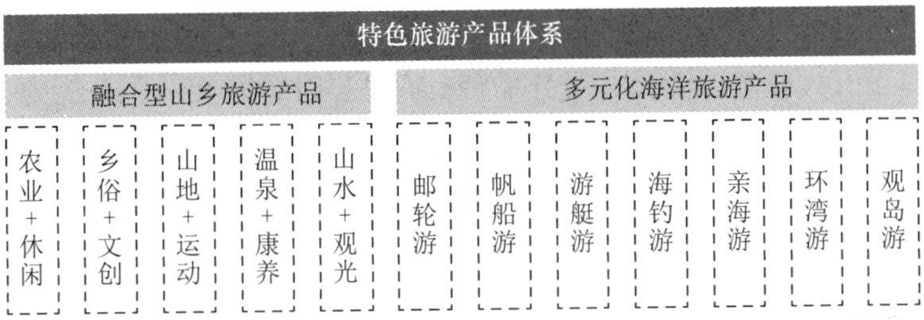

特色旅游产品体系

融合型山乡旅游产品：农业+休闲、乡俗+文创、山地+运动、温泉+康养、山水+观光

多元化海洋旅游产品：邮轮游、帆船游、游艇游、海钓游、亲海游、环湾游、观岛游

图 17–4　特色旅游产品体系

4. 旅游线路产品体系规划

为了集中体现厦门的国际枢纽中心作用，规划形成了由省内及海峡两岸区域游线、国内中远程区域游线、国际区域游线构成的区域游线体系。

（二）基础公共服务体系规划

1. 旅游综合交通体系规划

按照扩展通道、优化路网、构建枢纽、提升功能的原则，以布局合理、体系完善、结构均衡、衔接畅通为理念，从交通中转、最后一公里道路、交通服务、特色交通等方面予以优化提升，实现过境通道高速化、区域干线快速化、城乡交通一体化、景区道路景观化；构建融风景绿道、自驾车道、干线公路、水上航线、通用航空等交通设施于一体的高效、便捷的旅游交通体系。

2. 旅游集散服务体系规划

结合厦门市交通枢纽和旅游景区分布特征，规划形成“157”的三级旅游集散服务中心体系，即 1 个旅游集散服务中心，5 个二级旅游集散服务中心和 7 个旅游集散服务点。按照国际标准，通过改善交通环境、提高旅游全要素信息化、提升城市管理水平等方式，实现服务人性化、服务联动化、服务全员化和服务智能化，为游客提供国际化优质服务，实现旅游“全境通”。

3. 旅游厕所体系规划

完善旅游厕所管理体系，创新市场化旅游厕所运营模式，实施旅游厕所发展三年行动计划。2018—2020 年，对标国际一流旅游城市，全市计划新改扩建达到 2A、3A 标准旅游厕所 100 座；到 2035 年，计划新改扩建达到 2A、3A 标准旅游厕所 300 座。

4. 旅游标识体系规划

健全全域旅游引导标识管理机制，以 5A 标准打造全域旅游引导标识系统，构建厦门全域旅游五大引导标识体系，包括定位系统、交通指示系统、文明提示系统、特殊指示系统、旅游专项引导系统。

5. 智慧旅游体系建设

目前，厦门智慧旅游体系存在智慧景区差距大、个性化服务不足等问题，规划从七个方面对其进行提升优化：一是推进厦门市智慧景区改革；二是完善智慧旅游公共服务体系；三是建设五大智慧旅游公共服务平台；四是提升智慧交通服务能力；五是推广应用信息化新技术；六是加强智慧旅游监控管理；七是落实旅游信息化保障。

（三）服务要素体系规划

1. 旅游住宿体系建设

引导酒店和住宿设施建设朝多元化和错位经营的方向发展，丰富住宿业态，大力发展新型住宿形式和度假接待设施。引进具有国际影响力的品牌酒店，推进高端酒店和主题酒店的品牌化运营，丰富乡村主题民俗、特色主题酒店、木屋营地等热门住宿形式，以多类型开发并行，丰富游客的住宿体验。

2. 旅游餐饮体系建设

挖掘并创新厦门风味、海鲜味道、环球美食三大餐饮系列品牌，积极培育本土旅游餐饮企业品牌，围绕休闲街区、旅游景区、交通节点形成一批餐饮服务集中区。力争到 2020 年，初步形成澳头渔港特色小镇、高崎渔港、鳄鱼屿渔港风情岛、小嶝岛休闲渔岛四大以海鲜渔港为特色的美食聚集区。

3. **旅游购物体系建设**

积极进行市场调研，开发游客想要、需要、期待的商品，丰富旅游商品类型，彰显旅游商品特色。优化大型综合性商场、特色购物街区等购物环境，促进旅游购物消费，形成布局合理的购物体系和购物场所。依托未来产业发展特色，积极发展多元化主题性购物业态。利用自贸区的独特优势和新机场、免税公园等重要场所，大力发展退税、免税购物。

4. **旅游娱乐体系建设**

遵循“寓教于乐，悦心悦志”的规划理念，打造游客喜爱的休闲气息浓厚且富有厦门市文化底蕴的文娱产品，丰富游客的旅游生活。打造丰富、多元的休闲娱乐业态，涵盖参观、休闲、体验、文化演艺等多方面，注重形成日间夜间组合、动静结合、畅享四季的休闲娱乐活动体系。重视各种节庆活动，深度挖掘厦门非物质文化遗产及当地音乐、文化艺术，组织联合各部门、协会，通过招商赞助形式，在厦门市各区举办各种节庆活动。

5. **旅行服务体系建设**

按照“稳定数量、扩大规模、提升品质”的要求，培育一批规模大、实力强的龙头企业和集团企业，走集团化、网络化的发展之路，建立批发商、代理商、零售商的销售网络体系。探索联合重组、优势互补，积极引进品牌国际旅行社。

（四）城镇乡村体系规划

综合分析厦门市旅游资源、交通条件、开发条件和基础及客流空间结构的情况，在全域旅游导向下厦门市的城镇可以分为三个等级，分别为国际化旅游中心城、特色旅游目的地城、重点旅游目的地镇三级。

1. **构筑国际化旅游中心城**

依托厦门市主城区，以全面构建现国际知名旅游目的地、国际旅游集散中心、厦门市域旅游吸引核和综合服务中心为主要任务，整合发展观光购物、休闲娱乐、商贸会展、旅游集散、公共服务等功能，形成集田园城市、旅游城市、度假城市为一体的全时、全域旅游发展。

2. **做优四大乡村旅游聚集区**

为了吸引国际化旅游中心城的旅游溢出效应和更有效地在区域内配置旅游服务资源，集中建设集美灌口、海沧天竺山、同安汀溪、翔安大帽山四大乡村旅游聚集区，依托城郊优越的自然环境、秀美的田园景观及特色村落等资源，大力发展休闲农业及特色乡村旅游，在自身成为旅游吸引核的同时，在全域内承担旅游服务及接待功能。

3. **培育重点旅游特色小镇**

依托周边及自身旅游资源，打造东孚玛瑙风情小镇、灌口汽车特色小镇、集美动漫小镇、汀溪国际康养度假小镇、澳头渔港特色小镇、新圩美食特色小镇、竹坝南洋风情小镇、吕塘文化休闲小镇八个重点旅游特色小镇，依托镇区自身资源或镇域及周边旅游资源形成旅游吸引力，打造旅游目的地，承担自身及周边地区旅游的接待功能，完善厦门市旅游城镇等级体系。

（五）市场营销体系规划

旅游市场竞争的日趋激烈，要求在进行品牌营销时，必须同步使用各种不同的促销手段与工具，形成组合拳，打造旅游品牌声势。规划中，绿维文旅利用节庆营销、主题营销、新媒体营销、传统媒体营销、区域整合营销等方式，强化厦门旅游品牌建设和宣传。此外，建立信息发布、营销广告、营销活动、营销品牌、体制机制等营销平台，实现旅游产品的有效分销。

（六）产业体系规划

推动旅游与教育、会展、邮轮、文化、工业、康养、农业、商贸、体育九大产业深度融合发展，深入挖掘地域性强、特色鲜明的文化元素，围绕旅游新的六要素“商、养、学、闲、情、奇”，整合资源，打造现代旅游新型业态。

1. 旅游 + 教育

整合教育资源，依托厦门大学、集美大学等高校优势，重点发展研学旅游。在传统的教育参观活动基础上，依托自然和文化遗产资源、大型公共设施、知名院校、知名企业、科研机构等相关机构，将研学旅游与青少年素质教育有机结合，构建“一大研学中心 + 七类研学课程 + 五条主题研学旅线”的研学旅游体系。

2. 旅游 + 会展

借助厦门作为知名滨海旅游目的地优势，整合厦门会展资源，重点发展会奖旅游。通过构建“四大会奖旅游吸引核 + 七大行业会奖旅游品牌 + 三大区域会奖旅游品牌”的会奖旅游体系，加强国际区域合作，积极引入国际权威会奖旅游产品，打造覆盖各类商务客群的会奖旅游增值体验方案，全面提升厦门对国际商务游客的吸引力，延长商务游客在厦门的停留时间、提高商务旅游消费，从而拉动厦门整体旅游经济的发展。

3. 旅游 + 邮轮

依托厦门现有的邮轮母港资源，按照“船、港、城”三位一体的要求，完善邮轮码头相关硬件设施建设，加快码头周边地区的市政配套设施建设，打造“港城融合、港旅融合”的 2.0 版国际邮轮母港。同时，创新“邮轮 + 目的地”运营管理模式，丰富邮轮旅游产品体系，打造精品区域邮轮航线，使邮轮旅游成为厦门新的经济增长极。

4. 旅游 + 文化

继承和弘扬优秀传统文化，融合当今国际先进文化成果，促进旅游与传统文化创造性转化和创新性发展。充分发挥鼓浪屿的世遗魅力，整合厦门非物质文化遗产，打造“遗产文化体验之旅”。积极推动厦门旅游与休闲文化、时尚文化的联动发展，培育一批文化旅游体验精品。深入挖掘厦门历史文化资源和传统文化资源，打造具有地域特色的文化演艺产品和文化节庆产品，形成传统文化旅游与现代文化旅游交融的厦门文化旅游产品体系。同时，积极推进海峡两岸文化旅游的交流与合作，培育厦门独特的海峡两岸文化旅游品牌。

5. 旅游 + 工业

依托厦门众多知名工业企业、厂区及园区，进一步挖掘工业产品、企业文化内涵，以文化创意及旅游发展带动老旧厂区的“华丽转身”，引入“文化 IP+ 创意 IP”，打造“浸入式”工业旅游体验新模式，建设一批创新型工业旅游示范点，提炼具有特色主题的工业旅游线路，构建个性化、特色化的工业旅游线路产品体系。通过发展特色创新型工业旅游，带动厦门企业的品牌影响、提升企业形象、推动产品销售。

6. 旅游 + 康养

依托知名医疗企业及医疗教育机构，打造大型康养度假综合体，提升厦门在国内外康养市场中的旅游吸引力。灵活运用社会资本，充分挖掘温泉康疗文化、中医养生文化、宗教禅修文化，丰富厦门康体养生旅游产品。

7. 旅游 + 农业

依托农林牧渔业为旅游提供丰富的资源基底，迎合游客亲近自然的旅游需求，大力推进农业与休闲旅游、科普教育、健康养生、农创产业等深度融合，发展新业态休闲农业。同时，融合美丽乡村建设，推动一批乡村旅游精品的打造。

8. 旅游 + 商贸

站位于厦门作为国际枢纽门户的高度开放格局，充分发挥区位优势及自贸区优势，大力发展免税商贸及对台商贸，促进国际商贸旅游的发展。引入厦门地域文化，通过文化主题注入、现代科技注入等手段，改造街区及村镇景观，丰富商贸休闲功能，打造厦门特色商业街区及商业休闲小镇。

9. 旅游 + 体育

发挥已有赛事品牌的影响力，积极引进国际性热门体育赛事，通过体育赛事的发展，提升厦门旅游的国际知名度。同时，通过丰富户外运动康体场所，提升并完善健康运动休闲产品体系，增添厦门旅游的互动性、参与性。

此外，本规划从生态环境保护、旅游环境、人文资源可持续发展、乡土环境可持续发展、全域旅游资源保护制度体系建设等方面，对厦门的自然文化遗产与自然社会环境进行综合整治优化，并分别制定了本岛、海沧区、集美区、同安区、翔安区全域旅游发展导则，从基础分析、定位方向、发展思路、空间格局、产品构成等方面为厦门全域旅游发展提供建议方案。

五、三年行动计划与实施方案（2018—2022 年）

深入贯彻“创新、协调、绿色、开放、共享”五大发展理念，以旅游业转型升级、提质增效为主题，以推动全域旅游发展为主线，加快推进供给侧结构性改革，紧紧围绕厦门建设国际滨海花园旅游名城、世界一流休闲度假城市的目标，绿维文旅制订了厦门市全域旅游示范区创建三年行动计划与实施方案。

（一）工作任务

三年行动计划与实施方案从全域环境重点提升工程、全域旅游全面提升工程、创新创业发展培育工程三方面，对厦门全域旅游发展进行了规划。

5个全域环境重点提升工程：城市生态空间整治提升工程、厦门滨海绿道提升工程、厦门国家级风景道提升工程、城市夜景工程、“厕所革命”行动计划。

7个全域旅游全面提升工程：全域旅游交通全覆盖工程、旅游集散服务体系建设工程、旅游核心吸引物培育工程、旅游产业要素提升工程、精品旅游线路培育工程、市场主体培育工程、市场治理全域联动工程。

5个创新创业发展培育工程：“旅游+”产业创新融合工程、新业态创新工程、创客创新工程、互动体验创新工程、营销创新工程。

（二）保障措施

保障措施从组织领导、政策扶持、用地用海保障、人才支撑、监督考核五个方面，对厦门全域旅游的发展给予多样化支持。

此外，三年行动计划与实施方案明确了全域旅游三类基础工程的工作任务和牵头单位，汇总了三年行动计划已批在建项目、提升改造项目、规划新建项目，并确定了每一个项目的工作内容、规划类型、规划用地性质和牵头单位，确保项目的可行性与落地性。

第二节　兴化全域旅游——县级市旅游全域化升级

兴化市位于长江三角洲北翼，地处江苏省中部，北与盐都隔界河相望，是长江三角洲旅游经济圈的重要组成部分。大自然的厚爱和历史文化的眷顾，赋予了兴化瑰丽多姿的旅游资源。借助国家全域旅游示范区创建的浪潮，兴化市果断提出“全域旅游”的发展思路，并经原国家旅游局批准，成为国家全域旅游示范区首批创建单位。

2016年2月18日，在兴化市国家全域旅游示范区创建工作动员会议上，兴化市出台《关于开展“国家全域旅游示范区”创建工作的实施意见》，清晰地描绘出“全域旅游”的发展宏图。力争通过2~3年的努力，各项指标达到全域旅游示范区创建标准，实现全域景观化、景区内外环境一体化、市场秩序规范化、旅游服务精细化。2017年6月，兴化市委托绿维文旅编制《兴化市全域旅游发展总体规划》，经过前期的充分调研、头脑风暴与后期的反复推敲，项目组提出兴化全域在操作层面的“1+2”规划结构，空间层面的“1+3”空间关系，实现了规划内容、编制方式和编制水平的创新及规划模式和规划体系创新；体现了城市规划的空间性、专项规划的实施性、区域发展的整体性、旅游规划的创意性，同时也体现了项目规划的支撑性（见图 17–5）。

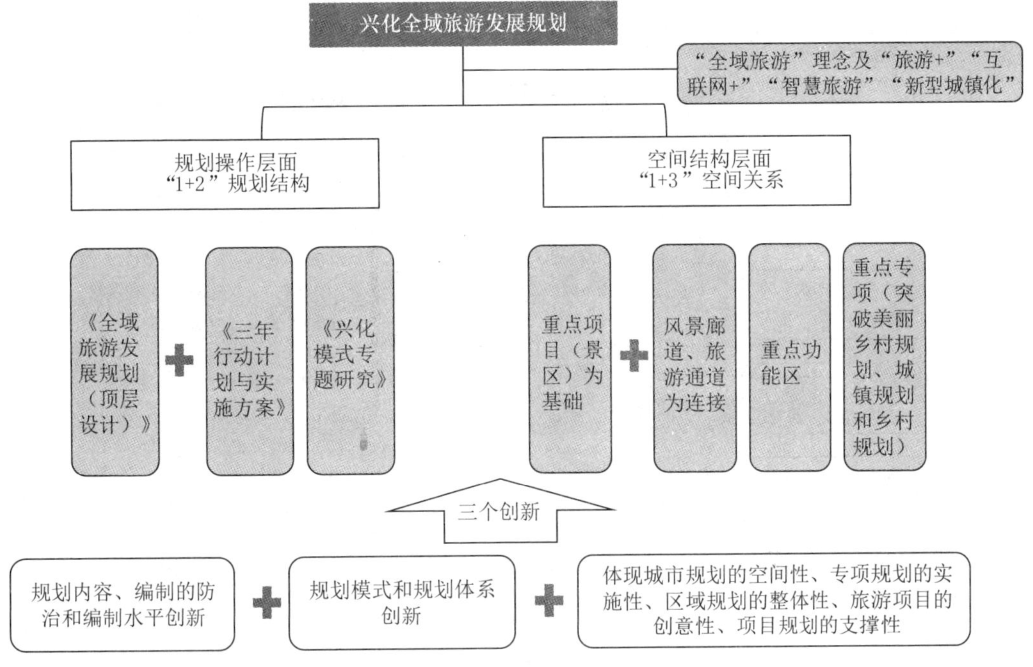

图 17–5　兴化市全域旅游发展规划内容

首先，通过问题导向，将兴化市旅游发展现状与《江苏省“国家全域旅游示范区”创建工作评价指数》进行逐项量化对标。据雷达图显示，目前兴化市与国家全域旅游示范区的差距，主要表现在全域旅游规划引领、旅游公共服务体系建设、旅游综合管理、旅游项目建设与旅游产品供给、旅游业态发展、“旅游 +”产业融合六个方面（见图 17–6）。

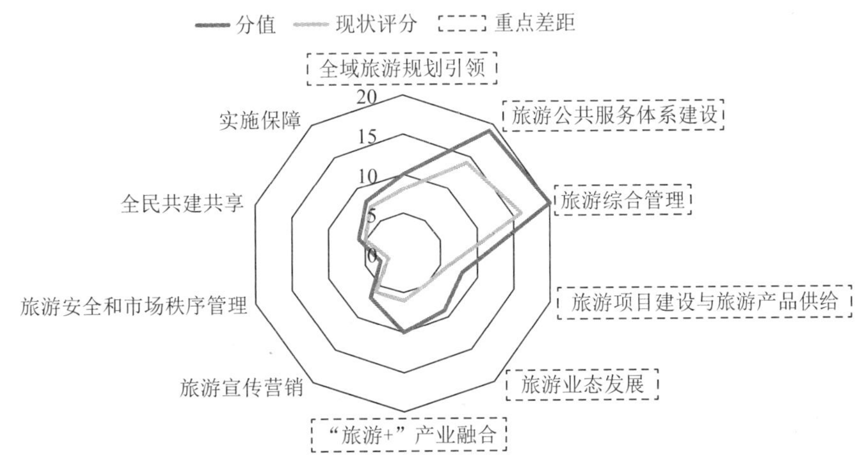

图 17–6　兴化旅游对标评分雷达

通过以上六个方面的对照总结，绿维文旅提出兴化发展的三大战略重点：加大改革创新、丰富产品业态、狠抓公服设施（见图 17–7）。

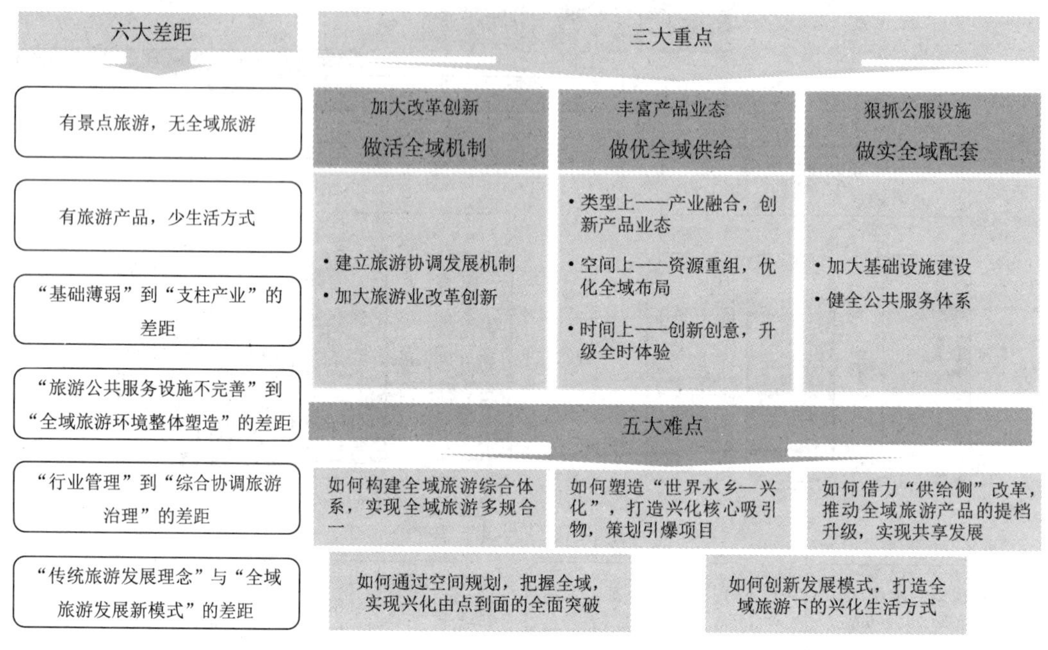

图 17–7　兴化发展战略重点

其次，通过文化引领，深入挖掘项目地的文化资源与文化意象，并通过文化提取，提出“钥匙三寻”的项目发展思路（见图 17–8）。

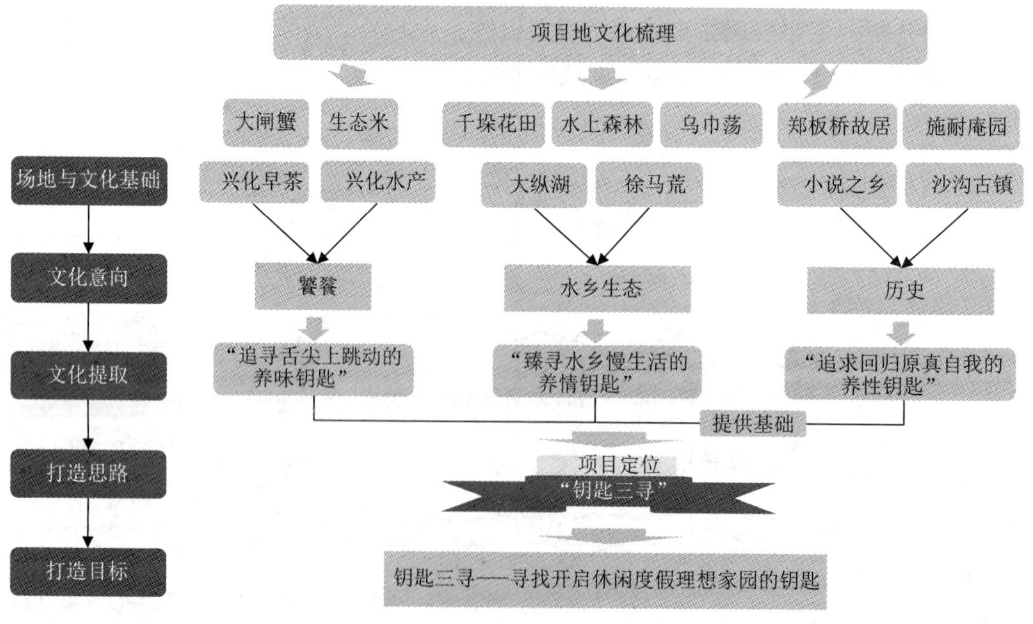

图 17–8　“钥匙三寻”总体发展思路

在总体发展思路的指导下，本项目确定以创建水林千垛旅游度假区、金银街历史文化街区两大国家5A级景区为核心，以水乡田园、生态资源、兴化生活方式为依托，打造集水乡休闲、生态度假、文化研学、健康养生、特色美食、会议商贸等功能为一体的、综合性的国际知名生态小城。

再次，以兴化生态、历史、产业为基础，依托立体交通网络，创新空间发展，打造兴化全域旅游发展布局：一心为基、双核驱动、四廊联通、四区崛起、多点联动（见图17-9）。

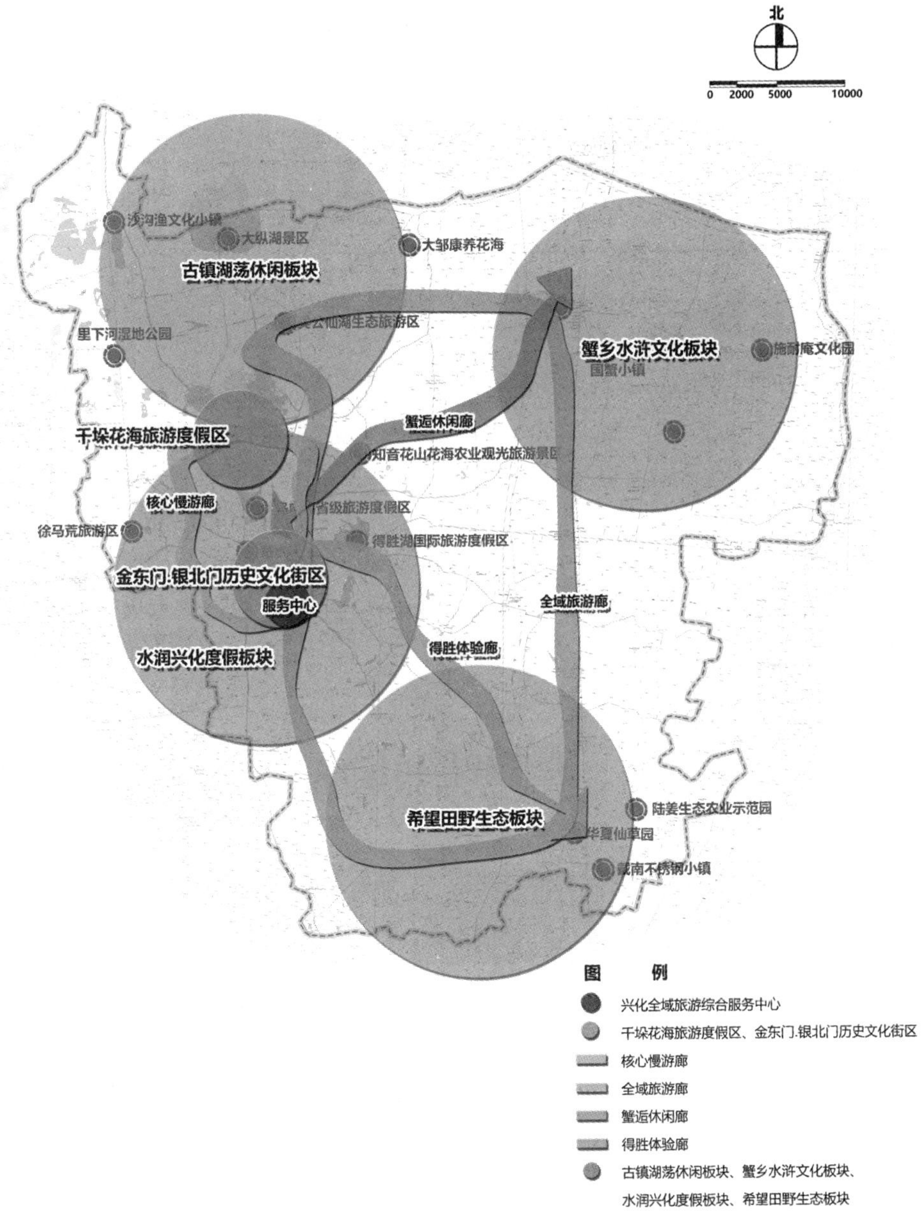

图17-9　兴化市全域旅游空间发展布局

最后，创立兴化模式，以“一个顶层设计 + 两个共享 + 四个创新 + 八个全面”来推进兴化市全域旅游（见图 17–10）。

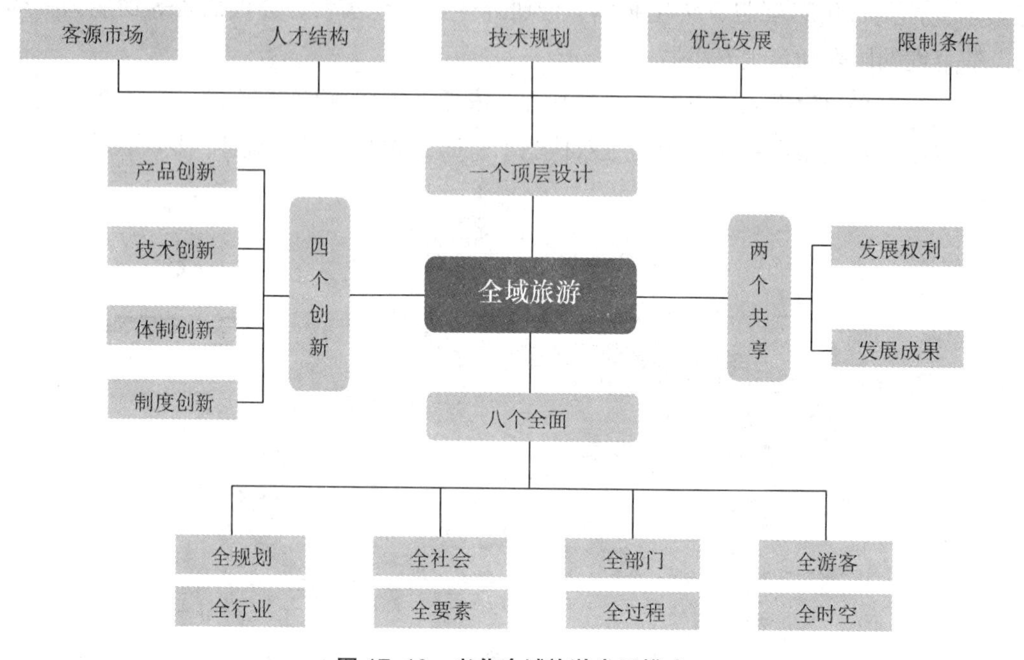

图 17–10　兴化全域旅游发展模式

在推进过程中，树立水林千垛、名流兴化两大龙头品牌产品，推进生态观光、文化休闲、休闲度假、乡村旅游四大全域支撑产品的创建，拓展四季节庆产品和不夜兴化产品两大四季全时产品，并组织四条主题性的全域旅游线路。通过重点项目先行，带动全域发展的宏伟蓝图。

第三节　花香果巷田园综合体项目

2017 年 7 月 8 日，以绿维文旅规划设计的“花乡果巷”特色小镇项目为核心，河北迁西县“花乡果巷”田园综合体，在河北省 16 个同类项目评选中脱颖而出，成为河北省唯一一个国家田园综合体试点项目。这是国家第一批 10 个田园综合体试点之一，每年将获得 5000 万元中央财政资金支持和 2000 万元省财政资金支持，资金支持连续三年，共计 2.1 亿元，试点所在市县也将给予配套资金支持。该项目的鸟瞰效果如图 17–11 所示。

图 17-11　花香果巷项目鸟瞰效果

一、项目概况

迁西县位于河北省东北部，处于京津唐经济圈内，至唐山、承德车行时间 1 小时，至秦皇岛、天津、北京车行时间 3 小时内。东莲花院乡位于迁西最南部，与迁安市、滦县、丰润区交界。项目地位于东莲花院乡最南侧，南与滦县接壤，S262 迁唐高速从项目地穿过，项目地南距唐山市 50.2 公里，北距迁西县 26.4 公里，地理区位良好。近年来，国家陆续出台多个促进京津冀一体化、供销合作社改革、打赢脱贫攻坚战的政策，河北省在发展规划中也重点强调了农业与旅游并举，建设美丽乡村的相关措施，这些都为项目地发展乡村旅游和田园综合体提供了良好的上位规划及政策支持。项目地区位优越、生态环境与可进入性良好，开发方具有供销社背景，且在泛农业领域拥有一定的渠道和资源，加之国家、省级及迁西对休闲生态农业的政策支持和惠农补贴，促使项目地抓住时代契机和市场机遇，进行农旅综合开发，促进“三农”问题的有效解决。

二、难点聚焦

项目地区位优势明显，但是文化资源表现不突出，如何将文化与旅游充分融合，提高项目的文化内涵？项目地及周边没有成型的旅游服务设施和完善的市政配套，如何通过规划建设提高整体旅游接待能力？改善人居环境经营上，农业产业附加值低、劳动成本大、技术壁垒低，未能形成规模化生产，如何实现农作物商品化，提高产品附加值，助力农民脱贫致富？京津唐地区同质化项目多，项目地周边农业资源多，如何避免项目同质化，进行差异化定位？这一系列问题都亟待在规划中逐一解决。

三、总体定位及发展战略

站在战略发展角度，本项目不仅要打造成为一个田园综合体，长远来看更是要构建具有供销系统特色的国家农业公园。项目组根据 2008 年中国村社发展促进会、亚太环境保护协会等五家单位联合制定的《中国农业公园创建指标体系》，从全新的视角提出了项目的八大支撑体系（见图 17–12）。

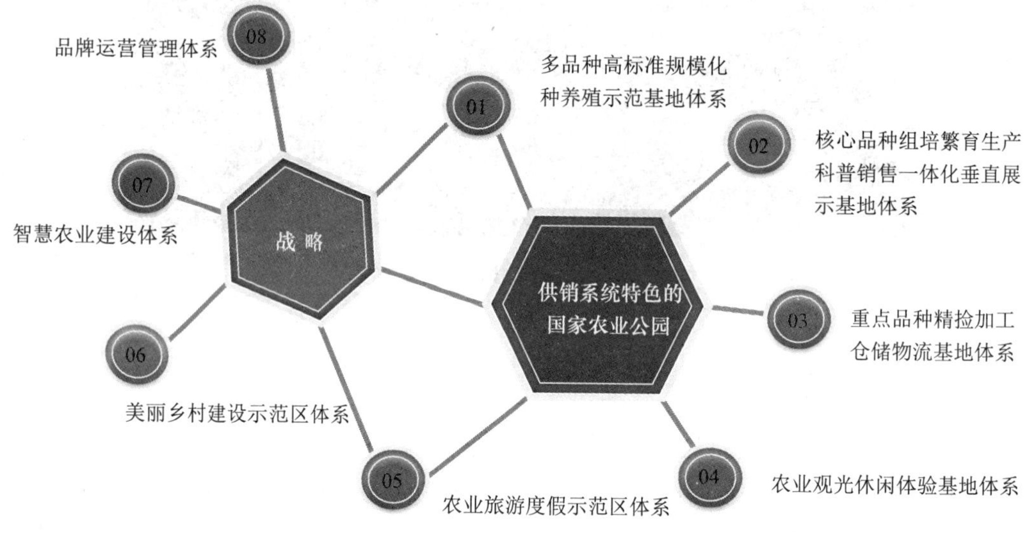

图 17–12　项目发展战略

在八大战略支撑体系的引导下，绿维文旅将项目总体定位确立为：以生态为依托、农业为基础、旅游为引擎、数据为支撑、物联为渠道、金融为保障、健康为理念、市场为导向的国家级“智慧集约型农旅一体化产业集群”与“农旅 + 建设运营发展创新模式”实践示范样板。该项目面向三类市场，基础市场是承德、秦皇岛、迁西县周边居民；重点市场主要是唐山和北京、天津城市居民；机会市场是精品游线的分流市场，即周边游线路的分流游客。

四、开发策略

（一）核心区整体布局规划

项目核心区空间结构由“一心、三环、八区、二十八节点”组成，整个项目规划包括八大功能区域、三十六组产品体系，二十八组景观节点，八项节事活动。其中，二十八组景观节点，每组景观都包括一片特色景观、一张导游图、一个综合服务亭、一块科普宣传牌、一处安全岛、一个卫生间、一组休憩座椅、一个最佳摄影点八合一的服务功能，如图 17–13 所示。

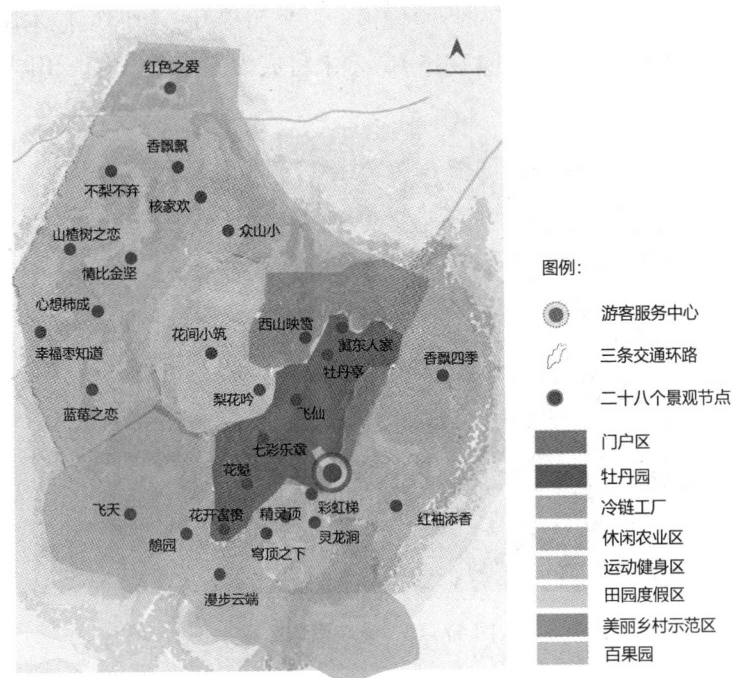

图 17-13　核心区空间结构

（二）八大功能区域

八大功能区包括门户区、牡丹园、百果园、冷链工场、休闲农业、运动健身、田园度假、美丽村庄，根据资源分布和环境特点，功能区的产品谱系表如图 17-14 所示。

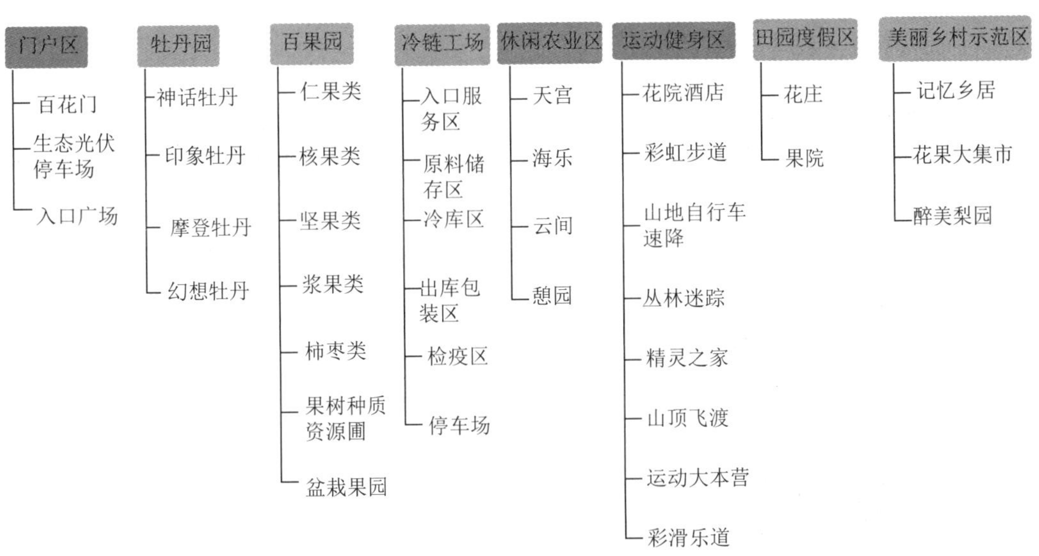

图 17-14　八大功能分区产品谱系

八大功能区目前已经完成了牡丹园种植、百果园提升、田园度假木屋的建设工作，花院酒店也即将完工（效果见图 17-15），未来将成为“花乡果巷”田园综合体的主要集散、接待地。

图 17-15 花院酒店效果

即将要建设的“天晶智能温室群”，设有农业智慧指挥中心、花果研发实验室、花果技术发布中心、花果培训课堂等项目，为综合体乃至全县的花果产业提供技术支持，为整个田园综合体的花果产业打开一个通路，并借助供销系统中强大的资源，真正地实现规划构想。

“冷链工厂”具备花籽油、果品的初加工、精加工及仓储和物流等功能，不仅为综合体服务还为全县及全市服务，同时也是全国供销网络系统中的重要节点。

（三）营销与节事运营

为了避免同质化竞争，打造差异化产品，占据周边旅游市场份额，绿维文旅为项目地量身定制了一系列营销与运营方案。营销方面，首先树立花果主题的形象定位，提升社会形象和公众认知度；其次，面向核心市场进行宣传促销，举办针对专项市场的客户活动；再次，组织召开全国性的花果主题相关活动，吸引相关机构入驻；最后，围绕花果产业、休闲度假产业、养老养生产业链进行完善配套，树立全国行业领先形象，进行品牌和技术输出，提升项目地价值。

节事运营方面，因地制宜地策划四季全时主题活动。迁西县东莲花院乡素有“花果名园，旅游名乡”之称，举办“梨花节”以增加迁西旅游人气，促进与旅游相关的其他产业的发展。夏季以水上游乐为主题，利用游泳池、人工冲浪、水上橡皮筏、水上UFO、香蕉船等娱乐项目，举办嬉水节，吸引游客前来避暑。秋季可以举办葡萄、梨、核桃、板栗等果类采摘活动，组织果实采摘比赛、知识问答活动等。在每年 11 月中旬到 12 月末为期 50 天的时间内，打造白色的冰雪世界，结合炫彩和动感的灯光艺术，打造雪地灯光节。

五、未来发展

绿维文旅通过“花乡果巷”特色小镇的建设，促进“花乡果巷”田园综合体以花果为基础的一二三产融合发展，带动美丽乡村建设，实现精准扶贫，打造全乡统一品牌，提高农民收入，改善农村风貌，让新农民更适应新时代的发展。

绿维文旅未来将继续助力花乡果巷特色小镇和田园综合体的项目建设，努力实现生态优良的山水田园、百花争艳的多彩花园、硕果飘香的百年果园、欢乐畅想的醉美游园、群众安居乐业的幸福家园的目标，为全省乃至全国探索创造一个可复制、可借鉴、可推广的田园综合体创建的迁西模式。

第四节 石家庄西部长青旅游度假区

西部长青旅游度假区，位于河北石家庄鹿泉市西南部，距石家庄 20 公里，是鹿泉市招商引进的大型项目。项目总占地约 10 平方公里，投资预计 100 多亿元，规划建设期为 8 年。2010 年，绿维文旅受河北常青实业集团委托，承担了西部长青旅游度假区的策划、规划、设计工作。在绿维文旅“文化带动，旅游主导，多元发展，永续利用”的核心思路指导下，通过文旅农融合多元化创新发展模式，西部长青旅游度假区连获业界好评与殊荣，目前已经建设成为鹿泉旅游度假的引领性项目。未来，整个景区将成为树木茂密、遮云蔽日、客在林中游、楼在林中建、人在林中住、鸟语花香的世外桃源，西部长青将成为河北乃至华北地区运动休闲旅游的目的地以及著名品牌。该项目的鸟瞰效果如图 17–16 所示。

图 17–16 西部长青鸟瞰效果

一、项目难点

项目地四面环山，属山间盆地，以拥有几百年历史的石头村为景观核心，包含金蟾山、年轮石、懒泉、观音庙等多处旅游资源，旅游发展条件良好。但在建设之初，面临着交通较为闭塞、周边客流量有限、旅游资源品级不高、知名度较低等问题。如何吸引人气、塑造品牌，创造社会、生态、经济多元效益，是本项目需要突破的难点所在。

二、项目核心开发思路

项目组经过深入的现场考察、走访后，认为本项目在自然景观方面没有突出优势的现实条件下，应通过文化的挖掘和包装提升项目地的核心吸引力。基于对当地古村落、历史、曲艺、民俗风情等文化元素进行深入的梳理后，绿维文旅提出，以红石文化为基础，以旅游休闲为特色，以商务度假为核心，立足华北，面向全国，将项目地打造成为集会议会展、生态休闲、主题游乐、民俗体验时尚运动、温泉养生、农业休闲、大型演艺等多功能于一体的综合性山地度假区。通过具有轰动效应的休闲度假精品旅游项目，改善石家庄旅游产品结构、增加旅游知名度，提升旅游档次，实现旅游经营的良性循环。

三、总体布局

根据资源的价值、功能定位和开发思路，项目组确定了“一心、一轴、一带、四片区”的空间布局。“一心”是指一个游客服务中心，“一轴”指的是一条主入口景观轴线，“一带”指的是一个山野观光体验带，“四片区”包括梦幻主题游乐区、山地运动体验区、民俗文化休闲区、高端商务度假区（见图 17-17）。

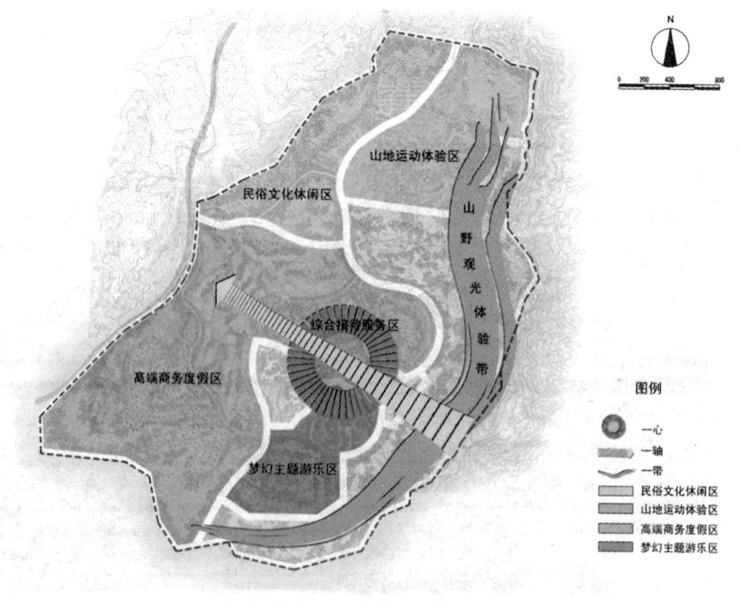

图 17-17　西部长青度假区空间布局

整个度假区主要由商务度假和旅游休闲两大功能板块构成，依东西方向分布。从度假区主入口向西直接到达综合接待服务区，旅游相关项目包括主题乐园、滑雪小镇等依南北呈带状分布；在旅游休闲板块的西边为商务度假板块，包括红石国际大酒店、高尔夫练习场、度假公寓、体育休闲绿地等项目。商务度假和旅游休闲两大板块之间通过道路、红石湖等设施及景点形成分开布局；同时，旅游休闲板块位于主入口所在区域，这样既能保证旅游休闲板块实现游线的畅通，也让商务度假拥有较好的私密空间。

四、产品体系

在项目具体开发的过程中，项目组根据旅游资源分布状况及资源特征，结合旅游区总体发展定位，经过缜密的研究及思考，为西部长青旅游度假区设计了一系列的具有可操作性的重点产品。

综合接待服务区承载旅游集散、文化展示、休闲观光、购物、餐饮、住宿、大型演艺等功能，依功能可分为入口印象区、红石村、旅游集散区三个部分。主要产品包括时光隧道、生态停车场、桃花源、红石文化村（民宿客栈、石村记忆）、休闲商街（特色商铺、民俗餐饮、休闲茶吧）、游客中心、大型演义广场、滨水休闲屋（邀月亭、望月台、荷月楼、水月阁）、红石世家等。

梦幻主题游乐区的产品包括石代乐园、拓展营地、石窟艺术走廊、观光索道等。其中，石代乐园是梦幻主题游乐区的核心产品，以石头文化作为乐园的主题，以石的年代为线串起整个乐园游线，整个乐园按照地质年代分为颠覆宇宙（元古代片区）、海洋重生（古生代片区）、恐龙乐园（中生代片区）、奇幻之旅（新生代片区）四个区域，依据不同地质年代的主要特征设计游乐设备的包装形式和景观形式，使游客在享受快乐时光的同时，又能对地质年代的环境状况、生存状态有所了解。

山地运动体验区汇集冰雪娱乐、运动休闲、拓展培训、旅游购物等功能于一体，结合有利地形打造滑雪小镇，通过冬夏季运动项目的设置，有效解决旅游的季节性问题。主要产品包括冰雪世界（室外滑雪场、室内滑雪场、室内冰壶馆、室内溜冰场）、布拉格商街、雪地木屋村、室外运动中心（网球场、滑草场、乒乓球）等。

山野观光体验带以森林养生、观光休闲、拓展训练、特色餐饮、军事体验、科普教育为功能定位，利用东部连绵起伏的山地，通过大面积培育良好的效果景观植被，形成四季不同的山野景观。同时，利用本区域战备洞、柳树沟等旅游资源，结合细分市场特征打造以福寿、惊险、神秘为主题的户外健身旅游产品，形成特色鲜明的“云顶森林公园”。重点产品包括森林小火车、黑暗体验（战备洞）、长寿殿、天麓营地、红石烽火台、观景台等。

民俗文化休闲区主要是结合拆迁后的村民小区建设来进行，将新农村建设、民俗文化、生态农业、农耕体验、农家乐等项目相结合，在丰富旅游内容的同时，也能搞活农村经济，解决农民的就业问题，促进新农村的发展。主要产品包括民俗文化街、开心农场、农家乐小苑、四季果庄等。

高端商务度假区主要面向商务、康养度假人群，集会议、居住、运动、养生、康复等功能于一体，以白金五星级酒店——红石大酒店和高尔夫球场为核心产品，以养生公寓、度假公寓为重点产品，以高尔夫会所、高尔夫练习场、小球俱乐部、体检康复中心、葡萄酒庄园为辅助产品。

五、项目现状

2013 年年底，一期的冰雪小镇、柳仙谷、亦禾观光园、明清古镇、溪山小镇、金山商务区、五星级酒店、体育中心、区内和区外引水、穿山隧道、山前和景区主要公路、供排水等工程及景区绿化已全部建成，并且对外开放。目前，西部长青旅游度假区是一个拥有 20 多个大型主题游乐项目的旅游度假区，内设景点众多，园区项目以“开放式游览 + 部分项目单独收费”为运营形式，开发符合不同层级消费群体的体验项目，旨在满足中、高、低端消费人群，最大限度地扩大消费客群。

由于策划规划设计合理、落地运营操作性强，西部长青旅游度假区 2016—2018 年连续三年荣获“河北十大旅游投资项目”，2017 年荣获中国旅游总评榜河北分榜“2017 年度十佳新业态产品 / 项目”、西部长青滑雪场荣获“2017 年度十佳冬季旅游项目”，成为北方地区少有的四季全时爆款度假目的地。

综合来看，西部长青旅游度假区既可以改善石家庄旅游产品结构、增加旅游知名度，提升旅游档次，实现旅游经营良性循环；又利于改善城市生态环境，提升城市形象，为当地提供就业岗位，成为功在当代、利在千秋的事业。

第五节　武汉木兰康谷旅游示范区——木兰康谷·颐养桃源

木兰康谷位于武汉市黄陂区长轩岭街十棵松村以及周边区域，黄土公路与十石路交会处，是通往黄陂北部六景（木兰天池、锦里沟、清凉寨、木兰古门、木兰姚家山、木兰花乡）的必经之地，处于木兰景群围合区。交通区位上，项目地 20 分钟可抵达市中心，处于 1 小时武汉城市圈内，3 小时能抵达相邻省会，并坐拥通往世界各地的天河国际机场。资源条件上，项目地毗邻武汉市最大的梅店水库和素山寺国家森林公园，青山绿水环抱、水源充足、地势开阔、环境优美。便捷的交通和良好的环境资源，为项目地的旅游开发奠定了坚实的基础。

近年来，国家政策大力促进大健康产业发展，武汉成功申报自贸区为健康产业发展提供了契机。作为武汉旅游热点的黄陂区域木兰景群，仍以观光为主，缺乏文化性和休闲性，武汉乃至中部地区康养产业还处于空白状态。因此，如何借助木兰景群良好的资源优势，率先举起康养产业的大旗，打造国际化综合康养旅游目的地，是本项目开发的缘由和根本出发点。

一、项目难点解读

木兰景群为高密度、高品质景区群集聚，但以山水观光为主，缺少文化内涵，人均消费偏低，如何打造精品休闲度假类产品，破除游客停留时间短的困境？如何借势知名景区进行差异化发展规划？如何完善黄陂区域旅游配套设施、增强服务功能，以满足愈渐旺盛的市场需求？这些都是本项目需要解决的问题。

二、项目开发方向及核心思路

依托木兰康谷的资源条件和区位优势，借助康养旅游的政策扶持和良好的发展态势，项目地以木兰景群的品牌扬名，将“木兰康谷健康云”作为自身发展特色，引进国际、国内康养机构，以“中医静养 + 西医动养”相结合的形式，云集现代医学康养、运动康养、中医康养、膳食康养、文化康养等产品，同时以木兰文化为轴线，整体打造以“木兰文化”为魂、满足全年龄段健康养生需求的国际化综合康养旅游目的地。

（一）木兰品牌与非遗民俗相结合，构建特色主题文化

《武汉市旅游业发展“十三五”规划》提出打造“传奇木兰”旅游集聚区，同时黄陂区将打造和推广“中国木兰故里，四季休闲黄陂”品牌。由此可见，木兰品牌是项目地最重要的文化资源。此外，黄陂区域还有丰富的非遗文化，以美食技艺、民间艺术、民间舞蹈最为突出。独特的木兰文化结合多彩的非遗民俗，构成了木兰康谷项目的核心文化轴线，贯穿整个项目规划（见表 17–1）。

表 17–1　黄陂部分非遗项目

类型	非遗项目
民间（口头）文学	黄陂歌谣、黄陂童谣、木兰传说
体育运动	木兰武术
民间美术	黄陂剪纸、木版年画
民间音乐	牌子锣鼓
民间舞蹈	蚌蚌精、虾子灯、划龙舟、打莲响、跑竹马、五虾闹鲇、鳌鱼灯
曲艺	黄陂快板、黄陂花鼓戏
民间手工技艺	曹正兴菜刀、水煮猪鬃、八卦行炉
美食技艺	黄陂豆腐、八宝饭、五香干子、虾子鲊、狮子头、盐水鸭、黄陂“三鲜”、重糖烘糕
生产商贸习俗	冷热集市
民间信仰	放河灯

（二）以“四态合一”理念为基础，提出三大规划策略

为了挖掘项目地独特的文化底蕴，融合特色自然资源，打造新型城镇化示范区，绿维文旅确立了文态、生态、形态、业态“四态合一”的规划理念，并以此为依据提出了产业、生态、智慧三大规划策略。

在产业发展策略上，以健康产业为特色，以“养心、养神、养性、养神、养生”五维康养为核心，纵向上形成“研—产—销”一体化的产业链，横向上融合有机农业、加工业、体育业、旅游业、金融业等多种产业，突出中医养生、文化养性、诗画怡情三大特色，整体上形成一、二、三产业联动发展的结构（见图 17-18）。

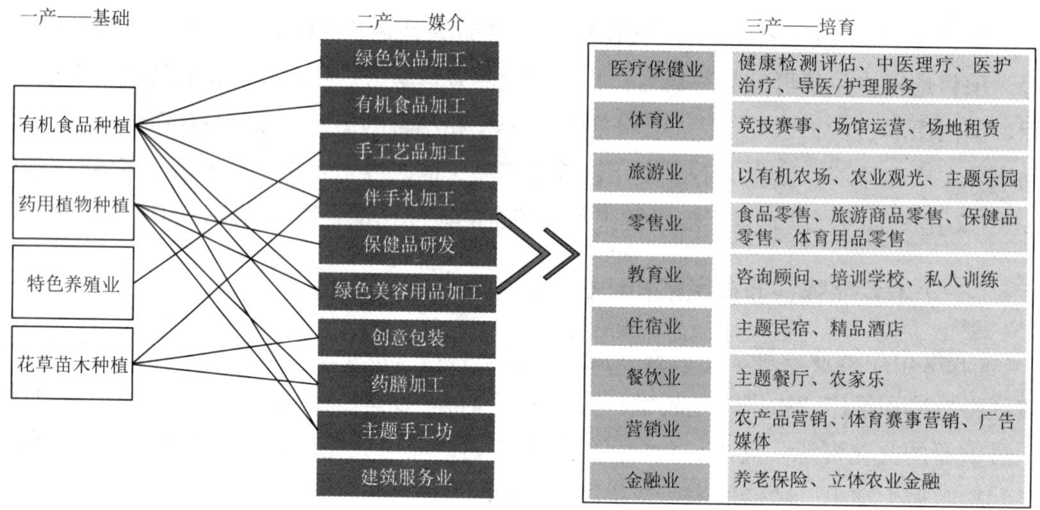

图 17-18 木兰康谷产业融合发展结构

在生态策略上，以“生态基础设施（Ecological Infrastructure，EI）、海绵城市”为理论基础，通过水系统、生态农业、生物多样性、生态建筑等的全面规划，构建大生态系统。在智慧策略上，以信息技术为基础，建立云端数据平台，并面向游客形成方便的信息技术应用，提供木兰康谷导航、导游、导览服务。

（三）创建垄断性 IP——木兰康谷健康云，实现差异化发展

为了解决黄陂区旅游产品同质化现象严重、缺乏创新精品的问题，绿维文旅创建了垄断性 IP——木兰康谷健康云，集合现代医学康养、运动康养、中医康养、西医理疗、膳食康养、文化康养等综合康养方式，以“云”概念在局域和广域内联动商务、休闲、生态、农业板块（见图 17-19）。局域内结合国家康养基地建设标准，整合自然资源及木兰文化，构建丰富的康养体验产品，营造大健康基地，借助旅游产品形成独有的康养 IP；广域内利用互联网智慧系统，构建健康云平台，覆盖社交、智慧旅游、远程医疗等项目。通过构建全龄段健康养生体系，打造黄陂大健康旅游目的地核心景区。

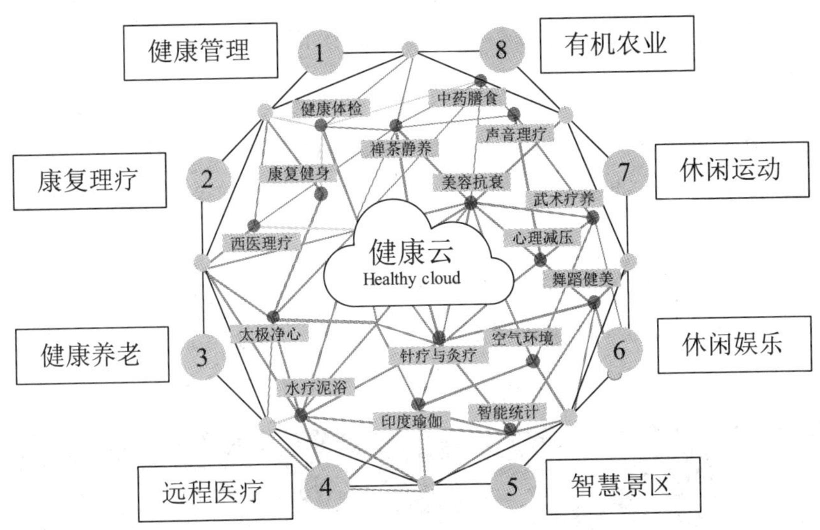

图 17-19　木兰康谷健康云平台

三、项目具体开发策略

通过梳理项目地水绿生态脉络，在遵循康养基地建设标准的前提下，绿维文旅确立了“一廊四片区”的规划结构，一廊指木兰康道，四片区分别为木兰传奇小镇、国际康养世界、休闲运动王国、有机沁心田园（见图 17-20）。

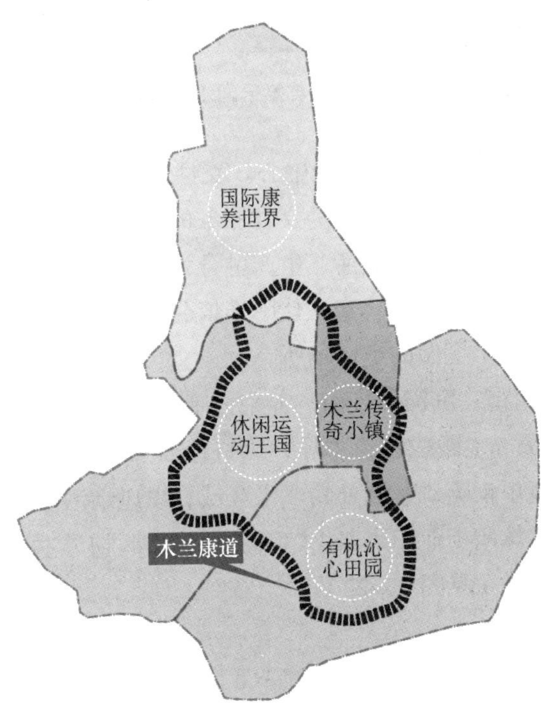

图 17-20　木兰康谷“一廊四片区”规划结构

（一）旅游 + 木兰文化，打造木兰传奇旅游小镇

木兰传奇小镇是集聚人气的旅游服务核心，由景区、消费产业集聚区、新型城镇化示范区、旅游吸引集聚核、休闲地产构成，可提供文化游乐、文化体验、旅游配套等休闲服务功能，形成一园、两心、三街的核心产品，并建立了文化、医疗、教育、商业、交通、休闲六大配套系统。

“一园”为巾帼英雄乐园，通过英雄园、传奇演艺、激情游乐场、主题秀等项目，打造东方环境戏剧乐园，再现巾帼英雄的忠孝节义，充分体验艺术性、娱乐性、共鸣性、情境化、体验化与生活化。主题水秀舞台效果如图 17–21 所示。

图 17–21　巾帼英雄乐园水秀舞台效果

“两心”是女性康养社区和代际养老中心。女性康养社区是女性专享的定制版公寓社区，商业配套以服饰、美容、健身等为女性服务的业态为主，集办公、居住、社交于一体。代际养老中心旨在以生态、生活、生产融合为目标，形成“生态 + 社区”的大健康发展模式，建设老年商业、老年公寓、代际亲情公寓等产品，配备智能化无障碍养老设施，为老年群体提供养生度假的绝佳场所。

“三街”为木兰风情街、滨河不夜街、养生休闲街。木兰风情街是传奇小镇的门户，以民俗客栈、风情餐厅、主题购物为主导，以特色景点 + 主力店铺 + 辅助店铺的形式出现。滨河不夜街围绕巾帼英雄乐园外的滨水区域，以风情酒吧、演艺茶座为主导，打造商业休闲中心。养生休闲街业态以养生馆、养生药品购物为主，打造一条充满东方艺术、养生神韵的休闲街区（见图 17–22）。

图 17-22　滨河不夜街效果

（二）旅游 + 康养产业，构建一流国际康养世界

国际康养世界是集室内运动康复、理疗、健康管理、度假于一体的专业康复与康疗度假旅游综合体。依托长江中游城市群广阔的康养市场，打造以运动康复疗养为核心的“健检 + 度假 + 康复”医疗旅游目的地。以康复为核心竞争力，打造康复疗养平台。项目包括木兰康谷国际会议酒店、森林康养基地、富氧露营基地、多功能运动场、智慧养老别墅、企业会所等。此外，精心打造桃源河景区“一河两岸”景观带，形成水墨林溪、曲水绿洲、喜鹊水湾、阡陌水岸、水埠揽趣、流水菡芳六大景观节点，并配套桃源河漂流、木兰水战、水车乐园、欢乐河滩、水世界等核心项目。

（三）旅游 + 休闲体育，丰富旅游景区运动体验

木兰康道是运动康养的主要载体，以“一线串珠”的形式串联四大片区，交通方式有徒步、骑行、电瓶车、水道、山地滑道等。线路总长度约 6 公里，分为四段：东闲、南园、西趣、北逸。东闲是小镇休闲运动主会场，也是木兰品牌赛事活动段，设有传奇驿站、巾帼驿站两个节点；南园是指田园慢行道，沿线有田园露营公园及多彩乡村自驾风景道，设有田园驿站、花海驿站两个节点；西趣指秘野绿道，主要为林谷游乐及户外运动，设有山地驿站、丛林驿站两个节点；北逸指康谷逸道，是四季慢行公园，也是生态康养休闲慢体验风景段，设有富氧驿站、康谷驿站两个节点。

休闲运动王国依托山地、森林、溪流、湖泊等自然生态和丰富多变的地形地貌，形成难易结合、不同体验等级的运动区域。以“国际品质 + 全众体验”为导向，涵盖极限挑战、拓展训练、大众运动等不同层级的山地运动项目，既能面向国际级赛事和专业级极限运动者，又能满足大众运动娱乐需求。休闲运动王国主要由集儿童运动、职业教育、娱乐等一站式体验的亲子运动基地——儿童奥运村，和包含自行车大本营、山地

高尔夫 / 门球场、山地运动酒店、稻田康养别苑（见图 17–23）、半山别苑的 Fun Sports 悦动谷组成。

图 17–23 稻田康养别苑效果

（四）旅游 + 现代农业，促进农业发展转型升级

有机沁心田园是结合现状优质农田村落，打造线上线下结合的有机沁心田园聚落，由有机农业种植区、中草药种植区、花田乡居观光区三大片区组成。创建百草乡居、沁心花海、花田乡居、中草药科普园等观光基地，同时发展特色康养、主题休闲项目，促进农业与旅游业的融合发展。引入当下最流行的 O2O 销售模式，打造农场 + 电子商务，实现有机食品的互联网销售，作为农业发展转型示范区域。花田乡居观光区中民宿效果图见图 17–24。

图 17–24 乡村民宿改造效果

第六节　临湘体育小镇："2+X"模式探索体育小镇开发运营

临湘市位于湖南省东北部，地处湘、鄂、赣三省交界处，素有"湘北门户"之称，是岳阳市旅游产业发展的重点区域。临湘市水陆交通十分便捷，浩瀚长江流经西北，京广铁路、107 国道、京港澳等高速公路穿境而过，历来是商贾云集和兵家必争之地。临湘市还是"全国田径之乡""全国群众体育先进单位"，拥有浮标特色产业。区内已开发有五尖山、龙窖山、黄盖湖、6501 人工湖、龙潭湖、"十三村"等景区，旅游资源丰富，旅游业发展初具规模，已成为临湘三产领域龙头产业之一。随着近年来体育旅游和特色小镇在全国范围内的快速推进，行业外延、产城融合和体验式消费成为体育旅游发展的新趋势。依托其旅游资源及区位优势，建设以体育为主题的特色小镇项目，引领本市旅游由观光向休闲度假转型升级，加快体育、休闲、旅游产业链结构优化进程，提升临湘城市接待水平和城市形象，实现政府、企业及当地百姓的持续共赢发展，成为绿维文旅本次项目规划的主要任务和目标。

一、发展困境

近年来，临湘市政府力主将旅游业培育成国民经济战略支柱型产业，但因地理位置、经济发展等原因，旅游业发展较周边地区相对缓慢，导致各景区开发程度较低，特色不明显、布局不合理。临湘市旅游框架体系虽已基本形成，但接待机构条件差、利用率不高，尤其是旅游景区远离城区，可供接待的酒店、民宿和娱乐设施十分缺乏，极大地限制了游客在当地的游玩质量和游玩时间。

项目规划区内旅游资源综合价值一般，较突出的是生态环境资源，缺少垄断性的核心吸引物，与周边地区相比竞争优势不明显。在这种情况下，如何突破发展困境，寻找旅游发展新动能；如何重构临湘旅游资源，打造临湘区域旅游核心吸引物；如何利用政策优势撬动临湘旅游业发展，推进地区经济转型升级，就成为临湘市旅游业发展即将解决的难题。

二、突破思路

（一）借力政策，构建体育旅游新业态

随着体育旅游及特色小镇相关政策的逐渐推进落实，体育产业市场化、休闲化、体验化趋势加强，并与旅游、健康、养老等产业逐渐趋于融合式展。作为新常态下旅游供给侧改革的重大举措之一，体育小镇融合了体育、旅游、文化、健康等多种产业，成为

体育产业发展的重要载体与抓手，成为特色小镇发展中的亮点。项目地具有丰富多彩的秀水、幽竹、草海、奇石、谜洞等自然资源，临湘具备“全国田径之乡”“全国群众体育先进单位”等体育产业基础，辅之以特色产业浮标，为体育小镇的开发提供了天然的场地环境和特色鲜明的产业支撑。基于此，项目确立了“旅游 + 体育”的主题方向，通过打造“专业体育 + 休闲体育”，构建临湘体育小镇，形成体育旅游新业态，打造运动养生新方式。

（二）重构资源，理清项目六大建设运营关键要素

项目地具备区位优势、空间规模、专业赛事、产业基础、大众参与、消费释放六大要素，满足构建知名体育小镇的潜质和条件。

地理区位——距离主要客源地车程 1~2 小时内，项目地与武汉、长沙两大省会城市车程均在两小时内，坐拥“两湖”优质客源。

空间规模——本项目规划控制范围为 33.76 平方公里，可延伸发展空间大。

专业赛事——临湘是全国田径之乡、全国群众体育先进单位，是浮标之乡，具备定期举办各种全国性专业体育赛事的能力。

产业基础——具备一定的产业基础，纵向上包含体育制造产业上下游产业链，横向上包含体育与相关产业的深度融合。依托浮标产业发展起来的临湘国际垂钓园，是目前品质级别较高的户外体育休闲类产品。

大众参与——临湘依托秀水、幽竹、草海、奇石、谜洞等丰富多彩的自然资源，可举办多种大众旅游项目，吸引大众游客参与，形成大众户外运动、观光体验、乡村旅游等一系列休闲旅游产品。

消费释放——项目地内的忠防镇和旅游服务带在继体育运动之后，可成为未来体育小镇的消费释放集散地，为游客提供特色购物、康体养生等一系列配套服务。

（三）基于体育小镇“2+X”模式，确立临湘小镇四维开发模式

项目组基于对具有世界知名度的体育小镇的综合研究判断，认为体育小镇开发运营模式总结起来就是“2+X”。“2”指的是体育硬件产品和体育软件产品，硬件产品主要指的是举办体育项目的场地、场馆、产业支撑、设施等，软件产品主要指的是赛事举办、论坛、培训、服务等。“X”是休闲体育，包括户外运动、户外探险、骑行、攀岩、登山、马拉松、漂流、热气球等与旅游相结合的休闲体育项目。

项目组对纯粹的体育小镇开发模式进行了突破性的变革，使项目地旅游资源与体育项目相结合，形成了专业赛事、专业场馆设施、大众节庆活动、大众休闲运动设施思维开发结构（见图 17–25），让硬件软件更加完善，让配套自我造血、让消费拓展延伸、让商业模式优化、让开发风险降低，进而构建一个户外运动聚集区、一个大型赛事举办区、一个大众游客健身区。

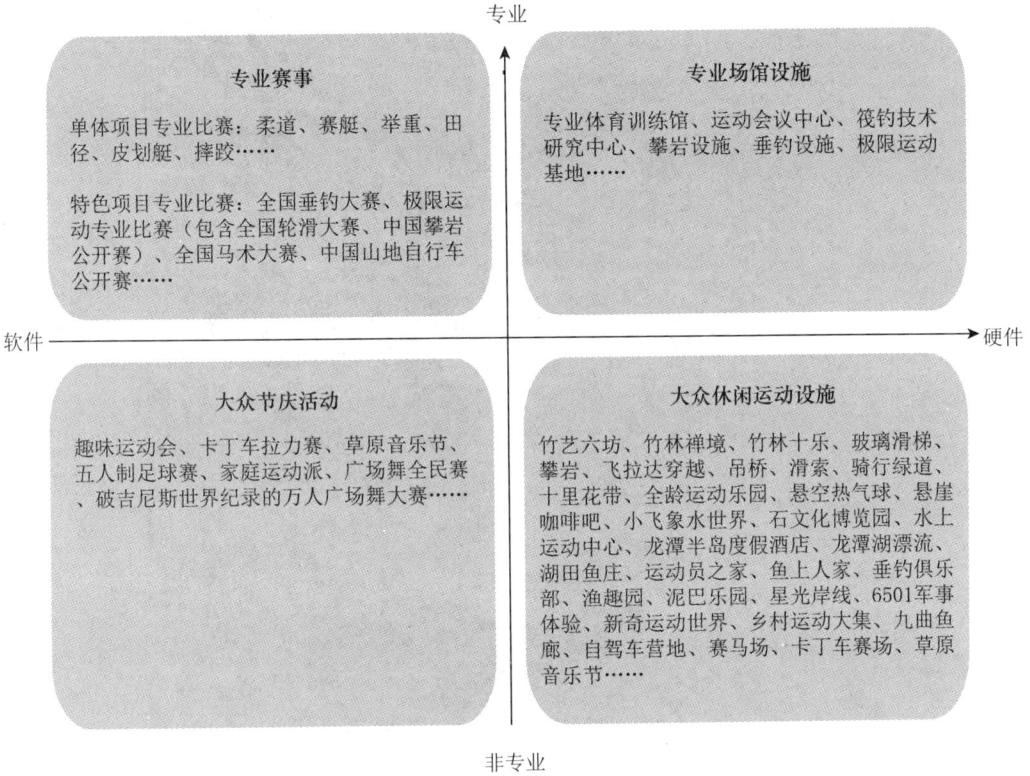

注：专业设施既可以举办专业赛事，也可满足非赛事时段大众运动需求。

图 17–25　临湘小镇四维结构开发模式

三、开发策略

项目组在准确把握国家体育小镇发展政策，深入分析客源市场潜力及发展趋势、规划区及临湘市旅游运动资源的基础上，以重构临湘经济发展新动能、促进临湘产业发展为目标，深挖临湘记忆与民俗风情特色，以体育运动为核心，以“专业的赛事活动 + 大众的体育休闲”为重点，打造集体育运动、养生养老、休闲度假等功能于一体的全龄段、多时空、多维度的体育旅游目的地。未来，立足成为临湘市旅游发展新增长极、岳阳休闲体育发展新高地、湖南省体育旅游新典范和国家级体育特色小镇。在项目规划的总体空间布局及功能划分上分为“一带两心五区”，如图 17–26 所示。其中“一带”指乡村运动大集（半马旅游大道），“两心”指综合服务中心（忠防镇）和入口服务中心（入口处），“五区”指欢乐运动世界（江南大漠）、水上运动基地（龙潭湖）、极限运动石林（狮子石）、养生运动竹海（鸿鹤岭）和军事运动秘境（6501）。

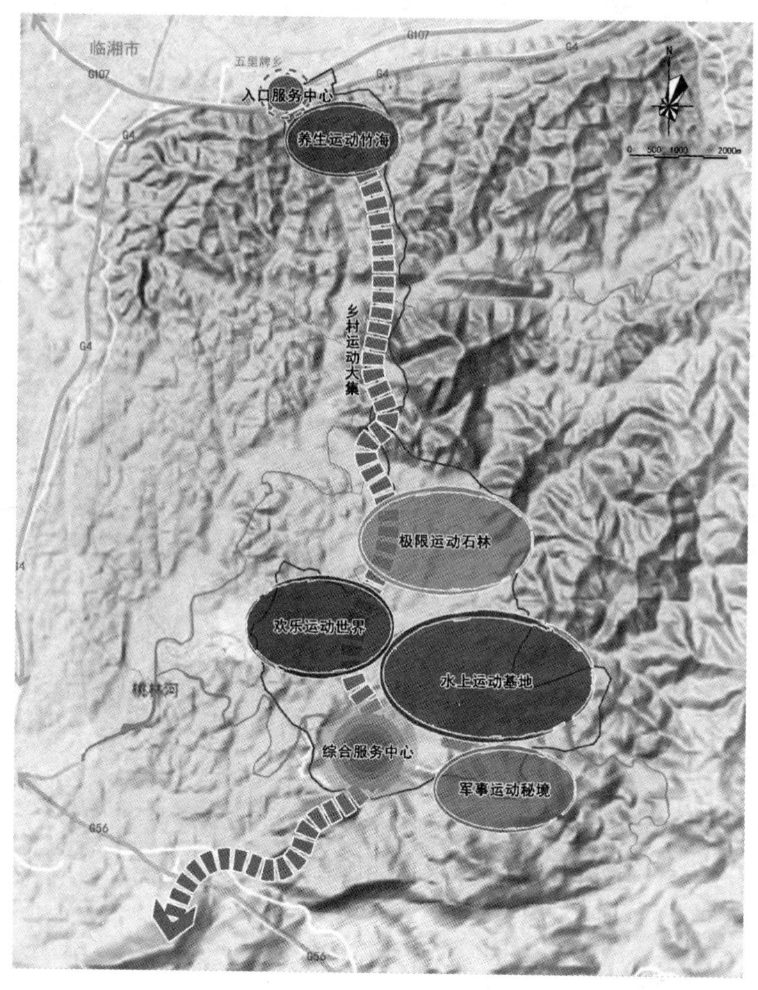

图 17–26　空间功能分区

（一）乡村运动大集：以三大运动主题打造乡村大众欢乐休闲运动产品

充分利用项目地农业及场地资源，挖掘乡村农事资源，以田园运动、民间运动、民族运动为三大主题，面向全年龄段打造集文化体验、农业休闲于一体的大众休闲运动项目——乡村运动大集。项目内容包括以乡村田园运动和农事活动为主题的田园运动汇、以民间民俗体育运动为主题的民间运动和以湖南本地少数民族运动表演和体验为主要内容的民族运动汇。

（二）入口服务区与综合服务区

1. 入口服务区：展示体育运动精神的服务区

规划将体育运动精神高度凝练为“韵律、动感、速度”三大主题，并以此为设计原点，分别从韵动橙飘带、韵动广场、游客服务中心三大重点区域来体现三大主题。其中，韵动橙飘带体现动感，韵动广场体现韵律，游客服务中心体现的是速度。

2. 综合服务中心：以运动休闲服务为功能的多业态集聚核

以项目区忠防镇为依托，以体育运动为核心主题，延伸体育产业链，打造业态完备、以运动服务功能为主的综合服务中心。包括悦动休闲街、康养美食街、运动训练馆三大重点项目。可定期举办专业赛事，并承载商业服务、休闲娱乐、康复理疗等功能。

（三）五大运动主题板块产品共同构筑运动休闲产品体系

1. 养生运动：深度挖掘竹文化内涵，系统打造养生运动竹海

项目在借鉴溧阳南山竹海、安吉竹海（中国大竹海）、茶山竹海和三峡竹海生态风景区四大竹海发展经验的基础上，深度挖掘竹子的艺术文化、运动文化和禅意文化，以竹林休闲、文化体验、养生运动为功能，并综合考虑该区汽车如何停泊及如何规避两大矿场问题，规划打造竹艺六坊、竹林禅境、竹海十乐、游客服务区四大组团。其中，竹艺六坊依托的是竹的工艺文化，打造竹绘坊、竹雕坊、竹编坊、竹乐坊、竹灯坊、竹筒坊一系列艺术文化体验项目；竹林禅境依托光荣院和寺庙，打造森林氧吧、翠竹享老苑、竹林精舍、竹味素斋坊、慢运动基地等养生文化体验项目，竹海十乐则以与竹子相关的民俗活动为依托，结合地形，构建竹海十乐、原竹商街等竹林运动项目，并依山就势，采用玻璃滑道、竹吊桥、竹廊桥等交通方式设计。

2. 极限户外运动：借助特殊地形地貌，打造专业化极限户外运动基地

依托项目区狮子山及金沙滩丹霞地貌，从空中、山体、地面、水中四个维度开展一系列山地极限运动项目，构建专业级竞赛组团——极限运动石林，定期举办专业攀岩比赛，平时可接待大众游客。策划产品包括专业极限攀岩、飞拉达穿越、狮山吊桥、悬空热气球、云端漫步、狮山飞天、玻璃滑道、石文化博览园、小飞象水世界等。

3. 户外体育运动：充分利用草场资源，打造户外专业体育运动基地

规划充分合理利用现有 3000 亩草地，将临湘市专项体育运动的户外运动场地设置于此，以轮滑场为中心，周边布置篮球、乒乓球等各种专业赛场和训练场，共同构建竞技草海组团，为专业体育训练提供场地。

4. 水上运动：充分发挥水域休闲运动功能，构建水上运动基地

依托龙潭湖，集垂钓休闲、水上运动、养生度假三大功能于一体，构建中国筏钓大赛永久会址——筏钓基地，集激情漂流与水上娱乐为一体的动感水湾，以休闲度假和夜间聚集为主要功能的度假渔湾，形成丰富的水上运动体验空间。

5. 军事运动：以 6501 地下工程为依托，发展极具惊险刺激色彩的军事运动

6501 地下工程分为三层，其中第一层面积为 12000 平方米，布局复杂，二层面积为 8000 平方米，三层面积为 6000 平方米，本规划以探秘探奇为主题，提升山洞产品为休闲娱乐型产品，将一层打造成为惊险刺激的军事运动乐园，包括射击场、CS 野战基地、洞穴餐厅和军事酒吧，二层打造成为典雅时尚的红酒酒窖。

（四）完善运动休闲配套设施，提升运动休闲环境风貌

本规划从旅游线路组织方面考虑景区出入口、停车场及码头的设置，从景区游客运动休闲服务的需要，考虑内部交通工具、游步道、住宿设施、娱乐设施、医疗设施、购物设施、解说系统、旅游信息系统及游览辅助设施的设置，全面提升规划区运动休闲基础服务配套设施。同时，基于运动休闲对场地环境的特殊要求，本规划从尊重自然生态、保护利用的角度，合理规划设计绿地及景观，从总体上提升规划区自然景观及人文风貌。

第七节　湖北孝感市农旅融合项目——“全域农旅”新探索

项目位于湖北省孝感市，规划范围为孝感市行政辖区范围，包括 1 区（孝南区）、3 市（汉川市、应城市、安陆市）、3 县（云梦县、大悟县、孝昌县）和 1 个国家级高新区（孝感国家高新区）、双峰山旅游度假区、临空经济区，总面积 8910 平方公里。孝感紧靠省会武汉，高达 1/3 的边界线与武汉接壤，全域在武汉 2 小时交通圈内，素有“武汉后花园”之称。从湖北旅游的大格局看，孝感位于“一城两圈”的武汉城市旅游圈内，具有核心客源市场共享优势。孝感地貌自南向北为平原、丘陵、山区，气候兼有南北之优，土地肥沃，是重要粮棉油生产基地，拥有农业产业类、特色村落类、农业休闲类、景区依托类、特色农产品类五大农旅融合优势资源。

在党的十八大、十九大会议精神的指导下，以“创新、协调、绿色、开放、共享”五大发展理念为引领，以乡村振兴、农业增效和旅游产业升级为目标，以“四化同步”发展为方向，抢抓长江经济带、武汉城市圈建设等战略机遇，孝感市期望以自身资源优势为基础，通过融汇旅游要素，强化旅游引领，全面整合资源，打造孝感特色农旅融合品牌，建设农业强市和华中地区乡村休闲旅游重要目的地。

一、项目难点

通过调研走访和实地考察，绿维文旅认为项目地规划存在诸多难点。例如，同质化产品过多，农业产业向二三产业延伸不足，没有形成完整的产业链；大部分项目和产品还处于“吃、喝、摘、买、走”的初级阶段，农旅融合尚未形成特色，项目未达到收支平衡；客流受季节性影响较大，周边同类型产品过多，对本地市场冲击力较大等。

因此，在机遇与挑战并存的宏观背景下，如何明确孝感市农旅融合发展的指导思想和发展原则，找准农旅融合发展的特色、定位和突破方向？如何明确农旅融合的战略布局、主要任务和发展重点，制定发展路径，提出加快农旅融合项目建设、产业要素和服务要素综合配套举措？如何在全域旅游发展视野下进行建构安排，形成严密的规划结构体系，使规划具有很强的针对性、指导性和可操作性？这些都是本项目需要解决的问题。

二、项目总体定位及发展战略

（一）总体定位

绿维文旅站在武汉城市圈、长江经济带、农业供给侧改革的高度，通过“特色农业+旅游要素”，以孝感优美的多类型自然生态景观环境为背景，依托田园空间和农业产业基础、古镇新村、河湖山林、孝文化及其他地域文化等资源，从田园综合体为主导实现重点突破，实现以点带面，三方共进，全域发展；以从北向南沿河沿路形成带状集聚，形成辐射带动周边的空间发展路径；以“农业+旅游”和“旅游+农业”为双向对接，打造孝感农业与旅游全产业链深度融合的特色产品体系；以田园、乡村、绿道为“骨架”，串联农业产业园、农庄、农场、田园综合体、农业特色小镇、美丽乡村及其他传统旅游景区（点），完善农旅融合基础设施、公共服务设施、农产品电商服务网等，形成全域化的农旅融合发展格局，将孝感打造成集现代农业体验、乡村休闲度假、乡土文化研学、乡愁生活体验、乡村环境优美、农民转业增收于一体的全域型孝美乡村旅游目的地。

（二）发展战略

以项目地的优势资源和发展目标为基础，绿维文旅确立了农业为基、旅游驱动、文化提升的农旅文一体化发展战略。以现代农业产业规模化、集约化、科技化发展为基础，以文化提升为抓手，以旅游业为产业引擎，不断完善农业产业的旅游功能，开发休闲农业和文化旅游产品，实现“文旅一体”“农旅一体”，以深度体验的旅游模式，打造“全域农旅”，带动区域全产业链的综合发展。

1. 农业为基

孝感市农业基础优越，绿维文旅以形成集群式全产业链为产业发展目标和指导，依据农业产业化、科技化、精品化、绿色品牌化及休闲旅游化的发展思路，构建完善的农业产品体系，为推动农旅融合发展提供有力支撑。

其中，农业产业化方面，孝感市农旅融合发展以农业为产业基础，把一二三产业融合发展作为根本途径，把加工业和休闲旅游作为融合的重点产业，把创业创新作为融合的强大动能。主要以产业链延伸实现纵向融合、农业多功能拓展实现横向融合，以及通过社会化服务、农产品加工、生物科技和农村电商集群方式促进一二三产业融合。规划将各县市优势主导产业进行产业拓展、产业强化，形成水稻、桃、荷、水产、蔬菜、昆虫养殖、银杏、乌桕、花生、绿茶、板栗、苗木、中草药十三大示范产业规划布局。

2. 旅游驱动

结合孝感优越的农业基础，以旅游为驱动，大力发展休闲农业，推进乡村度假、共享农庄、休闲农庄、特色民宿、农家乐的建设，完善农事体验、田园观光、农业科普、民俗文化等休闲农业活动项目的建设，构建孝感休闲农业体系。

将旅游产业与其他产业有机地结合，不仅为旅游业的发展提供内容和文化元素，同时也促进各行各业发展。孝感市泛旅游产业整合以“旅游 + 文化、旅游 + 城镇化、旅游 + 健康、旅游 + 科技、旅游 + 教育、旅游 + 体育运动、旅游 + 会议、旅游 + 交通、旅游 + 工业”为主。

3. **文化提升**

以文化为导向，以孝文化为核心，以楚文化、红色文化、民俗文化为特色，着重推进乡村文化的发展，打造华中文化高地，提升区域影响力，进而带动旅游和农业的品牌升级。

三、具体开发策略

（一）空间布局

根据孝感市农旅资源分布特征、城镇体系、产业结构、交通规划等考虑要素，突出中部板块的中心地位、文化资源优势和品牌带动效应，加强南北农旅发展板块及对外联动的轴带打造，实行集聚发展和重点突破，绿维文旅提出构建“一核引领，两区集聚，一环串联，四轴联动”的总体空间构想。其中，“一核”为中部文化创意农旅发展核，“两区”为北部山水休闲农旅融合区、南部田园养生农旅融合区，“一环”为农旅融合精品游憩环，“四轴”为孝汉豫农旅联动发展轴、孝汉十文化旅游联动发展轴、孝汉宜休闲度假产业联动发展轴、汉江水上旅游联动发展轴（见图 17-27）。

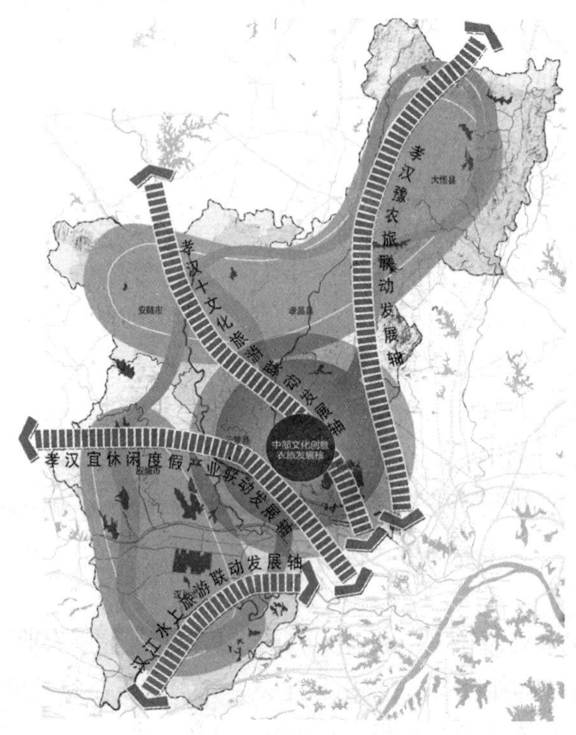

图 17-27　空间布局

（二）七大工程体系

孝感农旅融合总体发展需要以下七大工程的强力支撑，以实现农旅融合的全面发展建设（见图 17–28）。

七大产品工程	特色村镇工程	旅游交通工程	公共服务工程	品牌营销工程	旅游商品工程	保障体系工程
国家农业公园 田园综合体 特色小镇 共享农庄 现代农业庄园 休闲农庄 景区依托	发展思路 特色村镇体系 农民增收	外部交通 农旅融合示范公路 旅游精品线路 公共交通体系 自驾车营地体系 绿道慢行系统	智慧旅游 旅游惠民 旅游服务中心 旅游标识系统 旅游厕所标准化 综合防灾系统	宣传营销战略 品牌形象策划 品牌营销路径 营销实施举措	旅游商品研发模式 旅游商品研发程序 旅游商品策划	体制机制 政策体系 资金筹措 经营主体 人才保障 环境保护 安全保障

图 17–28 七大工程

1. 七大产品工程

依据孝感市农旅融合发展现状，确定国家农业公园类、田园综合体类、特色小镇类、共享农庄类、现代农业庄园类、休闲农庄类和景区依托类七大农旅融合项目发展类型。在具体产品设计中，绿维文旅根据每个区域的资源情况，以七大农旅融合项目类型为基础，规划了 66 个示范项目、79 个核心项目和 103 个支撑项目（见图 17–29）。

	国家农业公园	田园综合体	特色小镇	共享农庄	现代农业庄园	休闲农庄	景区依托
66个示范项目	7个 袁湖国家农业公园 周巷国家农业公园 巡店国家农业公园 ……	12个 朱湖田园综合体 金卉庄园 天紫湖生态养老田园综合体 ……	8个 八埠麻糖米酒小镇 卓尔桃花驿 南河古渡生态园 ……	7个 杨店镇共享农庄 巡店镇共享农庄 芳畈镇共享农庄 ……	8个 福良山生态园 沉湖现代农业庄园 葛蓬岗生态园 ……	9个 新建源农庄 盛景银杏休闲农庄 韵鹤生态园 ……	15个 澴河百里画廊 云梦泽文化生态旅游区 双峰山 ……
79个核心项目	0个	14个 卧龙田园综合体 湾潭油菜生态园 花西稻谷香田园综合体 ……	5个 天合智慧港 楚珍园 诗仙小镇 ……	14个 陡岗镇共享农庄 马口镇共享农庄 庙头镇共享农庄 ……	12个 邓家河庄园 百禾生态园 三里梧道茶庄园 ……	13个 楚荣生态园 汈汊湖风情小镇 五龙山庄 ……	21个 朱湖国家湿地公园 凤凰旅游区 楚王城遗址公园 ……
103个支撑项目	0个	3个 香润生态园 绿托邦生态园 益华农田园综合体	0个	0个	5个 战友集团养殖示范园 下辛店藜蒿农庄 苑北渔业农庄 ……	38个 天姿生态农庄 刁东农场 金馨庄园 ……	57个 铁寨风景区 盛世闻樱 孟宗公园 ……

图 17–29 产品工程

2. 特色村镇工程

依据孝感市各村发展现状，选取 71 个具有一定开发基础或农旅融合发展基础的村落，其中农创村 34 个，主题村 20 个，景区依托型村 17 个。依据村落所体现的生态肌理、文化特质、乡村风貌元素等，整体上通过生态与文化提升、丰富乡村特色休闲度假业态等促进农旅融合发展。

综合孝感市农旅融合扶贫的各类模式，农民主要通过农业生产、加工业、参与投资、商业自营等多种途径增收致富（见图 17-30）。

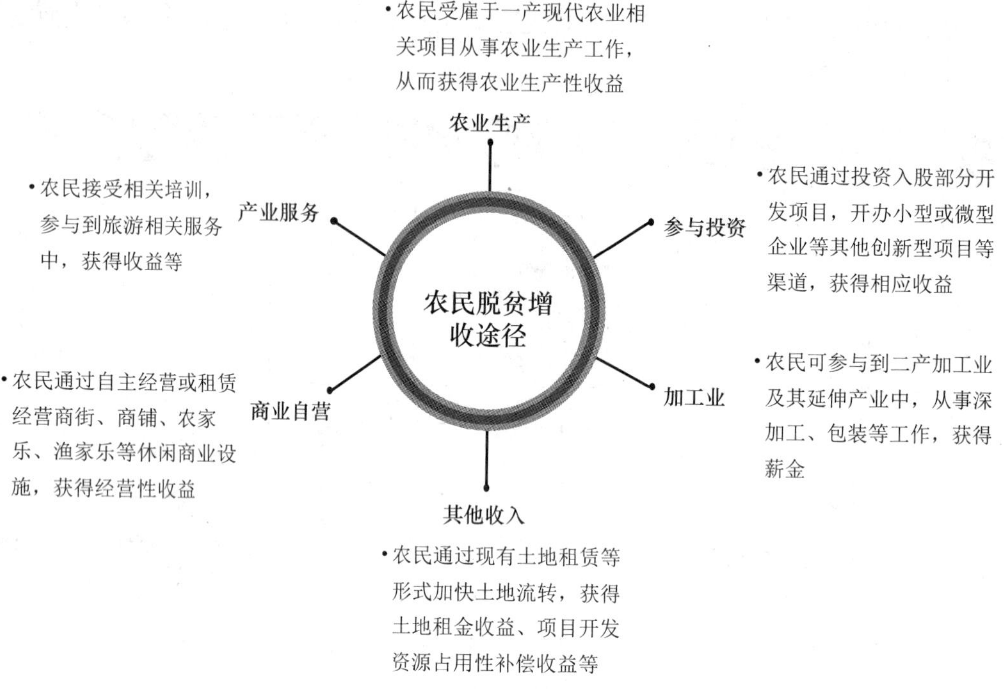

图 17-30　农民脱贫增收途径

3. **旅游交通工程**

旅游交通工程方面，规划构建孝感农旅融合发展交通便捷服务体系，完善农旅线路的风貌整治，进行农旅融合功能转换，实现全域农旅交通的无缝对接。构建以网络化的旅游交通集散体系、便捷的在线旅游交通服务网络、无障碍对接的立体化交通格局、国际化的旅游交通服务标准四位一体的农旅融合交通便捷服务体系（见图 17-31）。

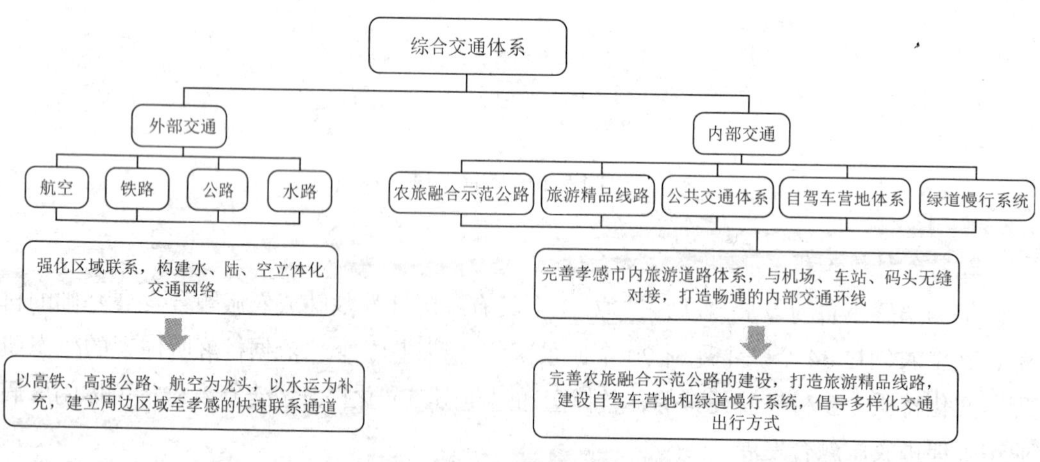

图 17-31　综合交通体系

4. 公共服务工程

公共服务工程瞄准建设湖北省旅游公共服务标杆城市的目标，重点完善智慧旅游、旅游惠民、旅游服务中心、旅游标识系统、旅游厕所、综合防灾系统等服务配套设施。其中，智慧旅游方面，以“4+2+1”建设为指引，即分期推进“4个建设核心”（智慧旅游营销服务平台、智慧服务应用群、智慧管控系统群、云数据资源中心），设计2类智慧化游客体验入口，落实1批智慧旅游试点示范。旅游服务服务中心方面，构建“1+6+20+N”旅游服务体系，完善旅游询服务功能，即1个一级旅游服务中心，6个二级旅游服务中心，20个三级旅游服务中心和N个农旅咨询服务点及志愿服务站。

5. 品牌营销工程

打响“孝感动天，诗意山水”旅游品牌，利用“系统规划品牌要点、持续制造内容关注、整合提升传播效果”三大营销路径，通过“全媒体营销、整合营销、精准营销、节事营销”四大营销举措，构建全时期立体营销体系。大力创新营销方式，紧抓武汉市场，拓展周边市场，主推特色亮点，实现孝感农旅品牌强势崛起，打造国内知名的旅游品牌。

6. 旅游商品工程

根据孝感地域特色、民俗文化及非物质文化遗产，绿维文旅精心打造“孝感六品”，共42项商品。旅游商品研发的元素提炼主要来自于孝感市非物质文化遗产和地理标志产品，包括民俗技艺、民间传说、戏曲及知名农产品等。

7. 保障体系工程

规划从体制机制、政策体系、资金筹措、经营主体、人才保障、环境保护、安全保障等多方面，构建全方位保障体系工程。

四、三年行动计划

为了确保规划工作的落实到位，绿维文旅制订了孝感市农旅融合三年行动计划。到2020年，重点培育市级农旅融合示范点50个，打造农旅融合示范线（带）11条，形成农旅融合集聚区20个；全市乡村旅游接待人数年均增长14%，乡村旅游综合收入年均增长16%；带动农民新增就业1万人以上，年人均增收800元以上。

综合孝感农旅资源现状特点及农旅融合未来发展模式，行动计划对三年内建设的50个项目提出具体实施措施。其中国家农业公园1个，田园综合体7个，特色小镇3个，共享农庄7个，特色村镇10个，现代农业庄园7个，休闲农庄7个，景区依托8个。此外，三年行动计划对营销战略、公共服务体系、旅游交通体系、政府机制体制改革创新等方面均制订了具体方案。

第八节　普洱市乡村旅游——“1+X”创新发展模式

普洱市位于云南省西南部，总面积45385平方公里，是云南省面积最大的市（州）。普洱市东临红河、玉溪，南接西双版纳，西北连临沧，北靠大理、楚雄，东南与越南、老挝接壤，西南与缅甸毗邻，地理区位得天独厚，是滇中地区通往滇西南的必经之地，具有承东启西、联系南北的战略性交通区位，也是省内重要的交通节点城市，国际间重要的口岸性城市。普洱境内具有绚丽多彩的乡村文化、生态原真的自然风光、浑厚典雅的建筑遗迹、秀美多彩的田园风貌等资源本底，并呈现出山川大河广布、森林资源丰富、少数民族聚居、民俗风情奇异多彩、民俗文化原始而神秘的特点。截至项目规划启动时，普洱市通过积极组织引导发展乡村旅游，已取得初步规模和成效，形成了一系列的乡村优质品牌。但由于旅游开发力度不足，旅游产品类型单一、产品体系不完善，要素配套不足，加之缺乏独具市场吸引力的旅游产品及大力度的品牌包装，普洱市的旅游市场知名度一直不高，难以吸引游客。针对这一情况，绿维文旅结合多年研究积累及实践经验，基于全国大乡村旅游时代和云南省旅游产业大发展的契机，重审普洱市旅游产业发展背景及机遇，正确把脉全域旅游背景下的普洱乡村旅游发展路径，科学规划设计普洱市乡村旅游产品，并优化近期开发行动计划，助推普洱市乡村旅游实现跨越式发展。

一、问题聚焦

（一）有资源有产品，无名气无亮点

普洱市拥有国际化的旅游资源，但缺乏国际市场知名度。区内有景迈山万亩茶园、民族村寨、茶马古镇等优质资源，并且临近东南亚国际市场。由于开发力度不强，品牌包装不足，游客吸引不进来，市场知名度一直没有得到很好的提升。现有在运营旅游项目，缺乏独具市场吸引力的产品，无法调动游客的消费欲望。

（二）有市场有需求，少业态少运营

普洱拥有优越的滇中滇南旅游市场环境，旅游需求尤其是休闲度假旅游需求旺盛，但当下旅游产品开发以观光为主，而没有相应的度假产品相匹配，产品开发滞后，体系不完整，旅游业态形式比较单一，不利于产业规模壮大及相关产业链延展，也不利于各项产业进一步融合发展。

（三）有规模有成效，缺设施少服务

普洱市乡村旅游发展势头良好，已建成 1 个国家级特色小镇、3 个全国休闲农业与乡村旅游示范点、12 个省级特色旅游村、10 个省级民族特色旅游村寨、78 个国家级乡村旅游扶贫重点村、8 户省级休闲农业与乡村旅游示范企业及 100 个县级特色农家乐，取得了初步规模和成效，但整体存在旅游服务设施开发不到位、要素不足、人员管理缺乏统一等问题，导致景色好服务差现象，严重影响游客来普洱游览的舒适度和满意度。

基于以上问题，普洱乡村旅游如何在发展模式创新上寻求一个突破口，怎样结合自身优势打造一条独特有亮点的发展道路，如何通过优势产品创新设计引爆旅游市场，就成为本项目规划要解决的核心问题。

二、解题思路

（一）打造滇南亚高原乡村风情与生态康养度假国际旅游目的地

项目结合普洱市乡村旅游资源特征、产业发展现状及市场需求特征，以茶马历史为核心文化主线，民族民俗文化为主题特色，以自然生态环境为基底，休闲度假为主体功能，文化产业运作为手段，将历史文化、民俗风情、田园风貌、生态环境相结合，融“乡村 + 文化 + 生态 + 康养 + 休闲 + 度假 + 人居”内容于一体，打造集文化传承、观光体验、生态休闲、康养度假、品质宜居等功能于一身的复合型沉浸式茶旅乡村文化旅游度假目的地，滇南亚高原乡村风情与生态康养度假国际旅游目的地，并立足建设成为国家乡村旅游度假示范区。

（二）采用“三步曲”策略力促普洱乡村旅游开发

项目分三步开展普洱乡村旅游开发：第一步是原点打造——塑形态，在前期建设一批龙头带动性项目，构建完整的乡村旅游体系，完善基础设施和公共服务设施，使普洱乡村旅游体系初具规模；第二步是文化转化——聚人气，丰富乡村旅游项目，构建特色休闲、体验产品，吸引本地和周边客源，通过大量的活动和宣传打造国内一流知名的旅游目的地；第三步是产业运作——生财气，进一步完善乡村旅游产品体系和服务体系，乡村旅游方式由观光娱乐为主向休闲度假为主转变，实现旅游产业层级的提升，成为国际知名的集文化体验与休闲度假于一体的旅游目的地。

（三）创新构建普洱乡村旅游发展模式

1. 转变理念：从生态美丽乡村到乡村旅游目的地

围绕从生态美丽乡村到复合型乡村旅游目的地建设，突破思维和模式束缚，从破坏乡村开发思维转变到挖掘文化运营思维，从乡村景点打造模式转变到文化产业运作模

式，实现从田野观光到深度体验的旅游体验升级，实现从销售主导到多业并举的盈利能力升级，实现从滇南边陲到区域标杆的区域价值升级。

2. 发展模式："1+X" 模式

依托普洱乡村旅游发展现状，以优秀的生态环境为发展基底，以产业融合为导向，以丰富的文化为特色主题，提出普洱乡村旅游创新发展模式，即"1+X"模式。其中，"1"指乡村，良好的乡村环境是基础依托，是普洱大力发展乡村旅游的基本保证；"X"是指自然、文化、风貌、养生、度假、运动、娱乐等。"1+X"模式即"乡村+"产业融合发展集聚模式，以乡村环境与资源为依托，以产业融合提升内力，带动相关产业结构升级，进而以产业集聚营造空间，在普洱市打造多个乡村旅游度假产业集聚区。

普洱乡村旅游创新发展模式分为以下四种：①文化古村古镇旅游发展模式，注重"乡村内生力"的培育，文化活化，以文化资源回馈和反哺乡村；②景区带动乡村旅游发展模式，强化景区核心吸引，完善乡村差异配套；③乡村特色产业发展模式，依托普洱的茶、咖啡、烟草、蔬菜等农业基础，引进国内外大型农业产业集团入驻，规模化种植，景观化设计，链条化延伸，智慧化休闲配套，实现传统农业品牌突破和产业创新转型升级，带动地方经济发展；④空心村复兴发展模式，将乡村视为一类富有价值的空间，通过乡村生态自然化、农田变农园，农业生产企业化、农耕变农场，农民生活现代化、农民变农夫的"三生"空间打造，实现乡村再生。

三、发展对策

（一）统筹区域规划，确定分期空间发展结构

项目以《普洱市旅游发展规划（修编）2011—2025 年》提出的旅游发展空间布局为依据，根据普洱市乡村旅游的资源现状分布条件，以及各地乡村旅游的发展趋势，以快速形成普洱市乡村旅游空间格局为导向，确定普洱近期乡村旅游发展的空间结构。根据普洱市旅游发展的总体构想和空间布局，当普洱市乡村旅游近期空间格局基本形成，乡村旅游品牌影响力显现时，为了加快该市的乡村旅游发展，在中远期将普洱市乡村旅游发展空间布局逐步与普洱市旅游总体发展布局相对接，最终实现乡村旅游融入全市旅游发展大格局之中，并成为普洱旅游发展的强有力支撑。

（二）合理构建并实施"13469"体系架构

实施"13469"体系架构，即打造 1 大龙头品牌、把握 3 个关键点、规划 4 大功能板块、实施 6 项重点措施和策划形成 9 大乡旅产品。.其中 1 大龙头品牌是指茶旅名山、世界茗乡——景迈山茶旅文化国际乡村旅游度假区；3 个关键点是瞄准定位、打造精品和延伸产业；4 大功能板块是指西南民族风情展示片区、中部茶马文化休闲片区、西部佛迹乡情体验片区和东北生态田园度假片区；6 项重点措施是指全域化乡村

旅游体系、延展化乡旅产业链条、多渠道品牌营销策略、创新性旅游扶贫模式、便捷性公共服务体系和全方位发展保障机制；九大乡旅产品包括民族展示、节庆节事参与、民俗体验、庄园度假、现代农业、游居养老、生态康养、文化故旅、宗教禅修产品类型。

（三）完善构建全域化产品体系

项目通过对普洱市全域范围内乡村风貌进行整体感知和全方位解读，综合研判其乡村资源的禀赋特征和发展的外生动力，普洱市乡村旅游资源初步可以归纳为三种乡村旅游的主题类型，即民族风情体验类、自然风光游览类和生态休闲度假类。以这三类旅游资源为开发起点，项目构建了九大乡旅产品（见表 17–2）及若干游线产品。

1. 九大乡旅产品及其业态形式

表 17–2　九大乡旅产品及其业态形式

产品特色	类型介绍	业态形式
民族展示	通过工艺品展陈、文化符号装饰、生活场景再现、传统活动体验等形式全方位呈现少数民族文化	快乐拉祜演艺广场、哈尼文化展览馆、翁基布朗古寨、手工乐器工坊等
节庆节事参与	以地域性和民族性大型节日庆祝为卖点，吸引游客观赏、互动、体验于一体的节事旅游项目	三丫果节、火把节、神鱼节、泼水节等
民俗体验	以当地特色的生活习俗、特色餐饮和住宿作为旅游产品进行包装，吸引游客前来体验	茶香精品民宿、上允角美食村、竹楼民宿、紫马街茶马民俗村等
庄园度假	依托农业产业作为基础，进行多元化服务设施配套，重点打造休闲度假功能	雅咪红庄园、三国庄园、茶艺主题酒店、爱伲庄园等
现代农业	以现代化科技为技术手段，规模化、机械化、创新化进行农业生产，同时满足参观、展示、科研等综合功能的发展模式	景龙农业园、农创体验基地、勐大农业园等
游居养老	依托优越自然生态环境，满足游客长久性居住并可为养生养老群体提供综合服务配套	勐外避暑山寨、养老社区、那迁归园田居等
生态康养	依托优越自然山水生态环境和良好的空气质量，结合疗养类服务设施，形成康体疗养、运动健身的相关产品	安曼酒店、付腊温泉、秘境酒店、东软西盟水疗度假中心等
文化故旅	以文化古迹或名人故居为载体，依托良好的文化基底，形成自身核心吸引力，打造以文化体验、参观、研学等为目的的旅游项目	那柯里古驿、宫廷古乐剧院、碧溪古驿等
宗教禅修	依托寺庙浓郁的宗教氛围，围绕禅修禅养主题，形成的一系列修身养性、静心安享的禅意主题产品	芒朵佛迹园、贝叶酒店、傣寨茶社、禅悠小寨等

2. 游线规划

项目充分考虑普洱市全域地形、交通条件以及旅游发展现状和旅游组织的实际情况，依托重点景区、特色乡村和重要交通道路，重点规划设计了精品乡村度假环线，并按照各区县乡村资源特点确立旅游活动主题进行规划，主要包括“生态乡村文化、澜沧江水韵风情、景谷佛迹仙踪主题自驾、环绿三角边境风情自驾游线”，以满足不同游客的个性需求。此外，项目以游客的旅行时间长短为设计依据，以最大化串联普洱精品旅游乡村、展现多样化乡村风貌为原则，设计了短期游、深度游、旅居游等主题游线，以满足不同时间规划的游客游览需求。

（四）建立保障体系指导旅游发展时序与营运

项目从旅游公共服务体系、产业发展体系、品牌营销体系、旅游扶贫创新、生态保护、发展时序及行动计划等方面全面保障普洱乡村旅游发展。在公共服务体系方面，项目围绕“食、厕、住、行、游、购、娱”七大旅游基础要素提升，进一步完善乡村旅游餐饮、厕所、住宿、交通、景点、购物、娱乐等配套服务设施建设以及智慧旅游系统建设，立足实现“舌尖上的普洱”个性化、“厕所革命”标准化、“住宿体验”品质化、“旅游交通”便捷化、“旅游景物”精品化、“旅游商品”创意化和“生态普洱”全时化。

1.“125”品牌营销体系

“125”品牌营销体系塑造普洱市特色乡村旅游品牌，构建全媒体时代多元整合营销体系。“125”即围绕“天赐普洱·世界茶源”一个品牌体系进行打造；瞄准两大客源市场，区域市场和专项市场；综合采用体验营销——吸引、新媒体营销——聚焦、节事营销——引爆、时尚营销——推广和联动营销——裂变五大营销措施。

2. 旅游扶贫创新

项目构建了“旅游先导、多产融合、机制创新、区域统筹”的全域乡村旅游发展战略，针对普洱市乡村的发展现状和资源特点，在全市推广旅游发展创新模式，坚持在乡村旅游扶贫模式上进行不断探索与践行。主要模式有“旅游景区＋贫困村”扶贫模式、“旅游合作社＋农户”扶贫模式、“旅游商品基地＋农户”扶贫模式、“旅游产品公司＋农户”扶贫模式、“旅游双创＋就业”扶贫模式、“旅游产业＋精神文明“扶贫模式等。

第九节　青海却藏寺文化旅游区——寺村联动开发打造文化旅游新模式

却藏寺位于青海省海东市互助土族自治县城北约 20 公里处，在今南门峡镇政府所在的本朗扎西滩。随着青海省深入落实旅游发展“515 战略”，着力打造国家丝绸之路战略支点上黄金旅游目的地战略的开展，却藏寺迎来了旅游开发的黄金时期。同时，在文化旅游热潮的推动下，高铁时代的到来进一步扩展了项目地的潜在市场，项目地可以借势国家政策、紧抓青海省大旅游市场机遇，丰富北线旅游景观，快速融入环夏都西宁旅游圈。

然而，却藏寺所在互助县旅游开发刚刚起步，旅游服务及市政设施缺乏；却藏寺寺院内部功能不完善，须重建部分文物建筑；寺院内部分景观需要合理布置，内部临建与整体环境不符，这些在很大程度上限制了项目地的长远发展。绿维文旅正是在这样的背景下，参与了却藏寺的总体规划，项目组希望通过规划对接市场大势，立足市场需求，完善却藏寺的旅游服务功能，以文化旅游带动寺院周边区域经济的发展。

一、难点聚焦

项目地较好的区位优势，交通可达性良好。现今宗教旅游市场开发已成为热点，藏传佛教信众广泛，宗教生活已成为区域民众日常生活非常重要的组成部分，因此潜在的客源市场条件良好。

却藏寺属藏传佛教格鲁派寺院，其所在项目地互助县拥有宗教文化、寺院文化（皇家寺院、御赐九龙壁）、民俗文化（藏族民俗文化）等核心的竞争资源。其中，佛教文化是寺院开发的核心，如何破题，精准定位，在凝练核心文化的基础上对其进行活化开发成为本项目的难点之一。

却藏寺几经波折，损毁严重，历史上的寺院范围内已经有诸多民居；却藏寺同时是镇区的一部分，其开发与镇区息息相关。多个利益主体的存在，加之较为局促的用地协调，也是项目地的主要难点之一。

二、核心思路

项目组在对当地资源、环境、市场进行充分调查的基础上，认为项目地人文类资源所占份额较大，却藏寺的资源品级较高，整体开发应该以寺院的优良人文资源作为却藏文化旅游区开发的本底资源。项目组划定以却藏寺文物保护范围为核心面积约为 139 公顷的范围作为规划范围。

项目组认为要实现旅游区整体发展，要跳出单纯做寺院的思路，通过寺院与村庄的联动发展，以却藏寺为核心吸引力，深入挖掘却藏寺藏传佛教文化，在开发宗教文化观光旅游产品的基础上，建立丰富的宗教文化体验、休闲产品体系。扩展民俗文化内涵，借助其充足的人力资源优势，活化利用其特色民居建筑空间，植入藏族民俗文化元素，以村落为休闲度假的场所，构建区域经济发展模式，以宗教文化旅游区带动周边村庄经济发展。却藏寺核心发展思路如图 17–32 所示。

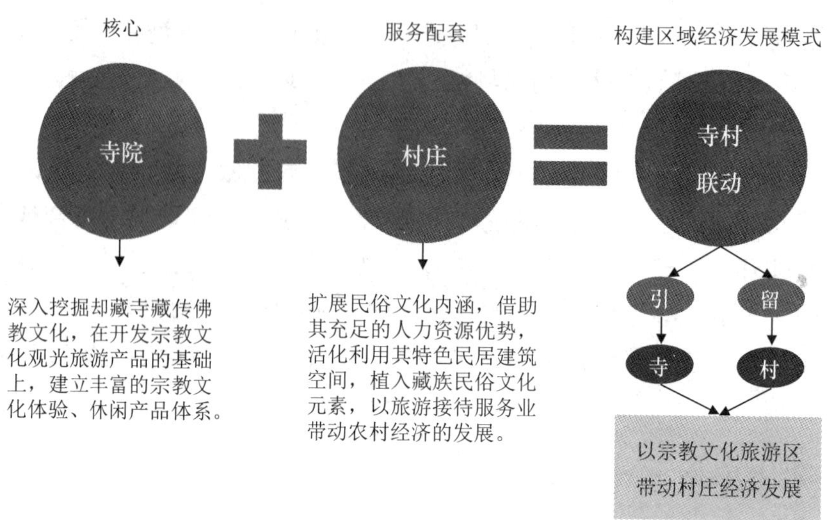

图 17-32 却藏寺核心发展思路

项目组把该项目定位为以“大祁连”为生态本底，以藏传佛教文化和外植藏族文化等多元文化为灵魂，以打造却藏文化旅游品牌为战略导向，打造集宗教观光、生态休闲及文化体验等功能于一体的藏传佛教活佛文化旅游胜地。最终，把却藏寺为核心的项目地打造成为活佛文化集中展示和体验的首选地，青海省文化旅游的新标杆，海东市旅游新名片。

三、开发模式

（一）保护与开发并重，分级利用策略

本项目规划以区域保护性发展为前提，开发的过程中既要注意对自然生态环境的保护性开发，也要注意对文化生态环境的保护性开发，项目组提出以却藏寺宗教文物保护为根本，强化“保护式开发”的基本理念，制定保护开发分级利用策略。

（二）多元主体共同参与，寺村联动开发

互助县旅游开发应该在政府的主导下，实现文化旅游区的前期建设和后期运营，其中前期建设和后期运营需要企业和当地居民的共同参与。通过资源管理、统一规划、理性运营，在持续文化完整性，保存和提升生物多样性，维持生命支持系统的同时，满足旅游业的经济发展需求和游客的体验需求（见图 17-33）。

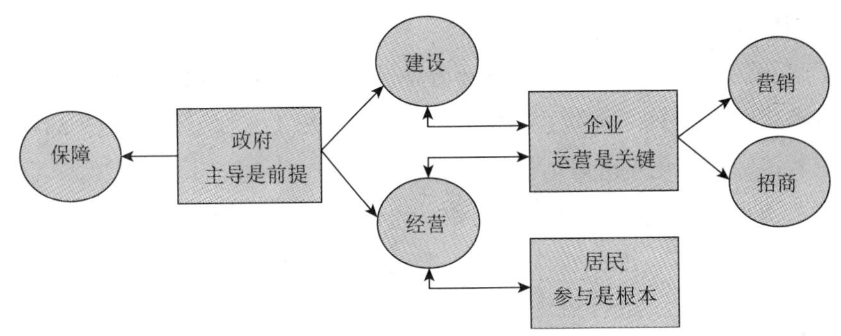

图 17-33　多元主体共同参与开发

（三）多产业融合发展策略

旅游发展没有产业依托，就是无源之水、无本之木。整个文化旅游区开发过程中，项目组充分考虑旅游产业与文化产业等多产业联动融合发展，以当地居民生活生产的传统产业作为基础，旅游产业作为支撑，文创产业作为动力，延长文化产业链条，提升消费附加值。最终，形成文化体验、养生度假、山水休闲为核心，餐饮、住宿、养老、运动等多产业相融合的产业结构，实现多种收益模式（见图 17-34）。

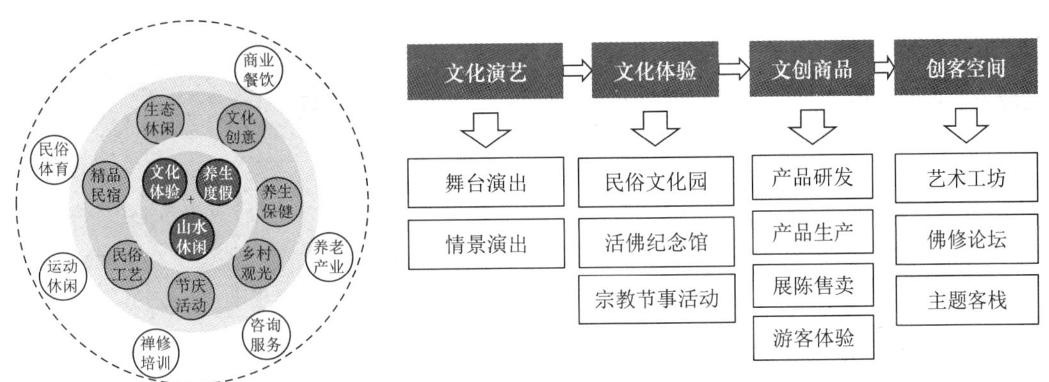

图 17-34　文化产业与多产业融合发展策略

四、开发策略

（一）文化为魂——提升却藏寺文化底蕴，确定“活佛圣源”形象

却藏寺地处青藏高原东北缘，寺前南门峡水库及高山风光引人入胜，又有御赐九龙壁等历史殊荣和民俗发展资源，正是一处能够带给游客真心、静心、诚心人生升华之旅的净土。却藏寺和却藏活佛世系，是南门峡镇人文景观的第一品牌和象征。项目组把其作为项目的核心吸引力，深入发掘文化资源，使其成为打造却藏文化旅游系列产品的宝

贵元素和底蕴所在。

充分了解却藏寺历史和藏传佛教发展历史是项目进展的基础，项目组在对却藏寺文化资源进行提炼的基础上，确定了“活佛圣源”这一核心形象，认为提升却藏寺文化底蕴需要深挖藏传佛教文化，讲好活佛故事。

项目组一方面探寻当地的历史遗迹和宗教遗迹；另一方面挖掘藏族民俗文化，包络宗教信仰、传统服饰、传统餐饮、传统工艺品等。同时，对规划区内丰富的历史记载、神话传说、民间故事进行梳理整合，让其成为项目文化旅游的灵魂。项目组根据历史脉络进行后期产品设计，让景观、产品都重新焕发文化魅力，做到真正的文化为魂。

（二）“1354”总体布局——打造御赐藏传佛教文化旅游区

项目组从区域整体结构考虑，结合场地现状和未来旅游发展需要，将整个项目地划分了“一个发展定位、三大主题、五大片区、四大核心内容”（见图 17–35）。一个发展定位：御赐藏传佛教文化旅游区——却藏神滩 · 活佛圣源；三大主题：宗教、民俗、生态；五大片区：综合服务区、民俗体验区、文化观光区、田园休闲区、山林游憩区；四大核心内容：一条景观大道（中轴礼佛景观序列）、一条街（却藏商街）、一片景（却藏八景）、多种业态。

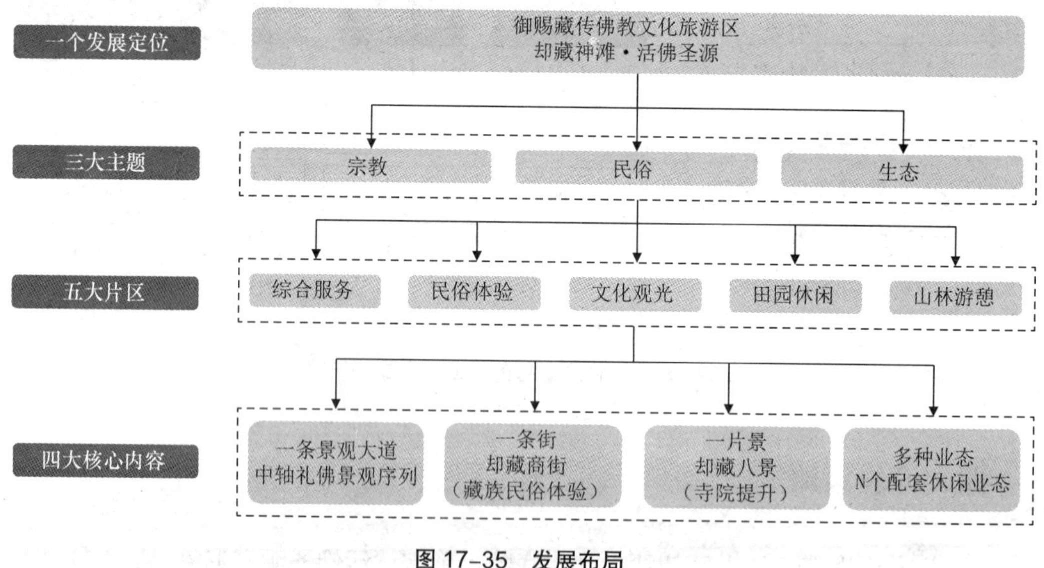

图 17–35 发展布局

（三）景观营造——以工匠精神，再现藏传佛教盛景

深厚的文化底蕴需要相应的景观环境烘托，项目组根据文化脉络，确立了融龙壁—释迦千佛殿—景观大道等为一体的却藏寺文化景观序列，既形成了却藏寺宗教旅游的核心

吸引核，同时也完善了寺院的生活和修行空间。以工匠精神精雕细琢每一个景观和建筑细节，用匠心再现藏传佛教盛景。九龙广场鸟瞰如图 17–36 所示，心经墙如图 17–37 所示。

图 17–36　九龙广场鸟瞰

图 17–37　心经墙

（四）产品创新——拓展休闲度假产品，构建完善的产品体系

项目组依托却藏寺宗教建筑、宗教历史、宗教活动、宗教艺术，开发多种文化体验的旅游项目；充分挖掘藏族民族服饰、体育活动、特色餐饮、传统工艺等民俗，以参观、节庆、体验等不同手段，提供切实感受民俗文化的载体；深入挖掘文化资源，丰富体验项目，提升旅游品质，打造兼具多重文化体验的皇家藏传佛教圣地。产品体系如图 17–38 所示。

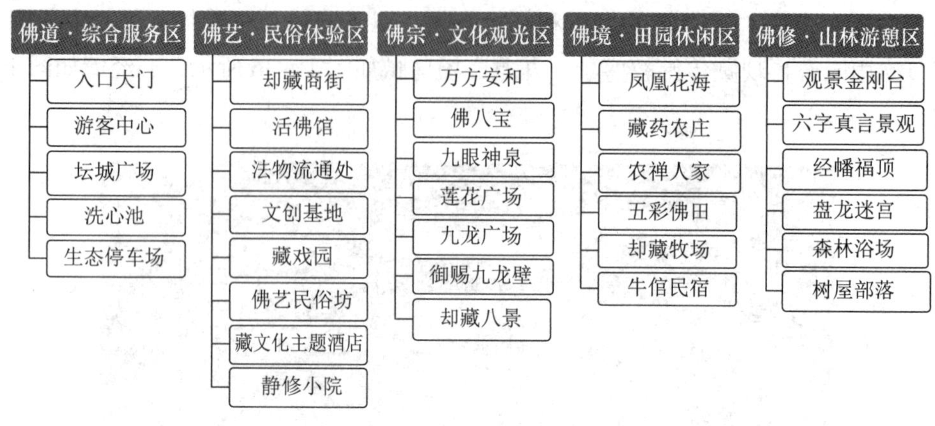

图 17-38 产品体系

第十节 广府古城旅游区——5A级旅游景区创建提升

广府古城位于河北省东南部，坐落于邯郸市东北约 20 公里处的永年洼里，距今已有 2600 多年的历史，官署棋布、庙宇半城、古民居院落众多，吸引着世界各地的游客自发前往，游客称其为被遗忘的神秘古城。广府古城是全国重点文物保护单位，为加快旅游标准化建设的进程、进一步提升景区的品牌影响力，绿维文旅于 2015 年受广府古城管委会委托，针对广府古城目前存在的问题提出了解决方案，旨在通过 5A 级景区创建工作的具体实施，使广府古城旅游区形成旅游服务设施完善、旅游景观丰富多彩、旅游交通快捷便利、旅游产品丰富饱满、旅游管理体系健全、旅游品牌深入人心、旅游经济快速发展的旅游综合体，带动旅游区经济结构调整和生产方式转型，为推动邯郸乃至河北省旅游发展发挥应有的作用。

一、项目背景

广府古城历史悠久，为战国时期赵国毛遂封地，境内兴建于元明清时期的古城墙、弘济桥、名人故居保存完好。广府古城是杨式太极拳、武式太极拳的发祥地，在全国八大太极拳门派中，源于永年的已占其五，被誉为“中国太极之乡”。此外，广府古城具有华北地区罕见的南国水乡风光，四面环水，其所在的永年洼面积达 4.6 万亩，波光潋滟、风景秀美，浅植稻苇、深种荷藕，鱼虾共生、雁飞鸟鸣，是吸引游客的又一亮点，被誉为“北国小江南”。

2013 年 7 月，广府古城晋升为 4A 级旅游景区，加快了旅游标准化建设的进程，拉开了创建国家 4A 级景区的序幕。对照国家 A 级景区评定标准严格而繁细的评分细则，绿维文旅发现广府古城旅游区的整体旅游品质离 5A 标准还有一定的差距。创建提升项目以广府古城为核心向外延伸，南到邯临线，北至名李线，东至滏阳河，西至永年洼防洪西大堤，总面积约 21.5 平方公里。遵循以人为本、文化性突出、特色性突出、关注细节、注重可操作性的原则，绿维文旅针对规划区存在的游客中心服务设施不健全、旅游交通环境不理想、游览服务系统不完善等问题，在创建提升规划中给予了相应的解决方案。

二、广府古城的自检评分及提升整改任务

（一）广府古城的自检评分

根据国家对 5A 级景区的评定要求和标准，景区通过 5A 级评定，必须至少获得《服务质量与环境质量评分细则》1000 分中的 950 分，《景观质量评分细则》100 分中的 90 分和《游客意见评分细则》100 分中的 90 分。绿维文旅以此为依据，对广府古城做出了景区自检评分。

广府古城旅游区在服务质量和环境质量方面，总评分为 852 分，勉强达到 4A 级景区，与 5A 级景区的标准尚有一定差距；在景观质量方面，达到 85 分，在市场影响力方面还有较大的提升空间；游客意见综合评分为 80 分，在厕所、宣传、导游、景观、购物等方面的游客满意度尚有待提高（见表 17–3）。

表 17–3　国家 5A 级景区评定标准及广府古城自检评分现状（满分 1200 分）

细则分项	评定项目	具体内容	评定分	达标分	现状分
细则一服务质量与环境质量	旅游交通	可进入性、停车场、内部交通	130	950	852
	游览	门票、位置、标识系统、宣教资料、导游服务、游客公共休息设施和观景设施、公共信息图形符号设置、特殊人群服务	235		
	旅游安全	安全保护机构、制度和人员、安全处置、安全设备设施、安全警告标志、标识、安全宣传、医疗服务、救护服务	80		
	卫生	环境卫生、废弃物管理、吸烟区管理、餐饮服务、厕所	140		
	邮电	邮政纪念服务、电信服务	20		
	旅游购物	购物场所建设、购物场所管理、商品经营从业人员管理、旅游商品	50		
	综合管理	机构与制度、企业形象、规划、培训、游客投诉及意见处理、旅游景区宣传、电子商务、社会效益	200		
	资源和环境的保护	空气质量、噪声指标、地表水质量、景观、生态、文物和古建筑保护、环境氛围、清洁能源设备设施、环保型材料	145		
细则二景观质量评分	资源要素价值	观赏游憩价值、历史文化科学价值、珍稀或奇特程度、规模与丰度、完整性	65	90	85
	景观市场价值	知名度、美誉度、市场辐射力、主题强化度	35		
细则三游客意见评分	游客综合满意度	外部交通、内部游览线路、观景设施、路标指示、景物介绍牌、宣传资料、导游讲解、服务质量、安全保障、环境卫生、厕所、邮电服务、商品购物、餐饮或食品、旅游秩序、景物保护	100	90	80

（二）广府古城的提升措施

根据广府古城的景区自检评分，绿维文旅为广府古城量身定制了提升方案。

1. **旅游交通提升**

开通邯郸市—广府古城、永年县—广府古城的旅游专线交通，并对旅游巴士车体进行特色化改造，张贴古城精美风光图片等，确保车量充足，定时定点发车，时间安排合理。

加强对旅游专线的路面、桥涵等检查、维护、保养工作，对道路两边黄土裸露部分增加绿化效果。美化旅游沿线外部综合环境，形成植被覆盖度高、环境优美、文化性强、层次丰富的景观道路，强化旅游专线道路景观氛围的营造。

制作标准的、识别度高的广府古城旅游区专用外部交通标识牌，包含能代表景区的标志或景区类型 Logo 标志、中英文景区名称、方向箭头标志及距离景区的里程数等，在邯郸机场、南连接线立交桥、青兰高速与广府专线立交桥、邯郸绕城高速等交通要道，以及即将到达景区前 3 公里、500 米处设置交通标识牌，以引导游客顺利到达景区。

2. **游览提升**

项目组建议景区未来再印制门票时突出广府古城和太极、湿地文化特色，正面设置景区 Logo、景区名称（中英文对照）、价格及票据存根标志等，背面设置游览简图、景区简介、游客须知及咨询、投诉、紧急救援电话等，同时增加门票类型，分别制作学生票、老人票、儿童票等，重点设计、制作旅游套票及电子门票。

以广府古城入口景观大门处建筑作为游客中心，毗邻旅游专线公路，游客中心周边配有停车场、集散广场等，便于游客集中与分散。设计、制作游客中心标识时要美观、大方、字体统一规范，满足不同国籍游客的需求，给予游客明确的引导。

3. **旅游安全提升**

制定健全的安全保护制度，主要包括安全保护机构工作流程、消防安全制度、巡逻人员工作制度、游客人身财产安全保障制度等，增加专职安全保护人员和流动安全保护人员数量，提高在游客集中和有安全隐患的地方的巡逻频率，在旅游高峰期增设巡视人员、救护人员和人流疏导人员。

4. **卫生提升**

广府古城创建 5A 景区过程中，卫生提升主要包括：环境卫生、废弃物管理、吸烟区管理、餐饮服务及厕所 5 个方面的工作。同时，与广府镇环境卫生相关部门进行沟通联系、协力合作，通过对居民进行卫生宣传、学习教育等措施全面提高居民素质和环境意识，共同解决景区相关的环境卫生问题，旨在为游客提供一个干净的、整洁的、舒适的游览环境。

5. **邮电提升**

在游客中心和古城内设置邮政收寄点及信函邮筒等，提供平邮、速递等邮政服务，方便游客收寄信件、邮寄纪念品等。设计、印制以太极拳、永年湿地、古城风貌等为主题的景区纪念信封、纪念邮票、明信片等，要求设计精美、图案清晰，全面反映广府古城景区的特色。

联合广府镇政府部门与中国移动、中国联通、中国电信等通信公司进行沟通，设置现代通信服务设施，如无线上网系统、公用电话亭等，增设手机快速充电站，保障游客通信畅通。

6. 购物提升

购物场所方面，针对南北大街与东西大街进行沿街商铺立面改造，统一色彩、建筑风格，提升古城商业街区的整体形象与氛围，全面清理各街道内影响观景效果的广告标志，确保购物场所统一设置，不破坏主要景观，不妨碍游客游览，不与游客抢占道路和观景空间。

购物管理方面，制定完整的旅游商品从业人员管理制度和明确的、统一的管理措施及手段，对商品供应环节、商品销售环节及商品售后环节等进行全程监督和管理，确保购物场所环境整洁，商品摆放整齐有序，销售秩序良好，无围追兜售、强买强卖等现象，让游客开心购物，放心消费。

旅游商品方面，增设富有广府古城特色的旅游商品，以古城文化、水城文化、太极城文化作为主题，设计、印制具有景区 Logo 标志、特色项目或精美风光图片的旅游纪念品，确保物美价廉、物有所值，提供个性化、细节化的旅游纪念服务，增加游客旅游购物消费乐趣，提高游客满意度。

7. 综合管理提升

在“广府古城管委会”下设“广府古城文化旅游开发有限公司”，对区域内旅游发展进行招商引资、统一管理、共同营销，公司下设职能部门与经营部门，“经营部门”主要对广府古城旅游进行经营及市场运作，职能部门包括公司办公室、人力资源部、计划财务部等，进行公司的日常管理工作。

强化各项规章制度的执行管理，并定期对管理及工作人员进行培训，要求所有人员熟练掌握，定期对全体员工进行服务意识和业务水平培训，确保每位员工做到服务规范、举止文明、热情大方、服务态度好、服务质量高。

8. 资源与环境提升

空气质量方面，通过生态景观提升等措施，降低古城的空气污染指数，使其空气质量达到国家一级标准。

噪声方面，严禁商户使用高音喇叭、电子设备进行商品叫卖，控制当地居民的噪声污染指标，规范游客行为，禁止大声喧哗等，使整个景区的噪声指标在各个时段均达到国家一类标准。

废弃物处理方面，严禁直接倾倒或就地焚烧垃圾，严禁生活用水直接排放，为水源附近居民配置小型家用污水处理设备，对生活污水进行净化处理后排入河道中。

景观、生态、文物、古建筑保护方面，投入专项资金，做好防火、防盗、防破坏、古建筑修缮、古树名木保护等工作，制定具体完备的保护制度，确保保护设施设备齐全，保护人员职责明确，同时在相关景点树立警示标识牌，规范游客观赏行为。

环境氛围方面，对游客中心、核心观赏景点及四大商业街区附近的三线问题进行入地处理；对沿途护坡进行绿化改造；对广府古城南门入口大桥视线范围内的护城河道两岸进行景观改造；对四条主要商业街区进行立面改造，对古城内与整体环境氛围不相协调的建筑外立面进行整改；利用广府古城地势与丰富水资源条件，引水入古城，活化古城景观，营造灵动的文化氛围；对通往弘济桥公园的道路两边景观进行提升，以行道树、景观节点、休憩节点、公交站点提升为主，融入广府古城文化特色，形成系列文化景观小品；采用清洁能源的设施设备，确保景区内无造成严重破坏环境的设施设备，禁止使用煤炭或煤气等可能产生有害气体的燃料；采用环保型材料，禁止使用不可降解的一次性餐具、塑料袋等非环保型用品，禁止一切污染物进入景区。

9. 景观质量提升

从资源吸引力与市场影响力两大角度对景观质量进行提升。

资源吸引力方面，充分挖掘境内古城、万亩湿地、弘济桥等观赏资源的游憩价值，加强对古城文化、太极文化、特色民俗文化等在地文化内涵的提炼，使旅游产品和旅游线路主题鲜明、特色突出，在空间布局、功能分区方面更加合理，游览路线组织更加科学，充分体现广府古城的资源特色。

市场影响力方面，依托广府古城景区优质的生态环境和丰富的人文资源，以太极文化为灵魂，以“古城保护性开发、湿地基底保护与生态平衡”为前提，通过广府古城、太极新城、太极养生整体互动发展，延续历史、文化、经济脉搏，实现太极产业链融会贯通，通过基础设施和公共服务设施的不断完善，提升广府古城的知名度和美誉度，将广府古城打造成为国际化的旅游目的地。

三、广府古城的重要项目提升

在广府古城创建国家 5A 级景区的过程中，绿维文旅依据国家标准，针对景区内杨露禅故居、杨露禅故居广场、古城及城墙外围、武禹襄故居、武家大院、府衙、东关新村、弘济桥公园等重点项目，从停车场、厕所、基础设施、标识系统、垃圾桶、景观环境、旅游购物等方面分别进行了提升改造的规划，通过重点项目的旅游设施完善，使广府古城在服务质量、环境质量、景观质量和游客满意度方面都达到国家 5A 级景区的标准。

绿维文旅结合广府古城的资源建设现状、县委领导班子的大力支持及广大群众的积极配合，提出了力争在 2~3 年内实现将广府古城由 4A 级景区向 5A 级旅游景区提升的目标，并提供了总体计划和分时序具体建设计划。在规划指导下，广府古城积极开展创建工作，于 2017 年 2 月，广府古城经全国旅游资源规划开发质量评定委员会评定，正式晋升为国家5A级旅游景区。

第十一节　辽宁营口思拉堡温泉策划、规划和设计

思拉堡温泉位于辽宁营口市盖州双台子镇思拉堡村，交通区位优势明显，山体曲线优美，拥有丰富的地热、森林、农业等资源。根据《营口市旅游发展总体规划》，项目地被定位为温泉商务花园，属于五大分区中的“西部滨海温泉旅游区”。思拉堡温泉的开发成为实现全市旅游发展目标的重要组成部分，受到了地方政府的高度重视和支持。在这一背景下，盖州市思拉堡温泉小镇开发有限公司委托绿维文旅对项目地进行了策划、规划和设计。

一、项目难点

作为一个新开发的温泉项目，如何跳出温泉市场的行业壁垒，在高强度竞争的红海领域塑造自己的独特性和优势，形成与竞争者的产品差异？如何充分利用复杂地形，打造温泉景观的层次性？自身设施相对落后的城郊农村，如何利用温泉旅游开发，带动区域综合发展？这些都是本案亟待解决的难点和重点

二、核心思路

面对激烈的区域竞争及温泉综合化升级发展趋势，绿维文旅跳出“就温泉做温泉”的局限，瞄准当地市场空缺，利用“温泉+X”的开发模式，打“温泉小镇”的综合概念，将思拉堡打造成为一个包含观光游憩、养生休闲、运动娱乐、商务会议和度假地产五类旅游产品的综合性项目。通过与农业、休闲运动产业、商业地产等联动开发，通过度假地产产品有力补充度假小镇的功能，将其作为项目的前期盈利点，进而以温泉为吸引核，以高尔夫为引擎，积聚人气，以地产为盈利核，实现长线回报。

策划上，提出“利用资源，创新产品”的总开发路线和“瞄准市场，做足休闲；产业联动，三气合一”的开发策略。引入景区化打造理念，按照4A级甚至5A级景区的标准来完善整个温泉小镇的各项建设和服务，提升项目的整体品质。结合地域资源及客群对休闲度假产品的需求、态度等因素，将项目整体风格定义为具有浪漫风情的地中海风格，将项目主题定位为“山海一泉·度假小镇”，以独特的产品形式伴随中高端度假市场的发展而出现，从而打造差异化旅游吸引力，并形成以温泉资源为核心的四类创新旅游产品体系，如图17–39所示。

养生休闲类
以温泉为核心
心灵回归
商务会议类
以会议为特色
商务需求
运动娱乐类
以运动为配套
健康生活
度假地产类
以地产为支撑
人居需求

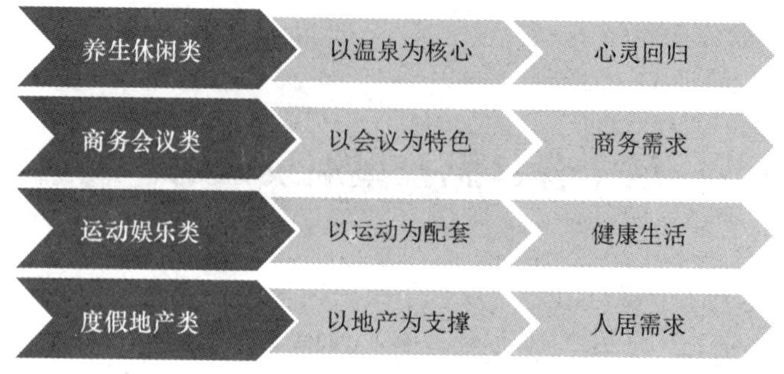

图 17-39　四类创新旅游产品体系

规划上，秉承“保护自然、因地制宜”的规划思想，将项目总体布局确定为“一心、两带、三区”的格局，实现经济效益、社会效益、环境景观效益的完美结合。一心：以温泉为核心的生态绿心；两带：以高尔夫、滑雪、马术俱乐部、水上运动、山地自行车等构成的运动景观带，以温泉、海水浴场、SPA、湿地公园等构成的生态休闲带；三区：集温泉养生、休闲、疗养、运动、居住于一体的温泉小镇，会议、休闲、娱乐、商业、地产等功能集合的奥大·浅水湾，景区第一人居区林泉溪谷。

设计上，将温泉区定位为“福溪洞天·琴海八泉”，立足复杂的山形地貌特征，紧抓地中海主题，将主题化、情境化景观与“山海八泉”相配合，应用“一泉一品”的打造手法丰富温泉的游憩体验和泡池的创新设计（见图 17–40）。琴台堡效果如图 17–41 所示，畅景海泉效果如图 17–42 所示。

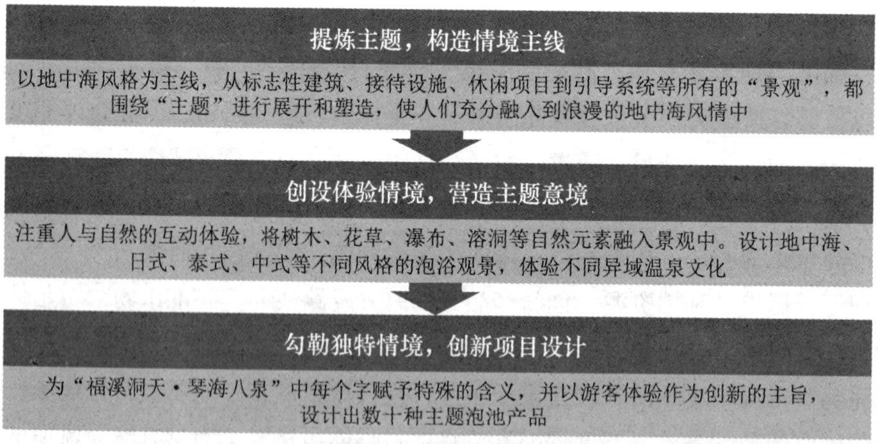
提炼主题，构造情境主线
以地中海风格为主线，从标志性建筑、接待设施、休闲项目到引导系统等所有的“景观”，都围绕“主题”进行展开和塑造，使人们充分融入到浪漫的地中海风情中
创设体验情境，营造主题意境
注重人与自然的互动体验，将树木、花草、瀑布、溶洞等自然元素融入景观中。设计地中海、日式、泰式、中式等不同风格的泡浴观景，体验不同异域温泉文化
勾勒独特情境，创新项目设计
为“福溪洞天·琴海八泉”中每个字赋予特殊的含义，并以游客体验作为创新的主旨，设计出数十种主题泡池产品

图 17–40　思位堡温泉设计思路

图 17-41　琴台堡效果

图 17-42　畅景海泉效果

三、总体布局

根据项目主题定位，以及对项目所处渤海湾地理背景和项目用地条件的深入分析，空间布局将形成以“水”为核心放射分布的空间表现形态。

根据项目地块资源的价值、目标市场定位、功能定位和发展战略，总体布局可确定为“一心、两带、三区”的格局（见表 17-4）。

表 17-4　功能布局及发展思路

布局	内容	发展思路
一心	绿心（以温泉为核心的生态核）	度假区温泉养生、运动休闲、养生人居等主要项目的打造应整体围绕生态绿心、生态文化概念，以提升品质
两带	运动景观带 生态休闲带	以高尔夫、滑雪、马术俱乐部、水上运动、山地自行车等构成度假区运动景观带； 以温泉、海水浴场、SPA、湿地公园等构成度假区生态休闲带； 实行“两带”拉动的开发模式，推动度假区整体发展
三区	温泉小镇 奥大・浅水湾 林泉溪谷	温泉小镇：以温泉为主题的特色小镇，配合中央湖滨景观、温泉水街、湿地景观、高尔夫球场、山体绿植、景观小品等，形成集温泉养生、休闲、疗养、运动、居住于一体的城市居住带，延展成为鲅鱼圈东扩的重要组成部分 奥大・浅水湾：依托温泉核心资源，环绕人工湖布局会议酒店、主题温泉馆、商业街、临湖别墅，突出酒店的会议接待功能和温泉休闲特色，形成会议、休闲、娱乐、商业、地产的区域合理功能集合，以湖滨风光、湿地景观、特色建筑等共同构成景观核心，辅以高尔夫、滑雪、马术、山地自行车等时尚运动元素，最终打造成为度假区的第一体验空间。同时通过景观、服务、产品、配套的升级，将其打造成为东北第一大温泉会都 林泉溪谷区：以打造景区第一人居环境为目标，利用场地两山夹一谷的地形特征，结合造景中空间层次安排、空间分隔、空间序列组织、叠石、理水等艺术手法，通过连续小庭院空间和台地空间组织，水空间的流动渗透，布置建筑及景观，营造出山水园林的画境空间。同时引入高端温泉养生服务增加地产价值，提升品质，形成其核心竞争优势

四、商业模式

（一）地产是转换旅游潜在价值的高效手段

“旅游 + 地产”的效应即是旅游带靓环境，环境带旺地产，地产反哺旅游的良性循环效应，其核心是“旅游聚集人气、景观提升品位”，这种独特的循环经济模式，不仅解决了大量人员的就业问题，还拉动了交通、餐饮、酒店、零售等服务业发展。

（二）开发时序设计与商业模式整合

思拉堡小镇旅游开发项目，是旅游项目和地产项目聚集的综合体，它遵循边开发旅游项目边建设地产的时序原则，先将“生地”靠温泉、高尔夫、酒庄等旅游项目逐步培育成“熟地”，然后在“熟地”上开发地产，从高星级温泉酒店到温泉酒店公寓、商业地产、临水公寓；在高尔夫带动下建设高尔夫会所、高尔夫别墅、再随之开发酒庄及养生类别墅地产、SPA 会所，最后在整个区块炒热的时机，在景区南端推出景观较差但距城区较近的小高层生态居住社区。从而形成了具有思拉堡小镇特色的旅游与地产开发的五个台阶、十年计划。

阶梯一（两年）：温泉游乐、景观营造；高端运动、引爆市场。

阶梯二（两年）：商务推进，休闲配置；周边地产，顺次开发。

阶梯三（两年）：高尔夫、马术、滑雪、高端运动再炒地产。

阶梯四（两年）：水景、商业街结合，完善配套，提高居住环境。

阶梯五（两年）：节庆推动，品牌营销，促使旅游小镇形成规模。

从思拉堡小镇的开发的五级台阶可以看到，温泉小镇这种综合型旅游度假区，其商业模式是在旅游项目和地产项目的交互运作中形成的，其具有链条式动力机制，环环相扣，互为前提，互为结果。旅游产品的商业聚集与地产项目的聚集共同构成了整个项目的商业模式聚集。

五、后期效果

绿维文旅在思拉堡小镇良好的区位及资源条件下创新性的将商业模式聚集方式作为其商业运营手段，在项目刚投入开发建设时便得到社会各界的热切关注。2011 年 10 月 24 日，思拉堡温泉正式开业，吸引了众多游客，为温泉小镇地产的开发积聚了大量人气。思拉堡小镇必将成为旅游与地产联姻的成功商业模式聚集实例。

第十二节　新疆葡萄沟景区景观提升

葡萄沟，位于新疆吐鲁番市区东北 11 公里处，系火焰山西侧的一个峡谷，沟谷狭长平缓，因盛产葡萄而得名，是新疆吐鲁番地区的 5A 级旅游景区，每年都有几十万游客来这里观光旅游。其知名度虽较高，也具有鲜明的地域特色，但当地城镇化程度不高，存在基础设施薄弱、公共服务设施不完善、建筑与景观不太协调、旅游产品单一、农民参与度低等问题，影响了当地的可持续发展。在这一背景下，绿维文旅接受葡萄沟管委会委托，对其进行了改造提升设计。

一、核心思路

项目组经过长期、仔细的现场考察、走访及翻阅历史资料后，对葡萄沟景区的发展症结进行了分析，并结合其文化背景及资源特质，以增强游客体验为重点、延长游客停留时间为目标、提高农民收入为根本，提出了“重塑生态空间、延续农耕文脉”的提升思路。这一思路在传承生态文明、体现农耕文化与民俗文化的基础上，围绕解决农民就业、提高农民收入、改善农民生活环境的问题展开，使得整个项目不仅仅是简单的景观提升，更是为旅游区域综合开发提供了一套解决方案。

葡萄沟提升以观光游憩改造为主，通过游线、分区、环境整治、景观特色化、节点游憩化，实现观光价值提升；打造文化消费聚集区，以业态引导，调整经营业态，形成文化消费的体验化、商品化经营提升。与此同时，加大公共设施配套，走出了新型城镇化之路。

二、设计语言的转化及落地

怎样将策划思路落实到设计上，促成项目的真正落地？绿维文旅认为，首先要进行设计语言的转化，这是实现策划与设计对接的第一步。

（一）建筑改造设计

建筑改造设计注意三个方面：材质上，融入地域文化特色，着重突出生土文化；空间上，遵循“上下有层次，前后有进退”的原则，形成错落有致的布局；功能上，遵循功能性与实用性相结合的原则，将旅游接待、住宿、购买、餐饮等与民居建筑、庭院结合。详见图 17–43 和图 17–44。

图 17–43 民居改造效果图

图 17–44 民居改造实景照

（二）景观提升

庭院景观：在尊重、延续居民生活习惯的基础上，提取当地民族、文化符号，进行提升，并融入旅游功能及业态。

街道景观：硬化路面，材质采用红砖铺地，在颜色上选择跟环境协调的色彩，绿化采用当地果树种植，道路落差较大的路段，进行卵石加固。详见图 17–45 和图 17–46。

图 17–45 街道景观改造效果图

图 17–46 街道景观改造实景照

广场景观：在满足集散与休闲功能的同时，体现葡萄沟地域特色，广场中心设置景观雕塑，形成景观核心吸引物。详见图 17–47。

图 17-47 集散广场及主题景观标志物

景区大门：去除原来的宗教因素，充分挖掘葡萄元素，利用仿生设计及环保材质，提取民居上的一些元素符号，重新包装，使之更符合景区定位。详见图 17-48 和图 17-49。

图 17-48 大门设计效果图

图 17-49 大门改造实景图

停车场景观：考虑当地的气候因素，将停车位与葡萄架结合，形成独具葡萄沟特色的生态停车场（见图 17-50）。

图 17-50　客车停车位效果图

夜间景观：在行车道路和步行空间主要采用功能性照明，在民居建筑局部及重要景观节点设施上采用装饰性照明。详见图 17-51。

图 17-51　夜间景观效果图

（三）游憩节点设计

结合道路沿线的开敞空间，按照人体工程学原理，营造景观休憩节点。在功能上考虑到游客休闲娱乐的需要，增加休息凉亭、公园、会所、滨水休闲节点、主题景观小品；在业态上结合旅游发展，营造符合葡萄沟地域特色的休憩设施。

（四）服务配套设施提升

换乘点：结合交通及旅游业态设置换乘点，景观设计以满足换乘功能为主，同时体现生土建筑形式及葡萄沟文化。

卫生间：按照旅游景区四星级卫生间建设标准，结合地域文化特色，除满足功能需求外，在建筑形式上融入整体环境景观。

果皮箱、休息座椅：结合葡萄沟文化内涵，设置具有独特文化表现形式的景观服务设施。详见图 17-52。

图 17-52　休闲座椅实景图

三、项目改造提升成就

葡萄沟不仅是旅游景区、是文化消费聚集区，还是乡村就地城镇化区，通过景区景观提升、业态调整、住宅改造、环境整治、配套建设等，进一步推动了旅游景区创新发展和就地城镇化建设。改造提升后的葡萄沟，村民生活环境更加美好，基础设施更加健全，村民也摆脱了落后的农耕时代，通过大力发展餐饮、住宿等旅游延伸产业，大大提高了经济收入水平。此外，通过调整休闲商业、休闲游乐、手工制作等业态，不仅实现了观光型旅游向娱乐、休闲一体化旅游的转换，提高了景区核心吸引力，也为村民提供了更多的就业机会，调整了当地产业结构。

现在的葡萄沟旧貌换新颜，成为了旅游主题鲜明、游客体验舒适、景观建筑令人陶醉、居民幸福安康的幸福家园。2015 年，景区吸引了知名亲子娱乐节目《爸爸去哪儿》剧组的关注，成为节目的拍摄地，节目播出后，受到了来自全国各地游客的喜爱和关注。2015 年 7 月，原国家旅游局李金早特地奔赴葡萄沟调研考察，深切地感受了当地的浓郁的民族风情文化。未来，以葡萄沟为核心的区域影响力必将辐射整个新疆，实现新疆的旅游产业整体更上一层楼。

第十三节　山东沂南县红嫂家乡红色旅游
——红嫂新家乡，中国乡村好莱坞

为响应近年来国家关于促进红色旅游健康发展、加大对革命老区的扶贫攻坚、注重文物在保护前提下的开发利用等系列政策导向，进一步发挥红嫂文化的品牌影响力，推动沂蒙山区旅游、影视等相关产业的综合化提升，绿维文旅受山东广汇集团委托，于2015年主持编撰了《山东沂蒙红嫂影视旅游区总体规划》，旨在指导项目地突破传统影视基地的功能局限，实现文化、旅游、影视、产业、城镇化建设五位一体的融合发展，打造集“红色旅游+影视旅游+乡村旅游+文创产业”于一体的国家级旅游度假区。

一、项目背景

项目地位于山东省临沂市沂南县，距临沂机场、曲阜东站2小时车程内可达，境内有“三高一铁”（京沪、日东、长深高速公路和胶新铁路）及两条国道（G205、G206）、三条省道（S227、S229、S336）构成的陆路交通骨架，具有良好的交通区位基础。项目所在沂蒙山区是抗日战争时期和解放战争时期著名的革命根据地之一，已形成以沂蒙影视基地（国家4A级景区）、沂州古城、沂蒙红色写生基地为核心吸引物的红色旅游目的地。

本项目规划范围包括核心区含影视基地约3000亩，北大山林场部分区域，周边村庄和农田，规划总面积约30平方公里。如何盘活和利用影视基地，以旅游项目开发为突破口，实现红色教育、影视产业和旅游业的资源整合及健康稳定发展，是本次规划的重点所在。

二、项目定位及发展战略

通过对项目地旅游资源的重新梳理评价和其与周边同类旅游项目的竞合分析，绿维文旅提出了以红色教育培训客群、影视剧组客群、旅游客群为主体，以山东省内及山东省周边的江苏、河北、山西、河南为核心客源市场，以“红嫂新家乡——中国乡村好莱坞”为项目形象品牌的市场定位体系。

基于对项目地的资源禀赋和发展现状的深入解读，绿维文旅提出了影视为本、旅游为核、红色为魂、产业为根的发展战略，通过红嫂影视旅游区项目规划实施，延伸影视产业链，构筑多元化的影视旅游、红色旅游发展模式，创建国家级爱国主义教育基地，为红嫂品牌影响力的扩大创造更多机遇，多产并举、产业联动，实现红色旅游带动的区域综合发展格局。

三、项目规划的核心思路

本项目规划的核心思路，是以沂蒙山水生态为基底，以沂蒙红色文化和红嫂精神为核心，承载山东党性教育基地的培训学习功能，同时以市场需求为导向，以影视文化的极致化创新互动游乐体验为引爆点，以山地户外运动休闲和健康养生为延展，通过旅游休闲度假与沂蒙影视产业的融合发展，打造国内知名的集红色教育基地、影视产业基地、影视文化旅游、古村乡村旅游、山地运动休闲于一体的沂蒙红嫂影视旅游度假区。

四、项目具体分区布局

根据项目的总体定位和发展战略，基于对旅游资源的重新梳理和分类重构，绿维文旅将沂蒙红嫂家乡影视旅游区进行了空间规划，形成了“一轴一核四区”的空间结构。“一轴”是指沂蒙红色旅游文化景观轴，“一核”是指影视基地体验核，“四区”包括入口综合服务区、影视创意休闲区、田园休闲度假区和户外休闲运动区（见图 17-53）。

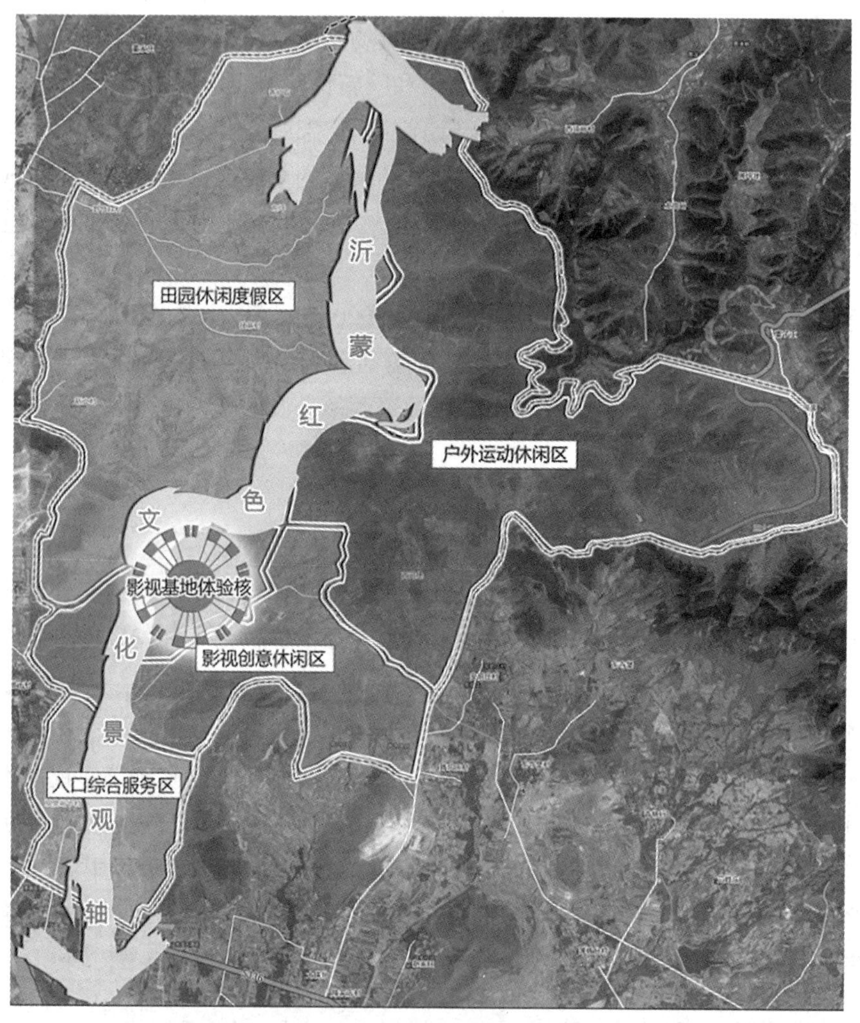

图 17-53　沂蒙红嫂家乡影视旅游区的空间分区

沂蒙红色文化景观轴，是整合基地公路沿线区域的旅游资源，通过提升景观风貌，梳理观赏节点与服务节点，完善旅游标识系统，构建规划区由南至北的旅游服务通廊。

影视基地体验核，是以常山古村肌理为基础，整合常山庄独有的红色文化、影视文化、沂蒙民俗等资源，以市场为导向，对现有核心区进行提升和完善，丰富旅游产品体验节点，理顺出入口结构和内部游览动线关系，实现红色文化旅游、沂蒙民俗活态展示体验、影视拍摄和影视游乐体验的协调统一。

入口综合服务区，按照 5A 级景区标准建设，承担整个旅游区的入口集散、旅游咨询等服务功能，同时对双泉峪子村基地公路沿线进行风貌改造，植入住宿、餐饮、旅游购物等功能，打造入口特色消费休闲区。

影视创意休闲区，范围包括现有写生基地及以南区域，以影视创意、休闲度假为核心，植入影视衍生文化创意、影视主题商品设计加工、群众演员招募、影视主题休闲等影视上下游产业业态，打造影视文化创意系列产品，建设区域特色的影视文化创意产业区和休闲度假区。

田园休闲度假区，包括张家峪子、新立村、拔麻村及大面积台地所在的区域，是以影视基地北部乡村及东部大面积台地农林种植为基础，以基地公路为自驾观光轴，串联整合沿线各村庄核心资源，产业上形成“观光旅游 + 乡村旅游 + 乡野游乐 + 乡居度假”的结构，构建“沂蒙山好风光 红嫂温暖乡情”乡村旅游品牌。核心产品包括花海公路、特色村落、运动营地和趣味郊野游乐项目。

户外休闲运动区：包括北大山林场部分区域为生态涵养保护区，在生态保护基础上，开展户外休闲运动等项目，核心产品包括四季滑雪场和北大山户外运动公园。

第十四节　临夏八坊十三巷历史街区保护与旅游开发

一、项目背景

临夏八坊十三巷是典型的回族聚居区和老城保护区，规划范围内有八座清真寺，依托八座清真寺形成大寺坊、祁寺坊、西寺坊、北寺坊、铁家寺坊、前河沿寺坊、老王寺坊、新王寺坊八坊空间结构，以及大旮巷、小南巷、坝口巷、北巷、沙尕楞巷等十三条街巷。区域内共有住户 4000 户，居民人数超过 1 万人，47% 属于低保户，规划条件较为复杂。

临夏市住房和城乡建设局于 2012 年委托绿维文旅承担了《甘肃临夏八坊十三巷古街民居文化专项策划及修建性详细规划》。在规划过程中，如何处理好八坊十三巷民居保护和综合开发的关系，如何打造临夏城市文化名片和城市形象品牌，如何打造国家级“两个共同”示范样板工程，如何申报国家级历史文化街区，是项目需要关注的焦点问题。

二、针对性研究

基于八坊独特的地理环境和深厚文化底蕴，绿维文旅为做好本项目，前期做了两项扎实的基础工作：八坊文化研究与居民意愿调研。

（一）居民意愿调研

临夏八坊十三巷是一片密集的居住区，人口密度高，充分考虑区域内居民对项目开发的态度和意愿，才能对本项目进行科学合理的规划。由此，项目组通过问卷调查的方式对八坊街道办事处区域内4个社区发放问卷1020份，对当地居民进行了实地调研。

问卷调查了居民对八坊的历史、伊斯兰文化、穆斯林生活、八坊民居、穆斯林饮食等方面的了解程度，询问了八坊民居对项目地开发的真实意愿，调查了他们期望的八坊历史价值展示范式，以及是否愿意为八坊发展和改善做出贡献，开发后是否意愿参与旅游经营等。一系列的调查研究为后期的旅游开发奠定了夯实的基础。

（二）文化梳理与研究

八坊作为临夏回族世代生活的区域，周边有众多回族文化遗迹，总体上形成了以临夏八坊为核心，向周边辐射的伊斯兰文化聚集格局，文化底蕴极为深厚。

项目组以时间为轴线，横向梳理了八坊的历史文化演变，以曾经的八坊与现在的八坊形成对比，寻找八坊在全国穆斯林聚集区的独特性。以旅游要素为指标，纵向梳理了八坊的旅游资源开发价值，形成建筑文化、饮食文化、服饰文化等十条文化脉络，这些文化脉络的存在有效支撑了八坊作为穆斯林生活聚落和“中国小麦加”独特的文化地位。

三、寻找突破，探索路径

（一）寻找突破口——项目需要解决的重要问题

通过深入调查，项目组认为在规划中有以下几个需要解决的重要问题：一是清真寺如何利用，在开发中扮演什么角色；二是布局哪些商业街区；三是如何展示伊斯兰文化；四是如何让伊斯兰文化在旅游中传承；五是除了清真寺外，项目地还应该设置哪些观光节点；六是项目启动区应该划分在什么位置。

（二）先期启动，寻找路径

项目规划范围较广，资源较分散，如四面开花同时打造，将不利于资金和精力的集中。因此，项目组建议近期以一到两个分区为先期启动区，提出先期启动发展思路。

一是梳理王寺街—坝口巷—小南巷—大旮巷—专员巷—王寺街的体验环线，形成观光主体区域。

二是预留七大公共空间，即入口美食文化广场、王寺古柳广场、北寺龙壁广场、砖雕艺术广场、七十二磨盘广场、八坊文化广场、仁义广场。

三是设置系列观光节点，包括现有重要街区如王寺街、坝口巷等区域，未来打造的几条特色街区，10 户近期启动保护民居处等。

四是构建丰富业态，按照主题街区方式意向打造，形成不同的业态街区，并完善居民就业安置，形成宗教祈福街、美食街、商业街、民居观光街、文化休闲街等特色街区。

四、发展思路与架构体系

（一）以历史街区原始风貌与民居保护为前提——换装、露骨（架）、活街、亮户

1. 梳理街巷民居分布肌理，进行街区建筑风貌现状评价

研究街巷民居分布肌理和结构，梳理风貌特色街区，形成“点、线、面”结合的公共空间体系。在进行建筑风貌现状评价的基础之上，划分历史风貌重点保护区、历史风貌控制区、历史风貌延续区、历史风貌协调区，进行保护功能规划。建筑风貌评价主要包括高度、质量、产权、商业店面及外挂设施等方面，并在此基础上对现状建筑进行分类评估，包括 A 类建筑（文物建筑、保护建筑类）、B 类建筑（保留整修类）、C 类建筑（改造类建筑）、D 类建筑（拆除类）。

2. 延续现有街巷格局，进行风貌整治和改善

在遵从文脉的原则下，把握“复古、复原、沧桑”的风貌格调，对八坊现有的街巷格局进行整治和改善，在延续现有街巷格局和肌理的前提下，保持历史街区景观的连续性。一是以观光节点、景观节点和公共空间为改造重点，保持街巷尺度和两侧建筑的高度，营造良好的视觉通廊；二是历史建筑传统元素的修复，遵从当地文脉，提取传统民居建筑形式和元素，根据当地的传统做法进行适当的恢复和改善整治；三是整治与传统风貌不协调的新建筑；四是商业店面及牌匾的整治；五是对建筑外挂及基础设施的整治。

（二）以挖掘街区历史文化价值为基础——找魂、塑形、注魂

挖掘历史街区的文化价值，再现历史的繁荣风貌，找到代表历史的文脉。临夏八坊十三巷对临夏的文化进行梳理和解构，在此基础上进行文化价值重构，围绕临夏最深厚的伊斯兰文化作为中国“小麦加”的最为典型代表，最终在整体的资源体系中形成三大核心资源价值：最生态的穆斯林生活形态——聚落结构，最虔诚的穆斯林宗教信仰，最原生的中国穆斯林生活方式——市井生活。

（三）以构建特色吸引力为核心——分坊、列巷、成街、入户

1. 画卷式勾勒一幅活的“穆斯林生活画卷”

以八坊建筑风貌景观化、八坊生活体验特色化、居住院落主题化与博物馆化、院落休闲场所化、业态休闲产业化的打造手法，画卷式勾勒八坊特色街巷风貌，打造八坊特

色的游憩生活方式，形成八坊穆斯林原生文化体验式休闲方式。

2. **整体布局，架构体系——“一环、两心、八寺、八坊”**

整体形成“一环、两心、八寺、八坊”的空间布局，形成五大游憩结构创意，包括八坊居民自游憩结构、八坊观光游憩结构、八坊宗教游憩结构、八坊历史游憩结构、文化休闲游憩结构。

（四）以打造特色文化休闲聚集为重点——有商、有闲、一坊一主题，一巷一业态，一街一品

八坊全方位演绎具有极高文化价值的的穆斯林文化，可以打造国内独有的伊斯兰文化品牌。在该品牌的引领下构建多元产品体系、多元文化体验结构，发展多元的休闲经济，并在特定的穆斯林氛围下发展文化休闲型经济，打造中国原生穆斯林生活情境为特色的穆斯林文化休闲聚落与文化旅游区，形成新八坊十三巷。八坊十三巷设计效果如图17–54所示。

图 17–54　八坊十三巷设计效果

（五）历史街区旅游开发引导实现就地城镇化

首先，满足当地居民生活需要。八坊十三巷是以古街民居保护为契机，对八坊民居建筑风貌、清真寺周边环境、街巷道路、基础设施、景观环境、进行系统改造，对八坊水系进行系统治理，改善八坊居民居住与生活条件，形成特色的古街民居生活区。

其次，满足旅游市场需求。八坊十三巷范围内以居住功能为主，以游客需求为导向进行餐饮、旅馆、商业、主题客栈等多种业态的布局，平衡土地成本、缓解保护压力、充分挖掘悠久的历史文化内涵、大力发展符合历史街区空间的文化旅游产业、推动历史街区协调发展，快速形成穆斯林休闲聚落，起到显著示范带动作用。

最后，实现街区业态设计与富民工程紧密结合。挖掘当地文化，活化民间技艺，开发多种业态，形成特色休闲街区和休闲聚落，快速形成消费聚集，为当地居民提供就业机会，丰富居民收入结构，将旅游开发与富民工程紧密结合。

五、项目小结和现状

绿维文旅在项目制作中，通过对文化的专项研究与居民意愿的调研，寻找项目突破口，探索发展路径，明确了项目首要解决的问题和先期启动区，提出了“民族历史街区保护与旅游开发规划”五大发展思路和架构体系。该套分析模式和方法，经过实践检验，能够很好地指导古城改造和历史文化街区开发项目。

本项目于 2013 年 2 月顺利通过评审，并收到评审专家委员会的一致好评，随后，临夏市住房和城乡建设局又委托绿维文旅承担了《临夏八坊十三巷古街民居保护与改造一期市政工程设计》，对街巷的重要节点和重点民居进行景观建筑设计。

第十五节　北京门头沟灵山景区
——重构品牌优势，打造华北运动休闲第一高地

灵山景区位于门头沟区西北部清水镇境内，属太行山余脉，其顶峰是北京第一高峰，北接河北涿鹿县，西与龙门森林公园毗邻，东与龙门涧景区相连，南与 109 国道相通，规划面积为 7.23 平方公里。景区内主要旅游景点是高山草场、白桦林、灵山主峰、化凌寺等，旅游产品主要为自然观光产品，休闲度假产品不足，景区开发层次较低，产品层次单一，游客可参与互动项目少，休闲度假、山地运动产品不足，吸引力有限，难以吸引和留住游客。景区旅游基础设施条件差：进入景区仅有一条道路且路况较差，景区内部索道和游步道破坏严重，游步道的路面环境较差；旅游食宿设施参差不齐，整体档次不高，缺乏特色；对高山草甸、白桦林、冬季冰雪等旅游资源的开发不够，休闲娱乐设施缺乏且互动性不足；没有发挥景区现有的高山宗教养生、休闲运动特点，旅游购物设施、旅游纪念品开发不足；景区严重缺水，生态环境保护不足。在经营管理方面，景点人为破坏严重，酒店协调经营管理困难等，景区淡旺季供给结构性矛盾突出。在这种情况下，绿维文旅介入了灵山景区的开发运营工作，通过整合重构灵山旅游资源，合理规划布局项目建设，完善旅游业态，为景区量身定制运营模式，引导促进灵山景区旅游产业快速、有序、健康发展。

一、发展困境

灵山景区地处京西旅游圈，属《门头沟区十三五规划纲要》中“一城一带三点多组团”城乡空间格局中“京西大峡谷—百花山—灵山组团”重要一点，周边自然和人文景

区众多，区位竞争优势和资源优势不明显，加之景区开发不深入，主体特征不鲜明、产品层次单一、客群种类单一、基础设施条件差，以及规划设计滞后、经营管理混乱等问题，使得灵山景区发展一度陷入停滞不前甚至倒退的“泥潭”。因此，如何充分发挥“北京第一峰”品牌优势，如何重构灵山景区发展新动能，进行差异化定位和发展，开发竞争力强的旅游产品，吸引升级客户，促进景区有序、健康、稳定发展，就成为灵山景区亟待解决的难题。

二、破题思路

（一）三大山地旅游开发理念构建灵山旅游开发模式

1.“1+X”山地休闲旅游开发理念

以山地地貌为载体，地域特色文化为魂，以运动休闲为核心吸引力，针对灵山资源现状架构“1+X”打造模式，以二流的资源，打造一流的山地运动旅游体验产品。其中“1”是山地，“X”包括运动、游乐、会议、创意、度假、观光、都市休闲等（见图17–55）。

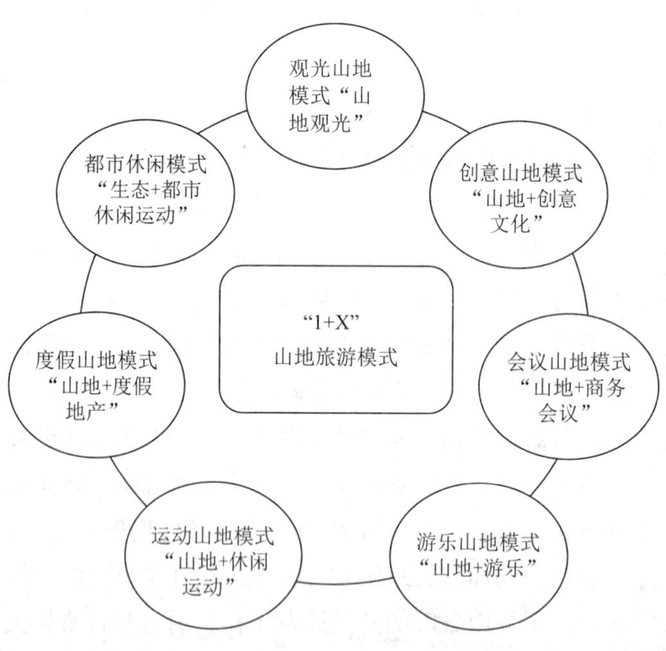

图 17–55 “1+X”休闲山地旅游模式

2.“山地立体生态圈”开发理念

充分利用灵山山地条件与资源特点，打造路上、山上、天上的立体生态游览模式，并以此为基础，创意相应的特色旅游产品，形成“山、陆、空”的立体旅游体验模式。

3.“山地休闲度假生态圈”理念

以小镇及酒店群为核心，形成童话小镇度假生态、半山运动生态、山顶徒步度假生态三层结构，形成童话山地休闲旅游的新方式，以“童话山地”为卖点，打造以山地为环境的特色运动休闲模式。

（二）由点到面，全方位打造灵山运动休闲旅游体系

1. 打造四季全时运动休闲旅游体系

在现状基础上，项目以运动休闲为主题，充分利用灵山山地资源优势，发展春、夏、秋、冬季旅游，形成全时四季旅游结构，聚集游客，扩大旅游消费，形成灵山四季运动休闲旅游体系。

2. 构建山地童话旅游吸引核

项目集合灵山的山、草甸、树林、云雾缭绕的形态、牦牛、马、羊，以及纯净的空气和风、零排放的建筑和交通工具，勾勒了一种人们一直追寻和崇尚的人与自然和谐相处的自由、和睦、快乐的休闲场景，形成灵山之“山地童话”旅游吸引核。

3. 构建全时多彩体验结构

灵山山脉拥有成片的白桦林，秋季满山红色，形成多彩的白桦林景观带。项目充分利用区内白桦林景观，并搭配适时季节性植被颜色及露天啤酒广场、嘉年华、篝火晚会、创意灯展、万人狂欢激光秀等各种游乐项目，构建从白桦林到草甸狂欢夜的全时多彩休闲体验结构。

4. 营造生态旅游体验氛围

灵山牦牛是整个项目的特质所在。草地资源可复制，而灵山牦牛与生态文化生活在北京是极为稀缺的。因此，项目重点强调贩卖牧场生态文化生活方式的旅游体验方式，以牦牛、马为主线，构建灵山牧场文化体验，营造童话“牧场放歌”式的生态旅游体验氛围。

（三）依托“北京第一山”品牌优势，打造华北运动休闲第一高地

灵山是北京境内的最高山，当之无愧的“北京屋脊”。项目以山地资源及高山草甸资源优势为依托，充分发挥灵山“北京第一山”品牌优势，以“山地、生态、运动、民宿”为主题，以运动休闲、生态度假、乡土体验为打造重点，构建以体育运动产业为主的包括山地运动、体育论坛、康体疗养、山地休闲、山地度假等多种运动产业集群目的地，构筑以运动休闲度假体验为主题，集户外运动、休闲度假、生态观光及其他专项旅游产品并举的多元化产品体系，将景区打造成集运动休闲、度假养生、文生态观光、山岳观光、朝圣祈福、户外休闲等于一体的华北山地运动休闲旅游度假区，并通过发挥产业融合发展优势，构建体育产业发展聚集区，借力冬奥运，申办冬奥运会训练基地、活动基地、服务基地，打造北京地区最顶端、最富动感的运动旅游目的地。

三、开发策略

项目从产品体系构建、游憩结构设计、交通等基础设施和配套服务设施建设，以及社会民生发展、生态环境保护等方面综合考虑灵山景区的开发问题。

（一）以运动休闲和观光为核心，完善景区产品体系

项目以灵山山地自然生态资源与人文资源为基础，以市场需求为导向，规划形成了以运动休闲体验和生态观光为核心，集户外运动、休闲度假、生态观光及其他专项旅游产品并举的多元景区产品体系。总体空间布局如图 17–56 所示。

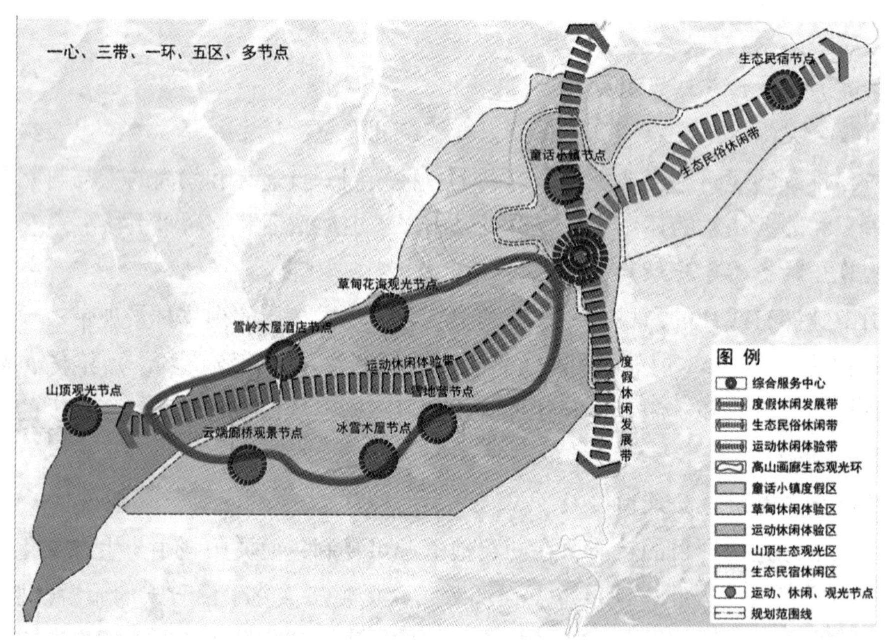

图 17–56　总体空间布局

1. 观光吸引核

项目以山顶生态观光区为重点，通过沿整个项目山地打造的立体景观徒步大环线——“高山画廊生态观光环”，来串联沿线草甸花海、雪岭木屋酒店、山顶观光、云端廊桥观景、冰雪木屋、雪地营等多个景观节点，从而形成一环串珠式的灵山景区观光吸引核。

2. 运动休闲体验核

景区运动休闲体验核规划布局是以运动休闲体验带为核心，辅之以度假休闲发展带与生态民俗体验带，形成“一体两翼”的发展结构。其中，运动休闲体验带是景区发展的重点，其发展核心是运动休闲体验区，通过策划球类运动场、高山滑雪道、雪岭木屋酒店、运动服务中心、雪地营、冰雪木屋、运动炫立方等一系列重点项目产品，未来将

成为项目类型多样、配套齐全、服务优质的四季运动休闲聚集区。而度假休闲发展带与生态民俗体验带是景区未来拓展的方向，即以酒店为核心的度假休闲发展带和以民宿为核心的生态民俗休闲带，形成景区服务配套的有力支撑。

（二）借助地形地势，创新游憩结构设计

灵山景区以山地地形为主，项目将灵山旅游主轴环线沿山顶展开，用山顶核心项目为主的形式统领点状分布的开发建设用地，形成两大立体游览结构——陆地观光游览结构和山顶观光游览结构（灵山十二景），并设计了十大主题营地体验方式、主题度假方式、游乐体验方式等特色游憩方式。

（三）完善景区交通等基础设施及服务设施建设

为缓解景区进入道路狭窄，旅游旺季交通拥堵问题，项目通过设计单向道路环线，拓宽景区入口道路，建立立体停车场等方式，缓解景区外部交通问题。在景区内部规划“一纵一环”道路骨架，一方面与外部交通有机衔接，另一方面串联景区内各功能组团，保证景区内部联动。此外，项目就景区水电供应设施、环卫设施建设布局，以及住宿、餐饮、购物、医疗等服务设施的空间布局、风格主题、等级及数量规划等做了进一步规划设计。

（四）合理调控居民社区，关注民生发展

项目始终把新农村建设作为一项长期的任务，把提高当地人短期和长期的生活水平和生活质量作为景区开发的一项重要目标。景区居民社区调控的重点是椴木沟村和江水河村两个村。项目以椴木沟村特色泥巴屋和石板房为基础，依托其深藏大山的清凉优美的自然环境，将椴木沟村打造成门头沟区最具有代表性的精品民宿，规划建议采取景区入股、村民经营的模式，即景区开发商帮助村民对民建进行改造，由村民经营，景区与村民签订分红合同，共同获利。而江水河村农家乐发展基础较好，具备接待游客的能力，景区与村落之间存在着竞争关系，对此，规划建议景区通过有偿入股或共同经营方式帮助村民进行民宿规划建设，为江水河村居民提供就业机会，景区和村民协议分流旺季游客住宿需求等方式，与江水河村协调发展。

四、景区运营策略

（一）采用“双轨运营”模式，拓展多元化营收渠道

项目建议景区采用资产与产业整理聚合，以山地运动休闲为运营核心，生态观光与休闲游乐为两翼辅助，产业引进与旅游地产跟进，组团点状辐射推动旅游产业聚合的综合度假区开发模式。

1. **景区运营模式**

项目突破景区传统的收益模式，拓展餐饮住宿、休闲娱乐、物业出租、区内交通、商务会议、运动赛事、旅游商品、招商收入等多元化的收益渠道，保证持续发展和滚动开发，创造可观、持续的经济效益和综合效益（见图 17–57）。

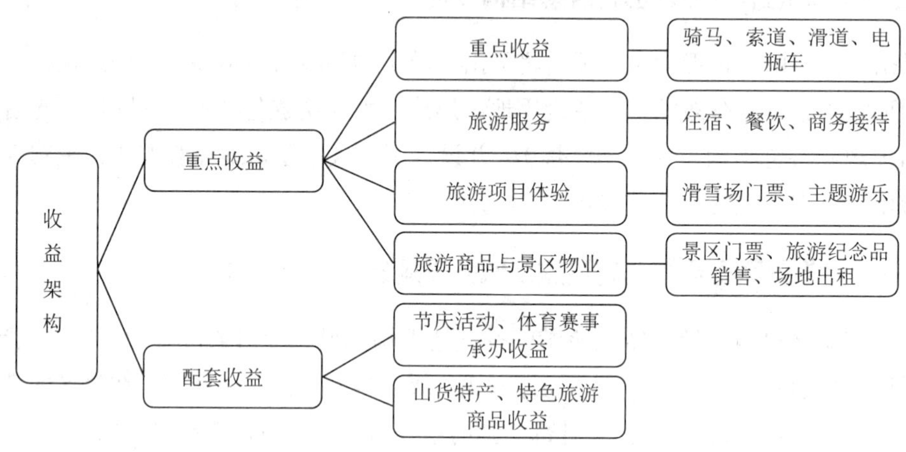

图 17–57 景区收益架构

2. **度假区运营模式**

充分发挥顺峰集团酒店经营管理经验，以酒店经营为依托，构建以酒店、小镇作为依托的灵山休闲度假经营性物业盈利模式，拓展餐饮娱乐、客房销售、度假地产、场地租赁、商务会议、工艺品销售、物业出租、招商收入等多元化的收益渠道。

（二）以品牌打造为核心，实施分期运营策略

围绕灵山景区品牌打造，在项目启动阶段，以品牌培育为重点，完成基础设施建设工程、生态环境保护工程和景观环境打造工程，先期启动入口服务区、滑雪场、小镇一期、湖面等标志性区域的核心项目，同时启动主题酒店改造、部分项目对外进行招商，并加快建设其他餐饮与大众休闲旅游项目，提升项目地的人气。在景区运营管理阶段，以经营品牌和培育市场为重点，实行一票制和开放式经营、部分项目单项收取门票，启动包括小镇后期、木屋度假等工程在内的度假工程建设，启动山顶区域核心项目建设及完善休闲游乐项目，启动大型活动（草甸狂欢夜）、体育赛事、演艺等项目，延长游客停留时间。在后续经营阶段，重在维护品牌，继续完善相关项目和设施建设，构建童话小镇体系；加大营销推广力度，积极提升项目地知名度和影响力，加大管理力度，提高服务质量和水平，提高旅游项目品质。

（三）实施节庆赛事等多元营销推广策略

为帮助景区改变长期以“北京巅峰”、登山观光为名片的旅游形象，树立起全新的

动感、度假形象。项目建议景区以“以点带面”“品牌驱动”“文化公关”“旅游聚势”为指导，综合采用广告模式、订单模式、托管模式、采风模式、节庆模式、俱乐部模式等多种营销模式，通过品牌营销塑造形象、山地休闲运动引擎市场、节庆赛事造势聚人气，以及拓展多元化营销渠道、针对性标签人群精准营销等方式，有计划地促进客流量的快速、稳定增长，使灵山景区成为华北地区山地运动休闲的胜地。

第十六节　九洞天风景名胜区建设详细规划

九洞天风景名胜区于2004年被批准为第五批国家级重点风景名胜区。作为毕节旅游资源的重要支点，九洞天一直倍受关注，但未得到优质化的开发。2017年10月，绿维文旅应毕节旅游开发集团之邀，对九洞天展开考察调研，并为规划把脉。项目组通过挖掘景区独特资源，打造爆款项目，摸索出了文旅项目规划与国家级风景名胜区的结合之路。2018年3月，经过贵州省住房和城乡建设厅组织规划评审，《九洞天风景名胜区近期建设详细规划》初步获得认可。在此基础上，经过项目组对规划的不断完善和与林草局专家的多次沟通，2018年11月，《九洞天风景名胜区近期建设详细规划》（2018年9月修订版）获国家林草局的正式审核通过。

一、项目背景

九洞天风景名胜区位于贵州毕节市大方县、纳雍县两县交界处，是乌江干流六冲河上游流经大方县和纳雍县之间的一段以伏流为代表的喀斯特综合地貌，因其天窗洞共有九个，因此谓之“九洞天”。九洞天天窗密集度（6个/450米）更是世界罕见，是世界级（I级）资源。2004年年初，九洞天被国务院公布为第五批国家重点风景名胜区。2017年，《九洞天风景名胜区总体规划》获住建部正式批复，并明确指出要按照《总体规划》要求，严格控制利用强度。坚持保护优先、开发服从保护的原则，抓紧编制报批详细规划，引导和控制各项建设活动。

九洞天风景名胜区目前正处于开发建设非常紧迫阶段。为推进九洞天风景名胜区合理开发利用，快速建立旅游品牌形象，绿维文旅受贵州九洞天文化旅游发展有限公司委托，对枪杆岩旅游服务村、大苗寨景点、小石林旅游服务点、云洞天开景区主要游览区和九洞天旅游服务村进行详细规划编制工作，详细规划范围共计223.42公顷。

二、项目难点

通过调研分析，绿维文旅认为项目规划面临以下难点：

一是风景区开发滞后。九洞天的溶洞、天窗、天生桥浑然一体，峡谷、崖壁、河流与周围的森林植被相映成辉，同时风景区还有丰富的人文资源。虽然资源类型丰富，但景观资源没有得到有效的开发利用，也没有体现出景区应有的特色。

二是景区保护工作落后。风景区内村庄不断扩张，居民点规模扩大，建筑风格不协调，农田开垦现象时有发生，自然资源及环境被破坏、水体污染等现象愈演愈烈，给景区生态环境保护工作造成极大压力，不利于景区的可持续发展。

三是旅游资源组织难度大。九洞天云洞天开景区和总溪河层峦叠嶂景区现状资源点主要以长条形线状分布，观赏、体验组织难度较大。梯子岩层峦叠嶂景区旅游资源较为分散，未能形成集中连片资源带，只能通过道路进行串联。

四是旅游资源宣传不足。资源品牌价值提炼总结不够，未进行有效宣传。

五是基础设施落后。景区通信相对薄弱，旅游接待设施几近空白等问题，已大大制约了风景区对游客的吸引力。交通系统存在许多村路、山地土路等低级路段，凹凸不平且较窄；同时存在交通标识欠缺、停车场缺乏等现象，给游客带来很大不便。

三、总体定位与空间结构

（一）总体定位

绿维文旅通过梳理九洞天风景名胜区核心资源价值，以“九洞天生，地球遗产”为主题，将岩溶百科全书价值凸显出来，打造毕节乃至全国的重点景区，建设成为国内一流、国际知名的岩溶地貌风景名胜区。使游客在观赏资源特色价值的同时，同时可以欣赏九洞天风景名胜区的独一无二的岩溶地貌特征。

（二）空间结构规划

规划枪杆岩旅游服务村作为九洞天风景名胜区游览起点，通过旅游公路连接大苗寨景点、达那码头、小石林旅游服务点和九洞天旅游服务村，实现三个子景区的联动。规划小石林旅游服务点作为九洞天云洞天开景区和梯子岩层峦叠嶂景区的游览服务区，位于九洞天风景名胜区的中心位置。云洞天开景区主要游览区位于九洞天风景名胜区东侧，是九洞天风景名胜区核心游览区。规划九洞天旅游服务村作为九洞天风景名胜区的重要中转站，可通往总溪河碧水长廊景区和猫场镇。

四、重点规划区域及效果图

（一）云洞天开景区主要游览区

规划打造以“九洞天生，地球遗产”为主题，以云洞天开景区 13 个景点为基础，凸显九洞天九个主要景点，将连续密集的多种类型岩溶洞厅、天窗及伏流暗河等资源，结合洞天、山水、伏流、峡谷、暗河等自然景观，开展观光游憩、地质岩溶科普教育等活动。云洞天开景区主要游览区大门设计效果如图 17–58 所示。

图 17-58　主要游览区大门设计效果

（二）小石林旅游服务点及峡谷风光区

小石林旅游服务点以服务功能为主，服务小石林景点外，同时满足峡谷风光区和云洞天开景区主要游览区的入口服务功能。峡谷风光区规划以象鼻岩、乌鸦洞、峡滩湿地三个景点为基底，以峡谷风光为游赏主体，打造集峡谷、溶洞、崖壁、湿地等景观于一体的峡谷风光区。规划打造长沙旅游扶贫村为旅游服务型特色村庄。小石林游客服务中心效果图如图 17-59 所示，小石林现状民居改造效果图如图 17-60 所示。

图 17-59　小石林游客服务中心效果图

图 17-60　小石林现状民居改造效果图

（三）大苗寨景点

大苗寨景点是枪杆岩村的一个村组，也是苗族聚居地，其资源价值在于浓郁古朴的传统习俗文化与雄奇壮美的自然风景环境有机融合形成的独特风貌。大苗寨以民俗文化体验及休闲旅游功能为主，衔接五指山、枪杆岩、彭家洞和达那码头，项目组在规划的过程中注重对历史文化的传承与保护，保护红色遗迹，保留民族特色建筑，整体营造山地乡居苗寨的氛围。

（四）枪杆岩旅游服务村

枪杆岩旅游服务村是九洞天风景名胜区和梯子岩层峦叠嶂景区的游览服务区，承接梯子岩层峦叠嶂景区和九洞天风景名胜区主要的游客进出、咨询、分流、集中和住宿休憩的功能，配套枪杆岩、五指山景点游赏。枪杆岩整体鸟瞰效果图如图 17-61 所示，枪杆岩旅游服务中心效果图如图 17-62 所示，枪杆岩山地温泉酒店效果图如图 17-63 所示。

图 17-61 枪杆岩整体鸟瞰效果图

图 17-62 枪杆岩旅游服务中心效果图

图 17-63　枪杆岩山地温泉酒店效果图

项目策划： 段向民
责任编辑： 张芸艳　孙妍峰
责任印制： 谢　雨
封面设计： 何　杰

图书在版编目（CIP）数据

旅游开发运营教程 / 林峰著. -- 北京 : 中国旅游出版社, 2019.5（2022.8 重印）
中国旅游业普通高等教育“十三五”精品教材
ISBN 978-7-5032-6209-8

Ⅰ. ①旅… Ⅱ. ①林… Ⅲ. ①旅游资源开发－高等学校－教材②旅游资源－资源管理－高等学校－教材 Ⅳ. ①F590.3

中国版本图书馆 CIP 数据核字（2019）第 044719 号

书　　名： 旅游开发运营教程

作　　者： 林峰著
出版发行： 中国旅游出版社
（北京建国门内大街甲 9 号　邮编：100005）
http://www.cttp.net.cn　E-mail:cttp@mct.gov.cn
营销中心电话：010-85166503
排　　版： 北京旅教文化传播有限公司
经　　销： 全国各地新华书店
印　　刷： 河北省三河市灵山芝兰印刷有限公司
版　　次： 2019 年 5 月第 1 版　2022 年 8 月第 4 次印刷
开　　本： 787 毫米 ×1092 毫米　1/16
印　　张： 44.25
字　　数： 939 千字
定　　价： 98.00 元
ISBN 978-7-5032-6209-8